JN495036

제4판

성인·노인심리학

정옥분 지음

Adult Development and Aging

학지사

4판 머리말

『성인 · 노인심리학』은 2008년에 초판이 출간되었으며, 5년 만인 2013년에 개정판이 출간되었다. 그리고 6년 만인 2019년에 3판을 출간했으며, 이번에 5년 만에 4판을 출간하게 되었다. 이 책은 수요가 그다지 많지 않은 주제임에도 불구하고 그동안 꾸준한 사랑을 받아 왔다.

4판에서 특히 역점을 두어 보완한 부분은 2019년에 3판이 출간된 이후 지난 5년 동안 새로이 이루어진 국내외 연구와 관련된 부분이다. 최근에 발표된 연구들을 될 수 있는 대로 많이 소개하고자 노력하였으며, 또한 통계자료와 관련해서는 최근 자료로 대체하였다.

특히, 성년기 '인지발달' 편에서는 Schaie가 성인기 인지발달 단계를 좀더 세분화하여 정리한 내용을 소개하였다. Schaie는 최근 평균예상수명이 크게 증가한 점을 감안하여 노년기를 다시 세 단계로 나누었는데, 청노년기(young-old), 중노년기(old-old), 초고령노년기(oldest-old)가 그것이다.

중년기 '건강과 질병' 편에서는 미국심장협회(American Heart Association: AHA)에서 제안한 심혈관 질환 예방지침을 소개하였다. 이 예방지침은 심혈관 건강의 개선 및 유지를 위해 일반인들이 건강 체크리스트로 활용할 수 있도록 AHA가 제공하는 것인데, 이 지침에는 건강행동과 건강요인 두 가지 영역으로 구성되어 있다. 그리고 '노인학대' 편에서는 노인학대의 유형을 신체적 학대, 정서적 학대, 성적 학대, 경제적 학대, 방임 등으로 나누어 좀더 상세히 서술하였다.

노년기 '신체변화' 중 호흡기 계통에서는 만성 폐쇄성 폐질환(COPD)과 폐기종에 관해 정리해 보았다. COPD는 우리나라에서 70세 이상 고령자의 사망원인 중 네 번째로 호흡곤란, 지속되는 기침, 흉부압박감, 심장기능 저하 등이 주요 증상이다. 폐기종은 COPD의 가장 심각한 형태로서 기관지나 폐에 염증이 생기고 폐포가 제 기능을 하지 못하는 질환이다. 만성적인 기침이나 가래, 호흡곤란 등의 증상이 나타난다. 금연은

COPD와 폐기종의 예방을 위해서도 중요하지만 이 질병이 진행되는 것을 지연시키기 위해서도 금연이 필수적이다.

노년기 '감각기능의 변화' 중 시각편에서 당뇨망막병증을 첨가하였다. 당뇨망막병증은 당뇨로 인한 대표적인 안과 합병증으로 시력저하를 일으키고 심하면 실명으로 이어질 수 있다.

노년기 '노화이론' 편에서는 텔로미어(telomere)에 관한 내용을 추가하였다. 텔로미어는 세포 속 유전자의 끝부분을 감싸고 있는 유전자 조각으로 염색체를 보호하는 기능을 하는데, 텔로미어의 길이는 생물학적 노화의 척도가 된다. 그리고 '인지변화' 편에서는 '과거 기억'에 덧붙여 '미래 기억'을 첨가하였는데, '미래 기억'이란 과거에 학습한 정보와 경험을 기억하는 것과 마찬가지로 의도한 행위를 실제로 수행하기 위해 해야 할 일을 기억할 필요가 있는데, 이런 유형의 기억을 '미래 기억'이라 한다.

4판의 편집업무를 꼼꼼히 챙겨 주신 편집부 김진영 부장님의 노고에 감사드리며, 그동안 『성인・노인심리학』을 사랑해 주신 독자 여러분들께 감사드린다.

2024년 초여름에

지은이 씀

3판 머리말

『성인 · 노인심리학』은 초판이 출간된 지 5년 만인 2013년에 개정판이 출간되었으며, 6년 만에 다시 3판을 출간하게 되었다.

3판에서 특히 역점을 두어 보완한 부분은 2013년에 개정판이 출간된 이후 지난 5년 동안 새로이 이루어진 국내외 연구와 관련된 부분으로서 최근에 발표된 연구들을 될 수 있는 대로 많이 소개하고자 노력하였다. 또한 통계자료와 관련해서는 최근 자료로 대체하였다.

특히, 중년기 '건강과 질병' 편에서는 동맥경화를 설명하기 위해 콜레스테롤을 LDL(Low-Density Lipoprotein Cholesterol)과 HDL(High-Density Lipoprotein Cholesterol)로 구분하여 좀더 상세히 서술하였으며, '대사증후군'이라는 질병을 새로 추가하였는데, 대사증후군이란 비만, 고지혈증, 당뇨병, 고혈압 등 심뇌혈관 질환의 위험인자를 동시다발적으로 가지고 있는 경우를 말한다.

노년기 '감각기능의 변화'편, 시각의 변화에서는 '황반변성'을 추가하였는데, 황반변성이란 주변 시력은 정상이지만 중심 시력이 저하되는 시각장애로, 심할 경우 시력을 완전히 잃을 수도 있다. 또한 노년기에 흔히 발생하는 관절염은 골관절염과 류마티스 관절염에 대한 그림을 첨가하여 좀더 상세히 서술하였다. 그리고 노년기 '성격의 변화'에서는 'Jung의 노년기'를 추가하였다.

3판의 편집업무를 꼼꼼히 챙겨 주신 편집부 백소현 차장님의 노고에 감사드리며, 그동안 『성인 · 노인심리학』을 사랑해주신 독자 여러분께 감사드린다.

2019년 3월에

보라매타운에서 지은이 씀

개정판 머리말

『성인 · 노인심리학』 개정판에서 특히 역점을 두어 보완한 부분은 노년기 관련 부분이다. 노인세대가 차츰 젊어질 뿐만 아니라 그 수도 점점 더 많아지고 있다. 오늘날 의학기술의 발달로 말미암아 평균예상수명이 지속적으로 증가하여 이제 100세를 내다보고 있다. 그러나 단순히 생활연령만 증가한다고 해서 성공적인 노년기가 보장되는 것은 아니다. 생활연령의 증가와 더불어 생물학적 연령, 심리적 연령, 사회적 연령도 증가할 때 성공적인 노화가 이루어질 수 있을 것이다.

이런 모든 점을 감안하여 이번 개정판에서는 성공적 노화이론과 노화모델을 보완하였으며, 우리나라의 성공적 노화모델을 새로이 추가하였다. 노화가 극소수의 사람이 아니라 대부분의 사람들이 경험해야 하는 삶의 한 과정이라는 점에서 성공적인 노화를 위해 노인세대만이 아닌 사회 전반에 걸친 통합적인 노력이 필요한 것으로 보인다.

그 외에도 그동안 강의 등을 통하여 보완이 필요하다고 생각되어 정리해 놓은 부분을 추가하였으며, 사진과 관련해서는 초판에서 지나치게 많이 삽입된 인물사진을 간추려서 좀더 깔끔하게 정리하였다.

2008년 초판에 이어 이번 개정판의 편집업무도 꼼꼼히 챙겨 주신 편집부 이지혜 부장님의 노고에 감사드리며 그동안 『성인발달의 이해』에 이어 『성인 · 노인심리학』을 사랑해 주신 독자 여러분들께 깊은 감사를 드린다.

2013년 한여름에

안암동산에서 지은이 씀

초판 머리말

의학의 발달로 말미암아 평균수명이 증가하면서 노인인구의 비율이 급속도로 증가하고 있는데 이것은 세계적인 추세이다. 특히 우리나라는 노인인구의 증가속도가 세계 어느 나라보다도 빠르게 진행되고 있다. 최근에 와서 노인에 대한 관심이 크게 증가하고 있는 것도 이 때문으로, 경로와 효친사상을 앙양하고, 전통문화를 계승 · 발전시켜 온 노인들의 노고를 치하하기 위해 1997년에 매년 10월 2일을 "노인의 날"로 정하고 이 날을 법정기념일로 삼고 있다. 하지만 성년기나 중년기에 대한 관심은 노년기에 비해 아직도 미흡한 실정이다.

저자는 2000년에 『성인발달의 이해』를 출간한 바 있다. 벌써 8년여의 세월이 지났기 때문에 개정판의 필요성을 느끼고 당초에는 부분 개정을 하려고 계획했었다. 그러나 개정판을 준비하는 과정에서 내용을 대폭 보완하면서 판형까지 달리할 뿐더러 컬러판으로 하여 새로이 『성인 · 노인심리학』이라는 제목으로 출간하게 되었다.

『성인발달의 이해』는 성년기, 중년기, 노년기를 발달단계별로 구성하고 서술한 책이다. 이렇게 단계별로(연령순으로) 일목요연하게 정리된 책은 구성이 명쾌하다는 장점이 있다. 하지만 주제에 따라서는 성년기, 중년기, 노년기가 단계별로 뚜렷한 특징을 나타내지 않거나 동일한 쟁점들이 성인기 내내 되풀이되는 경우도 있기 때문에 『성인 · 노인심리학』을 집필하면서 한때는 주제별로 정리를 해볼까 하는 생각도 잠시 했었다. 주제별로 정리가 된 책은 주제가 명확한 것이 장점이다. 그러나 현 시점에서 성인기를 주제별로 정리한 책은 더러 있지만, 단계별로 정리해 놓은 책은 전무한 실정이라 목차는 『성인발달의 이해』의 틀을 그대로 유지하기로 하였다.

『성인 · 노인심리학』은 모두 5부로 구성되어 있다. 제1부는 성인발달의 기초로서 성인발달의 역사적 배경과 전망, 성인발달의 이론, 성인발달의 연구방법 등을 다루었다.

제2, 3, 4부에서는 각각 성년기, 중년기, 노년기의 주요 발달특성인 신체발달, 인지발달, 직업발달, 성격 및 사회적 발달, 가족생활 등을 다루어 보았다. 그리고 제5부에서는 인간발달 과정을 마무리하는 단계라는 의미에서 죽음과 임종, 사별과 비탄, 인생의 회고 등에 관해 정리해 보았다.

이 책은 대학에서 성인심리학과 노인심리학 분야의 강의를 위한 교재로 사용할 수 있을 뿐만 아니라, 현재 성년기나 중년기 또는 노년기의 발달단계에 있는 성인들 자신은 물론이고 이들 성인, 특히 노인들의 문제를 체계적으로 이해하려는 모든 분들에게도 길잡이가 되기를 기대해본다. 특히 성인발달에 관한 대부분의 교재가 주로 노년기만을 다루고 있기 때문에, 성년기와 중년기를 이해하는 데 이 책이 많은 도움이 되었으면 하는 바람을 가져본다.

지금도 성인발달 관련 과목을 개설하는 대학이 별로 많지 않지만, 저자가 '성인발달과 노화'라는 과목을 처음 강의하기 시작한 1990년도에는 사정이 더욱 좋지 않았다. 특히 청년기에 있는 대학생들을 대상으로 하는 강의에서 아직 자신들이 살아보지 못한 성년기, 중년기, 노년기 그리고 죽음 등에 관한 내용에 그들이 얼마나 관심을 가지고 호응할지 걱정이 앞섰었다. 하지만 예상 외로 해가 거듭될수록 학생들의 반응은 뜨거웠다. 자신들의 부모님은 물론이거니와 조부모님 세대에 대한 이해의 폭이 넓어졌다는 소감들을 많이 전해왔다. 심지어는 이 강의를 수강한 자녀의 변화에 기뻐하고 감사하면서 고마움을 전해오는 학부모님들도 더러 있었다. 특히 학기 후반부에는 노인들을 면담하고 그들의 경험담을 발표하는 시간을 가졌었는데, 우리나라 노인들의 파란만장한 삶에 대해 얘기 들으면서 참으로 많은 감동을 받았었다. 이 자리를 빌려 그때 면담에 응해 주셨던 여러 어르신들께 고개 숙여 감사드리고자 한다.

끝으로, 이 책을 컬러판으로 출간할 수 있도록 배려해 주신 학지사 김진환 사장님과 편집업무를 꼼꼼히 챙겨 주신 편집부 이지혜 차장님의 노고에 감사드린다. 그리고 귀중한 사진자료를 수집하고 정리하는 데 많은 도움을 준 고려대학교 박사과정의 장수연 조교에게도 감사의 뜻을 전하고 싶다.

2008년 여름에

안암동산에서 지은이 씀

차례

제1부

성인발달의 기초

제2부

성년기

제 3 부

중년기

제 4 부

노년기

제5부

인생의 마무리

제1부

성인발달의 기초

인간의 한평생을 80년으로 보았을 때 우리 인생의 $^{3}/_{4}$ 이상을 차지하는 성인기의 발달에 관해 지금까지 별로 관심을 기울이지 않은 이유는 무엇일까? 인간발달학자들은 왜 그토록 오랜 세월 동안 성인에 관한 연구를 소홀히 하였는가? 이상의 질문에 대한 대답으로 발달심리학에서의 이론적 편견을 그 이유로 들 수 있다.

예를 들면, 정신분석학의 아버지 지그문트 프로이트는 '어린이는 어른의 아버지'라는 견해를 가지고 있었으며, 성인기의 사건들은 그 대부분 유아기의 경험을 연구해 봄으로써 이해될 수 있다고 생각하였다. 그리고 프로이트는 사춘기를 발달의 마지막 단계로 보았다. 따라서 인간발달에 관한 연구는 아동들에게 국한되었고, 20세기 이전까지는 청년기를 인생에서 독립된 단계로 인정하지 않았다. 그러다가 서서히 아동기를 거쳐 청년기까지로 관심이 확장되었으며, 최근에 와서야 성인발달에 관한 진지하고도 과학적인 연구가 시작되었다. 그러나 아직도 성인발달에 관한 연구는 초기 단계에 머물러 있다고 볼 수 있다.

성인기는 언제 시작되는가? 언제 청년기가 시작되는지를 결정하는 일도 쉬운 일이 아니지만 언제 청년기가 끝나고 성인기가 시작되는지를 결정하는 일은 더욱더 어렵다. 청년기에서 성인기로 이행하는 시점은 시대에 따라 다르고 문화에 따라 다르다. 우리나라에서는 현재 20세를 성인으로 인정하고 성년식을 갖는다.

이 책에서는 성인기를 크게 3단계로 나누어 살펴보고자 한다. 20세부터 40세까지를 성년기, 40세부터 65세까지를 중년기 그리고 65세 이후를 노년기로 명명하고자 한다. 제1부에서는 성인발달 연구의 역사적 배경과 전망, 성인발달의 이론, 성인발달의 연구방법 등에 관해 살펴보기로 한다.

Adult Development and Aging

제1장

성인발달 연구의 역사적 배경과 전망

최근까지 대부분의 발달심리학자들은 성인기 동안에는 연령과 관련된 변화가 거의 없는 것으로 믿었다. 정상적인 노화와 질병으로 인한 노화에 관한 구분이 거의 이루어지지 않았다. 따라서 질병으로 인한 어떤 상태나 변화를 연령에 따른 변화로 보았고, 그 외 다른 모든 것들도 죽을 때까지 계속 변함이 없는 것으로 생각하였다. 그리고 인간의 성격은 성숙연령에 달하면 고정되어 변화가 거의 불가능한 것으로 믿었다.

이혼이나 중년기 직업전환이 매우 드물었던 때에 가족이나 직업에 관해서도 일단 의사결정이 내려지면 일생을 통하여 그대로 계속 유지되는 것으로 믿었다. 성적 능력은 성인기에 감소하는 것으로 보았지만 성에 관한 논의가 금기시되었으므로 이에 관한 연구는 엄두도 내질 못했다. 노년기의 지적 능력과 생물학적 변화에 관해서는 관심은 있었지만 금세기에 이르기까지 노년기에 이르는 사람들이 드물었기 때문에 이들을 대상으로 한 연구는 거의 없었다.

이 장에서는 성인발달 연구의 역사적 배경, 인간발달의 전생애 접근, 성인발달의 단계, 연령의 의미, 성인발달과 영향요인 그리고 21세기 성인발달 연구의 전망에 관해 살펴보고자 한다.

1. 성인발달 연구의 역사적 배경

G. Stanley Hall

성인발달에 관한 연구는 노년기 연구로부터 시작된다(Birren & Birren, 1990; Riegel, 1977). 영양이 개선되고 의학적 지식의 진보로 말미암아 평균예상수명이 급격히 연장되었다. 이로 인해 노령인구가 증가하게 되었으며, 이제 노년기 연구를 위한 연구대상뿐만 아니라 이들을 연구해야 할 필요성도 함께 등장하게 되었다.

성인발달 연구의 역사는 1922년에 G. Stanley Hall이 78세에 집필한 『노년기: 인생의 후반기(Senescence: The Last Half of Life)』라는 저서에서 비롯된다. Hall은 이 저서에서 노년기에도 그 시기 특유의 생리적 변화와 신체적 기능, 감정 및 사고의 특성을 지니고 있다고 주장하였다. 이 저서는 사회노년학(Social Gerontology)의 기념비적인 저서로서 노화에 따른 인지적 · 사회적 · 성격적 측면의 변화를 연구하기 위한 틀을 제공해 주었다는 점에서 그 의미가 크다. 이후 생물학과 의학분야 등에서 노화과정에 관한 연구와 더불어 노년학(Gerontology)이 발달하였다. 대표적인 예로 1928년에 스탠퍼드 대학에서 노화과정을 연구하기 위한 연구소가 개설되었다.

1945년에 미국노년학회가 창설되어 노년학과 관련된 의학, 심리학, 사회학, 경제학, 사회복지학, 가정학 등 여러 분야에서 많은 회원들이 학회에 가입하였다. 1950년에는 국제노년학회가 결성되었고, 우리나라에서도 1978년 한국노년학회가 창설되었으며, 1980년부터 매년 1회씩 전문학술지 『한국노년학』을 간행하고 있다. 그 반면에 성년기와 중년기에 관한 연구는 보다 늦게 시작되었는데, 본격적인 성인연구는 장기 종단연구에 참여했던 피험자들이 성인이 되면서 이루어졌다.

1920년대와 1930년대에 아동을 대상으로 시작된 장기 종단연구의 피험자들이 1940년대와 1950년대가 되자 성인기에 이르게 되었다. 이 연구들은 정기적으로 몇 년 간격으로 아동의 신체발달, 인지발달, 성격발달 등을 연구하였다. 그러나 피험자들이 성인이 되었다고 해서 연구를 종료할 이유가 없었고, 오히려 이 연구들은 성인발달을 연구할 수 있는 매우 드문 기회를 제공했을 뿐만 아니라 성인생활의 중요한 사건들(예를 들면, 이혼)을 아동기의 경험과 연관시켜 관찰할 기회를 제공하였다. 성인기 연구의 예를 들면 다음과 같다.

(1) 1938년 하버드 대학 신입생들을 중년기에 이르기까지 추적조사한 Vaillant의 종단적 그랜트 연구
(2) 1950년대 중반 시카고 대학의 Neugarten과 그녀의 동료들에 의한 중년기 연구
(3) 1956년에 시작된 Schaie의 성인기 지적 발달에 관한 시애틀 종단연구
(4) 1969년 예일 대학에서 Levinson과 그의 동료들이 성년기 및 중년기의 남성들을 대상으로 한 연구
(5) 1950년대 후반부터 1960년대 중반까지 진행된 Costa와 McCrae에 의한 성인기 전반에 걸친 성격특성에 관한 연구
(6) 1921년 스탠퍼드 대학의 Lewis Terman에 의해 시작된 천재아를 대상으로 한 종단연구와 1930년대의 버클리 종단연구 및 오크랜드 종단연구

이상의 연구들은 성인발달의 연구에 중요한 계기를 마련하였다. 그러나 아직도 아동이나 노인에 관한 연구에 비해 성인연구는 매우 미흡한 실정이다. 성년기나 중년기에 관한 연구는 다른 연령 단계에 비해 별로 관심을 끌지 못하고 있는데 아직까지 전문 학회나 학술지도 따로 없다.

2. 인간발달의 전생애 접근

오늘날 대부분의 발달심리학자들은 인간발달은 일생을 통하여 진행된다는 견해를 받아들이고 있다. 즉, 인간발달은 전생애를 포괄하여 생명의 시작에서부터 죽음까지 계속된다는 것이다. 종전에는 발달이라는 용어가 좁은 의미로 사용되어 수태에서 청년기에 이르는 상승적 변화만을 가리켰으나 근래에는 보다 넓은 의미로 사용되어 청년기 이후 노년기에 이르기까지의 하강적 변화까지도 포함한다.

일생을 통하여 발달이 이루어진다는 전생애 접근법은 우리에게 몇 가지 중요한 시사점을 던져주고 있다. 인간발달의 각 단계는 이전 단계에 의해 영향을 받고, 그리고 앞으로 다가올 단계에 영향을 미친다. 따라서 각 발달단계는 나름대로의 독특한 가치와 특성이 있다. 인생에서 어느 단계도 다른 단계보다 더 중요하거나 덜 중요하지 않다.

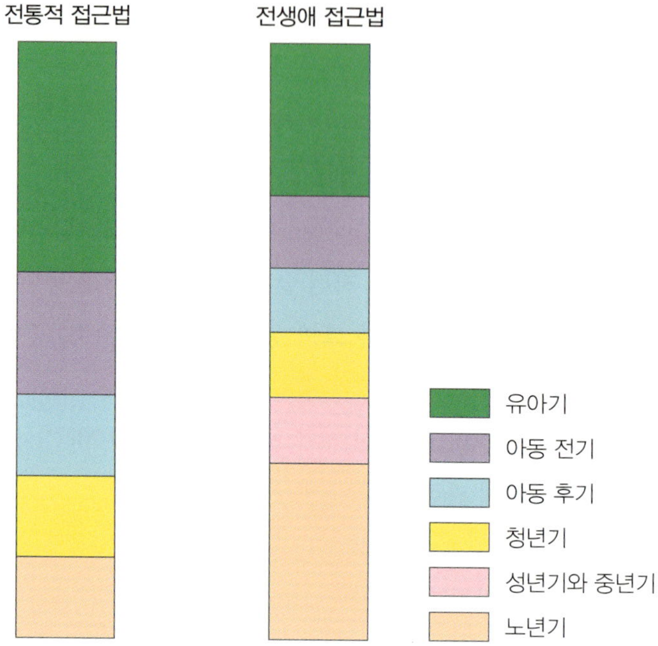

〈그림 1-1〉 전통적 접근법과 전생애 접근법의 발달과 변화에 대한 견해

인간발달의 전통적 접근법에 의하면 출생 후 청년기까지는 극심한 변화를 겪고, 성인기에는 안정되며, 노년기에는 감소한다(Baltes, 1973; Baltes, Reese, & Lipsitt, 1980). 〈그림 1-1〉에서 보듯이 전통적 접근법에서는 유아기와 아동기를 강조하고, 성년기와 중년기에는 변화가 거의 없는 것으로 간주하는 반면, 전생애 접근법에서는 유아기의 중요성을 여전히 인식하지만 그에 못지않게 성인기 전반의 변화 또한 중요하다고 본다. 전생애 발달의 개념과 그에 관한 연구에 몰두한 전생애 발달심리학자인 Baltes(1987)는 전생애 접근법의 몇 가지 중요한 특징을 다음과 같이 설명하고 있다.

1) 다중방향성(Multidirectionality)

전통적 접근법에서는 발달적 변화는 태아, 유아, 아동, 청소년에게서 나타나는 것으로 좀더 '성숙한' 형태의 변화로만 생각되었다. 즉, 구조의 성장, 기능의 향상, 환경에 대한 적응력의 증가 등으로 특징지어졌다. 한편, 성인이 되면 발달하는 것이 아니라 노화하는 것으로 여겨졌고, 노화는 상실, 기능의 쇠퇴를 의미하였다. 전통적인 관점에서는 발달의 목표는 성숙이며, 노화의 목표는 죽음이라고 가정하였다.

Paul B. Baltes

그러나 전생애 접근법에 의하면 어떤 연령에서도 발달은 성장뿐만 아니라 감소도 포함한다(Gazes et al., 2020). 물론 아동의 경우 대부분 성장하는 방향으로 발달이 진행되지만 감소가 전혀 없는 것은 아니다. 그리고 성인기에는 그 방향이 점차 부정적인 측면(감소)으로 기울게 되어 많은 신체변화와 인지변화가 나타난다. 그러나 모든 능력이 다 감소하는 것은 아니다. 예를 들어, 익숙지 않은 문제해결 능력 등은 감소하지만 어휘력과 같은 능력은 계속 증대한다. 그리고 지혜와 같은 새로운 특성들이 나타나기도 한다. 따라서 이러한 다중 방향성을 고려하지 않고 성인기 발달을 일률적인 성장 또는 쇠퇴의 도식으로 생각하는 것은 성인기 발달의 특징을 제대로 이해하지 못한 것이다.

다시 말하면, 인간발달이 성년기까지는 성장하고 중년기 동안에는 안정적이다가 노년기에 감소한다는 생각은 잘못된 것이다. 인간발달의 어떤 단계에서도 성장과 감소는 있는 것이다.

더군다나 같은 연령대에서도 개인차가 있다. 예를 들어, 한 노인은 점점 해박한 지식을 갖게 되는 데 반해 또 다른 노인은 나날이 건망증이 심해진다. 사실 연령이 증가하면서 개인차는 점점 더 심해진다(Morse, 1993). 일곱 살짜리 아동들보다 70세 된 노인들 간에 더 많은 개인차를 발견할 수 있다.

2) 유연성(Plasticity)

발달론자들은 오랫동안 빈곤이나 질병, 영양실조와 같은 결핍상태에 의해 아동의 발달이 손상을 입는다 하더라도 그 후 환경이 개선되면 아동발달이 최적상태로 전환될 수 있다는 사실을 주장해 왔다. 이와 같은 유연성은 성인기에도 계속된다.

노년기에도 여러 가지 기술들이 훈련과 연습을 통해 크게 향상될 수 있는데 이것이 유연성이다(Dörrenbächer et al., 2020, Lee, Charles, & Almeida, 2021, Willis & Belleville, 2016). 예를 들면, 지적 능력을 상실한 노인들도 특별한 훈련과 연습을 통해 그러한 능력을 어느 정도 회복할 수 있다(Baltes, Smith, & Staudinger, 1992). 적응능력은 콘크리트 구조물처럼 굳어진 것이 아니다. 그렇다고 해서 변화를 위한 잠재력이 무한한 것도 아니다.

3) 역사적 · 사회적 맥락(Historical and Social Context)

발달과정에서 인간은 역사적 · 사회적 환경과 영향을 주고받는다. 즉, 인간은 환경에 반응할 뿐만 아니라 상호작용하고 변화시키기도 한다. 오늘날 인간의 발달은 과거와 다를 뿐만 아니라 당대에도 사회적 변화에 의해 영향을 받는다. 즉, 전쟁과 같은 역사적 사건, 컴퓨터의 발명과 같은 과학 · 기술의 획기적인 발견, 여성해방운동과 같은 사회운동 등의 사회적 변화에 의해 인간발달은 영향을 받는다.

Elder(1994)는 1930년대의 대공황이 아동발달에 미친 영향에 관한 연구에서 이 점을 생생하게 보여주었다. 이때의 경제위기는 어떤 아동들—특히 일자리를 잃은 아버지가 자녀훈육에 일관성이 없고 아버지의 사랑을 받지 못한 아동들의 경우—에게 지속적으로 부정적인 영향을 주었다. 이 아동들은(특히 남자아이의 경우) 사춘기가 되었을 때 여러 가지 문제 행동이 나타났고, 성취동기가 부족하였으며, 학업성적이 떨어지고, 성인이 되었을 때에는 변변한 직업이 없었고, 결혼생활도 안정되지 못했다. 확실히 우리는 우리가 살고 있는 시대의 사회적 변화와 역사적 사건에 의해 영향을 받는다. 21세기에는 가족구조의 변화, 남성과 여성의 역할 변화, 생명공학의 혁신으로 인해 20세기의 인간발달과는 그 양상이 크게 다를 것이다.

사진 설명 경제공황으로 어려움을 겪고 있는 가족들

4) 다학제적 접근(Multidisciplinary Partnership)

인간발달은 세포의 생화학적 변화로부터 사회의 역사적 변화에 이르기까지 많은 영향을 받는다. 따라서 어떤 특정 학문이 인간발달을 완벽하게 설명한다는 것은 불가능하다. 인간발달을 제대로 이해하기 위해서는 각기 시각이 다른 다양한 분야의 학자들 간의 다학제적 접근이 필요하다. 예를 들어, 폐경이 주는 심리학적 영향을 완전히 이해하려면 중년기 여성의 신체에서 일어나는 생물학적 변화뿐만 아니라 서로 다른 문화에

표 1-1 인간발달 연구의 다학제적 접근분야와 주요 관심사

학문분야	주요 관심사
인류학	**문화가 발달에 미치는 영향**: 자녀양육이나 노인봉양과 같은 사회적 관습이 문화에 따라 얼마나 다른가? 그리고 그 시사점은 무엇인가? 모든 문화에서 보편적으로 나타나는 발달적 측면이라는 것이 있는가?
생물학	**세포와 신체기관의 성장과 노화**: 한 개의 수정란이 어떤 과정을 통해 성숙한 인간으로 발달하는가? 인간의 신체기관은 연령이 증가하면서 그 기능에 어떤 변화가 오는가?
역사학	**시대에 따른 인간발달의 변화**: 각기 다른 시대에서 아동이나 노인으로 살아간다는 것은 어떤 의미를 갖는가? 오늘날의 가족은 19세기의 가족과 어떻게 다른가? 주요한 역사적 사건이 인간의 삶에 어떠한 영향을 미치는가?
가정학 (인간생태학)	**가족과 사회적 맥락에서의 발달**: 사회의 기본 단위로서의 가족의 본질은 무엇이며 가족관계는 개인의 발달과 적응에 어떻게 기여하는가?
심리학	**개인의 기능**: 정신능력, 성격특성, 사회적 기술 등은 연령에 따라 어떻게 변화하는가? 각 개인의 특성들은 얼마나 안정적이며 또는 얼마나 변화하는가? 그 이유는 무엇인가?
사회학	**사회의 본질과 개인과 사회와의 관계**: 사회가 각기 다른 연령층의 사람들에게 기대하는 것은 무엇인가? 전생애를 통해서 사회제도 내에서 개인은 어떤 역할을 하는가? 사회기관과 그 변화에 의해 우리는 어떤 영향을 받는가?

출처: Sigelman, C. K., & Shaffer, D. R. (1995). *Life-span human development* (2nd ed.). California: Brooks/Cole Publishing Company.

서는 이러한 현상을 어떻게 보는지 알아야 한다. 〈표 1-1〉은 인간발달과 관련 있는 가장 대표적인 학문분야와 발달에 관한 그 분야의 주요 관심사를 보여준다.

3. 성인발달의 단계

성인기는 대체로 성년기(20~40세), 중년기(40~65세), 노년기(65세 이상)의 세 단계로 나뉘어진다. 성년기는 일반적으로 신체적으로나 지적으로 최고의 수준에 있다. 이 시기 동안 직업을 선택하고 친밀한 인간관계를 형성하게 된다.

중년기에는 신체적 능력이나 건강 면에서 감퇴하기 시작한다. 그러나 사고는 실제적인 경험에 기초하여 좀더 성숙한 양상으로 발달한다. 이 시기에 자녀들은 결혼을 하거나 집을 떠나게 된다. 다가올 죽음에 대한 생각으로 성격의 변화를 초래할 수 있다.

노년기에는 신체적 능력이 다소 감소하지만 대부분의 노인들은 신체적으로나 정신

표 1-2 성인기의 세 단계와 주요발달

단계	신체발달	인지발달	심리사회적 발달
성년기 (20~40세)	• 신체적 건강이 최고조에 달하였다가 서서히 감퇴하기 시작한다. • 생활습관이 건강에 영향을 미친다.	• 지적 능력과 도덕적 판단이 보다 성숙해진다. • 학업을 마치고 직업을 갖게 된다.	• 성격특성이 비교적 안정된다. • 친밀한 관계와 개인의 생활양식에 대한 결정이 이루어진다. • 대부분의 사람들이 결혼하여 부모가 된다. • 자아정체감이 계속해서 발달한다.
중년기 (40~65세)	• 감각능력, 신체적 건강과 정력이 감퇴하기 시작한다. • 여성들은 폐경을 경험한다.	• 지혜와 실제적 문제해결 능력은 증가하지만 새로운 문제해결 능력은 저하한다. • 어떤 이들은 직업 면에서 성공을 이루고 최고의 연봉을 받기도 하지만 어떤 이들은 좌절을 경험한다.	• 중년기 위기를 경험하기도 한다. • 자녀를 돌보고 부모를 봉양하는 이중의 책임감으로 인해 스트레스가 발생한다. • 자녀들이 집을 떠나고 '빈 둥지 증후군'이 나타난다. • 여성들은 남성적이 되고, 남성들은 여성적이 됨으로써 양성 모두 양성성의 특성을 보여준다.
노년기 (65세 이후)	• 신체적 능력이 다소 감소하지만 대부분의 노인들은 건강하고 여전히 활동적이다. • 더딘 반응시간이 여러 가지 기능에 영향을 미친다.	• 지적 능력과 기억력이 감퇴하지만 대부분의 노인들은 이를 보상할 수 있는 방법을 알고 있다.	• 은퇴로 인해 수입이 감소하지만 여가시간은 많아진다. • 다가오는 죽음에 대비하여 삶의 의미를 찾는 것이 매우 중요하다. • 가족친지 또는 친구와의 친밀한 관계는 든든한 울타리가 된다.

출처: Papalia, D. E., Sterns, H. L., Feldman, R. D., & Camp, C. J. (2007). *Adult development and aging* (3rd ed.). New York: McGraw-Hill.

적으로 건강한 편이다. 자녀양육의 부담에서 벗어나고 직장에서 은퇴하여 개인적 관계에 더 많은 시간을 가질 수 있다. 그러나 신체적 · 정신적 기능 저하, 친구나 배우자와의 사별 그리고 자신의 죽음에 대처해야 한다. 〈표 1-2〉는 성인기 세 단계의 주요 발달을 묘사한 것이다.

4. 연령의 의미

연령에는 몇 가지 종류가 있으며 동일 인물의 경우라도 모든 연령이 반드시 일치하는 것은 아니다. 우리가 흔히 '나이'라고 말하는 생활연령(chronological age)과 동년배 사람들과 비교하여 물리적 · 사회적 환경에서 얼마나 잘 기능하는가를 의미하는 기능적 연령(functional age)이 있다. 기능적 연령은 생물학적 연령(biological age), 심리적 연령(psychological age) 그리고 사회적 연령(social age)으로 구성된다(Hoyer & Roodin, 2009; Papalia, Sterns, Feldman, & Camp, 2007).

1) 생활연령

생활연령은 달력에 의한 나이를 의미하는 것으로 출생 후 1년이 지나면 첫돌이 되고, 60년이 지나면 회갑을 맞이하는 등 우리가 일상적으로 나이라고 말할 때에는 이 생활연령을 일컫는다. 음주, 운전, 투표, 결혼의 법적 연령은 주로 이 생활연령에 의한 것이다. 그러나 발달이 단순히 시간이 경과하는 것으로 이루어지는 것은 아니기 때문에 이것이 반드시 옳은 것은 아니다. 발달의 속도가 개인마다 다를 뿐만 아니라 같은 사람이라도 어떤 면은 빨리 성장하고 또 다른 면은 느리게 성장한다. 예를 들면, 신체적 · 성적으로 성숙한 대학생이 사회적 상황에서는 매우 미숙할 수가 있다.

사진 설명 회갑연

2) 생물학적 연령

생물학적 연령은 개인이 어느 정도로 신체적 활력을 갖고 있는가를 의미하는 것으로 그것은 개인의 신체적 건강수준에 의해 측정된다(Borrell & Samuel, 2014). 규칙적으로 운동을 하는 50세 된 사람이 전혀 운동을 하지 않는 40세보다 생물학적 연령이 더 젊을 수 있다. 생활습관을 바꿈으로써 (예를 들면, 금연) 생물학적 연령을 어느 정도 늦추는 것도 가능하다. 금연은 앞으로 남은 수명을 연장시키는 반면, 흡연은 생물학적 연령을 높인다.

사진 설명 흡연이나 음주 등은 신체적 노화를 촉진시킨다.

3) 심리적 연령

심리적 연령은 심리적 성숙도를 의미하는 것으로 생활연령이 같은 사람들과 비교하여 환경변화에 얼마나 잘 적응하며 예기치 않은 생활사건이 주는 스트레스에 얼마나 잘 대처하는가에 의해 측정된다(Schaie, 2013). 가령 직업도 없이 부모 집에 얹혀 살면서 다른 사람과 의미 있는 관계를 형성하지 못하는 50세 중년 남성의 경우 독립적이고 자신의 인생을 통제할 수 있는 20세 청년보다 심리적 연령이 더 어릴 수 있다.

사진 설명 결혼을 하지 않은 상태에서 부모로부터 주거와 가사지원을 받는 캥거루족의 비율이 증가하고 있다.

4) 사회적 연령

사회적 연령은 개인이 속한 사회에서 자신의 연령에 적합한 역할을 얼마나 훌륭히 수행하는가를 의미하는 것으로 우리 사회에서 하나의 규범으로 정해진 나이를 말한다(Antonucci, Ajrouch, & Birditt, 2014). 취업, 결혼, 출산, 은퇴 등에 적절한 나이가 있다는 사회적 기대가 있어 사람들은 이 같은 사회적 시간대에 자신들의 주요 인생사건(결혼, 자녀출산 등)을 맞추려는 경향이 있다. 40대 중반에 첫아기를 가진 여성은 동년배에 비해 늦게 부모의 역할을 하게 되므로 이 여성의 사회적 연령은 매우 젊다고 할 수 있다. 사회적 연령은 특히 시대와 문화에 따라 달라진다.

5. 성인발달과 영향요인

성인발달에 영향을 미치는 요인에는 여러 가지가 있겠으나 여기서는 규범적 · 비규범적 영향과 생물생태학적 접근에 관해서 알아보기로 한다.

1) 규범적 영향과 비규범적 영향

특정 집단에 속한 대부분의 사람들에게 유사한 방식으로 발생하는 사건을 규범적 사건이라고 한다. 규범적 연령집단 영향(normative age-graded influences)은 특정 연령집단에 속한 사람들에게 발생한다. 여기에는 생물학적 사건(예: 폐경, 성적 능력의 감퇴 등)과 문화적 사건(예: 은퇴)이 포함된다. 규범적 역사집단 영향(normative history-graded influences)은 유사한 경험을 공유하고 같은 시대, 같은 공간에서 성장한 특정 동시대 출생집단(cohort)에게 발생한다. 1930년대의 경제대공황, 1950년대의 한국전쟁, 1970년대의 베트남전쟁, 1980년대의 아프리카 대기근, 1990년대 초에 발발한 걸프전쟁 등 그 예는 수도 없이 많다. 여성의 사회적 지위 변화나 TV와 컴퓨터의 영향 등은 또 다른 예이다.

개인의 생활에 주요한 영향을 미치는 색다른 사건을 비규범적 사건이라고 한다. 비행기 추락사고나 복권당첨 등의 비전형적 사건뿐만 아니라 전형적인 사건이라도 제때를 벗어나면 비규범적인 사건이 된다(예: 60세에 출산하는 사건). 그러한 사건이 긍정적이든 부정적이든 간에 예기치 못한 사건에는 스트레스가 동반되기 마련이다.

2) 생물생태학적 접근

Urie Bronfenbrenner

성인발달에 미치는 영향을 분류하는 또 다른 기준은 영향의 직접성(immediacy)이다. Bronfenbrenner(1979, 1986, 1995)의 생물생태학적 접근(bioecological approach)에 의하면 다섯 가지 환경체계가 있는데 미시체계, 중간체계, 외체계, 거시체계 그리고 시간체계가 그것이다(〈그림 1-2〉 참조). 서로서로 짜 맞춘 듯 들어 있는 한 세트의 러시아 인형 마트료시카(사진 참조)처럼 좀더 근접한 것에서부터 좀 더 광역의 것까지 이 다섯 가지의 체계는 서로 다른 체계에 담겨져 있다.

미시체계(microsystem)는 개인이 살고 있는 집, 학교, 직장, 이웃과 같은 개인의 근접환경을 의미한다. 또한 배우자, 자녀, 친구, 직장동료들과의 관계도 이 미시체계에 포함된다.

중간체계(mesosystem)는 미시체계들 간의 상호관계, 즉 환경들과의 관계를 말한다. 이를 테면, 집과 학교의 관계, 직장과 이웃과의 관계, 이혼소송이 직무수행에 미치는 영향, 직장에서의 만족도가 부모자녀관계에 미치는 영향 등이 그것이다.

외체계(exosystem)는 개인에게 영향을 미치는 사회적 환경을 의미하는 것으로, 정부기관, 사회복지기관, 대중매체 등이 여기에 포함된다. 운송체계가 고용기회에 미치는 영향, 사회복지기관이 노인들에 대한 건강관리와 서비스체계에 미치는 영향 등이 그 예이다.

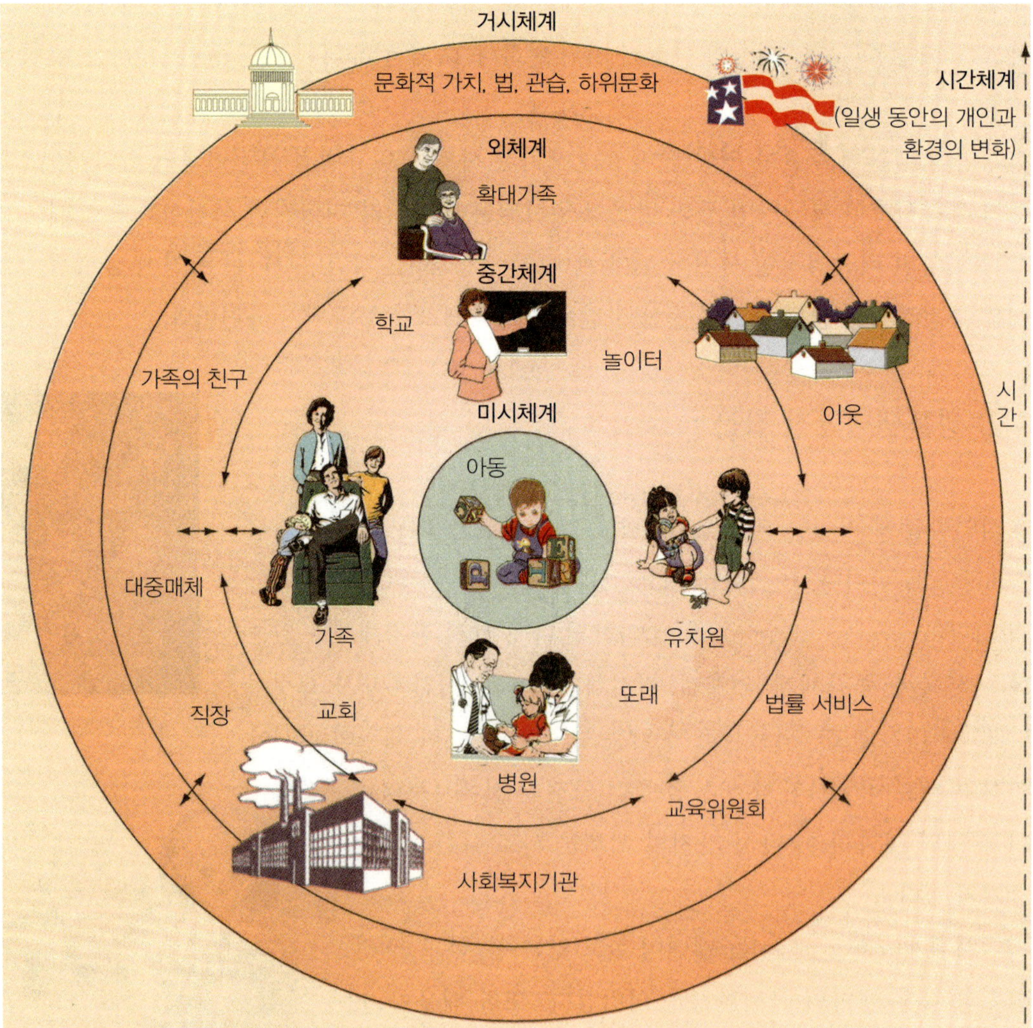

〈그림 1-2〉 Bronfenbrenner의 생태학적 체계 모델

출처: Shaffer, D. R. (1999). *Developmental psychology: Childhood and aololescence* (5th ed.). California: Brooks/ Cole.

거시체계(macrosystem)는 미시체계, 중간체계, 외체계에 포함된 모든 요소에다 개인이 살고 있는 문화적 환경까지 포함한다. 문화란 한 세대에서 다음 세대로 전수되는 행동유형, 신념, 관습 등을 일컫는다. 즉, 거시체계는 신념, 태도, 전통을 통해 개인에게 영향을 미친다. 거시체계는 일반적으로 다른 체계보다 더 안정적이지만 때로는 사회적 변화(예를 들면, 경제적 번영에서 IMF 체제로의 변화 또는 평화체제에서 전시체제로의 변화)에 따라 변할 수 있다.

거시체계는 사회관습과 유행 안에서 자신의 가치관을 표현한다. 무엇이 현재 '유행하는 것'이고,'한물 간 것'인지에 대한 흥미로운 기사를 작성함으로써, 언론인들은 거시체계의 경향을 확인해 준다. 거시체계는 또한 미(美)의 기준을 제시하기도 하고(사진 참조), 성별에 따라 적절하거나 부적절한 행동을 정의하기도 한다. 의학지식의 확산은 건강습관에 영향을 줄 수 있다. 어떤 음식이 건강에 이롭거나 해로운지 구별해 줌으로써, 흡연에 대한 사회적·법적 제재를 가함으로써, 또 에이즈나 임신을 피하기 위하여 콘돔 사용에 대한 광고를 권장함으로써 그렇게 할 수 있다. 거시체계적 가치관은 깡마른 체형을 미모 또는 성적 매력과 동일시함으로써, 거식증이나 폭식증과 같은 먹기장애를 초래할 수 있다.

시간체계(chronosystem)는 전생애에 걸쳐 일어나는 변화와 사회역사적인 환경을 포함한다. 시간체계는 개인이 성장함에 따라 겪게 되는 외적인 사건이나 내적인 사건이 구성요소가 된다. 시간체계에 관한 연구들은 인간의 생애에서 단일한 사건이 발달에 미치는 영향에 국한하지 않는다. 오히려 그 연구는 시간의 경과와 더불어 연속적으로 일어나는 사건들이 누적되어 미치는 영향에 관해 연구한다.

개인이나 가족에게 영향을 미치는 이들 체계들을 살펴봄으로써 생태학적 접근은 성인발달에 미치는 영향의 다양성과 복잡성을 이해할 수 있게 해준다. 각 체계의 상대적 중요성은 사회마다 다를 수 있고 같은 사회라도 특정 문화집단마다 다를 수 있다.

6. 21세기 성인발달 연구의 전망

의학의 발달로 인간의 평균예상수명이 증가하면서 노인인구의 비율이 증가하고 있는 것은 세계적인 추세이다. 더구나 우리나라는 노인인구의 증가속도가 세계 어느 나라보다도 빠르게 진행되는 반면, 출산율은 지속적으로 감소하여 사회적인 문제가 되고 있다. 이처럼 평균수명의 증가와 생산능력의 감소로 인해 21세기의 성인 및 노인 세대의 특성은 그 이전과는 다를 것이다.

1) 21세기의 성인 및 노인 세대의 특성

우선 21세기의 성인 및 노인 세대의 특성을 알아보고 앞으로의 성인연구에 대한 전망을 해보고자 한다. 미국의 '베이비붐' 세대(1946~1964년에 출생)가 21세기 초가 되면 노년기에 달해 '노인붐(Senior Boom)' 현상을 초래하게 될 것이다. 우리나라도 평균예상수명이 증가하면서 이와 비슷한 현상이 나타날 것으로 보인다.

앞으로의 노인세대의 특성은 현재의 노인세대의 특성과 여러 면에서 다를 것이다. 첫째, 의학기술의 진보에 힘입어 평균예상수명이 증가함으로써 좀더 오래 살게 될 것이다. 둘째, 교육받을 기회의 증대로 인해 고학력 노인이 증가할 것이다. 셋째, 앞으로의 노인세대는 경제적으로 여유가 있으며 그로 인해 고령친화산업[1)]이 발달할 것이다.

(1) 평균예상수명의 증가

고대 로마에서 태어난 아이들은 평균적으로 20년 내지 30년 이상을 살지 못했으며 중세기에는 세 명의 아기 중 한 명은 첫돌을 넘기지 못했다(Borstelmann, 1983). 19세기 말에는 평균예상수명이 47세에 지나지 않았으나 20세기에 와서는 지속적으로 증가하여 1985년에는 거의 75년으로 늘어났는데 이것은 고대 로마의 수명보다 3배 정도 증가한 것이다(미국보건후생국, 1986; Zopf, 1986).

1986년에는 미국에서 인간게놈 규명 프로젝트가 시작되었는데, 인간게놈이란 각 인

1) 대통령 자문기구인 '고령화 및 미래사회위원회'는 국적불명의 '실버산업'이라는 용어 대신 '고령친화산업'이라는 용어를 새로 만들어 사용할 것을 권장하고 있다(2005).

간세포 속의 DNA를 만드는 약 35억 개의 화학물질인 염기의 정확한 서열을 나타내는 생물학적 지도를 말한다. 게놈 프로젝트는 인간의 특성과 인체 운용 프로그램을 기록하고 있는 DNA의 네 가지 염기(아데닌, 사이토신, 구아닌, 티민)의 배열구조를 밝히는 작업이다. 게놈 해독을 통해 인간 유전자를 전체적으로 파악하면 이를 바탕으로 각 유전자의 작용을 알아내 결함을 수정하고 기능을 강화하는 등 다양한 생물공학적 응용이 가능하게 된다. 따라서 인간게놈 배열을 완전히 해독하게 되면 평균예상수명은 100세가 넘을 것으로 전망된다.

사진 설명 이것이 인간게놈지도 – 워싱턴대 게놈배열센터의 로버트 워터슨 박사가 워싱턴에서 열린 인간게놈지도의 완성을 발표하면서 인간 유전자의 배열구조를 설명하고 있다. 출처: 동아사이언스.

평균예상수명의 증가는 중년기와 노년기라는 새로운 인간발달 단계를 출현시켰으며 과거보다 더 적은 수의 자녀를 출산함으로써 자녀가 모두 출가한 후 상당히 오랜 기간을 부부만이 생활하게 되었다(Neugarten & Neugarten, 1986).

평균예상수명이 증가함에 따라 인간관계, 즉 배우자, 부모, 자녀 그리고 친구관계도 연장될 것이다. 예전에 평균수명이 낮았을 때에는 어린 나이에 부모나 형제의 사망을 경험하였다. 그러나 앞으로는 중년기 이후에 부모와 사별하게 될 것이고, 특히 여성들의 경우는 자신의 노년기에 어머니와 사별할 것이다.

평균예상수명의 증가는 가족구조에도 변화를 가져와 비록 함께 살지는 않는다 하더라도 4세대, 5세대 가족이 증가할 것이며 같은 세대의 가족 구성원 수는 감소할 것이다. 학자들은 이러한 가족구조를 '콩섶 가족구조(beanpole family structure)'라고 부른다(Bengtson, Rosenthal, & Burton, 1990).

늘어난 평균수명과 감소된 생산능력으로 인해 이제 여성은 자녀를 돌보는 것보다 노인 부모를 모시는 기간이 훨씬 더 길어질 것이다. 인류역사상 처음으로 여성은 할머니이면서 동시에 손녀의 역할도 하게 될 것이다.

사진 설명 앞으로 다세대 가족이 점점 증가할 것이다.

남성과 여성의 평균수명의 차이(약 7년)는 가족관계의 또 다른 주요 변화요인이라 할 수 있다. 가족이나 사회 모두에서 최고령자의 세계는 여성들의 것이 될 것이며 어떤 5세대 가족에서는 3세대의 과부가 있게 될 것이다.

(2) 고령친화산업의 발달

앞으로의 노인인구는 기존의 노인집단과는 달리 고학력자이고 젊은 층 못지않은 구매력을 갖춘 경제적으로 여유 있는 노년층이 점차 증가할 것으로 예측할 수 있다. 이러한 노년층의 증가는 결국 노년층의 소비가 하나의 소비패턴으로 정착할 수 있는 것을 의미하며, 아울러 소비자층의 한 부분으로서 노년층의 소비문화를 형성하는 기반이라 할 수 있다. 노년인구의 증가와 경제력을 갖춘 노년층의 증가가 산업에 미치는 영향과 전망은 다음과 같이 정리해 볼 수 있다.

첫째, 노년인구의 증가와 서비스 수요 증가에 따른 새로운 인력시장이 형성될 것이다. 노년인구는 대개 생산자라기보다는 소비자라 할 수 있다. 고령화에 따른 관련 직종들이 새로 발생할 것이며, 그 수요는 노년인구의 증가와 서비스의 질적 수준 향상과 비례하여 증가할 것이다. 예를 들면, 노인들의 재택보호 수요가 증가하면, 노인의학 전문의 및 간호사, 홈헬퍼 등의 새로운 인력 수요가 늘어남은 물론 의료기기 및 재활기기의 판매나 대여 서비스 업종이 다양하게 개발될 것이다.

둘째, 대부분 소비계층인 노년층의 경우 시간이 많아지므로, 여유시간 증대에 따른 다양한 서비스 시장이 형성될 것이다. 은퇴한 노년층은 취미생활, 국내외 여행, 학문 또는 관심영역 연구 등에 투자할 수 있는 여유시간이 있기 때문에 이와 관련된 서비스 상품, 즉 여행, 문화, 교육과 관련된 산업이 발전할 것이다.

셋째, 경제적인 자금 여유와 경영관리 노하우를 겸비한 일을 즐기려는 노인들이 창업하는 경우가 점차로 증가할 것이며, 초소규모 기업이 등장할 것이다. 최근 일본은 50세 이상의 고령자 창업 비율이 해마다 늘고 있는 추세인데, 창업은 본인 스스로 재량껏 일을 할 수 있다는 점과 자신의 경험, 지식, 자격 등을 살리고 싶다는 동기가 주 원인으로 나타났다. 앞으로 중·고령자층의 창업활동은 개인뿐만 아니라 사회에 공헌할 수 있는 기회를 제고할 수 있을 것으로 전망된다.

결국 노인인구의 급증은 부분적으로는 현대산업 구조를 변화시킬 수 있는 가능성을 가진 것이며, 전체적으로는 기존 산업활동에 활력소를 제공할 것이다. 따라서 이를 준비하는 과정과 고령친화산업의 활성화 방안 논의 등이 왕성하게 수반되지 않는다면 국가의 큰 손실로 나타나게 될 것은 분명해 보인다. 왜냐하면 노년층의 증가가 다양한 욕구를 수반하고 있기 때문에 새로운 수요를 기반으로 수익을 창출할 수 있는 산업을 개척하여 경제성장의 기회로 삼아야 하기 때문이다.

이러한 사실에도 불구하고 아직까지 우리나라는 고령친화산업에 대한 인식도 부족하고 이에 대한 정책적 지원도 미흡한 실정이다. 우리나라 고령친화산업의 과제를 살펴보면 다음과 같다.

첫째, 노인을 하나의 소비계층으로 인식하고, 이들을 위한 산업의 필요성을 바르게 이해하여, 이를 육성하는 것이 필요하다. 외국의 경우 고령친화산업이 상당히 발전되어 있으며, 이러한 노력을 우리가 하지 않는다면 외국의 유수기업들에게 노인고객을 뺏기는 상황을 경험하게 될 것이다.

둘째, 고령친화산업에 대한 인식의 부족과 아울러 차별화된 마케팅 전략도 거의 이루어지지 않고 있다. 앞으로 노인세대는 모두 경제적인 능력이 없고 힘없는 세대로 볼 수는 없으며 개인차가 상당히 클 것이다. 그러므로 노인의류나 생활용품, 여행상품 등에서 노인층의 상이한 경제적인 능력을 감안한 차별적인 요구가 존재할 것으로 예측할 수 있다. 예를 들어, 과거에는 주목받지 못했던 노인용품들도 그 수요가 꾸준히 증가할 것으로 예측할 수 있는데, 요실금 환자를 위한 '디펜드' 등이 그 대표적인 상품으로 볼 수 있다(사진 참조). 그럼에도 불구하고 아직 우리 사회는 노인의 잠재적 구매능력에 대한 인식이나 이에 근거한 마케팅 전략 및 이에 대한 정책적 지원이 미비한 실정이다.

2) 21세기 성인발달 연구의 전망

앞으로 우리 사회가 21세기에 당면하게 될 노인문제는 노인인구의 증가, 노인부양문제, 의료문제, 빈곤문제 등으로 인해 더욱 심각해질 것으로 예상된다. 노인문제를 유발하는 요인들은 여러 관점에서 설명이 가능하겠지만 가장 중요한 요인은 노인인구의 증가로 인한 인구의 고령화가 주된 요인이라고 볼 수 있다. 전통적으로 우리나라는 가족부양이 노인부양의 근간이었으며, '효' 규범이 중요한 가족이념 가운데 하나였다. 따라서 노인은 공경의 대상이었다. 이처럼 노인부양에서 일차적으로 가족부양을 강조하였던 것은 가족 내의 생산인구에 비해 노인인구는 희귀하였기 때문에 가족부양이 그다지 문제시되지 않았기 때문이다. 또한 '효' 이념은 윗세대에 대한 아랫세대의 무조건적인 복종을 요구하는 것이 아니라 그만큼 노인의 지혜를 중시하고 인정하는 것에서 비롯된다고 볼 수 있다.

우리나라에서 노인문제가 심각하게 대두된 것은 최근의 급격한 노인인구의 증가와 더불어 출산율의 감소에 기인한다고 볼 수 있다. 그러므로 예방적 차원, 문제해결 차원에서 다양한 전문분야의 학제적 연구가 필요하다. 즉, 사회학자, 심리학자, 경제학자, 인간생태학자, 가정학자, 정치학자들이 기초과학이나 임상학 분야의 생물학자, 유전학자, 영양학자 등과 함께 노인문제를 연구해야 할 것이다.

가족구조와 가치관의 변화가 노인과 노화과정에 미치는 영향은 문화적 배경에 따라 다를 것이므로 이에 대한 비교문화연구가 필요하다. 비교문화연구를 통해서 21세기에는 노년학의 보편성과 특수성이 보다 더 구체적으로 밝혀져야 할 것이다.

지금까지의 성인연구를 살펴보면 일정한 연령범위 내의 모든 성년기, 중년기, 노년기의 개인을 한 가지 연구에 포함시킴으로써 다양한 성인기의 개인적 특성을 파악하는 데에는 한계가 있었다고 본다. 앞으로는 독신, 사별, 이혼이나 별거 중인 사람 등 개인이 처한 특수한 상황이 성인기 생활에 어떤 영향을 미치는지에 대한 연구가 필요하리라 본다. 즉, 결혼상태, 가족구조 등 개개인의 특성과 함께 지역별, 성별, 연령별, 계층별 특성을 고려한 성인기 내에서의 서로 상이한 하위집단에 대한 집중적인 연구가 요청된다. 이러한 점을 규명하기 위해서는 양적 연구와 더불어 질적인 연구가 수행되어야 할 것이다.

한국 노년학 연구는 지난 30여 년간 그 양적인 면에 있어 괄목할 만한 성장을 보였으며, 특히 한국노년학회와 한국노년학회지는 노년학이 하나의 학문으로 자리 잡는 데 큰 기여를 해 왔다. 그러나 우리나라의 노년학 연구는 아직 개척단계에 있으며 그 자체가 복합적이고 다양한 성격을 띠고 있어 학자들의 관심분야에 따라 연구내용도 다양하므로 노년학의 발전을 위한 통합적 연구가 절실하다. 뿐만 아니라 노년기에 비해 훨씬 관심을 덜 받고 있는 성년기나 중년기에 대한 연구도 시급하다고 본다.

제2장

성인발달의 이론

최근까지 인간발달을 연구하는 사람들이 50년 이상이나 되는 성인기의 발달에 관심을 별로 기울이지 않았다는 사실은 믿기 어려운 일이다. 인간을 대상으로 한 연구에서 전생애 접근법은 최근에 와서야 이루어졌다. 대부분의 인간발달학자들이 성인기 이후의 단계에 무관심했던 이유는 인간이 일단 성인이 되면 신체적 · 심리적 변화가 더 이상 일어나지 않는다고 믿었기 때문이다.

그러나 오늘날 신체가 완전히 성장하면 성격발달이 멈춘다고 믿는 사람은 거의 없다. 대부분의 발달론자들은 이제 인간은 살아있는 한 변화하고 성장할 가능성이 있다고 확신한다. 성인발달이론의 두 가지 주요 접근법은 규범적 위기 모델과 사건의 발생시기 모델이다.

Erikson의 이론은 '규범적 위기 모델'의 한 예인데 이 모델은 인간발달을 연령에 따른 사회적 · 정서적 변화와 같은 일정한 단계로 설명하고 있다. Erikson과 이 접근법을 따르고 있는 Levinson, Vaillant는 인간발달에는 내재된 기초안이 있으며, 누구든지 그것을 따른다고 믿는다.

'사건의 발생시기 모델'의 제안자들(Neugarten이 주요 주창자이다)은 발달을 정해진 계획에 따른 결과나 위기의 시간표로서가 아니라 개인의 인생에서 중요한 사건이 발생하는 시기의 결과라고 본다. 그래서 이 모델은 개인의 다양성을 좀더 폭넓게 인정한다. 이 견해에 따르면, 만약 생의 사건들이 예기했던 대로 발생하면 발달은 순조롭게 진행되고, 그렇지 않으면 발달에 영향을 미치는 스트레스가 발생할 수 있다고 본다. 실직과 같은 예기치 않았던 사건이 발생하거나, 예기했던 사건이 예상보다 일찍 또는 늦게 발생하거나 아예 발생하지 않을 때(예를 들면, 40세에 아직 결혼하지 않았거나 그 나이에 이미 혼자가 되었을 때)에는 스트레스가 발생한다. 따라서 이 모델은 문화가 사람들에게 기대하도록 하는 규범과 관련이 있을 때에만 연령과 관련된다.

이 장에서는 규범적 위기 모델에서 Erikson의 정체감발달이론, Loevinger의 자아발달이론, Vaillant의 성인기 적응이론, Levinson의 인생구조이론, Jung의 성인기 분석이론 등을 살펴보고, Neugarten의 사건의 발생시기 모델에서는 인생사건의 유형과 발생시기, 인생사건에 대한 반응, 성공적인 노화와 성격유형 등을 살펴보고자 한다.

1. 규범적 위기 모델

Freud와 Erikson은 개인이 발달하는 데 있어 결정적인 과업들을 해결해야 할 필요가 있는 일련의 단계들을 각각 제시하였다. Freud는 그의 발달이론을 청년기 이후는 고려하지 않았으나 Erikson은 성인기 3단계의 발달과업과 위기를 제시하고 있는데 성년기, 중년기, 노년기가 그것이다.

Erikson의 영향을 받아 몇몇 연구가들은 성인들을 대상으로 한 연구에서 발달의 특정한 단계나 국면을 확인하였다. Loevinger에 의하면 자아발달은 출생에서 성인기까지 10단계로 나누어 진행된다고 한다. Vaillant는 종단적 그랜트 연구에서 하버드대학 학생들을 18세부터 50대까지 추적조사하였는데, 그랜트 연구의 초점은 어떻게 사람이 삶에 적응하는가에 맞추어졌다. 소규모의 전기적 연구에서 Levinson과 그의 동료들은 35세에서 45세까지의 남성들을 조사하고 면접하여 변화의 주요한 단계를 확인하였다. Jung은 인간의 발달단계를 생의 전반기, 중년기의 위기, 노년기의 3단계로 나누어 살펴보았다.

1) Erikson의 정체감발달이론

(1) Erikson의 생애

Erik Homburger Erikson은 1902년 독일의 프랑크푸르트에서 태어났다. 그의 부모

Erik Erikson(1902~1994)

는 덴마크 사람이었으나 그가 태어나기 몇 달 전에 이혼을 했다. 그 후 그의 어머니는 Erikson이 세 살 때 소아과 의사인 Homburger 박사와 재혼하였다.

고등학교를 졸업하고 나서 Erikson은 진로를 결정하지 못하고 망설였다. 그래서 대학에 가는 대신 1년 동안 유럽을 돌아다녔는데, 후에 그는 이 시기를 자신의 유예기(moratorium)라고 불렀다. 유예기란 젊은이들이 자기 자신을 찾고자 노력하는 얼마간의 기간을 말한다.

Erikson은 25세 때 Anna Freud와 Dorothy Burlingham이 세운 비엔나의 신설 학교에서 아동들을 가르쳤는데, 수업이 없을 때면 Anna Freud 등과 함께 아동 정신분석 문제를 연구하였다. 27세 때 Erikson은 캐나다 출신의 동료교사인 무용가 Joan Serson과 결혼을 하고, 1933년에 미국 보스턴에 정착했으며, 거기서 그 도시 최초의 아동분석가가 되었다. 보스턴에서 3년을 지낸 후 Erikson은 예일 대학에서 강사직을 맡게 되었다. 2년 후 그는 South Dakota의 인디언 보호지역으로 가서 Sioux족과 함께 살면서 그들에 관해 연구를 하였고, 다른 인디언족인 Yurok 어부들을 연구하러 캘리포니아 해안을 여행하기도 했다. Erikson은 Freud가 손대지 않았던 미지의 영역을 연구했는데, 그것은 바로 상이한 문화적 여건에서 자라는 아동들의 생활에 관한 분야였다.

사진 설명 비엔나에서 Dorothy와 Anna

1960년에 Erikson은 하버드 대학의 교수로 임명되었는데, 생활주기에 관한 그의 강좌는 학생들에게 인기가 대단히 높았다. 그는 1970년에 은퇴하여 샌프란시스코 교외에 살면서 저작활동을 계속하다가 92세가 되던 1994년에 사망하였다.

Erikson의 가장 중요한 저서는 『아동기와 사회(Childhood and Society)』(1950)이다. 이 책에서 그는 생의 8단계를 제시하고, 이 단계들이 다른 문화권에서는 어떻게 전개되는지를 보여주고 있다. 그 외 주요 저서로는 『젊은 청년 루터(Young Man Luther)』(1962), 『자아정체감: 청년과 위기(Identily: Youth and Crisis)』(1968), 『간디의 진리(Gandhi's Truth)』(1969) 등이 있다.

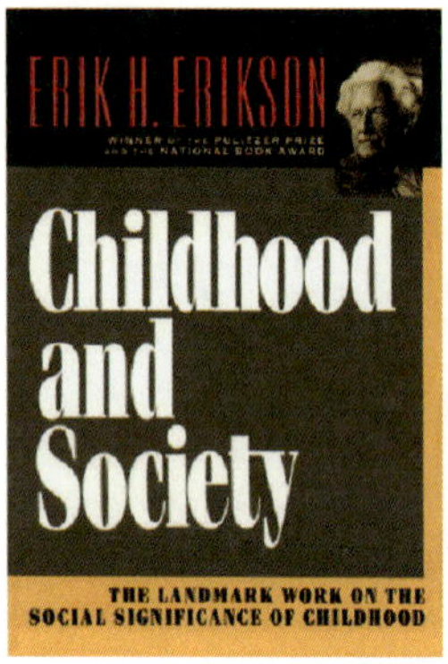

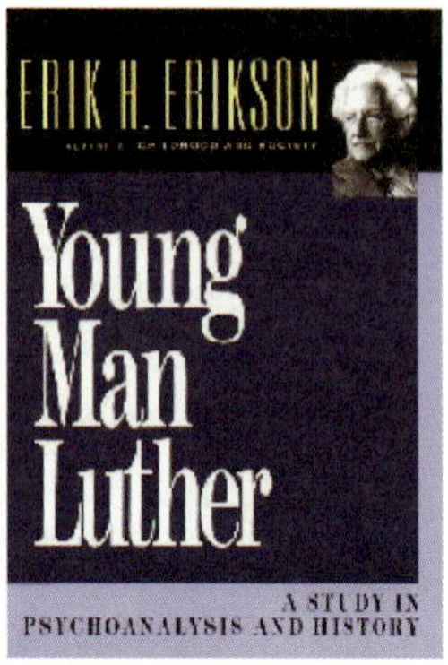

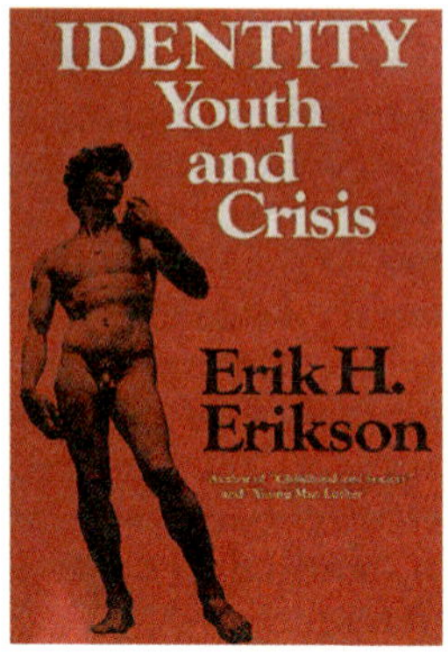

(2) Erikson 이론의 개요

Erikson(1950, 1982)은 내적 본능 및 욕구와 외적 문화적 · 사회적 요구 간의 상호작용으로 인해 심리사회적 발달이 전생애를 통해 계속된다고 주장하였다. 그리고 내재된 '기초안(ground plan)'에 의해 발달이 이루어진다고 믿었다. Erikson에게 있어 주요 개념은 자아정체감의 발달이다. 확고한 자아정체감을 확립하기 위해서는 일생을 통해 여덟 가지의 위기(또는 갈등상황)를 성공적으로 해결해야 한다고 하였다.

매 단계마다 갈등상황(또는 위기)은 '신뢰감 대 불신감'이나 '통합감 대 절망감'에서처럼 긍정적인 결과와 부정적인 결과를 초래할 수 있다. 즉, 여덟 개의 발달단계마다 나름대로의 갈등이 있으며, 그 갈등은 양극의 결과를 초래할 수 있다. 후기의 저술에서 Erikson은 갈등을 성공적으로 해결할 수 있는 잠재력(potential strength) 또는 생명력(vital strength)에 대해 언급하고 있다(〈표 2-1〉 참조). '성공적인 해결'은 반드시 긍정적인 측면만을 의미하는 것은 아니다. 최상의 해결책은 긍정적인 측면과 부정적인 측면이 균형을 이루는 것이다.

다른 단계이론가들과는 달리, Erikson은 특정 단계의 과업이나 위기를 완전히 해결하지 않고서는 다음 단계로 진행할 수 없다고 생각하지는 않았다. 위기를 해결하든 해결하지 못하든 일정한 연령에 도달하면 생물학적 성숙이나 사회적 압력에 의해 다음 단계로 진행하게 된다고 보았다. 새로운 단계에서는 새로운 윤리와 새로운 갈등을 만나게 된다. 60세나 70세가 되었을 때에 전단계에서 해결하지 못한 과업이

Helen Q. Kivnick

표 2-1 Erikson의 심리사회적 발달 8단계

단계	발달과업과 위기	생명력 또는 잠재력	설명
영아기	신뢰감 대 불신감	희망	유아는 양육자와 신뢰관계를 형성해야 한다. 그렇지 않으면 불신감이 형성된다.
유아기	자율감 대 수치심과 회의감	의지	걷기, 잡기, 괄약근 통제를 포함하는 신체적 기술을 발달시키는 데에 에너지가 집중된다. 통제를 제대로 하지 못하게 되면 수치심과 회의감이 나타난다.
아동 초기	주도성 대 죄책감	목적	좀더 단호해지려 노력하고 주도권을 잡으려고 애쓴다. 이 과정에서 다른 사람에게 상처를 주게 되면 죄책감을 느끼게 된다.
아동 후기	근면성 대 열등감	능력	새롭고 복잡한 기술을 습득해야 한다. 그렇지 않으면 열등감을 느끼게 된다.
청년기	정체감 대 정체감 혼미	충실	직업, 성역할, 정치, 종교를 포함하는 몇몇 영역에서 자신이 누구인가에 대한 정체감을 확립할 필요가 있다.
성년기	친밀감 대 고립감	애정	친밀한 관계를 형성하기 위해 '나'를 '우리'라는 개념 속에 빠져들게 해야 한다. 그렇지 않으면 고립감을 경험하게 된다.
중년기	생산성 대 침체성	배려	다음 세대를 지원하기 위해 생산성의 욕구를 충족시킬 수 있는 방법을 모색해야 한다.
노년기	자아통합감 대 절망감	지혜	앞서 7단계의 위기를 잘 해결하게 되면 있는 그대로의 자신을 받아들이게 된다.

출처: Erikson, E. H., Erikson, J. M., & Kivnick, H. Q. (1986). *Vital involvement in old age*. New York: Norton.

나 위기는 그대로 남아 있어 자아통합감을 이루고자 할 때 장애가 된다.

(3) 후성설의 원리

후성설의 원리(epigenetic principle)는 전성설(前成說)과 대칭되는 개념으로 Erikson 이론의 토대를 형성한다. 후성설의 원리는 태생학적 모델에 근거하는 것으로, 태내발달 동안 일어나는 모든 일들은 특별히 우세한 시기가 있으며, 이에 대한 계획은 유기체의 유전인자에 내재되어 있다는 것이다. Erikson은 후성설(後成說)에 대해 다음과 같이 설명한다. "성장하는 모든 것은 기초안을 가지고 있으며, 이 기초안으로부터 각 부분이 파생하고, 각 부분에는 특별한 상승기가 있으며, 궁극적으로 통합된 전체로 기능하게 된다"(Erikson, 1968a, p. 92).

상당히 비슷한 방식으로 다양한 심리적 부분들이 결합하여 전적으로 새롭고 질적으로 독특한 실체를 형성한다. 기능하는 전체는 원래 그를 형성했던 부분들로 더 이상 환원되지 않는다. 그러므로 후성설의 원리는 환원주의적 입장이 아니다. 이에 대한 한 유추로서 건물을 생각해 본다면, 완성된 상태의 건물은 단순히 콘크리트, 벽돌, 목재 이상의 존재와 같은 것이다. 한 독특한 실체로서 건물은 작업장소나 생활공간 또는 놀이공간이 될 수 있다. 기능의 단위로서 원래의 단순했던 구성요소들보다 훨씬 복잡한 새로운 수준의 목적을 위해 작용한다. 마찬가지로, 출생 시 존재하는 독립적인 반사들은 이들을 합한 것 이상의 질적으로 다른 행동을 낳는 방식으로 조직화된다.

Erikson에 의하면, 이같은 시간안(time plan)은 후성설의 원리에 입각한 성숙과정에 의해 통제된다고 한다. Erikson의 심리사회적 모델의 8단계에서 매 단계마다 다른 갈등이 인간발달상 특별한 중요성을 갖게 된다. 이러한 갈등이 간접적으로 성숙과 사회적인 요구 간의 싸움에서 비롯된다면, 자아는 발달과정에서 중요한 중재요소가 된다. Freud는 자아가 출생 이후 원초아의 발달적 부산물로서 형성된다고 믿었지만, Erikson은 자아가 미숙한 상태이긴 하나 출생 시부터 존재한다고 생각하였다.

2) Loevinger의 자아발달이론

(1) Loevinger의 생애

Jane Loevinger는 1918년 2월 18일에 미네소타 주 세인트 폴에서 태어났다. 그녀의 아버지는 변호사로 일하다가 나중에 연방지방법원 판사로 임명되었다. Loevinger는 학창시절에 성적이 뛰어나 조기졸업을 했는데, 이 때문에 자신을 아웃사이더라고 느끼게 되었다. 1937년에 미네소타 대학에서 학사학위를 받았으며, 그 이듬해인 1938년에는 심리측정(Psychometrics)으로 석사학위를 취득하였다. 버클리 대학에서 박사과정 중에 있을 때 Erik Erikson의 연구조교로 일한 적도 있는데, 그녀의 관심은 수량화와 심리측정이었지만 Erikson은 측정도구나 수량화에는 관심이 없다는 인상을 받았다고 술회한 적이 있다. 그녀는 박사학위를 취득하기 바로 전인 1943년에 물리학자 Sam Weissman과 결혼하였다.

Jane Loevinger(1918~2008)

결혼을 하고 나서 그녀는 둘째 아이를 낳기까지 가정주부로 지내면서 아이들을 키우고 가정을 관리하는 일이 쉬운 일이 아니라는 사실을 절감하였다. 전쟁이 끝난 뒤 일자리를 원하는 많은 남성들로 인해 여성들은 직업을 포기하고 주부가 되어야 한다는 사회적 압력 때문에 Loevinger는 일할 기회를 잡지 못하고, 자칭 '직업의 암흑기'를 보내게 되었다.

Loevinger는 여성을 대상으로 연구하기 시작한 몇 안 되는 연구가들 중 한 사람이다. 그녀는 미국국립정신건강연구소(National Institute for Mental Health: NIMH)에서 연구비를 지원받아 '어머니의 태도'를 측정하는 측정도구를 개발하면서 여성을 대상으로 한 연구를 시작하였다. Loevinger는 어머니들(보다 넓게는 여성들)의 일상생활에서 더 나아가서는 일생 동안 직면하게 되는 모든 문제들에 관해 토론을 하는 비공식적 모임을 일주일에 한 번씩 가졌다. 이 모임은 Blanche Sweet, Marilyn Rigby, Kitty LaPerriere, Elizabeth Nettles, Virginia Ives, Vicki Carlson 등의 여성 임상학자들이 주축이 되었는데, 나중에 Arthur Blasi, Michael Westenberg 등의 남성 학자들도 합류하였다.

이 모임에서 자아발달을 측정하기 위한 문장완성검사(Sentence Completion Test: SCT)가 개발되었는데, SCT는 남성에게도 적용할 수는 있지만 대부분의 문항들은 여성을 주체로 하여 구성되어 있다. SCT는 34문항의 개방형 질문으로 구성되어 있는데, 문항의 예를 들면 다음과 같다. "대부분의 남자들은 여자는 ~라고 생각한다." "때때로 여자들은 ~를 소원한다." "여성이기 때문에 겪게 되는 가장 최악의 일은 ~이다." "좋은 어머니는 ~이다." "여성에게 직업경력이란 ~이다."

Loevinger가 문장완성검사를 통해 심리학 연구에 중요한 공헌을 하였지만, 오래도록 대학에서 자리를 얻지 못하다가 마침내 워싱턴 대학의 심리학과 교수가 되었는데, 그녀는 자신이 여성으로서 그리고 유태인으로서 교수가 된 사실에 대해 이러한 일이 법적으로 지원되어야 한다고 생각하였다. 1964년에 시민권리 법령과 평등고용기회에 대한 권리가 통과되면서 성과 인종, 국적에 따른 차별이 금지되었다.

Loevinger는 은퇴하기 바로 전인 1971년에 워싱턴 대학의 심리학과에서 여성 최초의 정교수가 되었다. 그녀는 자신이 여성이기 때문에 여러 가지 불이익을 당했지만, 한편으로는 그것이 자극제가 되어 일찌감치 자신의 '길'을 갈 수 있었다고 회고한다. Loevinger는 스스로를 인습 타파주의자(iconoclast)라고 묘사한다.

Loevinger의 문장완성검사는 심리학 분야에 큰 공헌을 한 바 있으며, 또한 20세기 중반에 여성으로 살아가는 고초(苦楚)에 대한 생생한 목소리를 전달함으로써 심리학 분야의 거짓 없는 모습을 보여주는 데에도 기여했다는 평가를 받는다.

(2) Loevinger 이론의 개요

Loevinger(1976)에 의하면, 자아발달은 출생에서 성인기까지 10개의 단계로 나뉘어 진행된다(〈표 2-2〉 참조). 그리고 한 단계의 발달이 완성된 후에라야 다음 단계로 진행할 수 있다고 한다. 앞의 몇 단계는 아동기에 완성이 되지만 그 뒤의 단계들은 연령과는 별로 상관이 없다. 같은 연령집단의 성인이라도 제각기 다른 자아발달 단계에 속할 수 있다.

Loevinger는 모든 성인들은 첫 세 단계는 순조롭게 통과한다고 한다. 그러고 나서 어떤 이들은 자기보호적 단계에서 멈추고, 또 다른 이들은 순응적 단계에서 멈추고 만다. 그러나 대부분의 성인들은 자아인식 수준과 양심적 단계까지에는 도달하게 된다. 마지막 네 단계가 성인발달에서 특별히 중요하다. 내면화된 규칙이 출현하는 양심적 단계는 어떤 면에서 Erikson의 정체감 대 정체감 혼미 단계와 유사하다. 이 단계의 또 다른 특징은 이전 단계의 고정관념적이고 2차원적 관계와 비교해서 이제는 다른 사람들을 좀더 복잡하고 3차원적인 관계로 인식하는 능력이다. 다른 사람과의 관계와 대인관계에서의 상호성에 대한 깊은 이해가 가능하다.

개인주의적 수준의 특징은 자신뿐만 아니라 다른 사람에 대한 관용이 발달한다는 것이다. 모든 인간을 각자 제 나름대로의 장단점을 가진 독특한 개체로서 인식한다. 타인에 대한 의존의 문제가 이 단계에서 재등장한다. 이 단계의 성인은 독립이란 것이 단순히 돈을 벌고, 집을 소유하는 것으로 성취되는 것이 아니라는 것을 깨닫는다. 즉, 내적 수준의 독립이 있다는 것을 깨닫게 된다.

자율적 단계에서 비로소 내적 독립이 이루어진다. 자율성이란 다른 사람에 대한 무관심을 의미하는 것이 아니라 오히려 풍부한 대인관계를 의미한다. Loevinger의 자율적 단계를 Erikson의 두 번째 단계인 '자율성 대 수치심 및 회의감'과 혼동해서는 안 된다. Erikson의 두 번째 단계는 Loevinger의 기회주의적 단계와 훨씬 더 유사하다. 이 단계의 또 다른 특징은 우리 인생에서 발생하는 갈등을 인정하는 점이다.

최고 수준의 단계는 통합적 단계이다. 겉으로 보기에는 이 단계가 Erikson의 마지막 단계인 '자아통합감'의 개념과 유사하지만 Loevinger의 생각으로는 자아통합감보다 좀

표 2-2 Loevinger의 자아발달이론

단계		설명
1	전사회적 단계	이 단계에서 영아는 자신의 욕구충족에만 관심을 갖는다. 대상영속성의 발달을 위해 자신과 타인 또는 주변환경을 구별하는 것을 배워야 한다.
2	공생적 단계	어머니에 대해 강한 공생적 의존이 출현하기 시작한다. 이 단계의 유아는 아직 자아와 어머니 사이를 구분하지 못한다.
3	충동적 단계	이제 아동은 자신의 분리된 실체를 주장한다. 이 단계에서는 충동에 굴복하여 노골적인 자기충족을 추구한다. 다른 사람들은 단지 자신에게 무엇을 해줄 수 있는가를 중심으로 평가된다. 이 단계에 너무 오래 머물게 되면 '제멋대로'이거나 '통제불능'이 된다.
4	자기 보호적 단계	기회주의적-쾌락주의적 전환단계에서 주요 관심사는 여전히 자기 자신이다. 그러나 즉각적인 보상이나 처벌에 대한 두려움으로 자신의 충동을 통제하는 것을 배운다. 아동은 이제 규칙의 존재를 이해하지만 자신의 이익을 최대화하기 위해 규칙을 조종한다. 이 단계의 아동은 규칙을 위반하는 것이 '나쁜' 것이 아니라 붙잡히는 것이 '나쁜' 것이라고 생각한다. 공생적 단계의 특징이었던 타인에 대한 의존은 이제 "누가 그들을 필요로 하는가?" 하는 태도로 바뀐다.
5	순응적 단계	자신의 복지를 타인의 복지와 동일시하는데 이것은 사회적 인정과 수용에 대해 크게 관심을 갖기 때문이다. 이제 청소년은 타인이 자신에 대해 어떻게 생각하는지에 몰두하고, 그들의 기대수준에 맞게 행동한다. 이 단계의 청소년은 개인차를 무시하고 고정 관념(예를 들면, 성역할 고정관념)의 틀에 얽매인다. 사물을 좋고 나쁘고, 기쁘고 슬프고 등의 흑백논리로 이해한다.
6	자아인식 수준	순응적 단계와 양심적 단계의 전환기이다. 이 단계에서는 개성과 개인차를 인식하기 때문에 대인 간 상호작용에 보다 민감해진다. 이전에는 집단의 가치와 승인을 강조하였으나 점차 개인적 가치에 관심을 갖기 시작한다. '자아비판 능력' '대인 간 상호작용에 대한 인식' 등이 이 단계의 대표적인 특성이다.
7	양심적 단계	양심적인 사람은 이전 단계의 특징인 기회주의적 특성이 없다. 그리고 모든 사람들이 각기 다른 욕구, 다양한 행동유형, 독특한 특성을 갖고 있는 것으로 인식한다. 내면화된 규칙을 갖고 있지만 규칙과 역할 모두가 다면적이며 변화 가능하다는 것을 이해한다. 이와 같은 자아발달 수준은 청년 후기의 청년들에게 주로 나타난다.
8	개인 주의적 수준	양심적 단계와 개인적 단계의 전환기이다. 개별성에 대한 존중과 각기 다른 유형의 사람에 대한 관용이 증가한다. 이 단계에서는 독립과 의존의 문제에 초점을 맞추고 내적 갈등을 의식한다.
9	자율적 단계	내부지향적인 행동을 보이고, 모호성을 참을 줄 알며, 내적 갈등을 다룰 수 있는 능력이 있다. 그리고 갈등을 인간사회에서 발생하는 불가피한 측면으로 인식하기 시작한다. 다른 사람을 있는 그대로 받아들이고 변화시키려고 애쓰지 않는다.
10	통합적 단계	극소수의 성인들만이 이 단계에 도달한다. Maslow의 '자아실현'을 이룬 사람들과 많은 특성을 공유한다. 확고한 자아정체감을 확립하고 자신의 개인적 욕구를 사회적 현실과 통합한다.

출처: Loevinger, J. (1976). *Ego development*. San Francisco: Jossey-Bass.

더 발달된 단계이며 오히려 Maslow의 '자아실현' 단계와 유사하다. 이 단계에 도달한 사람들은 자율적 단계에서의 갈등과 화해하고 이룰 수 없는 목표(꿈)는 포기한다.

마지막 단계에 도달하는 사람은 매우 드물기 때문에 Loevinger는 발달단계는 자율적 단계에서 끝나며, 통합단계는 단지 보다 높은 수준의 발달에 대한 가능성을 제시하는 것이라고 하였다.

Loevinger의 이론은 최근에 와서 몇 가지 이유로 많은 인기를 얻고 있다. 첫째, Loevinger의 자아발달 단계는 연령과 별 상관이 없다는 것이 큰 장점이다. 성인발달에서 연령과 관련된 단계개념은 정리가 잘 되고 매력은 있지만 현실과는 잘 맞지 않는다. 같은 연령의 성인이라도 개인차가 매우 심하다. Loevinger의 이론은 이러한 개인차를 설명하는 데 도움이 된다.

둘째, Loevinger와 그녀의 동료들이 자아발달을 측정하기 위하여 '자아발달 문장완성검사(Sentence Completion Test of Ego Development)'라는 것을 개발하였다. 이와 같이 손쉽게 사용될 수 있는 측정도구는 다양한 성인발달연구에서 Loevinger의 이론이 적용되는 것을 가능하게 해준다. Loevinger의 자아발달이론은 철학적 추론이 아닌 경험적 연구결과들로부터 나온 것이므로 이론과 방법론이 대부분의 다른 발달이론들에 비해 밀접한 관계가 있다.

3) Vaillant의 성인기 적응이론

George Vaillant(1934~)

(1) Vaillant의 생애

George Vaillant는 1934년에 뉴욕시의 맨해튼에서 전형적인 와스퍼(WASP)[1] 가정에서 태어났다. 그의 아버지는 하버드대학을 졸업한 고고학 박사로 박물관 관장직을 맡고 있었다. Vaillant는 하버드 의과대학에 진학하였다. 그는 그 당시 가르치고 봉사하는 것은 선한 것이고, 사업이나 개업을 하는 것은 나쁜 것이라고 내심 굳게 믿고 있었는데, 그 믿음이 그의 인생 행로를 결정하는 데 상당한 영향을 미쳤다고 회고한다.

1) WASP(White Anglo-Saxon Protestant): 백인으로서 앵글로 색슨계의 혈통을 가진 신교도인을 지칭하는 것으로 미국의 지배계급을 형성함.

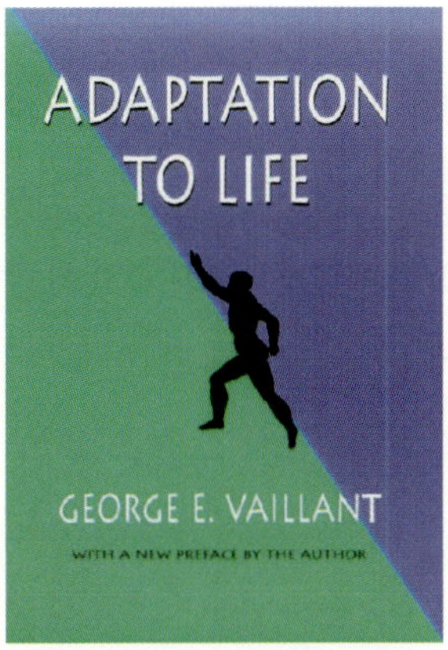

Vaillant는 대학을 졸업한 후 매사추세츠 정신건강센터에서 일했으며, 보스턴 정신분석연구소에서 정신분석 훈련을 받았다. 그리고 2년간 스키너 학파의 실험실에서도 근무했다. 그는 자신을 Adolf Meyer와 Erik Erikson의 열렬한 숭배자라고 소개한다. 졸업 직후 학교 친구였던 Bradley와 결혼하여 15년 동안 자녀 넷을 두었으나 이혼하였다. 그 후 호주인인 Carolyn과 재혼하여 한 명의 자녀를 더 두었다.

Vaillant는 전형적인 WASP의 이미지와는 맞지 않는다. 구겨진 옷을 입고 다니고, 춤은 거의 추지 못하며, 운동에도 상당히 둔하다고 했다. 그는 "나는 현대적인 생활에 대해 거의 알지 못한다"라고 말하며, 정치적인 문제에도 그다지 관심이 없음을 밝혔다.

Vaillant는 미국 심리치료학회의 특별위원으로, 그의 뛰어난 연구 덕분에 여러 분야에서 많은 상을 받았으며, 전 세계의 각종 세미나에서 초청강연을 하고 있다. 이전에는 그의 주요 관심사가 방어기제를 실험적으로 연구하는 방법이었는데, 최근에 와서는 성공적인 노화문제에 큰 관심을 보이고 있다.

Vaillant의 주요 저서로는 1938년에 하버드 대학생을 대상으로 한 그랜트(Grant) 연구결과를 정리한 『삶에의 적응(Adaptation to Life)』(1977), 성인발달연구를 통해 마음의 방어기제가 어떻게 작용하는지를 보여 주는 『자아의 지혜(The Wisdom of the Ego)』(1993) 그리고 청소년기부터 80세 노년기까지의 삶을 추적하여 정리한 『성공적인 노화(Aging Well)』(2002) 등이 있다.

(2) 그랜트 연구

1937년에 자선사업가인 윌리엄 그랜트는 하버드 대학의 보건소장인 보크 박사를 만나서 의학연구가 너무 질병 쪽에만 비중을 두고 있는 데 대해 우려를 표명하고, 건강한 사람들에 관한 연구를 하는 데 뜻을 같이 하기로 하였다. 그리고 1938년에 정신적 · 신체적으로 건강한 하버드 대학생 268명이 '그랜트 연구'의 표본으로 선정되었다. 이들의 학업성취점수는 미국 전체 고등학교 졸업생의 상위 5~10%에 속했으며, 사회경제적인 면에서는 대부분의 학생들이 안정적인 가정의 출신들이었다. 그랜트 연구가 시작될 당시 연구진은 내과의사, 정신과의사, 심리학자, 생리학자, 인류학자 등으로 구성되었다. Vaillant는 1967년에 이 연구진에 참여하게 된다.

연구방법으로는 부모와의 면접을 통해 아동기 때의 자료를 수집하였고, 대학시절에 관해서는 신체검사, 생리검사, 심리검사 등을 실시하였다. 그랜트 연구는 1950년에 '성인발달연구'로 이름을 바꾸고 졸업 후 1955년까지는 1년마다 그 이후에는 매 2년마다 질문지법을 이용하여 그들의 취업상태, 가족, 건강, 일상생활(예를 들면, 휴가, 운동, 음주, 흡연 등) 등에 관해 조사하였다. 이 연구는 지금까지 계속되고 있지만, 안타깝게도 그랜트 연구가 시작될 당시 이 연구가 중년기나 노년기까지 계속될지 몰랐기 때문에 중년기나 노년기의 변화와 관련이 있음직한 질문내용들은 포함되지 않았다.

그랜트 연구가 시작된 지 30년이 지나 이들 학생들이 50세가 되었을 때, 이들 중 대부분이 신체적인 질병이 없었고, 90% 이상이 안정된 가정과 직업을 가지고 있었다. 이들은 베스트셀러 작가가 되었거나, 각료, 회사대표, 의사, 교수, 판사 및 잡지 편집장이 되어 있었다. 그러나 이들 중 누구도 특별히 축복받은 삶을 산 것은 아니었다. 아주 운이 좋은 사람이라도 다른 사람들과 마찬가지로 많은 어려움과 개인적인 절망감을 가지고 있었다. 여러 해를 거치면서 그랜트 연구의 초점은 어떻게 사람들이 삶에 적응하는가에 맞추어졌다. 연구보고서에서 Vaillant(1977)는 몇 가지 중요한 결론에 도달하였다. 첫째, 인생은 고립된 위기적 사건에 의해 변하는 것이 아니라 의미 있는 타자(significant others)와의 지속적인 관계의 질에 의해 형성된다. 둘째, 발달과 변화는 전생애를 통해 일어난다. 셋째, 생활사건에 적응하기 위해 사용하는 방어기제가 그들의 정신건강의 수준을 결정한다는 것이다.

2002년에 출판된『성공적인 노화(Aging Well)』에서 Vaillant는 그랜트 연구의 피험자들의 삶에서 성공적인 노화와 관련된 변인들을 제시하고 있다.[2)] 그랜트 연구가 60년을 넘어서

면서 이제 노인이 된 사람들의 삶을 통해 그들의 현재의 삶에 영향을 미치는 요인과 그들의 신체적 · 정신적 건강에 대해 살펴보고 있다. 담배를 피우지 않고, 술을 적게 마시며, 규칙적인 운동을 하고, 적절한 체중을 유지하며, 행복한 결혼생활을 하고, 스트레스에 효과적으로 대처하는 것이 좋은 신체적 · 정신적 건강과 관련이 있는 것으로 나타났다. 교육수준, 우정관계, 사회적 참여, 자기통제의 역할 또한 성공적 노화에 중요한 요인인 것으로 보인다.

(3) 적응기제

Vaillant가 말하는 적응의 주요 형태는 적응기제로 표현된다. 적응기제는 개인의 정신건강 상태를 결정한다. 적응기제는 성인의 성장을 예견하고 성인의 정신건강을 정의하는 데 사용될 수 있는 개념이다. 일찍이 Freud는 불안에 대처하는 무의식적인 책략으로서 방어기제를 설명한 바 있다. 인간은 누구나 어느 정도의 불안을 경험하고, 따라서 누구나 어떤 종류의 방어기제를 사용한다. 모든 방어기제에는 어느 정도의 자기기만과 현실을 왜곡하는 요소가 있다. 우리는 우리를 불편하게 하거나 기분이 불쾌해지는 일들을 잊어버리려고 하는 경향이 있다. 우리는 해서는 안 되는 일을 하면서 자신에게 변명을 하기도 한다. 때로는 용납되지 않는 감정을 다른 사람에게 전가하기도 한다. Vaillant가 Freud의 개념에 첨가한 것은 어떤 방어기제는 다른 방어기제보다 더 성숙하다는 점이다.

Vaillant는 생활사건에 적응하는 방식인 적응기제를 네 가지 유형으로 분류하였다(〈표 2-3〉 참조). 현실을 왜곡하는 '정신병적 기제', 신체적 근거 없이 아픔이나 고통을 호소하는 '미성숙한 기제', 불안을 억누르거나 비합리적인 두려움을 표현하는 '신경증적 기제', 끝으로 유머를 사용하거나 남을 돕는 '성숙한 기제'가 그것이다.

제1수준인 정신병적 기제에는 망상적 투사, 정신병적 부정과 왜곡이 포함되어 있다. 정신병적 기제와는 달리 제2수준인 미성숙한 기제는 연구대상자들의 행동에서 자주

---

2) 『성공적인 노화』는 하버드 대학의 종단적 성인발달연구 결과를 토대로 만들어졌다. 인간발달연구로는 가장 오랜 기간 동안 진행된 이 연구는 1920년대에 태어나 사회적 혜택을 받고 자란 하버드 대학 졸업생(268명)과 사회와 가정 어떤 곳에서도 혜택을 누리지 못한 1930년대에 출생한 보스턴 이너시티 빈민(456명) 그리고 1910년대에 태어난 천재 여성(90명) 등 세 집단을 대상으로 비교분석하였다. 세 연구 모두 각기 다른 연구이지만 하버드 대학의 성인발달연구소에서 통합하여 연구를 완결하였고, 그 책임을 저자인 Vaillant가 맡았다. 이와 같이 각기 다른 집단의 사람들의 발달과 생애를 60년에서부터 길게는 80년 이상 분석함으로써, 성공적인 노화에 필요한 조건이 무엇인지 실증적으로 제시하고 있다.

표 2-3 Vaillant의 적응기제의 수준

수준	방어기제	설명
1	정신병적 기제	**부정**: 현실을 왜곡할 뿐만 아니라 현실 자체를 부정한다. **망상적인 투사**: 피해(과대) 망상 **왜곡**: 외부적 현실을 환상이나 소원성취 망상을 포함하는 자신의 내적 욕구에 알맞도록 재구성한다.
2	미성숙한 기제	**투사**: 자신이 용납하기 어려운 충동을 다른 사람의 탓으로 돌린다. **정신분열적 공상**: 갈등을 해결하기 위해 공상을 이용한다. **우울증**: 다른 사람을 비난하고 원망하고 싶은 마음이 신체적 이상을 호소하는 것으로 표현된다. **소극적-공격적 행동**: 다른 사람에 대한 공격성을 간접적으로 또는 수동적으로 표현한다. **행동화**: 무의식적 소망이나 억압된 감정을 무의식적으로 행동에 옮긴다.
3	신경증적 기제	**억압**: 충격적인 경험, 스트레스를 유발하는 사건 또는 용납할 수 없는 충동을 무의식적으로 거부하는 것이다. **전이**: 특정 대상에 대한 감정이나 리비도의 에너지가 대체대상으로 전환된다. **반동형성**: 용납하기 어려운 충동이 의식적으로 억압되어 완전히 반대의 것으로 나타난다.
4	성숙한 기제	**동일시**: 타인의 특성과 자질이 자신의 성격으로 흡수되는 과정을 말한다. **지성화**: 종교나 철학, 문학 등의 지적 활동에 몰입함으로써 성적 욕망에서 벗어나고자 하는 방어기제이다. **합리화**: 자신의 행위나 견해를 정당화하기 위해 그럴듯한 이유를 만들어서 진짜 이유나 동기를 숨긴다. **억제**: 어떤 생각이나 충동을 억누르는 의식적인 노력이다. **승화**: 성적 본능이 건설적이고 사회적으로 바람직한 행동으로 표현된다. **예견**: 앞으로 닥칠 어떤 문제에 대한 현실적인 지각과 그에 대한 준비를 한다.

출처: Vaillant, G. E. (1977). *Adaptation to life: How the best and brightest came of age*. Boston: Little, Brown.

나타났다. 미성숙한 기제는 특히 아동기와 청소년기에 흔하게 나타난다. 그리고 우울증, 중독, 성격장애를 가지고 있는 성인들에게서도 나타난다. 제3수준인 신경증적 기제는 아동기에서 노년기에 이르기까지 정상적인 사람들에게서도 흔히 나타나는 것이다. 이 기제는 심한 갈등을 극복하는 데 자주 사용된다. 대인관계의 갈등에 적응하기 위하여 사용되는 미성숙한 기제와는 달리, 신경증적 기제는 심리적 갈등을 해결하기 위해서 더 많이 사용된다. 제4수준인 성숙한 기제는 이타주의, 유머, 억제, 예견, 승화 등을 포함한다. 이 기제는 청소년부터 노인에 이르기까지 건강한 사람들에게서 공통적으로 나타나는 것이다.

이러한 분류는, 인간은 성숙해 감에 따라 제1수준에서 제4수준으로 적응적인 과정이 발달해 간다는 것을 강조하려는 것이다. 즉, 성숙한 적응기제를 사용하는 사람들은 모든 면에서 더 잘 적응하는 것을 보여주려는 것이다. 이들은 정신적으로, 신체적으로 건강할 뿐만 아니라 자신의 일에 더 만족하고, 대인관계나 직업 면에서도 성공적이며, 더 행복한 것으로 나타났다.

4) Levinson의 인생구조이론

(1) Levinson의 생애

Daniel Levinson(1920~1994)

Daniel Levinson은 1920년 5월 28일에 뉴욕에서 태어났다. 그는 1940년에 UCLA에서 학사학위를 받았으며 2년 뒤 같은 대학에서 석사 학위를 그리고 1947년에는 심리학으로 박사학위를 받았다. Levinson은 1950년부터 1966년까지 하버드 대학에 재직하였다.

Levinson은 1966년에 예일 대학 의학부의 임상심리학과 교수로 부임하는데 그때 그의 나이가 40대 중반이었다. 그는 예일 대학의 교수로 임명된 직후에 성인기 발달에 관한 연구를 계획하였고,[3] 예일 대학의 Darrow, Derrer, Klein 등 동료교수들과 함께 연구팀을 구성하였다. 당시 연구팀원들의 연령은 35세에서 45세 사이였으며, 모두들 개인적으로 이 시기에 따른 발달적 문제들로 고민하고 있었기 때문에 Levinson의 연구 제안에 흔쾌히 동의하였다. 연구팀이 결성되자, 바로 다음 해인 1968년에는 사전 면담을 실시하여 작성한 연구계획서를 국립정신건강연구소(National Institute of Mental Health: NIMH)에 제출하고, 연구비를 지원받아 공식적으로 연구를 시작하게 된다.

연구대상들은 산업체의 일용근로자, 기업체의 간부, 생물학자(교수), 소설가 등 네 가지 직업 범주로부터 선택된 40명의 남성들이었는데 이들의 연령 역시 35~45세였다. Levinson은 이들과의 면접결과뿐만 아니라 위인들의 자서전 그리고 문학 속의 주

3) Levinson은 당시의 심경을 다음과 같이 술회하고 있다. "나는 이 연구를 처음 시작할 때엔 마치 지도에도 나와 있지 않은 쓸쓸한 지역으로 들어가는 것처럼 느꼈다. …… 나는 내 나이 마흔여섯 살에, 내 자신이 경험해 온 것을 이해하기 위해 중년으로 들어가는 전환기를 연구하고 싶었다. …… 나는 이 연구가 내 자신의 경험에 빛을 던져 주고 일반적으로 성인발달을 이해하는 데 공헌하기를 바랐다. 그러나 나는 이러한 결정이 나의 개인적인 관심 이상의 것임을 곧 알았다. 우리 사회에서는 성인기가 한쪽에는 어린 시절이 그리고 다른 한쪽에는 노령이 있는, 길고 형태 없는 세월들의 장사진 이상의 어떤 것으로 이해되기를 바라는 욕구들이 점차 증가하고 있었다."

인공들의 발달에 기초하여 성인기의 발달이론을 구성하였다. 연구가 시작된 지 10여 년 후인 1978년에 연구결과를 『남성의 인생 4계절(The Seasons of a Man's Life)』이라는 제목으로 출간하게 된다.

Levinson은 이 연구를 기획할 때부터 여성의 성인발달에 대해서도 관심을 기울였다. 그것은 바로 어머니의 영향 때문이기도 하였는데, Levinson의 어머니는 러시아에서 태어난 유태인이었다. 14세에 홀로 러시아를 떠나 수년간 런던과 뉴욕의 의류공장에서 저임금으로 일을 하였고, 자연스럽게 노동운동에 눈을 떠서 열렬한 여권운동가가 되었다. 34세에 Levinson을 낳은 후에는 주부와 어머니로서 그리고 여권주의자로서 나머지 60 평생을 보냈다. 그녀는 심지어 아흔 살이 넘는 고령에도 불구하고 왕성한 사회봉사활동과 자기발전에 혼신의 힘을 기울임으로써 노년에도 자기발전의 가능성이 있음을 실제로 보여주었다.

Levinson은 이러한 어머니의 영향 때문에 『남성의 인생 4계절』을 출간한 바로 다음 해인 1979년부터 여성의 성인발달에 대한 연구를 시작하였다. 『여성의 인생 4계절(The Seasons of a Woman's Life)』은 Levinson이 그의 아내 Judy와 함께 15년에 걸친 공동작업으로 완성시킨 역작이다. 특히 Levinson은 이 책의 원고를 탈고하기 직전인 1994년에 사망하였는데, 『여성의 인생 4계절』은 그가 사망한 지 2년 후인 1996년에 출간되었다.

Levinson은 예일 대학 의학부의 교수직 이외에도 코네티컷 정신건강센터(Connecticut Mental Health Psychiatry)의 심리학실장 등을 역임하였다. 그는 생전에 『권위주의적 성격(The Authoritarian Personality)』과 『주도적 역할군(The Executive Role Constellation)』 외 여러 편의 저서를 남겼지만 대표적인 저서로는 『남성의 인생 4계절』과 『여성의 인생 4계절』이 있다.

(2) Levinson의 성인발달연구

Levinson의 성인발달연구의 대상은 35~45세 사이의 남성 40명으로 구성되었다. Levinson은 이 인생 중반의 10년 동안에 사람들이 '젊은이'에서 '중년'으로 탈바꿈할 것이라고 추론하였다. 연구대상이 1969년에 선정되었기 때문에, 이들은 1923~1934년 사이에 태어난 사람들이다. 그들은 1930년대의 대공황, 1940년대의 제2차 세계대전, 1950년대의 한국전쟁, 1960년대의 격변과 같은 주요한 사회적 변화를 경험할 시기에 제각기 다른 연령에 있었다.

연구표본의 크기를 어떻게 할 것인가가 중요한 문제였다. 한 사람 한 사람의 인생이 심도 있게 연구될 예정이었기 때문에, 전체 연구대상자의 수가 제한되었다. Levinson은 수백 수천 명의 사람들을 대상으로 한 설문조사나 심리검사를 통해서는 심층적인 발달 이론을 도출할 수 없다고 생각하였다. 그래서 보다 심층적인 연구를 위해 40명을 연구 대상으로 정하였다. 사회의 다양한 측면을 대표하는 4개의 직업군을 선택하여 각 10명씩을 선정하였다. 4개의 직업군은 산업체의 일용근로자와 기업체의 간부,[4] 생물학자(교수),[5] 소설가[6] 등이다. 가장 어려운 결정 중의 하나는 연구대상을 남성에게만 국한하는 것이었다. Levinson이 그러한 선택을 한 데에는 개인적인 이유가 있었는데, 그것은 그가 자신의 성인발달에 대해서 더 깊이 이해하고 싶었기 때문이었다.

40명의 남성들을 대상으로 전기적(傳記的) 면담[7]을 통해 이를 심층적으로 분석하였으며, 2년 후에 다시 추후면담(follow-up interview)을 실시하였다. 면담은 현재에 대한 정보뿐만 아니라 아동기와 관련된 회고적 면담도 같이 실시하였다. 면담장소로는 주로 연구실을 이용하였으나, 때로는 연구대상 남성들의 사무실이나 가정 등을 방문하여 부가적인 정보를 수집하기도 하였다. 이외에도 대부분의 연구대상 남성들의 부인과도 한 차례씩 면담을 실시하여 정보를 수집하였다.

4) Ajax Industries와 United Electronics(두 회사 모두 가명임)라는 두 회사의 기업체 간부와 노동자들을 대상으로 연구목적을 설명한 후, 자발적으로 참여하기를 희망한 사람들을 선택하였다.

5) 보스턴과 뉴욕 사이에 있는 대학들 중 2개의 명문대학을 선정하여 이 대학의 생물학 교수들 중 연령, 학문적 서열, 경력 등이 다양한 사람들 13명 중 연구목적에 동의한 10명을 최종 연구대상으로 결정하였다.

6) 소설가들의 세계를 알기 위하여 Levinson과 동료들은 먼저 수많은 비평가와 출판사의 편집자, 작가들과의 만남을 통해 자료를 수집하였다고 한다. 그리고 소설가의 기준이 명확하지 않아, 두 가지 기준을 설정하였다. ① 최소 두 편의 소설을 출간한 사람, ② 자신이 소설가라는 것이 개인적인 정체감에서 가장 중요한 부분을 차지하는 사람 그리고 보스턴과 뉴욕에 있는 남자 소설가 100여 명 중 연령이 적합하고, 다양한 배경을 지니고 있는 사람 10명을 선택하였다.

7) 전기적 면담이란 임상면담 상황에서와 같이 다양한 주제를 통해 면담자와 피면담자가 친구 사이처럼 자연스럽고 일상적으로 대화하는 방법이다. 전기의 근본적인 목적은 수년 동안에 전개되어 온 개인의 삶을 나타내는 것이다. 따라서 Levinson과 동료들은 40명의 남성들에 대한 인생사를 엮어 내어 개인의 전기들을 구성하고, 이 전기들을 기초로 일반적인 이론을 도출해 내었다.

(3) Levinson 이론의 개요

사진 설명 히포크라테스의 동상

Levinson(1978)은 수태에서 죽음에 이르기까지의 개인의 인생주기를 계절의 개념으로 접근하였다. 즉, 인생주기에는 아동기와 청년기, 성년기, 중년기, 노년기 등의 질적으로 다른 네 개의 계절이 존재하며, 각 계절은 나름대로의 독특한 특성이 있기 때문에 전체 인생주기에서 독자적인 공헌을 한다는 것이다. 이보다 훨씬 앞서 히포크라테스도 인간발달의 단계를 자연의 사계절에 비교했으며, 노년을 겨울에 비교한 바 있다.

Levinson(1986)의 이론에서 핵심이 되는 개념은 '인생의 구조', 즉 특정의 시기에 있어서 개인적 생활의 기초가 되는 유형이나 설계이다. 이것은 개인과 환경과의 관계를 형성하고 그 관계에 의해 구체화되는 발달적 기초안이다. 인생구조의 중요한 구성요인은 배우자, 자녀, 직장상사, 동료 등 다양한 사람들과의 관계뿐만 아니라 교회나 동호회 같은 중요한 집단이나 사회구조와의 관계이다.

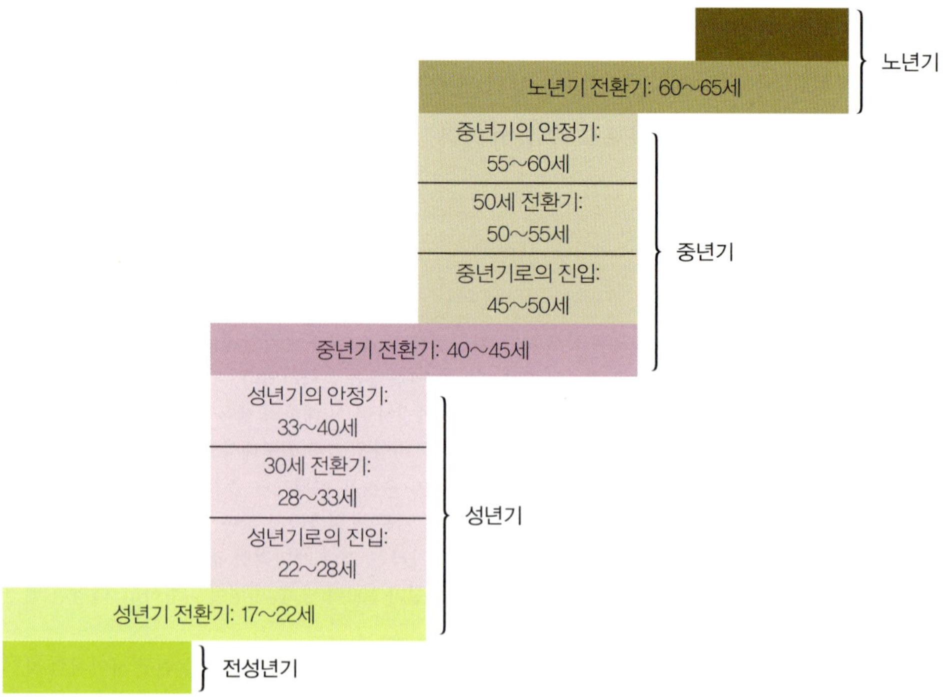

〈그림 2-1〉 Levinson의 성인발달 모델: 남성의 인생단계

출처: Levinson, D. J. (1978). *The seasons of a man's life*. New York: Knopf.

인생구조는 외적 측면과 내적 측면이 있다. 여기에는 개인이 가장 중요하게 여기는 사람들, 장소, 제도, 사물뿐만 아니라 이것을 중요하게 여기게끔 만드는 가치, 꿈, 정서 등이 포함된다. 대다수 사람들의 인생구조는 주로 그들의 일과 가족 중심으로 이루어진다. 다른 요소들로는 인종, 종교, 민족적 유산 및 전쟁과 경제불황 같은 광범위한 사회문제 또는 감명 깊게 읽은 책이나 좋아하는 휴양지 같은 구체적인 것도 있다.

〈그림 2-1〉은 Levinson(1978)이 제시한 발달단계이다. 그는 인생주기를 네 개의 계절로 구분하고, 각 계절은 약 20년 정도 지속된다고 보았다. 각 계절은 대략 5년간의 전환기와 연결되어 있다. 이 전환기 동안 사람들은 자신이 세운 인생구조를 평가하고 다음 계절에 인생을 재구성할 수 있는 가능성을 탐색한다. 각 계절은 안정기와 전환기 등 몇 개의 세부 단계들로 구성되어 있다.

네 계절은 다음과 같다.

1. 아동 · 청소년기(0~17세): 수태에서부터 청년 후기까지의 인생 형성기이다.
2. 성년기(22~40세): 이 시기는 인생에서 중요한 선택을 하며, 최고의 정력을 발휘하지만 또한 가장 큰 스트레스를 경험하는 시기이다.
3. 중년기(45~60세): 대부분의 사람들은 생물학적 능력이 다소 감퇴하지만 사회적 책임은 더 커지는 시기이다.
4. 노년기(65세 이상): 인생의 마지막 단계이다.

이들은 한 단계가 다음 단계보다 덜 발달하였다는 의미에서의 단계가 아니다. 각각이 고유한 과업을 지닌다는 점에서 발달의 '계절적 주기'라고도 한다. 인생의 매 시기마다 개인은 만족스러운 인생구조를 설계하지만, 성공의 정도는 다양할 수 있다(Levinson, 1986).

〈표 2-4〉는 Levinson의 발달단계에 따른 주요 과업을 보여준다.

표 2-4 Levinson의 발달단계에 따른 주요 과업

발달단계	연령(세)	과업
성년기의 전환기	17~22	아동기 · 청년기를 끝내고 성년기로 진입한다. 가능성 탐색과 시험 삼아(임시로) 의사결정을 한다.
성년기로의 진입	22~28	결혼, 가족, 스승, 꿈 등을 포함하는 첫 번째 주요 인생구조를 설계한다. 꿈을 실현시키기 위한 시도이다.

30세 전환기	28~33	첫 번째 인생구조의 결함을 인식하고 재평가한다. 앞에서 한 선택에 대한 재고와 필요하다면 새로운 의사결정을 한다.
성년기의 안정기	33~40	일, 가족, 우정, 지역사회에 대한 투자를 포함하는 두 번째 인생구조를 설계한다. 자신의 꿈을 실현하기 위해 노력하며, 사회에서 자신의 활동범위를 구축하여 사회에 기여하기 위해 노력한다.
중년기의 전환기	40~45	성년기와 중년기의 교량역할을 한다. 전 단계에 수립했던 인생구조의 목표달성의 성공여부를 평가하게 된다.
중년기로의 진입	45~50	새로운 직업이나 현재의 일에 대한 재구성 또는 재혼 등의 새로운 인생구조를 수립한다.
50세 전환기	50~55	30세 전환기와 유사한 기능을 한다. 중년기 인생구조에 대한 약간의 수정이 있다. 만약 중년기 전환기에 위기가 없었더라면 이때 위기가 올 가능성이 있다.
중년기의 안정기	55~60	중년기의 토대구축을 끝낸 안정된 시기이다. 만약 자신과 자신의 역할변화에 성공적인 적응을 했다면 특별히 만족스러운 시기가 된다.
노년기의 전환기	60~65	중년기를 끝내고 노년기를 준비하는 시기이다. 즉, 중년기를 성공적으로 끝내고, 은퇴를 준비하며, 노년기의 신체적 쇠퇴에 대비한다. 인생주기에서 매우 중요한 전환점이다.
노년기	65~	은퇴와 신체쇠퇴에 적합한 새로운 인생구조를 수립한다. 질병에 대처하고 잃어버린 젊음에 대한 심리적 적응을 한다

출처: Levinson, D. J. (1978). *The seasons of a man's life*. New York: Knopf.

(4) Levinson 이론의 주요 개념

① 인생주기(Life Cycle)

인생주기에는 출발점(출생: 기원)부터 종점(죽음: 종결)까지의 과정 또는 여행이라는 의미가 있다. 따라서 인생주기란 기본적이고도 보편적인 양상을 따라 진행되는 탄생에서 죽음까지의 과정을 의미한다.

② 계절(Seasons)

Levinson은 인생주기에서의 일련의 시기 또는 단계들을 계절에 비유하였다. 즉, 아동・청소년기는 봄, 성년기는 여름, 중년기는 가을, 노년기는 겨울에 비유하면서 질적으로 상이한 4개의 계절이 존재한다고 하였다. 그리고 각 계절은 나름대로의 독특한 특성을 지니고 있으며, 전체 인생주기의 한 부분으로서 독자적인 공헌을 한다고 생각하였다. 이처럼 인생을 계절에 비유한 것은 다음과 같은 이유에서이다. 첫째, 인생의 과정은 분명히 구별되는 어떤 형태를 가지고 있으며, 연속된 일정한 양식들을 통해 전개된다. 둘째, 어떤 계절도 다른 계절보다 더 중요하지가 않다. 셋째, 한 계절에서 다음 계절로 바뀌는 데에는 전환기(환절기)가 필요하다. 넷째, 계절의 변화과정에는 과거와 현재와 미래를 연결하는 연속성이 있다.

③ 인생의 구조(Life Structure)

인생의 구조는 Levinson이 주장한 인생의 계절론에서 가장 기본이 되는 핵심개념으로서, 특정의 시기에 있어서 개인의 생활의 기초가 되는 유형이나 설계를 말한다. 인생의 구조는 종교, 인종, 사회계층, 가족, 직업 등과 같은 개인의 사회문화적 세계, 소원, 갈등, 불안, 감정, 가치 등과 같은 자아의 여러 측면들 그리고 주변 세계에 대한 개인의 참여 등 세 가지 관점들로 구성되어 있다.

인생의 각 시점에서 어떤 선택을 하는가에 따라 자신의 인생구조가 달라진다. Levinson은 대부분의 성인 남성들에게 있어 가장 공통된 중심요소는 ① 꿈을 형성하고 수정하기, ② 직업을 형성하고 수정하기, ③ 사랑-결혼-가족을 형성하고 수정하기, ④ 스승관계를 형성하고 수정하기, ⑤ 우정관계를 형성하고 수정하기라고 생각한다. Levinson은 이들 중심요소들 중에서도 특별히 한두 개가 특정 시기의 인생단계에서 핵심적인 요소가 된다고 주장한다.

④ 시기(Eras)와 단계(Periods)

Levinson과 동료들은 성인발달에 관한 연구를 진행하면서 전혀 예기치 않았던, 연령과 관련된 시기와 단계를 발견하게 된다. 사실 처음에 연구를 시작할 때만 해도 인생주기 안에 질서정연하게 진행되는 일련의 시기와 단계들이 있을 것이라고 암시한 연구들은 하나도 없었다. 그리고 Levinson과 동료들 역시 연구를 계획할 때에는 일련의 시기와 단계들을 바탕으로 연구를 시작한 것은 아니었다. 오히려 연구를 진행해 가면서, 여러 사람들의 독특하고 복잡한 인생과정들을 자세히 추적해 가는 과정에서 그것을 발견한 것이다.

Levinson은 각 시기가 시작되는 특정 연령과 그것이 끝나는 연령을 밝히고 있지만, 이것이 모든 사람들에게 정확하게 똑같은 시점에서 시작되고 종결된다는 것을 의미하지는 않는다. 그것은 모든 시기가 시작되고 끝나는 평균연령을 말한다. 한 시기의 발달과업은 단계들을 통해 수행되는데, 이들 단계는 시기를 연결하는 연결고리의 역할을 한다.

Levinson과 동료들이 성인들을 대상으로 10여 년 이상 연구한 결과, 성인기에는 발달이 일어나지 않거나 발달이 일어난다 할지라도 그 속도가 엄청나게 다양하며, 그것이 연령과는 별로 상관이 없다는 종래의 인식들과는 상반되는 것으로 나타났다. 그들은 아동기뿐만 아니라 성인기의 발달도 연령과 밀접한 관계가 있음을 밝혀낸 것이다.

⑤ 전환기(Transition)

시기를 교차시키는 전환기는 인생주기에서 결정적인 전환점이 된다. '성년기의 전환기' '중년기의 전환기' '노년기의 전환기'와 같은 전환기 등은 성년기, 중년기, 노년기에서 살아갈 삶의 토대를 구축하는 시기이다. 전환기의 발달과제는 현재의 인생구조를 재평가하고, 자신과 세계 안에 있는 새로운 가능성들을 탐색하며, 새로운 인생구조를 형성하는 데 기초가 되는 선택을 위해 노력하는 것 등이다. 이러한 전환기들은 대개 5번 정도 지속되는데, 우리의 삶을 새롭게 쇄신하거나 침체시키는 원천이 된다. 따라서 개인의 심리 · 사회적 발달은 안정기보다는 주로 전환기에 이루어진다고 볼 수 있다. 또한 이 시기들은 부분적으로 겹쳐 있어서, 이전의 시기가 끝나갈 즈음에는 이미 새로운 시기가 시작되는 것이다.

5) Jung의 성인기 분석이론

(1) Jung의 생애

Carl Gustav Jung은 1875년 7월 26일에 스위스의 케스빌에서 목사의 아들로 태어났다. 그의 증조부는 바젤에서 저명한 내과의사였는데, 그 지방에서는 증조부가 독일의 위대한 문인 괴테의 서자라는 소문이 떠돌았다고 한다. 부모의 불화로 Jung은 불행하고 외로운 어린 시절을 보냈다. 학교생활도 따분했고, 건강이 좋지 못해 여러 차례 졸도하기도 했다. 아버지가 목사였기 때문에 교회에 다니기는 하였으나 교회를 싫어했으며, 종교문제에 대해 아버지와 격렬하게 논쟁을 벌이기도 했다.

Carl Jung(1875~1961)

Jung은 고전어학자나 고고학자가 되기 위해 바젤 대학에 입학했지만, 곧 자연과학에 이어 의학에 흥미를 갖게 되었다. 1900년에 바젤 대학에서 학위를 받은 후 졸업과 동시에 취리히에 있는 정신병원과 정신진료소에서 조수로 일하게 됨으로써 정신의학 분야에 진출하게 되었다. 그는 정신분열증의 개념을 발전시킨 정신과의사 Eugen Bleuler의 조수로 일하다가 나중에는 동료로 일했으며, 또 파리에서 Charcot의 제자이며 그 계승자인 Pierre Janet과도 잠시 함께 연구하였다. 그리고 1905년에는 취리히 대학의 강사가 되었다.

사진 설명 Jung의 불행했던 어린 시절에 놀이터는 교회와 묘지였다고 한다.

1906년부터 1913년까지 Jung은 Freud와 긴밀한 학문적 · 인간적 우정을 나누게 된다. 1907년에 Jung이 비엔나로 Freud를 방문했을 때 그들 간의 대화는 장장 13시간이나 계속되었다. Jung은 나중에 자신이 만났던 사람들 중 Freud와 비견할 만한 인물은 아무도 없을 것이라 느꼈다고 술회하였다. Freud는 Jung을 자신의 후계자로 정했는데, 1910년에 국제정신분석협회가 창립되었을 때 Jung이 초대 회장이 되어 1914년까지 회장직을 맡았다. 그러나 1913년에 리비도이론에 대한 견해 차이로 말미암아 Freud와의 편지왕래가 끊어지고 두 사람은 영원히 결별하게 된다.

사진 설명 유년시절의 Jung

Freud와 결별한 후 발판을 잃게 된 Jung은 무섭고도 상징적인 꿈을 꾸게 되었고, 깨어 있을 때에도 무서운 환상을 보게 되었다. Jung은 그 자신이 정신병적 상태가 된 것을 깨달았음에도 불구하고 무의식—내부로부터 솟아올라와 그를 부르는 모든 것—에 자신을 맡기기로 하였다. 그는 자신이 점점 더 깊은 심연으로 빠져 들어가는 느낌을 갖게 하는 가공할 내적 여행을 시작하면서 태고의 상징과 심상들을 보았으며, 아득한 태고로부터 온 악마나 유령 그리고 기이한 형상들과도 이야기를 나누었다. Jung은 자신의 균열을 새로운 개인적 통합에 도달하는 데 필요한 내적 여행으로 이해하기 시작하였다.

Jung은 1914년에 국제정신분석협회를 탈퇴하여 홀로 '분석심리학'이라는 학파를 창설하고, 대학을 사직한 뒤 정신병원을 개업하였다. 1920년 이후에는 북아프리카, 애리조나, 뉴멕시코, 동아프리카 등으로 원시문화에 대한 연구여행을 계속하면서 신화, 종교, 연금술, 신비주의 등에 관심을 가지게 되었다. 특히 만다라(사진 참조)를 탐구하면서, 만다라를 "인생의 통일성의 표현(the expression of the unity of life)"으로 보는 동양 철학적 견해와 자신의 경험이 합치되는 것을 발견하고, 무의식과 그 상징의 탐구(꿈, 환상, 신화 등)를 평생의 연구과제로 삼았다.

Jung은 20세기의 가장 선구적인 심리학적 사상가 중의 한 사람으로 알려져 있다. 그는 60년간을 오로지 성격이 갖는 광범하고 깊이 있는 과정을 분석하는 데에 헌신하였다. 그의 저술은 방대하며 영향력 또한 지대하다. 많은 영예가 그에게 수여되었는데, 그중에는 하버드 대학과 옥스퍼드 대학의 명예박사학위가 있다. 1948년에는 취리히 대학에 융연구소가 설립되었다. Jung은 1961년 6월 6일 퀴스나흐트에서 급사하였는데, 그때 그의 나이 86세였다.

(2) 성격의 구조

Jung에 의하면 인간의 성격은 주요한 몇 가지 체계로 구성되어 있다고 한다(〈그림 2-2〉 참조). 자아, 개인적 무의식과 그것의 복합, 집단적 무의식과 그것의 원형, 페르소나, 아니마와 아니무스, 음영 등이 그것이다. 이러한 상호의존적 체계 외에도 내향성과 외향성의 태도와 성격의 중추를 이루는 자기가 있다(Crain, 2000; Hall & Lindzey, 1978).

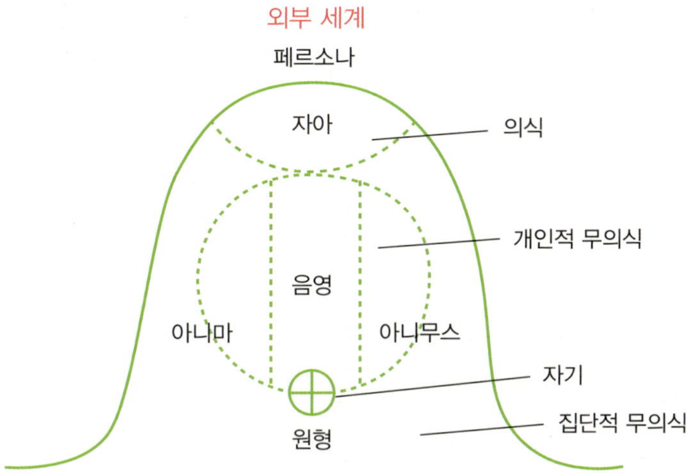

〈그림 2-2〉 Jung 이론에서의 정신구조

출처: Crain, W. (2000). *Theories of development: Concepts and application*. NJ: Prentice-Hall.

① 자아(Ego)

자아는 의식적인 마음이다. 의식적인 지각, 기억, 사고, 감정 등이 자아를 이루게 된다. 자아는 인간에게 동일성과 연속성의 감정을 가져다주며, 개인의 관점에서 볼 때, 이것은 의식의 중심에 있는 것으로 생각된다. 자아가 의식의 문지기 역할을 하므로, 감각이든 관념이든 기억이든 자아에 의해 의식으로 인지되고 받아들여지지 않으면 보이지도 않고, 들리지도 않고, 생각나지도 않는다.

Jung은 자아가 의식 여부를 결정하는 것은 부분적으로 심적 기능에 의해 좌우된다고 보았다. 예를 들면, 자아에게 불안을 일으키는 경험은 의식되기가 어렵다. Jung은 강하고 제대로 구조화된 자아가 이상적인 발달의 결과라고 보았다.

② 페르소나(Persona)

페르소나는 인간이 사회적 인습이나 전통의 요구와 그 자신의 내적 원형의 요구에 부응해서 채택하는 가면이다(Jung, 1945). 바꾸어 말하면, 그것은 사회가 인간에게 부여하는 역할 또는 배역인 셈이다. 가면(사진 참조)의 목적은 남에게 뚜렷한 인상을 주려는 것이지만 때로는 그

사람의 본성을 감추는 것이기도 하다. 페르소나는 공적 성격(public personality)이라고도 할 수 있다. 즉, 사회적 외관 뒤에 존재하는 개인적 성격과는 대조적인 것으로, 사람이 세상에 드러내 보이는 모습 또는 공적 견해(여론)이다.

흔히 그러하듯 자아가 페르소나와 동일시되면, 인간은 그의 순수한 감정을 의식하기보다는 그가 맡은 역할을 더 의식하게 된다. 그는 단순히 인간의 모습을 하고 있을 뿐이며, 자율적인 인간이기보다는 사회의 반영일 뿐이다.

페르소나는 역할에 따라 다양하게 표현된다. 예를 들어, 어떤 남자가 사업가로서 동료에게 보이는 이미지와 아버지로서 자녀에게 보이는 이미지는 다르다. 성격의 깊은 면을 무시하고 페르소나를 발달시키는 사람도 있는데, 때로는 이것이 다른 사람을 효율적으로 다루는 데 필요하기도 하다. 예컨대, 다른 사람들로 하여금 자신의 말에 귀를 기울이도록 하려면, 자신감과 결단력이 있는 이미지를 보여주는 일이 때로는 필요하다. 성격이 균형 잡혀 있을수록 페르소나가 발달하지만, 그렇다고 해서 성격의 다른 부분들이 도외시되지는 않는다.

③ 음영(Shadow)

음영은 인간이 하등생물 형태의 생명체로부터 진화해 오면서 지녀 온 동물적 본능들로 이루어진다(Jung, 1948). 따라서 음영은 무엇보다도 인간의 성격 중 동물적인 측면의 특성을 갖는다. 원형으로서의 음영은 인간의 원죄라는 개념이 생겨난 근원이 된다. 이것이 외부로 투사될 때 그것은 악의 화신이나 인류의 적이 된다.

음영은 또한 기분 나쁘거나 사회적으로 비난받는 생각이나 감정 등을 의식과 행동으로 표현하는 원인이 된다. 이들은 페르소나의 가면 뒤로 모습을 숨기거나 개인적 무의식 속에 억압된다. 그리하여 원형에서 유래되는 성격의 그늘진 쪽(음영)은 개인적 무의식의 대부분의 내용과 마찬가지로 자아의 비밀스러운 곳으로 침투된다. 활기차고 열정적인 동물적 본능을 가진 음영은 Freud의 원초아와 매우 유사한 개념이다.

음영은 자아나 자아상(self-image)과는 반대되는 개념으로, 우리 자신이 용납하기 힘든 특성과 감정으로 구성되는데, 지킬 박사의 또 다른 분신인 하이드 씨가 그 예이다(사진 참조). 음영은 긍정적인 자아상과 반대되므로 대체로 부정적이다. 그러나 의식적인 자아상이 부정적인 경우, 그와 반대로 무의식적인 음

영은 긍정적인 것이 될 수 있다(Jung, 1961). 예를 들어, 자신은 매력이 없다고 생각하는 젊은 여성이 아름다운 숙녀에 대한 꿈을 꾼다. 꿈에서 본 숙녀를 다른 사람으로 생각하지만, 사실은 아름답게 되기를 원하는 그녀의 소망이 그렇게 나타난 것으로 생각할 수 있다.

④ 아니마(Anima)와 아니무스(Animus)

사진 설명 아니마와 아니무스

Jung(1945, 1954)에 의하면, 인간은 본질적으로 양성의 기질을 가지고 있다고 한다. 생리적인 면에서 볼 때 남성은 남성 호르몬과 여성 호르몬을 분비하고 있으며, 여성도 마찬가지이다. 심리적인 면에서도 남성적 특성과 여성적 특성이 양성 모두에게 나타나고 있다. 그러나 남녀 간에는 유전적으로 성차가 있고, 더욱이 사회화의 압력으로 여자는 여성적 측면을, 남자는 남성적 측면을 발달시키도록 요구당하기 때문에 성차는 더욱 커진다. 결과적으로 '반대되는 측면'은 억압되고 약화되어서 남성은 독립적, 지배적, 공격적이 되고, 양육이나 타인과의 관계에 대한 특성은 등한시한다. 반면, 여성은 애정적이며 감정적인 측면은 발달하지만 자기주장이나 논리적 사고 등의 특성은 소홀히 한다. 그럼에도 불구하고 무시된 측면들이 아주 사라지는 것은 아니고 무의식 속에 생생하게 남아서 우리에게 소리친다. 무의식 속에 존재하는 남성의 여성적인 측면이 아니마이고, 여성의 남성적인 측면이 아니무스이다(Jung, 1945).

아니마와 아니무스는 비록 그것이 성염색체와 성선에 의해 결정되지만 이들은 남성이 여성과 그리고 여성이 남성과 가졌던 종족적 경험의 소산물이다. 다시 말해서, 오랫동안 여성과 함께 생활함으로써 남성이 여성화되고, 남성과 함께 생활함으로써 여성이 남성화되어 온 것이다. 이러한 아니마와 아니무스는 남성과 여성에게서 이성의 특징을 나타내게 할 뿐만 아니라 이성을 이해하도록 동기화시키는 집단적 심상(collective images)으로서 작용한다. 남성은 그의 아니마 덕택으로 여성을 이해할 수 있고, 여성은 그의 아니무스 덕택으로 남성을 이해할 수 있다.

⑤ 개인적 무의식(Personal Unconsciousness)

개인적 무의식은 자아와 인접된 영역으로서, 살아오면서 억압 또는 억제되었거나 망각되고 무시된 감정과 경험들로 이루어진다. 음영은 그 대부분이 개인적 무의식 속에 들어 있다. 예를 들어, 어릴 적에 억압해야만 했었던 아버지에게로 향한 적개심이 개인적 무의식 속에 자리 잡게 된다. Freud의 전의식 개념과 마찬가지로 개인적 무의식의 내용은 의식으로 변화될 수 있으며, 개인적 무의식과 자아 사이에는 빈번한 상호교류가 있다.

복합(complexes)은 개인적 무의식 속에 존재하는 감정, 사고, 지각, 기억 등의 무리이다. 모친 콤플렉스(mother complex)를 예로 들어보자. 어머니에 관한 모든 생각, 감정, 기억 등이 핵심으로 모여들어 복합체를 형성한다. 어떤 사람의 성격이 어머니에 의해서 지배될 때 그는 강한 모친 콤플렉스를 가졌다고 한다. 즉, 그의 생각, 감정, 행동 등은 어머니에 대한 개념에 따라 좌우될 것이다. 어머니가 말하고 느끼는 것은 그에게 중대한 의미를 가질 것이며, 그의 마음에 어머니의 상이 크게 자리 잡을 것이다.

⑥ 집단적 무의식(Collective Unconsciousness)

Jung은 모든 인류에게 공통적으로 유전되어 온 집단적 무의식이 정신의 심층에 존재한다고 믿었다. 진화와 유전이 신체적 청사진을 제공하듯이, 집단적 무의식은 정신적 청사진을 제공한다는 것이다.

집단적 무의식은 인간이 조상 대대로 과거로부터 물려받은 잠재적 기억흔적의 저장소인데, 그 과거란 개별종족으로서의 인간의 종족적 역사뿐만 아니라 인간 이전의 동물조상으로서의 종족적인 역사도 포함하는 것이다. 집단적 무의식은 인간의 진화발달의 정신적 잔재이며, 이 잔재는 많은 세대를 거쳐 반복된 경험들의 결과가 축적된 것이다. 모든 인간은 다소 유사한 집단적 무의식을 가지고 있다. Jung은 집단적 무의식의 보편성을 인간의 뇌구조가 유사하다는 데 귀인시켰고, 이러한 유사성은 공통적인 진화에 따른 것이라 하였다. 인간은 어두움이나 뱀을 무서워하는 경향이 있는데, 그것은 원시인이 어두운 데서 많은 위험을 겪었고 독사에게 희생되었기 때문이라고 추측된다.

원형(archetypes)은 집단적 무의식을 구성하는 요소이다. 원형은 결코 직접적으로 알 수는 없는 것이지만, 여러 민족의 신화, 예술, 꿈, 환상 등에서 발견되는 원형적 이미지를 통해 알 수 있다. 사람들은 원형적 이미지를 통해 내부심층에 있는 열망과 무의식적 경향을 표현하려고 한다. 예를 들어, 천하대장군과 지하여장군(사진 참조), 탄생, 죽음, 마술사, 마녀, 신 등의 이미지가 여기에 해당된다. 원형은 또한 성격의 다른 부분의 본질과 성숙에도 영향을 준다.

사진 설명 천하대장군과 지하여장군

원형은 어떻게 해서 생기는가? 그것은 여러 세대를 통해서 계속적으로 반복되어 온 경험이 마음속에 영구히 축적된 것이다. 예컨대, 헤아릴 수 없이 많은 세대들이 태양이 한 지평선에서 다른 지평선으로 지나가는 것을 보았다. 이러한 인상적인 경험의 반복은 결국 태양신의 원형, 즉 강하고, 지배적이고, 빛을 주는 천사로서 인간이 신성시하고 숭배하는 태양신의 원형으로 집단적 무의식 속에 고정되었다.

집단적 무의식 속에는 무수한 원형이 있는 것으로 상정된다. 그것들 중에는 탄생, 재탄생, 죽음, 힘, 마술, 통일, 영웅, 어린이, 신, 악마, 대지(大地), 현자(賢者), 동물들의 원형 등을 찾아볼 수 있다. 비록 모든 원형이 성격의 나머지 부분과는 비교적 독립적일 수 있는 자율적인 역동적 체계로서 생각될 수 있다고는 하나, 어떤 원형은 성격과는 분리된 체계로 인정될 정도로까지 발전된 것도 있다. 이러한 것들이 페르소나, 아니마와 아니무스 그리고 음영이다.

⑦ 내향성(Introversion)과 외향성(Extraversion)

자기(self)가 우리 인생의 궁극적인 목표이긴 하지만, 자기를 충분히 성취한 사람은 아무도 없다. 여성들은 그들의 남성적인 측면을 무시하고, 남성들은 여성적인 측면을 무시하며, 상반되는 성향 중에서 어느 한쪽만을 발달시킨다. Jung은 상반되는 성향들을 기술하기 위하여 여러 가지 개념들을 개발했는데, 이러한 양극성 중의 하나가 내향성과 외향성이다. 외향적인 사람은 자신있게 직접 행동하지만, 내향적인 사람은 망설이며 일이 어떻게 될지 곰곰이 생각한다. 예를 들어, 외향적인 젊은 여성은 파티석상에서 즉시 다른 사람들에게 다가가 대화를 시작한다. 그러나 내향적인 여성은 주저하는데, 그녀는 자신의 내적 상태나 두려움, 소망, 감정 따위에 사로잡혀 있기 때문이다. 외향적인 사람은 외부 세계를 향해 나아가는 반면, 내향적인 사람은 자신의 내부 세계에서 보다 안전함을 느끼며, 독서나 예술활동 등에서 더 큰 기쁨을 느낀다. 인간은 누

Hans Jurgen Eysenck

구나 이 두 가지 성향을 모두 갖고 있지만, 어느 한쪽은 무의식 속에 개발되지 않은 상태로 내버려둔 채 다른 한쪽에 편향되어 있다(Jung, 1945). 예를 들면, Freud는 외향적인 사람이고 Jung은 내향적인 사람이다.

Jung의 내향성과 외향성의 분류는 점차로 강한 영향력을 가지게 되어, 오늘날에는 일상대화에서도 '내향적'이니 '외향적'이니 하는 용어를 흔히 사용한다. 그리고 내향성-외향성 검사방법들이 많이 만들어졌는데, Eysenck(1947)는 내향성-외향성을 성격의 세 가지 기본 범주 중의 하나로 보았다.

⑧ 자기(Self)

자기는 성격의 중심으로서 그 주위에 다른 모든 체계가 무리지어 있다. 이것은 이들 체계를 함께 장악하여 성격의 통일성과 평형과 안정성을 제공한다. 자기는 사람들이 계속해서 그것을 위해 노력하지만, 도달하기가 쉽지 않은 생의 목표이다. 모든 원형과 마찬가지로 자기는 인간의 행동을 유발하는 것이며, 인간으로 하여금 특히 종교가 제공하는 길을 통해서 완성을 추구하게 한다. 진정한 종교적 경험은 인간으로 하여금 좀 더 자신을 깨닫게 만들며, 그리스도와 석존의 상(像)은 인간이 현대사회에서 찾아볼 수 있는 고도로 분화된 자기 원형의 표현이다. Jung이 요가와 같은 여러 가지 의식적 훈련을 통해서 세계와 통합되고 일체가 되려는 노력에 있어서, 서양의 종교보다 훨씬 앞선 동양의 종교를 연구하고 관찰함으로써 자아를 발견하게 되었음은 놀라운 일이 아니다.

사진 설명 심순아 作 '예수 그리스도의 부활'

자기가 형성되기 이전에 성격의 여러 가지 구성요소들은 충분히 발달되고 개체화(individuation)되어야 한다. 개체화란 개인의 의식이 다른 사람으로부터 분리되는 과정을 의미한다. 이런 이유로 해서 자기의 원형은 중년기에 이르기까지는 뚜렷해지지 않는다. 중년기가 되면 성격의 중심을 의식적인 자아로부터 의식과 무의식의 중간으로 옮겨 놓으려고 심각한 노력을 하기 시작하는데, 이 중간 영역이 바로 자기의 영역이다. 자기의 개념이 Jung이 이룩한 가장 위대한 심리학적 발견물이며, 그의 집중적인 원형 연구의 절정을 이루는 것이다.

6) 규범적 위기 모델에 대한 평가

성인기를 통해서 연령과 관련된 변화의 순서를 예측할 수 있다는 규범적 위기 모델은 상당한 영향력이 있다. 그러나 성인에게 있어서 발달의 보편적 유형이라는 개념은 매력적이기는 하지만 의문의 여지가 있다. Papalia, Olds 그리고 Feldman(1989)은 규범적 위기 모델의 문제점을 다음과 같이 지적하고 있다.

(1) 성인발달은 연령과 관련되는가

아동의 연령은 발달의 연속선상에서 그들의 위치를 비교적 정확하게 추정할 수 있게 하지만, 성인의 연령은 그들의 성격과 경력이 나타나는 바에 미치지 못할 수도 있다. 연령보다는 개인의 독특한 경험이 인간발달에 더 많이 작용한다. 더욱이, 성인의 발달을 일련의 단계로 본다면 그것은 잘못된 것이다. 왜냐하면 많은 동일한 쟁점들이 성인기 내내 되풀이되기 때문이다.

연령지향적인 규범적 위기 모델의 이와 같은 결함에도 불구하고 전문가뿐만 아니라 대중들이 이 접근법에 매력을 느끼는 이유는 이 접근법이 주는 메시지에 있다. 즉, 중년기 및 그 이후의 성격발달에서는 어떠한 주요 변화도 일어나지 않는다는 지금까지의 관념에 도전하여 성인기에도 계속해서 변화하고, 발달하며, 성장한다는 메시지 때문이다.

(2) 다른 모집단에도 일반화시킬 수 있는가

Vaillant와 Levinson 연구의 대상들은 1920년대와 1930년대에 태어난 사람들로서 대다수가 중상류 계층의 혜택받은 백인남성들이다. 따라서 이들에 대한 연구결과를 다른 민족, 다른 사회계층, 다른 시대, 다른 문화의 남성 혹은 여성들에게 적용할 수 없을지도 모른다.

Alice S. Rossi

동시대 출생집단(cohort) 문제는 재미있는 쟁점이라고 할 수 있다. 우리가 중년기의 '정상적인' 발달이라고 알고 있는 것은 1930년대 경제공황 시대에 태어났거나 그 당시에 성장한 사람들을 대상으로 한 연구에 근거하는 것이다. 이들 남성들은 제2차 세계대전 시 팽창하는 경제성장의 덕을 본 동시대 출생집단이다. 이들은 애초의 예상보다 훨씬 크게 직업적 성공을 거두었을지도 모르며 그리고 이른 나이에 에너지를 소진해 버렸을지도 모른다. 그렇다면 이들의 발달은 전형적인 것이 아니고 특별한 경우일 수도 있다(Rossi, 1980). 그리고 Levinson이 지적한 바와 같이 그의 이론은 다른 문화권에서 검증되어야만 한다. 어떤 문화권에서는 중년기라는 개념조차 없기 때문이다.

(3) 중년기 위기는 얼마나 전형적인 것인가

중년기 위기는 "대중매체가 만들어 낸 가공물"이라고 미국 메릴랜드 대학의 Nancy Schlossberg가 말하였다. "위기, 전환 및 변화는 일생 동안 일어난다"(1987, p. 74).

Nancy K. Schlossberg

다른 많은 학자들도 위기가 중년기의 획기적인 사건이라는 생각에 이의를 제기한다. 중년기로의 전환이 잠재적으로 스트레스가 많을지 모르지만 스트레스가 반드시 위기로 연결되는 것은 아니기 때문이다(Brim, 1977; Farrell & Rosenberg, 1981; Rossi, 1980). 또한 이러한 종류의 전환이 중년기에만 국한되는 것은 아니다.

중년기 위기의 보편성에 대해 의문을 제기한 연구 역시 연령보다는 사건에 반응하여 위기가 일어난다는 사건의 발생시기론을 지지한다. 인생의 어떤 시기의 특성을 나타내고 있는 사건들은 더 이상 예측 가능한 것이 아니다. 그리고 그러한 예측불허가 사람들로 하여금 대비하지 못하고 대처할 수 없게 하는 위기를 가져오는지 모른다(Neugarten & Neugarten, 1987). 따라서 중년 전환기가 위기로 되는지의 여부는 연령보다는 개인의 특수한 생활환경과 개인이 그러한 환경을 어떻게 다루느냐에 더 많이 관련이 있는 것으로 보인다. "어떤 사람은 위기에서 위기로 나아가는가 하면 다른 사람은 …… 비교적 긴장을 적게 경험한다"(Schlossberg, 1987, p. 74).

(4) 남성 모델을 여성에게도 적용할 수 있는가

규범적 위기 모델은 연구대상뿐만 아니라 이론적 개념 또한 남성지향적이다. 따라서 남성들을 대상으로 도출된 이론이 여성에게는 적합하지 않다는 비판을 받고 있다.

여성을 대상으로 한 여러 연구들(Adams, 1983; Chodorow, 1978; Furst, 1983; Gilligan, 1982; Roberts & Newton, 1987)에서 여성의 인생은 덜 안정적이고 보다 갈등이 많은 경향을 보이는 등 규범적 위기 모델에서 제시하는 양상을 보이지 않았다.

Gilligan(1982)이 지적했듯이 규범적 위기 모델은 인생에서 전형적으로 풍부한 관계망을 갖는 여성에게 부적합할 뿐만 아니라 건강한 남성의 발달에 대해서도 의문의 여지를 남긴다. 남성에게 있어서 친밀한 관계에 대한 관심은 중년기에 와서 비로소 증가한다는 것도 역설적이며 유감스러운 일이다. 그때에는 자녀가 독립해서 집을 떠나려 하거나, 이미 떠났거나, 아내들은 자신들의 결혼생활에서의 친밀감의 결핍에 적응하기 위해 다른 관계에 자신의 감정을 깊이 쏟고 있을 수 있다.

2. Neugarten의 사건의 발생시기 모델

1) Neugarten의 생애

Bernice Neugarten
(1916~2001)

Bernice Neugarten은 1916년에 시카고 주의 노퍽에서 태어났다. Neugarten은 1936년에 시카고 대학에서 학사학위를 받았고, 1943년에는 박사학위를 받았다. 1953년에 시카고 대학의 교수로 임명되기 전에 가정생활에 충실하기 위해 10년이라는 세월 동안 학계를 떠나 있었다.

Neugarten은 성인발달과 노년학 분야에서 미국 심리학계의 선구자적 역할을 담당하였다. 1958년에 시카고 대학에서 '노년학(Gerontology)' 과목을 개설하였으며, 그 후 20년 동안 성인발달과 노화에 관해 연구하고 강의를 하였다. 그녀가 노년학에 대한 연구를 시작했을 때, 그 분야의 연구가 매우 미흡하다는 것과 노인들에 대한 고정관념이 많다는 것을 깨닫고, 그러한 고정관념을 깨뜨리기 위해 많은 활동을 하였다. 한 예로『뉴욕 타임즈』의 사설에서 "노인들은 병들고, 가난하고, 외롭고, 고립되어 있다는 고정관념이 팽배해 있다"라고 주장하기도 했다.

Neugarten은 성인기 성격의 변화는 연령과 관련이 있는 것이 아니고 인생의 사건과 관련이 있다고 주장한다. 아동기와 청년기에는 내적 성숙사건들이 한 발달단계에서 다음 발달단계로 옮겨가는 계기가 된다. 아기가 말을 시작하고, 걸음마를 배우고, 젖니가 빠지기 시작한다. 청년의 신체변화는 사춘기에 이르렀음을 알려준다. 그런데 성인기에는 '생물학적 시간대'에서 '사회적 시간대'로 이동한다. 생리적 · 지적 성장은 이제 결혼, 부모됨, 이혼, 사별, 은퇴와 같은 외부적 사건들에 비해 중요성이 덜하다. 예를 들면, 폐경은 여성의 인생에서 직업상황에서의 변화보다 일반적으로 덜 중요하다. 연령이 아동의 발달에는 매우 중요한 지표가 될지 모르나 성인의 발달에는 생활사건이 그보다 더 중요한 의미를 갖는다.

Neugarten의 사건의 발생시기 모델 접근법에 따르면, 성격발달은 연령보다는 사람들이 어떤 사건을 경험하는가와 언제 이 사건이 일어나는가에 의해 더 많은 영향을 받는다. 지난 수십 년간 많은 호응을 얻고 있는 사건의 발생시기 모델은, 성인의 발달을 연령의 기능으로 보는 대신에 인생에서의 사건들을 인간발달의 지표로 본다. 이 모델에 의하면, 사람들은 인생에서의 특정 사건들과 그 사건들이 발생하는 특정한 시기에 반응하여 발달한다.

Neugarten은 성인발달과 노화에 관해 많은 저서를 집필하였다. 1964년에 출간된 『중 · 노년기의 성격(Personality in Middle and Late Life)』도 그중 하나이다. 그녀는 1971년에는 노화에 관한 백악관 협의회의 연구위원으로 발탁되었고, 국립노화연구소자문위원회(National Advisory Council of the National Institute on Aging)의 위원을 역임하기도 했다. 그리고 미국심리학재단(American Psychological Foundation)의 금메달을 포함하여 20여 개의 상을 수상한 바 있다.

2) 인생사건의 유형과 발생시기

인생사건에는 두 가지 유형이 있다. 규범적 사건과 비규범적 사건 그리고 개인적 사건과 문화적 사건이 그것이다. 이러한 인생사건은 성인들 대부분에게 발생하기 때문에 사람들이 자신에게도 일어날 것으로 기대하는 인생사건이 규범적 사건이다. 성년기의 결혼과 부모됨, 노년기의 사별과 은퇴가 규범적 사건의 예이다. 예기치 않은 색다른 사건이 비규범적 사건인데 외상적 사고, 뜻밖의 승진, 복권당첨(사진 참조) 등이 그 예이다.

어떤 사건이 규범적인 사건인가 아닌가는 종종 사건의 발생시기에 따라 결정된다. 전통적으로, 대부분의 성인들은 어떤 행위가 행해지는 인생의 시기에 대해 매우 예민하게 반응한

John C. Lowe

다(Neugarten, Moore, & Lowe, 1965). 사람들은 보통 그 자신의 타이밍을 예민하게 인식하며 결혼하는 데, 자녀를 갖는 데, 직업을 갖는 데, 혹은 은퇴하는 데에 '이르다' '늦다' 또는 '알맞다' 등으로 표현한다. 보통 규범적인 사건들도 '제때를 벗어나면' 비규범적인 것이 된다. 예를 들면, 14세나 41세에 결혼하거나 41세나 91세에 은퇴한다면 이는 비규범적인 사건이 된다. 규범적 위기 모델과 대조적으로 사건의 발생시기 모델은 예상했던 시기에 일어나는 규범적 사건들은 일반적으로 무난히 넘어간다는 입장이다. 문제가 되는 것은 인생에서 예상했던 순서와 리듬을 깨는 사건들이다(Neugarten & Neugarten, 1987).

Neugarten과 동료들(1965)은 미국 중산층 성인들을 대상으로 하여 사건의 발생시기에 대한 연령의 적절성을 얼마나 중요하게 인식하는가에 대해 자신의 견해뿐만 아니라 다른 사람들은 이 점을 어떻게 생각할 것인가에 관한 설문조사를 실시해 보았다. 연구 결과는 다음과 같이 나타났다(〈그림 2-3〉 참조). 첫째, '자신의 견해'와 '다른 사람들의 견해'에서 연령의 경향이 반대 방향으로 나타났다. 즉, '자신의 견해'에서는 연령이 증가함에 따라 인생에서 발생하는 사건의 시기에 대한 연령의 규준을 점점 더 중요하게 인식

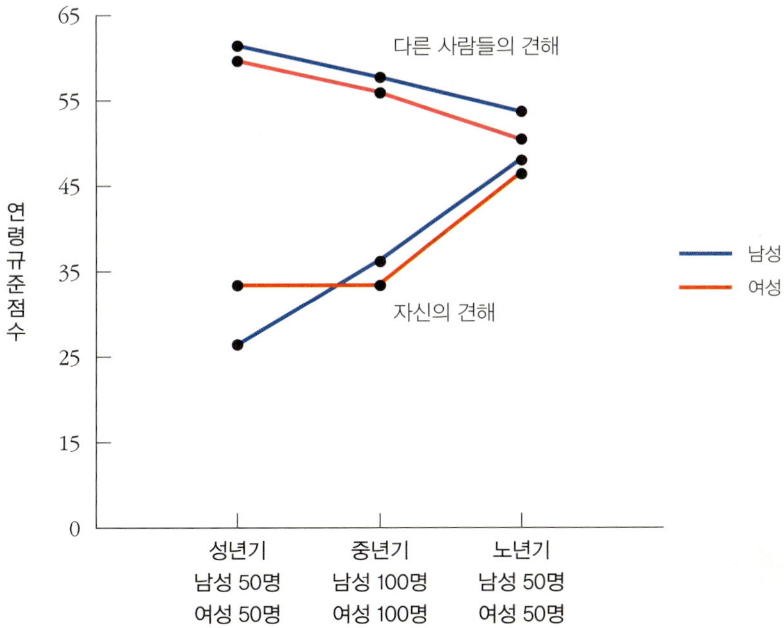

〈그림 2-3〉 성과 연령에 따른 연령의 적절성에 대한 인식

사진 설명 사건의 발생시기 모델에서 부모됨과 같은 사건의 영향은 그것이 '제때의 것인지' 아니면 '제때를 벗어난 것인지'에 달려 있다. 이 모델에 의하면 40대에 자녀를 갖는 것은 20대에 자녀를 갖는 것보다 더 많은 스트레스를 유발한다고 한다.

하는 것으로 나타났다. 둘째, "대부분의 사람들이 그렇게 생각할 것이다"라는 '다른 사람들의 견해'에서는 연령이 증가함에 따라 인생에서 발생하는 사건의 시기에 대하여 연령의 적절성에 대한 긴장이 감소하는 것으로 나타났다. 셋째, 성차는 거의 없었지만, 젊은 여성의 경우 '자신의 견해'에서 연령의 적절성을 중요하게 인식하는 경향이 같은 연령대의 남성과는 차이가 있었지만, 중년의 여성과는 오히려 유사한 것으로 나타났다.

재미있는 현상은 65세 노인들의 경우에만 '자신의 견해'와 '다른 사람들의 견해'가 거의 일치하는 것으로 나타난 것이다. 이 같은 결과는 연령규준의 내면화 현상뿐만 아니라 성인기 사회화의 축적된 효과가 반영된 것으로 볼 수 있다. 성차와 관련해서는 젊은 여성이 남성에 비해 연령의 적절성에 대한 긴장이 보다 큰 것으로 나타났다. 연구자들은 이 같은 결과를 남성과 여성의 사회화 과정에서의 차이로 해석하고 있다. 결혼에 적합한 연령을 예로 들어보면 남성보다 여성에게 훨씬 더 엄격한 연령규준이 적용되는 것으로 보인다.

또 다른 구분은 개인적 사건과 문화적 사건의 구분이다. '개인적 사건'은 한 개인이나 한 가족에게 일어나는 사건으로서 임신이나 결혼, 승진과 같은 것이다. '문화적 사건'의 예는 경제불황, 지진, 전쟁, 기근 또는 핵원자로나 화학공장의 사고 등이다.

문화적 사건은 개인의 사회적 시간대에 영향을 미친다. 한 세대의 사람들에게는 옳고 적절하다고 여겨지는 시간표가 그다음 세대에게는 맞지 않는 것처럼 여겨지기도 한다. 그리고 결혼과 같은 사건의 전형적인 발생시기도 문화에 따라 다양하다.

Gunhild O. Hagestad

20세기 후반에 우리 사회는 나이를 덜 의식하게 되었다(Neugarten & Hagestad, 1976; Neugarten & Neugarten, 1987). 어떤 일을 하는 데 있어서 '적절한 때'가 있다는 의견은 줄어들었다. 1950년대 미국 중산층의 중년들에게 졸업, 결혼, 은퇴에 '가장 적절한 나이'가 언제인가를 물었을 때, 이들은 20년 후의 연구대상보다 의견일치를 더 많이 보여 주었다(〈표 2-5〉 참조). 오늘날에는 40세에 처음으로 부모가 되는 것이나 40세에 조부모가 되는 것, 50세의 퇴직과 75세의 노

표 2-5 **인생사건과 '적합한 연령'**

활동이나 사건	적절한 연령범위 (세)	1950년대 후반 연구 찬성자의 백분율(%)		1970년대 후반 연구 찬성자의 백분율(%)	
		남	여	남	여
남성의 결혼 적령기	20~25	80	90	42	42
여성의 결혼 적령기	19~24	85	90	44	36
일반적으로 조부모가 되는 연령	45~50	84	79	64	57
학업을 마치고 취업에 적합한 연령	20~22	86	82	36	38
퇴직 적령기	60~65	83	86	66	41
남성의 책임감이 가장 클 때	35~50	79	75	49	50
남성이 가장 큰 성취를 이룰 때	40~50	82	71	46	41
인생의 전성기	35~50	86	80	59	66
여성의 책임감이 가장 클 때	25~40	93	91	59	53
여성이 가장 큰 성취를 이룰 때	30~45	94	92	57	48

출처: Rosenfeld, A., & Stark, E. (1987). The prime of our lives. *Psychology Today, 21*(5), 62-72.

인근로자, 청바지차림의 60세 노인, 30세의 대학총장에 대해 보다 수용적이다.

그러나 이러한 "전통적인 인생시기들이 희미해지고 있음" (Neugarten & Neugarten, 1987, p. 32)에도 불구하고, 사건이 일어나는 데에는 적절한 나이가 있다는 사회적 기대는 여전하다. 그 정도가 줄어들기는 했으나, 사람들은 이 같은 사회적 시간대에 자신들의 주요 인생사건(결혼, 자녀출산, 직업전환)을 맞추려고 애쓴다. 예를 들면, 한 젊은 여성이 직장생활을 위해 결혼을 미루다가 정신없이 부모가 되려고 서두르는 경우가 그렇다고 할 수 있다.

Dail A. Neugarten

3) 인생사건에 대한 반응

인생사건이 규범적 사건이든 비규범적 사건이든 또는 개인적 사건이든 문화적 사건이든 간에 중요한 것은 개인이 그에 대해 어떻게 반응하는가 하는 것이다. 어떤 사람에게는 활력을 주는 사건도 다른 사람에게는 좌절을 야기할 수 있으며, 같은 사건이라도 어떤 사람은 그 사건을 도전으로 받아들이는가 하면 또 다른 사람은 그로 인해 스트레스를 받는다.

사건에 어떻게 반응하느냐 하는 것은 여러 가지 내적 · 외적 요인들에 의해 좌우된다(Brim & Ryff, 1980; Danish & D'Augelli, 1980; Danish, Smyer, & Nowak, 1980). 최근의 인생사건 접근법은, 인생사건이 개인의 발달에 어떤 영향을 미치는가 하는 것은 인생사건뿐만 아니라 신체적 건강, 가족의 지원과 같은 중재요인과 인생사건에 대한 개인의 대처방식, 인생의 단계 그리고 사회역사적 맥락에 달려 있다는 점을 강조한다(〈그림 2-4〉 참조).

Anthony R. D'Augelli

David Chiriboga

예를 들어, 건강상태가 양호하지 못하고, 가족의 지원을 거의 받지 못하면 인생사건은 스트레스를 유발한다. 그리고 오랜 기간 동안 결혼생활을 한 후 50대에 하는 이혼은 몇 년 안 되는 결혼생활을 청산하는 20대의 이혼보다 스트레스를 훨씬 더 많이 받는다(Chiriboga, 1982). 또한 이혼이 보편적인 1990년대는 1950년대에 비해 이혼에

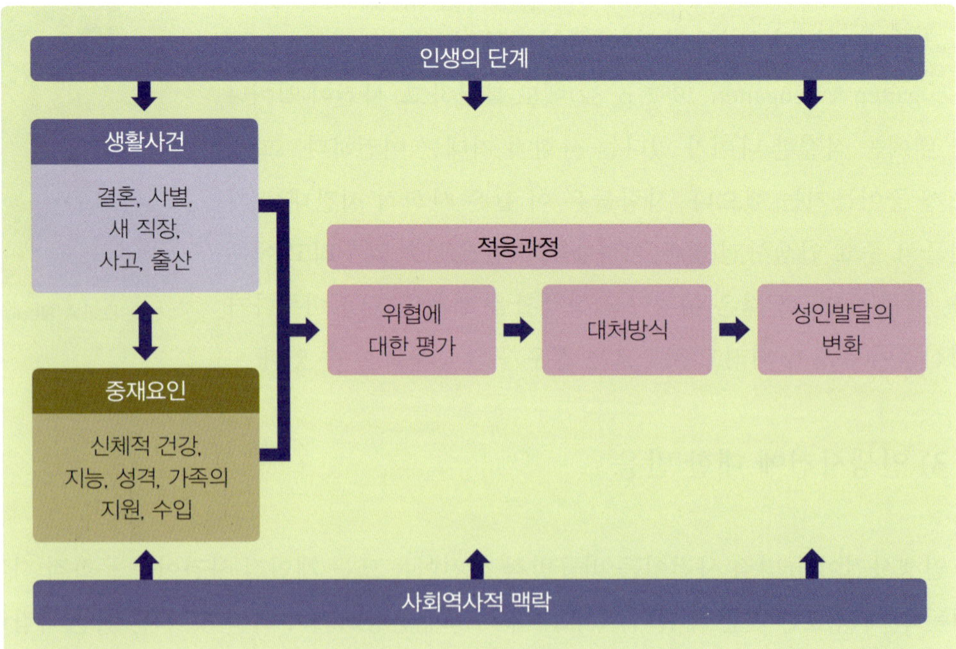

〈그림 2-4〉 성인발달의 변화를 설명하는 인생사건 구조

출처: Santrock, J. W. (1997). *Life-span development* (6th ed.). New York: McGraw-Hill.

효율적으로 대처할 수 있다고 보는 것이다.

4) 사건의 발생시기 모델에 대한 평가

사건의 발생시기 모델은 개인의 인생행로의 중요성을 강조함으로써 그리고 변화는 연령과 관련하여 발생하는 것이라는 생각에 도전함으로써 성인기 성격발달의 이해에 큰 공헌을 하였다. 뿐만 아니라 Vaillant와 Levinson의 연구를 비롯한 많은 연구에서 남성만을 연구대상으로 한 것과는 달리 Neugarten의 연구에서는 여성까지도 포함시킴으로써, 남성만을 대상으로 한 연구결과를 여성에게 적용하였다는 이유로 받았던 비판을 피할 수 있었다.

하지만, Neugarten의 사건의 발생시기 모델 또한 몇 가지 문제점이 지적되고 있다(Dohrenwend & Dohrenwend, 1978). 가장 심각한 문제는 사건의 발생시기 모델이 안정보다는 변화를 지나치게 강조한다는 점이다. 또 다른 문제는 스트레스의 주된 근원은 우리 인생에서 일어나는 주요 사건이 아니라 어쩌면 나날이 겪는 일상적인 경험 때문일지 모른다(Pillow, Zautra, & Sandler, 1996). 하기 싫은 지루한 일을 계속해야 하고, 긴장으로 가득 찬 결혼생활을 참아내며, 경제적으로 어려운 생활을 해야 하는 것은 주요 인생사건의 척도에서는 잘 나타나지 않는다. 그럼에도 불구하고 이와 같은 생활환경으로부터 오는 스트레스는 축적되어 질병을 일으키는 원인이 될 수 있다. 따라서 사건의 발생시기 모델의 유용성은 규범적 위기 모델과 마찬가지로 특정의 문화나 특정의 시대에 국한된 것일지도 모른다.

Irwin Sandler

제3장

성인발달의 연구방법

인간발달을 이해하기 위해서는 과학적인 연구가 필요하다. 오늘날 어떤 분야를 막론하고 우리들이 감사해야 할 것은, 상상에서 사실을 분리하고, 우리 주변에서 일어나는 사건들을 이해하려고 노력하면서, 진리를 찾아내기 위해 자신의 생을 바친 이들의 노력이다. 이 같은 모든 노력의 연속이 바로 과학인 것이다.

과학은 그 탐구과정이 시작되기 이전에 존재했던 것과는 다른 어떤 것을 형성하기 위해 사실이나 지식을 하나로 연결하는 방법이다. 과학을 한다는 것은 세상에서 일어나고 있는 단편적인 사건들을 서로 연결시키고 통합하는 것을 의미한다. 하나의 사실(예를 들면, 노년기에 기억력이 감퇴된다는 것)을 연구하는 것은 이 사실이 노인의 인생에서 일어나는 다른 사건들과 어떻게 관련이 되는가를 연구할 때만이 의미를 가진다. 과학은 건축가가 각 부분의 단순 합 이상의 어떤 독특한 것을 만들어내기 위해서 각기 다른 부분들이 어떻게 맞추어지는지 이해하기 위해 사용하는 청사진과 매우 비슷한 것이다.

과학은 "어떻게" 사건이 일어나는가를 설명하는 '동적' 특징과 "어떤" 사건이 일어나는가를 묘사하는 '정적' 특징을 갖는다. 과학의 동적 · 정적 특징들은 부분적으로 서로를 결정하기 때문에 서로 협조한다. 과학을 한다는 말은 결과를 산출해내는 것은 물론 어떤 종류의 문제를 해결하기 위한 논리적 접근을 의미한다.

과학적 연구는 다음과 같은 특성을 갖는다. 첫째, 과학적 연구는 경험적(empirical)

연구이다. 만일 어떤 발달심리학자가 한 가정의 부모자녀관계를 관찰해봄으로써 그 가정의 의사소통 양식을 알 수 있다고 확신한다면, 그 심리학자는 어떻게 해서든 자신의 신념을 객관적으로 검증해 보여야 한다. 다시 말해서 그의 신념은 객관적 사실에 비추어 검증되어야 한다는 것이다.

둘째, 과학적 연구는 체계적(systematic) 연구이다. 예를 들어, 어떤 유형의 양육행동이 청소년 자녀의 이타적 행동과 관련이 있는지 알아보고자 한다고 가정해보자. 이러한 목적을 달성하기 위해서 발달심리학자는 청소년의 이타적 행동에 영향을 미칠 수 있는 가외변인을 모두 통제한 체계적인 연구를 해야 한다는 것이다.

셋째, 과학적 연구는 자기수정(self-correction)의 특성을 갖는다. 다시 말하면, 과학적 연구는 특정 의문에 대한 해답이나 특정 문제를 이해하려는 노력을 개선하도록 돕는 자기수정 과정이다. 과정 그 자체의 본질 때문에 그에 대한 해답은 가치 있는 피드백을 제공한다. 어떤 의미에서, 의문은 끝이 없으며 해답을 찾았는가 하면 또 다른 의문이 재형성되기 때문에, 과학자는 어떤 문제이든 옳고 그름, 즉 정당성을 증명하려 하지 않는다. 대신 과학자는 문제나 가설을 '검증'한다.

이 장에서는 과학적 연구의 과정과 요소, 표집의 문제, 자료수집의 방법, 연구설계, 성인발달연구의 접근법, 성인발달연구의 윤리적 문제 등에 관해 논의해보고자 한다.

1. 과학적 연구의 과정

과학적 연구의 과정은 네 단계로 나눌 수 있다. 첫째, 문제를 제기하고, 둘째, 그 문제에 관해 조사할 필요가 있는 요인이나 요소를 찾아내며, 셋째, 문제를 검증하고, 넷째, 본래의 문제가 근거했던 전제를 수락하거나 기각하는 단계들이 그것이다(Salkind, 1985).

1) 문제의 제기

첫째 단계인 '문제의 제기'는 어떤 문제가 좀더 깊이 연구될 필요가 있는가를 인식하는 단계이다. 이러한 최초의 문제 제기는 대체로 실험실에서나 회의석상에서는 이루어지지 않는다. 그러한 장소에서 중요한 문제가 확인되거나 언급될 수는 있지만, 주로

Isaac Newton

과학적 연구의 발단은 일상적인 경험과 사건에서 촉발된다. 예를 들면, 아르키메데스는 따끈한 목욕통에 앉아서 부력의 기초 원리를 발견했으며, 뉴턴은 나무 밑에 앉아 있다 떨어지는 사과에 맞았기 때문에 그 유명한 중력의 법칙을 발견할 수 있었다(사진 참조). 아르키메데스와 뉴턴의 예가 다소 과장되었다 하더라도, 세상의 진리나 과학의 원리는 이처럼 일상 주변에 널려 있는 것이다. 그러나 모든 사람들이 다 동일한 경험에서 중요한 측면들을 찾아내거나 새로운 지식을 유도할 수 있는 종류의 문제를 제기할 수 있는 것은 아니다. 훈련되지 않은 사람들에게는 혼란과 무질서로 보이는 것도 훈련된 사람들은 거기서 중요하고 결정적인 사건들을 선별해낸다. 추려지거나 선별되지 않은 채 널려 있는 것에서 그 줄기를 찾아내는 것이 바로 과학적 훈련이다.

2) 중요한 요인의 발견

과학적 연구과정의 둘째 단계는 중요한 요인들을 찾아내고, 이러한 요인들을 어떤 방법으로 조사할 것인가를 결정하는 단계이다. 이 단계에서 과학자는 중요한 요인들을 조작적으로 정의하고, 변인들 간에 있을지도 모르는 관계를 진술하며, 실제로 연구를 수행하기 위한 방법을 결정한다.

3) 문제의 검증

셋째 단계는 문제를 검증하는 단계로서 네 단계 중에서 실제로 연구가 수행되는 단계이다. 이 단계에서 문제를 해결하는 데 필요한 자료들을 수집한다. 수집된 자료가 최초의 단계에서 제기되었던 가설과 일치하는가를 결정하기 위해 통계적 검증이나 객관적 준거와 같은 수단을 적용한다.

4) 가설의 수락 또는 기각

마지막 단계는 본래의 문제가 기초로 한 전제를 수락할 것인가, 기각할 것인가를 결정하는 단계이다. 그러나 그 결과가 수락이든 기각이든 과학적 연구의 과정이 여기서 끝나는 것은 아니다. 만약 가설이 수락되면 연구자는 또 다른 질문을 하게 되고, 각 질문은 방금 설명한 단계들을 통해서 거듭 수행된다. 반대로 가설이 기각되면 다시 본래 문제의 전제로 되돌아가서 결과와 일치하도록 재구성한다. 〈표 3-1〉은 과학적 연구의 네 단계와 예문들이다.

표 3-1 과학적 연구의 4단계 과정

단계	예
문제를 제기한다.	서로 다른 가정에서 양육된 아동들은 지능 면에서 서로 다른 수준으로 발달하는가?
중요한 요인은 무엇이며 어떻게 검증할 것인가를 결정한다.	중요한 요인들로서 부모의 양육행동, 가정환경, 아동의 지적 능력을 들 수 있다. 서로 다른 가정에서 자란 아동집단 간에 지적 능력의 차이가 비교될 것이다.
문제를 검증한다.	두 집단 간에 차이가 있는가를 판단하기 위한 검증을 할 것이고, 만약 두 집단 간에 차이가 발견된다면 이 차이가 부모의 양육방법에 의한 것인지 아니면 우연과 같은 그 밖의 다른 요인에 의한 것인지를 검증한다.
문제가 근거한 전제를 수락하거나 기각한다.	전 단계의 결과에 따라 최초의 문제는 재검토될 것이며, 필요하다면 보다 더 구체적인 문제가 제기될 것이다.

출처: Salkind, N. J. (1985). *Theories of human development*. New York: John Wiley & Sons.

2. 과학적 연구의 요소

Neil Salkind

과학적 연구에서 중요한 요소가 되는 것은 이론, 변인, 개념 그리고 가설이다(Salkind, 1985).

1) 이론

이론은 미래에 일어날 사건을 예측할 뿐만 아니라 과거에 일어났던 사건을 설명할 수 있는 논리적인 진술이다. 이론은 이미 형성된 정보의 조직화를 도울 뿐만 아니라 미래를 탐색하는 길잡이 역할을 한다. 이런 점에서 이론은 책의 목차나 색인과 비슷한 역할을 한다. 만약 책에 목차나 색인이 없다면 특별한 정보를 찾는 것이 얼마나 어렵겠는가를 상상해보라. 이론은 사실을 이해하기 쉽게 하며 문제가 제기될 수 있는 틀을 제공한다.

이론의 일반적 목적을 살펴보면 다음과 같다(Salkind, 2004). 첫째, 이론은 발달의 어떤 측면을 기술하는 데 필요한 정보를 수집할 때 길잡이가 된다. 예를 들면, 언어습득 이론을 통해 옹알이 과정과 그다음 단계로 한 단어 문장의 사용 과정을 아주 상세하게 설명할 수 있다. 둘째, 일련의 사실들을 일반적 범주에 통합할 수 있게 한다. 예를 들면, 애착이론은 부모나 신생아 간에 명백히 관련되지 않은 상호작용들을 조직화하며, 잘 이해하는 데 도움이 될 것이다. 셋째, 이론은 차후의 동일하거나 또는 관련된 문제에 답을 구하고자 할 때 노력이 헛되지 않도록 조직적이며 통합된 방법으로 자료와 정보를 제공한다.

2) 변인

변인 또한 과학적 연구에서 중요한 요소가 된다. 둘 이상의 수치와 값을 지니는 모든 것이 다 변인(variable)이고, 단일 수치만이 부여될 때에는 상수(constant)라고 한다. 변인의 예로 생물학적 성(남성 혹은 여성), 사회경제적 지위(상, 중, 하) 등이 있다. 어떤 행동을 야기하는 원인이 되는 조건이 독립변인이고, 그 원인으로 말미암아 유발되는 반응이나 결과가 종속변인이다.

어떤 한 변인이 어떤 연구에서는 독립변인이 되고 또 다른 연구에서는 종속변인이 될 수 있으며, 심지어 동일 연구에서도 한 변인이 독립변인과 종속변인 모두가 될 수 있다. 다시 말해서, 독립변인과 종속변인의 분류는 여러 종류의 변인들 간의 구별이라기보다는 실제로는 변인의 용도에 의해서 행해지는 분류이다.

3) 개념

과학적 연구에서 또 다른 중요한 요소는 개념이다. 개념은 상호연관이 있는 일련의 변인들을 묘사하는 것이다. 예를 들면, 애착이라는 개념은 부모와 자녀 간의 눈맞추기, 신체적 접촉, 언어적 상호작용과 같이 여러 가지 다른 행동들로 구성된다. 이러한 일련의 행동들은 애정과 같은 다른 용어로 명명될 수도 있다. 그러나 일련의 변인들이 어떻게 명명되느냐에 따라서 개념의 유용성이 결정된다. 개념을 정의하기 위한 용어가 너무 좁은 범위의 매우 제한된 일련의 행동들로 정의된다면, 그 개념은 변인 이상의 아무것도 아니며 그 용도 또한 매우 제한적인 것이 될 것이다.

4) 가설

과학적 연구의 요소 중 최고의 단계는 가설이다. 가설은 변인과 개념들 간에 "~이면 ~이다(if ~ then)"라고 가정하는 '훈련된 추측(educated guess)'이다. 가설은 과학자들이 한 변인이 다른 변인에 미치는 영향력을 좀더 잘 이해하기 위해서 제기하는 문제이다. 예를 들면, "TV 폭력물을 많이 시청하는 청년은 공격성 수준이 높을 것이다"가 그것이다. 가설은 연구문제를 보다 직접적으로 검증할 수 있게 해준다.

과학자는 수립된 가설이 사실로서 수락될 수 있는 것인지 아니면 거짓으로서 기각될 것인지를 어떻게 알 수 있는가? 통계적 검증과 같은 외적 준거를 적용함으로써 과학자는 결과의 신뢰 정도를 알 수 있다. 즉, 연구결과가 가외변인이 아닌 독립변인에 의한 것이라고 얼마나 확신할 수 있는가이다. 예를 들면, TV 폭력물의 시청과 아동의 공격성과의 관계의 예에서 폭력물 시청유무(독립변인) 외에 아동의 성격, 지능, 건강, 가정환경 등 가외변인도 아동의 공격성 수준에 영향을 미칠 수 있다. 따라서 연구자가 연구의 결과를 신뢰할 수 있기 위해서는 그러한 가외변인들이 고려되어야 하고 또한 통제되어야 한다.

가설을 세우는 것은 그저 연구결과가 어떻게 나올 것인지에 대해 예상하는 것이라고 생각할지도 모른다. 하지만 그렇게 간단하지는 않다. 예측하는 것에 대한 논리적 근거가 필요하다. 그러한 논리적 근거는 선행된 경험적 연구와 이론, 이들 두 가지 출처에서 나오게 된다. 만약 특정의 연구문제가 선행연구에서 정보를 얻은 것이라면, 가설화된 관계의 특성은 그 선행연구에서 제시되었을 것이고, 연구할 특정 가설은 상당히 분명할 것이다. 마찬가지로 이론을 통해서도 검증할 수 있는 특정 관계를 찾을 수 있다(Cone & Foster, 1997).

〈그림 3-1〉은 과학적 연구의 과정과 요소에 관한 도식이다.

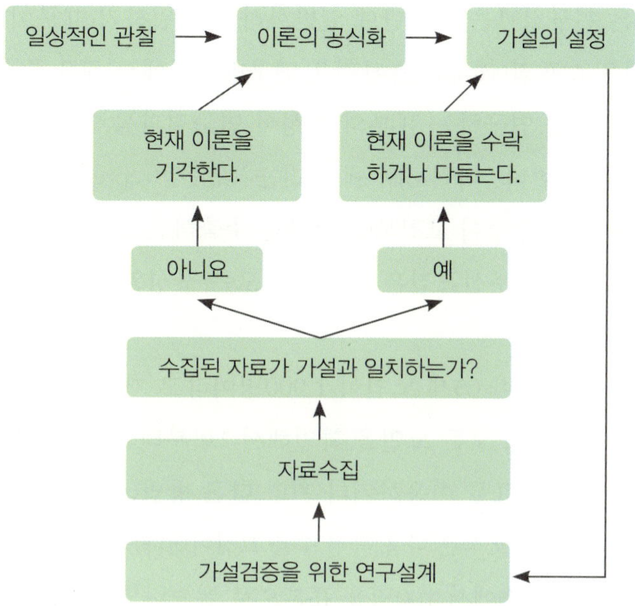

〈그림 3-1〉 **과학적 연구의 과정과 요소**

출처: Sigelman, C. K., & Shaffer, D. R. (1995). *Life-span development* (2nd ed.). California: Brooks/Cole Publishing Company.

3. 표집의 문제

우리가 어떤 특정 부류의 사람들(예를 들면, 최근에 은퇴한 65세의 노인 집단)을 연구하고자 할 때 그 부류에 속한 사람들을 전부 다 연구할 수는 없다. 대신 최근에 은퇴한 65세 전체 노인들 중에서 표본을 추출하여 연구하게 된다.

표본(sample)이란 연구대상자 전체의 특성을 반영하는 모집단(population)의 대표적인 일부분이라고 할 수 있다. 따라서 모집단의 특성을 가능한 한 잘 대표할 수 있는 표본을 추출하는 것이 연구자의 중요한 임무이다. 왜냐하면 표본을 대상으로 연구하

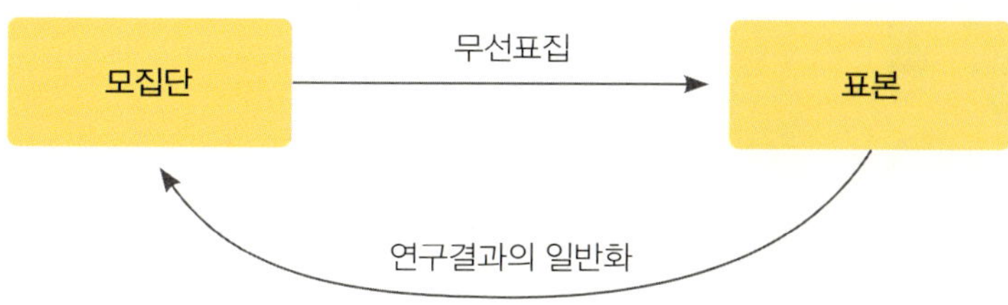

〈그림 3-2〉 **모집단, 표본, 표집의 관계**

지만, 여기서 나온 연구결과는 모집단에 일반화하기를 원하기 때문이다(〈그림 3-2〉 참조). 이와 같은 이유로 표집(sampling) 과정은 연구방법론에서 매우 중요하다.

이상적으로는 우리가 연구하는 표본의 특성이 연구결과를 일반화하고자 하는 모집단의 특성과 동일해야 한다. 이런 경우에 우리는 '대표성(representativeness)'이 보장되는 표본을 갖게 된다. 대표성이 보장되는 표본을 추출하는 가장 확실한 방법은 무선표집(random sampling)이다. 무선표집은 모집단의 모든 구성원이 표본에 뽑힐 기회(확률)가 똑같은 표집방법이다.

예를 들어, 최근에 은퇴한 65세 노인이 1,000명이라고 가정해 보자. 무선표집을 하기 위해서는 우선 모집단의 모든 노인을 확인해서 1번부터 1,000번까지의 일련번호를 붙인다. 그러고 나서 난수표를 이용하거나 기타 다른 방법(예: 모자 속에 1,000명의 노인의 이름을 적은 용지를 넣고 잘 섞은 다음 특정 수를 끄집어낸다)을 이용하여 표본을 추출한다. 만약 1,000명의 노인 중에서 100명을 표본으로 뽑는다면 모든 노인이 표본에 추출될 확률은 각각 $^{1}/_{10}$이 된다.

그러나 현실적으로 어떤 연구든지 무선표집을 하는 것이 거의 불가능하다. 대신에 우리가 손쉽게 구할 수 있는 표본으로 대체하는 경우가 허다하다. 이때 추출된 표본은 물론 대표성이 보장되지 않는다. 그리고 대표성이 보장되지 않을 경우에는 표집상의 문제가 발생하게 된다.

인간성욕에 관한 선구자적 연구로 유명한 Kinsey의 '성보고서'는 표집상의 문제가 있는 연구의 유명한 예이다.

사진 설명 Alfred Kinsey가 그의 아내와 함께

미국 인디애나 대학의 동물학 교수인 Kinsey가 1938년에 대학생을 대상으로 그들의 성행위에 관한 조사연구를 시작할 때만 해도 인간성욕에 관한 과학적인 자료는 전무하였다. Kinsey는 곧이어 5,300명의 남성과 6,000명의 여성을 대상으로 하는 전국적 규모의 연구에 착수하였다. 이 연구에서 Kinsey는 면접법을 사용하여 피험자들에게 동성애, 혼외정사, 자위행위 등에 관한 질문을 하였다. 그 결과 1948년에는 「남성의 성적 행동(Sexual Behavior in the Human Male)」 그리고 1953년에는 「여성의 성적 행동(Sexual Behavior in the Human Female)」에 관한 유명한 성보

고서가 이 세상에 나오게 되었다. 보고서에 나타난 여러 가지 연구결과 중에서도 특히 여성의 62%가 자위행위를 하며 남성의 37% 그리고 여성의 17%가 혼외정사 경험이 있다는 내용에 대해서 여론이 분분하였다.

이에 대한 비판으로 연구방법론적인 결함이 지적되었다. 가장 심각한 문제로서 Kinsey의 표본에 대해 대표성의 문제가 제기되었다. 즉, 연구대상이 무선표집에 의한 표본이 아니고 자발적으로 연구에 참여한 사람들이라는 점이 문제가 되었다. 왜냐하면 성적 행동에 관한 연구에 자발적으로 참여한 사람들의 특성은 모집단의 특성과 여러 면에서 다를 것이라는 생각 때문이다.

4. 자료수집의 방법

성인을 대상으로 자료를 수집하는 방법에는 크게 양적인 방법과 질적인 방법이 있으며, 이를 세분화하면 질문지법(questionnaires), 검사법(standardized test), 면접법(interviews), 관찰법(observation), 사례연구법(case study) 등이 있다.

Jaber F. Gubrium

성인연구의 초기에는 자료수집방법으로 주로 양적인 방법을 사용하였으나 이후 보다 구체적인 자료를 얻기 위해 질적인 방법을 사용하였다. Gubrium(1993)은 생활의 질의 주관적 의미를 구분하기 위하여 사례연구법과 같은 서술적인 방법을 사용하였으며, Diamond(1992)는 관찰법을 사용하였다. 이들은 개인적 상호작용에 초점을 두고 지금까지의 양적 연구와는 대조적인 방법으로 노화경험의 다양한 측면을 연구하기 위해 민족지학적인 방법(ethnography)이나 질적 연구방법을 사용하였다. 이러한 질적인 방법은 연구대상의 크기는 작지만 노화에 대한 보다 구체적이고 광범위한 사실을 설명해 준다는 장점이 있는 반면, 검증이 어렵다는 점은 질적 연구법의 한계로 볼 수 있다.

1) 면접법과 질문지법(Interviews and Questionnaires)

성인들에 관한 정보를 얻기 위한 가장 빠르고 직접적인 방법은 그들에게 질문하는 것이다(Madill, 2012). 성인들의 경험이나 태도에 관해 알아보기 위해 가끔 면접법이 이용된다. 면접은 주로 일대일로 얼굴을 맞대고 이루어지지만 가끔은 전화면접도 가능하다. 면접법에는 구조적 면접법과 비구조적 면접법이 있다. 정보를 얻는 것을 목적으로 하는 조사면접이 구조적 면접법이고, 진단이나 치료 등 임상적 목적을 가진 상담면접이 비구조적 면접법이다.

질문지법은 가장 대표적인 양적 연구법으로 성인연구에서 가장 보편적이고 널리 사용되는 방법이다. 이는 면접자가 묻는 질문에 응답자가 대답을 하는 것이 아니라 응답자가 직접 질문을 읽고 자신이 생각하는 바를 표시하는 것이다. 질문지법은 많은 수의 성인을 대상으로 한꺼번에 많은 자료를 수집할 수 있다는 장점이 있다. 그러나 질문의 내용이 모호할 경우에는 정확한 답변을 기대하기 어렵고, 자신의 솔직한 생각보다는 많은 사람들이 옳다고 생각하는 답을 표시하기 쉽다는 문제점을 가지고 있다. 또한 문항이 많은 경우 피로도로 인하여 정확한 반응을 얻기 어려울 수 있다.

2) 검사법(Standardized Test)

검사법은 지능검사나 성격검사, 적성검사 등의 표준화된 검사를 사용하여 개인이나 집단의 특성을 파악하는 방법이다. 검사법은 질문지법과 마찬가지로 많은 자료를 비교적 쉽게 수집할 수 있다는 이점(利點)이 있다. 그리고 이러한 검사자료를 통해 특정한 검사에서 한 개인이 차지하는 상대적인 위치나 개인차에 대한 정보를 얻을 수 있는 유용한 방법이다(Gregory, 2011, 2014; Watson, 2012). 하지만 표준화검사에 의해 얻은 정보로 언제나 성인의 행동을 예측할 수 있는 것은 아니다. 표준화검사는 한 개인의 행동이 일관성 있고 안정된 것이라는 신념에 근거한 것이다. 그런데 표준화검사에 의해 자주 측정되는 인성검사나 지능검사는 어느 정도의 안정성이 있기는 하지만 측정되는 상황에 따라서 변할 수 있다.

3) 관찰법(Observation)

관찰법은 성인의 행동을 관찰하고 관찰된 행동을 객관적인 방법으로 기록하는 것으로서 가장 오래된 연구방법이다. 관찰법은 아동연구에는 매우 보편적인 연구방법이지만 성인연구에는 그리 흔하지 않은 방법이다.

관찰이 과학적이고 효율적이기 위해서는 무엇을 관찰하려는지, 누구를 관찰할 것인지, 언제 어디서 어떻게 관찰할 것인지 그리고 어떤 형태로 기록할 것인지 등을 결정해야 한다. 즉, 관찰이 체계적으로 이루어져야 한다는 것이다.

관찰법에는 자연관찰과 실험실관찰이 있다. 자연관찰은 실제 상황에서 이루어진다. 연구자는 환경이나 피험자의 활동을 조작할 필요가 없다. 단지 연구자에게 보이는 것만 기록하면 된다. 그러나 때로는 자연관찰로는 답을 얻기 어려울 때가 있다. 이때는 관찰연구에서 가외변인이 통제된 실험실에서 연구가 이루어진다(Ary et al., 2019; Jackson, 2015; Rosnow & Rosenthal, 2013; Stangor, 2015).

예를 들어, 알츠하이머병에 걸린 68세 된 할머니가 화장실에 낯선 사람이 있다면서 들어가기를 꺼려하였다. 딸이 어머니를 달래서 화장실로 모시고 가서 낯선 사람이 어디 있는지 보여달라고 하자 그 할머니는 마지못해 화장실 거울에 나타난 자신의 모습을 손으로 가리켰다. '거울 현상'(사진 참조)이라고 불리는 이 현상이 알츠하이머병의 중증 정도와 관련이 있는가라는 질문에 대한 대답을 얻기 위해서는 실험실관찰이 필요하다(Papalia, Camp, & Feldman, 1996).

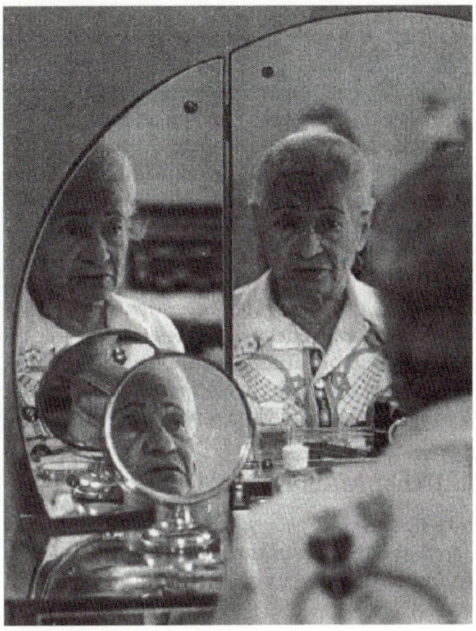

사진 설명 알츠하이머병에 걸린 노인이 거울에 비친 자신의 모습을 보고 다른 사람이 거기에 있다고 생각하는 것을 '거울 현상'이라고 한다.

한 연구(Biringer, Anderson, & Strubel, 1988)에서 알츠하이머병의 5, 6, 7단계(중증 세 단계)에 있는 18명의 할머니들을 대상으로 실험실관찰을 하였다. 거울 속의 자신을 알아보는지, 이마에 점을 찍고 그것이 자기 이마에 찍힌 점인지 알아보는지, 손에 점을 찍고 그것을 알아보는지 등을 관찰하였다. 연구결과 5단계에서는 자신을 알아보고, 이마의 점과 손의 점을 알아보았다. 6단계에서는 모든 할머니들이 손의 점을 알아보았으나 자신과 이마의 점은 50% 정도 알아보았다. 7단계에서는 셋 다 알아보지 못하였다.

실험실관찰에도 몇 가지 단점이 있다. ① 피험자가 자신이 관찰당하고 있다는 사실을 안다는 점, ② 실험실 상황이 자연스럽지 못하기 때문에 부자연스러운 행동을 유발하는 점, ③ 성인발달의 어떤 측면들은 실험실 상황에서 연구하기가 불가능하다는 점이다.

4) 사례연구(Case Study)

사례연구법은 한 명이나 두 명의 피험자를 대상으로 집중적으로 자료를 수집하는 대표적인 질적 연구법이다. 이는 극히 제한된 인원만을 대상으로 하기 때문에 연구결과를 일반화하기 어렵다는 문제가 있다. 그러나 피험자에 대한 심층적인 자료를 수집할 수 있다는 점은 이점(利點)으로 볼 수 있다.

Freud가 정신질환자를 대상으로 비정상적 심리를 연구함으로써 성격이론의 기초를 마련한 것이 대표적인 예이다. 임상심리학에서 재미있는 또 다른 사례연구의 예는 Rokeach(1964)가 자신이 예수그리스도라고 믿는 세 명의 정신분열증 환자에 관해 자세히 묘사한 예이다.

사진 설명 Freud와 그의 진찰실

사례연구의 단점은 매우 제한된 수의 피험자의 경험에 의존하기 때문에 연구결과를 일반화하기 어렵다는 점과 관찰의 객관성이 문제된다는 점이다(Yin, 2012). 예를 들면, Freud의 심리성적 발달이론에서 정신적 문제가 있는 몇 사람을 대상으로 연구한 것에 기초하여 발달의 일반이론을 도출해내는 것이 얼마나 타당한가 하는 문제이다. 그리고 사례연구에서는 연구자가 피험자와 가까이 지내면서 자료를 수집하기 때문에 객관성이 결여될 위험이 있다.

5. 연구설계

어떤 연구설계를 할 것인지를 결정하는 일은 성인기 연구에서 매우 중요하다. 연구설계는 연구자가 자료를 수집하고, 분석하고, 해석하기 위한 구체적인 방법이다. 성인의 행동을 연구하는 데 사용되는 연구설계에는 기본적으로 세 가지가 있다. 기술연구, 상관연구, 실험연구가 그것이다.

1) 기술연구

현재의 어떤 상태를 묘사하기 위해 고안된 연구를 기술연구라 하며, 이 연구는 어떤 시점, 어떤 상황에서의 사고나 감정 그리고 행동에 대한 대강의 윤곽(snapshot)을 제공해 준다.

기술연구의 한 유형은 조사연구이다. 해마다 실시되는 인구조사가 조사연구의 한 예이다. 신문이나 잡지에 자주 보고되는 기술연구의 예는 사람들의 '현재 관심사'에 관한 조사이다. 예를 들면, 국회의원선거를 앞두고 어느 후보를 선호하는지에 관해 조사하는 것이 그것이다.

기술연구의 장점은 복잡한 일상사를 간단하게 묘사하는 것이다. 예를 들면, 조사연구는 많은 수의 사람들의 생각을 파악하게 해 준다. 그래서 기술연구는 현재 일어나고 있는 일에 대한 이해를 도와준다. 기술연구의 단점은 현재 상황에 대한 이해에는 도움이 되지만 그것은 아주 제한된 정적인 상황에 대한 이해일 뿐이라는 것이다(Gravetter & Forzano, 2019; Leedy & Ormrod, 2013, 2016). 예를 들면, 개인의 현재 관심사가 어떻게 발생했는지(어떻게 해서 특정 후보를 좋아하게 되었는지) 그리고 그들의 관심사가 어떻게 투표로 연결될 것인지(과연 그 후보를 찍을 것인지) 우리는 알 수 없다.

2) 상관연구

상관연구는 둘 또는 그 이상의 변인 간의 관계를 알아보는 연구이다(Graziano & Raulin, 2020). 예를 들면, 한 연구에서 고혈압인 사람이 심장발작을 일으킬 확률이 높은 것으로 나타났다면, 이 결과는 고혈압과 심장병이 서로 연관이 있다는 것을 말해 준다.

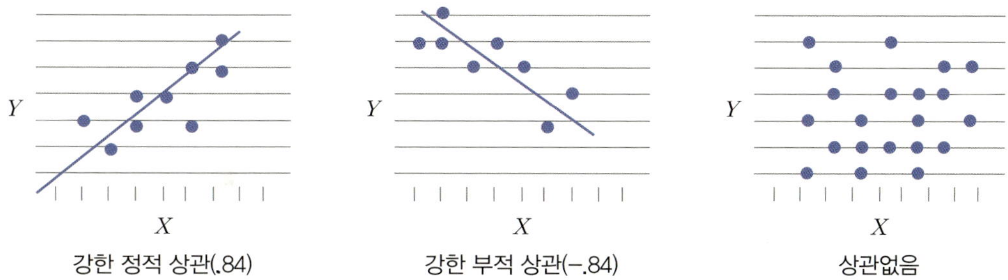

〈그림 3-3〉 상관관계의 예

상관연구에서 두 변인 간 관계의 정도를 밝히기 위해 통계적 분석에 기초한 상관계수를 사용한다. 상관계수의 범위는 −1에서 1까지이다. 양수는 정적 상관을 의미하고, 음수는 부적 상관을 의미한다. 부호에 관계없이 상관계수가 높을수록 두 변인 간의 관계는 강한 것이 된다(〈그림 3-3〉 참조).

상관연구의 장점은 현재 우리가 갖고 있는 정보로써 미래상태를 예측할 수 있다는 점이다(Heiman, 2014; Levin, Fox, & Forde, 2014). 반면, 상관연구의 단점은 변인 간의 원인과 결과를 파악할 수 없다는 점이다(Gravetter et al., 2021; Heiman, 2015; Howell, 2014; Spatz, 2012; Stangor, 2015). 예를 들어, 한 연구에서 담배를 피우는 사람이 폐암에 걸릴 확률이 높은 것으로 나타났다면, 이 결과는 흡연과 폐암이 서로 연관이 있다는 것을 말해줄 뿐이다. 즉, 흡연이 반드시 폐암의 원인이 된다고 볼 수는 없다. 유전적 배경, 성격, 사회경제적 지위와 같은 제3의 요인이 두 변인 간 상관의 원인이 될 수도 있다.

3) 실험연구

상관연구가 단지 두 변인 간의 관계를 말해준다면 실험연구에서는 두 변인 간의 원인과 결과를 정확하게 알 수 있다. 실험연구에서는 독립변인을 조작하고 종속변인에 영향을 미칠 수 있는 가외변인을 모두 통제한다. 실험연구는 상관연구가 할 수 없는 두 변인 간의 인과관계를 파악하게 해준다. 이때 독립변인이 원인이 되고 종속변인이 결과가 된다(Christensen, Johnson, & Turner, 2015, 2020; Harrington, 2020; Kirk, 2013).

예를 들면, 시력을 증진시킬 수 있다는 알약광고의 주장을 검증하기 위해 실험연구를 한다. 이때 독립변인은 알약이 되고 종속변인은 시력증진이다. 무작위 할당에 의하여 시력을 증진시키는 알약을 먹는 실험집단과 위약(placebo)[1)]을 먹는 통제집단으로 나눈다. 무작위 할당이란 실험집단과 통제집단에 연구대상을 작위적이지 않게 분배함으로써 종속변인에 영향을 미칠지 모르는 가외변인을 모두 통제하는 것을 말한다. 이렇게 함으로써 종속변인에 영향을 미칠지 모르는 연령, 사회계층, 지능, 건강 등에서 두 집단이 서로 다를 가능성을 크게 줄여준다(Gravetter & Forzano, 2019; Kantowitz, Roediger, & Elmes, 2015; Kirk, 2013).

원인과 결과 파악이 가능하다는 점에서 실험연구가 상관연구보다는 좋지만 다음과

1) 환자를 안심시키기 위해 주는 가짜 약으로 실제로는 생리작용이 없는 물질로 만든 약임.

표 3-2 세 가지 연구설계의 특성

연구설계	목표	장점	단점
기술연구	어떤 사건의 현재 상태에 대한 대강의 윤곽(snapshot)을 파악한다.	현시점에서 무슨 일이 일어나고 있는지 비교적 상세하게 알 수 있다.	변인 간의 관계를 알 수 없다.
상관연구	둘 또는 그 이상의 변인 간의 관계를 알아본다.	변인 간에 예상되는 관계를 검증하고 예측할 수 있다.	변인 간의 인과관계를 알 수 없다.
실험연구	독립변인이 종속변인에 미치는 영향을 알아본다.	변인 간의 인과관계를 알 수 있다.	모든 변인을 다 조작할 수는 없다.

출처: Stangor, C. (1998). *Research methods for the behavioral sciences*. Boston, New York: Houghton Mifflin Company.

같은 경우에는 상관연구가 보다 현실적이다.

① 연구가 새로운 것이라 어떤 변인을 조작해야 할지 모를 때
② 변인을 조작하는 것이 불가능할 때
③ 변인을 조작하는 것이 비윤리적일 때

Charles Stangor

〈표 3-2〉는 이상 세 가지 연구설계의 특성을 요약한 것이다.

실험연구의 타당도를 평가하는 데에는 두 가지 기준이 있다. 그중 하나는 내적 타당도이고 또 다른 하나는 외적 타당도이다(Campbell & Stanley, 1963). 내적 타당도(internal validity)는 과연 독립변인이 원인이고 종속변인이 그 결과로서 나타나는가를 알아보는 인과관계(causal relationships)에 대한 것이다. 왜냐하면 독립변인이 아닌 다른 가외변인이 종속변인에 영향을 미쳐서 그러한 결과가 나타날 수도 있기 때문이다. 내적 타당도가 없다면 연구결과를 신뢰할 수 없기 때문에 내적 타당도는 실험연구에서 매우 중요한 것이다.

Donald T. Campbell

외적 타당도(external validity)는 연구결과의 일반화(generalizability) 가능성에 대한 것이다. 다시 말하면, 그것은 연구결과를 다른 모집단과 다른 상황에도 일반화할 수 있는가의 문제이다. 일반적으로 연구자들은 연구결과를 자신의 연구대상과 연구상황을 넘어 다른 모집단과 다른 상황에도 적용하기를 원하기 때문에 외적 타당도 또한 실험연

Julian Stanley

구에서 지극히 중요한 의미를 갖는다.

연구설계는 내적 타당도와 외적 타당도를 모두 갖춘 것이 이상적이지만, 이 두 가지를 모두 갖춘 완벽한 연구설계는 실제적으로는 불가능하다. 왜냐하면 내적 타당도를 높이는 연구설계는 외적 타당도를 낮추게 되고, 그 역도 성립하기 때문이다. 만약 연구결과를 제대로 해석할 수 없다면 그 결과를 일반화하는 데에도 문제가 있다. 따라서 내적 타당도는 외적 타당도의 선결조건이다. 그러나 내적 타당도가 있다고 해서 외적 타당도가 자동적으로 보장되는 것은 아니다. 연구자들은 이 둘 간에 균형을 유지해주는 연구설계를 채택하도록 노력해야 한다.

6. 성인발달 연구의 접근법

인간의 발달과정을 연구하는 목적 중의 하나는 연령변화에 따른 발달적 변화를 기술하는 것이다. 이때 연구자는 몇 가지 대안을 갖는다. 횡단적 접근법, 종단적 접근법, 순차적 접근법이 그것이다.

1) 횡단적 접근법

횡단적 접근법(〈그림 3-4〉 참조)은 각기 다른 연령의 사람들을 동시에 비교하는 연구이다. 각기 다른 연령집단(예를 들면, 30세, 50세, 70세)이 기억과 체력 등에 관해 비교될 수 있다. 여기서 연령은 무작위 할당을 하지 못하므로 연령이 원인이라는 결론은 내리기 어렵다. 횡단적 접근법은 상관연구이다. 즉, 연령과 다른 현상 간의 관계를 보여주는 연구이다.

Timothy A. Salthouse

예를 들면, Salthouse(1991)는 여러 연령층의 사람들을 대상으로 기억력 검사를 실시하였다. 먼저 숫자 기억하기 과제에서는 피험자들에게 몇 개의 숫자를 들려주고 그것을 순서대로 적게 하였다. 이는 마치 우리가 114에 전화를 걸어 우리가 알고자 하는 전화번호를 받아 그 번호를 외워 다이얼을 돌리는 것과 같다. 낱말 기억하기 과제에서는 일련의 낱말을 읽어 주고 그것을 순서대로 적게 하였다. Salthouse는 20세를 기준으로 정하고 표준편차

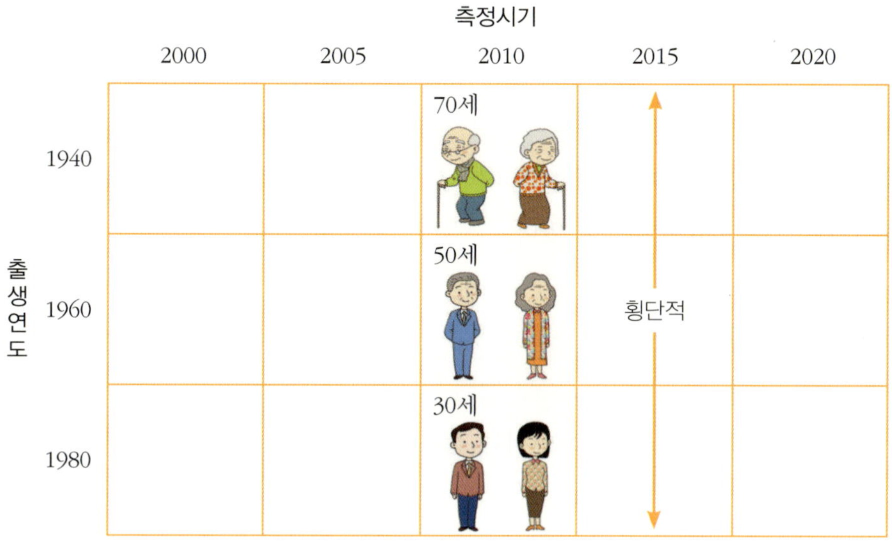

〈그림 3-4〉 횡단적 접근법

를 이용하여 다른 연령층의 사람들의 수행을 이 기준과 비교하였다. 연구결과 연령이 증가함에 따라 기억력이 감퇴하는 것으로 나타났다.

이 접근법의 주된 장점은 자료수집이 비교적 짧은 시간 내에 이루어질 수 있으며, 피험자가 나이가 들기를 기다릴 필요가 없다는 것이다. 그러나 이러한 장점에도 불구하고 이 접근법은 몇 가지 단점이 있다. 첫째, 개인이 어떻게 변화하는지 알 수 없고, 어떤 특성의 안정성에 대한 정보를 얻을 수가 없다. 둘째, 성장과 발달에 있어서 증가나 감소가 횡단적 접근법에서는 명확하지 않다. 셋째, 횡단적 접근법에서의 연령 차이는 연령 그 자체의 영향이라기보다는 동시대 출생집단(cohort) 효과 때문일 수 있다(Hohls et al., 2019; Schaie, 2016). 동시대 출생집단의 효과는 지능연구에서 특히 중요하다(Schaie, 1994, 2012; Schaie & Willis, 2010). 횡단적 접근법에 의해 여러 연령집단에 지능검사를 실시한 결과, 지능은 20세경에 절정에 달하며 그 이후에는 쇠퇴하는 것으로 나타났다.

사진 설명 1930년대 경제 대공황은 그 시대 동시대 출생집단에게 매우 독특한 영향을 미친다.

그러나 횡단적 연구에서의 이러한 차이는 연령 그 자체의 영향이라기보다는 동시대 출생집단의 차이 때문일 수 있다. 즉, 보다 최근에 태어난 사람들은 보다 양질의 그리고 보다 장기간의 교육을 받았기 때문에 아는 것이 더 많고, 더 많은 기술을 가지고 있을 수 있다. 젊은이의 우수한 지적 수행은 지능이 연령에 따라 감퇴한다기보다 오늘날의 젊은이들이 경험하는 바가 다르며, 따라서 한 세대 전에 태어난 사람보다 지적 능력을 더 발달시켰다는 의미일 수도 있다.

2) 종단적 접근법

종단적 접근법(〈그림 3-5〉 참조)에서는 같은 피험자가 오랜 기간에 걸쳐(보통 수년 또는 수십년) 연구되는 것이다(Du et al., 2020). 종단적 접근법의 예는 다음과 같다. 배우자를 사별한 경우, 시간이 지나면서 비탄(슬픔)의 정도가 어떻게 변하는가를 알아본 연구(Norris & Murrell, 1990)와, 신혼부부를 대상으로 부부관계에서의 상호작용에 어떤 변화가 있는지 알아본 Gottman(1994)의 연구가 있다. 수십 년에 걸친 종단적 접근법의 예로는 1918년과 1928년에 태어난 아동들을 그들이 50대, 60대가 될 때까지 추적조사한 버클리 종단연구(Eichorn, Clausen, Haan, Honzik, & Mussen, 1981)와 1930년대 말의 하버드대학 신입생들을 그들이 50대가 될 때까지 조사한 그랜트 연구(Vaillant, 1977) 등이 있다.

종단적 연구법의 장점은 횡단적 접근법에서는 알 수 없는, 성장하면서 보여주는 변

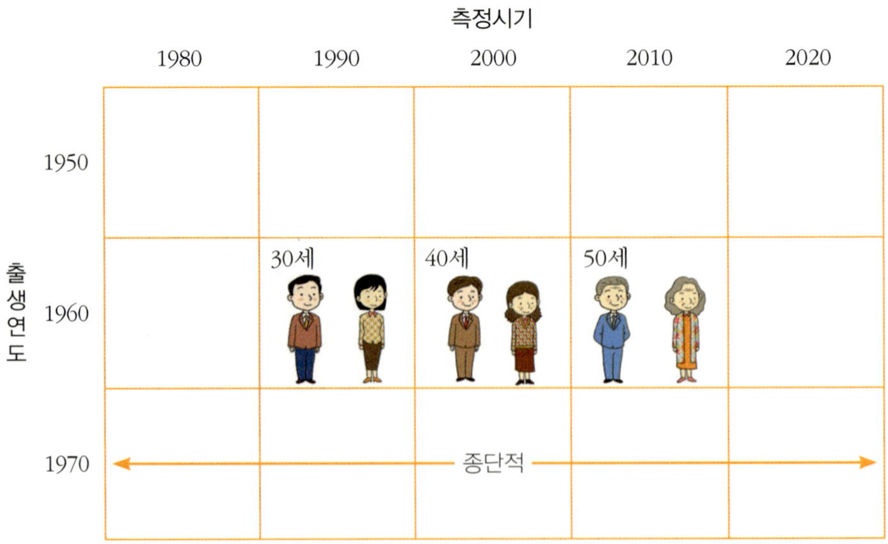

〈그림 3-5〉 종단적 접근법

화를 알 수 있다는 점이다(Cicchetti, 2013; Cicchetti & Toth, 2015; Reznick, 2013). 종단적 접근법은 시간과 비용이 많이 들기 때문에 횡단적 접근법보다 흔하지 않다. 그 외 종단적 접근법의 단점은 다음과 같다(Krämer & Rodgers, 2020). 첫째, 오랜 기간에 걸쳐 연구되기 때문에 피험자 탈락현상이 있다. 따라서 남아 있는 피험자만 가지고 나온 결과를 일반화하는 데 약간 문제가 있다. 둘째, 반복되는 검사로 인한 연습 효과가 있다. 종단적 접근법에 의해 지능검사를 실시한 결과 횡단적 접근법에서와는 달리 적어도 50세까지는 전반적으로 지능이 증가하는 것으로 나타났다. 그러나 이 역시 결과의 해석에 문제가 있다. 피험자들은 한 번 이상의 검사를 받기 때문에 다음 번 검사에서 점수가 높게 나오는 것은 검사상황에 보다 익숙해지거나 이전 검사에서 비슷한 문제를 어떻게 풀었는지를 기억하는 것과 같은 연습 효과를 반영하는 것일 수도 있다. 그러므로 지능이 증가한 것처럼 보이는 것은 능력상의 진정한 향상이라기보다는 수행상의 향상을 반영하는 것인지 모른다.

3) 순차적 접근법

순차적 접근법(〈그림 3-6〉 참조)은 횡단적 접근법과 종단적 접근법을 절충보완한 접근법으로서 연령효과와 동시대 출생집단의 효과 및 측정시기의 효과를 분리해낼 수 있

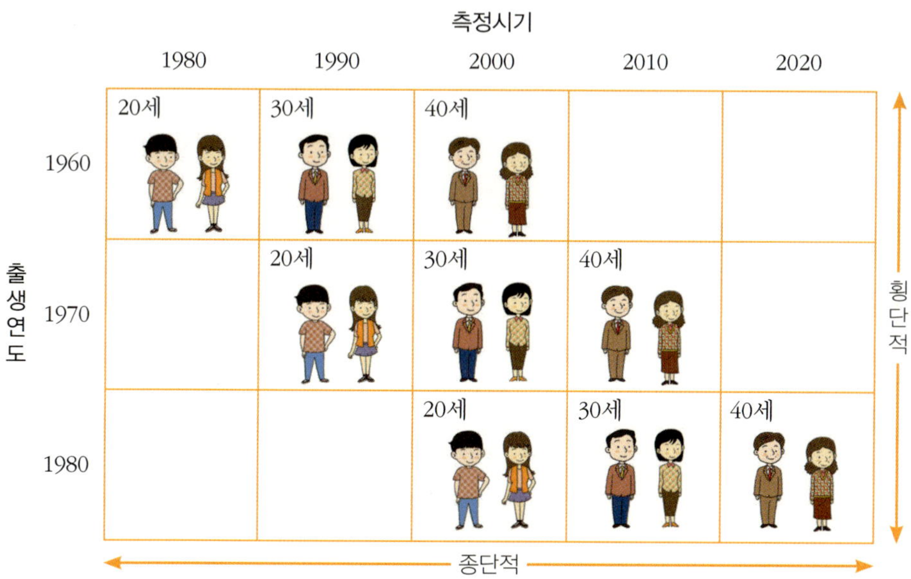

〈그림 3-6〉 순차적 접근법

다. 여기서 연령효과는 단순히 연령이 증가함으로써 나타나는 효과이고, 동시대 출생집단 효과는 같은 시대에 태어나서 같은 역사적 환경에서 성장함으로써 나타나는 효과이며, 측정시기의 효과는 자료가 수집될 당시 상황의 효과이다.

이 접근법은 몇 개의 동시대 출생집단을 몇 차례에 걸쳐 측정하는 연구방법이다. 어떤 면에서 순차적 접근법은 몇 개의 종단적 접근법을 합쳐 놓은 것과 같은 것이라 할 수 있다.

예를 들어, 연령이 증가함에 따라 지적 기능에 변화가 있는지 알아보기로 하자. 그림에서 보는 바와 같이 세 개의 대각선의 평균들은 동시대 출생집단의 효과뿐만 아니라 측정시기의 연령 차이를 나타낸다.

제1횡렬의 세 연령집단의 지능을 평균하면 1960년 동시대 출생집단 효과가 나오고, 제2횡렬의 세 연령집단의 지능을 평균하면 1970년 동시대 출생집단 효과가 나오며, 제3횡렬의 세 연령집단의 지능을 평균하면 1980년 동시대 출생집단 효과가 나온다. 이상

표 3-3 횡단적, 종단적, 순차적 접근법의 절차, 목표 및 장단점

	횡단적 접근법	종단적 접근법	순차적 접근법
절차	• 각기 다른 연령의 사람들을 동시에 연구한다.	• 동일 연령의 사람들을 오랜 기간에 걸쳐 연구한다.	• 횡단적 접근법과 종단적 접근법의 결합: 각기 다른 연령의 사람들을 몇 번에 걸쳐 연구한다.
목표	• 연령의 차이를 기술한다.	• 연령의 변화를 기술한다.	• 연령의 차이 및 변화를 기술한다.
장점	• 연령의 차이를 나타냄으로써 발달의 경향을 알 수 있다. • 시간이 절약되고 경제적이다.	• 시간에 따른 발달의 변화를 알 수 있다. • 이전의 경험 또는 행동과 나중의 경험 또는 행동과의 관계를 알 수 있다.	• 한 동시대 출생집단이 경험하는 발달의 변화가 다른 동시대 출생집단이 경험하는 발달의 변화와 유사한지 어떤지를 알 수 있다.
단점	• 연령효과는 진짜 발달의 변화가 아니라 동시대 출생집단 효과의 반영일 수 있다. • 시간에 따른 개인의 변화를 전혀 알 수 없다.	• 연령효과는 발달의 변화가 아니라 측정시기 효과의 반영일 수 있다. • 시간과 비용이 많이 든다. • 연구 초기에 개발된 측정도구가 시간이 지나면서 부적합한 도구가 될 수 있다. • 피험자의 탈락현상이 일어날 가능성이 있다.	• 시간이 오래 걸리고 복잡하다. • 가장 효율적인 방법이기는 하지만 발달의 변화를 일반화하는 가능성에 대해서는 의문의 여지가 있다.

출처: Sigelman, C. K., & Shaffer, D. R. (1995). *Life-span development* (2nd ed.). California: Brooks/Cole Publishing Company

세 집단 간의 평균지능은 지적 기능에 있어서의 동시대 출생집단의 효과를 반영하는 것이다.

그리고 1980년, 1990년, 2000년, 2010년, 2020년에 지능을 비교함으로써 측정시기의 효과를 알 수 있다. 적정한 통계처리를 함으로써 우리는 동시대 출생집단의 효과와 측정시기의 효과를 배제하여 진정한 연령의 변화를 알 수 있게 된다.

순차적 접근법의 예로 Schaie(1983, 1993)의 시애틀 종단연구를 들 수 있다. Schaie는 1956년에 25~67세를 대상으로 지능검사를 실시하였다. 매 7년마다 원래의 피험자들을 재검사하였고, 또 새로운 피험자들을 연구에 참가시켰다. 1991년 여섯 번째 검사를 실시하기까지 35년이 소요되었다.

〈표 3-3〉은 이상 세 가지 접근법의 절차, 목표 및 장단점을 요약한 것이다.

7. 성인발달 연구의 윤리적 문제

인간을 대상으로 하는 연구의 어려움 중 하나는 그들이 연구되고 있다는 사실을 지각함으로써 부자연스러운 반응을 한다는 것이다. 따라서 연구자들은 될 수 있으면 피험자들이 이 사실을 깨닫지 못하게 해서 자연스러운 반응을 얻어내려고 한다. 그러다 보니 연구자들은 가끔 윤리적 문제에 직면하게 되는데, 때로는 연구내용을 잠시 속이는 경우도 발생한다. 어떤 경우는 피험자들로 하여금 긴장이나 불안감, 부정적 정서를 경험하게 하고 약한 전기충격에 노출시키기도 한다.

물론 연구자들의 이런 행위에는 타당한 이유가 있다. 첫째, 이러한 상황을 연출하는 것이 중요한 어떤 현상을 객관적으로 연구할 수 있는 유일한 방법이라는 것이다. 둘째, 피험자들은 대가를 치르겠지만 이 연구로부터 얻어지는 혜택도 크다. 혜택은 이 연구를 통해 얻어지는 인간행동에 관한 지식이다. 셋째, 피험자도 연구에 대한 지식을 갖게 되고, 과학적 연구에 이바지했다는 만족감을 느낄 수 있다. 그러나 어떤 경우에라도 피험자가 연구에 참여함으로써 얻게 되는 혜택이 대가를 능가해야 한다는 사실을 연구자들은 명심해야 한다(Graziano & Raulin, 2013; Jackson, 2015; Neuman, 2020).

미국심리학회(APA)와 아동발달연구학회(SRCD)는 인간을 대상으로 하는 연구의 윤리강령을 발표하였는데 그 내용을 요약하면 다음과 같다.

(1) 피험자를 신체적 또는 심리적 위해로부터 보호한다

아래에 언급된 연구들은 피험자가 신체적 또는 심리적 상처를 받을 가능성이 있는 연구의 예들이다.

① 권위에 대한 복종을 조사한 Milgram(1974)의 연구에서 남성 피험자들은 연구자로부터 다른 사람에게 전기충격을 가하도록 지시를 받았다(사진 참조). 이 연구에서 Milgram은 피험자들이 어느 정도까지 권위에 복종하는지를 알아보고자 하였다. 대부분의 피험자들은 연구자의 지시(권위)에 따라 다른 사람에게 전기충격을 가할 때[1] 커다란 심리적 갈등을 겪었으며, 심한 스트레스를 받은 것으로 보고하였다.

Stanley Milgram

② 자아존중감 손상의 효과를 알아보기 위한 연구(Hull & Young, 1983)에서는, 피험자들에게 지능검사와 사회적 기초능력 검사에서 그들이 실패했다고 속였다.

③ 우울증이 학습에 미치는 효과를 알아보기 위한 연구(Bower, 1981)에서는, 피험자들로 하여금 부정적 정서를 경험하게 하였다.

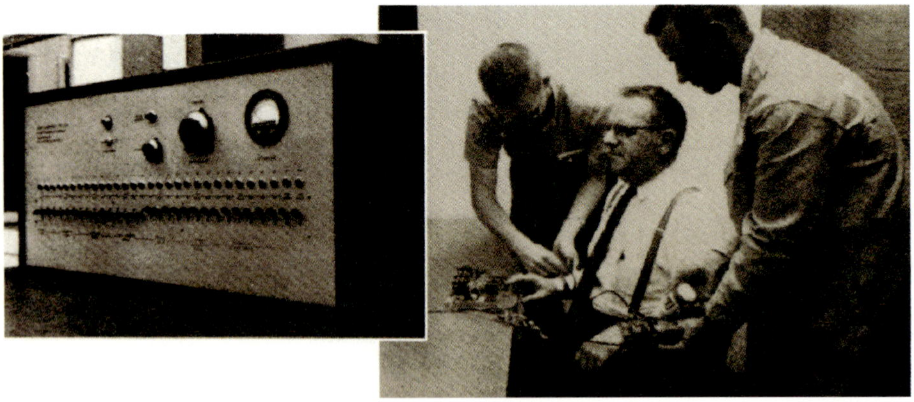

1) 실제로는 전원이 연결되어 있지 않았기 때문에, 전기충격은 가해지지 않았다.

(2) 연구에 참여할 것인지 말 것인지 자유롭게 선택하게 한다

연구자는 피험자에게 연구의 목적과 연구가 끝났을 때 예상되는 결과에 대해 충분히 설명해 주어야 할 의무가 있다. 그리고 피험자들로부터 연구에 참여하겠다는 연구참여 동의서(informed consent)를 받아야 한다. 연구참여 동의서에 포함되는 사항은 다음과 같다.

① 연구에 소요되는 시간과 연구절차
② 연구에 참여함으로써 예상되는 위험이나 불편
③ 연구로부터 예상되는 혜택
④ 연구에 참여하는 것이 전적으로 자유의사라는 점을 주지시킴

아래에 언급된 연구들은 피험자들로부터 연구참여 동의서를 받지 않아 문제가 된 예들이다. 1940년 말에서 1970년 사이에 미국정부는 핵전쟁이 일어났을 경우 방사능의 효능을 알아보기 위하여 성인과 아동을 대상으로 방사능 물질을 주사하는 실험을 실시하였다. 1993년 말에 이 연구가 폭로되었을 때 많은 사람들이 경악을 금치 못하였고, 심지어는 제2차 세계대전 시 나치가 유태인들을 대상으로 행한 '의학적' 실험과 비교하기도 하였다. 일제시대 제731부대에서 일본군이 저지른 '생체실험'의 만행도 이와 유사한 예이다.

미국정부가 후원한 또 다른 악명높은 연구는 1932년에 매독에 걸린 흑인 남성들을 대

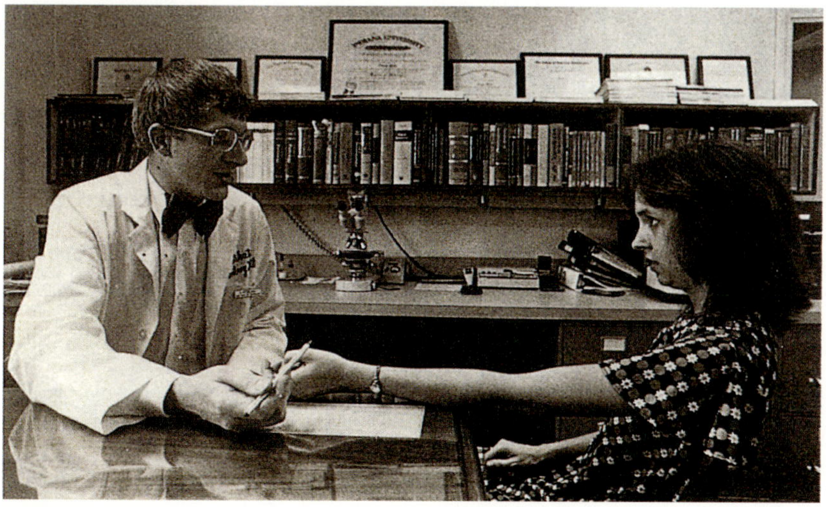

사진 설명 연구자가 한 피험자에게 승낙서에 관한 설명을 하고 있다.

사진 설명 간호사 Eunice Rivers가 Tuskegee 연구의 한 피험자인 농부가 일하고 있는 목화밭을 방문하고 있다

James H. Jones

상으로 한 40년에 걸친 종단연구이다(Jones, 1981). 1932년 미국 앨라배마주 '매콘 카운티'에서 가난한 흑인들 사이에 매독이라는 성병이 급속도로 퍼져나갔다. 매독의 증상은 신체적 마비, 실명, 정신이상, 심장질환 등으로 나타나고 끝내는 죽음에 이르는 경우도 있다. 그 당시 매독치료는 안전성이나 효율성 면에서 미심쩍었다. 미국 연방정부와 주정부가 합세하여 매독치료를 받아본 일이 전혀 없는 399명의 흑인 남성들을 대상으로 매독이란 병이 치료를 받지 않을 경우 어떻게 진행되는지 알아보는 연구(Tuskegee 연구라 칭함)에 착수하였다. 혈액검사와 건강진단을 무료로 해주고, 더운 점심을 제공하며, 사망 시 장례식을 무료로 치러준다고 유혹하여 피험자들로 하여금 고통스러운 척수천자(spinal taps)[2]를 정기적으로 받게 하였다. 대부분이 문맹인 피험자들에게는 연구의 본질과 목적을 숨기고 척수천자가 매독을 치료하기 위한 것이라고 거짓말을 하였다. 물론 앞으로 매독 치료약이 개발된다고 해도 그 치료에서 이들을 제외한다는 사실도 알려주지 않았다. 그들의 목표는 '피험자들을 사후에 부검하는 것'이었다. 1940년대에 페니실린이 발명된 후에도 그 사실을 피험자들에게 알리지 않았으며, 혹 페니실린의 발명 사실을 알고 있는 사람들에게도 그것을

2) 척수에 주사침을 찔러 척수액을 채취하는 것.

맞지 않도록 유도하였다. 연구자들 생각에는 이 놀랄 만한 '신약'의 사용이 급증하고 있기 때문에 치료를 전혀 받지 않은 매독환자들을 연구하기에는 이 Tuskegee 연구가 마지막 기회라고 여겼다. 그러나 실제로는 통제집단(치료를 받은 매독환자 집단)이 없는 것과 같은 방법론상의 결함과 더불어 몰래 치료를 받은 피험자들이 있다는 사실이 그 연구결과를 쓸모없게 만들었다.

Tuskegee 연구에 관한 보고서가 의학전문잡지에 가끔 실렸지만 1960년대 중반까지는 아무도 이에 대해 이의를 제기하지 않았다. 그러다가 1972년에 언론이 이 사실을 폭로하였으며 국회진상조사특위가 구성되어 이 연구를 종결시키게 되었다. 그때까지 살아남았던 이 연구의 피험자들은 국가를 상대로 소송을 제기하여 승소하였다. 그러나 피해자들에 대한 미국정부의 공식 사과는 계속 미루어져 왔는데, 용기를 내어 사과하고 용서를 구한 사람은 바로 미국 42대 대통령 빌 클린턴이다. 그는 1997년 5월, 생존해 있던 Tuskegee 연구 참여자 중 5명을 백악관으로 초청하여 사과하였다(사진 참조).

(3) 피험자의 사생활을 보호한다

행동연구에서 윤리적 문제와 관련된 잠재적 문제는 피험자의 사생활 보호나 익명성 보장에 대한 침해이다. 이 문제는 연구결과가 인쇄되어 피험자의 신분이 노출되는 경우 심각한 것이 된다. 따라서 연구자들은 연구보고서에서 가끔 가명을 사용하기도 한다.

대부분의 경우 자료가 개인적으로 보고되지 않기 때문에 피험자의 사생활 침해는 큰 문제가 아니지만 성행동이나 음주, 흡연에 관한 개인적인 정보에 관한 연구일 경우는 익명성이 보장되어야 한다.

(4) 연구의 성격과 이용에 대해 정직하게 말한다

연구의 성격과 연구결과를 어떻게 이용할 것인지에 대해 피험자에게 정직하게 말하는 것이 중요하지만 거짓말이 불가피한 경우가 있다. 이타적 행동에 관한 연구를 예로 들면 만약 연구자가 연구를 시작하기 전에 이 연구에 관해 얘기한다면 피험자의 행동은 왜곡될 것이다. 그래서 어떤 종류의 연구에서는 거짓말이 불가피하다. 미국심리학회 윤리강령에서도 거짓말이 불가피한 경우에는 이것을 인정하고 있다.

연구윤리정보포털

연구윤리 확보를 위한 지침(법령)

우리나라의 경우 한국아동학회, 한국인간발달학회, 심리학회의 발달심리 분과에서 인간을 대상으로 하는 연구의 윤리적 문제에 대해 자주 논의한 바 있다. 2010년 현재 '한국학술단체 총연합회'에서 연구윤리 지침을 마련하고 있는데, 이 지침은 학술연구분야 표절 및 중복게재 등과 관련한 기준을 제시하여 연구윤리에 대한 사회적 의식을 제고하고, 건전한 학문발전에 이바지함을 목적으로 한다. 그리고 2018년에는「연구윤리 확보를 위한 지침[교육부 훈령 제263호]」을 제정하면서 연구자가 지켜야 할 윤리규범을 법령으로 제시하였다. 이를 반영하여 한국연구재단에서는「CRE 연구윤리정보포털」사이트에서 이에 대한 내용들을 제시하고 있다.

제 2 부

성년기

언제 청년기가 시작되는가를 결정하는 일도 쉬운 일은 아니지만 언제 청년기가 끝나고 성년기가 시작되는지를 결정하는 일은 그보다 더 어렵다. 청년기에서 성년기로 이행하는 시점은 문화, 사회적 상황, 개인에 따라 다르다. 어떤 문화권에서는 열 살이 채 되지 않아 성인으로서의 책임을 떠맡는가 하면, 또 다른 문화권에서는 서른 살이 넘어서까지 부모의 그늘을 벗어나지 못한다. 우리나라에서는 20세를 성인으로 인정하고 성년식을 갖는다.

오늘날 대부분의 사회에서 성인으로 간주되는 보편적인 기준은 학업을 마치고 경제적으로 독립하여 결혼을 하고 부모가 되는 시기이다. 즉, 경제적 독립을 이루고 사회적 역할과 맡은 바 책임을 다할 때 비로소 성인으로 인정받는다.

성년기는 지적, 정서적, 신체적 발달에 있어서 굉장한 잠재력이 있는 시기이다. 많은 사람들이 성년기에 직업인, 배우자, 부모로서의 새롭고 중요한 역할을 담당하게 된다. 대부분의 사람들은 성년기에 처음으로 직업을 갖고, 사랑을 하며, 부모 곁을 떠나 결혼을 하고, 자녀를 낳아 기르는 중요한 변화를 겪는다. 따라서 많은 사회학자들이 이 시기를 일생에서 스트레스가 가장 많은 시기라고 하는 것도 놀라운 일이 아니다.

제2부에서는 성년기의 신체발달, 인지발달, 직업발달, 도덕성발달, 성역할발달, 성격발달 그리고 가족생활에 관해 살펴보고자 한다.

성년기의 발달과업

1. 배우자를 선택한다.
2. 배우자와 함께 사는 법을 배운다.
3. 일가를 이룬다.
4. 가정을 꾸려 간다.
5. 직업을 갖는다.
6. 시민으로서의 의무와 책임을 다한다.

출처: Havighurst, R. J. (1972). *Developmental tasks and education* (3rd ed.). New York: David Mckay.

제4장

신체발달

청년기와 성년기에 모든 신체적 성장과 성숙이 거의 완성된다. 성년기는 정력, 활력, 신선함, 젊음의 육체적 매력 등으로 특징지어지는 시기이다. 특히 20대는 신체상태가 절정에 달하고, 생식기관에도 아무 문제가 없으며, 운동수행능력도 절정에 달한다. 이 모든 것들은 신체체계가 절정에 달한 것을 반영한다. 체력은 이 시기의 모든 사회적, 경제적, 정서적 과업을 수행하기에 충분하다.

성년들은 또한 대체로 건강한 편이다. 이 시기에 신체의 모든 체계들이 정점에 도달하며 병에도 덜 걸리게 된다(Rimsza & Kirk, 2005). 좋은 건강상태는 유전적인 요인, 생활습관, 연령, 의학적 치료능력 등과도 관련이 있다. 사회경제적 지위, 교육수준, 성별, 결혼상태 등도 건강에 간접적인 영향을 미치는 요인이다. 개인의 성격특성 또한 특정 질병과 상관이 있는 것으로 보인다.

이 장에서는 성년기의 신체상태, 외모, 건강상태, 건강과 영향요인, 성격요인과 질병 등에 관해 살펴보고자 한다.

1. 신체상태

성년기가 되면 신체상태는 절정에 달하지만 점진적으로 감퇴하기 시작한다. 신체수행 능력, 체력, 정력, 지구력도 성년기에 절정에 이른다. 근력은 25세에서 30세 사이에 절정을 이루며, 30세에서 60세 사이에 10% 정도의 근력 감퇴가 일어난다. 손의 날렵함은 성년기에 가장 능률적이며, 손가락과 손의 움직임의 기민성은 30대 중반부터 감퇴하기 시작한다.

표 4-1 신체기능에서의 연령변화

신체기능	변화가 시작되는 시기	변화상태
시각	40대 중반	수정체가 두꺼워져 조절력이 떨어진다. 가까이 있는 물체가 잘 안 보이고(원시) 빛에 민감하다.
청각	50~60세	아주 높거나 낮은 음조(tone)의 소리를 잘 듣지 못한다.
후각	40세경	냄새를 구분하는 능력이 감소한다.
미각	없음	맛을 구별하는 능력의 변화는 거의 없다.
근육	50세경	근육조직의 상실
골격	30대 중반 여성은 폐경 이후 가속화	뼛속의 칼슘성분 상실(골다공증)
심폐기능	35~40세	가만히 앉아 있을 때에는 연령변화가 거의 없지만 운동을 하거나 일을 할 때에는 연령변화가 나타난다.
신경계	성인기 내내 점차적인 변화	뇌 속의 신경계 상실, 전체 뇌 크기와 무게 감소, 신경세포의 수지상돌기 감소
면역체계	청년기	T세포의 감소
생식기능	여성(30대 중반) 남성(40세경)	여성: 가임능력의 감소, 폐경 후 완전 상실 남성: 약 40세경에 활동성 있는 정자의 수가 감소하기 시작
세포	점차적	피부, 근육, 힘줄, 혈액을 포함한 대부분의 세포 수 점차적으로 감소
신장	40세	척추디스크의 압축현상으로 80세까지 2~5cm 정도 신장이 감소한다.
체중	일정 변화 없음	체중은 연령에 따른 일정한 변화패턴이 없으나 일반적으로 중년기에 체중이 제일 많이 나가고 노년기에 서서히 감소한다.
피부	30~40세	탄력성을 잃으면서 주름이 생기기 시작한다.
모발	50세경	모발이 가늘어지고 점차 흰색으로 변한다.

출처: Bee, H. (1998). *Life-span development* (2nd ed.). New York: Addison-Wesley.

감각 역시 성년기에 가장 예민하다. 시력은 20세경에 가장 좋으며, 40세쯤 되면 노안이 진행되어 독서할 때에 돋보기 안경을 써야 하는 경우가 많다. 청력의 점진적인 감퇴는 보통 25세 이전에 시작되어 25세 이후에는 감퇴가 보다 뚜렷해진다. 미각, 후각 및 통각과 온도에 대한 감각은 40세에서 50세경까지는 전혀 감소되지 않는다. 〈표 4-1〉은 주로 성년기에 일어나는 신체변화를 요약한 것이다.

Helen Bee

1) 심폐기능

폐활량(Maximum Oxygen Uptake)은 산소를 신체의 여러 기관에 운반하는 능력을 반영한다. 우리가 편안히 쉬고 있을 때 폐활량을 측정하면 연령에 따른 변화가 거의 없지만, 운동을 할 때 폐활량을 측정해 보면 35세 또는 40세부터 1년에 1%씩 감소하는 것을 볼 수 있다(Goldberg, Dengel, & Hagberg, 1996). 그러나 운동을 통해서 이러한 심폐기능을 향상시킬 수 있다.

2) 생식능력

여성의 가임능력은 10대 말과 20대 초에 절정에 달한다. 그 뒤로 계속 떨어져서 폐경 후 완전히 상실된다(McFalls, 1990; Mosher & Pratt, 1987). 남성의 경우는 성년기 동안 생식능력에 변화가 없다. 40세 이후에 약간 감소하지만 남성들의 경우 폐경이 없기 때문에 늦은 나이에도 수태시킬 능력이 있다. 성년기에 생식능력에 문제가 있는 남성은 활동성 있는 정자의 수가 충분하지 않기 때문이다. 불임부부의 경우 문제가 있을 확률은 남성과 여성 반반이다(Davajan & Israel, 1991). 불임 문제는 인공수정이나 배란촉진제, 시험관 아기, 입양 등을 통해 해결이 가능하다(Stanton & Danoff-Burg, 1995).

Annette L. Stanton

3) 면역기능

우리는 에이즈 환자를 통해 면역기능이 더 이상 제 역할을 하지 못할 때 어떤 일이 일

사진 설명 전자현미경으로 본 T세포의 모습. 지름이 5μm(마이크로미터 · 1㎛는 100만분의 1m)보다 조금 큰 수준이다. T세포는 몸속에 침입한 바이러스나 병원균을 죽이는 면역세포이다.

어나는지 알게 됨으로써 면역기능의 중요성을 지각하게 되었다. 면역체계의 두 주요기관은 가슴샘과 골수이다. 이들 사이에서 두 종류의 세포, 즉 B세포와 T세포가 생성된다. B세포는 바이러스나 박테리아와 같은 병원체에 대해 항체를 생성하여 외부 위협에 대항하여 싸운다. T세포(사진 참조)는 AIDS 바이러스와 같은 신체세포 내에 살고 있는 바이러스나 암세포와 같은 내부 위협에 대항하여 싸운다(Kiecolt-Glaser & Glaser, 1995). 연령이 증가하면서 T세포의 수가 감소하고 효율성이 떨어진다(Miller, 1996). 성인들은 아동이나 청년들보다 항체를 덜 생성한다. 그리고 T세포는 낯선 세포를 인지하는 능력을 부분적으로 상실한다. 그래서 암세포와 같은 질병세포를 막아내지 못한다. 따라서 성인기 동안 주요 신체변화 중의 하나는 질병에 약해진다는 것이다.

Richard A. Miller

면역체계는 박테리아나 바이러스, 종양 같은 이물질을 인식하고 그들을 파괴함으로써 건강상태를 유지하는데(Hughes, Connor, & Harkin, 2016; Ransohoff et al., 2015), 면역체계는 연령이 증가하면서 기능이 약화된다(Chalan et al., 2015; Deleidi, Jaggle, & Rubino, 2015). 신체는 예전만큼 면역체계로부터 이물질을 제거하는 데 효율적이지 못하다. 면역체계는 부분적으로는 신체의 피드백 체계가 쇠약해져서 효율성이 떨어진다. 또한 결함 있는 세포의 수가 증가함에 따라 자기면역 반응도 떨어진다. 면역체계의 결함은 노인의 건강문제에서 흔히 있는 일이다. 예를 들면, 폐렴으로 인한 노인의 사망률은 젊은 성인의 6~7배이며, 암과 결핵의 발병률도 매우 높다(Kermis, 1984; Verbrugge, 1990; Weg, 1983).

높은 수준의 변화나 적응을 요하는 생활사건은 면역기능에 영향을 미친다. 오랜 기간에 걸쳐 스트레스를 많이 받게 되면 면역기능이 점점 떨어진다. 물론 면역체계는 기본적으로 스트레스 수준에 상관없이 나이가 들면서 변한다. 그러나 면역체계의 정상적 노화라고 우리가 생각하는 것도 어떻게 보면 축적된 스트레스에 대한 반응일 수 있다. 만약 그렇다면 스트레스를 많이 받는 사람들이 질병에 걸릴 확률이 높고 그리고 일찍 죽음을 맞이할 수 있다.

4) 피부

사춘기 이후 나이를 먹으면서 피부는 수분을 잃기 시작하고 점점 건조해지며 주름이 생긴다. 여성은 20대 후반에 '미소 라인(smile lines)'이 보이게 되고, 30대에 눈가에 '까마귀 발(crow's feet)'이라고 불리는 주름이 생긴다. 일반적으로 여성에 비해 지성피부를 가진 남성은 피부가 좀더 천천히 건조해지며 주름도 여성보다 늦게 생긴다. 그리고 남성들이 매일하는 면도는 죽은 세포층을 제거하는 것으로 젊어보이게 하는 효과가 있다.

피부에 영향을 미치는 요인으로는 유전, 기후, 흡연, 일사광선 노출, 호르몬 균형, 일반적 건강 등을 들 수 있다. 예를 들면, 흡연 여성은 더 젊은 나이에 주름이 생기는데 그 이유는 분명하지 않지만 아마도 담배가 에스트로겐 수치를 낮추는 것으로 여겨진다.

American Cancer Society(2016)는 최근 피부암을 예방하기 위해 1980년대에 호주에서 건강에 해로운 자외선 노출을 줄이기 위한 3S캠페인(Slip, Slop, Slap)을 채택하였다. 최근에는 여기에 두 가지가 더 추가되었는데, 그 내용은 다음과 같다(〈그림 4-1〉 참조).

첫째, 셔츠를 걸치고(slip on a shirt), 둘째, 자외선차단제를 바르고(slop on sunscreen), 셋째, 해를 가리기 위한 모자를 쓰고(slap on a hat), 넷째, 자외선이 심한 피크타임에 그늘이나 쉴 곳을 찾고(seek shade or shelter during peak times), 다섯째, 자외선을 막아주는 선글라스를 쓰는 것(slide on UV-protective sunglasses)이다.

〈그림 4-1〉 피부암을 예방하는 5가지 방법

5) 모발

모발의 양과 굵기, 강도, 곱슬머리 등은 유전의 영향을 받으며 모발을 건강하고 아름다운 상태로 유지하는 데 영양이 중요한 역할을 한다. 모발의 색깔은 멜라닌 세포로부터 얻는데 흰머리는 색소생산의 점진적인 감소에 의해 생겨난다. 머리카락 색소의 부족은 유전적으로 결정되고 성년기에도 발생한다. 하루에 50~100개 정도의 머리카락이 빠지는 것은 정상이지만 성년기에 과도하게 머리카락이 빠지는 것은 정상이 아니다. 과도한 머리카락 손실은 질병에 의한 경우가 많다.

2. 외 모

일생을 통해 외모는 자아개념에 매우 중요한 역할을 한다. 신체적 매력을 높이 평가하는 사회에서는 더욱 그러하며 특히 외모에 많은 가치를 두는 여성의 경우는 더욱 심하다.

신체적 매력은 신체의 균형, 아름다움, 곡선미, 늠름한 근육만으로 판단할 수 있는 단순한 문제가 아니다. 신체적 매력이 빼어난 사람들 중에는 스스로가 그렇게 느끼면서 행동하지 않기 때문에 아름답거나 멋있다고 느껴지지 않는 경우가 많다. 우리 속담에 "미모도 가죽 한 꺼풀(Beauty is but skin-deep)"이란 말이 있듯이 미(美)란 겉만 보고 판단할 수는 없는 것이다. 게다가 미의 기준은 문화에 따라 다르고 시대에 따라 다르기 때문에 지극히 주관적인 것이다(사진 참조). "제눈에 안경(Beauty is in the eye of the beholder)"이란 속담도 이 경우를 두고 하는 말이다.

이상적인 미의 기준이 무엇이든지 간에 그것은 오래 지속되지 않는다. 개인에 따라

사진 설명 시대에 따라 美의 기준이 변하고 있다. 1940년대와 1950년대에는 풍만한 마릴린 몬로 타입이 이상적이었다(왼쪽). 1970년대에는 깡마른 트위기 타입이 인기였다(가운데). 21세기에는 너무 풍만하지도 너무 마르지도 않은 신디 크로포드 타입의 곡선미와 큰 키가 이상형이다(오른쪽).

표 4-2 연령과 관련된 외모의 변화

피부
주름
거칠어짐
건조해짐
탄력성 감소
창백해짐
타박상과 물집이 쉽게 생긴다.
빨리 낫지 않는다.
반점과 사마귀 등이 생긴다.
모세혈관의 팽창
피부가 가렵다.

머리카락
흰머리카락이 나타난다.
윤기가 없어진다.
머리카락의 양이 감소한다.
눈썹, 콧털이 거칠어진다.
음모와 액모의 양이 감소한다.

코와 입
코가 넓어지고 길어진다.
코끝에서 입가로 주름이 생긴다.
잇몸이 오그라든다.
입주위에 주름이 생긴다.
턱이 늘어져서 두 개로 보인다.

눈
눈꺼풀이 두꺼워지고 처진다.
눈가에 주름이 생긴다(까마귀 발 주름).
눈이 움푹 들어간다.
수정체가 혼탁해져서 백내장이 된다.
각막이 생기를 잃는다.

그 외 얼굴과 머리 부분
뺨이 늘어진다.
이마가 벗겨진다.
귀가 길어진다.
귓볼이 통통해진다.
머리둘레가 커진다.

체형
신장감소
근육조직감소
군살이 찐다.
허리가 굵어진다.
엉덩이가 넓어진다.
어깨가 좁아진다.
자세가 구부정해진다.
가슴이 처진다.

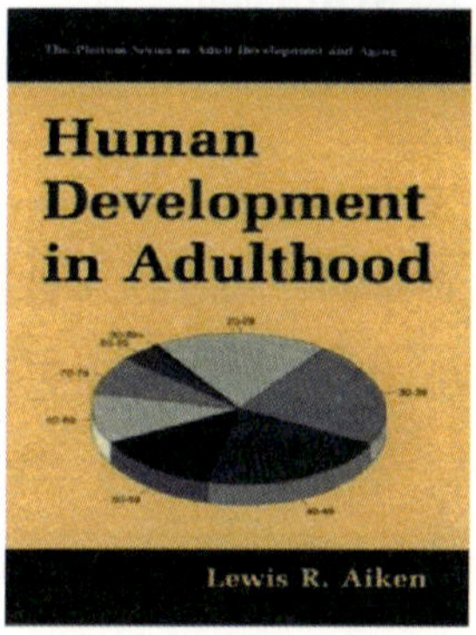

출처: Aiken, L. R. (1998). *Human development in adulthood*. New York: Plenum Press.

많은 차이가 있지만 30세를 넘으면 피부에 탄력성이 떨어져서 얼굴에 주름이 생기고 머리카락의 양도 감소하며 흰머리카락이 나기 시작한다. 남성들의 경우 20대에 이미 남성형 대머리가 자리를 잡으며 이마선이 뒤로 물러나기 시작한다.

〈표 4-2〉는 연령과 관련된 외모에서의 변화를 요약한 것이다. 물론 이러한 변화는 개인에 따라 차이가 많다. 예를 들면, 동양인은 서양인에 비해 흰머리카락이 늦게 나타나며, 남성에 비해 여성은 얼굴에 주름이 더 많이 생긴다.

연령과 관련된 신체변화는 노화과정만이 원인은 아니다. 예를 들면, 미소짓고, 찡그리는 것과 같이 반복되는 얼굴표정은 표정주름을 증가시키고, 반복되는 자외선 노출은 노인반점과 피부를 건조하게 만들며, 운동부족은 근육기능을 감소시킨다.

〈표 4-2〉에서 보이는 많은 신체변화는 불가피한 것이다. 주름살 제거용 화장품을 사용하고, 성형수술을 받으며, 열심히 운동하고, 다이어트를 해도 '세월의 잔인함'을 비켜갈 수는 없다.

중년기에는 성년기 때의 모습과는 상당히 다르며 노년기에는 중년기의 모습과 또 다르다. 중·노년들이 심리적으로는 전혀 늙었다고 느끼지 않더라도 거울 속에 비친 자신의 모습을 보고서 놀랄 때가 많다(Cowley, 1989).

3. 건강과 질병

1) 건강상태

성년기 동안 건강상태는 최상이다. 자신의 건강상태를 평가해 보라는 질문을 받으면 대부분의 성년기 사람들은 "매우 좋다"라고 답한다. 성인들은 병에 잘 걸리지 않고, 병에 걸렸다 하더라도 곧 회복된다(Rimsza & Kirk, 2005). 18~44세의 성인 중 10%만이 당뇨, 심장질환, 암에 걸린다. 만성 질환이나 손상 때문에 생활에 제한을 받는 사람은 1%도 채 안 된다(George, 1996; Troll, 1985).

그러나 좋은 건강이 단지 운에만 달린 것은 아니다. 좋은 건강은 생활양식의 영향을 받는다. 인간은 유전의 수동적인 피해자나 수혜자가 아니다. 인간은 자신의 건강을 증진시키기 위해 큰 역할을 할 수 있다(Papalia, Olds, & Feldman, 1989; Schwartz & Petrova, 2019). 40년 이상 진행된 버클리 종단연구에서 보면 30세 때의 건강상태를 가지고 70세 때의 생활만족도를 예측할 수 있었다(Mussen, Honzik, & Eichorn, 1982).

Steven J. Danish

2) 건강과 영향요인

세계보건기구(WHO)가 정의하였듯이 건강이란 "완전한 신체적, 정신적, 사회적 안녕상태이며 단순히 질병이나 질환이 없는 상태를 말하는 것은 아니다"(Danish, 1983). 사람들은 어떤 활동들을 추구함으로써(예: 잘 먹고 규칙적으로 운동하는 것) 또는 어떤 활동들을 멀리함으로써(예: 과도한 흡연이나 음주) 그와 같은 안녕상태를 확보할 수 있다.

건강은 성인들의 생활습관과도 관련이 있다. 음주, 흡연, 약물남용, 스트레스에 대한 반응, 음식물, 치아관리, 운동 등은 건강에 영향을 미친다. 좋은 건강습관은 심장질환, 폐질환, 당뇨, 골다공증, 고지혈증, 고혈압 등으로부터 우리를 보호해 준다(Porterfield & Pierre, 1992). 물론 좋은 생활습관이 질병으로부터 우리를 완전히 자유롭게 해 주지는 못하지만 그러한 위험을 감소시킬 수는 있다. 특히 일찍부터 그러한 생활을 시작한다면 더욱 그러하다.

(1) 음식물

우리 속담에 "식보(食補)가 약보(藥補)보다 낫다"라는 것이 있다. 이 속담은 신체적, 정신적 건강에 있어서 음식물의 중요성을 집약한 것이다. 우리가 무엇을 먹는가 하는 것은 우리가 어떤 모습으로 보이고, 신체적으로 어떻게 느끼며, 여러 가지 질병에 얼마나 잘 걸리지 않는가를 크게 좌우한다(사진 참조).

비만은 고혈압, 심장질환, 암 등의 성인병을 유발할 뿐만 아니라 수명을 단축시키기 때문에 심각한 건강문제가 된다(Blake, 2020; Schiff, 2021; Stefan, 2020). 정상 체중보다 10% 정도 더 나가면 '과체중'이라 하고, 정상 체중보다 20% 이상 초과할 때는 '비만'이라 한다. 비만의 위험이 가장 높은 때가 바로 이 성년기이다. 날씬한 것에 가치를 두고 신체적인 매력으로 사람을 평가하는 사회에서는 체중이 많이 나가는 것은 심각한 심리적 문제가 될 수 있다. 가장 효과적인 체중감량법은 식사량을 줄이고, 식습관을 바꾸며

꾸준히 운동을 하는 것이다.

'콜레스테롤'이라고 불리는 지방질이 혈류 속에 많으면 심장질환의 위험이 높아진다는 증거가 있다. 콜레스테롤은 혈관 속에 지방 침전물을 만들며, 때로는 심장에 혈액을 공급할 수 없을 정도로 혈관을 좁혀 심장마비를 일으킨다.

콜레스테롤에는 두 종류가 있다. 저밀도 지방단백 콜레스테롤(LDL)과 고밀도 지방단백 콜레스테롤(HDL)이 그것이다. 보호적 기능을 하는 '좋은' 콜레스테롤인 HDL의 수치는 높이고, '나쁜' 콜레스테롤인 LDL의 수치는 낮추는 것이 전체 콜레스테롤의 수치보다 더 중요하다.

콜레스테롤 수치의 주요 결정요인은 음식물이다. 붉은색 고기보다 생선과 닭고기(껍질은 먹지 않는다), 저지방우유나 크림이 없는 우유, 단단한 치즈보다 저지방 요구르트와 저지방 치즈, 버터보다 마가린 등이 콜레스테롤이 적은 음식이다.

연구결과 특정 음식과 암발생률 간에는 관계가 있는 것으로 밝혀졌다. 예를 들면, 유방암은 고지방식과 관련이 있고, 식도암 및 위암은 절인 생선, 훈제한 생선과 관련이 있는 것으로 보인다(Gorbach, Zimmerman, & Woods, 1984; Willett, Stampfer, Colditz, Rosner, & Speizer, 1990). 암발생률을 낮추는 음식물로는 고섬유질의 과일 및 야채와 곡물, 비타민 A와 C를 함유하고 있는 감귤류와 녹황색 야채, 양배추과에 속하는 야채 등이 있다.

(2) 운동

아리스토텔레스는 일찍이 삶의 질은 우리가 어떤 활동을 하느냐에 달려 있다는 점을 강조하였다. 삶의 질을 개선시킬 수 있는 주요 활동 중의 하나가 운동이다.

규칙적인 운동을 하면 많은 이득이 있다. 정상 체중을 유지할 수 있고, 근육을 단련시키며, 심장과 폐를 튼튼하게 하고, 혈압을 낮추며, 심장마비, 암, 골다공증 등을 예방하여 수명을 연장시킨다(Lee, Franks, Thomas, & Paffenberger, 1981; McCann & Holmes, 1984; Notelovitz & Ware, 1983; Sund, Larsson, & Wichstrom, 2011; Thompson & Manore, 2015).

운동 중에서도 등산, 빨리 걷기, 달리기, 자전거 타기, 수영 등을 포함하는 유산소 운동이라 불리는 호흡순환기의 산소 소비를 늘리는 운동이 가장 좋다. 운동으로 인한 최대의

효과를 얻기 위해서는 일주일에 3~4번 정도 규칙적으로 하는 것이 좋다. 연구결과(Curfman, Gregory, & Paffenbarger, 1985; Paffenbarger et al., 1993), 규칙적인 운동은 심장질환을 예방하는 데 반해, 운동을 하지 않으면 수명을 단축시키고, 심장질환, 당뇨, 암 등 각종 질병에 걸리기 쉽다(Schechtman, Barzilai, Rost, & Fisher, 1991).

운동은 신체적 건강뿐만 아니라 정신적 건강에도 도움이 된다. 운동은 특히 자아개념을 개선시키고 불안과 우울증을 감소시킨다(Behrman & Ebemeier, 2014; DeVaney, Hughey, & Osborne, 1994; Henchoz et al., 2014; Ossip-Klein et al., 1989).

우울증이나 불안장애의 발병률은 성년기가 중년기보다 더 높다(Kessler, Foster, Webster, & House, 1992; Regier et al., 1988). 역설적으로 신체적, 인지적 기능이 절정일 때 우울증이나 그 외 다른 형태의 정서장애에 직면할 위험이 높다. 그 이유는 성년기는 기대수준이 높을 뿐만 아니라 역할갈등과 역할긴장이 많은 시기이기 때문이다. 즉, 성년기는 배우자, 부모, 직업인으로서의 새로운 역할을 배워야 하는 시기인데 이때 새로운 역할에 적응하지 못하게 되면 우울증이나 불안장애를 일으키게 된다(Bee, 1998).

(3) 흡연

흡연자들은 암, 심장병 등 여러 질병에 걸릴 위험에 스스로를 노출시킨다. 흡연은 폐암, 후두암, 구강암, 식도암, 방광암, 신장암, 췌장암, 경부암뿐만 아니라 궤양과 같은 위와 장의 질환 및 심장마비와 관련이 있으며 기관지염, 폐기종과 같은 호흡기 질환과도 관련이 있다.

사진 설명 공룡이 멸종된 진짜 이유

1964년에 출판된 미국 일반외과의사의 보고서에서 흡연과 수명을 단축시키는 여러 질병들과의 관계를 명확하게 밝혀내고 있다. 이와 같이 흡연의 유해성을 적극적으로 계몽한 결과 미국에서는 흡연율이 많이 떨어졌다.

그러나 우리나라의 흡연율은 미국보다 훨씬 높으며, 특히 여성들의 흡연율이 크게 증가하였다. 오늘날 남자보다 여자가 담배를 더 많이 피우는데, 그 결과 여성들이 성취한 평등의 한 가지 유형은

John Santrock

폐암으로 인한 사망률이다.

담배의 주성분은 니코틴인데 니코틴은 흥분제이면서 진정제 역할을 한다. 그래서 담배를 피우면 정신이 번쩍 나면서 동시에 긴장이 풀어진다. 그러나 이러한 즐거움은 비싼 대가를 치르게 한다. 흡연은 고혈압과 심장병을 유발하여 폐기종, 만성 기관지염과 같은 호흡계 질환을 초래하고, 폐암의 위험에 노출시킨다. 그래서 어떤 이들은 흡연을 "느린 동작의 자살"이라고까지 표현하기도 한다(Santrock, 1998).

비흡연자도 '간접 흡연', 즉 자기 주위에서의 흡연에 영향을 받는다. 최근의 연구는 간접 흡연의 해로운 효과에 대해 보고하고 있다. 즉, 가족 중 하루 두 갑 이상 담배를 피우는 구성원이 있는 경우 자신은 비흡연자라 할지라도 하루에 한두 개비의 담배에 해당하는 담배연기를 흡입한다는 것이다(Matsukura et al., 1984). 특히 임신한 여성이 흡연을 하게 되면 자신의 건강뿐만 아니라 태아의 건강까지 해치게 된다. 임신 중 흡연은 조산, 저체중, 자연유산, 난산과 관계가 있다. 더욱이 흡연하는 어머니의 자녀들은 폐기능이 저하되어 폐암에 걸릴 확률이 높다(Correa, Pickle, Fontham, Lin, & Haenszel, 1983; Tager, Weiss, Munoz, Rosner, & Speizer, 1983).

흡연은 한 번 시작하면 끊기가 무척 힘들다. 많은 사람들이 담배를 끊으려고 애쓰지만 성공하지 못하는 경우가 많다. 담배를 끊으려고 시도할 때 경험하는 금단현상은 다음과 같다(Insel & Roth, 1998; Jones-Witters & Witters, 1983). 가슴이 두근거리고, 진땀이 나며, 손발이 떨리고, 쥐가 나며, 어지럽고, 주의집중이 잘 안 되며, 짜증이 나고, 신경질적이 되며, 불안하고, 참을성이 없어지며, 잠이 안 오는 등 그 증상은 이루 헤아릴 수 없이 많다.

그러나 언제라도 담배를 끊기만 하면 건강상태는 금세 좋아진다. 금연은 심장질환이나 뇌졸중의 위험을 감소시킨다(Katchadourian, 1987; Kawachi et al., 1993). 한 연구(Rosenberg, Palmer, & Shapiro, 1990)에서 금연 후 3년이 지나면 심장발작의 위험은 흡연 경험이 전혀 없는 사람과 똑같은 것으로 나타났다. 또 다른 연구(NIA, 1993)에서는 10년이 지나면 암에 걸릴 위험도 똑같이 낮은 것으로 나타났다.

(4) 음주

사람들은 불안을 덜기 위해, 인생에 즐거움을 더하기 위해, 골치 아픈 문제들로부터 도피하기 위해 술을 마신다. 적당한 양의 음주는 인간관계에서 윤활유 역할을 하지만 양이 지나치면 중추신경에 의해 통제되는 활동이 크게 영향을 받는다. 즉, 자율신경이 마비되어 몸이 마음대로 움직여지지 않고, 반응이 느리며, 판단도 흐려진다. 음주운전은 교통사고로 인한 사망의 주원인이 되고 있다.

과음을 하면 신장과 간을 해치게 되고, 위염이 생기며, 감각장애를 일으켜 기억상실증에 걸린다. 더 심하면 혼수상태에 빠지고 죽음에까지 이르게 된다(Insel & Roth, 1998).

술을 지나치게 많이 마시면 알코올 중독자가 될 위험이 있다(사진 참조). 알코올 중독은 자신의 인생뿐만 아니라 주위 사람의 인생도 망친다. 많은 경우 알코올 중독은 가정폭력을 초래하여 가족해체의 원인이 되기도 한다. 알코올 중독자의 자녀들은 정서발달의 장애를 경험하고 일생 동안 대인관계에서 부정적인 영향을 받는다.

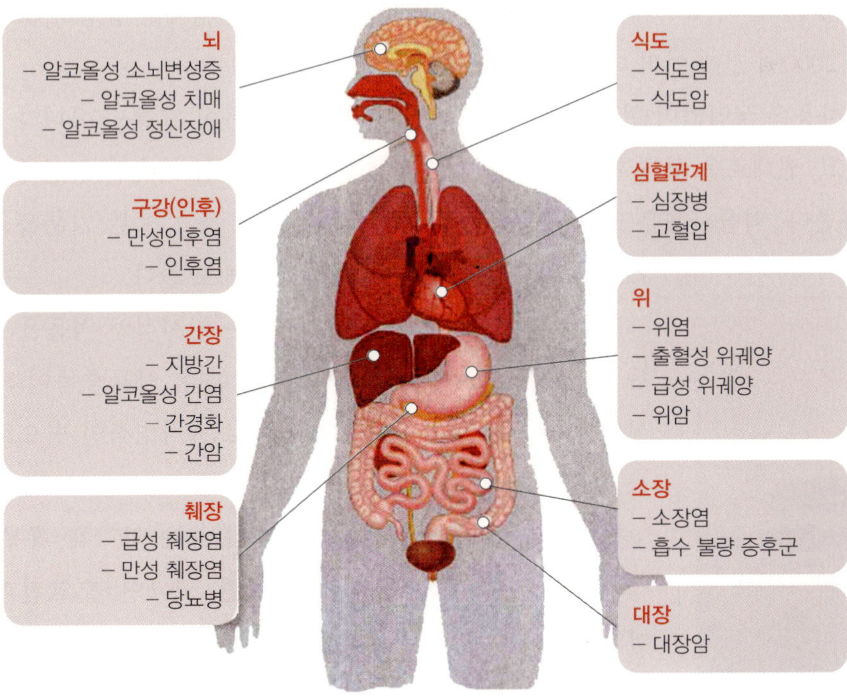

〈그림 4-2〉 알코올이 신체에 미치는 영향

출처: 보건복지부, 국립암센터, 대한의학회.

알코올이 신체적 · 심리적 건강에 미치는 여러 가지 폐해에도 불구하고 음주문제를 지니고 있는 많은 사람들이 그것을 인식하지 못하고 있다. 그 문제를 스스로 인식하지 못하는 한 그 문제를 해결할 수 없다. 알코올 중독을 치료하기 위한 가장 효과적인 접근법은 '알코올 중독자 익명모임'의 집단교육인데 여기서는 문제의 인식, 절대 금주, 다른 알코올 중독 환자에 대한 정서적 지원 등을 강조한다(Zimberg, 1982).

〈그림 4-1〉은 알코올이 신체에 미치는 영향에 관한 내용이다.

(5) 약물남용

청년기에서 성년기로 옮겨갈 무렵 약물사용이 증가한다. 한 종단연구(Bachman, O'Malley, & Johnson, 1978)에 의하면 성년기에 접어들면서 담배, 술, 마리화나, 암페타민, 바르비투르산염, 환각제 사용이 증가하였다. 또 다른 연구결과(Johnson, O'Malley, & Bachman, 1995)에 의하면, 청년 후기부터 20대 후반이 약물사용의 절정기인 것으로 나타났다.

사람들이 신체적인 고통을 덜기 위해서뿐만 아니라 삶에 활기를 주기 위해서 약물을 사용한 것은 그 역사가 매우 깊다. 고대 아시리아인들은 아편정제를 흡입하였고, 로마인들은 2000년 전에 이미 대마초를 피웠다.

약물사용은 끊임없이 변하는 사회환경에 적응하는 데 도움이 될 뿐만 아니라 긴장을 덜어주고, 권태로운 삶에 활기를 주며, 때로는 성인들로 하여금 가혹한 현실에서 도피하게 해준다. 약물사용은 또한 마음의 평화를 가져다주기도 하고, 들뜬 기분을 유지하게 해주며, 인생을 만화경처럼 보이게도 한다.

그러나 개인적인 만족을 위해서든 일시적인 적응을 위해서든 약물사용은 비싼 대가를 치러야 한다. 약물중독이 되어 정상적인 생활이 불가능해지거나 때로는 치명적인 병으로 목숨을 잃게 되기 때문이다.

약물은 인체에 미치는 영향에 따라 마약, 환각제, 흥분제, 진정제 등으로 분류한다. 헤로인, 아편, 코카인, 모르핀과 같은 마약(narcotics)은 처음에 강렬한 도취감에 빠지게 하고, 곧이어 평온하고 행복한 상태가 몇 시간 지속된다. 마약은 중독현상이 강하고 내성이 빨리 생긴다. 처음 약을 복용할 때 느끼던 강렬한 쾌감은 계속 복용하면 급격히 떨어져서 같은 효과를 내기 위해서는 양을 늘려야 한다. 일단 중독이 되면 약값이 엄청나기 때문에 약값을 구하기 위해 범죄행위에 가담하기도 한다. 마약은 주로 주사를 사용하기 때문에 오염된 주사바늘을 사용함으로써 간염, 파상풍, AIDS 등에 감염될 수 있다(Cobb, 1998).

LSD, 마리화나, 메스칼린, 실로시빈과 같은 환각제(hallucinogens)는 기분을 들뜨게 하여 환각상태에 빠뜨리는데 사고와 지각에 주로 영향을 미친다.

그리고 암페타민, 코카인, 카페인, 니코틴과 같은 흥분제(stimulants)는 중추신경계를 흥분시킨다. 흥분제는 힘이 솟게 해서 기분을 들뜨게 하고 자신감을 주지만, 약효가 떨어지면 피곤해지고, 짜증이 나며, 우울해지고 머리가 아프다. 과다복용은 심장박동을 빠르게 하고 죽음에도 이르게 할 수 있다.

알코올, 바르비투르산염, 신경안정제 같은 진정제(depressants)는 중추신경계의 활동을 늦춘다. 진정제는 불안감을 감소시키고, 기분을 진정시키는 역할을 한다.

(6) 스트레스

스트레스라는 것은 생활의 변화로 말미암아 심리적 · 생리적 안정이 흐트러지는 유쾌하지 못한 상태로 정의할 수 있다. 따라서 스트레스를 받게 되면 일반적으로 불안하거나 긴장하게 된다. 스트레스원은 스트레스를 일으키는 원인이 되는 사건이다. 어떤 사건이 스트레스원이 될지의 여부는 개인이 그 사건을 어떻게 해석하느냐에 달려 있다.

성년기는 인생에서 스트레스가 가장 많은 시기이다(Milsum, 1984). 특히 25~44세의 성인들이 다른 어떤 연령집단보다도 스트레스를 많이 받는 것으로 보인다. 이들은 인생에서 크고 작은 변화를 수없이 경험한다. 그중에서 가장 보편적인 스트레스원은 경제적인 것이다(Clark, 1992).

우리 신체가 스트레스에 대처하는 능력은 연령이 증가하면서 감소한다. 정상적인 상황에서는 신체체계가 제대로 기능을 하지만 스트레스를 주는 사건에 직면하면 젊은이들처럼 효율적으로 대처하지 못한다(Lakatta, 1990).

스트레스는 물론 모든 사람의 생활에서 피할 수 없는 한 부분이다. 어떤 스트레스는 필수적이며, 또 어떤 것은 사실 활력을 주기도 한다(Kobasa, Maddi, & Kahn, 1982). 저명한 스트레스 연구가가 말했듯이 "스트레스로부터의 완전한 해방은 죽음이다"(Selye, 1980, p. 128). 〈그림 4-2〉는 스트레스와 질병에 관한 것이다.

Hans Selye

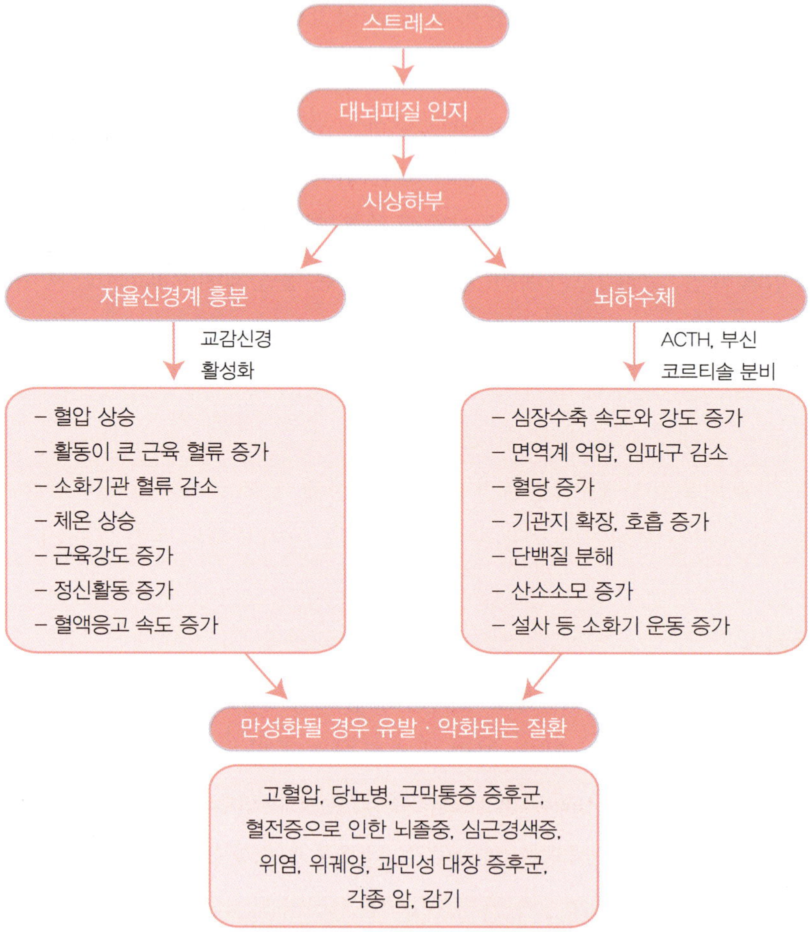

〈그림 4-3〉 스트레스와 질병

출처: 조선일보, 2005. 1. 19.

스트레스는 고혈압, 심장질환, 뇌졸중, 궤양과 같은 여러 가지 질병을 일으키거나 악화시키는 요인이 되기 때문에 스트레스에 대한 관심이 점차 높아지고 있다(Jansen et al., 2016; Lagraauw, Kuiper, & Bot, 2015; Sin et al., 2016). 만성적 스트레스는 면역체계에 영향을 미치는데, 이 스트레스는 면역체계를 통해서뿐만아니라 심혈관 요인을 통해서도 질병과 연관이 된다(Ortega-Montiel et al., 2015). 최근 연구(Kim-Fuchs et al., 2014)에 의하면 만성적 스트레스는 췌장암의 진행을 가속화시키는 것으로 보인다.

바이러스나 박테리아를 죽이는 백혈구의 효능과 백혈구의 수는 스트레스 수준과 관련이 있다. 스트레스 수준이 높으면 바이러스나 박테리아는 그 수가 급속히 증가하여 질병을 일으키게 된다. 자연살 세포(Natural Killer: NK)는 스트레스가 비교적 낮은 수준에서 존재하는 백혈구의 일종이다(사진 참조).

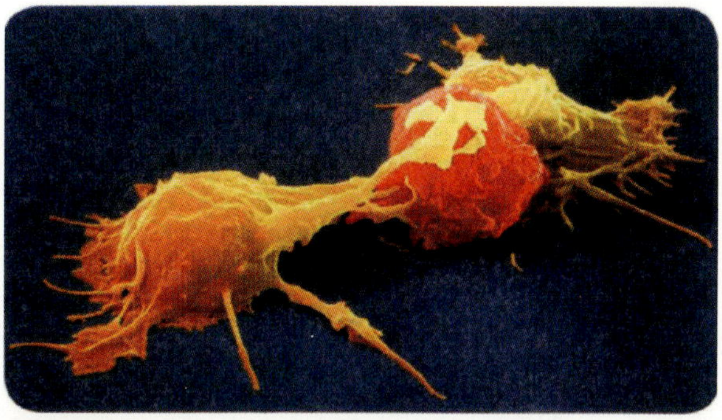

사진 설명 2개의 NK 세포(노란색)가 백혈병(leukemia) 세포(붉은색)를 공격하고 있다.

Holmes와 Rahe(1976)라는 두 명의 정신과 의사가 5,000명의 입원환자들을 대상으로 발병 이전에 있었던 생활사건들을 조사하였다. 연구결과, 개인의 생활에서 일어난 변화가 많을수록 1~2년 이내에 발병할 확률이 높아진다는 것을 발견하였다. 놀랍게도 환자들이 보고한 스트레스를 주는 사건들 중 몇 가지는 결혼, 뛰어난 개인적 성취와 같이 긍정적으로 여겨지는 것들이었다. 인생에서 일어나는 사건은 그것이 좋은 일이든 나쁜 일이든 모두 신체의 평형상태를 깨뜨리고 스트레스를 유발한다(사진 참조). 상쾌한 스트레스(Eustress)는 인생에 흥미, 즐거움, 자극을 제공한다. 반면, 불쾌한 스트레스(Distress)는 불쾌한 상황에 계속해서 노출됨으로써 우리 심신이 피로하게 되는 것이다. 이런 점에서 스트레스는 신체의 면역체계, 신경계, 호르몬 수준, 신진대사에 영향을 미친다. 가장 흔히 보고되는 스트레스의 신체적 증상은 두통, 근육통, 근육긴장, 위통 및 피로이다. 가장 흔한 심리적 증상은 신경과민, 불안, 긴장, 분노, 짜증 및 우울 등이다.

다양한 인생사건에 필요한 적응 정도를 사람들이 평가한 것을 토대로 Holmes와 Rahe는 사건들에 점수를 매겼다(〈표 4-3〉 참조). 한 해 동안 생활변화 단위가 100에서 300 사이에 있는 사람들 중 절반 가량이 발병하였고, 300 이상인 사람의 70% 정도가

사진 설명 인생에서 일어나는 사건은 그것이 좋은 일이든 나쁜 일이든 모두 스트레스를 유발한다.

표 4-3 인생사건과 가중치

인생사건	점수
배우자의 죽음	100
이혼	73
별거	65
복역	63
가까운 가족원의 죽음	63
상해나 질병	53
결혼	50
해고당함	47
부부 재결합	45
은퇴	45
가족의 건강상 변화	44
임신	40
성생활의 어려움	39
새 식구를 얻음	39
경제 상태의 변화	38
가까운 친구의 죽음	37
직업의 전환	36
부부싸움의 횟수 변화	35
저당권 상실	30
직장에서 맡은 책임의 변화	29
자녀들의 독립	29
친인척 간의 불화	29
뛰어난 개인적 성취	28

출처: Holmes, T. H., & Rahe, R. H. (1976). The social readjustment rating scale. *Journal of Psychosomatic Research, 11*, 213.

발병하였다.

우리나라에서는 1982년 서울대학교 의과대학의 홍강의 교수팀이 Holmes와 Rahe의 측정표를 토대로 하여 한국인의 스트레스 측정표를 작성하였다. 〈표 4-4〉에서 보는 바와 같이 한국인의 경우 최고의 스트레스는 자녀 사망, 배우자 사망, 부모 사망 등 모두 가족관계인 것으로 나타났다. 반면, 〈표 4-3〉에서 보듯이 미국인의 경우는 상위 3위가 배우자 사망, 이혼, 별거 등 모두 부부와 관계된 것으로 두 나라의 양상이 다른 것으로 보인다.

스트레스는 자율신경계, 내분비선, 면역계통에 영향을 미친다(Andersen, Kiecolt-Glaser, & Glaser, 1994). 스트레스가 면역계통에 영향을 미친다는 세 가지 증거는 다음

표 4-4 한국인의 스트레스 평가

삶의 변화	점수
자식 사망	74
배우자 사망	73
부모 사망	66
이혼	63
형제자매 사망	60
혼외정사	59
별거 후 재결합	54
부부의 이혼, 재혼	53
별거	51
해고, 파면	50
정든 친구의 사망	50
결혼	50
징역	49
결혼 약속	44
중병, 중상	44
사업의 일대 재정비	43
직업전환	43
정년퇴직	41
해외 취업	39
유산	38
임신	37
입학시험, 취직 실패	37
자식의 분가	36
새 가족 등장	36
가족 1명의 병	35
성취	35
주택, 사업, 부동산 매입	35
정치적 신념 변화	35
시댁, 처가, 친척과의 알력	34
학업의 시작, 중단	34

300점 이상: 금년 질병을 앓을 가능성 50%

299~250점 이상: 금년 질병을 앓을 가능성 25%

249~200점 이상: 금년 질병을 앓을 가능성 10%

199점 이하: 건강

출처: 홍강의 · 정도언(1982). 사회재적응 평가척도 제작: 방법론적 연구. 신경정신의학, 21(1), 123-136.

과 같다.

첫째, 심각한 스트레스원은 건강한 사람의 면역계통에 변화를 유발한다. 예를 들면, 심각한 스트레스원은 비교적 건강한 AIDS 감염자나 암환자에게서 면역계통이 제대로 기능을 하지 못하게 만든다(Roberts, Andersen, & Lubaroff, 1994).

둘째, 고질적인 스트레스원은 면역계통이 제대로 반응하지 못하게 만든다. 이 같은 영향은 누출될 위험이 있는 핵원자로 근처에 산다든지, 이혼, 별거, 가정불화와 같은 친밀한 관계에서의 실패 또는 치매가 진행되고 있는 부모를 돌보는 부담과 같은 몇 가지 상황에서 증명된 바 있다.

셋째, 암환자를 대상으로 한 연구는 스트레스와 면역계통 간의 관계를 밝히고 있다. 즉, 사회적 적응은 높은 수준의 NK[1)] 세포와 관련이 있는 반면, 스트레스는 낮은 수준의 NK 세포와 관련이 있다(Levy et al., 1990). NK 세포는 항암, 항균작용과 면역계통을 조절하는 역할을 한다. 스트레스를 받는 초기에는 우리 몸이 자기방어작용의 일환으로 NK 세포의 활동성이 높아질 수도 있지만, 스트레스가 계속되면 NK 세포의 조절능력이 망가져서 활동성이 약해지고, 이것이 계속되면 여러 가지 질병에 걸리기 쉽다.

(7) 기타요인

사회경제적 지위, 교육수준, 성, 결혼상태 등도 건강에 간접적인 영향을 미치는 요인이다. 한 가정의 사회경제적 지위는 아동의 신체상태에 중요한 영향을 준다. 따라서 소득수준이 성인의 건강에도 영향을 준다는 것은 당연한 일이다. 경제적으로 윤택한 사람들을 보호하도록 돕는 것이 보다 나은 건강관리인지 또는 보다 건강한 생활양식인지는 분명하지 않지만 아마도 두 가지 요소가 다 중요한 것으로 보인다.

Richard V. Burkhauser

교육수준 또한 중요한 요인이다. 학력이 낮을수록 고혈압과 심장질환 같은 만성질환에 걸릴 위험이 높으며, 심지어 그 때문에 사망할 가능성도 높다. 이 같은 연구결과는 연령, 성, 인종, 흡연과 같은 요인들을 통제했을 때도 마찬가지이다(Pincus, Callahan, & Burkhauser, 1987). 교육수준이 건강상태와 직접적인 연관이 있는지는 확실하지 않지만, 높은 교육수준은 건강을 증진시키는 식이

1) Natural Killer의 약자로 한국의 면역학에서는 자연살(殺) 세포라 칭한다.

와 생활양식뿐만 아니라 고소득과도 연관이 있다고 볼 수 있다. 즉, 교육을 많이 받은 사람은 건강을 지키기 위한 음식의 종류와 생활양식에 대해서 여러 가지 정보를 가지고 있으며 건강관리센터나 기관에도 더 쉽게 접근할 수 있다.

여성과 남성 중 누가 더 건강한가? 유전학적인 측면에서 본다면 남성이 여성보다 약한 성이다. 수정된 순간부터 여아는 남아보다 더 많이 살아남고, 신체적 결함이나 정신적 결함도 남아보다 적다. 남자의 성염색체는 XY인데 XX인 성염색체를 가진 여자보다 유전적 결함을 갖기 쉽다. 만약 어떤 질병의 원인이 되는 유전인자가 X염색체에 자리해 있다면 여자의 경우 다른 하나의 X염색체에 건강한 유전인자가 들어 있을 가능성이 있으나, 남자의 경우는 결함 있는 유전인자가 X든 Y든 다른 한쪽의 건강한 유전인자에 의해 수정 · 보완될 가능성이 없다. 반면, 여성은 남성보다 면역체계가 약하기 때문에 면역질환에 걸릴 확률이 높다. 여성들에게 발병률이 3배나 높은 갑상선질환의 경우도 호르몬 분비의 이상에서 비롯된 일종의 면역질환으로 알려져 있다.

여성과 남성의 생활양식 또한 중요한 요인이 된다. 남성은 그릇된 생활습관으로 인해 발생하는 질병이 여성보다 더 많다. 예를 들면, 남성에게 더 많이 발생하는 고혈압이나 심장질환 등은 흡연, 과음, 스트레스 등 환경적 요인이 주된 유발인자이다. 특히 남성은 술과 담배로 인한 간암 등 간질환과 폐암이나 만성호흡기 질환이 더 많이 발생한다. 그러나 최근에 와서 여성의 생활양식이 남성의 생활양식과 비슷해지면서 이전보다 더 많은 여성이 폐암과 심장마비로 사망하는데, 이는 아마도 여성이 이전보다 술을 더 많이 마시고 담배를 더 많이 피우며, 스트레스에 더 많이 노출되기 때문인 것으로 보인다.

건강에 영향을 미치는 또 다른 생활양식 요인으로 결혼상태를 들 수 있다. 결혼은 여성과 남성 모두의 건강에 유익한 것으로 보인다. 결혼한 사람은 독신이나 이혼한 사람 또는 사별한 사람들보다 더 건강한 것으로 나타났다(Verbrugge, 1979). 결혼경험이 없는 사람들이 그다음으로 건강하였고 그다음이 사별한 사람들이었다. 이혼하거나 별거한 사람들이 건강과 관련된 문제를 가장 많이 안고 있는 것으로 나타났다. 이 자료로는 결혼이 건강을 가져다주는지 어떤지 알 수 없지만 어쩌면 기혼자들은 독신자들보다 더 건강하고 안전하게 인생을 사는지 모른다. 배우자끼리 서로를 보살피고, 정서적 지원을 해주며, 일상생활을 쉽게 해주는 많은 일들을 한다. 이러한 지원을 못 받는 독신자의 경우 심리적으로 의존할 곳이 없기 때문에 정신적, 신체적 질병에 더 취약해진다 (Doherty & Jacobson, 1982).

3) 성격요인과 질병

개인의 성격특성과 특정 질병과는 상관이 있는 것으로 보인다. 한 연구(Friedman & Rosenman, 1974)에서 'A형' 행동유형이라 불리는 성격특성과 심장질환은 관련이 있는 것으로 나타났다. 'A형' 행동유형을 지닌 사람들은 참을성이 없고, 경쟁적이며, 공격적이고, 적개심이 많다. 그들은 실제로 가능한 것 이상을 성취하려고 애쓰며 자신의 분노를 잘 다스리지 못한다. 게다가 그들은 끊임없이 시간과 경주하며 도전에 직면한 듯이 행동한다. 반면, 'B형' 행동유형을 지닌 사람들은 보다 여유 있고, 태평스러우며, 서두르지 않는다. 그들은 보다 현실적으로 대응한다. 즉, 불가능한 것을 시도하지 않으며, 'A형' 유형의 사람들이 하듯이 모든 것(심지어 여가활동까지)을 도전으로 여기지 않는다.

Meyer Friedman

분명히 'A형' 사람들은 그들의 환경을 도전이나 위협으로 받아들이기 때문에 신체가 사소한 사건도 목숨을 걸고 싸워야 할 것으로 받아들여 노르에피네프린, 아드레날린 류의 호르몬을 과다하게 분비시킨다. 이러한 호르몬의 분비는 관동맥의 안쪽을 손상시키고, 콜레스테롤의 침전을 촉진시키며, 비정상적인 심장리듬, 심장박동수 증가, 고혈압의 원인이 되고, 심장마비를 일으키는 응혈을 촉진시킨다(Rosenman, 1983).

Ray Rosenman

Friedman과 Rosenman(1974)의 연구에 의하면 'A형' 사람들은 30~40대에 심장마비를 일으킬 확률이 높은 반면, 'B형' 사람들은 흡연을 하거나 고지방 음식을 먹으며 운동을 하지 않더라도 70세 이전에는 심장마비를 일으키는 경우가 매우 드문 것으로 보인다고 한다.

그러나 또 다른 연구(Williams, 1989)에 의하면 'A형' 행동유형과 심장질환과의 관계가 Friedman과 Rosenman이 주장하는 것처럼 그렇게 분명하지 않다. 여러 연구(Brannon & Feist, 1992; Demaree & Everhart, 2004; Dolezal, Davison, & DeQuattro, 1996; Eaker et al., 2004; Myrtek, 2007; Rice, 1992)에 의하면 'A형' 행동 중 적개심만이 심장질환과 관계가 있다고 한다. 특히 분노, 적의, 다른 사람에 대한 불신

사진 설명 'A형' 행동유형의 사람들은 참을성이 없고, 경쟁적이며, 적개심이 많다. 그리고 심장질환에 걸리기 쉽다.

'Z형' 행동유형

으로 특징지어진 냉소적 적개심(cynical hostility)이 건강에 매우 해로운 것으로 보인다. 냉소적 적개심을 가진 사람들은 스트레스에 강력한 생리적 반응을 보인다. 즉, 숨이 가빠지고, 심장박동수가 증가하며, 근육긴장 등의 증상을 보이는데 이들은 모두 심장병과 연관이 있다. 연구자들은 이런 적개심은 Erikson의 첫 번째 위기인 신뢰감 대 불신감을 완전히 해결하지 못한 결과라고 본다.

최근에 와서 새로이 주목을 받고 있는 것이 'C형' 행동유형이다. 'C형' 행동유형을 지닌 사람들은 내성적이고, 완고하며, 불안초조해하는 성격으로 감정표현을 잘 하지 않는데, 연구결과 이런 유형의 사람들은 각종 암에 걸릴 확률이 높은 것으로 나타났다 (Temoshok & Dreher, 1992).

제5장

인지발달

우리가 이 세상을 살아가는 데 있어서 가장 중요한 능력 중의 하나가 지적 능력이라고 흔히 말한다. 연령이 증가함에 따라 지적 발달에는 어떤 변화가 일어나는가? 성인기에 지적 능력은 증가하는가 아니면 감소하는가?

어떤 학자들은 심폐기능이나 다른 신체기관과 마찬가지로 뇌의 기능이 점점 비효율적으로 되기 때문에 성인기에 지적 기능이 감소한다고 주장한다. 반면, 어떤 학자들은 노년기에 심각한 질병에 걸리기 전까지는 지적 기능은 성인기 동안 안정된 상태라고 주장한다. 또 다른 학자들은 반응속도와 관련된 측면에서는 감소하지만 실생활과 관련된 지식이나 지혜와 같은 측면에서는 증가한다고 주장한다.

여러 학자들은 청년과 성인의 인지작용에는 차이가 있다고 한다. 그들은 성인기 사고의 특성으로 문제발견적 사고, 변증법적 사고, 실용적 사고, 다원론적 사고, 후형식적 사고 등을 제시하고 있다.

창의성은 일반적으로 일생 동안 지속되며 성년기에 절정에 달한다고 한다. 하지만 창의적 생산성이 절정에 달하는 연령은 분야에 따라 다른 것으로 보인다.

이 장에서는 지능의 본질, 지적 기능의 평가, 성인기 사고의 특성, 지능과 연령, 성인기 지능의 성차, 창의성의 개념, 창의성과 연령 등에 관해 살펴보고자 한다.

1. 지능의 본질

Lee Joseph Cronbach

Binet가 지능검사를 제작할 당시의 기분은 "여태까지 누구도 본 적이 없는 동물을 잡으러 숲 속으로 들어간 사냥꾼의 심정이었다. 그러한 동물이 존재한다는 것에는 의문의 여지가 없었지만 그 동물이 어떻게 생겼는지에 대해 설명할 수 있는 사람은 아무도 없었다" (Cronbach, 1970, p. 200). 더욱이 한 종류의 동물이 아니라 여러 종류의 동물이 있을 것이라는 논쟁이 분분하였다.

지능이 단일 능력인가, 아니면 복합 요인으로 구성되어 있는가에 관한 논쟁은 1세기가 넘도록 계속되어 온 오래된 논쟁이다. Binet는 단일 능력이라고 믿었지만 나중에 사냥에 합류한 다른 '사냥꾼'들은 지능이 복합 요인이라고 주장하였다.

최근에 와서 지능을 다차원적인 것으로 보는 경향이 우세한데 Sternberg와 Gardner가 그 대표적인 인물이다. 이들은 모두 종래의 지능검사로는 중요한 정신능력을 측정하지 못한다고 주장하면서 보다 포괄적인 이론을 제시하였다. Sternberg와 Gardner의 이론적 틀은 정보처리이론에 근거한 것이다.

1) Sternberg의 삼원이론

Sternberg(1986a, 2004, 2010, 2012, 2014)의 삼원(三元)이론에 의하면, 지능은 세 가지 요소, 즉 구성적 지능, 경험적 지능, 상황적 지능들로 구성되어 있다고 한다(〈그림 5-1〉 참조). 정보를 얼마나 효율적으로 처리하는가 하는 것이 구성적 지능이다. 구성적 지능은 우리가 일반적으로 지능이라고 부르는 개념과 매우 유사한데, 지능검사는 주로 구성적 지능을 측정하는 문항들로 구성되어 있다. 구성적 지능은 우리가 문제에 어떻게 접근하고, 문제를 어떻게 해결하며, 결과를 어떻게 평가하는가를 말해 주는 것이다. 이것은 지능의 분석적 측면인데, 구성적 지능이 높은 사람은 지능검사 점수가 높게 나타나며, 논쟁에서 상대방의 허점을 잘 찾아낸다.

Robert J. Sternberg

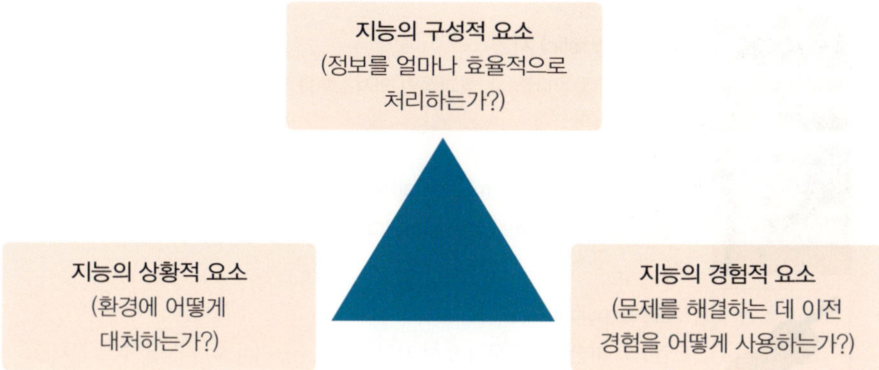

〈그림 5-1〉 Sternberg의 삼원이론

새롭거나 친숙한 과제에 어떻게 접근하는가 하는 것이 경험적 지능이다. 이것은 통찰력 차원의 지능으로서 새로운 정보를 이미 알고 있는 정보와 비교하여 과거의 경험을 바탕으로 하여 새로운 문제를 해결할 수 있는 능력을 말한다. Sternberg에 의하면 경험적 지능이 높은 사람은 새로운 문제를 신속히 해결할 뿐만 아니라, 익숙한 문제는 기계적으로 해결한다. 그래서 통찰력과 창의력을 요하는 친숙하지 않은 문제에 몰두할 수 있도록 정신을 자유롭게 해준다.

환경에 어떻게 대처하는가 하는 것이 상황적 지능이다. 이것은 지능의 실제적이고 현실적인 측면으로서 우리가 학교에서 배우지 못하는 실생활에 필요한 중요한 정보를 얻는 능력이다. Sternberg는 우리가 사회에서 성공하려면 교과서에서 배운 지식보다 실용적 지식이 더 중요하다고 한다. 우리는 학교 우등생이 사회 열등생이라는 말을 많이 듣는다.

2) Gardner의 다중지능이론

Howard Gardner

Gardner(1983, 1993, 2002, 2016)는 지능검사가 주로 언어능력과 논리적 능력의 두 차원에 의해 측정되는 것에 반대하면서, 문제를 해결하고 여러 분야에서 생산적인 일을 하는 데 필요한 여덟 가지 지능을 제시한다(〈그림 5-2〉 참조).

언어지능은 작가, 번역가, 편집자 등이 최대한 활용하는 언어 능력을 말한다. 논리 · 수학 지능은 논리력, 수리력, 과학적인 능력으

언어(linguistic) 지능

문장의 뜻을 이해하고, 효과적인 의사소통을 할 수 있는 능력이다.

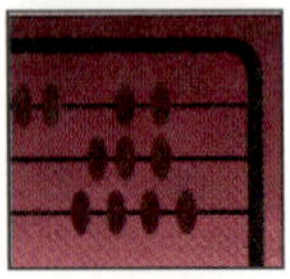

논리 · 수학(logical-mathematical) 지능

논리적 사고와 수리능력이 포함된다.

음악(musical) 지능

언어와 마찬가지로 음악 또한 자기표현의 수단이다. 이 재능은 주로 천재들에게서 나타난다.

공간(spatial) 지능

입체적 공간관계를 이해하는 능력이다. 조각가나 화가는 형상을 정확하게 지각하고, 조작하며, 재창조할 수 있다.

신체운동(bodily-kinesthetic) 지능

운동신경이 예민하며, 사물을 섬세하고 능숙하게 다룰 수 있는 능력이다.

대인관계(interpersonal) 지능

상대방의 기분이나 동기 및 의도를 이해하는 능력이다.

자기이해(intrapersonal) 지능

자신의 감정을 잘 이해하여 행동의 길잡이로 삼는 능력이다.

자연친화(natural) 지능

자연환경에 대한 정보와 관련이 있는 지능이다.

〈그림 5-2〉 Gardner의 지능의 개념

로서 과학자, 의사, 수학자 등의 경우에 이 지능이 높다. 음악지능은 음악가, 작곡가, 지휘자 등에서 주로 나타나는 능력이다. 공간지능은 공간세계에 대한 정신적 모형을 만들어 그것을 조절하고 사용하는 능력을 말하는데 화가, 조각가, 건축가, 항해사 등은 공간지능이 높다고 볼 수 있다. 신체운동 지능은 신체를 이용하여 문제를 해결하고 창조물을 만들어내는 능력을 말한다. 무용가, 운동선수, 외과의사, 장인들의 경우는 이 신체운동 지능이 높다. 대인관계 지능이란 다른 사람을 이해하는 능력이다. 교사나 연극배우, 정치가, 성공적인 외판원 등은 대인관계 지능이 높다고 볼 수 있다. 자기이해 지능은 인간이 자신을 정확하게 판단하여 인생을 효과적으로 살아가는 능력이다. 상담자, 정신과의사, 시인, 작가 등은 이 지능이 높다고 볼 수 있다. 자연친화 지능은 자연환경에 대한 정보와 관련 있는 것으로 예를 들면, 선사시대 인간의 조상들이 어떤 종류의 식물이 식용인지 아닌지를 알아내는 데 자연친화 지능이 이용되었다. 동물학자, 농부, 정원사 등이 이 지능이 높다고 볼 수 있다.

사진 설명 Gardner가 유아에게 지능검사를 실시하고 있다.

이 여덟 가지 영역 중 한 영역에서 지능이 높다고 해서 다른 영역의 지능이 모두 다 높은 것은 아니다. 전통적 지능검사에서는 언어지능, 논리 · 수학 지능, 공간지능 정도가 측정된다. 문장을 잘 이해하고 논리적 사고를 하는 것이 음악적 재능이 뛰어나거나 운동능력이 뛰어난 것보다 더 지능이 높다고 볼 수 없다는 것이 Gardner의 주장이다.

사진 설명 어릴 때부터 여러 가지 악기가 내는 소리를 들어봄으로써 음악적 재능이 개발된다고 한다.

Gardner는 우리의 뇌를 연구해 보면 뇌의 각기 다른 부분이 각기 다른 종류의 정보를 처리하는 것임을 알 수 있기 때문에, 지능은 단일 요인이 아니고 복합 요인(다중지능)이라고 주장한다. 따라서 과학자 아인슈타인이나, 음악가 베토벤이나, 운동선수 김연아는 각기 다른 분야에서 지능이 높다고 말할

아인슈타인
(논리 · 수학 지능)

베토벤
(음악지능)

김연아
(신체운동 지능)

수 있다(Kirschenbaum, 1990).

2. 지적 기능의 평가

1) Galton의 지능검사

Charles Darwin과 사촌 간인 Francis Galton은 인종개량에 관한 생각을 통해 진화론을 인간에게 적용하였다. Galton은 여러 분야에서 뛰어난 사람들의 가계를 조사한 결과 많은 경우 그들의 친척들도 뛰어난 사람들이었음을 발견하였다. 따라서 인간의 지능은 전적으로 유전되는 것으로 보고 영국정부로 하여금 선택적 번식을 통한 인종개량 프로그램을 실시할 것을 촉구하였다. 다시 말해서 머리가 좋은 사람들이 자녀를 많이 낳음으로써 영국 종족이 점점 더 우수해진다고 Galton은 주장하였다.

Francis Galton

Clark Wissler

그렇다면 머리가 좋은 사람과 그렇지 못한 사람들을 어떻게 구별할 수 있는가? 여기서 지능검사의 필요성이 대두된다. Galton은 이 임무를 수행하기 위하여 1883년에 최초의 지능검사를 창안하였다. 지능은 감각정보를 처리하는 능력이라는 영국 철학자의 영향을 받아 Galton은 시각, 청각, 후각, 미각, 촉각의 민감도를 측정할 수 있는 검사법을 고안하였다. 이 검사법의 한 가지 예를 들면, 두 개의 물체를 들어본 다음 어느 쪽이 더 무거운지를 대답하게 하는 것이었다. 그러나 Galton의 지능검사는 '참담한' 실패로 끝났다. 왜냐하면 그가 고안한 지능검사는 학업성적과 같은 현실세계와는 상관이 거의 없는 것이었기 때문이다(Wissler, 1901).

2) Binet의 지능검사

그로부터 20년 후 프랑스의 심리학자 Alfred Binet에게 프랑스 교육부로부터 정상아와 정신지체아를 구별할 수 있는 지능검사를 제작하라는 임무가 주어졌다. 학교당국

사진 설명 1900년대 초 프랑스 파리에서 정규학급에서 강의진도를 따라오지 못하는 학생들을 가려내어 특별반을 구성할 목적으로 지능검사가 제작되었다.

은 정규학급에서 강의진도를 따라오지 못하는 학생들을 가려내어 특별반을 구성할 계획이었다(사진 참조).

Binet는 정신연령(MA)이라는 개념을 구성해내었다. 정신연령은 다른 사람과 비교했을 때의 한 개인의 정신발달 수준을 말한다. 지능이 보통인 사람(평균 지능)은 정신연령(MA)과 생활연령(CA)이 일치하고, 머리가 좋은 사람은 생활연령보다 정신연령이 높으며, 머리가 나쁜 사람은 정신연령이 생활연령보다 낮다. IQ라는 말은 1912년 William Stern이 고안해내었는데, 그것은 정신연령을 생활연령으로 나누고 여기에다 100을 곱해서 (소수점을 없애기 위해) 나온 값이다. IQ는 평균이 100이며 표준편차가 16인 정상분포 곡선을 보인다(〈그림 5-3〉 참조).

Alfred Binet

Binet의 지능검사 내용은 학교에서 배우는 내용과 유사했기 때문에 이 지능검사와 학업성취도와는 매우 높은 상관관계가 있는 것으로 나타났다. 1905년에 출판된 Binet의 지능검사는 수개국어로 번역되었는데 이 중에서도 미국 스탠퍼드 대학의 Lewis Terman에 의해 번역되고 수차례 개정된 Stanford-Binet 검사가 가장 유명하다. Stanford-Binet 검사는 계속해서 폭넓게 사용되는 검사 중의 하나이다. 우리나라에서는 고려대학교 전용신 교수에 의해 개발되어 "고대 Binet" 검사로 불린다.

Lewis Terman

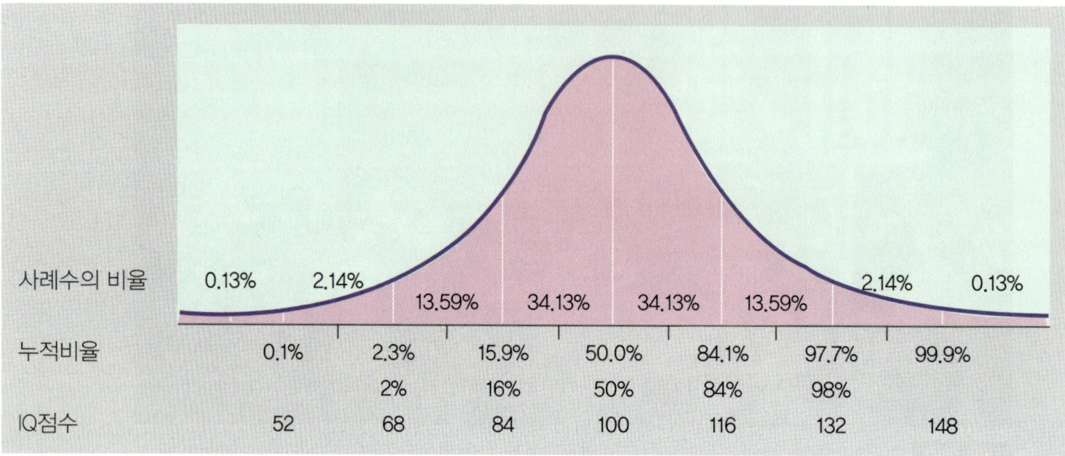

〈그림 5-3〉 스탠퍼드-비네 검사와 정상분포 곡선

출처: Santrock, J. W. (1998). *Adolescence* (7th ed.). New York: McGraw-Hill.

3) Wechsler의 지능검사

Stanford-Binet 검사 다음으로 널리 사용되는 것이 David Wechsler가 1939년에 제작한 Wechsler 지능검사이다. Wechsler 지능검사에는 유아용, 아동용, 성인용 지능검사가 있다.

David Wechsler

Wechsler의 지능검사는 11개의 하위 지능검사로 구성되어 있다. 이 중 여섯 개의 검사는 언어능력 검사이고, 다섯 개의 검사는 비언어능력 검사이다. 언어능력을 측정하는 언어성 검사에는 상식문제, 이해문제, 숫자 외우기, 공통성 찾기, 산수문제, 어휘문제 등이 포함되고, 비언어능력을 측정하는 동작성 검사에는 기호쓰기, 빠진 곳 찾기, 블록짜기, 그림차례 맞추기, 모양 맞추기 등이 있다.

〈표 5-1〉은 한국판 웩슬러 성인용 지능검사(전용신, 서봉연, 이창우, 1963)의 하위 검사에 대한 설명이며, 〈그림 5-4〉는 웩슬러 성인용 지능검사의 언어성 검사와 동작성 검사의 예문들이다.

〈언어성 검사〉

상식문제	타지마할은 어느 대륙에 있는가?
이해문제	"천리길도 한 걸음부터"라는 속담의 뜻을 설명하시오.
산수문제	70달러짜리 구두 한 켤레를 20% 싸게 판다면 구둣값은 얼마인가?
공통성문제	라디오와 텔레비전의 유사점은 무엇인가?

〈동작성 검사〉

1	2	3	4
(	)	:	~

1	4	2	3	4	3	1	2	3	1

기호쓰기

빠진 곳 찾기

모양 맞추기

〈그림 5-4〉 웩슬러 성인용 지능검사의 언어성 검사와 동작성 검사의 예

출처: Feldman, R. S. (1993). *Understanding psychology* (3rd ed.). New York: McGraw-Hill.

표 5-1 한국판 웩슬러 성인용 지능검사의 하위 검사

언어성 검사 (Verbal Scale)	1. **상식문제**(information): 피험자가 얼마나 광범위한 상식을 갖고 있는가를 측정한다. 전문 지식이나 학문적 지식은 포함되지 않는다. 2. **이해문제**(comprehension): 어떤 특정 상황에서의 문제해결 능력 및 판단력을 측정한다. 3. **산수문제**(arithmetic): 초등학교 산수문제와 같은 간단한 수학능력을 측정한다. 4. **공통성문제**(similarity): 두 개의 사물을 제시하고 공통점을 말하게 하여 추상적, 논리적 사고력을 측정한다. 5. **숫자문제**(digit span): 숫자를 몇 개 불러준 다음 바로 또는 거꾸로 따라 외우도록 하여 주의력, 기억력을 측정한다. 6. **어휘문제**(vocabulary): 40개의 낱말을 쉬운 단어부터 제시하여 그 낱말의 뜻을 물어봄으로써 어휘력을 측정한다.
동작성 검사 (Performance Scale)	1. **기호쓰기**(digit symbol): 어떤 부호와 다른 부호를 결부시켜 이해, 기억, 대치하는 능력을 측정한다. 2. **빠진 곳 찾기**(picture completion): 중요한 한 부분이 빠진 그림을 보여주고 빠진 부분을 찾게 한다. 3. **블록짜기**(block design): 몇 개의 블록을 가지고 특정한 모양을 만들게 한다. 4. **그림차례 맞추기**(picture arrangement): 여러 장의 그림을 주어 이야기가 되도록 순서대로 배열하도록 한다. 5. **모양 맞추기**(object assembly): 친숙한 사물을 여러 토막으로 나누어 놓고 완전한 모양이 되게 맞추도록 한다.

4) 성인기의 지능검사

성인의 지능과 인지발달을 논의할 때 지능의 본질과 성인기에서 그것을 검사하는 방법에 관한 문제가 제기된다. 표준화된 지능검사들이 성인의 지능에 관해 설명할 수 있는 것과 설명할 수 없는 것은 무엇인가? 이러한 검사가 성인을 평가하는 데 얼마나 적절한 것인가?

성인을 대상으로 한 전통적인 지능검사의 타당도에는 의문의 여지가 있다. 지능검사에서 주로 측정되는 내용은 학업성취와 관련된 것으로 이러한 검사는 젊은이들에게는 의미가 있지만 성인들에게는 별로 의미가 없다. 여기서 제기되는 것이 생태학적 타당도의 문제이다. 즉, 검사되는 과제가 성인들이 일상생활에서 직면하는 과제인가 하는 문제이다.

여러 지능검사들은 원래 아동용으로 제작된 것이기 때문에 성인들은 그 문제나 과제를 우습게 여길지 모른다. 게다가 성인들은 최선을 다하려는 동기가 부족할 수도 있다. 젊은이들은 대체로 검사를 잘 치르려는 강한 동기를 갖는다. 대학입학시험과 같은 뚜렷한 목표가 있는 경우뿐만 아니라 아무리 하찮은 과제라도, 그리고 자신의 인생에 아무 의미가 없는 과제라도 단지 자신을 증명해 보이기 위해서 최선을 다한다(Schaie, 1977). 그러나 성인들은, 특히 노인들은 자신의 인생에 의미가 있고 유용한 과제에만 자신의 관심을 한정시킨다.

예를 들어, "만약 비행기 A가 A지점에서 오전 7시에 이륙하고 비행기 B가 B지점에서 오전 8시에 이륙한다면…… 언제 어느 지점에서 이 두 비행기가 충돌할 것인가?"라는 질문에 젊은이들은 '충돌이 예상되는 시간과 지점'에 관심을 보이지만, 나이 든 사람들은 다른 방향으로 비행을 해서 충돌을 피하려 할 것이다.

만약 지능이란 것을 자신의 환경에 성공적으로 적응하는 것으로 본다면 지능은 나이가 들면서 학업과 관련된 문제에서 일상적인 문제에 대처하는 능력으로 변할 것이다. 한 연구(Berg & Sternberg, 1992)에서 대부분의 성인들은 추론, 문제해결, 과거의 경험을 활용하기, 다른 사람에 대한 이해 그리고 일반적 지식과 같은 지적 능력은 연령과 함께 증가한다고 믿었으며 기억력은 감퇴한다고 믿었다. 또한 대다수의 사람들은 많이 읽고, 교육을 받고, 적극적인 대인관계를 갖는다면 어느 연령에서도 지적능력을 유지할 수 있다고 믿었으며, 질병이 있거나, 정신적 자극이 없고, 새로운 것을 배우는 데 관심이 없으면 지적 능력이 떨어진다고 믿었다.

Cynthia A. Berg

또한 이러한 검사방법들은 성인기에 중요한 지적 능력들을 측정하지 못할 수도 있다. 전통적 지능검사는 Sternberg가 말하는 구성적(비판) 지능을 측정하는 과제에 집중되어 있으며, 경험적(통찰력) 지능과 상황적(실제적) 지능은 적절히 평가하지 못한다. 경험적 지능과 상황적 지능은 특히 성인기에 중요하므로 전통적 지능검사는 아동의 지능을 측정할 때보다 성인의 지능을 측정하는 데에는 유용성이 훨씬 떨어진다.

그럼에도 불구하고 전통적 지능검사에서 측정되는 기술은 일생 동안 매우 중요한 것이다. 사실 이러한 기술들은 일상생활에서 우리가 제대로 기능하는 데 필요한 기본 구성요소이다. 귀납적 추리, 공간지각, 지각속도, 수와 언어 능력과 같은 지적 기능은 나날의 활동에 있어 매우 의미 있는 것이다(Willis, 1991; Willis & Schaie, 1993).

Sherry L. Willis

3. 성인기 사고의 특성

인간은 성인기에도 계속해서 인지적으로 발달하는가? Piaget는 청년과 성인의 인지 작용에는 차이가 없다고 주장한다. 과연 Piaget의 주장처럼 인간의 인지발달에서 형식적 조작기는 마지막 단계인가?

1) Arlin의 문제발견적 사고

Arlin(1975, 1989, 1990)은 이 문제에 대해 성인기의 사고수준은 청년기의 사고수준과는 다르며, 청년기의 형식적 조작기 다음에 문제발견의 단계라는 제5단계가 있다고 주장하였다. 이 단계의 사고의 특징은 창의적 사고, 확산적 사고, 새로운 문제해결 방법의 발견 등이다. Piaget의 형식적 · 조작적 사고는 수렴적 사고를 요한다.

2) Riegel과 Basseches의 변증법적 사고

Klaus Riegel

Riegel(1973)은 성인기 사고의 특징은 '형식적' 사고가 아닌 '성숙한' 사고라고 주장한다. 성숙한 사고란 어떤 사실이 진실일 수도 있고 진실이 아닐 수도 있음을 받아들이는 것이다. Riegel은 이러한 사고의 모순된 상태를 기술하기 위해 철학에서 변증법적이란 용어를 빌려와 다섯 번째의 인지발달 단계를 변증법적 사고(dialective thinking)의 단계라고 하였다. 변증법적 사고를 하는 사람들은 비일관성과 역설(모순)을 잘 감지하고 正(theses)과 反(antitheses)으로부터 合(syntheses)을 이끌어낸다. Piaget에 의하면 형식적 · 조작적 사고를 하는 사람은 인지적 평형 상태에 도달하지만, 변증법적 사고를 하는 사람은 항상 불평형 상태에 있게 된다(Basseches, 1984; Riegel, 1973).

성인기 동안의 인지발달은 청년기와는 다르게 일련의 갈등이나 위기 혹은 모순과 그 해결에 의해 설명될 수 있기 때문에, 평형모델을 지향하는 Piaget의 인지발달이론은 성인기의 사고를 완전히 설명할 수 없다는 것이 Riegel의 주장이다.

Basseches(1984) 또한 변증법적 사고가 성인의 유일한 추론형태라고 가정하고, 성인기의 인지적 성장은 변증법적 도식의 형태를 취한다고 주장하였다. Basseches에 의하면, 변증법적 도식 중의 어떤 것들은 사고자의 관심을 관계나 상호작용으로 유도하고 어떤 것들은 변화와 움직임에 그리고 또 어떤 것들은 형태나 패턴을 처리하는 데 이용된다. 즉, 변증법적 도식은 성인들이 사회적 체재나 정치적 체재에 대해 그리고 대인관계에 대해 추론할 수 있도록 하는 역할을 한다.

Michael Basseches

3) Labouvie-Vief의 실용적 사고

Labouvie-Vief(1986, 1990a, 2015)에 의하면, 성인기에 새로운 사고의 통합이 발생한다고 한다. 성인기에는 문제를 해결함에 있어 논리적 사고에 덜 의존하게 되고, 현실적인 면을 많이 고려하게 된다. 성인기의 인지능력은 매우 우수하며, 사회물정에도 밝게 된다. 성인기의 인지능력에는 논리적 사고능력뿐만 아니라 현실적응 능력도 포함된다. 예를 들면, 건축가가 건물을 설계할 때에는 구조에 대해 논리적으로 분석하여 설계할 뿐만 아니라 비용, 환경여건, 시간적 측면 등을 모두 고려하게 된다.

Gisela Labouvie-Vief

4) Perry와 Sinnott의 다원론적 사고

Perry(1970, 1981)는 성인기에는 청년기의 사고와는 다른 중요한 변화가 일어난다고 믿는다. 그는 청년들의 사고는 흔히 흑백논리에 의해 좌우된다고 믿는다. 그러나 성인이 되면 이원론적 사고(dualistic thinking)에서 벗어나 다원론적 사고(multiple thinking)로 옮겨간다고 한다.

Sinnott(1989, 1997, 2003) 또한 성인기에는 다차원의 세계와 복잡한 인간관계에 직면하면서 인지발달이 이루어진다고 믿는다. 성인들은 '진리' 또는 '진실'이라는 것을 주관적이고 상대적인 것으로 이

William Graves Perry Jr.

Jan Sinnott

해하게 된다. 즉, 지식이란 절대적이고 고정불변의 것이 아니라 여러 개의 타당한 견해 중 하나일 수 있다는 사실을 이해하게 된다는 것이다. 이러한 Sinnott의 견해는 성인기의 인지능력은 절대적인 것이 아니며 상대적이라는 Perry의 견해와 일치한다.

5) Schaie의 성인기 인지발달 단계

K. Warner Schaie

Schaie(1977)는 성인기가 되면 형식적, 조작적 사고를 넘어서지는 않지만 지식의 습득단계에서 아는 지식을 실생활(직업발달이나 가족발달 등)에 적용하는 단계로 전환하게 된다고 믿는다. Schaie는 성인기의 지능은 양적 증가나 감소보다는 성인들이 사고하는 방식의 질적 변화가 보다 더 중요하다고 보고 성인기 인지발달의 5단계를 제시하였다(〈그림 5-5〉 참조).

제1단계인 습득단계에서 청년들은 사회에 참여하기 위해 앞뒤를 가리지 않고 지식 그 자체를 위한 정보와 기술을 습득한다. 그들은 과업 그 자체가 그들의 인생에서 아무런 의미가 없다 하더라도, 자신의 능력을 과시하기 위해 검사에서 최선을 다한다. 제2단계인 성취단계에서 성인들은 이제 더 이상 지식 그 자체를 위해 지식을 습득하지 않는다. 이 단계에서는 스스로 설정한 인생의 목표에 적합한 과업에서 최선을 다한다. 제3단계

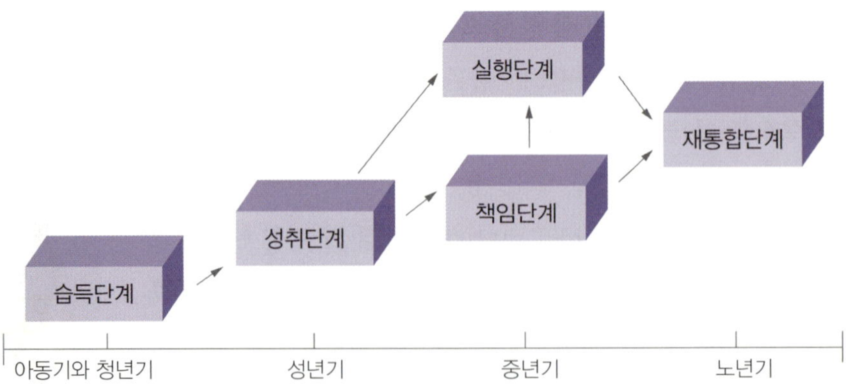

〈그림 5-5〉 Schaie의 성인기 인지발달 단계

출처: Schaie, K. W. (1978). Toward a stage theory of adult cognitive development. *Journal of Aging and Human Development, 8*, 129-138.

인 책임단계에서 중년들은 배우자나 자녀의 욕구충족에 대한 책임과 직업인으로서 또는 지역사회의 일원으로서 책임을 지게 된다. 이 단계에서 어떤 중년들의 경우 그 책임 수준이 매우 복잡하다. 기업의 대표나 대학의 학장이나 총장, 기타 여러 기관의 장들은 조직의 구조를 이해하고, 장래의 계획을 세우며, 나아가 결정된 정책이 제대로 실행되는지 지켜보아야 한다. 이와 같이 여러 면에서 복잡한 관계를 통합하는 것이 실행단계이다. 제4단계인 실행단계는 제3단계인 책임단계의 변이로서 적합한 기술의 발달과 실행이 허락되는 기회를 얼마나 갖느냐에 달려 있다. 제5단계인 재통합단계에서 노인들은 사회적 참여와 책임으로부터 어느 정도 벗어나게 되고, 생물학적 변화로 말미암아 인지기능이 제약을 받기 때문에 자신들이 노력을 기울여야 할 과업에 대해 보다 선택적이다. 자신들이 하는 일의 목적에 관심이 있으며, 자신에게 의미가 없는 일에는 시간을 낭비하려 하지 않는다. 이 단계는 Erikson의 마지막 단계인 자아통합감의 단계와 일치한다.

Schaie는 그후 평균예상수명이 크게 증가한 점을 감안하여 성인기 인지발달 단계를 좀더 세분화하였다. 그는 Willis와 함께 노년기를 다시 세 단계로 나누었는데, 청노년기(young-old), 중노년기(old-old), 초고령노년기(oldest-old)가 그것이다.

Schaie와 Willis(2000)에 의하면 청노년기는 재조직화(reorganizational) 단계로서 직업세계와 가족에 대한 책임에서 벗어나 보다 자녀중심적으로 재조직화하는 단계이다. 중노년기는 1978년 모델의 재통합(reintegrative)단계에 해당하며, 초고령노년기는 후손에게 물질적 · 지적 재산을 전해주는 유산창조(legacy creating)의 단계이다.

〈표 5-2〉는 Piaget, Arlin, Riegel, Labouvie-Vief, Perry와 Sinnott 그리고 Schaie의 성인기 인지발달 단계에 대한 요약이다.

표 5-2 성인기의 인지발달 단계

단계 \ 이론가	Piaget	Arlin	Riegel	Labouvie-Vief	Perry/Sinnott	Schaie
청년기	형식적 · 조작적 사고	형식적 · 조작적 사고	형식적 · 조작적 사고	형식적 · 조작적 사고	이원론적 사고	습득단계
성년기	↓	문제발견적 사고	변증법적 사고	실용적 사고	다원론적 사고	성취단계
중년기	↓	↓	↓	↓	↓	책임단계 실행단계
노년기	↓	↓	↓	↓	↓	재통합단계

6) Kramer의 후형식적 사고

한편, Kramer(1983)는 성인은 형식적, 조작적 추론과는 질적으로 다른 후형식적 조작적 추론을 한다고 믿는다. 그는 후형식적 사고를 하는 사람의 특성을 다음 세 가지로 요약한다. 첫째, 지식은 절대적인 것이 아니고 상대적인 것이라고 생각한다. 둘째, 어떤 사람(예를 들면, 남편)에 대한 자신의 감정이 애증이라는 상반된 감정으로 나타나듯이 모순(contradiction)을 현실세계의 기본 양상으로 받아들인다. 셋째, 서로 모순되는 사고나 감정 또는 경험을 통합하는 능력이 있다. 즉, 모순되는 상황을 양자택일의 상황으로 보는 대신에 이러한 모순상태를 어떤 통일체로 통합할 수 있다. 예를 들면, 사고나 감정이 통합되는 것이 그것이다.

Rybash, Roodin 그리고 Hoyer(1995)는 여기에 한 가지를 더 첨가한다. 즉, 후형식적 사고를 하는 사람들은 절대적이고 가설적인 원리가 모든 상황에서 작용하는 것이 아니라 현실은 항상 변하는 것이기 때문에 상황에 적합한 새로운 원리를 적용하여 문제를 해결하고자 한다. 〈표 5-3〉은 형식적 사고와 후형식적 사고의 특성을 요약한 것이다.

표 5-3 형식적 사고와 후형식적 사고의 특성

형식적 사고	후형식적 사고
• 지식은 논리적으로 추론할 수 있기 때문에 절대적이며 모든 맥락에서 작용한다. • 변인의 일방성(인과관계) • 부분은 전체와 독립적으로 존재한다. • 모순, 불일치에 대한 회피 • 가설적이고 추상적인 것을 강조한다.	• 지식은 정신의 구성물이기 때문에 절대적인 것이 아니고 상황에 따라 상대적이다. • 변인의 상호적 영향 • 부분은 전체에 대한 일부로서 존재한다. • 모순을 수용하고 보다 포괄적인 전체로 통합한다. • 현실감이 있는 실제 사건을 강조한다.

4. 지능과 연령

성인기에 지적 능력이 증가하는가 아니면 감소하는가 하는 문제에서 고려해야 할 측면이 몇 가지 있다. 여기서는 지능의 종류(결정성 지능과 유동성 지능)와 연령의 증가에 따른 지능의 변화를 연구하는 연구방법(횡단적 연구, 종단적 연구, 순차적 연구)에 관해 살펴보고자 한다.

1) 결정성 지능과 유동성 지능

John L. Horn

Raymond Cattell

Horn(1967, 1970, 1982)과 Cattell(1965)은 성인기의 지적 능력에서 결정성 지능(crystallized intelligence)과 유동성 지능(fluid intelligence)의 구분을 제안한다. 결정성 지능은 학교교육과 일상생활에서의 학습경험에 의존하는 정신능력을 반영하는 것으로 교육이나 문화적 배경 또는 기억에 의존한다. 어휘력, 일반상식, 단어연상, 사회적 상황이나 갈등에 대한 반응으로써 결정성 지능을 측정한다.

유동성 지능은 '타고난 지능(native intelligence)'으로 생물학적으로 결정되며 경험이나 학습과는 무관하다. 유동성 지능은 새로운 정보를 처리하는 능력으로서 사전 지식이나 학습을 필요로 하지 않는다. 유동성 지능은 공간지각, 추상적 추론, 지각속도와 같은 검사로써 측정된다.〈그림 5-6〉은 유동성 지능검사의 예이다.

결정성 지능과 유동성 지능이 절정에 달하는 시기는 각기 다르다(〈그림 5-7〉 참조). 유동성 지능은 10대 후반에 절정에 도달하고 성년기에는 중추 신경구조의 점차적인 노화로 인해 감소

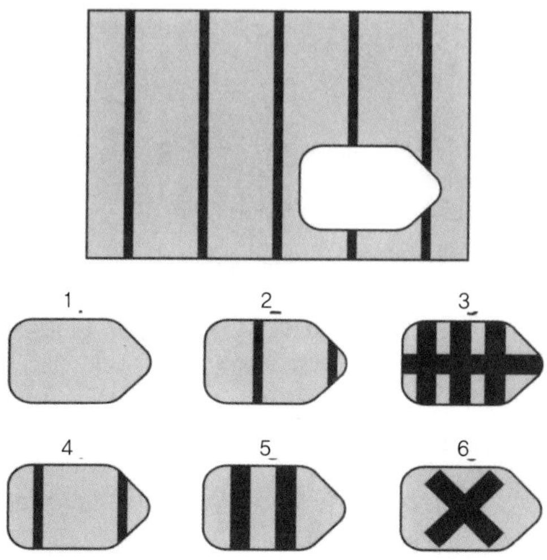

〈그림 5-6〉 유동성 지능검사 문항의 예

출처: Raven, J. C. (1983). *Raven Progressive Matrices Test*. San Antonio, TX: Psychological Corporation.

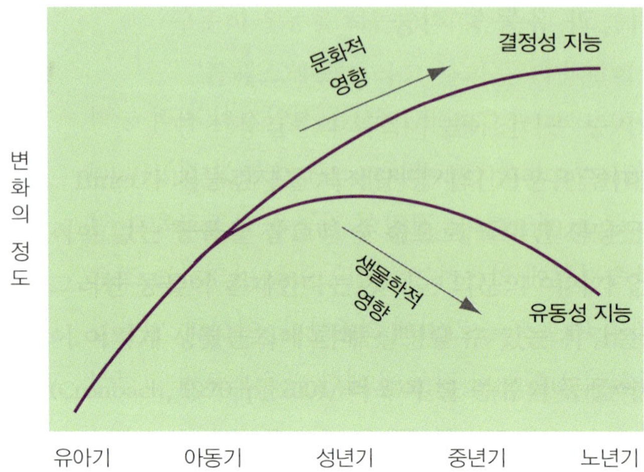

〈그림 5-7〉 유동성 지능과 결정성 지능의 변화

출처: Horn, J. L., & Donaldson, G. (1980). Cognitive development in adulthood. In O. G. Brim & J. Kagan (Eds.), *Constancy and change in human development*. Cambridge, MA: Harvard University Press.

하기 시작한다. 반면, 결정성 지능은 성인기에서의 교육경험의 결과로 생의 말기까지 계속 증가한다(Ghisletta et al., 2012; Manard et al., 2015; Salthouse, Pink, & Tucker-Drob, 2008).

Dixon과 Baltes(1986)는 Horn과 Cattell의 유동성 지능과 결정성 지능에 기초하여 성인기의 지적 기능에 관한 이중과정 모델을 제안하였다. 이중과정 모델은 연령이 증가하면서 퇴보하는 지능의 측면과 계속 발전하는 지능의 측면을 포함하는데 지능의 기계적인 측면과 실제적인 측면이 그것이다.

Roger A. Dixon

기계적(mechanics) 지능은 인간의 정보처리 체계의 기초적 지능으로서 감각, 지각, 기억과 같은 '정신적 하드웨어'를 반영한다. 기계적 지능은 주로 단순한 과제를 수행할 때 속도와 정확성으로 측정된다. 이 측면은 유동성 지능과 마찬가지로 연령이 증가하면서 감소한다.

실제적(pragmatics) 지능은 특정 문화권의 구성원들이 이해하는 실제적이고 책략적인 지식의 일반체계, 특정 직업을 가진 사람들의 지식의 특수체계 그리고 문제를 효율적으로 해결하기 위해서 서로 다른 종류의 지식을 어떻게 활용하는지에 대한 이해를 포함하는 '정신적 소프트웨어'를 말한다. 실제적 지능은 일상생활의 크고 작은 문제들을 해결하는 책략(strategy)인 지혜를 발달시킨다. 실제적 지능은 생물학적 요인이 아니라 문화적 요인이 영향을 미치므로 결정성 지능과 마찬가지로 연령이 증가하더라도 감소하지 않는다.

중년기와 노년기에는 교육, 직업, 인생경험 등에서 얻은 정보와 기술을 실제로 활용하는데 이러한 실제적 지능은 기계적 지능보다 더 가치가 있다(Baltes, 1993).

실제적 지능은 노인들로 하여금 선택적인 능력 발휘를 통한 보상으로 그들의 지적기능을 유지하거나 증진토록 한다. 노인들은 그들이 잘하는 일을 함으로써 특별한 능력을 통해 다른 분야에서 못하는 것을 보상할 수 있다. 이러한 개념은 피카소나 고야같은 화가, 버나드 쇼 같은 작가, 베르디 같은 작곡가가 어떻게 70~80대에 자신의 최고의 작품을 만들 수 있었는지에 대해 설명해 줄 수 있을 것이다.

지혜는 실제적 지능의 중요한 부분이다. 그러나 지혜에 관한 연구는 매우 드문데 이는 아마도 지혜를 정의하고 검사하기가 어렵기 때문인 것 같다. 지혜는 책에서 배운 것, 전문지식, 실제적 지식 등 이 모든 것에 의지하지만 그 이상의 것이다. 지혜의 한 속성은 건전한 판단인데, 일상의 행위뿐만 아니라 어려운 결정을 해야 할 경우 모두에 해당한다. 지혜는 노인들이 자신의 능력 및 자신의 한계를 상기하게 해주고, 노인들이 자신의 경험으로부터 어떤 교훈을 이끌어낼 것인지를 말해주며, 남은 여생을 어떻게 활용할 것인지에 관한 투시력을 갖게 해준다(Dixon & Baltes, 1986). 지혜에 관해서는 제17장에서 좀더 자세히 살펴보기로 한다.

Pablo Picasso

Francisco Goya

George Bernard Shaw

Giuseppe Verdi

2) 횡단적 연구 대 종단적 연구

성인기 동안 지적 기능이 증가하는지 또는 감소하는지를 알아보기 위해 다양한 연령층의 사람들을 대상으로 지능검사를 실시해 보았다. 그 결과 지적 기능은 보편적으로 성년기에 높은 수준에 있는 것으로 나타났다. 오랫동안 지능은 대략 20세경에 절정에 달하며 그 이후에는 쇠퇴한다고 믿어왔다. 이 같은 결론은 횡단적 연구결과에 근거한 것으로 여러 연령집단에 지능검사를 실시한 결과 성년기의 사람들이 가장 뛰어난 것으로 밝혀졌기 때문이다.

그러나 횡단적 연구에서의 이러한 차이는 연령 그 자체의 영향이라기보다는 '동시대 출생집단 효과(cohort effect)' 때문일 수 있다. 즉, 보다 최근에 태어난 사람들은 보다 양질의 그리고 보다 장기간의 교육을 받았기 때문에, 아는 것이 더 많고 더 많은 기술을 가지고 있을 수 있다. 성년기의 우수한 지적 수행은 지능이 연령에 따라 감퇴한다기보다 오늘날의 젊은이들이 경험하는 바가 다르며 따라서 한 세대 전에 태어난 사람들보다 지적 능력을 더 발달시켰다는 의미일 수도 있다. 만약 그렇다면, 횡단적 연구에 의해서 노인들의 지적 잠재력이 과소평가되었는지 모른다.

사실, 수년에 걸쳐 주기적으로 동일한 사람을 검사하는 종단적 연구는 적어도 50세까지는 전반적으로 지능이 증가하는 것을 보여준다. 그러나 이들 연구 역시 그 결과의 해석에 문제가 있다. 피험자들은 한 번 이상의 검사를 받기 때문에 다음 번 검사에서 점수가 높게 나오는 것은 검사상황에 보다 익숙해졌거나 이전의 검사에서 비슷한 문제를 어떻게 풀었는지를 기억하는 것과 같은 '연습 효과(practice effect)'를 반영하는 것일 수도 있다. 그러므로 지능이 증가한 것처럼 보이는 것은 능력상의 진정한 향상이라기보다는 수행상의 향상을 반영하는 것인지도 모른다.

Jack Botwinick

요약하면, 횡단적 연구에 의하면 지적 발달은 신체발달과 마찬가지로 꾸준한 감소를 보인다. 특히, 비언어적 능력 또는 유동성 지능은 언어능력 또는 결정성 지능보다 더 일찍 더 빠르게 감소한다. 비언어적 능력이 언어능력보다 더 빨리 감소하는 것을 '고전적 노화 양상(classic aging pattern)'이라고 부른다(Botwinick, 1977). 이 현상을 어떻게 설명할 것인가? Horn과 그의 동료들(Horn, 1982; Horn & Donaldson, 1976)은 결정성지능은 연령이 증가해도 보존이 되는데, 그 이유는 결정성 지능은 교육이나 경험의 축적된 효과를 반영하기 때문이다. 반면, 유동성 지능은 연령이 증가하면서 손상된다. 왜냐하면 지적 기능에 필요한 생리적, 신경학적 구조가 연령이 증가하면서 점차적으로 감소하기 때문이다.

3) 순차적 연구

횡단적 연구와 종단적 연구의 단점을 보완하기 위해 Schaie와 그의 동료들(1983, 1988, 1990a, 1994; Schaie & Hertzog, 1983)은 순차적 연구를 실시하였는데 30년 이상 계속된 이 연구는 시애틀 종단연구라 불린다.

이 연구는 1956년에 20~70세의 500명을 무작위로 표집하였는데 5세 간격으로 남녀 25명씩으로 구성되었다. 피험자들은 다섯 가지 정신능력을 측정하는 검사(〈표 5-4〉

사진 설명 Warner Schaie(앞줄 오른쪽에서 세 번째)와 연구팀 동료들

표 5-4 시애틀 종단연구에서의 성인기 지능을 측정하기 위한 정신능력검사

검사	측정되는 능력	과제	지능의 종류
언어적 의미	낱말에 대한 이해와 인식	동의어 찾기	결정성 지능
수개념	수개념의 적용	덧셈문제	결정성 지능
언어유창성	장기기억으로부터 단어를 상기하기	정해진 시간 내에 ~자로 시작되는 단어를 가능한 한 많이 말하기	결정성 지능
공간지각	2차원에서 물체에 대한 회전	어떤 물체를 몇 도 회전했을 때 어떤 모양으로 보이는가 알아맞히기	유동성 지능
귀납적 추론	원칙과 규칙에 대한 추론	낱말 완성하기	유동성 지능

출처: Schaie, K. W. (1989). The hazards of cognitive aging. *The Gerontologist, 29* (4), 484-493.

참조)를 받았으며 연구가 진행됨에 따라 지적 능력을 측정하는 다른 검사도 받았다. 매 7년마다 원래의 피험자가 재검사를 받고, 새로운 피험자가 더해져서 1994년에는 모두 5,000여 명의 피험자가 검사를 받게 되었다.

연구결과, 건강한 성인들은 대부분 60세까지 정신능력이 거의 손상되지 않았다. 평균적으로 볼 때 피험자들은 30대 말이나 40대 초까지 지적 능력이 증가하였으며 50대 중반이나 60대 초까지는 안정된 양상을 보였다. 70대가 되어 조금 감소하였고, 80대나 90대에 이르면 대부분의 지적 능력이 감소하였지만 이러한 감소도 단지 익숙하지 않고 매우 복잡하며 스트레스를 주는 상황에서만 그러하였다(Schaie, 1990b, 1994).

Baltes의 전생애 접근을 지지하는 주요 발견 중의 하나는 지적 변화는 다중방향성이라는 것이다. 즉, 모든 지적 능력에 있어서 연령과 관련된 변화에는 일정한 패턴이 없다는 것이다(Schaie, 1994). 그리고 Horn과 Cattell의 연구와 마찬가지로 유동성 지능은 성년기에 감소하기 시작하고, 결정성 지능은 중년기까지 안정되거나 증가하며 그 이후 감소하기 시작하였다(Schaie, 1994).

Warner Schaie(左)와 Paul Baltes(右)

Schaie(1990b)에 의하면 성인기에 어떤 능력은 유지되고, 어떤 능력은 감소함으로써—Baltes가 이중과정 모델에서 '선택적 능력발휘를 통한 보상'이라고 부르는 개념—전반적 인지기능을 최대한으로 활용한다고 한다. 즉, 실제적 지능을 강화함으로써 약화된 기계적 지능을 보상할 수 있다는 것이다.

80대에도 여전히 작품활동이 왕성했던 피아니스트 루빈스타인은 텔레비전 인터뷰에서 자기관리를 어떻게 하는지에 대해 "작품의 수를 줄이고 같은 작품을 여러 번 연습한다"라고 말하였다. 80대의 피아니스트 호로비츠 또한 고도의 기교를 요하지 않는 작품을 선정하였고 속도는 줄였지만 곡에 대한 그의 해석은 놀라울 정도로 성숙하였다. 뉴욕 타임스는 호로비츠에 대한 비평에서 "힘은 나이가 들면서 반드시 감소하는 것이 아니다. 단지 그 모양이 변할 따름이다"(Schonberg, 1992, p. 288)라고 기술하였다. 노인들은 어떤 일을 하는 데 시간이 좀더 걸릴지 모르고 익숙지 못한 일에 서툴지는 모르나 인생을 살아오면서 쌓은 경험에 의한 성숙한 판단과 통찰력이라는 이점(利點)을 갖고 있다.

Harold C. Schonberg

5. 성인기 지능의 성차

많은 연구를 통해서 인지기능에는 성차가 있는 것으로 밝혀졌는데 대부분의 연구자들은 이러한 성차는 남아와 여아에 대한 각기 다른 사회화 유형의 결과라고 주장한다. 지적 능력의 성차는 성인기 내내 계속된다(Feingold, 1993). 웩슬러의 성인용 지능검사에서 남성은 산수문제, 상식문제, 블록짜기, 기호쓰기 등에서 여성보다 우세하였다(Kaufman, Kaufman, McLean, & Reynolds, 1991). 시애틀 종단연구의 정신능력 검사에서 남성은 대체로 공간지각이나 산수문제에서 우세하고, 여성은 귀납적 추론, 언어기억, 지각속도에서 우세하였다(Schaie, 1996). 그러나 이러한 남녀의 성차는 단지 평균차를 의미할 뿐이다. 공간지각에서 남성의 평균점수를 능가하는 여성들이 많았다. 그리고 이러한 성차는 모든 문화권에서 보편적인 현상은 아니다. 예를 들면, 중국인을 대상으로 한 연구(Dutta et al., 1989)에서는 남성의 공간지각 능력이 여성보다 더 우수한 것으로 나타나지 않았다.

시애틀 종단연구에 의하면 전반적인 지적 기능은 남자가 여자보다 더 빨리 감소하기 시작한다. 여성은 유동성 지능이 더 일찍 감소하는 반면, 남성은 결정성 지능이 더 일찍 감소한다(Schaie, 1994). 예를 들면, 공간지각능력은 여성이 2배 빨리 감소하는 데 반해, 남성은 이 능력이 빨리 발달하고 80대까지 안정상태를 유지한다. 반면, 여성은 귀납적 추론에서 우세하다. 여성은 또한 언어기억력, 언어유창성, 언어이해력을 80대까지 그대로 유지하다가 80대에 와서 감소하기 시작한다. 이것은 80대에는 여성이 혼자 사는 경우가 많으므로 대화상대 부족으로 인한 결과인 것으로 보인다(Foreman, 1994).

Alan S. Kaufman

James E. McLean

Cecil R. Reynolds

전반적으로 우세한 여성의 정신능력이 신경학적 기초에 그 원인이 있다고 지적하는 연구도 있다. 문제해결에 필요한 책략을 통제하는 전두엽이 남성의 경우에는 70대에 기능적 상실을 보이는데 이는 여성보다 10년 정도 빠른 것이다(Hochanadel, 1991). 여성의 뇌는 두 개의 반구를 연결하는 뇌량(corpus callosum)[1]이 더 두껍기 때문에 좌반구의 언어능력이 우세하게 되어 우반구의 공간지각 능력의 약세를 만회하기도 한다(Foreman, 1994).

6. 창의성의 개념

영화 '아마데우스(사진 참조)'는 '재능'과 '창의성'의 극명한 차이를 보여준다. 모차르트와 살리에리는 18세기 유럽에서 재능이 풍부하고 야심을 가진 음악가였다. 그러나 200년이 지난 지금 모차르트의 작품은 여전히 사람들에게 기억되고 큰 사랑을 받고 있지만, 살리에리의 작품은 모두 잊혀졌다. 그 이유는 무엇인가? 그때나 지금이나 모차르트의 작품은 창의적인 것으로 평가받지만 살리에리의 작품은 그렇지 못하기 때문이다.

창의성이란 과연 무엇이며, 지능과는 어떻게 다른가? 창의성은 지능과 마찬가지로 개념정의가 매우 어려운 것이지만, 일반적으로 창의성은 참신하고 색다른 방법으로 사고하고, 독특한 해결책을 생각해낼 수 있는 능력으로 정의될 수 있다. 이 창의성은 흔히 창의력, 창조력, 독창성, 독창력 등과 같은 뜻을 가진 말로 사용되기도 한다.

창의성은 일반적으로 영감적 직관을 수반하는 것으로 생각되고 있다. 그러나 많은 전문가들은 창의성이 마법의 샘에서 솟아나오는 그런 것이 아니라는 데에 동의한다. 영감 같은 것은 창의성의 일부분이고, 일생을 통해서 계속되는 꾸준한 노력의 결과가 바로 창의적 활동으로 나타난다(Curran, 1997). 즉, 에디슨이 말했듯이 창의성의 1%가

1) 대뇌반구가 서로 상접하는 피질 사이를 잇는 교련 섬유가 모인 것.

영감이고, 99%는 노력의 결과라는 것이다.

Guilford(1967)는 창의적 사고를 지적 능력과 관련지어 설명하였다. 그는 지능의 구조 모형을 제시하면서, 그중 확산적 사고(divergent thinking)가 창의성과 밀접한 연관이 있는 것으로 보았다. 확산적 사고는 하나의 문제에 대해 여러 가지 다른 해답을 할 수 있는 사고로, 하나의 정답을 유도하는 사고인 수렴적 사고(convergent thinking)와 대조를 이룬다. 창의성 검사에서 매우 독창적인 답을 하는 아동들은 확산적 사고를 하는 경향이 있다.

Joy Paul Guilford

수렴적 사고는 문제를 해결하기 위해 사용하는 사고방식의 한 종류로서, 여러 가지 가능한 해결책이나 해답들 가운데서 가장 적합한 해결책이나 해답을 모색해가는 사고를 말한다. 예를 들어, 수학문제를 풀거나 조각그림 맞추기는 수렴적 사고를 요한다. 확산적 사고는 Guilford(1967)가 지능의 구조를 설명하는 모형에서 제시한 개념인데, 문제를 해결하기 위해 다양한 해결책이나 해답을 모색하는 사고를 말한다. 사고의 유연성(fluency), 융통성(flexibility), 독창성(originality), 정교성(elaboration), 끈기(persistence) 등이 확산적 사고에 포함되는 능력이다. Guilford에 의하면 창의성은 확산적 사고와 밀접한 연관이 있다고 한다. 확산적 사고는 아동들에게 옷걸이나 신문지의 여러 가지 용도에 관해 질문하거나, 〈그림 5-8〉에서와 같이 동그라미 속에 다른 그림을 될 수 있는 대로 많이 그리게 함으로써 측정한다(Kogan, 1983). 이때 답변의 수와 독창성을 가지고 확산적 사고를 평가한다.

사진 설명 창의성은 흔히 새로움(novelty)과 적합성(appropriateness)에 의해 평가된다. 여기서 새로움이란 통상적이지 않고 기발하며 독창적인 것으로, 지금까지는 없었던 어떤 요소가 새롭게 나타났는가를 의미한다. 한편, 적합성은 창의적이기 위해서는 그 새로움이 당면한 문제해결에 도움이 될 수 있는 유용하고 가치 있는 것이어야 함을 뜻한다.

Torrance(1959)에 의하면 창의성은 소수의 천재에게만 나타나는 것이 아니라 모든 사람이 지니고 있는 개인적인 특성이며 교육을 통해 개발될 수 있다고 한다. Torrance는 유연성, 융통성, 독창성, 상상력을 창의성의 구성요인으로 보았다.

〈그림 5-8〉 확산적 사고 검사의 예

Rebok(1987)에 의하면 확산적 사고는 창의성의 필요조건이지만 충분조건은 아니다. 창의성은 얼마간 특정 영역에서 일정 양의 지식을 소유하는 것에 달려 있다. 예를 들면, 어떤 사람이 작곡에 대한 지식이 충분하지 않다면 그가 훌륭한 작곡가가 되기는 어렵다고 보는 것이 그것이다. 창의성에 관한 연구는 개인의 사고양식뿐만 아니라 특정 영역 내에서 개인이 소유하고 있는 지식의 정도도 함께 측정해야 한다. 이 제안은 성인기 창의성을 이해하는 데 특히 중요하다. 왜냐하면 연령이 증가하면서 경험이나 활동을 통하여 상당한 정도의 지식이 습득되기 때문이다.

Csikszentmihalyi(1997)는 '창의적'이라고 불릴 만한 아이디어나 업적은 단순히 한 개인의 머리에서 나오는 업적이 아닌, 여러 조건이 어우러져서 빚어내는 상호작용의 결과이자 체계의 상호작용으로 보고 있다.

Wallach와 Kogan(1967)은 창의성 연구에서 예술계, 과학계에서 매우 창의적이라고 평가받는 사람들을 대상으로 무엇이 그들로 하여금 창의적인 작품을 만들어내게 하는지 자기분석을 해보도록 한 결과, 그들의 사고유형에는 두 가지 요인이 있음을 발견하였다. 하나는 연상적 사고(associative flow)가 있어 새로운 문제해결을 위해 수많은 관계목록을 끌어낼 수 있다는 점이고, 또 하나는 놀이를 하는 것과 같은 이완된 분위기에서 자연스러운 태도로 문제해결에 참여하는 자발성(spontaneity)을 갖는다는 점이다. 〈그림 5-9〉는 Wallach와 Kogan이 개발한 창의성 검사의 예이다.

Paul Torrance

창의성 연구에 일생을 바친 Torrance(1988)에 의하면 창의적인 사람들은 용기가 있으며, 독립심이 강하고, 정직하고, 호기심이 많고, 모험심이 많으며, 무엇보다도 자신이 하는 일에 열정이 있다고 한다. 반면, 창의적인 사람들의 특성에는 부정적인 측면도 있다. 즉, 규칙을 무시하고, 불평불만이 많으며, 남의 흠을 잘 들추어내고, 괴팍스러우며, 과격하고, 완고하다.

모든 사람들은 잠재적인 창의성을 가지고 태어난다. 잠재적 창의성이 발현되는 정도는 개인이 내적으로 가지고 있는 능력과 외부적

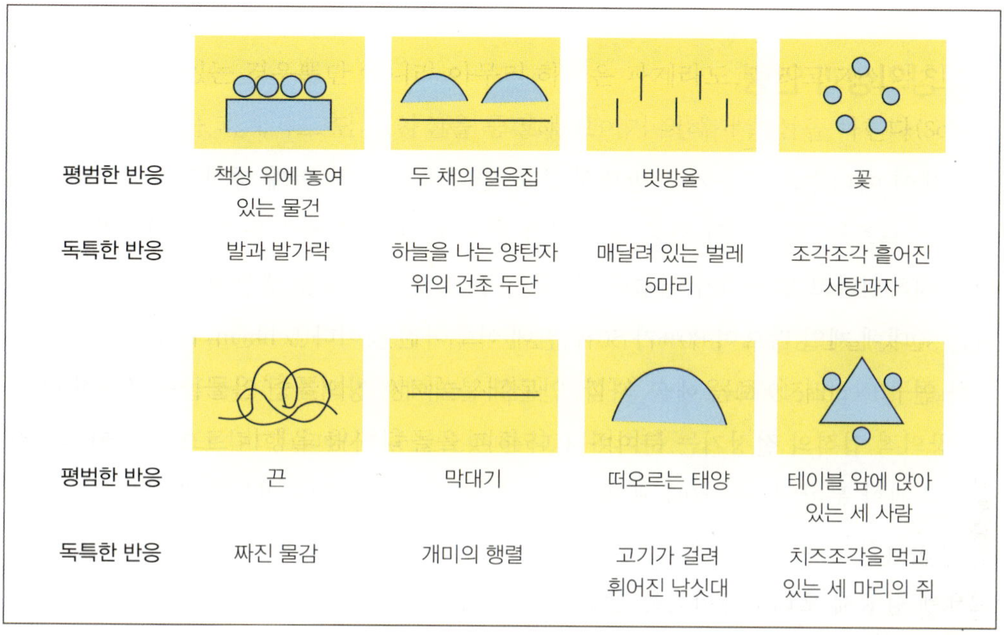

〈그림 5-9〉 창의성 검사의 예

출처: Wallach, M. A., & Kogan, N. (1967). Creativity and intelligence in children's thinking. *Transaction, 4*, 38-48.

인 환경이 어느 정도 조화를 이루느냐에 따라 달라진다. 창의성에 영향을 미치는 요인에는 인성적 요인, 지적 요인, 환경적 요인 등이 있다.

Mihaly Csikszentmihalyi

Csikszentmihalyi(1996)는 청년기의 창의성과 관련된 특징으로 사물에 대한 비상한 호기심과 그 호기심을 구체적으로 충족시키기 위한 굳건한 '결단력'을 꼽고 있다. Guilford(1952)는 지적 능력의 하위 요인 중 확산적 사고가 창의성과 관련이 있다고 주장한 바 있다. 창의성은 모든 인간이 지니고 있는 보편적인 능력이며 훈련을 통해서 개발될 수 있다는 점을 고려한다면, 환경적 요인의 중요성을 강조하지 않을 수 없다.

7. 창의성과 연령

30세에 에디슨은 축음기를 발명하였고, 안데르센은 첫 번째 동화집을 출판하였으며, 모차르트는 '피가로의 결혼'을 작곡하였다. 이와 같은 사실을 보면 성인기에 창의성이 저하된다고 말하기가 어렵다. 몇몇 연구에 의하면 가장 생산적이고 창의적인 업적은 30대에 제일 많으며 80%가 50세 전에 이루어진 것이다(Lehman, 1960).

한 연구(Dennis, 1966)는 예술, 과학, 인문학 분야에서 창의적인 인물들을 조사한 바 있다. 창의적 업적의 절정기는 분야마다 다른 것으로 나타났다(〈그림 5-10〉 참조). 즉, 예술이나 과학 분야에서는 50대에 창의적 업적이 감소하였으나 인문학 분야에서는 70대에도 여전히 창의적인 것으로 나타났다. 그리고 과학 분야에서는 Benjamin Dugger가 72세에 항생제 오레오마이신을 발명한 것을 비롯하여 노벨상 수상자들은 70세가 넘어서까지 과학 학술지에 논문을 발표하였다. 따라서 성인기 동안 창의력이 감소한다고 결론짓는 것은 부적절한 것으로 보인다(Hanna, 2016; Simonton, 2009).

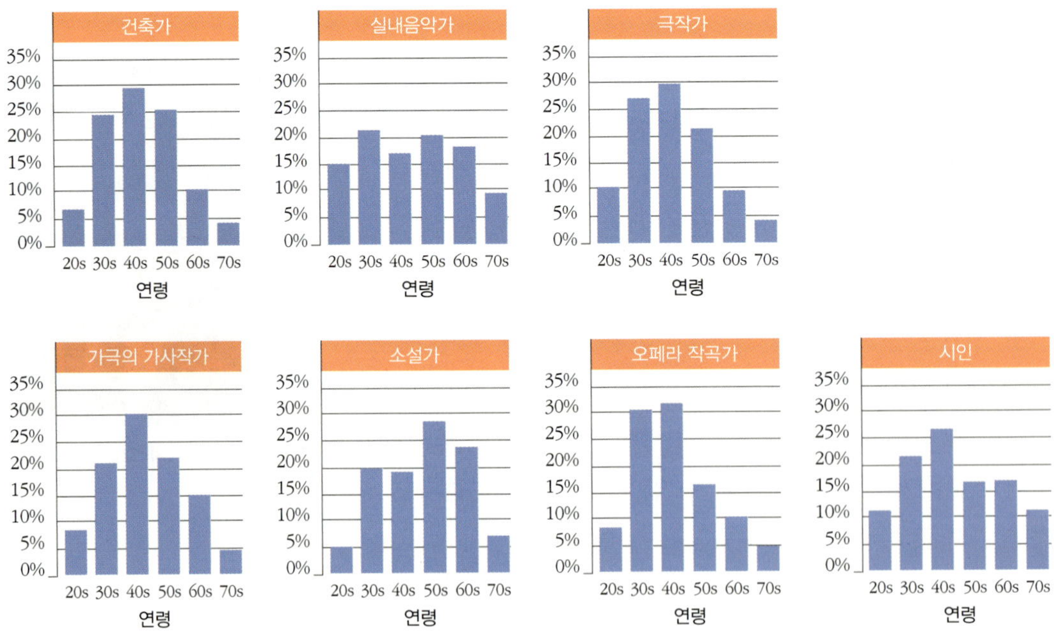

〈그림 5-10〉 특정분야에서의 창의성과 연령과의 관계

표 5-5 창의성과 연령의 관계

1 창의적 생산성은 성년기에 절정에 달한다.
2 창의적 생산성이 절정에 달하는 연령은 분야에 따라 다르다.
3 창의적 작품의 양과 질의 비율은 일생을 통해 비교적 일정하다.
4 창의적 생산성은 일생을 통하여 개인차가 다양하다.
5 창의성은 모든 연령에서 사회문화적 배경에 크게 의존한다.
6 창의적 작업을 일찍 시작하고 높은 수준의 생산성을 유지한 사람들은 노년기에도 계속 생산적이다.
7 연령에 따른 창의성 감소율은 노년기에 창의성의 결여를 초래할 만큼 심각하지 않다.
8 연령에 따른 창의성 감소의 비율과 크기는 분야에 따라 매우 다양하다.
9 창의성은 노년기에 다시 회복될 수 있다.
10 많은 노인들이 창의성으로 자신을 새롭게 할 수 있다.
11 창의성의 초점이나 스타일은 노년기에 변할 수 있다.
12 노년기의 창의적 생산성은 인생 초기의 창의적 잠재력에 달려 있다.

창의성과 연령의 관계에 관한 연구에 근거하여 내려진 몇 가지 결론이 〈표 5-5〉에 제시되어 있다. 일반적으로 창의성은 일생 동안 지속되며 성년기에 절정에 달한다. 노년기에 창의성이 감소하는 것은 질병, 개인적 문제, 스트레스, 창의적 노력에 대한 관심이나 동기결여와 같은 몇 가지 요인 때문인지 모른다. 그리고 대부분의 노인들에게서 창의적 생산성이 감소하는 것은 사실이지만 미켈란젤로, 베르디, 괴테, 피카소, 모네 같은 천재들의 생애를 보면 고도로 창의적인 작품들이 70대, 80대, 심지어 90대에도 가능하다는 것을 알 수 있다(사진 참조).

사진 설명 'Grandma Moses'가 84세에 그린 그림, 'Hoosick Falls' in the winter

사진 설명 'Grandma Moses'가 88세에 크리스마스 카드를 그리고 있다.

제 6 장

직업발달

성년기는 대부분의 사람들이 처음으로 전시간제의 직업을 갖게 되고, 경제적 자립을 이루는 시기이다. 그러나 직업발달은 성년기 훨씬 이전부터 인간발달에서 중요한 역할을 한다. 아동은 커서 무엇이 되고 싶은지에 대해 생각하며, 그러한 생각이 종종 공상에 불과하더라도 여러 가지 직업이 아동의 꿈속에서 비롯된다.

사람들은 왜 직업을 갖는가? 가장 중요한 이유는 경제적인 것이다. 그러나 경제적인 이유만이 전부는 아니다. 직업은 개인의 정체감에 중요한 역할을 한다. 많은 사람들은 처음 만난 사람에게 "나는 ~ 일을 하는 누구입니다"라고 자신이 하는 일(직업)로써 자신을 소개한다. 무슨 일을 하는가는 그 사람이 누군지를 아는 데 핵심적인 역할을 한다.

직업은 사회생활의 핵심요소이며 사회적 신분을 자리매김해 준다. 직장에서 많은 시간을 보내므로 직업은 성인들의 사회활동의 근원이 되며 자신이 하는 일의 종류에 따라 사회적 신분이 정해지기도 한다.

직업은 또한 개인의 자아개념에 영향을 미친다. 자신의 직업에 만족하고, 직업에서 성공을 이루는 것은 개인의 자아존중감과 행복감 및 생활만족도와 직접적인 관련이 있다.

이와 같이 개인의 직업은 여러 가지 면에서 개인의 인생에 영향을 미친다. 즉, 직업은 발달의 모든 측면과 연결되고 있다. 개인의 지적, 신체적, 사회적, 정서적 요인은 개인의 직업에 영향을 미치고, 개인의 직업 또한 삶의 모든 영역에 영향을 미친다.

이 장에서는 직업발달의 이론, 직업선택과 영향요인, 직업만족도, 직업상의 스트레스, 직업과 개인적 성장, 여성의 직업발달 등에 관해 살펴보고자 한다.

1. 직업발달의 이론

사진 설명 채용박람회에서 특정 직업에 관한 정보를 얻고 있다.

'커리어'라는 말은 '레이스코스'라는 의미의 프랑스 말에서 비롯된 것이다. 따라서 직업은 우리가 일생 동안 하게 되는 경주의 레이스코스인 셈이다. 일찍이 커리어(career)와 직업(job)이 동의어로 쓰인 적이 있었는데, 이때는 젊은이가 일단 한 가지 일(예를 들어, 목수, 교수, 판매원)에 종사하게 되면 일생 동안 그 직업을 고수하였다. 그러나 오늘날에는 일생 동안 같은 직업에 종사하는 사람들보다는 여러 번 직업을 바꾸는 사람들이 점점 더 늘어나고 있다.

직업발달(career development)이란 직업을 선택하고 직업에 대해 준비하는 과정을 말한다. 이런 과정은 개인의 성격특성과 사회적, 경제적, 직업적 현실과 조화를 이루는 것이 이상적이다. 다음에서는 직업발달에 관한 몇 가지 이론을 살펴보기로 한다.

1) Ginzberg의 절충이론

Eli Ginzberg

Ginzberg(1951, 1990)는 직업선택은 대략 10세부터 21세에 걸쳐 일어나는 하나의 과정이라면서 이 과정은 역행할 수 없고, 욕구와 현실 사이의 절충으로 정점에 이른다고 한다. 이때 욕구와 현실을 중재하는 것은 자아이며, 자아기능에 의해 일어나는 직업발달 과정은 단계와 시기에 따라 다르게 나타난다. 청년 초기에 있어서 직업선택의 근거는 흥미, 능력, 가치 등과 같은 개인의 내적 요인이고, 청년 후기에는 현실에 그 근거를 둔다. 이와 같이 직업선택의 근거가 변하는 것을 기준으로 해서 Ginzberg는 직업발달 과정을 다음과 같은 3단계의 시기로 나누고 있다.

(1) 환상적 시기(Fantasy Period)

이 시기는 11세 정도인데 직업선택의 근거를 개인적 소망에 두며, 능력, 훈련, 직업기회 등 현실적인 문제는 고려하지 않는다. 이 시기의 아동은 제복, 소방차, 발레화 등과 같이 어떤 직업의 눈에 보이는 측면만을 생각한다(사진 참조). 예를 들면, 은행원의 다섯 살 난 아들이 나중에 커서 순경이 되겠다고 한다. 이 아이에게 경찰관의 제복이나 활동은 눈에 띄지만 은행원이라는 직업은 그렇지 못하다.

(2) 시험적 시기(Tentative Period)

이 시기는 11세에서 18세까지로 자신의 소망과 현실적인 문제를 함께 고려한다. 즉, 직업에 대한 흥미, 능력, 교육, 개인의 가치관, 인생목표 등을 고려하며, 고교 졸업 후에 취업을 할 것인가 아니면 진학을 할 것인가를 결정해야 한다. 처음에는 오로지 직업에 대한 자신의 흥미에만 관심이 집중되지만, 시간이 지나면서 자신의 관심사가 변하며, 흥미나 관심만으로는 직업을 선택할 수 없다는 것을 깨닫게 된다. 그래서 자신이 하는 일이 사회에 얼마나 기여할 것인지, 돈을 많이 버는 것, 자유시간을 갖는 것, 누구에게 간섭받지 않고 자기 일을 할 수 있는 것이 자신에게 얼마나 중요한 일인지 등을 생각하게 되고, 자신의 가치관과 능력에 알맞은 직업 쪽으로 기울게 된다.

(3) 현실적 시기(Realistic Period)

이 시기는 18세 이후가 되는 시기로 특정 직업에 필요한 훈련, 자신의 흥미나 재능, 직업기회 등을 현실적으로 고려하여 직업을 선택한다. 이 시기에 여성의 경우는 취업이냐, 결혼이냐에 대한 결정도 해야 한다.

발달과정에 관한 연구자료들을 보면 Ginzberg의 직업선택 과정에 관한 서술이 타당하다는 것을 알 수 있다(Flavell, Green, & Flavell, 1986). 즉, 환상적 시기의 아동은 눈에 보이고 손에 잡히는 특성만을 가지고 이 세상을 이해한다. 그러다가 시험적 시기가 되면 청년은 추상적 사고가 가능해지면서 자신의 흥미, 능력, 가치관 등과 같

John Flavell

은 심리적 특성을 가지고 자신을 이해하기 시작한다. 현실적 시기에 와서야 비로소 하나의 직업을 선택하게 되는데, 이것은 청년 후기의 정체감 형성에 필수적인 요소라고 할 수 있다.

우리나라에 거주하고 있는 외국인 청소년들의 진로의사결정 경험에 관한 연구(이성령, 2022)에 의하면, 외국인 청소년들은 새로운 환경과 언어의 적응, 학업을 감당해야 하는 복합적인 어려움들을 경험하면서 진로탐색을 위한 직업포부의 확장으로 연결하고 있다. 하지만 외국인 청소년들은 일반청소년들과 동등하게 진로를 선택할 수 있는 환경과 여건이 갖춰지지 않은 경우가 많아 현실에 부딪쳐 좌절을 경험하기도 하였다. 외국인 청소년들의 진로장벽은 '자기이해부족' '자신감의 결여' '진로 정보 부족' '지인의 지지 부족' '경제적 어려움' '사회적 고정관념과 편견'으로 나타났다.

한편, Ginzberg 이론에 대해서 이러한 단계가 누구에게나 적용되지는 않는다는 비판이 가해지고 있다. Ginzberg의 단계이론은 중산층 이상을 모델로 한 것이다. 하류계층에서는 어린 시절에 직업을 선택해야 하는데, 이런 경우 직업은 흥미나 능력과는 무관하게 선택하게 되며 그 선택의 범위도 한정되어 있다. 또한 어떤 사람은 성인이 되어서도 직업을 바꾸는 경우가 있다. 따라서 청년 후기에만 직업선택이 문제되는 것은 아니라는 것이다.

Ginzberg(1990)는 그후 그의 이론을 수정하여 직업선택에 대한 의사결정 시기를 성인기까지 연장했으며, 직업발달의 단계는 청년기에만 일어나는 것이 아니고 수정된 형태로 일생을 통해서 나타난다고 한다. 예를 들면, 중년기에 직업을 바꾸려는 사람도 새로운 직업에 대해 위의 세 단계를 거친다고 하였다.

2) Super의 자아개념이론

Super(1976, 1990)에 의하면, 직업선택은 자아개념의 발달과 밀접한 관계가 있다고 하는데, 자아개념은 연령과 더불어 변한다. 그래서 Super의 이론은 직업선택의 발달이론으로 불린다. Super는 청년기의 직업발달은 욕구와 현실과의 절충이라기보다는 통합이라고 보았다. 즉, 자신의 흥미, 욕구, 능력 등을 포함하는 자아상과 정체감에 일치하는 직업을 선택하게 된다고 한다.

청년기가 직업선택에 있어서 결정적 시기이기는 하지만 직업정체감 확립은 일생을 통해서 이루어지는 과정이다. Super에 의하면 직업선택은 모두 8단계의 발달과정을 거친다고 한다.

(1) 결정화(Crystallization)단계

이 단계는 청년 초기에 해당되는데, 이때에는 직업에 관해 막연하고 일반적인 생각만을 가지게 된다. 그러다가 점차로 확고한 정체감을 확립함에 따라 직업정체감도 발달하게 된다.

(2) 구체화(Specification)단계

이 단계는 청년 후기에 해당하는데, 이때 청년들은 다양한 직업과 직업세계에 관해 더 많은 것을 알게 된다. 직업에 대한 생각이 보다 구체화되고 하나의 직업을 선택한다는 것은 또 다른 가능성을 배제한다는 것을 인식하게 된다.

(3) 실행(Implementation)단계

이 단계는 20대 초반에 시작되는데, 이때에 성년들은 한두 개의 초보적인 직업을 시험해보거나 전문직종에 첫발을 들여놓는다. 실제로 직업세계와 직면하면서 최종적으로 어떤 직업을 선택하기 전에 마음을 바꾸는 경우도 있다.

(4) 확립(Establishment)단계

20대 후반의 성년들은 자신이 선택한 직업분야에서 발전이 이루어지고, 이제 자신의 직업을 자아개념의 일부로 간주하기 시작한다.

(5) 강화(Consolidation)단계

확립단계에서 이루어진 전문지식이나 기술에 기초하여 30대 중반에는 강화기로 옮겨간다. 자신의 분야에서 가능하면 더 빨리 더 높은 지위에 오르기 위해 노력한다.

(6) 유지(Maintenance)단계

40대 중반에 시작되는 유지단계에서는 자신의 직업분야에서 높은 지위를 획득하게 되며, 전문가가 되고, 고참이 된다.

(7) 쇠퇴(Deceleration)단계

50대 후반에 쇠퇴기에 접어들면서 중년들은 이제 은퇴의 시기가 얼마 남지 않았다는 사실을 깨닫기 시작한다. 일의 양을 줄이고, 신체적으로나 정서적으로 직업으로부터 자신을 분리하기 시작한다. 직업에 지나치게 몰두해 있는 경우에는 이 단계에서 곤란을 겪는다.

(8) 은퇴(Retirement)단계

이 단계에서는 대부분이 직장에서 은퇴하고, 직업 외에 자신이 만족할 수 있는 새로운 역할을 찾게 된다.

3) Holland의 성격유형이론

Holland(1973, 1985, 1997)에 의하면, 자신의 성격에 적합한 직업을 선택하는 것이 바람직하다고 한다. 왜냐하면 자신의 성격에 적합한 직업에 보다 쉽게 적응하고, 일하는데 즐거움을 느끼며, 성공하기가 쉽기 때문이다. Holland는 직업과 관련이 있는 여섯 가지 기본 성격유형이 있다고 믿는다(〈그림 6-1〉 참조).

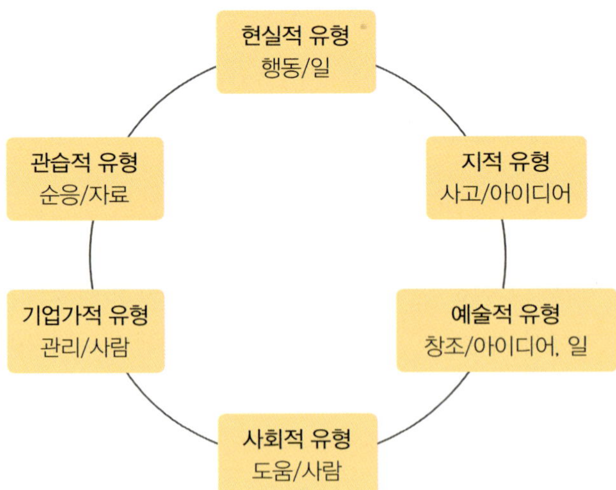

〈그림 6-1〉 Holland의 성격유형 모델과 직업선택

출처: Santrock, J. W. (1998). *Adolescence* (7th ed.). New York: McGraw-Hill.

(1) 현실적 유형(Realistic Type)

이 유형은 현실적이고 실제적이며, 추상적이고 창의적인 접근을 요하는 문제보다는 체계적이고 분명하게 정의된 문제를 좋아한다. 대인관계의 기술이 부족하므로 다른 사람과 함께 일하지 않아도 되는 직업을 선호한다. 이런 유형에 속하는 사람들은 기계공, 농부, 트럭운전사, 건설공사 인부, 측량기사 등의 직업에 적합하다.

(2) 지적 유형(Intellectual Type)

이 유형은 개념적이고 이론적인 성격의 유형으로 이들은 인간관계를 회피하며, 행동가이기보다는 사색가인 편이다. 이들은 창의적이고 분석적인 접근을 요하는 일이나 혼자 일하는 것을 좋아하지만 반복을 요하는 일은 싫어한다. 이런 유형의 사람들은 과학자, 의사, 문필가(작가), 컴퓨터 전문가 등의 직업에 적합하다.

(3) 사회적 유형(Social Type)

이 유형에 속하는 사람들은 여성적 특질을 보이고, 사람 사귀는 것을 좋아하며, 이해력이 빠르고, 붙임성이 있으며, 모임에서 중심인물이 되는 것을 좋아한다. 어떤 문제에 직면했을 때 이성적인 해결책보다는 감정에 호소하는 방식으로 문제를 해결한다. 이런 유형의 사람들은 언어적 기술이 뛰어나서 사회사업이나 상담, 목사, 교사직에 적합하다.

(4) 관습적 유형(Conventional Type)

이 유형은 권위나 규칙에 순응하는 유형으로 비구조적인 활동을 싫어하고, 민완하며, 단정하고, 성실하다. 이런 유형의 사람들은 은행원이나 사무원, 회계사, 비서직에 적합하다.

(5) 기업가적 유형(Enterprising Type)

이 유형은 다른 사람들을 거느리거나 지배하려는 유형으로 대인관계의 기술이 뛰어나고, 자기주장이 강하다. 부동산 중개인, 세일즈맨, 정치가, 법조인, 경영직에 적합하다.

(6) 예술가적 유형(Artistic Type)

이 유형은 예술적 표현을 통해 자신의 세계와 교감하며 관습적인 것을 싫어하는 유형으로 독창적이고, 창의적이며, 상상력이 풍부하다. 이들은 작가나 화가, 음악가, 작곡가, 지휘자, 무대감독 등에 적합하다.

Fred Vondracek

Holland의 성격유형은 너무 단순화되어 있고, 대부분의 사람들은 위의 여섯 가지 성격유형 중 어느 한 가지 유형에 딱 들어맞지 않는다는 지적을 받고 있다. 실제로 사람들은 Holland가 제시한 성격유형보다 더 다양하고 복잡하다. Holland(1987) 자신 또한 최근에 와서 대부분의 사람들이 어느 한 가지 유형에만 속하지는 않는다는 것을 인정한 바 있다.

그러나 자신의 성격에 적합한 직업을 선택하는 것이 좋다는 그의 견해는 인정할 만하며(Vondracek, 1991), 직업상담에서 직업에 대한 선호를 알고자 할 때 널리 사용되고 있는 Strong-Campbell의 흥미측정도구는 Holland의 성격유형이론에 기초한 것이다(Donnay & Borgen, 1996).

2. 직업선택과 영향요인

직업선택에 영향을 미치는 요인으로는 부모의 성취동기, 사회계층, 개인의 지능, 적성, 흥미 등이 있다.

1) 부모의 영향

부모는 자녀의 직업선택에 여러 가지 방법으로 영향을 미친다(Slocum, 1974; Werts, 1968; Young & Friesen, 1992). 부모가 직접적으로 자신의 직업을 물려받기를 강요하거나 자신의 직업기술을 전수함으로써 자녀가 자신의 직업을 계승하도록 요구하기도 한다. 또한 부모는 어렸을 때부터 자녀의 흥미나 활동을 제한하거나 장려함으로써 영향을 미친다. 간접적으로는 자녀가 선택할 직업의 범위를 정해주고, 그 범위 내의 직업을 선택하도록 유도한다.

또한 직업에 대한 포부는 자녀가 직업에서 얼마나 성공하기를 원하는가 하는 부모의 성취동기와 관계가 있다. 지능이나 사회경제적 지위가 같을 경우, 부모의 포부수준이 높을수록 자녀의 포부수준도 높게 나타난다(London & Greller, 1991; Penick & Jepsen, 1992).

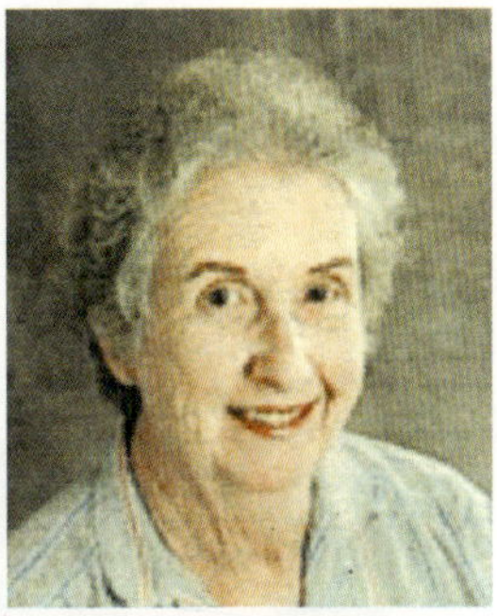
Carole R. Arnold

부모의 영향력은 자녀의 나이에 따라 다르게 나타난다. 한 연구(Wijting, Arnold, & Conrad, 1978)에서, 부모와 자녀의 직업관을 비교해 보았는데, 직업관은 특정 직업의 사회적 지위, 직업에 대한 관심, 보다 나은 직업의 추구, 임금, 직업에 대한 긍지 등으로 평가되었다. 연구결과, 중학교 때까지는 동성 부모의 가치관을 닮았으나, 고등학교때 부터는 남녀 모두 아버지의 가치관과 비슷하다는 것을 발견하였다. 그러나 어머니가 직업을 가지고 자신의 직업을 자랑스럽게 여길 경우는 청년기의 자녀에게 보다 큰 영향을 미치는 것으로 보인다.

직업선택에 영향을 미치는 부모의 역할이 항상 긍정적인 것만은 아니다(Penick & Jepsen, 1992). 왜냐하면 직업에 대한 역할모델 노릇을 제대로 못하거나, 자녀의 능력이나 적성, 흥미와는 무관하게 자신들이 이루지 못했던 것을 자녀에게 기대함으로써 자녀에게 지나친 부담감을 안겨줄 수 있기 때문이다.

최근 외국인 청소년의 진로의사결정을 살펴본 연구에서는 청소년 자신의 '자기이해 부족'과 '자신감의 결여' 같은 개인적인 요인도 있었지만 오히려 부모의 지지 부족이 진로장벽으로 나타났다(이성령, 2022).

2) 사회계층

Nicholas Lemann

사회경제적 지위는 청년들의 직업에 대한 지식과 이해에 영향을 미친다(Lemann, 1986). 중류계층의 부모는 하류계층의 부모보다 직업에 관한 지식의 폭이 넓으며, 그 범위도 넓다. 따라서 자녀에게 해줄 수 있는 조언의 폭이 넓을 수 있다. 하류계층의 청년은 직업에 관한 지식과 이해에 도움이 되는 정보가 적으므로 선택의 범위가 좁다.

아버지의 직업수준은 자녀들의 직업선택에 영향을 미친다. 대부분의 청년들은 부모의 직업과 비슷하거나, 좀더 높은 수준의 직업을 갖기를 희망한다. 사회계층은 또한 학업성취와도 관계가 있으며 학업성취에 따라 선택하는 직업의 종류가 달라진다.

3) 지능 · 적성 · 흥미

개인의 지능, 적성, 흥미 등도 직업선택에 영향을 미친다. 이러한 인성요인은 여러가지 사회화 요인들과의 상호작용에 의해 영향을 미치지만, 그 자체도 진로 결정에 영향을 주는 주요 요인이 된다.

지적 능력은 직업선택에 여러 가지로 영향을 미친다. 첫째, 지능은 개인의 의사결정 능력과 관계가 있다(Dilley, 1965). 지능이 높은 사람은 직업을 선택할 때 자신의 능력, 흥미, 특정 직업을 위한 훈련을 받을 기회 등을 고려한다. 반면, 지능이 낮은 사람은 비현실적이며 자신의 흥미나 능력보다 단순히 멋있어 보이는 직업을 택하거나 부모나 또래의 영향을 크게 받는다. 둘째, 지능은 포부수준과도 관계가 있는데 지능이 높은 사람은 포부수준도 높다(Picou & Curry, 1973). 셋째, 지능은 선택한 직업에서의 성공 여부와도 관계가 있다(Sanborm, 1965).

J. Steven Picou

직종에 따라 요구되는 적성과 능력은 다르다. 어떤 직업은 특별한 적성과 재능을 필요로 한다(Hoyt, 1987). 예를 들면, 어떤 직업은 힘을 필요로 하고, 어떤 직업은 속도를 그리고 어떤 직업은 공간지각 능력이나 음악적인 재능 또는 언어적 기술 등을 필요로 한다. 창의성, 독창성, 자율성이 요구되는 직업이 있는가 하면, 어떤 직업에서는 순응성과 협동심 등이 요구된다.

어떤 특정 직업에서의 성공 여부를 예측하기 위해 여러 종류의 심리검사가 이용되기도 한다. 물론 적성과 능력은 고정불변의 것이 아니므로 직업선택 시에 이런 종류의 심리검사를 이용하는 데에는 한계가 있다.

흥미는 직업선택에 영향을 미치는 또 하나의 중요한 요인이다. 자신의 직업에 흥미가 많을수록 그 분야에서 성공할 확률이 높다. 그러나 어떤 분야에서 성공하기 위해서는 흥미와 관련지어 지능, 능력, 기회, 그 외의 다른 요인들이 고려되어야 한다(Prediger & Brandt, 1991). 어떤 사람이 의학분야에 관심이 많다 하더라도 그럴 만한 능력이 없거나 의학공부를 할 기회가 주어지지 않는다면 의사가 될 수 없다. 대신에 실험실 기술자나 물리치료사, 그 외의 관련 직종을 고려해볼 수 있다.

3. 직업만족도

직업의 여러 측면 중에서 가장 빈번하게 연구대상이 되는 것이 직업만족에 관한 것이다. 연구결과는 일관성 있는 패턴을 보여준다. 즉, 직업만족도는 성년기에 가장 낮고 그후로는 은퇴 전까지 꾸준히 증가한다는 것이다(Glenn & Weaver, 1985). 〈그림 6-2〉에서 보듯이 전반적으로 직업만족도는 비교적 높은 편이지만 연령이 증가할수록 직업만족도는 더 높아진다. 그러나 이것은 횡단적 연구에 의한 결과이므로 이러한 결과는 동시대 출생집단의 효과일 가능성이 있다. 종단적 연구자료가 없기 때문에 단정적으로 말할 수는 없지만 어쩌면 오늘날의 젊은 세대는 나이 든 세대에 비해 일생 동안 내내 직업만족도가 낮을지도 모른다.

직업만족도는 왜 연령과 함께 증가하는가? 그 이유는 직업만족도는 연령 그 자체보다는 직업에 투자한 시간과 비례하는 것인지도 모르기 때문이다(Bedeian, Ferris, & Kacmar, 1992). 나이 든 직업인은 같은 직업에 오래 종사한 결과, 보다 나은 급여수준

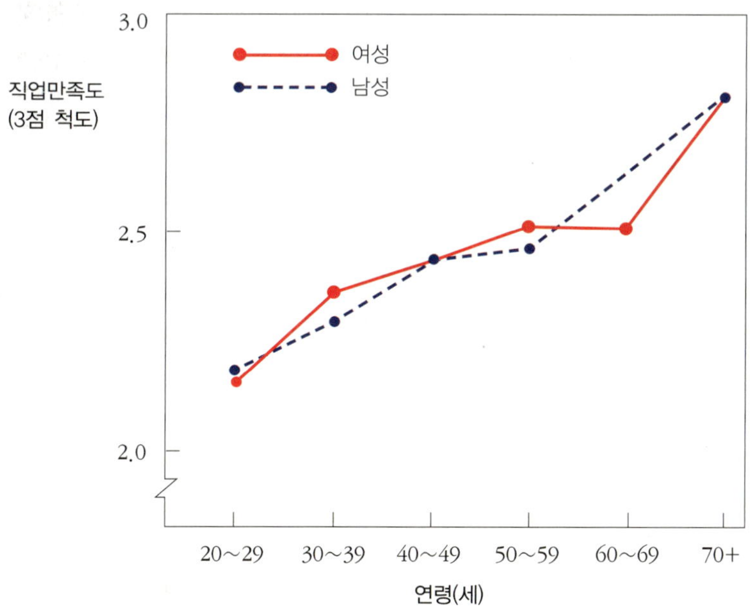

Norval D. Glenn

〈그림 6-2〉 연령과 직업만족도(횡단적 연구)

출처: Glenn, N. D., & Weaver, C. N. (1985). Age, cohort, and reported job satisfaction in the United States. In A. S. Blau (Ed.), *Current perspectives on aging and life cycle. A research annual, Vol. 1. Work, retirement, and social policy*. Greenwich, CT: JAI Press.

과 승진의 기회, 많은 권한과 직업에 대한 안전보장이 잘 되어 있다. 이러한 사실은 직장을 자주 바꾸는 사람들이 특히 유념해야 할 중요한 점이다. 직장을 자주 옮기는 경우 직업에 투자한 시간이 축적되지 않아 일반적으로 연령과 함께 증가하는 직업만족도를 경험하지 못할 것이다.

또 다른 가능한 설명은 연령이 증가하면서 직업몰두 또는 참여도가 증가한다는 것이다(Rhodes, 1983). 40~50대는 젊은이보다 직업전환을 잘 하지 않고 현재의 직업을 은퇴까지 고수하는 경향이 있다. 그리고 불가피하지 않은 결근도 덜 한다(Martocchio, 1989). 또한 나이 든 사람들은 자신의 직업을 보다 진지하게 생각하고 장점을 찾으려고 한다. 반면, 젊은 사람들은 자신에게 더 나은 직업이 없는지 계속 알아보고 현재 직업의 장점보다는 단점을 더 많이 생각하는 편이다.

4. 직업상의 스트레스

직업만족도가 낮은 경우 이는 종종 직업상의 스트레스 때문이다. 스트레스의 근원은 진급이나 승진 기회의 부족, 낮은 임금, 단조롭고 반복적인 작업, 의사결정에 참여하지 못함, 과중한 업무나 초과 근무, 불분명한 업무내용, 상사와의 불화, 좌절이나 분노를 표현하지 못하거나 꺼리는 것, 부족한 휴식시간, 성희롱 등이다. 성희롱은 거의 언제나 여성들에게 해당된다. 이러한 스트레스원들은 다양한 신체적, 정서적 장애와 관련이 있다.

특정 직업과 특정 유형의 장애를 연관시킨 연구(Colligan, Smith, & Hurrell, 1977)에서, 건강에 대한 배려가 적은 직종과 개인 서비스업에 종사하는 사람들은 정신건강센터의 이용률이 높은 것으로 나타났다. 이러한 결과는 어쩌면 자율성이나 통제력, 자신이 하는 일에 대한 자부심은 거의 없이 권위주의적인 처우를 받으면서 그에 대해 어쩌지 못하는 종속적인 위치에 있음으로써 겪게 되는 스트레스와 관련이 있는지 모른다(Holt, 1982; Williams, 1991). 30~60세를 대상으로 하여 흡연, 음주, 'A형' 행동유형, 그 외 몇 가지 요인을 통제한 연구(Schnall et al., 1990)에서 이러한 상황을 경험하는 경우 고혈압과 심장병이 3배나 증가하였다.

스트레스의 또 다른 주요 원인은 상사나 부하직원, 동료와의 갈등이다(Bolger, DeLongis, Kessler, & Schilling, 1989). 직장에서의 알력은 분노를 표현하는 대신에 마음속으로 삭여야 하기 때문에 특히 견디기 어려운 것이다. 여성의 경우 가정일과 직장일을 병행해야 하는 과중한 부담 또한 스트레스의 근원이다.

성희롱은 최근에 와서 주목을 받고 있는 스트레스원이다. 직장동료나 특히 직장상사로부터의 성희롱은 심리적 압박감을 초래한다(사진 참조). 그러나 이성으로부터의 어떤 행위가 성희롱인지 아니면 정상적인 행위인지 구별하기 힘들 때가 종종 있다.

우리나라에서는 직장 내 성희롱의 개념을 「남녀고용평등과 일 · 가정 양립 지원에 관한 법률」 제2조 제2항에서 다음과 같이 정의하고 있다. "직장 내 성희롱"이라 함은 사업주 · 상급자 또는 근로자가 직장 내의 지위를 이용하거나 업무와 관련하여 다른 근로자에게 성적 언동 등으로 성적 굴욕감 또는 혐오감을 느끼게 하거나 성적 언동 또는 그 밖의 요구 등에 따르지 아니하였다는 이유로 고용에서 불이익을 주는 것을 말한다.

사진 설명 고갈이라는 스트레스는 자신의 직업에서 불만족, 환멸, 좌절, 피로, 권태를 경험할 때 발생한다.

고갈(burnout) 또는 소진이라는 특별한 스트레스는 신체적, 정신적 피로와 직업에서 더 이상 아무것도 성취할 수 없다는 느낌이 그 특징인데, 의료업, 교직, 사회복지 같은 봉사직에 종사하는 사람들 사이에서 많이 나타난다(Freudenberger & Richelson, 1980). 자신의 직업에 엄청난 노력을 기울이고 최선을 다했지만 이상적인 목표를 달성하지 못하고 아무 보상도 받지 못했다고 느낄 때 사람들은 분노와 적개심, 좌절을 경험한다. 고갈은 갑작스러운 위기와 관련된 스트레스보다는 장기간에 걸친 스트레스에 대한 반응이다. 피로, 불면증, 무력감, 부정적 자아개념, 두통, 만성감기, 위장장애, 음주나 약물 남용, 다른 사람과 원만하게 지내지 못하는 등의 증상을 나타내며 갑자기 직장을 그만두거나 가족과 친구를 멀리 하고 우울증에 걸리기도 한다(Maslach & Jackson, 1985).

스트레스로 인한 고갈은 직업을 바꾸거나 아니면 목표를 다시 설정하고 시간관리를 효율적으로 하며, 직업생활과 개인의 생활을 분리하는 것 등을 배움으로써 피할 수 있다.

성적인 언어나 행동의 유형

1. 육체적 행위
① 입맞춤이나 포옹, 뒤에서 껴안기 등의 신체 접촉
② 가슴, 엉덩이 등 특정 신체부위를 만지는 행위
③ 안마나 애무를 강요하는 행위 등

2. 언어적 행위
① 음란한 농담이나 음담패설
② 외모에 대한 성적인 비유나 평가
③ 성적 사실관계를 묻거나 성적인 내용의 정보를 의도적으로 유포하는 행위
④ 성적 관계를 강요하거나 회유하는 행위
⑤ 음란한 내용의 전화통화
⑥ 회식자리 등에서 무리하게 옆에 앉혀 술을 따르도록 강요하는 행위 등

3. 시각적 행위
① 특정한 신체부위를 음란한 눈빛으로 반복적으로 쳐다보는 행위
② 자신의 성기 등 특정 신체부위를 고의적으로 노출하거나 만지는 행위
③ 외설적인 사진, 그림, 낙서, 음란출판물 등을 게시하거나 보여주는 행위
④ 직접 또는 팩스나 컴퓨터 등을 통해 음란한 편지, 사진, 그림을 보내는 행위 등 기타 사회 통념상 성적 굴욕감을 유발하는 것으로 인정되는 언어나 행동

5. 직업과 개인적 성장

직업(일)이 성인의 개인적 성장과 심리적 적응에 미치는 영향은 어떠한가? 성인의 경우 직업은 자신의 정체감의 핵심 부분이 된다. 자신이 무엇이다(예를 들면, 의사, 교수, 엔지니어) 하는 것은 자아개념에 상당히 의미가 있다(Repetti & Cosmas, 1991). 한편, 해고당하거나 실직당하는 경험은 자아존중감, 정신건강, 가족관계를 크게 해친다(Price, 1992). 일을 함으로써 급여 외에도 직업으로 인한 지위획득, 여러 사람들을 사귈 수 있는 기회 등 여러 가지 개인적 보상이 따른다(Havighurst, 1982). 물론 일이 스트레스의 근원이 되어 가족생활에 영향을 미치고 심지어 어떤 경우에는 신체적, 정신적 장애를

초래하기도 한다(Crouter & McHale, 1993).

흥미로운 것은 어떤 종류의 놀이나 학습이 아동의 정신을 신장시키듯이 어떤 종류의 일은 성인의 능력을 신장시킨다는 점이다. 그렇다면 직업의 어떤 측면이 성인의 능력을 신장시키는가? 50가지의 직업경험 측면에 대한 한 연구(Kohn, 1980)에서 일의 속도에서부터 동료 및 상사와의 관계에 이르기까지 가장 큰 영향을 미치는 것으로 밝혀진 측면은 일 그 자체의 '실질적인 복잡성'으로 일이 실제적으로 사고와 자주적인 판단을 요구하는 정도이다. 예를 들면, 조각가의 일은 도랑 파는 일보다 더 복잡하고, 법률가의 일은 사무원의 일보다 더 복잡하며, 컴퓨터 프로그래머의 일은 자료처리원의 일보다 더 복잡하고, 과학자의 일은 약제사의 일보다 더 복잡하다. 이러한 '실질적인 복잡성'은 창의적 사고와 관계가 있는 것으로 보인다.

Kohn과 Schooler(1982)는 일의 실질적인 복잡성과 지적인 문제를 능숙하게 처리하고 힘든 상황에 대처하는 능력인 지적 유연성과는 연관이 있음을 발견하였다. 보다 복잡한 일을 하는 사람들은 일에서뿐만 아니라 자기 생활의 다른 측면에서도 보다 융통성 있게 사고하는 경향이 있다. 그들은 새로운 경험에 더 개방적이 되며, 자기지향에 보다 높은 가치를 둔다. 심지어 지적 능력이 요구되는 여가활동에 참여하게 된다. 결국 일에서의 교훈이 비직업적인 영역으로까지 직접 이어진다.

물론 지적으로 유능하고 자신감 있는 사람이 복잡한 직업을 택하는 경향이 있다. 그러나 Kohn과 그의 동료들은 직업의 질이 다시 개인의 삶의 질에 영향을 미친다고 주장한다(Clausen & Gilens, 1990). 이러한 순환관계는 문화적으로 양질의 환경에서 자라는 아동들은 지적 유연성이 발달하고, 그 결과 학교에서도 상대적으로 복잡하고 책임 있는 자리에 있게 되며, 이는 다시 지적 유연성을 더 발달시키는 데 기여하는 등 매우 이른 시기에 순환관계가 시작된다. 이러한 순환은 직업을 갖게 되는 성년기에도 계속되며 그 간격은 더 넓어진다. 좀더 유연한 사고를 하는 사람은 보다 복잡한 직업을 갖는 경향이 있고, 이는 다시 그로 하여금 유연성을 키울 수 있게 해 주며, 좀더 복잡한 일을 할 수 있게 해준다. 처음부터 지적 유연성이 떨어지고 덜 복잡한 직업을 가진 사람들은 성장이 보다 느리거나 아예 발달하지 못한다.

일의 복잡성과 지적 성장과의 관계는 어떻게 설명할 수 있을까? 한 가지 가능한 설명은 일이 개인의 생활에서 중심 역할을 하는 사회에서는 복잡한 일에 숙련되는 것이 개인의 자신감에 영향을 미친다는 것이다. 이는 사람들에게 자신감을 갖게 해주고, 세상에서 부딪치는 문제들은 다 처리할 수 있는 것이라는 것을 가르쳐준다(Papalia, Olds, &

Feldman, 1989). "직업이 성격을 만든다"라는 말은 그 안에 많은 진리가 숨어 있다.

6. 여성과 직업발달

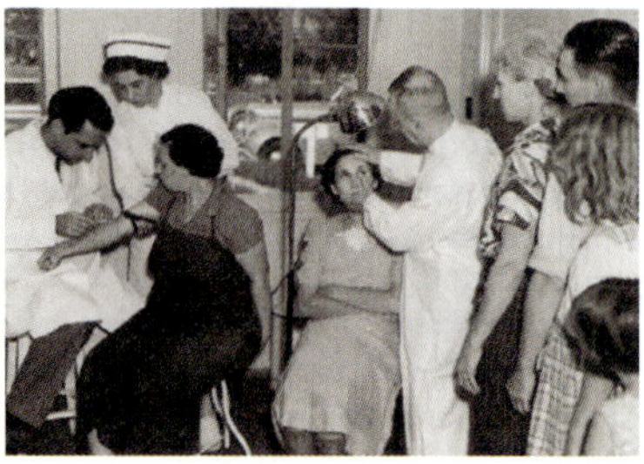

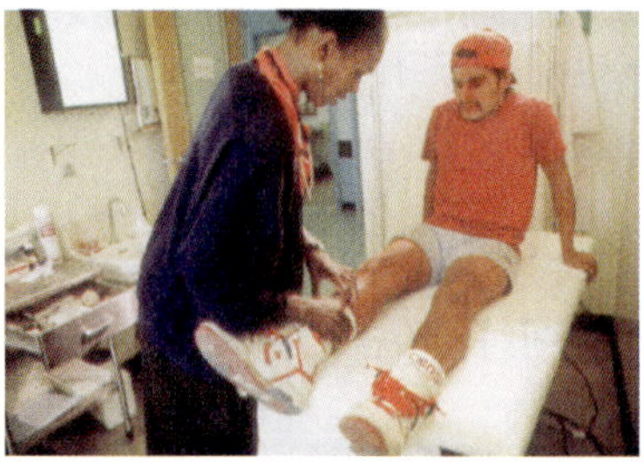

사진 설명 1930년대에는 여자 의사가 매우 드물었다. 그러나 오늘날에는 많은 여성들이 전문 직종에 종사하고 있다.

피임법의 개발로 인한 자녀 수의 감소, 현대의학의 진보로 인한 임신과 출산의 합병증 감소, 가정기기의 발달로 인한 가사량의 감소 등의 변화로 말미암아 오늘날 많은 여성들이 직업을 갖는다(Robbins, 1996). 여성들은 이제 경제적인 이유 때문에 결혼하지 않는다. 결혼은 이제 필수가 아니고 선택이라는 말들을 많이 한다.

직업시장에서 여성의 비율이 증가하고 있다(DeCorte, 1993). 1960년대에는 자녀가 있는 여성의 1/3만이 취업을 했으나 1988년에는 유아기 자녀가 있는 여성의 55%가 취업을 하고 있고, 유치원 자녀를 둔 여성의 61%가 취업을 했다. 늘어난 평균예상수명으로 인해 이제 여성들이 더 이상 자녀양육에 성인기의 대부분의 시간을 보내지 않는다(Eisenberg, 1995).

여성의 직업 또한 변하고 있다. 의사, 변호사, 엔지니어, 사업가 등 남성중심의 직업을 추구하는 여성들이 많아졌다(Astin, Korn, Sax, & Mahoney, 1994). 많은 여성들이 오늘날 보다 나은 직업(특히 경영과 전문직)을 갖게 되었지만 상당수의 여성들은 아직 전통적으로 여성에 의해 수행되던 유형의 저임금의 일을 하고 있다. 그리고 대체로 이러한 일들을 여성이 하기 때문에 여전히 저임금 수준에 머무는 경향이 있다. 전체 취업 여성의 절반 가까이가 점원, 판매원 및 그 비슷한 직종에 종사하고 매우 적은 수가 숙련직이나 건설직에 종사하고 있다.

Mary Ann Von Glinow

여성의 직업발달에 관한 특별한 관심은 관리직의 많은 여성들이 '유리천장(glass ceiling)'을 경험한다는 것이다. 유리천장이라는 개념은 속이 훤히 들여다보이기는 하지만 너무 두꺼워 여성들로 하여금 보다 높은 지위에 오르는 것을 방해하는 '미묘한' 장벽을 묘사하기 위해 1980년대에 유행한 개념이다(Morrison & Von Glinow, 1990).

고용관계에서 평등한 기회를 보장하는 법규로 인해 남녀모두 직업에서 동등하게 처우받을 권리, 동등한 급여를 받을 권리, 동등하게 승진할 권리가 있다. 그러나 현실은 여전히 동등과는 거리가 멀다. 남성과 여성의 임금격차는 그동안 상당히 좁혀졌지만 아직도 여성은 남성 임금 수준의 88.3% 정도에 지나지 않는다(OECD, 2020).

우리나라의 경우도 여성 취업인구가 증가하고, 취업을 희망하는 여성의 비율도 증가하고 있다. 그러나 여성에게는 그들의 희망을 충족시켜줄 수 있을 만큼 직업시장이 개방되어 있지 않다. 이러한 문제는 남녀 간의 심한 임금격차(2021년을 기준으로 여성임금은 남성 월평균 총액 임금의 64.6%라고 한다. 고용노동부, 고용형태별 근로실태조사 보고서), 직장에서의 남녀차별 문제와 더불어 하루 속히 시정되어야 할 문제이다.

1) 맞벌이 부부

직업을 갖는 여성의 수가 증가하면서 맞벌이 부부의 가정이 늘고 있다. 맞벌이 부부들은 일과 가정생활 양립이라는 특별한 도전에 직면한다(Allen, 2013; Richardson & Schaeffer, 2013; Shimazu et al., 2013). 남편과 아내가 모두 직업을 가진 결혼생활에는 장단점이 있다(Thompson & Walker, 1989).

맞벌이 부부의 주요 장점은 물론 경제적인 것이다. 처음 집을 사는 사람의 대부분은 맞벌이 부부이다. 유리한 점은 비단 경제적인 것만이 아니다. 남편과 아내가 보다 동등한 관계를 유지함으로써 여성의 자아존중감과 통합감이 증진된다. 아버지와 자녀 간에 보다 긴밀한 관계를 유지할 수 있으며, 남편과 아내가 일과 가족역할 모두에서 직분을 다하고 성숙해질 가능성이 높다.

맞벌이 부부의 단점은 시간과 에너지 부족, 일과 가족역할 간의 갈등, 자녀양육 문제, 부부사이에 있음직한 경쟁심 등이다. 남편과 아내 사이의 경쟁관계는 특히 남편의 수입이 아내의 수입보다 적을 때 많은 경우 남편들이 스트레스를 받고 우울증을 경험한다(Ulbrich, 1988). 자녀양육 문제는 부부가 모두 전문직인 경우에도 자녀를 돌보는 쪽은 아내이다. 특히 자녀가 취학 전일 경우 주된 양육자는 대개의 경우 어머니이다.

최근에 와서는 자녀양육 문제로 직장을 그만두는 여성은 거의 없다(Avioli & Kaplan, 1992; Rexroat, 1992). 그러나 많은 여성들이 전업제에서 시간제로 바꾸거나 시간적으로 조금 여유가 있는 직장으로 옮기기도 한다(Moen, 1992). 확실히 아이를 키우기 위해 시간제 일로 바꾸거나 직장을 잠시 쉬게 되면 승진이나 수입 면에서 손해를 보게 된다(Sorensen, 1991).

남성들의 경우 직업인으로서, 남편으로서, 아버지로서의 복합역할을 할 때 심리적으로 최상인 것으로 알려져 왔다(Baruch, Biener, & Barnett, 1987). 여성들의 경우는 어떠한가? 여성의 생활양식과 자아존중감, 행복감, 우울증과의 관계를 알아본 한 연구(Baruch & Barnett, 1986a)에서, 직업인, 배우자, 부모라는 세 가지 핵심역할을 하는 여성과 하지 않는 여성을 비교해 보았다. 이 역할 각각에 대한 긍정적인 측면과 부정적인 측면에 대하여 질문한 결과, 단순히 동시에 얼마나 많은 역할을 수행하는가는 여성의 복지에 아무런 영향을 미치지 못하였다. 직업을 갖는다는 것은 높은 자아존중감과 연관이 있었지만 아내, 어머니, 직업인의 역할을 동시에 수행하는 여성이 그렇지 않은 여성보다 심리적으로 더 나은 것도 못한 것도 없었다. 대신 직업과 가족역할에서의 개인적 경험의 질이 복지와 가장 큰 연관이 있었다. 어떤 역할이든 보상이 고통(hassle)보다 클 때 행복감과 자아존중감은 높아지고 우울증에도 걸리지 않는다. 직업인, 아내, 어머니 역할을 병행하는 것이 항상 힘든 것만은 아니고 때로는 혜택이기도 하다. 물론 어린 자녀와 비협조적인 남편을 둔 경우의 취업주부는 엄청난 스트레스를 경험한다(Moen, 1992). 그러나 많은 여성들이 복합역할을 함으로써 잃는 것보다는 얻는 것이 더 많다. 특히 그들 자신과 남편이 그들의 일에 대해 긍정적일 때 더욱 그러하다(Spitze, 1988; Vannoy & Philliber, 1992).

Phyllis Moen

그렇다면 자녀들의 경우는 어떠한가? 일반적으로 어머니의 취업이 아동발달에 부정적인 영향을 미친다는 증거는 없다(Hoffman, 1989; Moen, 1992). 사실 취업모의 자녀들은, 특히 딸의 경우, 어머니를 역할모델로 삼을 수 있고 더 독립적이며, 높은 교육적, 직업적 목표를 세우고, 남자와 여자의 역할에 대하여 고정관념을 적게 가진다(Hoffman, 1989).

다행히도 대부분의 맞벌이 부부들은 주말에 더 많은 시간을 자녀들과 함께함으로써 부모자녀 간의 상호작용을 보완할 수 있다(Nock & Kingston, 1988). 비록 바쁘고 스트레스를 받기는 하지만 자녀의 발달에 손상을 주지 않고 일하는 즐거움을 누릴 수 있다.

요컨대, 맞벌이 가정의 행복과 성공은 아내가 직업을 갖는 것에 대한 남편의 태도와 크게 관련이 있다. 아내의 직업을 인정하고, 가사일을 분담하며, 자녀양육에 도움이 되고, 정서적 지원을 해주면 맞벌이 가정의 많은 문제가 극복될 수 있을 것이다.

2) 역할갈등과 역할과부하

맞벌이 부부는 역할과부하와 역할갈등 문제를 해결해야 한다. 역할과부하는 특정 역할이 요구하는 책임이 그 역할을 하는 데 필요한 에너지와 시간을 능가할 때 발생한다. 역할갈등은 한 역할을 수행하기 위해 다른 역할을 할 수 없을 때 발생한다(Wolf, 1996). 예를 들면, 직장에서 중요한 프로젝트를 끝내기 위해 야근작업을 해야 되는 경우와 집에 가서 어린 자녀를 돌봐야 되는 경우에 역할갈등이 발생한다. 역할갈등은 특히 어린 자녀를 둔 경우 여러 가지 역할을 동시에 해야 하는 부부들에게서 나타나는 보편적인 현상이다(Hughes, Galinsky, & Morris, 1992). 높은 수준의 역할갈등과 역할과부하는 결혼생활에 집중하지 못하게 되어 부부 상호작용에 부정적인 영향을 미친다.

역할갈등과 역할과부하는 남편과 아내 모두가 경험하는 것이지만 우리 사회는 여전히 자녀양육과 가사를 여성의 일로 생각하기 때문에 아내 쪽이 훨씬 더 심각하다(Gutek, Searle, & Klepa, 1991; Sorensen, 1991). 그래서 많은 여성들이 '아내는 요술쟁이'가 되어야만 한다고 느낀다. 아침식사를 준비하고, 자녀를 학교에 보내고, 하루종일 직장에서 일을 한 다음 장을 보고, 저녁을 준비하고, 빨래하고 청소하고, 또한 남편과 의미 있는 대화를 나누는 시간도 가져야 한다. 이와 같이 아내들은 동시에 여러 가지 일을 하는 끊임없이 작동하는 기계로 보인다. 사회과학자들은 아내, 어머니, 가정주부,

Joseph H. Pleck

직업여성의 역할을 다 잘 하려고 시도하는 여성들을 묘사하기 위해 '슈퍼우먼 증후군'이라는 용어를 만들어내었다.

역할갈등과 역할과부하를 감소시키는 방법은 없을까? 역할수행에서 기준을 낮추는 것이 한 방법이다. 즉, 부모로서, 직업인으로서, 가정주부로서의 역할을 완벽하게 해야 한다는 '요술쟁이' '슈퍼우먼' 증후군에서 벗어나야 한다는 것이다. 다른 가족들이 가사를 거들어 줌으로써 일의 양을 줄이는 역할감소가 또 다른 방법이다.

여성이 직업에서 성공하는 데 장애가 되는 요인인 성차별, 역할갈등, 역할과부하는 여전히 존재하지만 예전보다는 남성과 여성의 삶이 많이 비슷해졌다(Shelton, 1992). 1960년대와 1970년대의 많은 여성들은 그녀들 자신뿐만 아니라 남편들도 여성이 전업제로 일을 하는 경우라도 전통적 가족의 책임을 다 해야 한다고 믿었기 때문에 역할갈등과 역할과부하를 더 많이 경험하였다(Pleck, 1985). 그러나 최근에 와서 여성의 역할갈등과 역할과부하는 감소하는 추세에 있다. 여성들은 점점 가사와 자녀양육에 시간을 덜 투자하는 반면, 남성들이 느리지만 이런 일들에 참여하는 정도가 꾸준히 높아지고 있다(Dancer & Gilbert, 1993; Moen, 1992). 남편들은 또한 아내도 자기 일을 가져야 한다는 생각을 훨씬 더 지지하는 경향을 보여주고 있다(Rexroat, 1992). 만약 이런 경향이 계속 된다면 남편과 아내가 직업인, 배우자, 부모로서의 중심역할을 나누어 갖고 균형을 잡는 그런 가족들을 많이 보게 될 것이며, 각자의 역할에 만족하기 때문에 생활만족도 및 결혼만족도도 훨씬 높아지게 될 것이다.

제 7 장

도덕성발달

인간의 본성에 관심을 가진 사람들에게 가장 오래된 연구 주제 중의 하나가 도덕성발달에 관한 것이다. 일찍부터 철학자와 신학자들은 인간의 본성에 관해 열띤 논쟁을 거듭해왔다. 어떤 이는 성선설을 주장하고, 어떤 이는 성악설을 주장하기도 하였다. 오늘을 살고 있는 사람들도 여전히 도덕성발달에 관심을 가지고 있는데, 어떤 행동이 바람직한 행동이고 윤리적인 행위인지, 어떻게 하면 우리 사회가 도덕적인 사회가 될 수 있는지에 관해 매우 고심하고 있는 실정이다.

도덕성이란 선악을 구별하고, 옳고 그름을 바르게 판단하며, 인간관계에서 지켜야 할 규범을 준수하는 능력을 말한다. 도덕성발달은 자신이 속한 사회의 문화적 규범에 따라 행동하도록 배우고 이를 자신의 것으로 받아들이는 과정을 통해 이루어진다.

Kohlberg에 의하면 개인에게 내면화된 문화적 규범의 가치체계가 도덕성인데, 그는 무엇이 문화적 규범에 합치하는가를 결정하는 도덕적 판단능력을 곧 도덕성이라 정의하였다. 도덕적 판단의 원리를 정의(justice)로 간주하고 있지만, 여기서 정의란 보편적인 가치와 원리로서 도덕적 관점을 구성해나가는 기준을 의미한다고 한다.

하지만 도덕성이란 본질적으로 인간관계 속에서 존재한다는 사실을 염두에 둘 때, Kohlberg의 정의지향적 도덕성발달이론은 타인에 대한 배려나 보살핌, 대인관계의 중요성을 과소평가한 면이 없지 않다. 이에 대하여 Gilligan은 인간은 다양한 사회적 관계 속에서 존재하기 때문에, 공정한 도덕적 관점을 가지기 위해서는 배려의 도덕성이 필요하다고 주장하였다. 그렇다면 정의의 관점뿐만 아니라 배려의 관점에서도 도덕성에 접근하는 것이 보다 타당하다고 볼 수 있다.

Kohlberg의 도덕성발달이론이 갖는 한계점인 문화적 편견을 극복하기 위해 대두된 이론이 Turiel의 영역구분이론이다. Turiel의 이론은 모든 문화권에서 볼 수 있는 보편적인 도덕적 영역과 각 문화권에 특수한 사회인습적 영역을 구분함으로써 문화적 편견을 극복할 수 있다고 한다.

이 장에서는 Kohlberg의 정의지향적 도덕성발달이론, Turiel의 영역구분이론 그리고 Gilligan의 배려지향적 도덕성발달이론에 대해 살펴본 다음 성인기의 도덕적 사고에 관해 살펴보기로 한다.

1. 콜버그의 정의지향적 도덕성이론

1) Kohlberg의 도덕성발달이론

Lawrence Kohlberg

Kohlberg는 1956년에 10세부터 16세 사이의 청소년 75명을 대상으로 하여 도덕성발달을 연구하기 시작하였는데 이 연구는 30년 이상 계속되었다. Kohlberg(1976)는 청년들에게 가상적인 도덕적 갈등상황을 제시하고서 그들이 어떤 반응을 나타내는가에 따라 여섯 단계로 도덕성발달수준을 구분하였다. 그는 이 갈등상황에 대한 청년의 응답 자체에 관심을 두지 아니하고 오히려 그 응답 뒤에 숨어 있는 논리에 관심을 두었다. 즉, 두 응답자의 대답이 서로 다르더라도 그 판단의 논리가 비슷한 경우에는 두 사람의 도덕성 판단수준을 같은 단계에 있는 것으로 보았다. '하인츠와 약사' 이야기는 Kohlberg의 도덕적 갈등상황에 관한 가장 유명한 예이다.

하인츠와 약사

유럽에서 한 부인이 암으로 죽어가고 있었다. 의사가 생각하기에 어쩌면 그 부인을 살릴 수 있을지도 모르는 한 가지 약이 있었는데, 그 약은 일종의 라튬으로서 같은 마을에 사는 약사가 개발한 것이었다. 그 약은 재료비도 비쌌지만 그 약사는 원가의 10배나 비싸게 그 약을 팔았는데, 아주 적은 양의 약을 2,000달러나 받았다. 그 부인의 남편인 하인츠는 그 약을 사려고 이 사람 저 사람에게서 돈을 꾸었지만, 약값의 절반인 1,000달러밖에 구하지 못했다. 그래서 하인츠는 약사에게 가서 자신의 아내가 죽어가고 있으니, 그 약을 조금 싸게 팔든지 아니면 모자라는 액수는 나중에 갚겠으니 편의를 보아달라고 부탁하였다. 그러나 약사는 그 약으로 돈을 벌 생각이라면서 끝내 하인츠의 부탁을 거절하였다. 하인츠는 절망한 나머지 그 약을 훔치기 위해 약방의 문을 부수고 들어갔다.

청년은 이 이야기를 다 읽고 나서 도덕적 갈등상황에 대한 몇 가지 질문을 받게 된다. 하인츠는 약을 훔쳐야만 했는가? 훔치는 것은 옳은 일인가, 나쁜 일인가? 왜 그런가? 만약 다른 방법이 전혀 없다면 아내를 위해 약을 훔치는 것이 남편의 의무인가? 좋은 남편이라면 이 경우 약을 훔쳐야 하는가? 약사는 가격 상한성이 없다고 해서 약값을 그렇게 많이 받을 권리가 있는가? 왜 그런가?

빅토르 위고의 유명한 소설 『레 미제라블』 또한 도덕적 갈등상황에 기초한 작품이다. 장발장은 굶주린 조카들을 위해 빵을 훔쳐야만 했는가? 우리는 왜 장발장이 빵을 훔치거나 또는 훔치지 말았어야 하는지에 대해 많은 이유를 생각할 수 있다.

Kohlberg는 이와 비슷한 도덕적 갈등상황을 몇 가지 더 제시하고 거기서 나온 반응을 분석하여 도덕성발달을 한 수준에 2단계로 나누어 모두 6단계로 구분하였다. 〈표 7-1〉은 Kohlberg의 도덕성 발달단계를 설명한 것이다.

사진 설명 신부님의 은촛대를 훔치는 장발장

표 7-1 Kohlberg의 도덕성 발달단계

수준	단계
전인습적 수준 (Preconventional Level) 인습적이란 말은 사회규범, 기대, 관습, 권위에 순응하는 것을 뜻하는데, 전인습적 수준에 있는 사람은 사회규범이나 기대를 잘 이해하지 못한다. 이 수준에 있는 아동은 매우 자기중심적이어서 다른 사람의 입장을 이해하지 못하고, 자신의 욕구충족에만 관심이 있다. 9세 이전의 아동이나 일부 청소년 그리고 성인 범죄자들이 이 수준에 있다.	**1단계: 처벌과 복종 지향의 도덕** 이 단계의 아동은 결과만 가지고 행동을 판단한다. 즉, 보상을 받는 행동은 좋은 것이고, 벌 받는 행동은 나쁜 것이다. 이 단계에서 아동은 벌을 피하기 위해 복종한다. 예를 들면, 훈이는 부모에게 야단 맞을까 봐 차가 달리는 거리에서 뛰어다니지 않는다.
	2단계: 목적과 상호교환 지향의 도덕 자신의 흥미와 욕구를 만족시키기 위해 규범을 준수한다. 이 단계에서 아동은 다른 사람의 입장을 고려하기 시작하지만, 대부분 자신이 원하는 것을 얻기 위해서이다. 예를 들면, 훈이는 어머니가 약속한 상 때문에 찻길에서 뛰어다니지 않는다.
인습적 수준 (Conventional Level) 이 수준에 있는 아동이나 청년은 다른 사람의 입장을 더 잘 이해하게 되고, 이제 도덕적 추론은 사회적 권위에 기초하며 보다 내면화된다. 그리고 사회관습에 걸맞은 행동을 도덕적 행동이라 간주한다. 대부분의 청년과 다수의 성인이 이 수준에 있다.	**3단계: 착한 아이 지향의 도덕** 다른 사람들의 기대 때문에 그리고 다른 사람으로부터 인정을 받기 위해 착한 아이로 행동한다. 이 단계에서는 동기나 의도가 중요하며, 신뢰, 충성, 존경, 감사의 의미가 중요하다. 예를 들면, 숙이는 동생 훈이가 자기를 믿기 때문에, 훈이가 담배 피우는 것을 부모님께 말씀드리지 않는다.
	4단계: 법과 질서 지향의 도덕 추상적 사고를 할 수 있는 능력으로 인해 청년은 이제 자신을 사회의 일원으로 생각하게 되고, 그래서 사회기준에 따라 행동을 평가하게 된다. 사회질서를 위해 법을 준수하는 행동이 도덕적 행동이라고 생각한다. 예를 들면, 훈이 아빠는 사회의 법과 질서를 준수하기 위해 보는 사람이 없더라도 '멈춤' 표지판 앞에서 차를 멈춘다.
후인습적 수준 (Postconventional Level) 후인습적 수준에 있는 사람은 사회규범을 이해하고 기본적으로는 그것을 인정하지만 법이나 관습보다는 개인의 가치기준을 우선시 한다. 일반적으로 20세 이상의 성인들 중 소수만이 이 수준에 도달한다.	**5단계: 사회계약 지향의 도덕** 법과 사회계약이 '최대 다수의 최대 행복'이라는 전제하에 만들어졌다는 것을 이해하고, 모든 사람의 복지와 권리를 보호하기 위해 법을 준수한다. 그러나 때로는 법적 견해와 도덕적 견해가 서로 모순됨을 깨닫고 갈등상황에 놓인다.
	6단계: 보편원리 지향의 도덕 법이나 사회계약은 일반적으로 보편적 윤리기준에 입각한 것이기 때문에 정당하다고 믿는다. 따라서 만일 이러한 원칙에 위배될 때에는 관습이나 법보다 보편원리에 따라 행동한다. 보편원리란 인간의 존엄성, 인간의 평등성, 정의 같은 것을 말한다.

Lawrence Walker

Kohlberg 이론의 핵심은 인지발달이다. 각기 상이한 도덕성 발달단계에서는 각기 다른 인지기술이 필요하다는 것이다. 전인습적 수준의 도덕적 판단은 자기중심적이다. 인습적 수준에 도달하고 도덕적 규범을 따르기 위해서는 다른 사람의 견해와 입장을 이해할 수 있어야 한다(Walker, 1980). 그리고 후인습적 수준의 도덕적 추론을 하기 위해서는 형식적·조작적 사고가 필요하다(Tomlinson-Keasey & Keasey, 1974; Walker, 1980). 따라서 구체적 조작기에 있는 사람이 후인습적 도덕 수준에 도달할 수는 없다.

Carol Tomlinson-Keasey

역할수용 능력이나 형식적·조작적 사고가 도덕적 성장에서 필요조건이지만 충분조건은 아니다. 다시 말해서 역할수용 능력이 있는 모든 사람이 다 인습적 수준의 도덕적 추론을 하는 것은 아니고, 형식적·조작적 사고를 하는 모든 사람이 다 후인습적 수준에 있는 것은 아니다(Stewart & Pascual-Leone, 1992).

Kohlberg(1976)는 또한 그의 도덕성 발달단계는 1단계부터 6단계까지 순서대로 진행된다고 주장한다. 그러나 모든 사람이 다 최고의 도덕수준까지 도달하는 것은 아니고 겨우 소수의 사람만이 6단계에 이를 수 있다고 한다. 청년 후기와 성년기에는 도덕적 판단수준이 안정화되는 경향이 있는데, 대부분의 성인들이 도달하는 도덕적 판단의 수준은 여성의 경우는 대개 3단계이고, 남성의 경우는 그보다 한 단계 높은 4단계라고 한다.

Steven Spielberg

Kohlberg가 제시한 발달단계는 한 단계에서 다음 단계로 진행하는 데에 상당한 시간을 요한다. 그러나 때로는 도덕적 동기에 급격한 변화가 일어날 때 극적인 진행이 이루어지기도 한다. 그러한 변화의 주목할 만한 예가 스티븐 스필버그 감독이 만든 영화 〈쉰들러 리스트〉이다.

쉰들러 리스트

Oskar Schindler

흔히 전쟁의 발발은 제조품의 수요가 급증함에 따라 약삭빠른 사업가들에게 좋은 기회를 제공해준다. 1939년에 발발한 제2차 세계대전도 예외가 아니었다. 오스카 쉰들러는 폴란드를 점령한 독일정부를 상대로 사업을 벌여 막대한 돈을 벌어들인 기업가였다. 그의 현란한 사업적 수단은 관할 지역의 독일 지휘관들로부터 호감을 샀다. 처음에는 자신의 이익을 위한 동기로 일말의 양심의 가책도 없이 유태인들을 노예같이 부리며 공장을 세웠다.

그의 사업은 번창하였다. 그러나 전쟁이 계속되면서 유태인들에 대한 독일정부의 방침이 유태인 박멸로 선회하였다. 폴란드와 다른 나라에 있던 유태인들은 체포되어 수용소로 보내지거나, 즉결처형을 당했다. 쉰들러는 이것 때문에 몹시 상심하였고 그래서 그의 태도가 변하기 시작했다. 공장을 계속 가동해야 한다는 필요성을 이유로 독일 정부에 자신의 유태인 노동자의 명단을 제시하였다. 이 명단은 유태인의 안전을 보장해주는 한편, 그들의 노동력으로 인해 돈도 많이 벌어들였다. 그러나 쉰들러의 동기는 점차로 변해갔다. 더 이상 자신의 사적인 이익을 위해서가 아니라, 위험을 무릅쓰고서라도 타인의 생명을 보존하는 데에 더 신경을 쓰게 되었다. 노동력이 필요하다는 자신의 주장을 뒷받침하기 위해 가공의 기사를 만들어 신문에 내기도 했으며, 실수로 보내졌던 유태인 노동자들을 구하기 위해 아우슈비츠 수용소를 방문하기도 하였다.

오스카 쉰들러의 명단은 많은 생명을 구했다. 돈도 벌었지만(이것은 자신의 주장을 뒷받침하는 데에 크게 도움이 되었다) 그는 가스실로부터 그들을 구할 목적으로 공장에 유태인들을 고용하였다. 쉰들러는 전쟁이 시작될 무렵에는 콜버그의 전인습적 수준-자신의 이익을 위해서 동기화됨—에서 시작해서 결국에는 후인습적 수준-생명을 구하고자 하는 높은 도덕원리에 의해 동기화됨—으로 발전해갔을 것이다. 그리고 이런 후인습적 수준은 그를 영웅으로 만들었다.

2) Kohlberg 이론에 대한 비판

Kohlberg의 도덕성발달이론은 인지적 성숙과 도덕적 성숙과의 관계를 제시하였으며 도덕성발달 연구에 많은 자극이 되었다. 그럼에도 불구하고 Kohlberg의 도덕성발달이론에 대해서는 몇 가지 문제점이 지적되고 있다.

첫째, Kohlberg의 이론은 도덕적 사고를 지나치게 강조하고 도덕적 행동이나 도덕적 감정은 무시했다는 비판을 받는다(Bandura, 2016; Colby & Damon, 1992; Kurtines & Gewirtz, 1991; Lapsley, 1993; Turiel, 1997; Walker, 2004).

Daniel K. Lapsley

예를 들면, Haan(1985)은 일상의 도덕적 갈등상황은 강력한 정서 반응을 불러일으킨다고 주장한다. 즉, 우리는 도덕적 쟁점에 대해서뿐만 아니라 우리의 의사결정에 따라 영향을 받는 사람들에 관해서도 신경을 쓴다. 따라서 우리는 어떻게 해야 할지 고민하고, 우리 자신이 도덕적 존재이기를 원하며, 만약 도덕적으로 행동하지 않으면 우리의 자아가 손상을 받게 된다. 이러한 정서는 우리가 도덕적 행동을 하는 데 있어서 핵심적인 역할을 한다. 그래서 도덕적 정서나 동기를 간과하는 어떤 이론도 완전하지 못한 것이다(Haidt, Koller, & Dias, 1993; Hart & Chmiel, 1992). 더욱이 도덕성 연구에서 우리의 궁극적인 관심은 실제로 어떻게 행동하는가 하는 것이다. 아무리 높은 수준의 도덕적 판단을 하더라도 도덕적으로 옳지 못한 행동을 하면 아무 소용이 없다. 우리는 무엇이 옳은 일인지 알면서도 그렇게 행동하지 않는 경우가 종종 있다.

둘째, Kohlberg의 도덕성발달이론은 문화적 편견을 보이기 때문에 그의 도덕성 발달단계는 모든 문화권에서 보편적인 현상이 아니라는 지적을 받는다(Gibbs, 2014; Miller & Bland, 2014). 저개발국가, 특히 민주주의를 채택하지 아니하는 사회에서는 높은 단계에 도달하는 사람이 거의 없다. 연구결과, 아동이나 청소년은 모든 문화권에서 3, 4단계까지는 순차적인 발달을 하는 것으로 보인다. 문제는 후인습적 사고가 단지 어떤 문화권에서는 존재하지 않는다는 것이다. Kohlberg의 후인습적 추론은 서구 사회의 이상인 정의를 반영하기 때문에 비서구 사회에 사는 사람이나 사회규범에 도전할 정도로 개인의 권리를 높이 평가하지 않는 사람들에게는 불리하다(Shweder, Mahapatra, & Miller, 1990). 사회적 조화를 강조하고 개인의 이익보다는 단체의 이익을 더 강조하는 사회에서는 정의에 대한 개념이 인습적 수준에 머무르게 된다(Snarey, 1985; Tietjen & Walker,

사진 설명 어떤 문화에서는 후인습적 사고가 존재하지 않는다.

1985). 대만의 성인을 대상으로 한 도덕적 추론 연구(Lei, 1994)에서 Kohlberg의 5단계와 6단계는 나타나지 않았으며, 우리나라 연구(강영숙, 1981)에서도 6단계로의 이행이 전혀 나타나지 않았다.

셋째, Kohlberg의 도덕성발달이론에 대한 또 다른 비판은 후인습적 수준으로 인정받기 위해서는 진보적 성향을 가져야 한다는 것이다. 사형제도를 예로 들어보면, 한 연구(de Vries & Walker, 1986)에서 후인습적 수준에 있는 대학생 100%가 사형폐지론을 주장한 반면, 2단계와 3단계에서는 $^{1}/_{3}$만이 사형제도에 반대하였다. de Vries와 Walker가 지적한 바와 같이 사형폐지론이 인간의 생명을 더 소중하게 여기므로 진보주의자들이 도덕적으로 더 성숙한 것으로 보인다. 그러나 법과 질서를 강조하는 보수주의자들에게는 Kohlberg의 이론이 편견으로 보일 뿐만 아니라 부당한 것으로 보인다(Lapsley, Harwell, Olson, Flannery, & Quintana, 1984).

넷째, Kohlberg의 이론은 또한 여성에 대한 편견을 나타내고 있다는 비판을 받는다. 그의 이론은 남성만을 대상으로 한 연구를 기초로 해서 도덕성발달수준을 6단계로 나누고, 대부분의 남성은 4단계 수준에 그리고 대부분의 여성은 3단계 수준에 머문다고 하였다. Gilligan(1977)은 Kohlberg의 도덕성발달이론은 추상적인 추론을 강조함으로써 남성의 성역할 가치가 크게 평가되고, 상대적으로 여성의 성역할 가치의 중요성은 과소평가되었다고 주장한다. 즉, Kohlberg는 여성의 도덕적 판단에서 나타나는 대인관계적 요소를 평가절하함으로써 도덕적 추론에서 여성들이 사용하는 '다른 목소리(different voice)'를 무시했다는 것이다.

Gilligan(1977, 1982, 1993, 1996)에 의하면 남아는 독립적이고, 단호하며, 성취지향적으로 사회화되므로 도덕적 갈등상황을 해결하는 데 있어서 다른 사람의 권리 및 법과 사회적 관습을 중시하게 된다. 이것은 Kohlberg의 도덕성발달 4단계에 반영되는 견해이다. 반면, 여아는 양육적이고, 동정적이며, 다른 사람의 욕구에 대한 관심을 강조하는 사회화로 인해 다른 사람과의 관계를 중시하는 도덕적 판단을 하게 되는데, 이것은 주로 Kohlberg의 도덕성발달 3단계에 반영되는 견해이다. 결과적으로 남성은 개인의 권리를 존중하는 법과 질서를 우선하는 정의의 도덕성(morality of justice)을 지향하게 되고, 여성은 다른 사람에 대한 책임과 복지가 핵심인 배려의 도덕성(morality of care)을 지향하게 된다고 한다.

한편, Gilligan의 이론에 대해서도 문제가 제기되고 있는데(Walker & Frimer, 2011), 여러 연구결과를 종합한 메타분석에서 도덕적 판단에서의 성차에 대한 Gilligan의 주장에 의문을 제기한다(Jaffee & Hyde, 2000). 일반적으로 여성은 추상적인 정의지향보다는 다른 사람과의 관계를 중시하는 배려지향의 경향이 있지만 필요에 따라서는 둘 다 모두를 지향하게 된다는 것이다(Blakemore, Berenbaum, & Liben, 2009).

2. 튜리엘의 영역구분이론

1) Turiel의 도덕성발달이론

Elliot Turiel

Max Weber

Kohlberg의 인지적 도덕성발달이론이 갖는 한계점, 즉 문화적 편견 및 도덕적 판단과 도덕적 행위의 불일치 등을 극복하기 위해 대두된 이론이 Turiel의 영역구분이론이다. Turiel은 영역구분이론의 정립을 위해 Max Weber의 이론을 기본 토대로 하였다. Weber(1922, 1947)는 사회적 행동을 풍습, 인습, 윤리 등 세 범주로 구분하였다. 풍습(custom)은 예로부터 사회에서 행해져온 생활에 관한 습관을 의미하는 말로서, 쉽게 변경할 수 있고 외적 제재를 받지 않는다고 한다. 인습(convention)은 사회조직의 법적 질서의 중요한 측면으로서 외적 제재를 받는다. 한편, 윤리(ethics)는 사람이 지켜야 할 도리, 즉 실제의 도덕규범이 되는 원리를 일컫는 말이다. Turiel(1983)은 Weber의 이론을 기초로 하여, 인간의 도덕성은 본질적으로 서로 다른 세 영역—도덕적 영역(moral domain), 사회인습적 영역(social-conventional domain), 개인적 영역(personal domain)—으로 구분된다는 영역구분모형(domain-distinction model)을 제시하였다.

Turiel의 이론은 모든 문화권에서 보편적인 도덕적 영역과 각 문화권에 특유한 사회인습적 영역을 구분함으로써 문화적 편견을 극복할 수 있다는 이론이다. 또한 동일한 사태를 개념적으로 어떻게 규정하느냐에 따라 행위를 정당화할 수도 있기 때문에, 도덕적 판단과 도덕적 행위 간의 불일치를 극복할 수 있다고 한다(김상윤, 1990).

사회인습적인 것은 주로 사회적 상황들에 의해 결정되는 상대적인 가치와 관습이지만, 도덕적인 것은 정의 및 가치와 관련된, 즉 시대와 상황을 초월하는 비교적 절대적인 것이다. 사회의 구성원들은 사회인습에 대해 서로 공통적인 인식을 지니고 있으며, 인습은 사회구성원들에게 행동지침에 관한 지식을 제공해준다. 호칭, 인사예절, 의복예절 등이 이와 같은 예에 속한다. 호칭문제를 예로 들면, 이것은 사회조직 내에서 개인의 상대적인 사회적 지위를 반영하는 것이다. 이에 반해 도덕성은 문화적 가치나 사회적으로 수용 가능한 행동들을 내면화하는 과정이다. 따라서 Turiel은 인습적인 것과 도덕적인 것들에 '영역(domain)'이라는 명칭을 붙임으로써, 사회인습적 영역을 도덕적 영역에서 분리시킨다.[1] 즉, 아동의 도덕성발달을 이해하기 위해서는 도덕적 영역뿐만 아니라 사회인습적 영역에서도 상이하게 나타나는 도덕성발달을 고려해야 한다는 것이다.

영역구분이론에서 도덕적 영역, 사회인습적 영역, 개인적 영역은 각기 상이한 내용으로 구성된다(송명자, 1992; Turiel, 1983, 2014). 도덕적 영역은 인간의 권리와 존엄성, 생명의 가치, 정의, 공정성 등과 같이 보다 근원적이고 본질적인 도덕적 인식과 판단 내용을 포함한다. 따라서 도덕적 영역은 모든 시대, 모든 문화권에서 동일하게 통용되는 문화적 보편성을 지닌다.

사진 설명 사회인습적 영역은 문화적 특수성을 지닌다. 인도의 이 소녀는 "아버지가 돌아가신 다음날 닭고기를 먹는 것은 부도덕한 행동이다"라고 말한다. 왜냐하면 인도사람들은 그렇게 함으로써 아버지의 영혼이 구제받지 못한다고 믿기 때문이다.

사회인습적 영역은 식사예절, 의복예절, 관혼상제의 예법, 성역할 등과 같이 특정의 문화권에서 그 구성원들의 합의에 의해 정립된 행동규범을 의미한다. 그러나 어떤 행동이 일단 인습적 규범으로 정립되면 그 성원들에게 강력한 제약을 가하게 되며 도덕적 성격을 띠게 된다. 사회인습적 영역은 시대, 사회, 문화 등 상황적 맥락에 따라 달라지는 문화적 특수성을 지닌다.

개인적 영역은 도덕적 권위나 인습적 규범의 영향을 받지 않는 개인의 건강, 안전, 취향 등의 사생활에 관련된 영역이다. 개인적 영역은 자아를 확립하고 자율성을 유지하기 위한 주요 수단이 되지만, 사회인습적 규범과 갈등을 일으킬 가능성이 있다.

1) Turiel은 나중에 도덕적 영역과 사회인습적 영역 외에 개인적 영역을 첨가하였다.

2) Turiel 이론에 대한 비판

도덕성발달을 도덕적 영역, 사회인습적 영역, 개인적 영역으로 구분한 Turiel의 영역구분이론은 Kohlberg의 이론이 지닌 문화적 편견이라는 한계점을 어느 정도 극복했다는 점에서 그 가치가 인정된다. 도덕적 영역은 모든 문화권에 보편적인 도덕적 원리에 대한 개념들을 포함하므로, 이 영역에서의 도덕성발달은 그 보편성으로 인해 문화권 간의 직접적인 비교가 가능하다. 반면에, 인습적 영역은 각 문화권이 지니는 특유의 가치와 규범들을 독자적인 도덕개념의 일부로 수용함으로써 불필요한 문화권 간의 비교를 배제하며 문화적 특수성을 인정할 수 있게 한다(송명자, 1992).

Judith Smetana

최근에 이 영역구분이론은 도덕적 규범을 둘러싸고 야기되는 세대 간 갈등의 원인을 설명해주는 근거로서 자주 연구의 대상이 되고 있다. 예를 들어, 사춘기 소녀가 밤에 귀가시간을 잘 지키는 것을 부모는 절대적인 도덕률로 생각하지만 자녀는 그것을 개인적 권리로 판단한다면, 이러한 영역구분의 차이가 세대 간에 도덕적 갈등의 원인이 될 수 있다. 실제로 영역판단의 차이가 미국 가정에서 청소년기 자녀와 부모 간에 야기되는 갈등의 원인이 되고 있음이 밝혀졌다(Smetana, 1988). 우리나라에서도 가정, 학교, 사회에서 도덕적 규범을 둘러싼 세대 간 갈등의 원인이 영역판단의 차이에 있다는 사실이 일련의 연구를 통해 확인된 바 있다(송명자, 1992, 1994; 송명자, 김상윤, 1987).

한편, Turiel의 영역구분이론이 갖고 있는 이론적 논리성과 경험적 근거에도 불구하고 이 이론에 대한 문제점이 제기되고 있는데 영역혼재 현상(domain mixture phenomenon)과 이차적 현상(secondary order phenomenon)이 그것이다.

동일한 사태가 여러 영역의 특성을 공유함으로써 영역구분을 어렵게 만드는 것이 영역혼재 현상이다. 낙태, 성역할, 혼전순결 등은 영역혼재 현상의 대표적인 예가 된다(Smetana, 1983, 1986, 2011, 2013). 낙태의 경우를 예로 들어보자. 인간의 생명은 수정되는 순간부터 시작되는 것이므로 그 생명을 제거하는 낙태는 도덕적 영역에 속한다. 그러나 낙태를 합법적으로 인정하는 사회도 있으므로 이 경우 낙태에 대한 도덕적 판단은 사회인습적 영역에 속하게 된다. 그리고 개인에 따라서는 낙태를 개인이 선택해야 할 문제로 인식하는 개인적 영역의 성격도 갖는다(송명자, 1992).

이차적 현상은 최초에는 인습적 성격을 띤 사태가 그 후 도덕적 결과를 낳게 되는 현

Larry Nucci

상을 말한다. 예를 들어, 줄서기, 식사예절, 의복예절 등은 사회질서를 유지하기 위한 인습적 문제이지만 이를 위반했을 경우 타인의 권리를 침해하거나 타인의 감정을 상하게 하므로 결국은 도덕적 문제를 야기하게 된다. 이러한 인습적 사태의 이차적 현상화는 인습에 대한 동조를 강조하는 교사나 부모, 그 외 다른 사회화 인자에 의해 강화되는 것으로 보인다(Nucci & Nucci, 1982; Nucci & Turiel, 1978).

만일 모든 도덕적 사태들이 여러 영역이 혼재되어 있는 다면적 사태로 인식된다면 영역구분이론은 그 설정근거를 잃게 된다. 특정 문화권에서 도덕적 영역으로 인식된 사태를 다른 문화권에서 사회인습적 영역으로 인식하거나, 반대로 사회인습적 영역을 도덕적 영역으로 인식하는 영역구분의 문화권 간 차이는 영역구분이론에서도 역시 문화적 보편성과 특수성의 문제를 해결하지 못했음을 반영하기 때문이다.

영역구분의 문화권 간 차이는 우리나라 아동을 대상으로 한 연구(Song, Smetana, & Kim, 1987)에서도 나타났다. 서구의 아동은 '인사를 하지 않는 것'을 사회인습적인 것으로 지각하는 데 반하여 우리나라의 아동은 도덕적인 것으로 지각하였다(사진 참조). 즉, 미국 아동들은 '인사'란 본질적으로 도덕적인 것은 아니며 단지 그러한 규범이 정해져 있으므로 따라야 하는 것으로 생각하지만 우리나라 아동들은 인사를 하지 않는 것은 사회적 관습이나 규칙에 의한 제재여부를 막론하고 본질적으로 나쁜 것으로 믿고 있었다. 특히 우리나라 아동의 예의에 대한 관심은 문화적 전통 및 민족적 자부심과 결합되어 우리나라 특유의 강한 도덕적 사고내용을 구성하는 특성임이 밝혀졌다(송명자, 1992).

우리나라 만 5세 유아의 도덕적 판단력, 도덕적 감정과 도덕적 행동과의 관계에 관한 연구(김진아, 엄정애, 2006)에서, 만 5세 유아들은 심각성, 규칙독립성, 보편성, 응분의 벌의 4가지 준거를 모두 사용하여 도덕적 규칙과 인습적 규칙을 구분하는 것으로 나타났다. 즉, 유아들은 인습규칙보다 도덕규칙을 위반하는 것이 더 나쁘고 엄한 벌을 받아야 하는 것으로 판단했고, 인습규칙보다 도덕규칙을 규칙이 없어도, 시대나 장소에 관계없이 지켜야 하는 것으로 판단했다.

이상 살펴본 바와 같이 영역혼재 현상과 이차적 현상은 영역구분 이론의 타당성을 크게 위협하는 것으로 보인다. 또한 영역구분 이론이 Kohlberg 이론에 비해 각 문화권의 도덕적 특수성을 반영하는 동시에 모든 문화권에 보편적으로 적용될 수 있다는 Turiel의 주장도 연구결과 크게 지지받지 못한 것으로 보인다(Nisan, 1987; Shweder, Mahapatra, & Miller, 1990).

Mordecai Nisan

3. 길리간의 배려지향적 도덕성이론

1) Gilligan의 도덕성발달이론

Carol Gilligan

Gilligan은 많은 도덕성발달이론에 내재하고 있는 남성편견을 수정하기 위해 새로운 도덕성발달이론을 발전시켰다. 이 이론에서 나타나는 여성의 도덕적 판단의 분명한 특징은 다른 사람들과의 관계에서 도덕문제를 판단하고 자신을 평가한다는 점이다. Gilligan(1990)은 그녀의 연구에 근거해서 남자와 여자의 경우 도덕적 명령이 추구하는 바가 다르다고 보았다. 즉, 여성에게 주어지는 도덕적 명령은 동정이나 보살핌 같은 것이고, 남성에게 주어지는 도덕적 명령은 정의와 같은 추상적 원칙과 다른 사람의 권리를 존중해주는 것 등이다.

Gilligan은 도덕성의 두 가지 대조적인 개념을 극적으로 설명하는데, 그 하나는 Kohlberg의 정의의 도덕성이고, 다른 하나는 Gilligan의 배려의 도덕성이다. Kohlberg의 6단계에서 제시된 관념적 도덕성은 성경에서 하느님이 믿음의 징표로 아들의 생명을 요구했을 때 아브라함이 기꺼이 아들의 목숨을 제물로 바치게 한 것에서 볼 수 있다(사진 참조).

사진 설명 아브라함이 아들 이삭을 제물로 바치려 하고 있다.

Gilligan의 인간중심적 도덕성 역시 성경에서 볼 수 있는데, 아기가 다치는 것을 보느니 차라리 가짜 어머니에게 아기를 양보함으로써 자기가 아기의 어머니라는 것을 솔로몬

사진 설명 솔로몬 왕이 아기의 진짜 어머니가 누구인지 가리고 있다.

왕에게 입증해 보인 여자의 이야기(사진 참조)에서 나타난다 (Papalia, Olds, & Feldman, 1989).

이렇게 상이한 도덕적 명령은 도덕적 문제를 다른 방향에서 보게 하지만, 결코 남성적 방향이 보다 우수하다는 것을 의미하지는 않는다. 오히려 보다 인간적인 도덕성발달의 개념을 발전시키기 위해서는 남성적 방향과 여성적 방향이 서로 보완적으로 통합될 필요가 있다고 Gilligan은 주장한다. 이러한 주장은 남성적 성역할과 여성적 성역할을 서로 보완·통합하는 양성적 성역할 개념과 매우 비슷하다.

Gilligan(1982)은 도덕성발달을 이해하는 데 있어 핵심적인 틀로서 인정되어 온 Kohlberg의 도덕성발달이론이 여성에게는 편파적인 것이라고 비판하였다. 즉, Kohlberg의 도덕성발달이론은 추상적인 추론을 강조함으로써 남성의 성역할 가치는 높이 평가하고, 상대적으로 여성의 성역할 가치의 중요성을 축소하였다는 것이다. 정의를 중시한 Kohlberg의 도덕성발달이론은 이성이나 평등, 존엄성, 자율성 등과 같이 남성적 특성을 강조했기 때문에 남성주의적인 것인 반면, 다른 사람들에 대한 배려나 보호, 보살핌 및 책임 등과 같이 여성의 도덕적 판단에서 나타나는 대인관계적 요소를 평가절하함으로써 도덕적 추론에서 여성들이 사용하는 '다른 목소리'는 제대로 반영하지 못하였다는 것이다. 이러한 남성중심적인 도덕성발달이론을 대신하여, Gilligan은 여성의 도덕성을 이해할 수 있는 새로운 기준으로 배려지향적 도덕성발달이론을 제시하였다.

Gilligan(1982)이 제시하는 배려지향적 도덕성발달 과정은 세 수준과 두 과도기로 구분되는 다섯 단계로 이루어진다. 여기에서 1.5 수준과 2.5 수준은 과도기 과정이다.

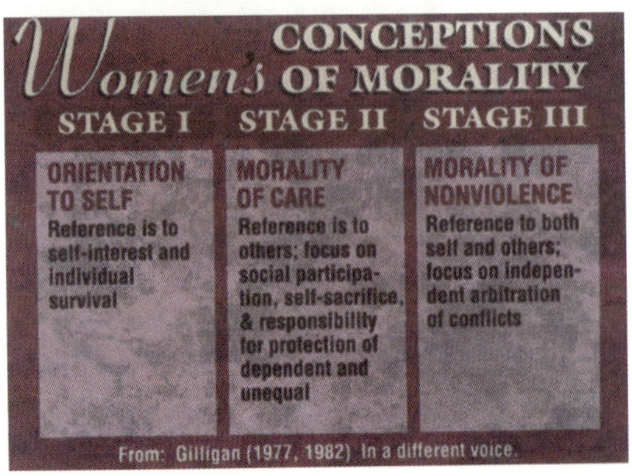

(1) 제1수준: 자기중심적 단계

도덕적 추론의 가장 초보적인 단계로서, 이 단계에서 여성은 스스로의 생존을 위해 지극히 자기중심적이다. 이 단계에서는 다른 사람에 대한 관심이나 배려가 결여되어 있으며, 자신에게 최상의 것이 무엇인가에 의해 최종 결정이 내려진다. 이 단계에서의 배려는 다른 사람을 위한 것이 아니라 오직 자기 자신을 위한 배려이다. 여성의 관심은 오직 자신의 욕구뿐이다.

(2) 제1.5수준: 이기심에서 책임감으로의 변화

이 단계에서 처음으로 이기심(자신이 원하는 것)과 책임감(자신이 해야만 하는 것)이라고 하는 대립되는 개념이 등장한다. 자신의 판단이나 행동을 이기적이라고 자책하기도 하는데, 이는 자아와 타인 사이의 연계성을 인식하기 시작했다는 사실을 보여준다. 이제는 이기심이 타인을 생각하는 책임감으로 서서히 변하기 시작한다. 그러나 다른 사람들에 대한 관심이 증가했다고 할지라도, 여전히 자신의 행복이 삶의 목적이다.

(3) 제2수준: 책임감과 자기 희생의 단계

이 단계에서 여성은 다른 사람들에 대한 책임을 강조하게 되며, 자기에게 의존하는 사람들이나 자기보다 열등한 사람들을 보살피고자 하는 모성애적 도덕률을 채택하게 된다. 다른 사람들을 기쁘게 해주려는 욕구, 심지어 자신의 욕구를 희생해서라도 다른 사람이 원하는 것을 해주려는 욕구가 전면에 등장하게 된다.

그러나 배려의 대상이 오직 다른 사람에게만 국한되며, 자기 자신은 배려의 대상에서 제외되기 때문에 인간관계의 평형상태가 파괴된다. 즉, 이 단계에서 여성은 자기 희생을 도덕적 이상으로 간주하지만, 이것은 자기 자신과 다른 사람들 간의 불평등으로 인하여 여성은 혼돈에 빠지게 된다.

(4) 제2.5수준: 선에 대한 관심에서 진실에 대한 관심으로의 변화

이 단계에서는 다른 사람의 욕구뿐만 아니라 자기 자신의 욕구도 고려한다. 다른 사람에 대한 책임을 짐으로써 '착하게' 되기를 원하지만, 자기 자신에게 책임을 짐으로써 '정직하게' 되고자 한다. 즉, 책임감의 개념이 자기 자신의 욕구와 이해관계를 포괄할 수 있도록 확대되는 것이다.

이 두 번째 과도기에서는 선에 대한 관심보다 진실에 대한 관심이 더 증가한다. 이러한 변화는 배려의 도덕성을 뒷받침한다고 생각했던 자기 희생의 논리를 면밀히 고찰하는 과정에서 자아와 타인 간의 관계를 재고하면서부터 시작된다.

(5) 제3수준: 자신과 타인에 대한 배려의 단계

이 단계에 도달하게 되면 여성은 인간관계가 상호적이라는 것을 인식하며, 자신과

사진 설명 Gilligan(가운데)이 면접대상 여성들과 함께

타인의 관계에 대한 새로운 이해를 통해서 이기심과 책임감 간의 대립을 해소한다. 예를 들면, 낙태에 관한 결정에 있어서 자기 자신의 권리를 주장하지만, 동시에 다른 사람들에 대한 책임감도 고려한다. 이 단계의 여성은 더 이상 자신을 무기력하거나 복종적인 존재로 여기지 않는다. 이제는 의사결정 과정에서 적극적이고 동등한 참여자가 되는 것이다. 이 단계에서는 자기 자신도 배려의 대상이 되어야 한다는 것을 깨닫게 되며, 자기 자신에 대하여 책임감을 느끼게 된다.

James Marcia

Marcia와 그의 동료들은 Gilligan의 이론에 기초한 배려지향적 도덕성과 자아정체감과의 관계를 연구한 바 있다(Marcia, 1993; Skoe & Marcia, 1991). '자신과 다른 사람을 돌봄'이라는 제3수준에서는 이기심과 책임감 간의 갈등을 해결할 수 있게 된다. 연구결과, 높은 수준의 배려지향적 도덕성과 높은 수준의 정체감과는 밀접한 관련이 있는 것으로 나타났다. Marcia(1993)는 정체감발달은 개인적인 발달뿐만 아니라 다른 사람과의 관계에서의 발달도 포함한다고 한다. 따라서 자아정체감과 배려지향적 도덕성과는 서로 관련이 있는 것으로 보인다.

2) Gilligan 이론에 대한 비판

Gilligan의 도덕성발달이론은 최근에 와서 많은 발달심리학자들의 관심의 대상이 되었을 뿐 아니라, 도덕성발달에 대한 시야를 넓히는 데 공헌한 것으로 평가되고 있다. Gilligan은 이전의 도덕성발달에 관한 연구들에 대해서 배려와 책임의 측면은 무시하거나 평가절하한 반면, 정의와 권리의 측면은 지나치게 강조했다고 비판함으로써 도덕성발달의 새로운 패러다임을 모색하였다. Gilligan은 우리가 수세기 동안 남성들의 목소리만 들어왔고 남성들의 경험이 말해주는 발달이론에 길들여져 있었다고 하면서, 이제는 남성들과는 다른 무언가를 말할지도 모르는 '여성의 목소리'에 주의를 기울여야 할 때가 되었다고 주장한다. 이러한 주장은 남성의 경험을 인류의 경험인 듯 받아들이는 종래의 관습적인 사고방식에 경종을 울린 것으로 보인다.

한편, Gilligan은 Kohlberg의 도덕성발달이론은 남성만을 대상으로 한 연구를 기초로 했기 때문에, 그의 이론을 여성에게 적용할 때의 문제점을 지적한 바 있다. 그러나 성인을 대상으로 한 연구에서 Kohlberg의 도덕적 추론 수준이 남성이 여성보다 더 높다는 결과도 있지만, 전생애에 걸친 대규모 연구결과를 보면 Kohlberg의 도덕적 갈등상황에 대한 반응에서 남녀 차이가 없는 것으로 보인다(Ford & Lowery, 1986; Walker, 1984). 남성이 여성보다 약간 더 높은 수준에 있는 경우도 남성의 교육수준과 직업수준이 여성보다 더 높았기 때문에, 이 결과를 성과 관련된 차이로 보기는 어렵다. 따라서 Gilligan이 주장한 바와 같이 Kohlberg의 이론이 여성에 대한 편견을 나타낸다고 볼 수는 없는 것 같다.

Eva E. Skoe

Gilligan은 또한 남성과 여성의 도덕적 명령이 추구하는 바가 다르기 때문에, 남성은 다른 사람의 권리를 존중하는 법과 질서를 우선하는 정의의 도덕성을 지향하게 되고, 여성은 다른 사람에 대한 책임과 복지가 핵심인 배려의 도덕성을 지향하게 된다고 주장하였다. 그러나 몇몇 연구(Berzins, Welling, & Wetter, 1978; Ford & Lowery, 1986; Söchting, Skoe, & Marcia, 1994)에서 배려지향적 도덕성이 남성과 여성이라는 성별보다는 오히려 남성성이나 여성성과 같은 성역할 정체감과 더 관련이 있는 것으로 나타났다. 즉, 여성이 남성보다 배려지향적 도덕성이 더 높은 것이 아니라, 여성이든 남성이든 배려지향적 도덕성은 성역할 지향이 여성성인 사람들에게서 더 높게 나타났다.

요약하면, Gilligan의 이론은 도덕성발달 연구에서 현실을 고려한 실제적인 문제를 제기했다는 점에서 인정받을 만하다. 그녀는 또한 다른 사람에 대한 책임감이나 보살핌의 차원을 도덕성발달에 포함시킴으로써 도덕성발달의 영역을 확장하였다. 따라서 도덕성발달에 대한 Gilligan의 기여는 도덕적 갈등상황에 대처하는 남녀의 차이를 제시한 데 있는 것이 아니라 도덕성발달의 개념과 영역을 확장했다는 데 있다(Brabeck, 1983).

콜버그의 7단계: 우주 지향의 도덕

James Fowler

한때 Kohlberg는 그의 도덕성 발달단계에서 6단계에 도달하는 사람이 매우 드물다는 사실에 주목하면서 6단계의 존재에 의문을 가진 적이 있다(Muuss, 1988). 그럼에도 불구하고, Kohlberg는 작고하기 얼마 전에 '정의'의 도덕성을 넘어서는 '제7단계'에 대해 심사숙고한 것 같다(Kohlberg, Levine, & Hewer, 1983). 자신의 죽음과 직면하게 되는 말년에 가서야 출현하는 것으로 보이는 제7단계는 동양의 '자아초월'의 개념과 유사한 것으로 보인다. 자신이 우주의 중심이라고 생각하던 인간이 이제 우주와 일체를 이루고 자신은 우주의 일부일 뿐이라고 생각하기 시작한다. 불경(佛經)에 '우주즉아(宇宙則我)'라는 말이 있다. 우주가 있다는 것을 깨닫는 내가 있어야 우주도 있으니 나 역시 우주와 같다는 뜻이다. 이 단계에서 성인들은 다음과 같은 질문을 하게 된다. "왜 사는가? 죽음에 어떻게 직면할 것인가?"(Kohlberg & Ryncarz, 1990, p. 192).

이 질문에 대한 대답으로 Kohlberg가 제시한 것은 '우주적 전망(cosmic perspective)'으로서 우주, 자연 또는 신과 일체감을 느끼는 것이라고 하였다. 이러한 견해는 반드시 종교적 신념을 수반하는 것은 아니지만, 신학자 Fowler(1981)의 신념발달이론에서 볼 수 있는 가장 성숙한 수준과 상당히 유사하다. Fowler의 신념발달은 모두 7단계로 이루어지는데, 가장 높은 단계가 '보편화된 신념(universalizing faith)'이다. Fowler에 의하면, 보편화된 신념단계에 도달하는 사람은 전체 인구 중 1% 미만으로 매우 드물다고 한다. 이 단계에 도달한 사람들은 "우주와 일체를 이루는" 경지를 경험한다(Fowler, 1983, p. 58). Fowler가 예로 든 보편화된 신념발달 단계에 도달한 사람으로는 마틴 루터, 마하트마 간디, 테레사 수녀 등이 있다.

우주와 일체를 이루는 경험을 하기 위해서는 모든 존재는 서로 연결되어 있다는 점을 인식해야 한다. 다시 말해서 한 개인의 행동은 모든 사람과 모든 사물에 영향을 미치고, 그 결과는 다시 행위자인 자신에게로 되돌아온다는 것이다.

19세기 중반에 미국 인디언 족장이었던 시애틀은 이와 유사한 견해를 피력한 바 있다. 미국 정부가 그들 원주민의 땅을 사들이려고 했을 때 그는 다음과 같이 말했다.

> 땅은 우리 민족에게 있어 거룩한 곳입니다. 아침 이슬에 반짝이는 솔잎 하나도, 해변의 모래톱도, 깊은 숲 속의 안개도, 노래하는 온갖 벌레들도 모두 신성합니다. 나무줄기를 흐르는 수액은 바로 우리의 정맥을 흐르는 피입니다. 우리는 땅의 일부이고 땅은 우리의 일부입니다. 거친 바위산

과 목장의 이슬, 향기로운 꽃들, 사슴과 말, 커다란 독수리는 모두 우리의 형제입니다. 인간은 이 거대한 생명 그물망의 한 가닥일 뿐입니다. 만일 사람들이 쏙독새의 아름다운 지저귐이나 밤의 연못가 개구리의 울음소리를 듣지 못한다면 인생에 남는 것이 무엇이 있겠습니까?

우리가 만약 당신들에게 땅을 판다면, 땅은 거룩하다는 것을 기억해주십시오. 이 땅을 목장의 꽃향기를 나르는 바람을 맛볼 수 있는 곳으로 지켜주십시오. 우리가 우리의 자손에게 가르친 것을 당신들도 당신들의 자손에게 가르쳐 주십시오. 땅은 우리 모두의 어머니라고. 모든 좋은 것은 땅으로부터 나오고, 이 땅의 운명이 곧 우리의 운명이라는 것을……(Campbell & Moyers, 1988, pp. 34–35).

Kohlberg와 Gilligan의 이론은 최근에 와서 상당한 합치점을 보이고 있다. Gilligan은 이제 남성과 여성의 '다른 목소리(different voice)'를 덜 강조하고, Kohlberg는 5단계에 '배려'의 측면을 포함시킴으로써, 그리고 새로이 '7단계'를 추가함으로써 우주만물에 대한 관심과 배려를 강조하고 있다(Papalia, Camp, & Feldman, 1996).

4. 정의지향적 도덕성과 배려지향적 도덕성에 관한 우리나라의 연구

우리나라의 청소년과 30대 성인 그리고 50대 성인 남녀 240명을 대상으로 하여 Kohlberg의 정의지향적 도덕성과 Gilligan의 배려지향적 도덕성에 관해 조사한 연구(정옥분, 곽경화, 2003)가 있다. 이 연구에서 연구자들은 청소년기, 성년기, 중년기의 정의지향적 도덕성과 배려지향적 도덕성이 연령에 따라 어떤 발달적 변화를 보이는지를 규명해보고자 하였다.[2] 그와 동시에 성과 성역할 정체감에 따라서 차이가 있는지도 살

2) 본 연구를 시작할 당시의 의도는 아동기부터 노년기까지의 전생애를 포함한 발달적 변화를 규명해보는 데 있었으나, 본 연구에서 사용된 측정도구들이 아동과 노인에게는 적합하지 않은 것으로 판명되어 아동기와 노년기는 제외되었다.

펴보고자 하였다.

연구결과, 정의지향적 도덕성은 30대 성인, 청소년, 50대 성인 순으로 높은 것으로 나타났으나, 배려지향적 도덕성은 30대 성인, 50대 성인, 청소년 순으로 나타났다. 좀 더 구체적으로 살펴보면, 청소년은 정의지향적 도덕성이든 배려지향적 도덕성이든 성과 성역할 정체감에 의한 차이가 없음이 드러났지만, 30대 성인은 정의지향적 도덕성과 배려지향적 도덕성에서 성별에 따른 차이를 보여주었다. 특히 여성이 남성보다 정의지향적 도덕성과 배려지향적 도덕성에서 모두 높은 것으로 나타났다. 그러나 50대 성인의 경우는 정의지향적 도덕성에서는 남성이 높게 나타났으나, 배려지향적 도덕성에서는 여성이 높은 것으로 나타났다. 성역할 정체감에 의한 차이는 50대 성인들에게서만 나타났다. 배려지향적 도덕성은 여성적 정체감 집단이 남성적 정체감 집단보다 더 높은 것으로 나타났으며, 정의지향적 도덕성은 남성적 정체감 집단이 다른 정체감 집단보다 더 높은 것으로 나타났다.

이러한 결과는 연령에 따른 도덕성의 발달적 변화를 뚜렷하게 보여주는 것이다. 구체적으로 살펴보면, 청소년이 도덕성에 있어 성차가 없는 것은 핵가족화되면서 자녀수가 급격히 감소함에 따라 자녀의 성에 따라 부모의 양육태도에 차이가 없어졌기 때문인 것으로 보인다. 청소년은 또한 서구적 가치관을 교육받은 세대이다. 즉, 평등한 가치관을 기반으로 개인의 능력과 성취에 따른 보편적 기준에 의한 공정한 기회를 누린 세대이고, 수평적 인간관계를 교육받아 남녀 구분이 가장 크게 감소한 세대이다.

한편, 30대 성인들의 경우에는 정의지향적 도덕성과 배려지향적 도덕성이 서로 상반되는 도덕성으로 간주되기보다는 상호보완적인 것으로 나타나고 있음을 알 수 있다. 특히 30대 여성은 정의지향적 도덕성과 배려지향적 도덕성이 모두 높은 것으로 나타났는데, 이는 386세대로 평가되는 독특한 특징 때문인 것으로 여겨진다. 이들은 전통적 가치관을 간직하고 있어서 배려지향적 도덕성이 높지만, 여성에 대한 교육기회가 증대되면서 자율성과 정의, 평등, 인간존중과 같은 서구의 가치관을 교육받은 세대이기도 하다.

한편, 50대 성인의 경우는 뚜렷한 성차를 보이고 있다. 정의지향적 도덕성은 남성이 여성보다 높은 반면, 배려지향적 도덕성은 여성이 남성보다 높게 나타났다. 이 같은 결과는 성역할 고정관념을 가지고 설명해볼 수 있는데, 오늘날의 50대는 성역할 규범이 보다 융통성 있는 시대에서 성장한 젊은 세대보다 성역할 지향이 보다 더 전통적인 것으로 보인다. 따라서 남성은 남성적 역할을, 여성은 여성적 역할을 강조하다보니 남성은 남성지향적이라고 할 수 있는 정의지향적 도덕성이 높고, 여성은 여성지향적이라고 할 수 있는 배려지향적 도덕성이 높게 나타난 것이 아닌가 생각된다. 그리고 성역할 정체감에 의한 차이 역시 성역할 고정관념으로 설명할 수 있다. 즉, 여성적 정체감 집단이 남성적 정체감 집단보다 성역할 개념이 여성지향적이라고 할 수 있는 배려지향적 도덕성이 더 높게 나타난 것으로 보이며, 남성적 정체감 집단은 남성지향적이라고 할 수 있는 정의지향적 도덕성이 더 높게 나타난 것으로 보인다.

이를 종합해보면, 급격한 사회 변화 속에서 세대 간에 뚜렷한 차이가 있음을 엿볼 수 있다. 정의지향적 도덕성은 낮고, 배려지향적 도덕성이 높은 50대 성인은 전통적 가치관에 의해 지배된다고 할 수 있다. 50대 성인은 개인의 이익을 추구하기보다는 공동체 의식을 우선시한다. 즉, 우리 사회의 중년세대들은 1940~1950년을 전후하여 출생한 세대로서, 외래문화에 크게 동화되지 않고, 전통적으로 우리 사회가 가지고 있는 가족주의적 가치의식을 지니고 있으며, 노부모의 봉양에 대한 책임의식도 강한 세대임을 알 수 있다(김명자, 1998).

한편, 정의지향적 도덕성과 배려지향적 도덕성이 모두 높은 30대 성인들은 서구적 가치관과 전통적 가치관을 공유하는 세대임을 알 수 있다. 이는 전통적인 가치관을 바탕으로 효의식을 어느 정도 수용하고 있으나, 급변하는 산업화와 도시화의 과정에서 현대적 교육을 받고, 서구적 가치관을 체득해온 세대이기 때문이다. 즉, 30대 성인은 전통적 가치관과 서구적 가치관이 교체되고 있는 과도기적 상황에서 개인주의를 보다 강조하는 청소년과 전통적 가치관을 보다 중시하는 50대 성인 사이에서 중간자적 위치에 있다.

반면, 정의지향적 도덕성은 비교적 높은 편이고, 배려지향적 도덕성은 비교적 낮은 편인 청소년은 서구적 가치관을 상당히 수용하고 있음을 보여주고 있다. 즉, 집단주의적 가치관은 점차 사라지고, 오히려 개인주의적 성향이 두드러지고 있는 청소년들의 가치관을 반영한다고 할 수 있다(설인자, 2000).

따라서 우리는 이러한 세대 차이를 어떻게 극복할 것인지에 관한 문제를 해결해야만 한다. 바꾸어 말하면, 전통적 가치관을 고수하며 10대 청소년 자녀를 둔 50대 성인들과, 상대적으로 서구적 가치관에 익숙하고, 50대 성인들을 부모로 둔 청소년 간의 단절과 괴리를 어떻게 메워 나갈 것인지를 진지하게 고려해야만 한다. 예를 들어, 50대 성인들은 효를 중시하며, 부모봉양에 최선을 다해 왔지만, 자녀로부터는 이와 같은 봉양을 받을 수 있을 것으로 기대할 수 없다. 반면, 청소년들은 학교에서는 인간의 존엄성과 정의구현, 자율과 독립심 등의 가치관을 교육받지만, 실제로는 현실과의 괴리를 경험할 수밖에 없다. 따라서 21세기를 대변할 새로운 가치관을 형성하기 위해서는 전통적 가치관과 서구적 가치관, 세대 간의 관계를 어떻게 조율할 것인지를 깊이 생각해보아야만 한다.

5. 성인기의 도덕적 사고

성인기에 도덕적 사고는 어떻게 변화하는가? 도덕적 판단은 청년기에 절정에 달하고 성년기에 퇴보한다는 주장도 있지만, 성년기 동안 더 윤리적이고 옳고 그름에 대한 자신의 판단과 더 일치하는 행동을 보인다는 연구결과도 있다. Kohlberg 또한 보다 높은 도덕원리를 인지적으로 깨닫는 것은 청년기에 발달하지만 대부분의 사람들이 성년기가 되어서야 이 원칙에 따라 행동하게 된다고 한다.

Kohlberg와 그의 동료들(Colby, Kohlberg, Gibbs, & Lieberman, 1980)은 1956년부터 20년간 도덕성발달에 관한 종단연구를 실시하였다. 〈그림 7-1〉은 청년 초기부터 성년기까지의 도덕적 판단의 발달과정을 보여준다. 그림에서 보듯이 연령과 도덕성 발달단계 간에는 분명한 관계가 있음을 알 수 있다. 20년 동안 1단계와 2단계는 감소하였으며 10세 때 전혀 보이지 않던 4단계가 36세에는 62%로 증가하였다. 5단계는 20~22세

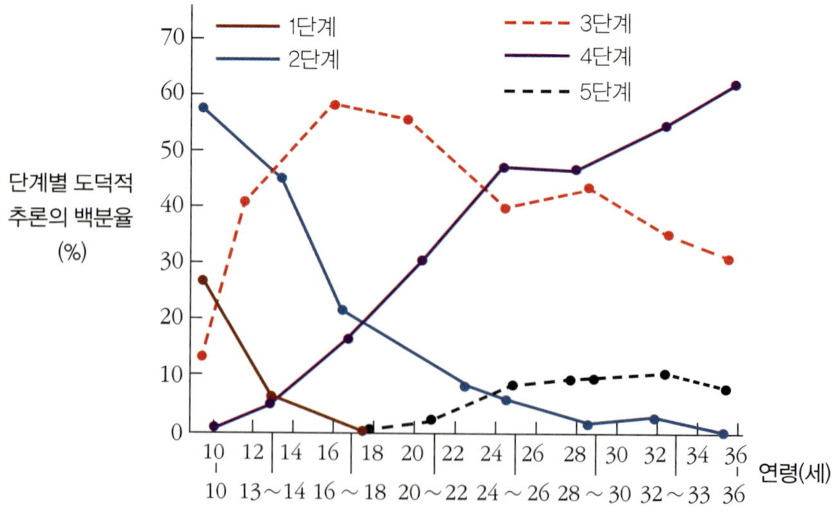

〈그림 7-1〉 연령과 도덕적 판단 수준

이후에야 나타났는데 그것도 10%를 넘지 않았다. 소수의 성인들만이 법과 사회관습에 깊은 이해를 보이고, 정당한 법과 그렇지 못한 법을 구분할 줄 아는 5단계의 후인습적 수준에 도달하는 것으로 보인다(Colby et al., 1980).

도덕적 판단은 청년기에 절정에 달하고 성년기에 퇴보한다는 주장도 있지만 성년기 동안 더 윤리적이고 옳고 그름에 대한 자신의 판단과 더 일치하는 행동을 보인다(Stevens-Long, 1990). 30대 성인의 대부분은 여전히 인습적 수준에 머물지만 3단계에서 4단계로 옮겨가는 경향이 엿보인다. 그리고 성년기에는 도덕적 사고가 성장하는 것이 확실하다(Walker, 1989). 이러한 경향은 노년기까지 계속되는가 아니면 노인들은 도덕적 추론이 더 낮은 수준으로 되돌아가는가?

많은 연구들(Chap, 1985/1986; Pratt, Golding, & Hunter, 1983; Pratt, Golding, & Kerig, 1987)에 의하면 적어도 비슷한 교육수준의 피험자들을 대상으로 했을 때 도덕적 추론 단계에서 연령에 따른 차이는 없는 것으로 보인다. Speicher(1994)에 의하면 도덕성 발달단계와 교육수준은 관련이 있다고 한다.

Kohlberg의 가설적 도덕적 갈등상황이 제시되든 아니면 "어떻게 하는 것이 옳은 일인지 확실치 않은" 실제 상황이 제시되든 간에 노인들은 젊은이들과 마찬가지로 도덕적 추론을 적절히 잘 하는 것으로 나타났다(Pratt et al., 1991). 장기종단 연구에 의한 자료는 없지만 적어도 횡단적 연구에서는 도덕적 사고가 노년기에도 저하되지 않는 것으로 보인다. 오히려 어떤 연구에서는 노인들의 경우가 도덕적으로 옳고 그름에 대한 판단이 더 확고한 것으로 나타났다(Chap, 1985/1986). 노인들은 도덕적 갈등상황이 제기하는 쟁점을 나름대로 재구성하고(Pratt, Golding, Hunter, & Norris, 1988), 도덕적 추론에서 더 일관성을 유지하는 것으로 보인다(Pratt, Golding, & Hunter, 1983).

요약하면, 대부분의 노인들은 성년기에 획득한 도덕적 추론을 그대로 유지하는 것으로 보인다. 심지어 어떤 경우에는 더 일관성 있는 도덕적 추론을 한다. Kohlberg(1973)도 도덕적 갈등상황에 직면한 경험과 일생에 걸쳐 자신의 의사결정에 대한 책임을 진 경험이 노인들로 하여금 더 일관성 있는 도덕적 추론을 하게 한다고 주장한 바 있다.

"살아 있는 한 배워라"라는 격언은 성인의 도덕성발달을 집약한 표현이다. 경험은 성인들로 하여금 옳고 그른 것에 대한 판단의 기준을 재평가하게 해준다. 그와 같은 변화를 촉진시키는 경험은 가설적이고 일반적인 논의로는 할 수 없는 방식으로 재사고하도록 촉진한다. 그러한 경험을 겪게 되면서 사람들은 사회적 · 도덕적 갈등에 관한 다른 사람들의 입장을 이해하게 된다. 하인츠의 갈등과 같은 Kohlberg의 도덕적 갈등에 대해 답을 하게 된 이유로 어떤 성인들은 자신의 개인적 경험을 자연스럽게 제시한다. 실제로 자신이 암에 걸린 경험이 있는 사람은 그렇지 않은 사람보다 아내를 위해 값비싼 약을 훔친 남편을 용서해주고, 자신의 경험을 예로 들면서 그 이유를 설명한다 (Bielby & Papalia, 1975).

Kohlberg(1973)는 보다 높은 도덕적 원리를 인지적으로 깨닫는 것은 청년기에 발달하지만 대부분의 사람들이 성년기가 되어서야 이 원칙에 따라 행동하게 되는데 이때에는 정체감의 위기가 도덕적 쟁점을 둘러싸고 다시 일어난다고 한다.

도덕성발달을 조장하는 두 가지 경험은 집을 떠나서 겪는 가치갈등(예를 들면, 대학이나 군대 또는 외국여행에서 겪는 경험)과 다른 사람의 복지에 대한 책임감을 갖게 되는 경험(예를 들면, 부모가 되는 경험)과 직면하는 것이다.

Nelson Mandela

도덕적 판단과 인지적 성숙이 관련은 있지만 전적으로 그런 것은 아니다. 사고가 아직 구체적 수준에 머물러 있는 사람이 후인습적 수준의 도덕적 판단을 할 수는 없다. 그러나 경험이 인지에 수반되지 않는 한 형식적 조작의 인지단계에 있는 사람도 최고 수준의 도덕적 사고에는 도달하지 못한다. 넬슨 만델라의 경우와 같이 경험이 그러한 전이를 가능하게 해주지 않는 한 논리적으로 추론할 수 있는 사람도 인습적 수준에서 벗어나지 못한다.

후인습적 도덕 수준은 제5장에서 논의한 후형식적 사고와 밀접한 관계가 있다. 이들의 양자관계가 왜 많은 사람들이 성인기 전에는 후인습적 수준에 도달하지 못하는가를 설명해 준다.

〈표 7-2〉는 인간생명의 가치에 대하여 아동기부터 성년기까지의 Kohlberg의 도덕적 추론 수준을 예시하고 있다.

표 7-2 Kohlberg의 도덕적 추론 단계

단계	피험자	질문	대답	해석
1단계	Tommy 10세 때	"중요한 한 사람의 생명을 구하는 것이 가치있는 일인가? 아니면 중요하지 않은 많은 사람의 생명을 구하는 것이 나은가?"	"중요하지 않은 많은 사람의 목숨을 구하는 것이 더 가치있다. 왜냐하면 한 사람은 단지 집 한 채와 약간의 가구를 가질 뿐이지만, 많은 사람들은 전체로 보면 어마어마한 수의 가구를 가지기 때문이다."	Tommy는 사람의 가치와 그들의 소유물의 가치를 혼동하고 있다.

2단계	Tommy 13세 때	"불치병이 있는 여자가 고통 때문에 죽기를 원한다면 의사는 그녀를 안락사시켜야 하는가?"	"그녀를 고통에서 벗어나게 해주는 것은 좋은 것 같다. 그러는 것이 그녀에게 좋다. 그러나 그 남편은 그것을 원하지 않을 것이다. 만약 애완동물이 죽는다면 그럭저럭 살아갈 것이다 – 꼭 필요한 것은 아니기 때문에. 그런데 새 아내를 얻을 수 있지만, 꼭 같지는 않다."	Tommy는 여성의 가치를 그녀가 남편에게 어떤 존재인가 하는 견지에서 고려한다.
3단계	Tommy 16세 때	"불치병이 있는 여자가 고통 때문에 죽기를 원한다면 의사는 그녀를 안락사시켜야 하는가?"	"그것이 그 여자에게는 가장 좋은 것 같으나 남편에게는 아니다. 인간의 생명은 동물과 같지 않다. 동물은 인간이 가족에 대해 갖는 관계와 똑같은 관계를 갖지 않는다."	Tommy는 남편의 인간적인 동정과 사랑을 동일시한다. 그러나 아직 그는 여성의 인생이 남편이 사랑하지 않더라도 또는 남편이 없더라도 가치를 지닌다는 것을 인식하지 못한다.
4단계	Richard 16세 때	"불치병이 있는 여자가 고통 때문에 죽기를 원한다면 의사는 그녀를 안락사시켜야 하는가?"	"모르겠다. 어떻게 보면 그것은 살인이다. 죽고 사는 것을 결정하는 것은 인간의 권리나 특권이 아니다. 하느님은 모든 이에게 생명을 주셨다. 안락사는 그 무엇을 그 사람으로부터 빼앗는 것이다. 그리고 대단히 신성한 그 무엇을 파괴하는 것이다. 그것은 하느님의 몫이다. 그리고 사람을 죽인다면 그것은 하느님의 일부를 죽이는 것이다."	Richard는 생명이란 하느님의 권능으로 창조된 것이므로 신성하다고 여긴다.
5단계	Richard 20세 때	"불치병이 있는 여자가 고통 때문에 죽기를 원한다면 의사는 그녀를 안락사시켜야 하는가?"	"사람이 죽어가고 있는 것을 보는 것은 개인이나 가족 모두에게 어려운 일이라고 생각하는 의학 전문인들이 많다. 인공폐나 인공신장으로 살아가는 것은 오히려 인간이라기보다는 식물과 같다. 만약 그것이 그 여자의 선택이라면 인간이 되고자 하는 권리와 특권이 있다고 생각한다."	Richard는 이제 인생의 가치를 그 인생의 질과 실제적 결과를 고려해서 상대적인 상황에서 평등하고 보편적인 인간의 권리로 규정한다.
6단계	Richard 24세 때	"불치병이 있는 여자가 고통 때문에 죽기를 원한다면 의사는 그녀를 안락사시켜야 하는가?"	"인간의 생명은 그가 누구이든 그 어떤 도덕적, 법적 가치보다 우선한다. 인간의 생명은 특정인에 의해 가치를 부여받든 아니든 고유한 가치를 지닌다."	Richard는 이제 인간 생명의 가치는 절대적인 것이며, 사회적 또는 신성한 권위로부터 부여받거나 그에 의존하는 것이 아니라고 본다. 그의 사고에는 보편성이 있으며, 그것은 문화적 한계를 뛰어넘는다.

출처: Kohlberg, L. (1968). The child as a moral philosopher. *Psychology Today, 2*(4), 25-30.

제 8 장

성역할발달

인간을 분류하는 가장 기본적인 범주는 성별에 따른 구분이다. 인간은 태어날 때부터 생리적 · 해부학적 차이에 의해 남자와 여자로 구분되고 어느 사회에서나 남녀에 따라 상이한 역할이 기대된다.

성역할이라는 개념은 한마디로 정의하기는 어려우나, 일반적으로 한 개인이 그가 속해 있는 사회에서 남자 또는 여자로 특징지어질 수 있는 여러 특성, 이를테면 행동양식, 태도, 가치관 및 인성특성을 의미한다.

지금까지 여러 사회에서는 전통적인 성역할을 이상적인 것으로 보고 성역할 고정관념을 고수해 왔다. 따라서 성역할에 관한 대부분의 연구가 이와 같은 전통적인 견해를 바탕으로 하여 이루어졌으며, 성역할의 개념은 남성성, 여성성을 단일차원으로 보고 남성성, 여성성이 각기 양극을 대표한다고 보는 양극개념으로 이해되었다.

그러나 최근에 와서 여성의 사회적 진출과 성의 해방, 여성해방운동 등의 영향으로 이제까지 엄격하게 지켜져 온 전통적인 성역할 개념이 약화되기에 이르러 성역할을 생리적, 해부학적 성과는 독립적인 것으로 보아야 한다는 의견이 대두되었다. 이와 같은 맥락에서 심리학자들은 현대사회에서 인간의 잠재력을 최대한으로 발휘하게 하고, 또 효과적인 기능을 수행토록 하기 위해서는 성역할의 재구조화가 불가피하다고 주장한다. 그러면서 성역할의 이상적인 모델로서 양성성의 개념을 제시하였다.

양성성이란 하나의 유기체 내에 남성적 특성과 여성적 특성이 공존하는 것을 의미한다. 이것은 한 개인이 남성성과 여성성을 동시에 가질 수 있기 때문에, 상황에 따라서는 남성적 역할과 여성적 역할을 융통성 있게 적절히 수행할 수 있다고 인식하는 보다 효율적인 성역할 개념이라 할 수 있다.

이 장에서는 심리적 성차의 실상, 성역할발달이론, 심리적 양성성, 성인기의 성역할 변화 등에 관해 살펴보고자 한다.

1. 심리적 성차의 실상

Eleanor Maccoby

남자와 여자는 생물학적인 면뿐만 아니라 심리적인 면에서도 차이가 있다. 일반적으로 남자는 여자보다 근육이 더 발달하고 신장과 체중 면에서 우세한 반면, 여자는 남자보다 오래 살고 많은 질병에 대해 남자보다 저항력이 강하다. 이와 같이 신체적 차이는 매우 뚜렷한 데 비해 심리적 측면에서의 성차는 명백하지가 않다.

심리적인 성차의 연구에서 널리 알려지고 자주 인용되는 연구자는 Maccoby와 Jacklin이다. 이들은 1966년부터 1973년까지 발표된 성차에 관한 2천여 편의 연구를 검토한 후 1974년에 『성차의 심리학(The Psychology of Sex Differences)』을 출간하였다. 이 저서에서 이들은 종전의 연구결과들을 다음의 세 가지로 구분하고 있다.

(1) 성차가 명확하게 드러난 특성으로 다음을 들 수 있다. 즉, 언어능력의 경우 여자가 남자보다 우세한 것으로 나타나는데, 여자가 언어기술을 일찍 습득하지만 청년기까지는 미미하다가 그 이후로 큰 차이를 보이게 된다. 반대로 시각 · 공간 능력과 수리력은 남자가 여자보다 우세하나 이것도 언어능력과 마찬가지로 청년기까지는 성차가 뚜렷하지 않다. 또한 신체적 · 언어적 공격에 있어서도 남자가 여자보다 우세하다. 다시 말하면, 남자가 여자보다 신체적으로나 언어적으로 보다 더 공격적이다.

(2) 성차가 있는 것으로 믿어 왔으나 사실이 아닌 것으로 밝혀진 특성으로는 다음을 들 수 있다. 즉, 여자가 남자보다 더 사회적이고, 피암시성이 높으며, 반대로 남자는 여

자보다 자아존중감이 높고, 보다 분석적이라고 생각해 왔으나 이는 근거가 없는 것이다. 또한 여자는 성취동기가 부족하고, 단순히 반복하는 과제에서 우세한 반면, 남자는 높은 수준의 인지과정을 요하는 과제에서 우세하다는 설도 근거가 없다고 한다.

(3) 연구결과가 애매하거나 증거가 불충분하여 분명한 결론을 내릴 수 없는 특성으로는 다음을 들 수 있다. 즉, 촉각의 감수성, 공포심, 불안감, 활동수준, 경쟁심, 지배성, 고분고분함, 모성적 행동 등에 대한 성차는 증거 불충분으로 아직 결론을 내릴 수 없다는 것이다.

이상과 같은 Maccoby와 Jacklin의 문헌적 연구에 관해서는 몇 가지 문제점이 지적되고 있다. 기존의 연구들을 방법론적으로 우수한 것과 그렇지 못한 것을 구별하지 않고 모두 포함시켰으며, 때로는 청년기 이후에야 비로소 나타나는 성차들에 대해 어린 아동을 대상으로 한 연구들을 근거로 결론을 내렸다는 점이다.

그리고 『성차의 심리학』이 출간된 이후 Maccoby와 Jacklin이 주장한 것보다 더 많은 특성에서 성차가 있다는 지적이 있는데 그 특성들은 다음과 같다. (1) 유아기부터 시작해서 남아가 여아보다 활동수준이 높다(Eaton & Enns, 1986; Eaton & Yu, 1989). (2) 남아가 여아보다 스트레스나 질병에 더 취약하고, 난독증, 언어장애, 정서장애, 정신지체 등의 장애에 더 약하다(Henker & Whalen, 1989; Jacklin, 1989). (3) 여아가 남아보다 부모나 교사와 같은 어른들에게 더 순종적이다. (4) 여아가 남아보다 더 행동적이고 다른 사람을 더 잘 설득한다(Cowan & Avants, 1988; Maccoby, 1990). (5) 여아가 남아보다 스스로가 감정이입을 더 잘한다고 생각한다(Fabes, Eisenberg, & Miller, 1990).

Richard Fabes

Maccoby와 Jacklin의 문헌연구에 대한 몇 가지 문제점에도 불구하고 이들 연구가 성역할에 대한 중요한 정보를 제공했다는 공헌은 인정해야 할 것이다.

이상에서 살펴본 바와 같이 일반적으로 두 성 간의 심리적 차이는 많은 사람들이 생각하고 있는 것만큼 그다지 크지 않다. 차이가 있는 경우에도 그것은 집단차, 평균차를 의미할 뿐이므로, 이것이 곧 모든 남성들이 모든 여성들과 다르다는 것을 의미하는 것은 아니다.

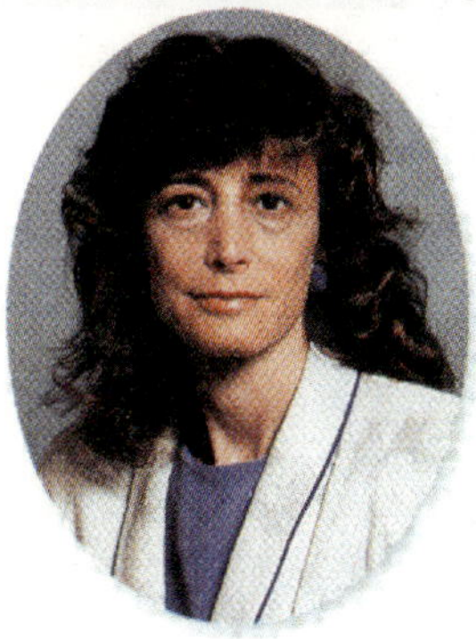
Nancy Eisenberg

2. 성역할발달의 이론

한 개인이 그가 속해 있는 사회가 규정하는 성에 적합한 행동, 태도 및 가치관을 습득하는 과정을 성역할 사회화라 하며, 이 성역할 사회화 과정을 통해 남성성 또는 여성성이 발달한다. 남성성과 여성성의 발달은 인간발달의 매우 중요한 측면으로 정신건강의 한 척도가 되어 왔다. 즉, 여자는 여성적인 것이, 남자는 남성적인 것이 정신적으로 건강하다는 것이다.

이와 같은 성에 적합한 사회적 역할을 학습하는 과정은 그 기초가 가정에서 이루어지며, 동성의 부모와 동일시하려는 심리적 과정에서 진행된다. Freud의 정신분석이론, Mischel의 사회학습이론, Kohlberg의 인지발달이론, Bem의 성도식이론 그리고 Hefner 등의 성역할 초월이론 등이 성역할 동일시의 발달과정을 설명하고 있다.

1) 정신분석이론

Sigmund Freud

Freud(1933)에 의하면, 남자와 여자의 근원적인 차이는 심리성적 발달의 5단계 중에서 제3단계인 남근기에서의 서로 다른 경험에 기인한다고 한다. 이 단계에서 남아는 오이디푸스 콤플렉스를, 여아는 엘렉트라 콤플렉스를 각각 경험하게 되는데, 이러한 콤플렉스를 해결하기 위한 수단으로 성역할 동일시가 이루어진다고 한다. 즉, 이성 부모에 대한 근친상간적 성적 욕망을 현실적으로 실천할 수 없음을 깨닫게 되고, 동성의 부모의 보복을 두려워하게 된다. 이때 남아는 거세불안(castration anxiety)을 감소시키기 위해 방어적으로 아버지와 동일시하게 된다. 그러나 여아의 경우는 거세불안을 느낄 필요가 없으므로, 엘렉트라 콤플렉스를 해결하고자 하는 동기에 대한 Freud의 설명은 불충분하다. 아마도 어머니의 애정을 잃을까 봐 두려워서 근친상간적 욕망을 억압하고, 어머니를 동일시하여 여성성을 강화시키는 것이 아닌가 생각된다. 하지만 거세불안이 없는 만큼 동일시하고자 하는 동기가 남아보다 약하다고 한다.

2) 사회학습이론

Walter Mischel

Mischel(1970)은 성역할은 아동이 속한 사회적 환경 내에서 경험하는 다양한 학습의 결과로서, 성역할과 성역할 행동은 다른 모든 행동과 마찬가지로 강화와 모방을 통해서 발달된다고 설명한다. 부모, 교사 또는 친구가 아동의 성에 적합한 행동은 강화하고 성에 적합하지 않은 행동은 벌함으로써 직접학습이 이루어진다. 그리고 이 직접학습에 의해서 남아는 단호하고, 경쟁적이며, 자동차나 총과 같은 장난감을 가지고 놀도록 장려되는 반면, 여아는 얌전하고, 협동적이며, 인형이나 소꿉놀이 장난감을 가지고 놀도록 장려된다. 아동은 또한 관찰을 통해 많은 성역할 행동을 학습한다(사진 참조). 즉, 아동은 부모, 형제, 교사, 친구 또는 다양한 형태의 대중매체를 통해서 자기 성에 적합한 행동을 학습하고, 이러한 행동유형은 강화를 통해서 내면화된다고 한다.

사회학습이론의 중요한 원리는 강화, 벌, 모델링 그리고 동일시이며 이들에 의한 직접적인 훈련이다. 아동이 어떤 행동을 자신의 성에 적합한지 적합하지 않은지 분류하는 하나의 방법은 관찰학습이다. 남성과 여성을 관찰함으로써 아동은 남성에 적합한 행동과 여성에 적합한 행동을 기억하며(Perry & Bussey, 1979), 아동은 같은 성에 적합한 것으로 기억한 행동을 모방하게 된다. 또한 성역할발달을 돕는 중요한 요인으로 강화

사진 설명 아동은 관찰을 통해 성역할 행동을 학습한다.

를 들고 있는데, 아동이 단순히 모델의 행동을 관찰함으로써 새로운 행동을 학습할 수도 있지만 그 행동을 실제 수행할 가능성은 후에 그 모델이 행한 행동에 대해 어떤 강화를 받는가에 달려 있다.

3) 인지발달이론

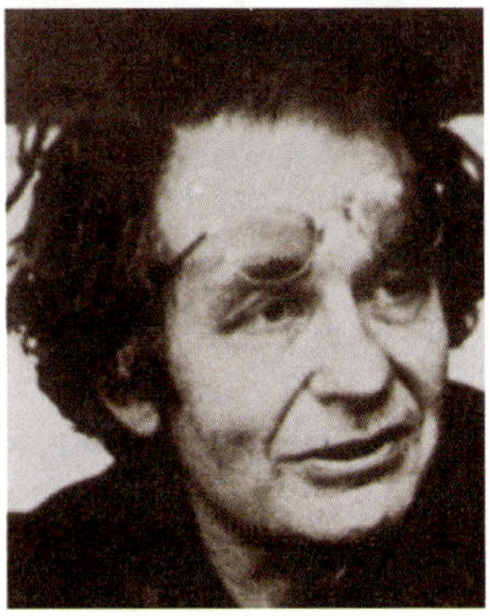
Lawrence Kohlberg

Kohlberg(1966, 1969)의 인지발달이론에 의하면 아동의 성역할 행동은 여러 발달단계를 거치는 동안 그가 가지고 있는 이 세상에 대한 인지적 조직화를 통해 발달한다고 한다. 즉, 아동이 구체적 조작기에 달하면 자신이 속한 세계는 성인과 아동, 남자와 여자 등 여러 가지 범주로 나누어진다는 것을 알게 되는데 바로 이런 범주화에 의해 아동은 성에 적합한 행동을 하게 된다는 것이다.

Kohlberg(1966)는 성역할 동일시의 가장 중요한 요인은 아동 자신이 남자다 또는 여자다라는 성별 자아개념을 인식하는 것으로, 이것이 동일시에 선행한다고 주장한다. 즉, "나는 남자다"라는 인식이 먼저이고, 그다음이 "그러므로 남자에게 적합한 행동을 한다"라는 동일시가 나중에 이루어진다는 것이다.

정신분석이론이나 사회학습이론은 모두 같은 성의 부모와 동일시하는 것이 자기 성에 적합한 행동 및 태도를 습득하는 선행조건이라고 보는 반면, 인지발달이론은 같은 성의 부모와의 동일시가 성유형화(性類型化)의 결과라고 본다(〈그림 8-1〉 참조).

특히 Mischel과 Kohlberg는 성역할 동일시에 관해 정반대의 입장을 취한다. Mischel(1970)은 아동의 행동과 가치는 성역할에 의해서 결정되는 것이 아니고 사회학습의 경험에 의해서 결정된다고 한다. 더구나 견해, 신념, 가치에 대한 인지변화가 행동의 변화를 초래한다는 증거는 거의 찾아볼 수 없고, 반대로 인지와 가치변화는 특별한 행동을 수행한 결과로서 일어난다는 증거는 상당수 있다고 한다.

Kohlberg(1966)는 한 인간을 자기 성에 적합한 역할을 하도록 양육하는 것은 자녀의 성별에 따라 부모가 다르게 대하고, 아동이 자기 자신의 성을 인식하는 데에 있으며, 이러한 성에 대한 아동의 인지를 사회적 강화가 바꾸어 놓지는 못한다고 한다. 즉, 이러한 성에 대한 동일시 내지 자각이 결정적인 시기에 인지적으로 확립되면 사회적 강화에 의해서 이것을 변화시키기는 극도로 어렵다는 것이다.

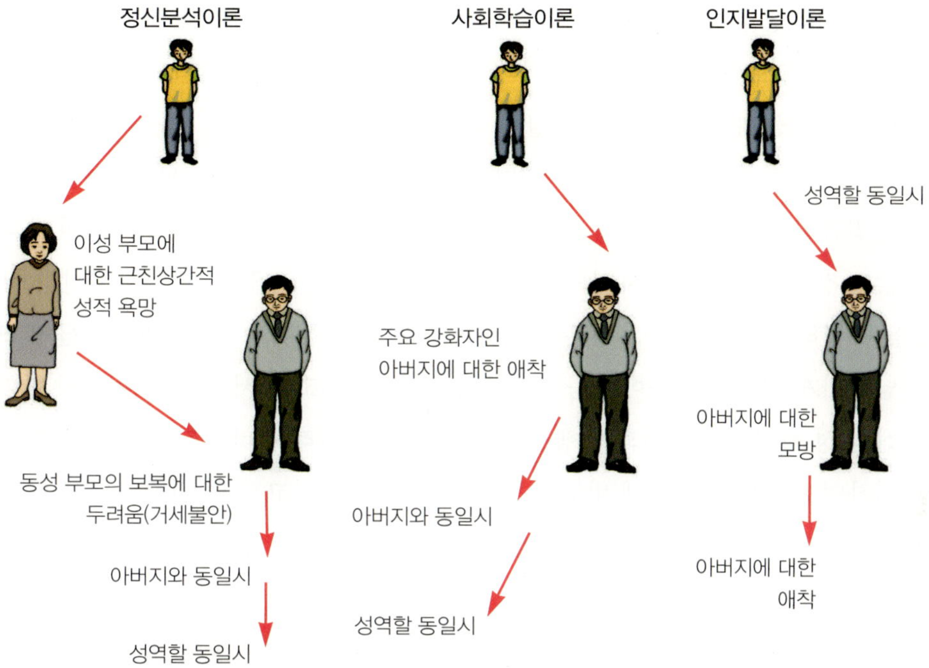

〈그림 8-1〉 Kohlberg가 해석한 심리성적 동일시이론

Maccoby와 Jacklin(1974)은 위의 이론을 모두 검토한 후 성역할을 습득함에 있어 강화와 모방이 중요한 역할을 하는 것은 사실이지만 성역할 동일시에 일어나는 발달의 변화를 설명하기에는 불충분하다고 지적한다. 따라서 Kohlberg가 주장한 심리적 과정도 고려되어야 한다고 주장한다.

4) 성도식이론

Bem(1981, 1985)의 성도식(gender-schema)이론은 사회학습이론과 인지발달이론의 요소를 결합한 것이다. 즉, 성도식이론은 성역할 개념의 습득과정을 설명하는 정보처리이론으로서, 성유형화가 아동의 인지발달 수준이나 사회문화적 요인의 영향을 받지만 동시에 성도식화(gender schematization)과정을 통해 형성된다고 한다. 성도식화란 성도식에 근거해서 자신에 관한 정보를 포함한 모든 정보를 부호화하고 조직화하는 전반적인 성향이다. 여기서 성도식이란 성에 따라 조직되는 행동양식으로서 사람들로 하여금 일상생활에서 남성적 특성

Sandra Bem

또는 여성적 특성을 구분하게 해준다. 이러한 도식은 사회가 사람과 행동을 어떻게 분류하는지를 봄으로써 아동기에 형성된다.

아동은 어떤 물체나 행동 또는 역할이 남성에게 적합한 것인지 또는 여성에게 적합한 것인지(예를 들면, 여아는 울어도 되지만 남아는 울어서는 안 된다 등)를 분류해주는 내집단/외집단이라는 단순한 도식을 습득한다. 그리고 자신의 성에 적합한 역할에 대한 좀더 많은 정보를 추구하여 자신의 성도식(own-sex schema)을 구성한다. 자신의 성 정체감을 이해하는 여아는 바느질은 여아에게 적합한 활동이고, 모형 비행기를 만드는 것은 남아에게 적합한 활동이라는 것을 학습한다. 그리고 나서 자신은 여아이기 때문에 자신의 성 정체감과 일치되게 행동하기를 원한다. 따라서 바느질에 관한 많은 정보를 수집하여 자신의 성도식에 바느질을 포함시킨다. 그리고 모형 비행기를 만드는 것은 남아에게 적합한 활동이라는 것 이상의 정보는 전부 다 무시해버린다(〈그림 8-2〉 참조).

이상의 예를 통해 설명한 바와 같이 주어진 정보가 자신의 태도와 일치하고 그에 대한 지식이 많을수록 그것을 보다 잘 기억하고 선호하게 되며, 반대의 경우에는 기억되지 않을 뿐만 아니라 회피하게 된다. 즉, 자신이 가지고 있는 성도식에 근거한 이러한

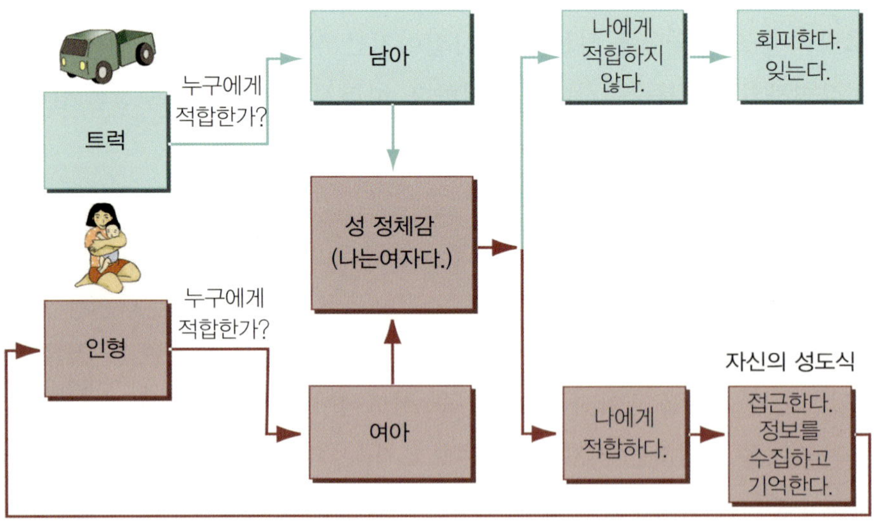

여아는 내집단/외집단 도식에 따라 새로운 정보가 '여아에게 적합한 것'인지 '남아에게 적합한 것'인지 분류한다. 남아의 장난감이나 활동에 관한 정보는 무시하고, 여아의 장난감이나 활동에 관한 정보는 '자신의 성도식'에 첨가한다.

〈그림 8-2〉 아동의 성도식 구성방식

출처: Martin, C. L., & Halverson, C. F. Jr. (1987). The roles of cognition in sex-roles and sex-typing. In D. B. Carter (Ed.), *Conceptions of sex-roles and sex-typing: Theory and research*. New York: Praeger.

〈그림 8-3〉 성역할 고정관념의 예

선택적인 기억과 선호과정을 통해 성역할발달이 이루어진다.

일단 성도식이 발달하면 아동은 자신의 성도식에 맞지 않는 새로운 정보를 왜곡하는 경향이 있다(Liben & Signorella, 1993; Martin & Halverson, 1983). 예를 들어, 여성은 의사가 될 수 없다고 믿는 아동이 여의사로부터 진찰을 받고 나서 자신을 진찰한 사람은 여의사가 아니고 간호사라고 기억하며, 여전히 여성은 의사가 될 수 없다고 생각하는 것이다. 〈그림 8-3〉은 유아가 가지고 있는 성역할 고정관념의 예이다. 물론 학습된 성도식은 수정될 수 있다. 그러나 이러한 수정은 문화적으로 깊이 스며든 태도를 바꾸는 것을 의미하며, 이러한 변화는 상당한 저항을 받게 된다.

우리나라 3~7세 유아 89명을 대상으로 한 연구(김은정, 1996)에서, 취학 전 유아기에는 남아의 성도식이 여아의 성도식보다 더 발달되어 있는 것으로 나타났다. 또한 유아는 연령이 높을수록 자신의 성별과 일치하는 놀이친구를 더 선호하는 것으로 나타났다. 그리고 5~9세 아동 181명을 대상으로 한 연구(정순화, 정옥분, 1994)에서는 연령이 증가함에 따라 아동의 성역할 지식은 증가하고 성역할 태도에서도 융통성을 보였다. 또한 아동의 성과 등장인물의 성이 일치하는 과제에 대한 기억점수가 불일치하는 과제에 비해, 등장인물의 성과 활동이 일치하는 과제에 대한 기억점수가 불일치하는 과제에 비해 높게 나타났다.

5) 성역할 초월이론

Hefner, Rebecca, Oleshansky(1975)는 성역할 사회화에 대한 전통적인 견해는 인간

Meda Rebecca

의 잠재력을 위축시키고, 성별의 양극 개념과 여성의 열등성을 조장하는 것이라고 주장하면서, 성역할발달에 관한 3단계의 새로운 모델을 제시하였다. 그들의 주요 목적은 인간의 역할을 재정의 하고 그렇게 함으로써 성차별의 근원을 제거하려는 것이었다. 그들이 분류한 성역할발달의 3단계는 성역할의 미분화 단계, 성역할의 양극화 단계, 성역할의 초월 단계인데, 마지막 제3단계가 성역할 고정관념을 뛰어넘어 인간의 잠재력을 충분히 발휘하게 되는 단계라고 한다.

제1단계인 성역할의 미분화 단계에서 아동의 사고는 총체성으로 특징지어진다. 즉, 아동은 성역할이나 성유형화 행동에 대해 분화된 개념을 가지고 있지 못하다. 또한 생물학적인 성에 따라 문화가 제한하는 행동이 있다는 것도 깨닫지 못한다.

제2단계는 성역할의 양극화 단계로서 이 단계에 있는 사람들은 자신의 행동을 고정관념의 틀 속에 맞추는 것을 필연적인 것으로 생각한다. 성역할의 양극개념을 강조하는 사회에서는 전생애를 통해 남자는 남성적인 역할을, 여자는 여성적인 역할을 엄격히 고수할 것을 요구한다. 이와 같이 남성적 또는 여성적이라는 양극에 대한 엄격한 고수는 부적응적인 것이고, 역기능적인 것일 뿐만 아니라 오늘날 우리 사회에서 많은 성차별을 낳게 하는 원인이 되고 있다.

제3단계인 성역할의 초월 단계에 있는 사람들은 성역할의 고정관념에서 벗어나 상황에 따라 적절하고 적응력 있게 행동할 수 있고, 행동적 표현이나 감정적 표현이 성역할 규범에 얽매이지 않는다. 이것이 바로 성역할에 관한 고정관념을 초월하게 하는 것이다. 이러한 성역할 초월성은 융통성, 다원성 그리고 개인적 선택 및 개인이나 사회가 현재의 억압자-피억압자의 성역할에서 벗어나는 새로운 가능성을 의미한다.

3. 새로운 성역할 개념

1) 심리적 양성성

한국 사회를 비롯한 많은 사회에서 전통적으로 남자는 남성적인 것이, 여자는 여성적인 것이 심리적으로 건강하다고 생각해왔다. 그러나 최근에 와서 이러한 전통적인 성역할 구분은 현대 사회에 더 이상 적합하지 않을 뿐만 아니라, 인간의 잠재력을 충분히 발휘하는 데에 장애요인이 된다고 주장하는 학자들이 많다.

남성성과 여성성에 대한 전통적인 개념에 대한 대안으로서 Bem(1975)은 양성성으로의 사회화가 전통적인 성역할보다 훨씬 더 기능적이라고 주장한다. 양성성이란 그리스어로 남성을 일컫는 'andro'와 여성을 일컫는 'gyn'으로 구성된 용어이며, 하나의 유기체 내에 여성적 특성과 남성적 특성이 공존하는 것을 의미한다. 심리적 양성성의 개념은 한 사람이 남성성과 여성성을 동시에 가질 수 있기 때문에, 상황에 따라서 도구적 역할과 표현적 역할을 수행할 수 있다는 보다 효율적인 성역할 개념을 의미한다.

사진 설명 Androgyny. 완전한 인간이 되고자 하는 인간의 욕구와 갈망을 표현하는 그림으로 떨어져서는 완전하지 못하므로 붙어 있다.

한 개인이 동시에 남성적일 수도 있고 여성적일 수도 있다는 가능성은 Bem이 최초로 시도한 개념은 아니고 훨씬 그 이전으로 거슬러 올라갈 수 있는데 일찍이 1945년에 Jung은 성역할의 이원적 개념을 주장하면서 남자든 여자든 모든 인간에게는 남성성과 여성성의 두 가지 특성이 어느 정도 공존한다고 하였다. Jung은 분석이론에서 인간의 무의식 속에 존재하는 남성의 여성적인 측면이 아니마(anima)이고, 여성의 남성적인 측면이 아니무스(animus)인데, 이 둘은 모두 정신의 중요한 측면이라고 강조하였다. Bakan(1966) 역시 모든 인간에게는 기능성과 친화성이 어느 정도 공존한다고 하면서 개인이나 사회가 생존하기 위해서는 이 두 가지 특성이 균형을 이루어야 한다고 주장한다. 그러나 남자는 기능성의 경향이 있고 여자는 친화성의 경향이 있으므로 남자와 여자의 발달과업은 다르다고 한다.

2) 성역할 측정도구

Constantinople(1973)의 전통적인 남성성-여성성 척도에 대한 평가는 성역할 분야에 있어서 개념적, 방법론적 변화를 가능하게 하였다. 이것이야말로 성역할에 관한 현대적 견해나 태도를 지닌 최초의 시도 중의 하나였다. 그녀의 평가에 의하면 종래의 남성성 · 여성성 척도들은 남성성과 여성성을 단일 차원으로 보고 남성성과 여성성이 각기 양극을 대표한다고 본다는 것이다. 따라서 남성성(또는 여성성)이 높은 사람은 자동적으로 여성성(또는 남성성)이 낮은 것으로 나타나고, 이러한 단일 차원선상에서 중간쯤에

Sandra Bem

Janet Spence

위치하는 사람은 불행히도 성역할 정체감이 불분명한 것으로 판정을 받아 왔다.

이러한 Constantinople의 견해를 많은 사람들이 지지했는데, 그중 Bem과 Spence 등도 성역할이 양극개념으로 이해되어서는 안 된다는 신념하에 양성성을 측정할 수 있는 새로운 성역할 측정도구를 개발하였다. Bem(1974)은 Bem Sex Role Inventory(BSRI)를 그리고 Spence, Helmreich, Stapp(1974)은 Personal Attributes Questionnaire(PAQ)를 각기 제작하였다. 이들 두 척도는 종래의 남성성 · 여성성 척도의 문제점을 해결한 것으로서, 남성성과 여성성을 각기 독립된 변수로 보고 남성성과 여성성을 따로 측정할 수 있도록 남성성 척도와 여성성 척도 두 가지를 포함하고 있다. 이 측정도구에 의하면 남성적인 사람이 동시에 여성적인 사람일 수도 있는데, 이것이 바로 양성성이다.

〈그림 8-4〉에서 보는 바와 같이 남성성 척도와 여성성 척도의 중앙치 점수를 계산하여, 남성성과 여성성 점수가 모두 중앙치 이상이면 양성성으로 분류된다. 그리고 남성성 점수는 중앙치 이상인 데 반해, 여성성 점수가 중앙치 이하이면 남성성으로, 이와는 반대로 여성성 점수가 중앙치 이상이고, 남성성 점수가 중앙치 이하이면 여성성으로 분류된다. 마지막으로 남성성과 여성성 점수가 모두 중앙치 이하이면 미분화로 분류된다.

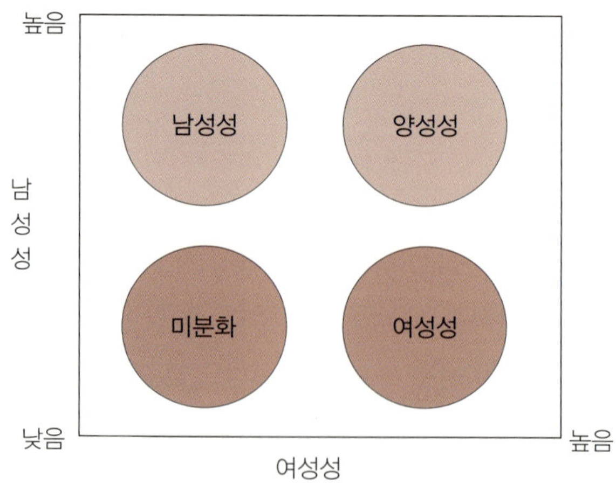

〈그림 8-4〉 독립차원으로서의 남성성과 여성성
(양성성, 남성성, 여성성, 미분화 집단)

표 8-1 한국 성역할 검사의 남성성 척도와 여성성 척도의 문항

남성성 문항		여성성 문항	
믿음직스럽다	근엄하다	섬세하다	다정다감하다
과묵하다	의욕적이다	어질다	차분하다
남성적이다	의지력이 강하다	친절하다	알뜰하다
강하다	대범하다	온화하다	유순하다
자신감이 있다	집념이 강하다	부드럽다	민감하다
털털하다	의리가 있다	상냥하다	순종적이다
박력이 있다	지도력이 있다	감정이 풍부하다	꼼꼼하다
독립적이다	결단력이 있다	깔끔하다	얌전하다
씩씩하다	모험적이다	따뜻하다	여성적이다
야심적이다	자신의 신념을 주장한다	인정이 많다	싹싹하다

Bem과 Spence 등이 성역할 측정도구를 개발한 이래 우리나라에서도 우리 문화에 적합한 성역할 정체감을 측정하기 위한 도구들이 개발되어 왔다(김영희, 1988; 장하경, 서병숙, 1991; 정진경, 1990). 〈표 8-1〉은 정진경이 개발한 한국 성역할 검사의 남성성 척도와 여성성 척도의 문항들이다.

3) 심리적 양성성과 관련연구

양성성 개념이 소개된 이후 이 분야의 연구가 활발하게 이루어졌다. 많은 연구결과에 의하면 양성적인 사람이 성유형화된 사람보다 자아존중감, 자아실현, 성취동기, 결혼만족도가 높고, 도덕성발달과 자아발달도 보다 높은 수준에 있으며, 정신적으로도 더 건강한 것으로 나타났다(Bem, 1974; Bem & Lenney, 1976; Bem, Martyna, & Watson, 1976; Block, 1973; Cristall & Dean, 1976; Schiff & Koopman, 1978; Spence, Helmreich, & Stapp, 1975; Williams, 1979).

위 연구들의 내용을 요약하면 양성적인 사람은 다차원적인 행동을 할 수 있고, 상황에 따라 남성적인 특성과 여성적인 특성의 역할을 적절하게 수행하기 때문에 적응력이 높다는 것이다.

그러나 Jones, Chernovetz 그리고 Hansson(1978)은 일련의 연구를 통하여, 개인의 적응력에 결정적인 역할을 하는 것은 양성성이 아니라 남성성이라고 밝히면서, Bem 등이 주장한 "양성성이 곧 적응성(androgyny equals adaptability)"이라는 가설을 부정하

Warren H. Jones

Geoffrey G. Yager

Susan Baker

였다. Yager와 Baker(1979)도 여성성과 관계없이 남성성의 존재만이 개인의 적응력에 영향을 미친다고 하면서 "남성성 우월효과(masculinity supremacy effect)"라는 용어를 소개하였다. 그들은 이러한 효과의 배경은 남성적 특성이 미국사회에서 높이 평가되는 데 있다고 설명하면서, 이 남성적 특성을 가진 사람은 성에 구별 없이 일상생활의 적응면에서 유리한 입장에 있다고 하였다.

국내의 연구결과도 양성성 집단이 다른 세 집단보다 자아존중감이 높다는 연구(정옥분, 1986)가 있는 반면, 남성성 집단이 창의성이 가장 높다는 연구(구순주, 1984)도 있다. 또한 양성성과 남성성 집단이 자아존중감, 자아실현, 자아정체감에 차이가 없다는 연구(장재정, 1988; 전귀연, 1984)와 성별에 따라서 다른 양상이 나타난 연구(김희강, 1980)가 있어 연구결과에 일관성이 없다.

성역할에 관한 많은 연구들이 양성성이 가장 융통성 있는 성역할 유형이라고 보고한 반면, 남성성이 보다 효율적인 성역할 유형이라고 하는 연구 또한 상당수 있어 현재로서는 단정적인 결론을 내리기가 어렵다. 따라서 이 분야에 관해 앞으로 더 많은 연구가 이루어져야 할 것으로 보인다.

4. 성인기의 성역할 변화

성인기에 새로운 사회적 상황을 맞이하게 되면 성인의 성역할에 변화가 일어나고, 남자로서 또한 여자로서의 자신에 대한 개념에 변화가 온다. 남성과 여성의 역할의 구체적인 내용은 일생 동안 변한다. 남아는 트럭을 가지고 놀거나 남자친구와 씨름을 하는 것 등에서 남성적인 역할이 나타나는가 하면, 성인 남자의 경우 직업세계에서 남성적 역할을 하게 된다. 남성과 여성의 역할에서 그 차이의 정도 또한 변한다. 아동과 청소년은 자신의 성역할과 일치하는 행동을 채택하지만 양성 모두 아동 또는 학생이라는 매우 유사한 역할을 가지고 있다. 그리고 성년기에 들어서더라도 결혼하기 전까지는 학교나 직장에서 남성과 여성의 역할이 크게 다르지 않다.

그러나 일단 결혼하게 되면, 특히 자녀를 갖게 되면 남성과 여성의 역할은 보다 분명해진다. 예를 들어, 신혼부부의 경우라도 아내가 직업이 있든 없든 대부분의 집안일은 아내가 한다. 그리고 구체적인 일의 종류도 사회적 관습에 따라 여자가 하는 일과 남자가 하는 일이 따로 정해져 있다(Atkinson & Huston, 1984). 자녀를 출산하게 되면 역할분

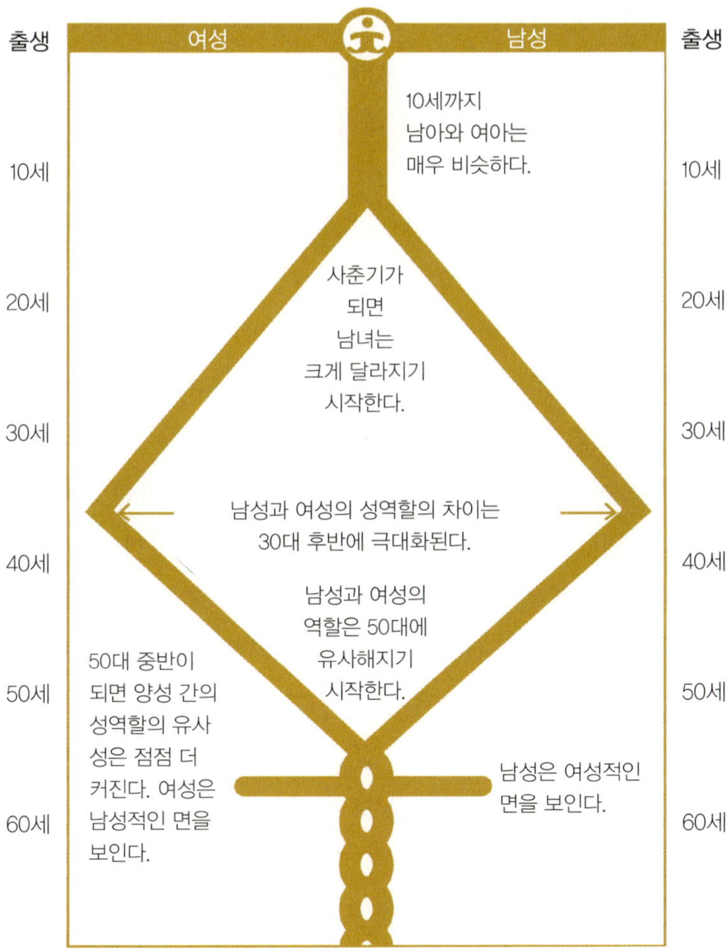

Gail Sheehy

〈그림 8-5〉 마름모꼴의 성역할 변화

출처: Sheehy, G. (1995). *New passages*. NY: Ballantine Books.

담은 보다 더 전통적인 방식으로 이루어진다(Cowan, Cowan, Heming, & Miller, 1991).

아내가 주로 자녀양육과 집안일의 책임을 맡게 되고, 남편은 전적으로 가족부양의 책임을 맡는 가장으로서의 역할을 한다. 오늘날에 와서 젊은 아빠들이 자녀양육과 집안일에 참여하는 정도가 점차 높아지고는 있지만 여전히 '보호자' 역할을 한다(Baruch & Barnett, 1986b). 그리고 적어도 집안일의 $^2/_3$ 정도는 여전히 아내 몫이다(Pleck, 1985; Zick & McCullough, 1991). 더욱이 아내의 직업을 부차적인 것으로 생각하여 별로 중요하지 않게 여기는 경향도 여전하다.

그렇다면 자녀가 성장한 후에는 어떠한가? 자녀양육의 책임에서 벗어나는 빈 둥지 시기인 중년기가 되면 남성과 여성의 역할은 비슷해지기 시작한다. 그리고 노년기에 접어들 무렵이면 양성 간에 성역할의 유사성은 점점 더 커진다. 그러다가 은퇴 후에는 할머니와 할아버지들이 거의 비슷한 역할을 하게 된다. 요약하면 남성과 여성의 역할은 결혼 전에는 상당히 비슷하다가 자녀를 키우는 시기에 그 차이가 극대화되고 그 이후 다시 유사해진다. 〈그림 8-5〉는 Sheehy(1995)가 제시한 마름모꼴의 성역할 변화에 관한 것이다.

1) '부모의 책임' 가설

David Gutmann

이와 같은 성인기의 성역할 변화를 Gutmann(1975, 1987)은 자녀를 성공적으로 양육하기 위하여 부모가 채택하는 각기 다른 역할을 의미하는 '부모의 책임(parental imperative)'이라는 가설로서 설명하고 있다. 다른 종과는 달리 인간은 자립하기까지 오랜 시간이 걸리며 오랜 기간 신체적, 정신적인 보살핌을 필요로 한다. Gutmann은 자신의 비교문화연구 결과에 기초하여 많은 문화권에서 성년기와 중년기 남성들은 자신의 가족을 부양하고 보호하기 위해 '남성적' 특성을 강조해야만 한다고 주장한다. 반면, 성년기와 중년기 여성들은 어린 자녀를 돌보고 가족들의 정서적 욕구를 충족시키기 위해 '여성적' 특성을 표현해야 한다.

Gutmann에 의하면, 남성과 여성이 부모의 책임으로부터 벗어나는 중년기가 되면 극적인 역할변화가 시작된다. 남성은 점점 소극적이 되고 바깥일보다는 가족과의 관계에 더 관심을 보이기 시작한다. 그리고 다른 사람의 감정에 민감하고 정서적 표현도 잘하게 된다. 반면, 여성들은 남성과 정반대로 변한다. 소극적이고, 순종적이며, 양육적이던 젊은 시절과는 달리 이제는 단호하고, 적극적이며, 지배적이다. 많은 문화권에서 오랜 세월 시어머니 밑에서 '아랫사람' 노릇을 하던 여성이 이제 집안의 '안주인' 노릇을 하게 된다. Gutmann은 성년기에 '남성적'인 남성은 '여성적'인 남성이 되고, 반면 '여성적'인 여성은 '남성적'인 여성이 된다고 주장한다. 즉, 두 성 간의 심리적 특성이 방향을 바꾸게 된다는 주장이다.

몇몇 연구(Friedman & Pines, 1992; Gutmann, 1987; Todd, Friedman, Kariuki, 1990)는 Gutmann의 가설, 즉 여성들이 자녀양육을 끝낼 무렵 남성적 특성을 갖기 시작한다는 가설을 지지한다. 중년기의 이러한 변화는 남성과 비교해서 매우 열등한 지위에 있는 아랍여성들에게서도 명백히 나타난다.

Shirley Feldman

한 연구(Feldman, Biringen, & Nash, 1981)에 의하면, Gutmann의 '부모의 책임' 가설과 일치하듯 부모역할은 남성들로 하여금 자신을 더 남성적으로, 여성들로 하여금 자신을 더 여성적으로 지각하게 만드는 것으로 보인다. 반면, 자녀양육의 책임에서 벗어난 성인들은, 특히 조부모들은 자기지각에서 성차가 감소한다.

요약하면, 성인이라도 자녀가 없는 경우에는 비교적 양성적인 반면, 자녀가 있는 경우에는 부모역할이 남녀 모두에게 성유형화된 특성을 갖게 하고 그러다가 부모역할이 끝날 무렵이면 다시 양성적으로 된다(Fultz & Herzog, 1991). 성인기의 이러한 성역할 지향은 연령보다는 남녀역할의 변화와 더 관련이 있는 것으로 보인다(Eagly, 1987). 예를 들면, 젊은 부모들은 자녀가 없는 같은 연령의 남녀보다 심리적으로 더 성유형화되는 경향을 보여준다(Feldman et al., 1981). 따라서 성역할발달에서는 사회적 · 문화적 · 역사적 상황을 고려해야 한다.

Alice Eagly

2) '양성성으로의 변화' 가설

성인기 성역할 변화에 대한 또 다른 설명으로 중년기의 남성과 여성은 모두 성유형화된 특성을 보유하지만, 거기에다 전통적으로 반대성과 관련된 특성을 첨가하게 됨

사진 설명 '양성성으로의 변화' 가설에 의하면 자녀양육의 책임에서 벗어나게 되면 남성은 자신 속의 '여성적인 측면'을 그리고 여성은 자신 속의 '남성적인 측면'을 표현하게 된다고 한다. 이 특성들은 부모역할을 하는 동안 억압되었던 것이다.

으로써 양성적인 특성을 보인다는 '양성성으로의 변화(androgyny shift)' 가설이 있다. 이러한 생각은 일찍이 정신분석이론가인 Jung에 의해 제시된 바 있다. Jung(1953)에 의하면, 여성은 양육적이고 표현적인 역할을 강조하고, 남성은 성취지향적이고 도구적인 역할을 강조한다. 남성은 자신의 여성적인 측면을 억압하고, 여성은 자신의 남성적인 측면을 억압한다. 자녀들이 다 성장하고 직업에서도 안정을 이루게 되는 중년기가 되면, 남녀 모두 전에 억압했던 측면을 표현함으로써 자신의 생물학적 성과 반대되는 특성을 추구한다고 보았다. 즉, 남성은 자신 속의 여성적인 측면(anima)을 표현하게 되고, 여성은 자신 속의 남성적인 측면(animus)을 표현하게 된다는 것이다.

앞에서 언급한 Feldman 등(1981)의 연구에서 자녀양육의 책임에서 벗어난 성인들(특히 노인세대)은 남녀 모두 양성성으로의 변화를 경험하였다. 즉, 조부들은 남성적 특성을 보유하면서 여성적 특성을 취하였고, 조모들은 여성적 특성을 보유하면서 남성적 특성을 취하였다. 이러한 결과는 매우 흥미롭다. 왜냐하면 오늘날의 노인세대는 성역할 규범이 보다 융통성 있는 시대에 성장한 젊은 세대보다 성역할 지향이 더 전통적이기 때문이다.

제 9 장

성격발달

성격은 정의하기 매우 어려운 개념 중의 하나이다. 스키너와 같은 행동학파들은 성격을 단순히 관찰할 수 있는 행동으로 정의한다. 그러나 많은 심리학자들은 성격이 단순히 밖으로 드러난 행동만을 의미하는 것은 아니라고 주장한다. 즉, 성격은 사람들이 말하고 행동하는 것 이상의 정서를 포함한다는 것이다. 성격은 그 사람의 사람됨을 가장 적절히 드러내는 개인적 측면으로서 다른 사람들과 구별되는 독특하고 일관성 있는 감정, 사고, 행동을 의미한다.

성격에 관한 연구는 전통적으로 인간의 본질과 개인적 특성 그리고 개인 간의 심리적 차이의 원인이나 의미를 찾는 것에 초점을 맞추어 왔다. 성격이론가들은 영속적이고 안정성 있는 인간의 특성을 발견하고자 노력해 왔다. 뿐만 아니라 인간이 어떻게 발달하고 변화하는가에도 많은 관심을 보이고 있다.

성격의 안정성과 변화에 관한 논의는 성인발달에서 중요한 쟁점이 되고 있다. 이 문제는 몇 가지 방법으로 접근할 수 있다. 이 장에서는 특성 모델, 자아개념 모델, 사건의 발생시기 모델, 단계 모델 등 네 가지 접근법에 관해 살펴보고자 한다.

1. 특성 모델

특성 모델(Trait Model)은 정신적, 정서적, 기질적, 행동적 특성 또는 속성에 초점을 맞춘다. 이 모델에 기초를 둔 연구에 의하면 성인의 성격은 거의 변하지 않는 것으로 보인다. 성인기 성격의 일관성을 강력히 뒷받침하는 연구 중의 하나가 Costa와 McCrae(1980, 1988, 1994)의 5요인 모델(five-factor model) 연구이다.

이들은 다섯 가지의 기본적인 성격 차원을 제시하는데 신경증(neuroticism), 외향성(extraversion), 개방성(openness), 성실성(conscientiousness) 그리고 순응성(agreeableness)이 그것이다. 이 다섯 가지 차원은 다시 6개의 요인으로 구성되어 있다(〈그림 9-1〉 참조).

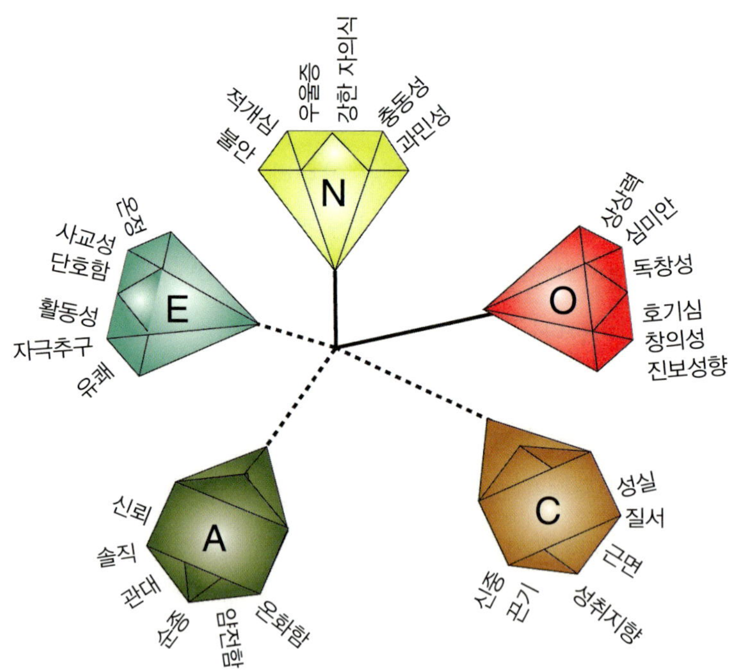

N=신경증, E=외향성, O=개방성, A=순응성, C=성실성

〈그림 9-1〉 Costa와 McCrae의 5요인 모델

출처: Costa, P. T., & McCrae, R. R. (1980). Still stable after all these years: Personality as a key to some issues in adulthood and old age. In P. B. Baltes & O. G. Brim (Eds.), *Life-span development and behavior*. New York: Academic.

신경증은 불안, 적개심, 우울증, 강한 자의식, 충동성, 과민성과 같은 여섯 가지 부정적인 특성을 갖는다. 신경증인 사람들은 신경과민이고, 소심하며, 성마르고, 쉽게 화를 내며, 비판에 민감하다. 이들은 외로움과 죄책감을 느끼고, 절망적이며 자신을 가치없는 사람으로 생각한다.

외향성에는 유쾌, 온정, 사교성, 단호함, 활동성, 자극추구 등의 여섯 가지 측면이 있다. 외향적인 사람들은 사교적이고, 주도권을 잡기 좋아하며, 다른 사람들의 주의를 끌기 좋아한다. 그들은 또한 항상 바쁘고, 활동적이며, 끊임없이 재미 있는 일을 찾으며 인생을 즐긴다.

개방성에는 상상력, 창의성, 독창성, 심미안, 호기심, 진보성향 등의 여섯 가지 측면이 있다. 개방적인 사람들은 새로운 것을 시도하기를 좋아하며, 새로운 아이디어를 잘 받아들인다. 그들은 상상력이 풍부하고, 미적 감각과 예술적 감각이 뛰어나며, 전통적 가치에 의문을 제기한다.

성실성에는 성실, 근면, 질서, 성취지향, 신중, 끈기 등의 여섯 가지 측면이 있다. 성실한 사람들은 근면하고, 충실하며, 질서정연하고, 신중하며 절도가 있다.

Paul T. Costa

순응성에는 온화함, 얌전함, 관대, 순종, 신뢰, 솔직함 등의 여섯 가지 특성이 있다. 순응적인 사람들은 남을 쉽게 믿고, 쉽게 동요하며, 솔직하고, 이타적이며, 고분고분하고, 얌전하다.

Costa와 McCrae(1980, 1988, 1994; McCrae & Costa, 1984, 2003; McCrae, Costa, & Busch, 1986)는 자신들의 볼티모어 종단연구를 비롯하여 20대에서 90대까지의 남녀를 포함하는 대규모의 횡단적 연구, 종단적 연구, 순차적 연구를 분석한 결과, 다섯 가지 성격 차원 모두에서 상당한 정도의 안정성을 발견하였다. 이들 연구에서 자료수집은 성격검사, 구조적 면접, 배우자의 평정 및 친구의 평정과 기타 방법에 의해 이루어졌다.

Robert R. McCrae

Costa와 McCrae(1994)는 21세에서 30세 사이에 성격이 완전히 형성되는 것으로 결론지었다. 특성 모델에 기초를 둔 다른 연구와 더불어 이들 연구결과는 성격의 안정성을 강력히 뒷받침하는 것이다. 〈표 9-1〉은 성격의 5요인 모델 중 다섯 가지 차원에서 각기 높은 점수를 받은 대표적인 인물들에 대한 설명이다.

표 9-1 성격의 5요인 모델에서 높은 점수를 받은 실존인물이나 가공인물

차원	요인	인물
신경증	불안 적개심 우울증 자의식 충동성 과민성	**우디 앨런(Woody Allen), 영화감독**  그의 코미디는 주로 고통이나 강박증에서 나오는데, 어린 시절의 아픈 기억이나 현재의 괴로움, 자신의 열등감 따위를 주요 코믹요소로 승화시켰다고 함.
외향성	온정 사교성 단호함 활동성 자극추구 유쾌	**빌 클린턴(Bill Clinton), 전 미국대통령**  백악관 생활을 바쁘게 보냈으며, 늘 의욕이 넘쳤다고 함. 휴가 동안에도 11시가 넘어서 잤으며, 색소폰 연주, 자전거 여행, 토론, 자선모금파티, 골프에 도서목록 작성까지 섭렵하며 휴가는 잠이나 자는 것과 같은 쓸데없는 일로 낭비해서는 안 된다는 생각을 가짐. 음식, 대화, 아이디어에 대한 욕구가 왕성했다고 함.
개방성	상상력 심미안 독창성 호기심 창의성 진보성향	**루이스 캐롤(Lewis Carroll), 『이상한 나라의 앨리스』 작가**  친구의 딸인 앨리스에게 해주던 이야기로 『이상한 나라의 앨리스』를 쓴 영국 동화작가 겸 수학자. 유머와 환상이 가득 찬 일련의 작품들로 근대 아동문학 확립자의 한 사람이 되었음.
순응성	온화함 얌전함 관대 순종 신뢰 솔직함	**라다르(Lardar), 영화 M＊A＊S＊H의 등장인물**  M＊A＊S＊H는 한국전쟁 중 남한의 서울근교를 배경으로 한 연속극으로 육군이동야전병원(Mobile Army Surgical Hospital)에서 헬리콥터나 앰뷸런스, 버스에 실려오는 부상자들을 치료하는 의사들과 간호사들의 이야기를 다룸. 1970년대에 영화화되고 같은 제목으로 CBS에서 70년대와 80년대에 방영되던 시리즈물.
성실성	성실 근면 질서 성취지향 신중 끈기	**스포크(Mr. Spock), 영화 스타트랙(Star Trek)의 등장인물**  1964년 첫 번째 TV시리즈 방영 이래 40여 년 동안 10편의 영화가 제작되었음. 엔터프라이즈 호를 타고 지구를 포함한 은하계를 항해하며, 새로운 생명체와 문명세계를 탐사하는 이야기. 현대 과학자들에게 많은 영향을 주었다고 함.

출처: Pervin, L. A., Cervone, D., & John, O. P. (2005). *Personality: Theory and research* (9th ed.). New York: John Wiley & Sons.

2. 자아개념 모델

자아개념 모델(Self-Concept Model)에 의하면 자신을 어떻게 보는지에 대한 자신의 견해가 성격의 핵심이 된다. 이 모델은 성격의 안정성과 변화를 모두 수용하는 입장이다.

자아감은 가장 개인적인 현상처럼 보일지 모르지만 많은 심리학자들은 그것을 다른 사람과의 상호작용에서 기인하는 사회적 현상이라고 본다. 사람들은 사회적 세계에 의해 창조된 거울을 자세히 들여다보고, 거울에 반영된 자신의 모습과 자신이 이미 가지고 있는 모습을 융합시킨다.

자아개념 이론가들은 성격의 인지적 측면에 관심을 갖는데 자아개념은 도식(schema)으로 구성된다고 한다. 자아개념은 과거에 내가 어떤 사람이었고 무엇을 했는가라는 지식을 포함하고, 미래에 내가 무엇이 될 것인지 또는 무엇을 할 것인지 결정하는 데 매우 중요한 역할을 한다(Markus & Cross, 1990; Markus & Nurius, 1986). 따라서 자아개념은 자기이해와 자기규제를 포함한다.

도식은 매우 일시적인 것이며 사람들은 경험에 맞추어 계속해서 그것을 수정한다(Bowlby, 1973; Epstein, 1990; Tomkins, 1986). 그러나 경험에 대한 해석 또한 매우 주관적이므로 도식은 자신이 믿고 있는 자아개념과 위배되는 정보는 모두 제거해버린다(Darley & Fazio, 1980; Snyder, 1987; Swann, 1987). 따라서 자아개념은 안정성과 변화 사이의 끊임없는 긴장 속에 놓이게 된다.

널리 알려진 자아개념 모델 중의 하나인 Whitbourne(1986, 1987, 2010)의 모델은 경험에 직면하고 반응하며, 경험을 해석하는 특징적인 방법인 정체감 유형의 발달에 초점을 맞춘다. Whitbourne에 의하면 정체감은 의식적이든 무의식적이든 축적된 자아상으로 구성된다. 민감성이나 완고함 같은 지각된 성격특성은 정체감의 일부이다. 이러한 자아상은 특정 상황이나 특정 역할에서의 변화에 직면하지 않으면 대개 안정된 상태로 남아 있게 된다. 변화에 직면하는 경우라도 그러한 변화는 성격의 근본적인 일관성은 파괴하지 못하고 단지 수정된 자아상 속으로 편입된다.

Susan K. Whitbourne

Whitbourne의 모델에서 자기지각은 사회적 환경과의 상호작용에서 정체감 동화(identity assimilation)와 정체감 조절(identity accommodation)이라는 두 과정을 통해 확

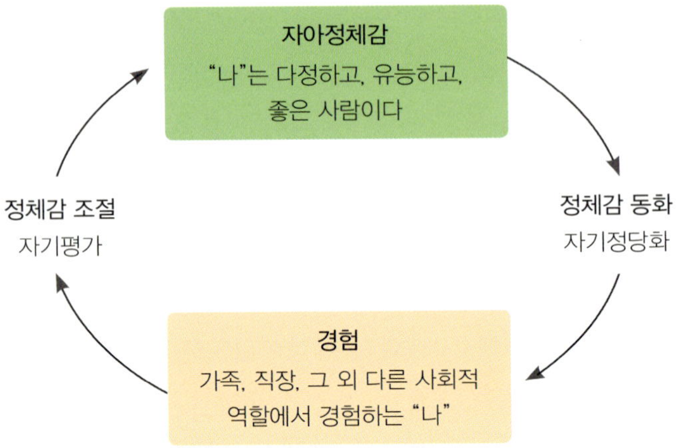

〈그림 9-2〉 Whitbourne의 정체감 과정에 관한 모델

출처: Whitbourne, S. K. (1986). The psychological construction of the life span. In J. E. Birren & K. W. Schaie (Eds.), *Handbook of the Psychology of Aging* (pp. 594-619). New York, NY: Van Nostrand Reinhold.

증되거나 수정된다. 〈그림 9-2〉에서 보듯이 자아정체감과 경험 간에는 계속적인 피드백이 있다. 이 그림은 왜 우리가 어떤 상황에서는 우리 자신에 대한 긍정적인 평가를 하고 또 다른 상황에서는 자기 방어적이 되는가를 설명해준다. 정체감 과정은 Piaget의 동화와 조절 개념에 기반한다. Whitbourne은 정체감이 어떻게 형성되고 성인기에 와서 어떻게 수정되는가를 이해하기 위해 인지발달 개념과 정체감 발달 개념을 통합하기 위한 시도를 하였다.

정체감 동화는 새로운 경험을 기존의 자아개념에 맞추려는 시도이다. 정체감 조절은 예를 들어 설명하면 다음과 같다. 자신을 애정이 깊고 훌륭한 어머니라고 생각하는 한 여성은 자녀와의 상호작용에서 긍정적인 측면만 볼 것이다. 만약 자녀와의 관계가 원만하지 못하면 그 여성은 그것을 단지 일시적인 것으로 생각하고 특별한 이유를 찾을 것이다. 그러나 아무리 해도 만족한 설명을 할 수 없는 상황이 전개되면(예를 들어, 아들이 계속해서 돈을 훔치는 일이 발생하면) 어쩔 수 없이 어머니로서의 자아상과 자녀와의 관계에 대한 자신의 생각을 변경하지 않을 수 없게 되는데 이것이 정체감 조절이다. 정체감 조절은 고통스럽기는 하지만 효율적인 적응에 필요한 것이다.

동화나 조절의 과도한 사용은 건강하지 못하다. 계속해서 동화를 사용하는 사람은 현실을 올바르게 보지 못하기 때문에 자신이 보기를 원하는 것만 보게 되고, 변화에 저항한다. 반면, 계속해서 조절을 사용하는 사람은 쉽게 동요되고 연약하다. 동화와 조절의 균형이 매우 중요하다(Whitbourne, 2010).

Whitbourne의 모델에서 가장 중요한 것은 정체감 동화와 정체감 조절은 연령과 함께 변한다는 것이다. 정체감 동화는 노년기에 높고 정체감 조절은 성인기에 높다(Sneed & Whitbourne, 2005). 연령과 관련된 변화를 개인의 정체감에 통합시키고, 자신에 대한 긍정적인 견해를 유지하는 것은 성공적 노화에 매우 중요하다(Whitbourne, 2010).

3. 사건의 발생시기 모델

사건의 발생시기 모델(The Timing-of-Events Model)은 맥락적이다. 이 모델을 지지하는 연구자들은 성인기 성격의 변화는 연령과 관련이 있는 것이 아니고 인생의 사건과 관련된다고 주장한다. 아동기에는 내적 성숙 사건이 한 발달단계에서 다음 발달단계로 옮겨가는 계기가 된다. 연령이 아동의 발달에는 매우 중요한 지표가 될지 모르나 성인의 발달에는 생활사건이 더 중요하다.

Neugarten(1987)이 제안한 사건의 발생시기 모델에 의하면 인생의 주요 사건이 발달의 이정표가 된다. 즉, 인생의 주요 사건이 발생하는 시기에 반응하여 발달이 이루어진다는 것이다. 인생 사건에는 두 가지 유형이 있다. 대부분의 성인들에게 발생하기 때문에 사람들이 자신에게도 일어날 것으로 기대하는 인생 사건이 규범적 생활사건이다. 성년기의 결혼과 부모됨, 노년기의 사별과 은퇴가 규범적 사건의 예이다. 예기치 않은 색다른 사건이 비규범적 생활사건인데 외상적 사고, 뜻밖의 승진, 복권당첨 등이 그 예이다.

어떤 사건이 규범적인 사건인가 아닌가는 종종 사건의 발생시기에 달렸다. '제때에' 발생하면 규범적 사건이지만 '제때를 벗어나면' 비규범적 사건이 된다. '제때에' 발생하는 규범적 사건들은 일반적으로 무난히 넘길 수 있지만 문제가 되는 것은 인생주기에서 예상했던 순서와 리듬을 깨뜨리는 사건들이다(Neugarten & Neugarten, 1987).

위기는 일정 연령에 달했기 때문에 발생하는 것이 아니고 예기한 사건 또는 예기치 못한 사건과 그 발생시기가 원인이 된다. 어떤 사건이 예상한 대로 발생한다면 발달의 진행과정은 순탄하다. 그러나 실직과 같은 예기치 못한 사건이 발생하거나, 35세의 사별, 45세의 첫 자녀, 55세의 은퇴와 같이 인생사건이 기대했던 것보다 이르거나 늦을 때, 또는 평생 독신으로 지내거나 자녀를 낳지 못하는 등 예상한 사건이 일어나지 않을 때에는 스트레스가 발생한다.

결혼과 같은 인생사건의 전형적인 발생시기는 문화에 따라 다르고 시대에 따라 다르다(Bianchi & Spain, 1986). 우리나라의 경우 최근에 와서 결혼연령이 높아지는 추세에 있으며, 첫아이를 갖는 연령도 높아지고 있다. 최근 우리 사회는 나이를 덜 의식하게 되었는데 어떤 일을 하는데 '적절한 때'가 있다는 생각이 줄어들었기 때문이다. 오늘날에는 40세에 첫아이를 낳거나, 조부모가 되거나, 50세에 은퇴하거나 30세에 대기업 회장이 되는 것에 보다 수용적이다. 결혼, 첫 직장, 자녀 또는 손자녀의 출산과 같이 인생의 특정 시기에 발생하는 것으로 여겼던 주요 사건들이 오늘날에 와서는 점점 예측하기 힘들게 되었다. 사건의 발생시기 모델에 의하면 이러한 불확실성이 스트레스를 유발한다고 한다(Neugarten & Neugarten, 1987).

그러나 급격한 사회적 변화로 말미암마 사건의 발생시기 모델의 가정이 빗나가는 경우가 흔히 있다. 예를 들어, 오늘날 서른이 넘어서 첫아이를 가진 부모도 20대 젊은 부모만큼 잘 적응하는 것으로 보인다(Roosa, 1988). 이러한 사실은 어떤 사건이 '제때'를 벗어났을 경우의 영향에 대해 사건의 발생시기 모델이 잘못 예측한 것인가? 아니면 이 사실은 단순히 최근의 '전통적 인생주기가 희미해지는 것'에 대한 반영인가?(Neugarten & Neugarten, 1987)

Mark W. Roosa

사건의 발생시기 모델은 개인의 인생행로의 중요성을 강조함으로써 그리고 변화는 연령과 관련하여 발생하는 것이라는 생각에 도전함으로써 성인기 성격발달의 이해에 큰 공헌을 하였다. 그러나 이 모델의 유용성은 고전적 단계이론과 마찬가지로 특정 문화나 특정 시대에 국한된 것일지도 모른다.

4. 단계 모델

단계 모델(Stage Model)은 전생애를 통해 연령과 관련된 발달단계를 묘사한 것이다. 이 모델에 기초를 둔 연구에 의하면 성인기에는 상당한 정도의 성격변화가 일어나고 있다고 한다.

단계 모델은 연령과 관련된 규범적 성격변화를 묘사하는 것인데 이러한 변화는 '위기'로 말미암아 매 단계마다 발생한다. 단계 모델은 모든 사람의 인생이 똑같은 과정을 거친다고 주장하는 것은 아니지만 비슷한 연령에서 일정한 순서로 발생하는 '인생 과업(life task)'의 공통적인 핵심내용을 묘사한다(Levinson, 1980, 1986). 만약에 이러한 과업이 달성되지 못하면 다음 단계의 발달이 저해된다.

단계 모델의 대표적인 예가 Erikson의 모델이다. 사춘기에 성격이 고정된다는 Freud와 달리 Erikson은 일생을 통하여 성장하고 변한다고 본다. 단계 모델에는 그 외에도 Erikson의 영향을 받은 Vaillant, Levinson, Jung 그리고 Gould의 이론이 있다.

1) Erikson의 친밀감 대 고립감

Erikson(1968b)에 의하면, 성년기에는 친밀감이 필요하며 이를 원한다고 한다. 그들은 다른 사람에 대해 개인적으로 깊이 관여하기를 바란다. 친밀한 관계란 타인을 이해하고, 깊은 공감을 나누는 수용력에서 발달한다. Erikson은 친밀감을 자신의 정체감과 다른 사람의 정체감을 융합시킬 수 있는 능력이라고 표현한다. 희생과 양보가 요구되는 친밀한 관계를 이룰 수 있는 능력은 청년기에 획득되는 것으로 여겨지는 정체감에 의해 좌우된다. 즉, 정체감을 확립한 후에라야 다른 사람과의 진정한 친밀감을 형성할 수 있다.

대부분의 젊은이들은 결혼을 통해 친밀감의 욕구를 충족시키지만, 성적 관계 이외의 친밀한 관계도 가능하다. 예를 들면, 상호의존, 감정이입, 상호관계를 제공하는 우정관계에서도 강한 친밀감이 형성될 수 있다(Blieszner & Adams, 1992; Hendrick & Hendrick, 1992; White, Mascalo, Thomas, & Shoun, 1986). 친밀한 관계는 다른 사람을 이해하고 다른 사람과 함께하는 능력으로부터 발달한다. 사회적으로 성숙한 사람들은 다른 사람과 효율적으로 의사소통을 할 수 있는 능력을 가지고 있으며, 다른 사람의 욕구에 민감하고, 일반적으로 인간에 대한 포용력이 있다. 우정, 애정, 헌신 등은 성숙한 사람들에게서 훨씬 더 현저하게 나타난다(Blieszner & Adams, 1992; Duck, 1991).

사진 설명 대부분의 젊은이들은 결혼을 통해 친밀감의 욕구를 충족시킨다.

이 단계의 긍정적인 결과는 성적 친밀감이나 진정한 우정, 안정된 사랑, 결혼의 지속을 포함하는 친밀감이다. 부정적인 결과는 고립과 고독인데, 만일 친밀감이 확고한 정체감에 기초한 것이 아니라면 이혼이나 별거도 초래할 수 있다. 확고한 정체감을 형성하지 못한 성인들은 두려워서 대인관계를 기피하거나, 상대를 가리지 않는 성행위나, 사랑 없는 성생활을 하거나, 정서적으로 안정되지 못한 관계를 추구할 수도 있다.

2) Vaillant의 경력강화

George Vaillant

성인기 성격발달에 관한 최초의 종단연구라 할 수 있는 그랜트 연구는 1938년에 18세였던 하버드 대학생 268명을 대상으로 시작하여 그중 95명을 50대까지 추적 조사한 것이다.

Vaillant(1977)에 의하면, 그랜트 연구에서 남성들의 인생사는 Erikson의 발달단계를 지지하는데, 여기에 Vaillant가 경력강화(career consolidation)라고 부르는 또 한 가지 단계가 첨가된다. 30세 경에 시작되는 이 단계는 개인이 직업경력을 강화하는 데에 몰두하는 것으로 특징지어진다. Erikson의 발달단계에서는 이 단계가 친밀감의 발달인 여섯 번째 위기와 생산성과 관련된 일곱 번째 위기 사이에 위치하게 된다.

사진 설명 마릴린 먼로가 주연한 영화, 〈7년 만의 외출(The Seven Year Itch)〉

경력강화가 친밀감 이후와 생산성 이전에 발생한다는 사실이 어째서 결혼이 대개 7년째쯤 될 때 문제가 생기는지에 대한 해명의 단서가 될 수 있다. "7년이 고비(The Seven Year Itch)"라는 말은 속설 그 이상의 의미를 갖는 것으로, 이혼하는 부부의 절반가량은 결혼 7년 이내에 이혼을 한다(Reiss, 1980). 안정된 친밀한 관계로부터 직업 면에 자신의 모든 관심을 집중하게 됨으로써 그 부부관계는 무관심으로 인해 시들해진다. 부부가 이 발달선상에서 각기 다른 입장에 있을 때, 즉 한쪽은 친밀감에 몰두하고, 다른 한쪽은 직업에 열심이거나, 한쪽은 직업에 몰두해 있는데, 다른 한쪽은 생산성으로 진행해 가려 한다면 문제가 커질지 모른다.

Vaillant는 변화가 일어나는 특정 연령이 사람에 따라 다양하다는 것을 발견하였다. 그러나 이 연구에서 성공한 남성들 대부분이 한 단계에서 다음 단계로 진행할 때 전형적인 유형이 있다는 것을 발견하였다.

20세 대부분의 남성들이 여전히 어머니의 아들로서 아직 부모의 지배하에 있었다

(Frank, Avery, & Laman, 1988). 20대에 와서 또 때로는 30대에 부모로부터 자율성을 획득하고, 결혼하여 자녀를 낳아 기르며, 청년기에 시작된 우정을 깊게 하였다. 47세에 가장 잘 적응하고 있는 것으로 생각되는 사람들 중 90% 이상이 30세 이전에 결혼생활이 안정되었고, 50세에도 여전히 결혼생활을 지속하고 있었다.

25세와 35세 사이에서 이들은 직업경력을 강화하기 위해 열심히 노력하였고 가족에게도 전념하였다. 그들은 자신이 해야 할 일을 하고 규칙을 준수하며, 승진을 위해 노력하였고, 현재의 '체제'를 인정하였다. 그들은 자신이 원하는 여성 혹은 원하는 직업을 선택했는지의 여부에 대해 거의 의문을 제기하지 않았다. 대학시절 불태웠던 정열, 매력, 희망은 사라지고, 이제 "회색 플란넬 양복을 입은 특색이 없고, 재미가 없으며, 덤덤하게 열심히 일만 하는 젊은이"(Vaillant, 1977, p. 217)로 묘사되었다.

Vaillant에 의하면 경력강화 단계는 40세경에 맹목적인 분주함에서 벗어나 다시 한번 내면세계의 탐색자가 되는 때에 끝난다고 한다.

3) Levinson의 성년기 발달단계

Levinson과 예일대학의 동료들은 35세에서 45세 사이의 남성 40명을 대상으로 심층면접과 성격검사를 통해 성인기 남성의 성격발달이론을 구성하였다. Levinson(1978)이 묘사한 남성의 인생주기는 〈그림 2-1〉과 같다.

남성은 대략 20년에서 25년 사이의 네 개의 겹치는 시기 동안 자신들의 인생구조를 형성한다고 Levinson은 말한다. 이 시기는 대략 5년간의 전환기와 연결되어 있는데, 이 전환기 동안 남성들은 자신이 세운 구조를 평가하고 앞으로 올 인생의 단계를 재구성할 수 있는 가능성을 탐색한다. 각 시기 안에는 보다 짧은 단계와 기간들이 있고, 이들 역시 전환기와 연결되어 있다. 따라서 사람들은 대체로 성인기의 거의 절반을 전환기로 보내게 된다.

사진 설명 Daniel Levinson이 그의 아내 Judy와 함께

Levinson은 성년기를 두 단계로 나누었는데, 첫째는 초보단계로 초보적인 인생구조를 수립하고, 둘째 단계에서는 성년기의 종국적인 인생구조를 수립한다. 이 두 단계와 이 단계들에 이르는 전환기에 관해 살펴보기로 한다.

(1) 성년기 전환기(17~22세)

성년기의 전환기는 청년기와 성년기를 연결하는 교량 역할을 한다. 이 전환기의 주요 과제는 청년기를 마감하고 성년기를 시작하는 것이다. 예를 들면, 부모와의 관계에 변화를 가져옴으로써(부모로부터 경제적, 정서적으로 독립) 자신의 인생구조를 변화시키는 것이다. 대학에 진학하거나 군에 입대하는 젊은이들은 자신의 집을 떠나 부모로부터 독립하거나(사진 참조) 성인세계가 제공하는 새로운 가능성을 탐색하고 시험삼아 의사결정을 해 본다.

(2) 성년기로의 진입(22~28세)

Levinson이 '성인세계로의 진입'이라 불렀던 초보단계 동안 젊은이는 성인이 되어 '성년기의 초보적인 인생구조'를 구축한다. 이는 보통 결혼과 자녀를 낳게 되는 이성과의 관계로 이루어지며, 직업선택으로 연결되는 직업에 대한 관심과 가정을 이루고, 친구 및 가족과의 관계, 사회적 모임에의 관련 등으로 이루어진다.

초보 인생구조에서 볼 수 있는 두 가지 중요한 특징은 '꿈'과 '스승'이다. 남성들은 종종 직업으로 표현되는 장래의 '꿈'을 지니고 성년기에 들어선다. 예를 들면, 유명한 작가가 되거나 과학적 업적으로 노벨상을 수상하고자 하는 꿈이 그들을 자극하고, 성인발달을 활성화한다. 그러나 그 같은 평소의 꿈이 이루어지지 않을 것이라는 상식적인 깨달음으로 정서적 위기에 빠질지 모른다. 자신의 목표를 재평가하고 보다 실천가능한 목표로 대체해야 할 필요성에 어떻게 대처하느냐에 따라 얼마나 훌륭하게 인생을 헤쳐나갈지가 결정된다.

남성의 성공은 이 견습기간에 '스승'을 발견함으로써 큰 영향을 받는다. 이 스승은 그에게 관심을 가지며, 지도해주고, 영감을 불어넣어 주며, 직업과 개인적 문제에서 지혜와 도덕적 지원과 실제적 도움을 준다. 스승과의 관계는 매우 중요하다. 왜냐하면 스승은 젊은이가 성공하도록 도와줄 뿐만 아니라 직업세계에서 가끔 부딪치게 되는 함정을 피하도록 도와주기 때문이다.

(3) 30세 전환기(28~33세)

이제 탐색의 시기는 끝나고 개인의 생활양식이 어느 정도 확립된다. 약 30세 정도에서 남성은 자신의 인생을 또 다른 시각으로 바라보게 된다. 지난 10년 동안 자신이 관여해온 일이 미숙하지는 않았는지 그리고 자신의 의사결정이 과연 옳았는지에 대해 의문을 제기한다. 이 시기는 자기성찰의 시기로서 자신의 실수를 만회하고 보다 만족스러운 인생의 기초를 마련할 기회로 여긴다.

어떤 남성들은 이 전환기를 아주 쉽게 넘기지만 어떤 이들은 발달상의 위기를 경험하는데, 그들은 자신의 현재의 인생구조가 참을 수 없는 것임을 깨닫지만 더 나은 것으로 개선할 수도 없다고 여긴다. 그 때문에 결혼생활에서 발생하는 문제가 커지게 되고 이로 인해 이혼율은 절정에 달하게 된다.

(4) 성년기의 절정기(33~40세)

30대 초반에는 Levinson이 '안정'이라고 부른 젊은 시절의 열망을 실현시키려는 일관된 노력을 하게 된다. 견습단계가 끝나고 남성들은 이제 '성년기의 절정에 달한 인생구조'를 수립할 준비가 되어 있다. 일, 가족, 기타 인생의 중요한 측면들에 대해 더 깊이 관여한다. 종종 40세쯤에는 어떤 이정표를 지나게 되기를 바라면서, 예정표를 가지고 자신에 대한 특정 목표(교수직, 일정수준의 수입, 개인전)를 수립한다. 이들은 사회에서 자신의 활동범위를 구축하려 애쓴다. 즉, 가족, 직업 및 사회에서 확고하게 자신의 삶을 뿌리내리고 고정시키는 일에 열중한다.

30대 중반과 40세 사이에는 절정기의 끝인 '자기 자신이 되기(Becoming One's Own Man: BOOM)'라 불리는 시기가 온다. 일에 대한 의욕이나 패기가 절정에 달하고, 직업에서 좀더 책임 있는 자리에 오른다. 목표달성에 더 열심이고, 자신이 넘쳐나며, 권위를 가지게 된다. 이제 그에게 힘을 가지고 영향력을 행사하는 사람들의 권위를 싫어하고 거기서 벗어나 자기 자신의 목소리로 말하고 싶어한다. 그러나 한편으로는 인정과 존경을 잃을까 봐 두려워하기도 한다.

(5) 여성의 인생주기

여성을 대상으로 한 Levinson(1996)의 연구에서 여성의 인생주기도 남성과 동일함을 발견하였다. 이론의 기본 구조는 남성과 여성 모두에게 적용 가능한 것으로 보이지만, Levinson은 성의 구분(gender splitting)의 중요성을 강조하였다. 모든 사회에서 남녀 구분은 어느 정도 있기 마련인데 Levinson의 '전통적 결혼관'에서 보면 집안일은 여성에게 바깥일은 남성에게 맡겨지는, 즉 여성은 가정주부로 남성은 가족부양자로 생각하는 구분이 명확하다. 일 또한 여성의 일과 남성의 일이 구분된다. Levinson이 가정주부, 대학교수, 여성 기업인들을 면담했을 때 '성의 구분'이 문제라는 것을 발견하였다. 전통적인 가정주부는 사회적 변화에도 불구하고 성의 구분을 파괴하는 데에 어려움을 겪었고 자아발달 또한 제한을 받았다. 반면, 직업을 가진 여성은 남성우위의 직장에서 장벽을 무너뜨리는 데에 곤란을 겪었고, 결혼생활에서 남편과 집안일을 분담하는 데에 곤란을 겪었다.

남성과 여성은 각기 다른 도전에 직면하고 그 도전에 대처하는 방법 또한 다르다. 남성의 '꿈'이 대체로 직업적 성취에 초점이 맞추어져 있다면, 여성의 '꿈'은 직업과 가정을 병행하는 것이다. 여성의 꿈은 종종 '분할된' 꿈이라 할 수 있는데 직업목표와 결혼목표로 분할된 것이다(Roberts & Newton, 1987). 심지어 전문직 여성 중에서도 매우 적은 비율의 여성만이 오로지 직업과 관련된 목표를 갖는다. 여성의 직업선택 또한 그들의 분할된 꿈을 참작한 것이다. 여성들은 종종 가정과 직업을 병행시킬 수 있는 직업을 찾는다.

30세의 전환기에는 여성의 인생에서 중요한 변화가 일어난다. 많은 여성들이 직업과 가정의 우선순위를 역전시키거나 적어도 이전에는 방치했던 자신의 꿈에 보다 관심을 기울인다. 20대에 결혼과 모성을 강조했던 여성들이 30대에 개인적인 목표를 강조하는 반면, 전에 직업에 몰두했던 여성들은 이제는 결혼과 가족에 보다 많은 관심을 갖는다. 이 같은 결과는 Levinson이 연구한 남성과는 매우 다른 것으로, 남성들은 성년기 내내 직업에 몰두한다. 30세의 전환기를 가장 힘들다고 생각하는 여성들은 20대 동안의 친밀한 관계와 직업적 성취 모두에서 만족하지 못했던 여성들이다.

Levinson은 또한 여성의 경우 '스승'과의 진정한 관계를 이루는 것이 쉽지 않다고 한다. 그리고 33~40세 사이에 남성들은 안정을 이루는 반면, 여성의 인생은 직업과 개인적 관계에서 안정을 이루는 것으로 보이지 않는다. Levinson은 남성의 경우 30대 후반을 자기확신과 리더십을 보이는 '남성 자신이 되기(Becoming One's Own Man)'의 시기라 불렀다. 여성의 경우도 마찬가지로 '여성 자신이 되기(Becoming One's Own Woman)'의 시기이다(Levinson, 1996; Roberts & Newton, 1987).

사진 설명 여자의 일생

4) Jung의 성인기 발달단계

Carl Jung

Jung은 환자를 치료한 임상적 경험과 그 자신의 자아분석을 통해 성인기의 성격발달이론을 전개하였다. Jung은 Erikson처럼 아동기로부터 성인기에 이르는 발달단계를 상술하지는 않았지만, 인간의 발달단계를 생의 전반기(the first half of life), 중년기의 위기(midlife crisis), 노년기(old age)의 3단계로 나누었다(Crain, 2000). Jung은 발달의 궁극적인 목표를 자아실현(self-realization)이라고 보았다. 자아실현은 인간의 성격이 모든 면에서 조화롭게 융합하는 것을 의미한다.

인간의 성격은 생의 전반기와 후반기에 각기 다른 방향으로 발달한다. 전반기는 35~40세까지로 외적으로 팽창하는 시기이며, 성숙의 힘에 의하여 자아가 발달하고, 외부 세계에 대처하는 능력이 발휘된다. 젊은이는 타인과 어울리며, 가능한 한 사회에서 보상을 많이 받으려고 노력한다. 경력을 쌓고, 결혼하여 가정을 이루며, 사회적으로 성공하려고 전력을 다한다. 그러기 위해서 남자는 대체로 남성적인 특성과 기술을 발전시키고, 여자는 여성적인 특성과 기술을 발전시킬 필요가 있다.

이 시기에는 어느 정도 일방성이 필요하다. 왜냐하면 젊은이는 외부 세계를 정복하는 데 자신을 바칠 필요가 있기 때문이다. 이 시기의 과제는 외부 환경의 요구에 확고하고 단호하게 대처하는 것이기 때문에, 젊은이가 자기회의, 환상, 내적 본질 따위에 지나치게 사로잡혀 있는 것은 별로 유익하지 못하다. 내향적인 사람보다 외향적인 사람이 이 시기를 보다 순조롭게 보낸다.

5) Gould의 비합리적 가정

Gould(1978)는 그가 제안한 성인발달의 일곱 가지 단계에 해당하는 남녀 524명을 대상으로 연구한 결과 성인기의 성격발달에 관한 이론을 제시하였다. 그의 이론에 의하면 성인들은 그들의 삶을 억압하는 아동기 때 획득한 비합리적인 사고에서 벗어나도록

Roger L. Gould

노력해야 한다.

Gould는 성년기를 발달에 있어서 결정적인 시기로 보았는데 그것은 이 시기에 사람들이 자신의 삶을 통제하는 법을 깨닫게 되기 때문이다. 특히, 이 시기에는 아동기에 습득한 네 가지 잘못된 가정들에 대해 의문을 제기해야 한다. 그 네 가지 가정은 다음과 같다. 첫째, 성인들은 항상 그들의 부모와 함께 살 것이다. 둘째, 부모는 일이 잘못되었을 때 혹은 원하는 방향으로 일이 진행되지 않을 때에 그들에게 도움을 주기 위해 그곳에 있을 것이다. 셋째, 부모는 항상 복잡한 현실에 대해 간단한 해결책을 제시할 수 있을 것이다. 넷째, 이 세상에 악이나 죽음은 없을 것이다.

성년기에는 이러한 가정들이 사실상 잘못된 것이라고 인지적으로는 인식하지만, 정서적으로는 이러한 환상에서 벗어날 중요한 사건이 있기 전까지 이러한 가정들이 성인기의 삶을 통제한다고 Gould는 믿는다.

이러한 잘못된 가정들이 성인기 내내 뒤얽혀 잠복하고 있음에도 불구하고 Gould는 또 다른 비합리적 사고들이 성인기 각 단계에서 발견될 수 있다고 주장한다. 성년기는 부모의 세계를 떠나는 시기(16~22세), 누구의 아기도 아닌 시기(22~28세), 자신의 내부를 들여다보는 시기(28~34세)의 세 하위단계를 포함하는데 각 하위단계는 다시 성년기에 관한 잘못된 가정을 수반하고 있다.

(1) 부모의 세계를 떠나는 시기

이 시기에 갖는 잘못된 가정은 "나는 항상 부모에게 속해 있으며 그들 세계를 믿는다"는 것이다. 사실 이 시기에는 부모의 영향이 절대적이며 성인들은 독립과 자율을 위한 노력을 하는 중이다. 또 다른 잘못된 가정은 "내가 만일 독립하게 되면 그것은 큰 불행이 될 것이다" "나는 부모의 눈을 통해서만 세상을 볼 수 있다" "오직 나의 부모들만이 나의 안전을 보장할 수 있다" 등이다. 청년들은 점차 이 환상에서 벗어나 부모가 전능한 존재가 아니며 불완전하고 오류를 지닌 인간이라고 생각하게 된다. 집을 떠나 독립을 하고, 직업을 갖게 되며, 사회적 영역을 넓히면서 성인으로서의 독립성을 확립해 나간다.

(2) 누구의 아기도 아닌 시기

이 시기의 비합리적 사고는 어떤 일을 할 때 그들 부모의 방식대로 해야 한다는 것이다. 게다가 자신이 몹시 지치고, 혼동되고, 좌절해 있으면 부모가 달려와서 올바른 길을 제시해줄 것이라고 믿는 것이다.

이러한 잘못된 가정은 성년들이 빈번하게 "절대적 안전은 전능한 부모가 제공해준다"라는 개념을 고수한다는 점에서 이전 단계와 비슷하다. 그러나 Gould는 자신의 존재에 대한 개척자로서 성인들은 그들 자신의 삶의 과정에 대한 모든 책임을 져야 하는 것을 배워야 하며, 부모의 간섭에 의존해서도 안 된다는 것을 배워야 한다고 강조한다. 그러기 위해서는 사고와 계획이 비판적, 분석적, 논리적이면서 목표지향적이 되어야 한다. 또한 인내, 의지력, 상식과 같은 특성들을 소중하게 여기며 잘못을 포용할 수 있는 능력이 필요하다.

일상생활 속에서 일어나는 당연한 결과들—예를 들어, 이 세상에서 사람의 노력이 반드시 보상을 받는 것은 아니며, 어떤 일을 하는 데 올바른 길이 반드시 하나만 있는 것이 아니라는 것—을 수용해야 한다. 이 단계의 도전을 기꺼이 받아들일 때 Gould가 주장했듯이 공상적인 힘은 현실적인 힘으로 대체된다. 그리고 우리가 우리 부모의 작은 부속물이라는 두려움이 자기확신, 유능감, 어른이 되었다는 느낌으로 대체된다.

(3) 자신의 내부를 들여다보는 시기

이 시기에서 대부분의 성인들은 부모의 집—Gould가 말하는 절대적으로 안전한 세계—밖에서 사는 경험을 8~10년 동안 해왔다. 독립적인 삶을 위한 기본 요소가 확립되고 이제 성인들은 긍지를 갖고 자기확신을 하게 된다. 그러나 "삶은 단순하며 통제가 가능하다"라고 하는 이 시기의 잘못된 가정에 도전해야 한다.

이 시기에는 자신에 대한 깊이 있는 분석이 필요하다. 면밀히 검토해 보면 인생이 상상했던 것만큼 단순하거나 질서정연하지 않고, 오히려 복잡하고 당황스러우며 우리가 원하는 꿈이 그냥 바라고 소망한다고 해서 실현되는 것이 아니라 바람보다는 더 직접적인 경로를 통해 꿈이 실현된다는 것을 인식하게 된다. 이러한 인식은 성인들이 환멸을 버리고 성인으로서의 삶을 살아가기 위해 마땅히 해야 할 일에 대한 현실적인 관점을 가질 수 있게 해준다.

제10장

가족생활

성년기에는 대부분의 사람들이 결혼을 하고 자녀를 낳아 가족을 형성하게 된다. 가족은 사회를 이루는 기초 집단으로서 인간의 발달과정에서 없어서는 안 될 중요한 요소이다. 오늘날 사회가 커다란 변화를 겪으면서 가족의 기능이 많이 축소되고 변하고 있지만, 아무리 사회가 발전한다 해도 가족의 기능을 완전히 대행할 만한 새로운 사회조직은 생겨나지 않을 것이다.

가족의 형성과 발달에 있어 사랑은 중요한 비중을 차지한다. 사랑은 우리 인생에서 대단히 중요한 요소이며, 배우자 선택과 결혼에서도 매우 중요한 역할을 한다. 배우자를 선택하는 문제는 이후 인생의 행복을 결정하는 가장 중요한 의사결정 과정이다. 여러 학자들이 행복한 결혼생활을 위해 배우자 선택에서 고려해야 할 여러 가지 요인들을 제시하고 있다.

이 장에서는 가족의 의미, 사랑의 이론, 사랑의 유형, 배우자 선택과 결혼, 이혼과 재혼 등에 관해 알아보고, 가족구조의 변화 때문에 생겨나는 독신가족, 동거가족, 무자녀가족, 편부모가족, 계부모가족 등에 관해 살펴보고자 한다.

1. 가족의 의미

가족은 인간의 성장발달에서 매우 중요한 역할을 한다. 우리는 누구나 가족의 사랑과 보호를 받으면서 성장하고, 여러 가지 생활규범을 배우고 익히며, 사회생활에 적응할 수 있는 능력을 기른다. 가족은 가족 구성원들이 최초로 경험하는 사회이며, 생활공동체이다. 또한 가족 구성원들은 경제적인 협동체를 이루며, 공동의 목표를 위해 가사를 서로 분담하고 협력하면서 유대를 강화하고, 친밀한 인간관계를 유지한다.

1) 가족의 정의

가족은 일반적으로 혼인관계로 맺어진 부부와 혈연관계로 맺어진 그 자녀들로 구성되는 사회의 기본 단위이다. 유영주(1996, p. 24)는『신가족관계학』에서 가족의 정의를 다음과 같이 내리고 있다. "가족이란 부부와 그들의 자녀로 구성되는 기본적인 사회집단으로서, 이익관계를 떠난 애정적인 혈연집단이고, 같은 장소에서 기거하고 취사하는 동거동재(同居同財) 집단이며, 그 가족만의 고유한 가풍을 갖는 문화집단이라고 할 수 있다. 또한 가족생활을 통하여 인간의 기본적 인성이 형성되므로 인간발달의 근원적 집단이기도 하다."

한편, Comte는 가족의 특성을 다음과 같이 정의하고 있다(윤근섭, 1995). 첫째, 가족은 성과 혈연에 의한 결합체이다. 가족의 구성요소는 혼인관계로 결합한 부부이다. 이들은 자녀를 출산하여 자녀와 혈연관계를 이루고 공동생활을 한다. 둘째, 가족은 애정에 의한 결합체이다. 부부의 결합은 애정을 기반으로 하며, 부부 사이에 출생한 자녀들을 애정을 바탕으로 양육한다. 따라서 가족은 상호이해와 봉사, 자연발생적 사랑으로 이루어진 애정의 결합체이다. 셋째, 가족은 생활공동체이다. 가족은 '집'이라는 정해진 주거지에서 함께 생활한다. 또한 의식주를 위한 경제적 생활, 즉 생산, 소비, 가계를 공유함으로써 진정한 가족생활을 유지할 수 있다. 넷째, 가족은 운명공동체이다. 사람은 출생과 더불어 가족에 소속되고, 가족 구성원으로서 그 위치와 역할을 부여받는다. 가족은 하나의 독특한 생활문화를 갖고, 운명공동체의 목적을 수행하면서 가족 구성원의 사고와 행동에 많은 영향을 미친다.

2) 가족의 기능

가족은 사회를 구성하는 기본 단위인 동시에 가족 개개인을 결속시키는 집단이라는 성격을 지니고 있으므로, 가족원에 대한 기능과 사회에 대한 기능을 동시에 수행한다. 가족의 기능은 그 유형에 따라 고유 기능, 기초 기능, 파생 기능으로 나눌 수 있다.

(1) 고유 기능

고유 기능 중 가족원에 대한 대내적 기능으로는 성 · 애정의 기능과 생식 · 양육의 기능을, 사회 전체에 대한 대외적 기능으로는 성의 통제와 종족보존의 기능을 들 수 있다. 가족은 남녀의 사랑을 기초로 한 결혼을 통해 이루어지고, 가족구성의 중심이 되는 부부는 성생활을 영위함으로써 성적 욕구를 충족시킨다. 부부간의 성생활의 결과로 자녀를 출산하게 되는데, 자녀를 출산하는 생식의 기능은 가족이 갖는 고유하고도 가장 중요한 기능이다.

(2) 기초 기능

기초 기능이란 경제적 기능을 말한다. 경제적 기능은 대내적으로는 생산과 소비의 기능이며, 대외적으로는 노동력을 제공하고, 국민경제에 기여하는 기능이다. 생산 기능은 생활 필수품을 가정에서 만드는 자가생산과 고용노동과 임금획득을 통해 생필품을 조달하는 경우를 모두 포함한다. 소비 기능은 가정에서 생활물자를 소비하는 기능을 말한다.

(3) 파생 기능

파생 기능이란 고유 기능과 기초 기능에서 파생한 기능을 의미하며, 부차적 기능이라고도 한다. 파생 기능의 대내적 기능으로는 교육과 사회화, 보호, 휴식, 오락, 종교 등의 기능을 들 수 있으며, 대외적 기능으로는 문화전달 기능과 사회 안정화 기능 등이 있다.

사회가 변화함에 따라 현대가족 기능의 일부는 변하고 축소되었지만, 인류 사회가 존속하는 한 가족의 기능은 소멸될 수 없을 것이다. 왜냐하면 인간의 기본적인 욕구를 충족시키기 위한 사회집단은 가족뿐이기 때문이다.

3) 가족생활주기

한 개인의 삶이 연령의 증가에 따라 일정한 단계를 거쳐 형성되는 것처럼 한 가족이 변화되어 가는 모습 또한 일련의 특정한 발달유형을 나타낸다. 이러한 가족의 발달단계를 가족생활주기라고 한다.

가족생활주기의 단계를 구분하는 관점은 학자에 따라 다르지만 그중 대표적인 것이 Duvall(1977; Duvall & Miller, 1985)의 이론이다. 그는 결혼으로 가족이 형성되는 시기를 기점으로 하여 가족이 확대되는 5단계와 그 이후 가족이 축소되는 3단계를 합해 8단계 가족생활주기 이론을 주장했는데 그 내용은 다음과 같다. ① 무자녀기, ② 자녀 출산기, ③ 학령전 아동기의 가족, ④ 학령기 아동기의 가족, ⑤ 십대 청소년 자녀의 가족, ⑥ 자녀 진수기, ⑦ 중년기 가족, ⑧ 노년기 가족이 그것이다.

Brent C. Miller

우리나라에서는 유영주 등(1990)이 우리나라의 가족 특성에 맞추어 아래와 같이 6단계로 구분하였다. 이와 같은 가족생활주기의 이론들은 개념적으로 전생애발달이론과 밀접한 관련이 있다.

① 가족형성기: 결혼으로부터 첫 자녀출산 전까지 약 1년간
② 자녀출산 및 양육기: 자녀출산으로부터 첫 자녀가 초등학교에 입학할 때까지
③ 자녀교육기: 첫 자녀의 초등학교, 중학교, 고등학교 교육 시기
④ 자녀 성년기: 첫 자녀가 대학에 다니거나 취업, 군복무를 하는 시기
⑤ 자녀 결혼기: 첫 자녀의 결혼으로부터 막내 자녀의 결혼까지
⑥ 노년기: 막내 자녀의 결혼으로부터 배우자가 사망하고 본인이 사망할 때까지

2. 가족의 형성

1) 사랑

사랑이 무엇인지 모르는 사람은 없지만 사랑에 대해 명확한 정의를 내릴 수 있는 사

람 또한 드물다. 이처럼 사랑은 정의하기가 매우 어려운 개념이지만 우리 인생에서 매우 중요한 관계의 기초가 된다.

우리는 누군가를 사랑하기를 원하며, 그리고 누군가로부터 사랑받기를 원한다. 그러나 사랑의 양면성으로 인해 사랑에는 위험부담이 따른다. 사랑으로 인해 극도의 황홀감을 맛보기도 하지만 극심한 고통을 경험하기도 한다. 그럼에도 불구하고 대부분의 사람들은 기꺼이 이러한 위험을 감수하려고 든다.

연령이 증가하면서 사랑의 모습은 변하지만 시간이 지나도 변하지 않는 몇 가지 측면이 있다. 〈그림 10-1〉은 연령에 따라 사랑의 구성요소가 어떻게 달라지는지 발달적 변화를 보여준다. 전반적으로 젊은이들에게는 열정이 중요한 반면, 노인들에게는 정서적 안정감과 성실성이 중요하다. 홍미롭게도 성적 친밀감은 성년기와 중년기에 똑같이 중요한 것임을 보여준다. 한 가지 주목할 것은 사랑의 구성요소의 중요도 순위가 모든 연령집단에 동일하다는 것이다. 즉, 구성요소 하나하나의 비중이 연령에 따라 조금씩 달라지기는 하지만 전반적인 중요성은 연령에 따라 변하지 않는다는 것이다.

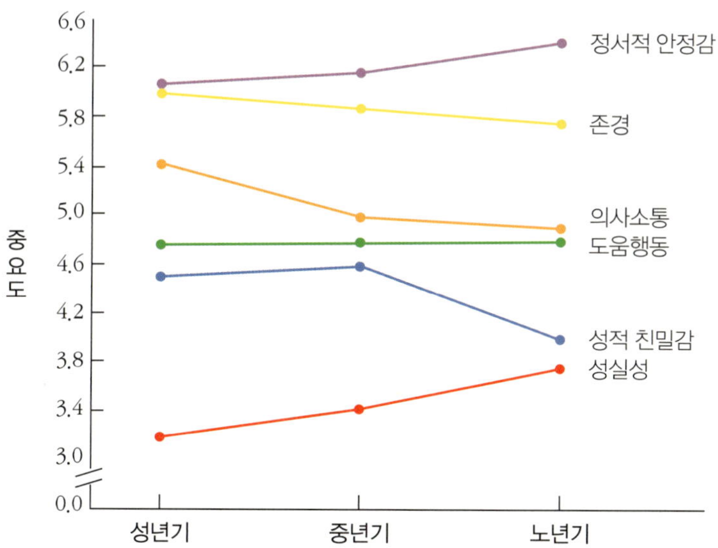

〈그림 10-1〉 사랑의 구성요소의 발달적 변화

출처: Reedy, M. N., Birren, J. E., & Schaie, K. W. (1981). Age and sex differences in satisfying love relationships across the adult life span. *Human Development, 24*, 52-66.

(1) 사랑의 이론

① Sternberg의 세모꼴이론

Sternberg(1986b, 2006, 2018)에 의하면, 사랑에는 세 가지 구성요소가 있는데 친밀감, 열정, 책임이 그것이다. 친밀감(intimacy)은 사랑의 정서적 요소로서 누군가와 '가깝게 느끼는 감정'이다. 친밀감은 상호이해, 격의 없는 친밀한 대화, 정서적 지원 등을 포함한다. 친밀감은 물론 남녀 간의 사랑에서뿐만 아니라 친한 친구 사이나 부모와 자녀 간에도 존재한다.

Robert J. Sternberg

열정(passion)은 사랑의 동기유발적 요소로서 신체적 매력, 성적 욕망 등을 포함한다. 열정은 일반적으로 사랑을 느끼는 순간 맨 처음 나타나는 사랑의 구성요소이지만, 오래된 관계에서는 맨 먼저 사라지는 요소이기도 하다. 열정은 남녀 간의 사랑에서만 존재한다.

책임(commitment)은 인지적 요소로서 관계를 유지하기 위한 약속이며, 관계를 지속시켜야 한다는 책임감이다. 열정은 나타났다가 사라졌다가 하는 것이며, 모든 관계는 만족스러울 때도 있고, 불만족스러울 때도 있다. 우리가 결혼서약에서 "즐거울 때나 괴로울 때나, 건강할 때나 아플 때나 평생 신의를 지키며 상대방을 사랑하겠느냐?"라는 질문에 "예"라고 대답하는 것이 바로 이 책임이다.

Sternberg(1986b)는 그의 이론을 사랑의 세모꼴이론이라고 부른다. 〈그림 10-2〉는 Sternberg의 사랑의 세모꼴을 나타낸 것이다. 〈그림 10-3〉은 친밀감, 열정, 책임의 정도에 따라 서로 잘 어울리는 쌍과 그렇지 못한 쌍의 예들이다. (a)에서는 두 남녀의 친

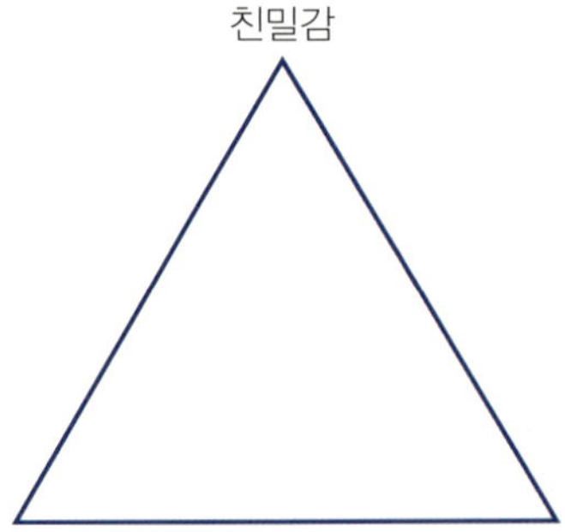

〈그림 10-2〉 Sternberg의 사랑의 세모꼴

Janet S. Hyde

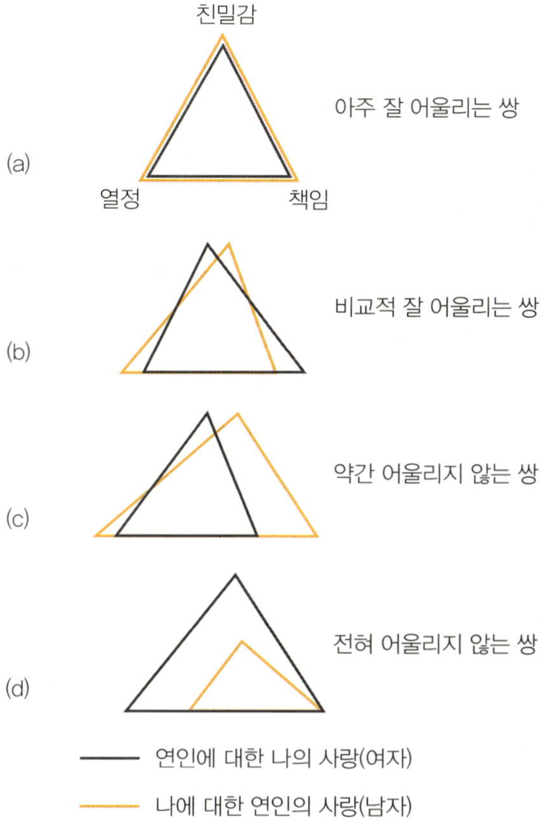

John DeLamater

〈그림 10-2〉 잘 어울리는 쌍과 잘 어울리지 않는 쌍들의 예

출처: Hyde, J. S., & DeLamater, J. (2000). *Understanding human sexuality* (7th ed.). Boston: McGraw-Hill.

밀감, 열정, 책임의 수준이 비슷함을 알 수 있다. 따라서 이 두 남녀는 아주 잘 어울리는 쌍이다. (b)는 비교적 잘 어울리는 경우이고, (c)는 약간 어울리지 않는 경우이다. (d)는 전혀 어울리지 않는 경우로서 남녀 모두 같은 정도의 책임수준을 보여주고 있다. 하지만 여자의 경우가 남자보다 친밀감과 열정수준이 훨씬 더 높다.

② 사랑의 애착이론

출생 초기의 부모와의 애착관계를 통해서도 사랑을 개념화하기 위한 시도가 이루어졌다. 이러한 시도에서는 우리 인간이 최초로 경험하는 사랑의 형태인 부모와의 애착관계에 초점을 맞추고 있다. 애착이라는 개념은 영아기의 부모자녀관계에만 적용되는 것이 아니라, 성장 후 이성과의 애정관계 및 다양한 인간관계에 영향을 미친다. 출생 초기의 애착이 전생애에 걸쳐 계속적으로 영향을 미친다는 관점은 Bowlby(1969)의

John Bowlby

Marry Ainsworth

내적 작동모델(internal working model)에 그 근거를 두고 있다. 내적 작동모델은 영아가 양육자에 대한 반응성과 접근가능성을 바탕으로 자신과 타인에 대해 형성한 정신적 표상을 의미한다. 자신에 대한 표상은 자신이 가치 있고 사랑받을 만한 사람인가에 대한 것이며, 타인에 대한 표상은 도움이 필요한 상황에서 자기가 애착을 형성한 대상이 의지하고 믿을 만한 사람인가에 대한 표상이다. Bowlby는 어린 시절 부모와의 관계를 통해 어떠한 유형의 애착관계를 형성하였는가에 따라 상이한 내적 표상이 형성될 것이고, 이는 이후의 애착관계 형성에 기초가 된다고 보았다. 나아가 일단 형성된 내적 표상은 이후의 애착관계에 지속적으로 영향을 미쳐 내적 표상을 확신시켜주는 사회적 관계를 형성하게 되고 배우자를 선택하게도 된다는 것이다.

Hazan과 Shaver(1987)는 유아기 애착에 대한 Ainsworth(1979)의 애착유형 연구에 근거하여 성인기의 애착양식을 세 가지 유형으로 분류하였다. 첫째, '안정애착' 유형은 자신이 사랑받을 만한 가치가 있고 자신이 원할 때 도움을 줄 수 있는 외부 세계를 가지고 있다는 내적 표상이 형성된 유형이다. 이들은 쉽게 타인과 친밀한 관계를 유지하고 상호 의존적이며 상대방으로부터 버림받을까 두려워하지 않는다. 반면, '회피애착'유형은 자신의 가치와 필요할 때 도움을 줄 외부 세계에 대한 내적 표상이 불확실한 유형을 의미한다. 이들은 타인과 너무 가까워지는 것을 두려워하고, 쉽사리 상대방을 믿거나 의지하지 못한다. 세 번째 유형인 '불안애착' 유형은 자신이 사랑받을 만한 가치가 없고 필요할 때 타인으로부터 도움을 받을 수 없다는 내적 표상이 형성된 유형이다. 이들은 자신은 상대방과 가까워지기를 간절히 바라지만 상대방은 그에 상응하지 못한다고 생각한다. 그래서 상대방이 자신을 진심으로 사랑하지 않을까 봐 걱정하며 관계에 자신이 없어 한다.

이처럼 상이한 애착 유형에 따라 사랑을 경험하는 방식에서도 차이를 보이게 된다. 안정애착 유형은 자아존중감이 높고 타인에게도 긍정적인 생각을 가지고 있으므로 상호 간에 친밀하고 신뢰할 수 있는 관계를 형성하는 반면, 회피애착 유형은 친밀감에 대한 회피나 공포반응을 보이는 것으로 나타났다. 또한 불안정애착 유형은 정서적으로 의존적이고 상대방에게 강박적으로 몰두하는 경향을 보였다(Feeney & Noller, 1990;

Hazan & Shaver, 1987).

Hazan과 Shaver(1987)의 연구에서 성인의 53%가 안정애착, 26%가 회피애착 그리고 20%가 불안애착의 유형인 것으로 나타났다. 그리고 354명의 연인들을 대상으로 성인의 애착 유형을 조사해본 연구(Kirpatrick & Davis, 1994)에서는 반 이상이 두 사람 모두 안정애착 유형이었고, 10%의 경우는 한 사람은 안정애착 유형이지만 또 다른 사람은 회피애착 유형이었으며, 또 다른 10%의 경우는 안정애착과 불안애착의 유형에 해당하는 연인들이었다. 두 사람 모두 회피애착의 유형 또는 불안애착 유형인 경우는 한 쌍도 없었다.

③ 사랑의 화학적 성분

Michael R. Liebowitz

'첫눈에 반한다'는 사랑의 요소는 무엇인가? Liebowitz(1983)와 Fisher(1992)에 의하면, 그것은 신체의 생화학적 성분이라고 한다. 열정적인 사랑은 마치 마약에 취한 상태에서 기분이 황홀해지는 것과 같은 것인데, 사랑이나 마약은 모두 우리 신체의 특정 신경화학물질을 활성화시킨다. 이로 인해 활기가 넘치고, 행복감에 도취하며, 상대방을 미화하고, 의기양양해지는데 Liebowitz는 이 모든 것이 페닐에틸아민이라는 화학물질 때문이라고 하였다. 사랑에 눈이 멀어 판단이 흐려지는 것도 바로 이 화학물질 때문이다.

이 이론에 의하면 열정적인 사랑에 의해 생성되는 또 다른 화학물질이 엔도르핀이다. 엔도르핀은 평온, 안정, 충족감을 가져다준다. 세 번째 화학물질은 옥시토신인데 오래된 관계에서 나타난다. 이것은 신체접촉으로 자극을 받고 쾌감, 만족감으로 이어진다.

사랑의 생화학적 성분에 관한 가설을 직접적으로 검증한 연구는 별로 없지만, 이것은 수없이 많은 시나 소설에서 표현된 바 있고, 사회과학에서 관찰된 내용과도 일치하는 바가 있다.

사랑의 화학적 변화

"내 이름은 김삼순" 中

- 진헌: 민현우 씨, 어떤 사람이에요?
- 삼순: 잘 몰라요, 나두…….
- 진헌: 3년이나 연애하고 몰라요?
- 삼순: 그럼 사장님은 잘 알겠던가요? 결국은 다 자기식대로 보기 마련이에요. 사람은 …… 자기 좋을대로 해석하고 갖다 붙이고 그래서 상대방이 어떤 사람인지 죽었다 깨도 모르는 거죠.
- 진헌: 그래도 꽤 오래갔네요. 3년이면 …… 보통 유효기간이 2년인데 …….
- 삼순: 유효기간이요?
- 진헌: 남녀가 처음 사랑을 갈망할 때는 성호르몬인 테스토스테론과 에스트로겐이 분비되어 그 갈망이 지속되고 사랑에 빠지는 단계가 되면 도파민과 세로토닌이 나오고요. 세로토닌은 일시적으로 미치게 만들어요. 그다음 단계가 되면 남녀는 관계가 지속되어 더욱 밀착되어 섹스나 뭐 이런 결혼으로 발전하죠. 이때 뇌에서는 옥시토신과 바소프레신이 분비되죠.
- 2년이 지나면 사람에게서 사랑에 대한 항체가 생긴다는군. 호감이 생길 때는 도파민, 사랑에 빠졌을 때는 페닐에틸아민, 그러다가 그 사람을 껴안고 싶어지고 같이 자고 싶어지면 옥시토신이라는 호르몬이 분비되고, 마침내 엔도르핀이 분비가 되면 서로를 너무 소중히 여겨서 몸과 마음이 충만해진다는 거야. 하지만 그 모든 게 2년 정도가 지나면 항체가 생겨서 바싹바싹 말라 버린다구. 그럼 도파민이든 엔도르핀이든 모조리 끝장이고 아무것도 없이 싫증난 남자와 여자만이 있을 뿐이지.

(2) 사랑의 유형

사랑에는 여러 가지 유형이 있다. 남을 위해 희생하는 이타적 사랑, 청년기의 낭만적 사랑, 부부간의 동반자적 사랑 그리고 성적 사랑 등이 그것이다.

① 이타적 사랑(Altruistic Love)

이타적 사랑이란 사랑하는 사람의 행복에 역점을 두는 사랑이다. 즉, 타인에게 무엇인가를 제공해주는 것이 자신의 안락을 위한 것보다 더 큰 만족을 준다고 생각하고, 그로 말미암아 기쁨을 느끼는 사랑이다. 이타적 사랑에서는 자기희생이 중요한 요소가 된다. 부모(특히 어머니)의 자식에 대한 사랑은 거의 전적으로 이타적 사랑이다.

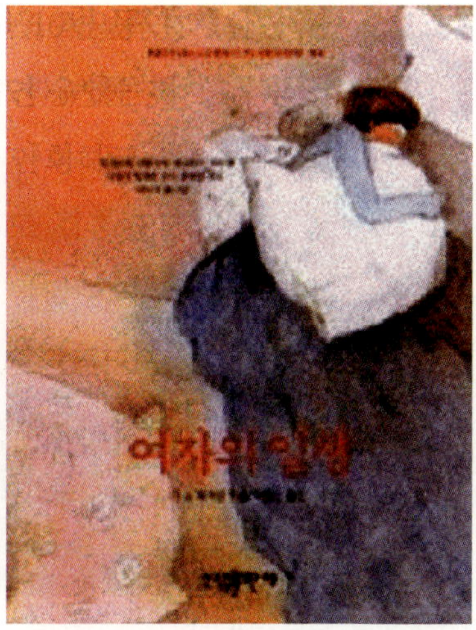

모파상의 『여자의 일생』의 주인공인 잔느의 헌신적인 행동이 이타적 사랑의 본보기라 할 수 있을 것이다. 이타적 사랑은 불평 없이 사랑하는 사람에게 봉사하고, 어떤 어려운 경우를 당하더라도 헌신(희생)하는 마음으로 견디어낸다. 이와 같이 이타적 사랑의 가장 큰 특징은 희생하고 봉사하면서도 이 모든 것에 대한 대가를 요구하지 않는다는 것이다.

② **낭만적 사랑**(Romantic Love)

사랑연구가 Ellen Berscheid(1988)에 의하면, 우리가 누군가와 "사랑에 빠졌다"라고 할 때의 사랑이 바로 낭만적 사랑을 의미한다고 한다. 청년기 사랑의 특징은 낭만적 사랑으로서 '로미오와 줄리엣'처럼 첫눈에 반하는 사랑이 이 유형에 속한다. 로미오와 줄리엣의 사랑의 비극은 양가의 반목이라는 운명적 요인도 있지만, 그보다 더 직접적인 요인은 그들의 낭만적 성격에 있다. 낭만적인 사랑은 첫눈에 반하는 것으로 시작되며, 걷잡을 수 없는 격정을 불러일으킨다(부산대학교 여성연구소, 1997).

사진 설명 첫눈에 반하는 사랑을 그린 영화, 〈로미오와 줄리엣〉

낭만적 사랑은 열정, 두려움, 분노, 성적 욕망, 질투심을 유발한다(Hendrick & Hendrick, 2019). 성적 욕망은 낭만적 사랑의 매우 중요한 요소이다(Berscheid, 2010).

낭만적 사랑의 특징은 다음과 같다. ① 이성보다 감정이 우위인 사랑으로 서로의 사랑이 숙명적, 운명적이라고 생각한다. ② 상대방을 미화한다. ③ 소유욕이 강하며 상대방에게 많은 요구와 기대를 한다. ④ 사랑 그 자체를 먼저 사랑하고, 그다음에 사랑의 대상을 사랑한다. 이처럼 낭만적 사랑은 비현실적이고 이상적이기 때문에 결혼생활에서의 낭만적 사랑은 환멸과 불행만을 초래할 뿐이다.

③ 동반자적 사랑(Companionate Love)

동반자적 사랑이란 친구와 같은 반려자적인 감정을 갖는 사랑으로서, 바람직한 부부 관계는 동반자적 사랑을 필요로 한다. 두 남녀가 처음 만나 사랑에 빠질 때에는 열정적 사랑으로 시작하지만, 관계가 지속되면서 점차 동반자적 사랑으로 옮겨간다. 열정적 사랑이 '뜨거운' 것이라면 동반자적 사랑은 '따스한' 것이다(Cimbalo, Faling, & Mousaw, 1976; Driscoll, Davis, & Lipetz, 1972).

사진 설명 부부간의 동반자적 사랑을 그린 영화, 〈황금 연못(Golden Pond)〉

동반자적 사랑의 특징은 이성적이고 감정을 억누를 수 있으며, 상대방에 대한 요구가 과도하지 않고, 현실을 그대로 받아들여 서로 협조하고 보완한다(Hatfield & Rapson, 1993). 즉, 상대방이 완벽하기를 기대하지 않고, 사랑이 모든 문제를 다 해결해주리라 믿지 않는다.

④ 성적 사랑(Sexual Love)

"사랑의 궁극적인 목표는 성적 만족이다"라는 말이 있듯이 성적 사랑은 사랑을 확인하는 방법이 될 수 있다. D. H. 로렌스의『채털리 부인의 사랑』에서 두 주인공의 관계는 서로의 성적인 경험이 깊어질수록 정신적으로도 깊어진다. 이 작품은 육체의 소중함을 일깨워 정신과 육체의 조화를 진정한 사랑의 의미로 보았다고 할 수 있다(부산대학교 여성연구소, 1997).

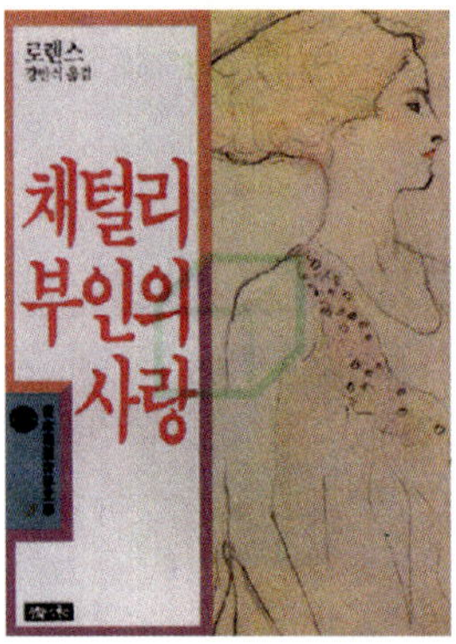

그러나 성적 사랑은 결혼한 부부간에만 허용되는 것이므로 사회적 문제를 일으키기도 한다. 사랑이 없는 성생활이나 성이 없는 결혼생활은 바람직하지 않다. 사랑과 성이 공존하는 결혼생활이 이상적인 것이다.

2) 배우자 선택

예로부터 혼인은 인륜지대사(人倫之大事)라 하였다. 혼인은 개인뿐 아니라 가족 모두에게 중대사로 인식되었고, 배우자 선택에서도 개인보다는 가족이 더 큰 권한을 갖고 있었다. 현대에 들어와 이러한 경향은 점차 개인의 선택을 중시하는 경향으로 변화

하고 있다. 어떤 형식을 취하든 혼인을 할 배우자를 선택하는 문제는 이후 인생의 행복이나 안정성을 결정하는 가장 중요한 의사결정과정이다. 배우자 선택의 중요성을 인식하고 인생의 반려인 배우자를 신중하게 결정하기 위해 배우자 선택의 기준과 그 과정 그리고 배우자를 선택할 때에 고려해야 할 점에 관해 알아보기로 한다.

(1) 배우자 선택의 유형

과거에는 배우자를 선택할 때 중매혼이 주류를 이루었으나 오늘날에는 자유혼, 중매혼, 절충혼의 세 가지 유형을 통해 배우자를 선택한다. 자유혼은 배우자 선택에서 개인의 의사가 가장 중요시되며, 배우자 선택 조건으로는 사랑이 가장 강조되는 유형이다. 자유혼에서는 가장 중요한 조건이 사랑이지만 자유혼이 보편화된 사회에서 이혼율도 높게 나타난다는 사실은 많은 시사점을 주고 있다. 사랑이 가장 중요한 조건이었기 때문에 상호 간에 사랑이 식으면 결혼생활을 더 이상 지속할 이유가 없어지게 된다는 것이다. 이는 배우자 선택과정에서 사랑을 기반으로 하되 동시에 다른 기준도 고려해야 함을 의미하기도 한다.

중매혼은 결혼을 개인과 개인의 결합이 아니라 가문과 가문의 결합으로 보기 때문에 배우자 선택에서 개인의 의사보다는 부모의 의사가 존중된다. 배우자 선택조건에서는 사회경제적 지위가 가장 중요한 역할을 한다. 자유혼과는 달리 상호 간에 이성교제의 과정을 거치지 않으므로 중매인이 중요한 역할을 하게 된다. 우리 전통사회의 배우자 선택 유형이 이에 속하며, 친족관계가 약한 서구사회를 제외하고는 가장 널리 성행한 형태이다.

절충혼은 개인의 자유의사로 배우자를 선택하고 이후에 부모의 동의를 얻거나, 중매로 배우자를 선택한 후 자유로운 이성교제를 거쳐 결혼에 이르는 형태이다. 이는 자유혼과 중매혼의 장점을 절충한 제도이지만, 부모와 자녀 간의 의견이 불일치할 경우 최종 선택권이 누구에게 있느냐에 따라 자유혼적인 성격이 강해지기도 하고, 중매혼적인 성격이 강하게 나타나기도 한다.

우리나라에서 전반적으로 배우자 선택에서 부모의 결정권은 점차 약화되는 경향을 보이고 있으며, 본인이 결정을 한 후에 부모의 동의를 받는 것이 압도적이다. 기혼자 888명을 대상으로 하여 결혼방식에 대한 조사를 한 결과(한국갤럽, 2013), 전체로는 자유혼(연애결혼)이 56%, 중매혼이 38%로 자유혼이 중매혼보다 더 많은 것으로 나타났다. 연령별로는 60세 이상에서는 중매혼이 69%, 자유혼이 29%로 중매혼이 더 높게 나타난 반면, 50대에서는 중매혼이 46%, 자유혼이 48%로 비슷한 비율로 나타났다. 40대에서는 자유혼이 69%, 중매혼이 23%로 나타났으며, 20대와 30대는 자유혼이 90%로 나타나 점차 결혼방식이 중매혼에서 자유혼으로 변하고 있음을 알 수 있다.

(2) 배우자 선택의 범위

배우자 선택을 개인의 문제가 아니라 가족의 문제 나아가 사회의 문제로 보았던 전통사회에서는 배우자 선택기준을 일정 범위 안이나 밖으로 한정하는 일종의 사회적 규제가 있었다.

① 내혼제

내혼제(endogamy)는 특정 집단이나 일정 범위 안에서 혼인상대자를 선택하는 제도로, 동일한 민족(인종), 종교, 계층 간의 혼인을 이상적인 것으로 생각한다. 연령 차이가 많거나 사회적 신분, 사회계층, 종교, 인종, 피부색, 정치적 신념 등에서 불일치하는 결혼을 대부분의 사회는 제한하거나 금기시한다. 고려조까지의 성골, 진골 간의 계급내혼제나 조선조의 양천불혼(良賤不婚) 원칙, 미국 남부 주에서 백인과 흑인 간의 결혼을 인정하지 않았던 것, 유태교에서 타 종교인과의 결혼을 인정하지 않는 것, 인도의 카스트 제도 등이 그 대표적 예이다.

② 외혼제

외혼제(exogamy)는 특정 집단이나 일정 범위 밖에서 혼인상대자를 선택하도록 하는 제도로 근친 간이나 동성동본 간의 금혼제도[1]가 그 예이다. 모든 사회는 결혼을 하기에 너무 가까운 친족 간의 결혼에 대한 근친상간의 금기를 가지고 있다. 그러나 어디까지를 가까운 혈연관계로 보는가는 문화에 따라 차이를 보인다. 혈연관계가 없어도 사

1) 우리나라의 경우 1997년 7월 16일 헌법재판소가 동성동본금혼법을 헌법 불합치 법률이라고 결정함으로써 600여 년간 지속되어 온 동성동본금혼제가 종지부를 찍게 되었다.

돈과 같은 특정한 친족과의 결혼도 금기시한다.

일반적으로 내혼의 원리는 보다 큰 범위의 집단을 규정하는 것이고, 외혼의 원리는 좁은 범위의 집단을 규정하고 있다. 이러한 규정은 급격히 변화하는 현대 사회에서 점차 완화되고 있는 추세이며, 최근에는 배우자 선택에서 개인의 자유로운 의사가 보다 존중되고 있다. 그러나 아직도 배우자의 선택은 이러한 배타적인 기준의 제약을 받아 그 사회에서 바람직하다고 생각되는 기준들의 결합에 의해 이루어지며, 그 결과 배우자 선택 관행은 각 사회의 문화적 특성을 반영하게 된다.

(3) 배우자 선택의 기준

배우자 선택에서의 사회문화적 규제와는 별도로 우리 사회에서는 배우자 선택과정에서 어떤 요인은 동일하거나 유사하기 때문에, 반대로 어떤 요인은 다르고 이질적이기 때문에 보다 쉽게 선택되고 선택받을 수 있다.

① 동질혼

혼인은 서로 다른 환경에서 자란 두 사람이 부부가 되어 공동생활을 영위하는 것이기 때문에 공통적인 기반을 갖는다는 것은 중요한 의미를 갖는다. 동질혼에서는 이러한 공통적인 기반이 안정감을 부여해주며, 서로에게 매력을 느끼게 해주므로, 상호 간에 동질적인 요인이 많을수록 배우자로 선택할 가능성이 높아진다는 것이다.

사회계층은 중요한 동질적 요인으로 작용한다(김미숙, 김명자, 1990). 직업이나 수입이 유사한 사회계층은 생활방식이나 가치관을 공유하므로 상호 간에 배우자로 선택하고 선택받을 가능성이 높다. 결혼적령기의 남녀에게는 교육상의 성취와 계획이 미래의 직업 및 사회적 지위를 예측하는 가장 중요한 요인으로 작용한다. 일반적으로 남성보다 여성이 결혼을 통한 지위향상을 더 원하는 경향을 보이므로, 여성은 교육수준이 자신과 같거나 다소 높은 남성과 결혼하려는 경향을 보인다(김양희, 1992).

연령도 중요한 동질적 요인 가운데 하나이다. 특별한 경우를 제외하고는 연령차이가 많이 나는 것보다 동일한 연령집단 내에서 배우자를 선택하려는 경향을 보인다(정기원, 이상영, 1992). 동일한 연령집단 내에서의 배우자 선택은 상호 간에 공감대를 형성하는데 용이하며 세대차의 문제도 적게 경험한다.

종교도 중요한 동질적 요인 가운데 하나이다(김미숙, 김명자, 1990). 종교가 다른 경우 결혼을 꺼리는 경향이 있으며, 실제로 종교가 다른 경우 같은 경우보다 이혼율도 높게

나타났다. 즉, 연령이나 학력 차이가 적고, 종교가 일치하며, 사회계층이 유사할수록 배우자로 선택할 가능성은 높아지고 결혼에서의 안정성도 높게 나타난다(이경애, 1993).

대부분의 사람들은 성공하고, 잘생기고, 사회적 능력이 있고, 장래가 촉망되고, 매너 있는 사람과 결혼하기를 희망한다(사진 참조). 그러나 이러한 기대와는 달리 대부분의 사람들은 자신과 여러 가지 조건이 유사한 사람과 결혼하게 되며, 이러한 동류혼적 원리는 누구도 손해보았다는 느낌을 덜 받는 가장 안정되고 균형 잡힌 배우자를 선택하게 한다.

② 이질혼

동질혼과는 달리 이질혼에서는 서로의 성격이나 욕구가 다르다는 것이 보완적 역할을 하여 서로에게 매력을 느끼고 배우자로 선택하게 된다. 지배적인 성격을 가진 사람이 순종적인 배우자를 선택하고, 성취동기가 높은 사람이 대리성취욕구가 강한 배우자를 선택하는 것처럼 서로 반대되는 이질적 요인에서 상호 간에 매력을 느끼고 배우자로 선택하게 된다. 인간은 자아결핍에 대한 끊임없는 보상심리가 있기 때문에, 서로 반대되는 이질성에서 상대방에게 매력을 느끼게 된다.

배우자를 선택하는 데 있어서 유사성은 중요한 부분이다. 생활수준이나 성장환경 등 여러 측면에서 너무 다르다면 서로를 이해하는 데 어려움이 생길 수 있다. 이는 원자들이 서로 부족한 전자를 공유하여 전자쌍을 안정되게 형성하는 '공유결합'과도 같다. 반면, 지나치게 닮은 것도 결합력이 약해진다. 혼자였을 때나 함께 있을 때나 별 차이가 없다면 밋밋해질 수밖에 없다. 그러므로 적당한 정도의 상호의존적인 부분이 필요하다. 이는 한쪽은 남는 전자를 내어 주고 한쪽은 부족한 전자를 받아들여 안정되는 '이온결합'에 비유할 수 있다. 일반적으로 배우자는 서로 공감할 수 있는 유사성과 서로 자극을 받을 수 있는 이질성을 함께 지니는 것이 이상적이라고 한다.

(4) 배우자 선택의 과정

배우자 선택은 사회적 규제범위나 특정한 요인을 근거로 하여 즉흥적으로 이루어지는 것이 아니다. 배우자 선택과정에서 각 개인은 자신에게 가장 적합한 최상의 배우자를 선택하기 위해 복잡한 심리적 의사결정 과정을 거치게 된다. 배우자 선택의 의사결정 과정에서 어떠한 과정을 거치는가에 대한 통합적인 설명은 불가능하지만, 이를 설명하고자 시도했던 여러 이론적인 관점을 살펴보면 다음과 같다.

① **동질성이론(Homogamy Theory)**

동질성이론에서는 배우자 선택에서 가장 큰 영향을 미치는 요인은 상호 간의 유사성(사진 참조)이라고 한다. 연령이나 교육수준, 사회계층, 종교, 인종, 가치관 등에서의 유사성이 배우자 선택에 영향을 미친다는 것이다.

가장 중요한 사회적 결합으로 간주되는 결혼의 경우, 사회적 지위에서 차이가 많이 나는 남녀일수록 그들의 결혼 가능성은 낮아진다고 볼 수 있다. 그 결과 사회적 지위에 따라 선택혼이 이루어지며, 전반적으로 한국 사회에서는 동질혼이 주류를 이루고 있다.

② **보완욕구이론(Complementary Needs Theory)**

보완욕구이론에서는 비슷한 특성보다는 서로 보완해줄 수 있는 특성이 배우자 선택에서 가장 큰 영향을 미치는 요인이라고 한다. 특정 분야에 높은 성취욕구를 가지고 있는 사람은 그렇지 않은 대리성취형의 상대를 배우자로 선택하는 경향이 있으며, 지배적인 성격은 의존적인 성격의 소유자를, 외향성의 성격을 가진 사람은 내향성의 성격을 가진 상대를 선택하는 경향이 있다.

그러나 기혼자들을 대상으로 하여 자신과 배우자의 성격의 유사성과 보완성에 대해 연구한 결과, 성격이 유사한 경우(57.1%)가 다르다고 한 경우(42.9%)보다 더 많은 것으로 나타났다(정민자, 1987).

③ **교환이론(Exchange Theory)**

배우자 선택은 일종의 교환과정으로 설명할 수 있다. 사람들은 배우자 선택과정에서 비용(cost)보다는 더 많은 이득(benefit)을 얻으려 하는 경향이 있으며, 그 결과 자신에게 가장 많은 보상을 주는 사람을 배우자로 선택하게 된다는 것이다. 교환과정에서

비용이나 보상은 시대나 사회에 따라 차이가 있지만, 일반적으로 사회계층이나 신체적 매력, 직업, 학벌 등에서 자신이 가진 자원이나 자질이 많다고 생각하는 사람은 자신과 유사한 가치를 가진 상대를 선택하려 한다는 것이다. 재벌가 상호 간의 혼인이나, 전문직을 가진 남성에게 혼수로 열쇠 몇 개라는 우리의 혼인 풍속은 바로 결혼이 두 집안 사이의 거래라는 관념이 크게 작용하는 교환의 한 예로 볼 수 있다.

또한 여성은 주로 배우자 선택에서 남성의 경제적 능력을 중요한 보상요인으로 생각하고, 남성은 여성의 외모를 중시하는 것도 경제적 능력과 외모의 교환으로 설명할 수 있다. 배우자 선택 시 남녀 모두 성격을 가장 중요시하는 것으로 나타났으나 성격 다음으로 중요하게 생각하는 요인으로는 남성은 외모를, 여성은 경제적 능력을 꼽아 결혼에 관한 고전적인 도식이 여전히 성립되고 있음이 드러났다.

최근 결혼정보회사의 관행도 이에서 크게 벗어나지 않는다. 결혼정보회사는 많은 사람을 회원으로 가지고 있으면서 그들 간에 희망하는 요소를 갖춘 사람끼리 연결시켜 준다는 만남 주선 프로그램이다. 이처럼 결혼을 원하는 남녀를 소개시켜주는 과정에서 학벌, 재산, 외모 등의 기준에 의해 노골적으로 사람을 점수화, 정형화하여 상품성이 낮은 회원과 높은 회원으로 구분하여 차별 대우를 하는 것은 바로 이러한 교환가치에 근거한 것으로 해석할 수 있다.

④ 여과이론(Filter Theory)

배우자 선택의 과정을 일련의 여과과정으로 보는 심리학적 접근법도 있다. Kerchoff와 Davis(1962)는 배우자 선택이 단순히 사회적 배경의 유사성이나 보완욕구에 의해 결정되는 것이 아니라 일련의 여과망을 거치면서 이루어진다고 보았다. 이러한 관점을 보다 발전시켜 하나의 모형을 제시하고 있는 Udry(1971)는 두 사람의 관계에서 시작하여 결혼에 이르기까지 여섯 개의 여과망을 거치면서 대상이 좁혀져 배우자를 선택하게 된다고 하였다(〈그림 10-4〉 참조).

J. Richard Udry

첫째, 근접성(propinquity)의 여과망을 통하여 가능한 모든 대상 가운데 지리적으로 가깝고, 만날 기회와 상호작용의 가능성이 많은 사람들로 그 대상이 제한된다. 둘째, 매력(attractiveness)의 여과망을 통하여 상호매력을 느끼고 끌리는 사람들로 그 대상은 다시 좁혀진다. 매력을 느끼는 요인은 개인차가 있지만 성격, 외모, 능력 등이 주요 요인이 된다. 셋째, 사회적 배경(social

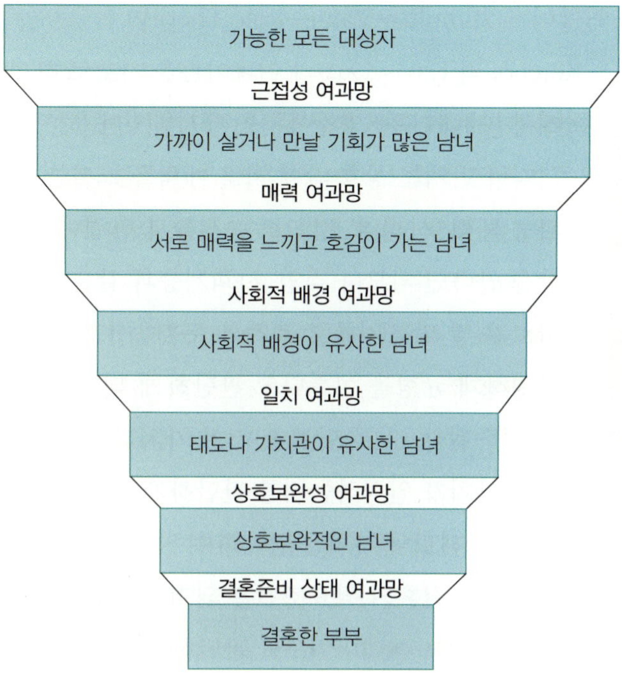

〈그림 10-4〉 배우자 선택의 여과이론

출처: Udry, R. (1971). *The social context of marriage*. New York: Lippincott.

background)의 여과망을 통하여 인종, 연령, 종교, 직업, 교육수준 등의 사회적 배경이 유사한 사람들로 더욱 범위가 축소된다. 이 과정은 당사자보다는 부모에 의해 더욱 강조된다. 넷째, 상호일치(consensus)의 여과망을 통하여 인생관이나 결혼관 등 주요 문제에 대하여 동일한 가치관이나 견해, 태도를 가진 사람들만 남게 된다. 다섯째, 상호보완(complementarity)의 여과망을 통하여 상호 간의 욕구와 필요를 서로 충족시켜줄 수 있고, 단점을 보완해 줄 수 있을 때 결혼 가능성은 높아진다. 마지막으로 결혼준비 상태(readiness for marriage)의 여과망을 통과함으로써 비로소 결혼에 이르게 된다. 결혼에 대한 부모나 사회의 압력, 결혼에 대한 욕구 등이 결혼준비 상태에 영향을 주게 되며, 병역을 마치거나 취직을 하는 등 결혼에 적절한 준비가 갖추어져야 실제적으로 결혼준비 상태에 이르게 된다.

〈그림 10-4〉에서 나타난 바와 같이 이러한 여과과정의 초기에는 유사한 특성이 보다 중요하며 후기로 갈수록 상호보완적인 요인의 영향을 크게 받는다는 것을 알 수 있다. 그러므로 유사한 사회적 특성을 갖지 못한 남녀는 초기에 관계가 형성되기 어렵고 상호보완적인 요인을 갖지 못한 경우에는 궁극적으로 이루어지기 어렵다.

⑤ 자극-가치-역할이론(Stimulus-Value-Role Theory)

Murstein(1970)은 Kerchoff와 Davis(1962)의 여과이론을 기초로 하여 배우자 선택과정에서 자극-가치-역할이론을 제시하였다.

Bernard Murstein

자극 단계는 상호 간에 서로 매력을 느끼는 단계로 이는 상대방의 신체적, 사회적, 정신적 속성들과 관련이 있다. 우리가 배우자감을 만나면 외모나 직업, 사회계층과 같은 외적 특성에 기초하여 서로가 잘 맞을지를 검토하게 된다. 서로가 가진 자극 속성들이 공평하게 균형을 이룬다고 판단하게 되면 서로에게 끌리고 관계가 지속된다. 자극 단계를 거쳐 가치 단계로 옮아가면 서로의 태도나 가치가 일치하는지를 판단하게 된다. 직업, 종교, 생활방식, 자아실현 등에 대한 상대방의 태도나 가치를 탐색하여 서로의 가치가 일치하면 다음 단계로 진전된다. 가치의 일치는 결혼의 필요조건은 되지만 충분조건은 될 수 없기 때문에 다음 단계에서는 역할의 조화(role fit) 여부를 판단하는 과정이 필요하다. 역할 단계에서는 상호 간에 역할에 대한 기대가 자신의 욕구나 성향과 일치하는가를 점검하게 된다. 상호 간에 역할기대가 일치하고 이를 수행할 능력이 있다고 생각되면 결혼으로 발전되며, 그렇지 못한 경우 관계는 종결된다. 이상의 세 단계는 연속적으로 단계적으로 이루어지기도 하지만 반드시 순서대로 진행되는 것만은 아니며 동시에 세 단계가 이루어질 가능성도 있다.

(5) 배우자 선택과 영향요인

배우자 선택과정에서 나타나는 이러한 심리적 과정과는 별도로, 실제로 배우자를 선택할 때 가장 중요하다고 생각하는 기준으로는 미혼 남녀 모두 1순위로는 성격을 꼽았으나 2순위로는 남자는 외모, 여자는 능력을 선택하였다. 그러나 우리나라 결혼정보회사의 조사자료(선우리서치, 2001)에 따르면 실제 배우자 선택에서 일차적으로 고려하는 요인은 연령, 학벌, 직업, 가정배경, 장래성, 외모 등이며, 이러한 조건에서 벗어나면 아예 만남 자체가 이루어지지 않는다고 보고하고 있다. 이러한 만남을 통해 어느 정도 상대방에 대해 호감을 갖게 되면 그 이후에 성격이나 기타 부모나 친구의 지지, 출신지역이나 취미 등의 요인들이 영향을 미치게 된다고 한다. 이는 막연하게 생각하던 배우자의 선택기준이 실제로 선택을 해야 할 시점에서는 보다 구체화되고 교환론적인 관점이 상당한 영향을 미치고 있음을 보여주는 것이다.

한편, 결혼정보회사 듀오가 서울대학교 심리학과 최인철 교수와 공동 운영하는 듀오휴먼라이프연구소에서 미혼남녀가 생각하는 결혼인식을 조사 및 연구하여 '2016년 이상적 배우자상'을 공개하였다. 조사결과, 미혼남녀가 꼽은 이상적 배우자 선택 기준은 '성격(34%)' '외모(12.8%)' '경제력(11.7%)' '직업(8.1)%' '가정환경(7.7%)' 순으로 집계되었다.

미혼남성은 이상적 배우자의 선택 기준으로 여성의 '성격(34.7%)'을 가장 많이 선택했으며, '외모(17.5%)' '가치관(7.2%)' '경제력(6.8%)' '직업(6.2)%'등의 순으로 중요하게 생각한 것으로 확인되었다. 반면, 미혼여성은 남성의 '성격(33.3)' '경제력(16.5%)' '직업(9.9)%' '가정환경(9.3%)' '외모(8.1%)'등의 순으로 중요하게 생각한 것으로 나타났다.

성격은 결혼을 직접 눈앞에 두지 않은 대학생 집단에서는 가장 중요한 요인으로 간주되지만 이는 일단 중요한 요인들 간에 일치가 이루어진 경우에 한정된다. 중요하게 비중을 둔 요인들에서 벗어나면 성격은 고려할 기회도 갖지 못하는 것이다. 그러나 다른 조건이 모두 적합하다고 판단되는 경우에 마지막으로 배우자를 선택하는 데 있어 성격은 결정적 요인으로 작용한다(이동원, 1988; 홍달아기, 2003). 남녀 모두에게서 성격이 배우자 선택에서 제1의 조건임은 공통적으로 나타나는 현상이지만 이는 평가가 쉽지 않다는 점에서 문제가 된다.

다음으로 경제적 능력은 교육수준과도 밀접한 관련이 있다. 교육수준은 이후의 사회경제적 지위를 예측할 수 있는 중요한 변수로서 일반적으로 남성은 자신과 동등하거나 낮은 수준의 배우자를 선택하고 여성은 자신과 동등하거나 높은 교육수준의 배우자를 선택하려는 경향이 있다(김경신, 김오남, 윤상희, 1997). 그러나 최근에는 남녀 모두 배우자의 교육수준을 '자신과 같은 수준'으로 응답하는 비율이 높게 나타나고 있다. 이는 현대사회가 여성의 사회활동을 장려하고 남성도 맞벌이를 원함에 따라 과거에 비해 배우자의 능력을 중시하는 것으로 볼 수 있다(홍달아기, 2003). 이러한 현상은 Toffler(1980)의 견해와도 일치하는 것이다. Toffler는 자신의 저서『제3의 물결(The Third Wave)』에서 제1의 물결시대에서는 배우자 선택에서 건강이 최우선되었지만, 제2의 물결시대에서는 가정의 기능이 상당 부분 사회로 이전됨에 따라 심리적 기능이 보다 중시되어 사랑이 가장 중요한 요인이라고 하였다. 제3의 물결시대에서는 두뇌의 명석함, 성실, 책임감이 배우자 선택에서 가장 중요한 요인이 될 것이라고 예측하였다. 또한 여성보다 남성의 경제적 능력이 보다 중요

Alvin Toffler

시되는 요인이라는 점은 아직도 남성과 여성의 역할에 대한 전통적 기준이 적용되고 있음을 보여주는 예이다.

남성의 경제적 능력만큼 여성의 외모는 배우자 선택에서 중요한 영향요인 가운데 하나인 것으로 나타나고 있다. 외모는 첫눈에 반하는 감정을 불러일으킬 수 있는 단일요인으로서 배우자 선택을 설명할 수 있는 가장 강력한 요인이 되기도 한다.

(6) 배우자 선택 시 고려할 점

행복한 결혼생활을 위해 배우자 선택에서 고려해야 할 요인들은 무엇일까? 여러 학자들이 배우자 선택에서 고려해야 할 여러 가지 사항들을 제시하고 있는데, 이러한 관점들을 종합해보면 다음과 같다.

① 결혼은 냉혹한 현실생활이므로 두 사람의 사랑만 있으면 모든 것이 잘될 것이라는 생각은 잘못된 것이다.
② 애정, 존경, 신뢰감 등이 수반되지 아니하고 단지 성적 매력만으로는 그 관계가 오래 지속되지 않는다.
③ 인생관이나 가치관이 서로 조화될 수 있어야 한다.
④ 이 세상에 완전한 사람은 없다. 한 사람을 배우자로 선택한다는 것은 상대방의 약점이나 부족한 점도 함께 받아들임을 의미한다.
⑤ 지금 비록 마음에 안 드는 점이 있더라도 결혼을 하면 변하겠지 하는 생각은 착각이다. 따라서 상대방을 변화시키려는 시도보다는 상호적응하려는 노력이 중요하다.
⑥ 충분한 교제기간과 대화를 통하여 상대방을 잘 파악한 후에 결혼하는 것이 적응에 도움이 된다.

3) 결혼

결혼의 동기는 수없이 많고 다양하지만 그중 대표적인 것을 든다면 다음과 같다(Turner & Helms, 1994). 사랑의 실현, 성생활의 합법성 부여, 자녀출산의 기회, 경제적·정서적인 안정, 사회적 기대에의 부응, 법적인 이득 등이 그것이다.

동서고금을 막론하고 결혼이라는 것이 존재하는 것은 결혼이 다양한 기본 욕구를 충족시킨다는 사실을 입증해 준다. 결혼은 보통 자녀의 생산과 그로 인한 종의 존속을 확실하게 하는 최선의 방법으로 여겨진다. 대부분의 사회에서 결혼은 또한 경제적인 이점도 지니고 있다. 즉, 물질적인 욕구가 결혼생활을 통해서 더 쉽게 충족이 된다. 뿐만 아니라 결혼은 성적 욕구를 합법적으로 충족시켜준다. 결혼은 우정, 애정, 동반자 관계의 안전한 근거를 마련해주며, 정서적인 도움이 된다. 오늘날 높은 이혼율은 이러한 이상에 도달하기가 어렵다는 것을 말해주지만, 높은 재혼율은 많은 사람들이 계속 노력하고 있음을 보여준다.

연구결과 결혼한 사람들이 결혼하지 않은 사람들보다 더 행복하며, 행복한 사람들이 결혼하는 경향이 있다고 한다. 모든 연령대의 기혼남녀가 독신자나 이혼한 사람 또는 사별한 사람보다 생활만족도가 더 높은 것으로 보고되고 있다(Campbell, Converse, & Rodgers, 1975).

결혼은 또한 건강에도 좋은 것으로 보인다. 기혼자들은 이혼이나 별거 또는 사별한 사람보다 더 건강한 것으로 보인다(Verbrugge, 1979). 그러나 이 자료만으로는 결혼이 건강을 가져다주는지 어떤지를 확실히 알 수는 없다. 하지만 건강한 사람들이 보다 쉽게 연인의 관심을 끌 수 있고, 결혼에 더 많은 관심을 가지며, 결혼상대를 더 많이 만족시킬 것이다. 또한 기혼자들은 독신자들보다 더 건강하고 안전하게 인생을 산다고 할 수 있을지 모른다. 배우자들은 서로를 보살피고, 서로 말상대가 되어주며, 정서적 지원을 해주고, 일상생활을 편하게 해주는 많은 일들을 하기 때문이다. 이혼하거나 사별함으로써 이러한 지원을 못 받게 될 때 이혼자나 미망인들은 정신적, 신체적 질병에 더 취약해진다고 한다(Doherty & Jacobson, 1982).

4) 부모되기

아기의 탄생은 부모의 인생에 있어서 중요한 전환점이 된다. 두 사람만의 친밀한 관계로부터 무력하고 전적으로 의존적인 세 번째 인물을 포함하는 가족관계로의 전환은 부부를 변화시키고 결혼생활을 변화시킨다. 부모가 된다는 것은 확실히 개인의 인생에 있어서 갑작스럽고 철저한 변화를 나타낸다(Perry-Jenkins & Schoppe-Sullivan, 2019).

한밤중에 일어나 젖을 먹이고, 기저귀를 갈아야 하는 일 등으로 결혼생활이 점점 덜 낭만적이 되고 보다 동반자적 관계로 되어 간다. 애정표현과 대화가 줄어들고 여가활동을 함께하는 일도 줄어든다. 아기 돌보는 일의 대부분을 떠맡고 따라서 생활양식의 커다란 변화를 겪는 아내들은 남편보다 결혼만족도가 크게 낮아진다(Belsky, 1985).

(1) 부모됨의 동기

전통사회와는 달리 현대사회에서는 부모됨이 선택이라는 인식에도 불구하고 결혼한 대부분의 사람들은 자녀 갖기를 희망한다. 그러나 자녀 갖기를 원하는 동기는 예전과 차이가 있다. 전통사회에서 부모가 되는 주된 이유는 자녀출산을 통해 가계를 계승할 뿐만 아니라 다남(多男)은 부의 상징으로 받아들여졌다. 그러나 현대사회에서 자녀의 존재는 경제적으로 부담을 주는 존재이며, 현재 우리나라의 저출산율도 바로 경제적인 부담이 주된 요인으로 지적되고 있다. 그럼에도 불구하고 아직도 많은 사람들이 자녀를 출산하고 있으며, 부모가 되는 동기는 다음과 같이 설명할 수 있다.

① 진화론적 관점

많은 사람들은 결혼을 하면 자녀를 출산하고 양육하는 것이 지극히 자연스러운 행동이며 숙명론적인 것으로 받아들인다. 진화생물학적 관점에서 본다면 인간이 결혼하여 가족을 형성하고 자녀를 출산하는 것은 자기 유전자를 보존하기 위한 가장 효율적인 방법이라고 본다. 진화생물학자들은 인간이 자신의 유전자를 다음 세대에 전달하기 위해서는 결혼해서 자녀를 출산하고 양육하는 투자를 담당해야 한다고 주장하였다. 진화론적 관점의 핵심은 자연선택(natural selection)의 개념이다. 이는 환경에 잘 적응한 개체는 그렇지 못한 개체보다 자기 유전자를 남기는 확률이 더욱 높다는 것이다. 진화론적 관점에서는 이처럼 자기 유전자를 후대에 남기는 확률을 증대시키기 위하여 의존적인 아동기를 확장하고자 하는 욕구가 존재한다고 하는데, 의존기간을 늘림으로써 한 개인으로 하여금 복잡한 인간공동체에 대한 적응을 보다 용이하게 해준다는 것이다. 즉, 의존적인 시기를 확장함으로써 얻게 되는 이익이 이에 대한 비용보다 더 크다는 것이다.

그러므로 진화론적 관점에서 본다면 부모의 역할은 이처럼 긴 의존기를 통해 자녀가 사회에 잘 적응할 수 있도록 도와주는 것이며, 이를 통해 부모는 자신의 유전자를 후대에 전달할 수 있는 가능성이 높아진다고 볼 수 있다.

② 발달론적 관점

많은 사람들은 성인이 되면 자녀를 출산하여 이들에게 애정을 주고 싶은 욕구를 지니게 되며, 이러한 발달적 욕구를 발전시켜 나가는 것이 부모가 되는 중요한 동기라고 볼 수 있다. Erikson (1950, 1968b)은 사람들은 성인기에 이르러 다음 세대를 양육하고 이들을 양육함으로써 이타심이나 책임감, 민감성과 같은 특성을 발전시켜 나간다고 하였으며, 이를 생산성(generativity)의 개념으로 설명하고 있다.

Erik Erikson

Erikson은 심리사회적 발달의 관점에서 한 개인의 발달단계를 8단계로 구분하였다. Erikson의 이론에 비추어 보면 5단계에서 자아정체감을 통해 자신을 사랑할 수 있는 기틀을 형성한 한 개인이 6단계에서 친밀감을 통해 자기 이외의 한 이성을 사랑하게 되어 가족을 형성하고, 이후 자녀출산을 통해 7단계인 생산성이라는 과업을 발전시켜 나간다는 것이다. 생산성의 개념을 발달시켜 나가는 것은 성인기의 중요한 발달과업이며, 이를 발달시켜 나가지 못하면 침체성(stagnation)에 빠지게 된다고 하였다. 이러한 생산성의 개념을 발전시켜 나가는 것은 사회봉사활동과 같은 여러 다양한 활동을 통해서 이루어질 수도 있으나 부모가 되는 것은 이러한 발달과업을 성취하기 위한 가장 효율적인 방법이며, 자녀출산이 불가능한 경우 입양을 하는 것도 이러한 발달과업을 수행하기 위한 한 가지 방법이 될 수 있다.

③ 사회문화적 관점

전통적으로 대부분의 사회는 성인이 되어 자녀를 출산한 사람에게 특정한 지위를 부여하는 반면, 그렇지 못한 사람에게는 불이익을 주는 문화적 관행을 가지고 있다. 우리나라의 경우 칠거지악(七去之惡)이 그 대표적인 예라고 볼 수 있다. 결혼을 한 여성이 자녀를 출산하지 못하는 것은 일곱 가지 죄악의 하나로 간주하여 축출의 사유로 인정하였던 것이다. 특히 전통사회에서는 남성의 지위가 타고난 지위(ascribed status)라면 여성의 지위는 획득된 지위(achieved status)의 특성이 강하였다. 결혼 당시 낮은 지위를 점하고 있는 여성이 높은 지위를 성취할 수 있는 대표적인 방법은 자녀, 특히 남아의 출산을 통해서였다. 전통사회에서는 자녀를 출산하여 가문의 대를 이어나가는 것이 당연한 도리로 받아들여졌으므로, 이러한 사회적 압력이 부모됨의 중요한 동기였다고 볼 수 있다. 현대사회에서도 종교적인 측면에서 생명의 창조는 신의 영역이며 이를 인간이 간섭하는 것은 죄악이라고 생각하여 피임을 반대하는 것도 이와 유사한 맥락으로 이해할 수 있다.

(2) 부모가 되기 위한 새로운 방법

결혼한 부부 중 10~15%가 불임 부부이다. 불임은 피임을 하지 않았는데도 결혼 후 1년 내지 1년 반이 지나도록 임신이 되지 않는 상태를 말한다(Francoeur, 1985). 불임의 원인은 남편 또는 아내에게 있는 경우가 각각 반반이다. 남성의 경우는 너무 적은 수의 정자생산이 그 원인일 수 있다. 난자를 수정시키는 데는 단 하나의 정자만이 필요하지만, 한 번의 사정에서 6천만 개 내지 2억 개보다 적을 때에는 임신이 되지 않는 경우가 많다. 또는 정자가 통로가 막혀서 빠져나가지 못할 수도 있고, 자궁경부에 도달할 만큼 활동성이 없을 수도 있다.

여성의 경우는 배란을 하지 못하거나, 비정상적인 난자를 생산하거나, 나팔관이 막혀서 난자가 자궁에 도달하지 못하거나, 자궁내벽의 질병으로 인해 수정란의 착상을 어렵게 하거나, 자궁경부의 점액이 정자가 통과할 수 없게 하는 것 등이 불임의 원인이다.

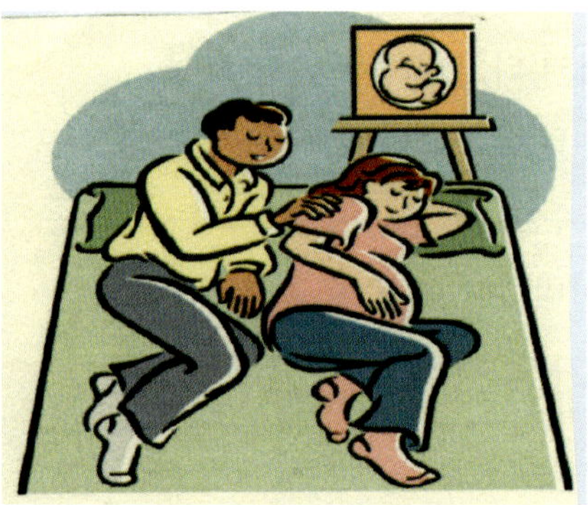

그러나 불임 부부 열 쌍 중에 한 쌍은 부부가 모두 정상인데도 임신이 안 되는 경우가 있다. 불임은 결혼생활에 부정적인 영향을 준다. 다른 사람들에게는 자연스럽고 쉬운 것처럼 보이는 일을 자기들은 할 수 없다는 사실을 받아들이기가 쉽지 않다. 자신의 무능함에 대해 화를 내게 되고, 공허하고 무가치하다는 느낌에 좌절하게 된다. 그들의 성생활은 "사랑이 아니라 아기를 만드는 일(사진 참조)"이 되어버림으로써 고통스럽기까지 하다(Porter & Christopher, 1984).

외과적 수술로 불임 문제를 해결하기도 하고, 호르몬 치료로 정자의 수를 증가시키거나 배란을 증진시킬 수 있다. 사실 어떤 약은 과배란이 되게 하여 둘 또는 셋 이상의 쌍둥이를 출산하기도 한다(사진 참조).

사진 설명 1996년 6월 텍사스주 브라운즈빌에서 산모 페르난데스가 생후 5개월된 다섯 쌍둥이를 보살피고 있다.

사진 설명 외국으로 입양되어 간 한국 어린이

가장 오래된 불임 해결책은 입양이며, 이는 역사를 통해 모든 문화에서 찾아볼 수 있는 제도이다. 미국의 경우 피임법의 발달과 낙태의 합법화로 인해 입양할 수 있는 아기의 수가 줄어 들었으므로, 장애가 있거나, 유아기를 지난 아이를 입양하거나, 때로는 외국에서 입양하는 경우가 많다. 반면, 우리나라는 '핏줄'을 유난히 강조한 나머지 입양을 꺼리는 경향이 있어 '아기 수출국'이라는 불명예스러운 이름을 얻기까지 했다(사진 참조).

입양이 가능한 아기들의 수가 줄어들면서 부모가 되기 위한 새로운 방법이 많이 보급되고 있다. 논쟁의 여지가 있는 네 가지 방법은 인공수정, 시험관 아기, 난자기증, 대리모이다.

① 인공수정

남편이 불임인 경우에는 기증자에 의한 인공수정(Artificial Insemination Donor: AID)을 할 수 있다. 이 방법은 20세기 초반부터 이용되어 왔으며, 많은 여성들이 익명의 기증자의 정자로부터 수정을 받는다. 이때 기증자의 정액을 남편의 정액과 섞음으로써 남편의 아기를 낳을 가능성도 있다.

② 시험관 아기

1978년 7월 25일의 신문 1면 머릿기사마다 첫 시험관 아기[2]인 Louise Brown의 탄생이 소개되었다(사진 참조). 12년 동안 임신하려고 노력한 끝에 Louise의 부모는 불임전문가[3]에게 의뢰하여 Brown 부인의 난소에서 난자를 채취하여 배양기에서 성숙시켜 남편의 정자로 수정하게 하였다. 그다음에 의사는 이 수정란을 Brown 부인의 자궁에 착상시켰고 거기서 태아는 정상적으로 성장하였다.

---

2) 사실 이 유명한 단어는 잘못된 명칭이다. 수정은 더 이상 시험관에서 이루어지지 않는다. 더욱이 in vitro라는 말도 잘못된 것이다. 이 말은 라틴어로 '유리 안에서'라는 뜻이지만 대부분 시험관으로 플라스틱 접시를 사용한다.

3) Fertility Specialist이지만 우리나라에서는 불임전문가라고 불린다.

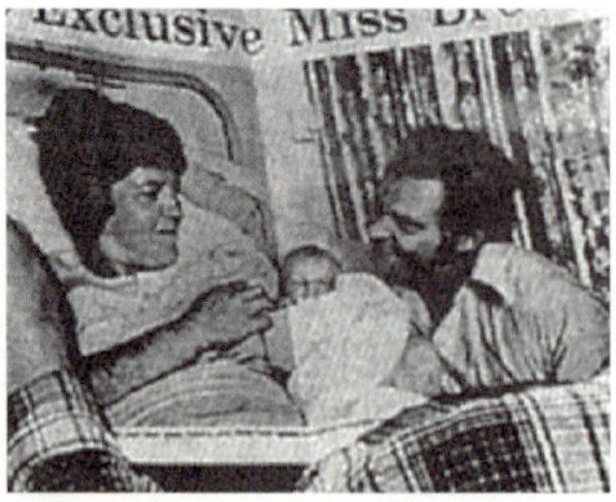

사진 설명 1978년 영국의 〈데일리 메일〉지가 특종 보도한 세계 최초의 시험관 아기 브라운과 부모의 모습

사진 설명 10세 때의 루이스 브라운

사진 설명 첫 시험관 아기로 태어난 루이스 브라운과 그녀가 자연적으로 임신하여 출산한 아들

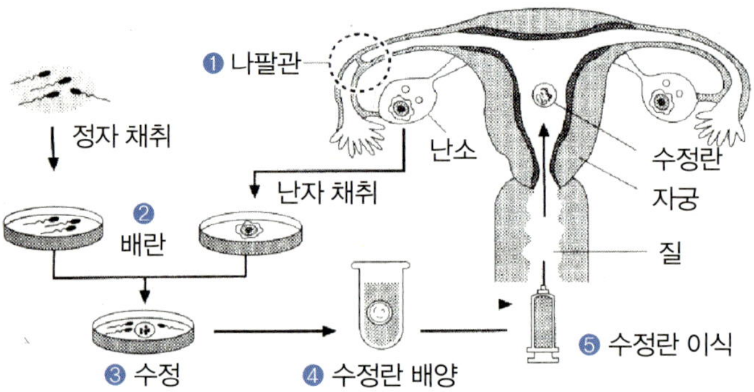

❶ 나팔관 폐쇄로 난소에서 만들어진 난자가 자궁 속으로 들어가지 못해 불임이 생긴다. ❷ 난소에서 난자를, 정액에서 정자를 직접 채취해 성숙시킨다. ❸ 미세도관을 이용해 난자 속에 정자를 강제로 수정시킨다. ❹ 만들어진 수정란을 배지 속에 배양시킨다. ❺ 배양시킨 수정란을 질을 통해 자궁벽에 착상시켜 임신을 유도한다.

〈그림 10-5〉 시험관 아기 시술 과정

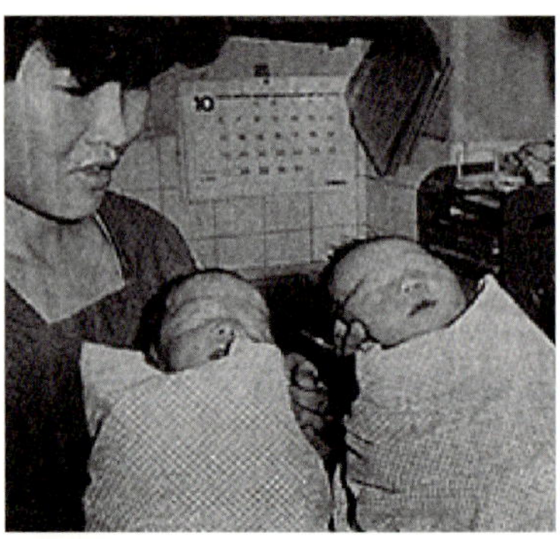

사진 설명 1985년 10월 12일 서울대 장윤석 교수팀에 의해 시험관 아기가 처음으로 탄생

'시험관 수정(In-vitro fertilization)'은 나팔관이 막혔거나 손상된 여성들에게 점차 일반적으로 사용되고 있다(〈그림 10-5〉 참조). 보통 몇 개의 난자를 수정시켜 이식하는데 이는 성공할 확률을 높이기 위해서이다.

우리나라에서는 1985년 10월에 시험관 아기가 처음으로 탄생했다. 서울대병원 산부인과 장윤석 교수팀에 의해 시험관에서 배양된 수정란이 모체의 자궁 속에 이식돼 남매 쌍둥이가 태어난 것이다(사진 참조). 그 이후 매년 8천여 명의 신생아가 시험관을 통해 태어나고 있으며, 시술 성공률도 평균20%를 웃돌아 선진국과 비슷한 수준이다.

③ 난자기증

정상적인 난자를 생산할 수 없는 여성은 AID(비배우자 간 인공수정)의 여성 기증자인 가임 여성으로부터 기증받은 난자를 이용해서 아이를 낳을 수 있다. 여기에는 기증자의 신체에서 난자를 채취하여 실험실에서 수정시켜 태아를 다른 여자의 자궁에 이식시키는 방법과, 기증자의 난자는 여전히 기증자의 몸 안에 둔 채 인공수정을 하고 며칠 후 기증자의 자궁에서 수정란을 회수하여 수혜자의 자궁에 이식하는 방법 두 가지가 있다.

④ 대리모

대리모란 비배우자 관계에 있는 남성의 아기를 낳아서 아기 아버지와 그 부인에게 아기를 주는 데 동의하는 여성을 일컫는다. 남성은 임신이 가능한데 여성은 그렇지 못할 경우 대리모의 도움을 받게 된다. 일반적으로 대리모는 이미 자기 아이가 있으며, 따라서 아기를 포기하는 것이 무엇을 의미하는가를 이해한다. 그러나 여성이 자기 몸속에서 9개월 동안 기른 아기를 포기할 때의 심리적 충격은 예상하는 것보다 훨씬 더 심각하다.

3. 가족의 해체: 이혼

결혼의 해체는 주로 성년기에 일어나는 현상이다. '7년이 고비(The seven year itch)'라

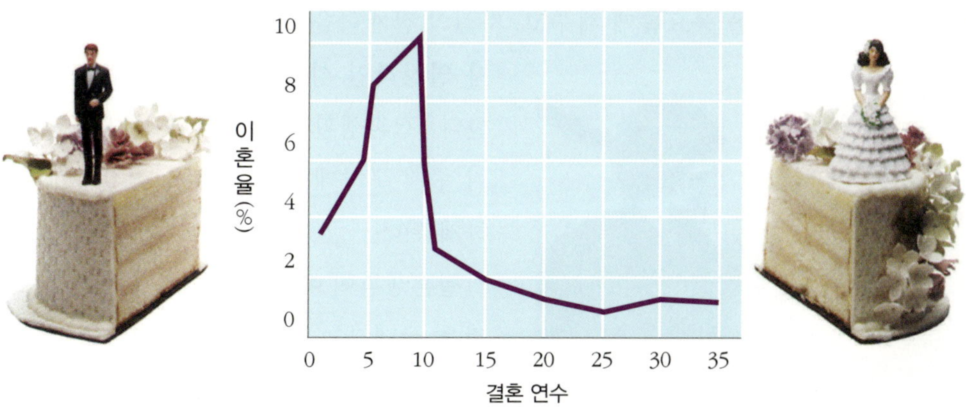

〈그림 10-6〉 결혼지속연수와 이혼율

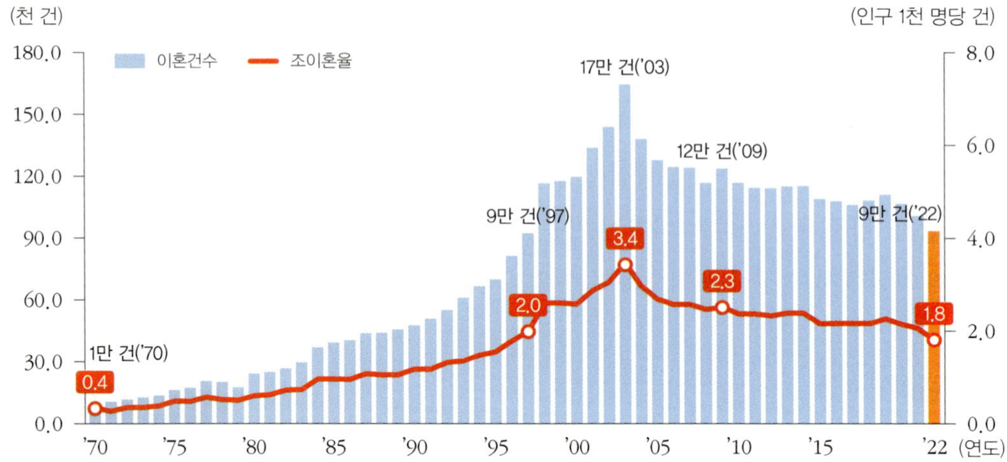

〈그림 10-7〉 이혼 건수 및 조이혼율 추이, 1970~2022

출처: 통계청, 인구동향조사(자료갱신일: 2023. 3. 15)

는 말은 속설 그 이상의 의미를 갖는 것으로 이혼하는 부부의 절반가량은 결혼 7년 이내에 이혼을 한다(Reiss, 1980). 〈그림 10-6〉에서 보듯이 이혼율은 결혼 후 5년에서 10년 사이에 가장 높다. 오늘날 이혼은 이전 세대에 비해 비교적 빈번히 일어나는 현상이 되었다. 우리나라의 경우 조이혼율이 2003년에 3.4로 최고치를 기록하였다가 그 이후 계속 감소하여 2022년 현재 1.8%까지 감소하였다(통계청, 2023; 〈그림 10-7〉 참조).

여성들은 이제 남편에게 경제적으로 덜 의존하며, 그래서 불행한 결혼생활을 덜 참는 경향이다. 법적인 장애도 거의 없으며 이혼에 대한 종교적 제재나 이혼에 따르는 사회적 오명도 이전보다 덜하다. 과거에는 '자식들' 때문에 참고 살았지만, 오늘날에는 그것이 최선의 방법이라고 생각하지 않는 부부들이 늘어나고 있다. 오늘날 사람들은 배우자가 자신의 삶을 풍요롭게 해주고, 자신의 잠재력을 키워주며, 사랑하는 동료이자 열정적인 성적 상대가 되어주기를 기대한다. 결혼생활이 이와 같은 기대를 충족시켜 주지 못하게 되면 이혼을 심각하게 고려하게 된다.

결혼생활이 아무리 불행했다 하더라도 그것을 끝낸다는 것은 언제나 고통스러우며, 특히 자녀들이 개입될 때 더욱 그러하다(사진 참조). 이혼은 실패감, 비난, 적의, 자기비

난 등을 느끼게 한다. 많은 사람들이 이혼을 단지 부부관계에서의 실패로 보지 않고 인생 전반에서의 실패로 보기 때문에 흔히 이혼 후에 외로움, 우울증에 빠져든다(Axinn et al., 2020). 또한 자존감이 저하되고 인생 전반에 대한 불안감이 높아진다(Sbarra & Borelli, 2019). 이혼 후 개인의 적응 정도는 자신에 대한 감정, 배우자에 대한 감정, 이혼 과정에 대한 감정 등에 크게 좌우된다. 이혼이 아무리 '성공적인 것'이라고 하여도 늘 고통스러운 적응기간이 있게 마련이다.

이혼율이 높다는 것이 곧 사람들이 결혼하기를 원하지 않는다는 증거가 될 수는 없다. 높은 이혼율은 행복한 결혼생활을 하려는 소망과 이혼의 고통과 상처가 보다 나은 인생을 살아가는 데 필요할 수도 있다는 것을 말해주는 것이기도 하다.

4. 가족의 재형성: 재혼

최근 들어 우리의 생활 주변에서 이혼이나 재혼한 사람들을 찾아보기란 그다지 어렵지 않다고 할 만큼 이혼이나 재혼의 증가를 실감하게 되었으며, 이혼이나 재혼을 주제로 한 여러 가지 담론들을 대중매체를 통해서도 공공연하게 들을 수 있게 되었다. 이는 예전에는 금기시하며 공개적인 언급을 꺼리던 가족현상과 관련된 주제들이 오늘날 사회 곳곳에서 점차 관심을 모으는 주제로 등장하게 되었다는 점에서, 산업화 이후 급변하는 한국 사회의 사회변동과 관련된 가족변동의 한 단면으로 볼 수 있다.

이러한 가족변동의 양상을 단적으로 잘 나타내는 현상이 이혼 및 재혼의 증가이다. 핵가족 혼인의 성격을 혼인형태별 구성비를 가지고 살펴볼 때, 남녀초혼의 비율이 지

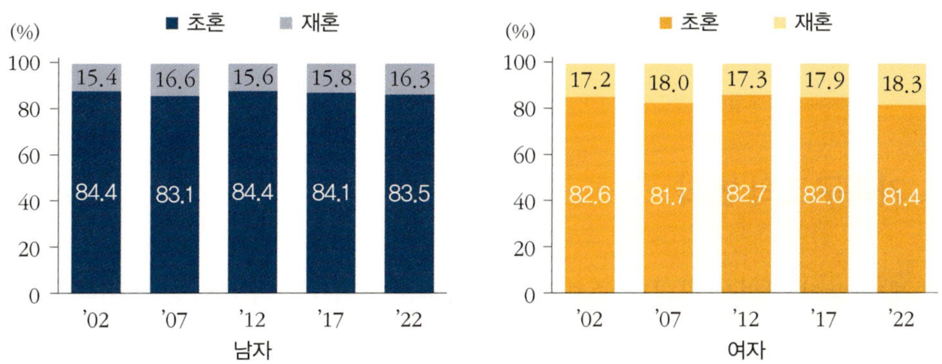

〈그림 10-8〉 혼인 형태별 구성비(2002~2022)

배적이긴 하지만 최근 77.4% 수준으로 다소 감소 추세에 있다. 반면, 재혼의 경우 전체 혼인의 약 22.6%를 차지하고 점차 증가하는 추세에 있으며 그중 남녀 모두 재혼인 경우가 12.3%를 차지한다. 재혼 형태에 있어서는 여성초혼-남성재혼인 경우는 3.9%이며, 여성재혼-남성초혼인 경우가 5.9%인 것으로 나타났다(통계청 보도자료, 2023). 〈그림 10-8〉은 2002년부터 2022년까지 20년 간의 혼인 형태별 구성비에 관한 내용이다.

이미 산업사회로 진입한 미국의 경우, 재혼은 가장 널리 행해지는 대안적인 생활양식이며, 일본의 경우도 재혼율이 전체 혼인의 상당 부분을 차지하고 있다. 그러나 이혼이나 재혼 같은 직접적인 가족행동상의 변화는 현저하게 달라졌으나, 우리 사회에서 이혼자나 재혼자 또는 이혼가족이나 재혼가족을 보는 시각이나 가치관에 있어서는 부정적인 고정관념이 여전히 강하게 자리 잡고 있는 실정이다.

재혼이나 이로 인해 새로 형성된 가족은 현재 우리 사회는 물론 어떤 시대나 사회, 문화를 막론하고 존재해 왔다. 그러나 과거에는 배우자의 사별로 인한 재혼이 전형적이었으나, 오늘날은 이혼자의 재혼이 지배적이라는 점에서 차이를 보인다.

이처럼 이혼과 그로 인한 재혼이 증가하는 현실을 볼 때, 이제는 이혼과 재혼에 대한 부정적인 사회적 통념과 고정관념에서 벗어나 보다 객관적인 관점에서 이혼과 재혼의 문제를 생각해볼 필요가 있다. 즉, 이혼과 재혼에 대한 관점의 변화 및 인식의 전환이 필요하다 하겠다.

이혼이나 재혼을 경험한 당사자나 가족들은 그러한 경험 때문에 충격과 스트레스 그리고 고통을 받기도 하지만, 또 한편으로는 그러한 선택으로 인해 이전보다 나은 생활의 만족과 안정을 되찾을 수도 있다. 이제는 이혼이나 재혼에 대해 단순히 찬성과 반대, 좋고 싫음의 감정적 차원을 떠나 이미 이혼과 재혼이 증가하고 있는 현실을 수용하면서, 보다 균형잡힌 시각으로 이혼이나 재혼으로 형성된 가족이나 가족관계에 대해서 부정적, 긍정적인 측면을 함께 고려해야 할 시점에 와 있다 하겠다.

5. 가족구조의 변화

20세기 말이 되면서 나타난 주요한 사회변화는 가족구조의 변화일 것이다. 젊은이들을 중심으로 두 남녀가 결혼을 하지 않은 상태로 함께 사는 동거가족이 새로이 등장했으며, 독신자의 수가 증가하는 추세에 있고, 결혼한 부부 사이에 자녀가 없는 무자녀가족 또한 계속 증가하고 있는 것으로 보인다. 이혼율의 증가로 한부모가족이 증가일로에 있으며, 재혼으로 인한 계부모가족도 점점 증가하고 있다.

1) 독신생활

대부분의 사람들은 성년기에 결혼을 하지만, 점점 더 많은 수의 성인들이 독신으로 생활하고 있다. '2020 인구주택총조사'를 보면, 30대 남성 미혼율이 50.8%였으며, 30대 여성 미혼율은 33.6%였다. 5년 전 2015년 조사 때와 비교해 보면, 남성의 미혼율은 6.6%p, 여성의 미혼율은 5.5%p 증가하였다(통계청, 2021). 이들 중에는 이상형의 배우자를 만나지 못해 독신생활을 하는 사람들도 있지만, 어떤 사람들은 혼자인 것이 편하기 때문에 독신으로 지낸다.

사진 설명 이상형의 배우자를 만나지 못해 혼기를 놓친 한 여성은 다음과 같이 말한다. "나는 더 이상 백마 타고 오는 왕자님을 기다리지 않겠다. 차라리 백마 한 마리를 키우면서 혼자 살겠다."

독신자들은 새로운 경험을 시도하기 위해 자유를 원하며, 결혼에 대한 정서적 · 경제적 책임 때문에 이 자유를 방해받고 싶어 하지 않는다. 독신자는 자신의 활동이 배우자와 아이들에게 어떤 영향을 미칠 것인가를 고려할 필요가 없으므로, 새로운 종류의 일을 할 기회와 학업을 계속하거나 창조적인 활동에 참여하기가 용이하다.

독신생활의 가장 큰 이점 가운데 하나는 자유로운 삶을 추구할 수 있다는 것이다. 배우자와 자녀들을 돌보아야 할 책임이 없으며, 생활방식이나 이성교제 등의 여러 가지 면에서 보다 융통성이 있고 자유롭다. 또한 직업적 성취를 이루는 데에도 유리하다. 특히 독신 여성들은 평균 이상의 지능을 가지고 있고 직업적으로 성공하는 비율이 높게 나타나며, 이로 인해 자신과 동등한 지위에 있는 남성을 만나는 것이 더욱 어렵다(Jayson, 2010).

반면, 독신의 가장 큰 문제점으로는 외로움을 들 수 있다. 인간은 사회적 유대감을 형성하고자 하는 욕구를 가지고 있으며, 지속적인 외로움은 흡연이나 비만처럼 개인의 건강에 치명적인 영향을 미칠 수 있다(Cacioppo & Patrick, 2008).

정신적 · 신체적 건강도 문제로 지적되고 있으며, 이는 여성독신자보다는 남성독신자에게서 특히 문제가 된다. 이 외에도 사회적인 문제로는 낮은 출산율을 들 수 있다.

국내출산율이 세계 최저수준인 것은 결혼한 부부가 자녀를 덜 낳는 것보다도 만혼과 독신풍조의 확산이 주요 요인으로 지적된다(김승권, 2004).

독신은 자발성과 지속성 여부에 따라 자발적 일시적 독신, 자발적 안정적 독신, 비자발적 일시적 독신, 비자발적 안정적 독신으로 구분할 수 있다(Stein, 1981).

자발적 일시적 독신은 현재 미혼 상태이며 결혼을 고려하지 않는 집단이다. 학업을 마치거나 직업적 기반을 닦은 후 결혼할 가능성을 염두에 두는 형태로 연령이 어리거나 동거 중인 커플이 이에 속한다. 자발적 안정적 독신은 영원히 독신을 고수하려는 생각을 가지고 있는 유형이다. 이혼을 했으나 재혼의사가 없고, 동거하고 있으나 결혼할 생각을 하지 않는 집단이다. 비자발적 일시적 독신은 독신의 의사가 없으며 배우자를 모색 중인 유형이다. 혼인연령의 상승으로 많은 사람들이 이러한 형태를 일시적으로 경험하게 된다. 비자발적 안정적 독신은 독신의 의사는 없으나 신체적·정신적 질병을 가지고 있거나 결혼적령기를 지나 결혼 가능성이 희박한 유형도 있다. 여성의 상향혼이나 남성의 하향혼 추세로 인해 배우자를 구하지 못한 40대 이상의 교육수준이 높은 전문직 여성이나 농촌총각이 이에 속한다(〈그림 10-9〉 참조).

이 가운데 자발적 독신이 비자발적 독신보다 점차 증가하는 추세에 있으며, 비자발적 독신에 비해 자발적으로 독신을 선택한 사람들의 생활만족도가 높게 나타난다. 우리나라 여성의 경우 이러한 자발적 독신 가운데 일시적인 독신의 비율이 높게 나타난다. 결혼에 대한 관심은 있지만 가부장적 결혼제도의 구속 때문에 일시적으로 연기하는 경우가 많다. 동시에 하나의 생활양식으로서 안정적 독신의 비율도 증가하는 추세

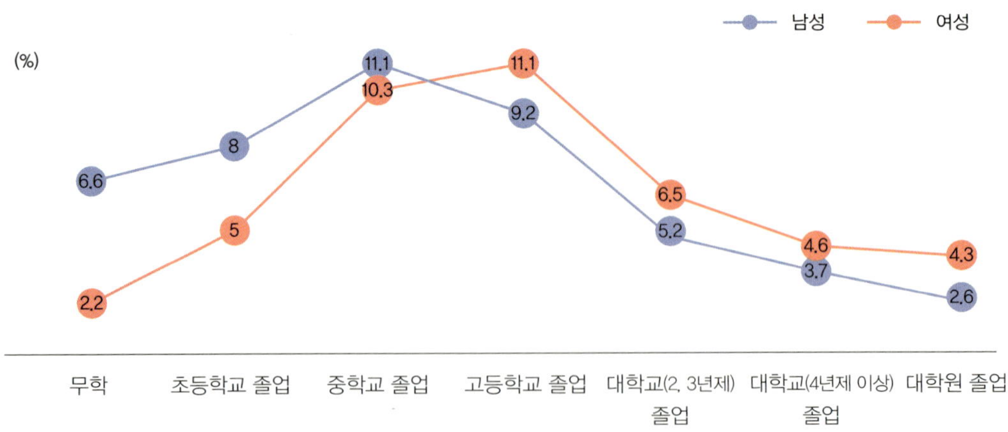

〈그림 10-9〉 교육수준 및 성별 미혼인구비율(30세 이상)(2020)

출처: 통계청(2021). 인구주택총조사.

이다. 결혼하지 않고 독신으로 인생을 즐기려는 젊은 여성의 증가는 세계적 추세이다. 그러나 모든 독신자가 특정한 유형으로 구분된다고는 볼 수 없으며, 복합적인 형태를 나타내기도 한다.

2) 동거생활

동거는 비교적 최근에 볼 수 있는 사회적 현상으로서 혈연관계나 친족관계가 아닌 두 남녀가 공식적으로 결혼식이나 혼인신고를 하지 않고 함께 사는 것을 말한다. 미국의 경우 동거는 결혼에 대한 대안이라기보다 예비결혼의 성격이 강하다. 한편, 유럽에서의 동거는 실험결혼의 성격을 떠나 정상결혼의 한 유형으로 나타난다.

우리나라의 경우 10여 년 전의 동거가족은 진보적인 성향을 갖고 있는 젊은이의 전유물이었거나 저소득층이 경제적인 이유로 선택했었지만, 최근에 와서는 그 의미와 성격이 달라진 새로운 풍속도의 하나로 나타나고 있다. 지방분교를 중심으로 확산되고 있는 대학생들의 '동거문화'를 보면, 혼전동거의 이유는 생물학적 조숙경향과 성의 개방에 있는 것으로 보인다(김지영, 2005; 이연주, 2008). 젊은이들은 성적으로 성숙하고 강한 성적욕구를 느끼지만, 이 욕구를 합법적으로 해결할 수 있는 결혼까지는 상당한 기간을 요한다. 흔히 이 시기의 청년들을 '성적 실업자'라고 부른다. 따라서 혼전동거를 성적 욕구 충족의 수단으로 이용하는 사람들이 많다.

'혼전동거에 관한 대학생의 의식조사'라는 연구[4]에서 대다수의 남학생들은 혼전동거에 대해 긍정적으로 생각한 반면, 여학생들은 대다수가 부정적인 반응을 보였다. 그러나 앞으로 결혼하게 될 배우자의 혼전동거 사실에 대해서는 여성들이 훨씬 더 수용적인 태도를 보였다. 남성들은 혼전동거 자체에 대해서는 개방적 성향을 보이지만, 자신의 배우자에 대해서는 대부분 보수적인 성향을 보이고 있다. 어떤 남학생의 경우 자신은 남자이기 때문에 혼전동거 경험이 있을 수 있지만, 여성인 배우자의 혼전동거 사실은 절대 용납할 수 없다는 견해를 피력하였다. 미혼의 젊은 여성들이 명심해야 할 분

4) 저자가 2001년도에 지도한 학부생 졸업논문임.

명한 사실은 세상이 아무리 변해도 "남자는 괜찮지만 여자는 안 된다"라는 '이중 기준'이 계속해서 적용될 것이라는 점이다.

많은 젊은이들에게 동거는 '연인 사이가 된다'는 것의 현대적인 의미를 갖는다. 그것은 시험결혼이 아니며 결혼을 연습하는 것도 아니다. 동거했던 사람들이 그러한 경험이 없는 사람들보다 반드시 더 나은 결혼생활을 하는 것도 아니다(Cohan, 2013; Jacques & Chason, 1979). 사실 한 연구에서는 동거경험이 없는 사람들이 동거경험이 있는 사람들보다 결혼생활이 더 원만한 것으로 나타났다(Watson, 1983).

혼전동거에 영향을 미치는 요인에 대한 우리나라의 연구에서도 혼전 성경험이 있고, 가족과의 정서적 단절수준이 높으며, 자아분화수준이 낮을수록 혼전동거 의식이 보다 개방적인 것으로 나타났다(양수진, 임춘희, 2012)는 점은 혼전 동거경험이 이후 결혼생활에 미칠 수 있는 부정적 영향을 시사하는 것이다.

동거자들의 몇 가지 문제는 신혼부부의 그것과 비슷하다. 즉, 상대방에 대한 지나친 관심, 성관계의 해결, 상대방에 대한 지나친 의존, 다른 친구들로부터 점차 멀어지는 것 등이다. 그밖의 문제들은 동거의 경우에만 해당되는 것으로 동거상황의 모호함에 대한 불안감, 질투, 관여하고자 하는 욕망 등이다. 대부분의 신혼부부들은 동거를 했건 안 했건 성생활에 있어서 만족해한다(Watson, 1983).

3) 무자녀가족

남녀가 결혼을 하면 자녀를 갖는 것이 당연시되던 시대는 지나가고 있다. 피임법의 보급, 여성의 역할변화, 개인주의적 사고의 증가 등은 점차 자발적인 무자녀가족을 증가시키고 있다. 무자녀가족은 신체적으로는 아무런 문제가 없으면서 의도적으로 자녀를 갖지 않는 경우와 아이를 갖기를 원하지만 가질 수 없는 경우 등 두 가지가 있는데, 두 경우 모두 증가추세에 있다.

미국 인구통계국의 새로운 자료에 따르면 2013년 6월 기준 40~44세 여성 중 무자녀 비율은 약 15.3%로 2012년의 15.1%보다 약간 상승했다. 30대 후반 연령층에서는 이 비율의 증가세가 더 두드러졌다. 2013년 6월 기준 35~39세 여성의 무자녀 비율은 약 18.5%로 2012년의 17.2%보다 증가하였다. 2012년에는 15~44세의 미국 여성 중 자녀가 없는 비율은 46.5%였지만 2013년에는 그 비율이 46.7%로 약간 높아졌다. 이 데이터는 결혼과 출산을 늦추는 여성이 늘어나면서 미국에서 무자녀 비율이 증가하고 있음을 보여주는 것이다(Shah, 2015).

무엇 때문에 사람들은 이러한 결정을 하는가? 어떤 부부들은 자신들이 좋은 부모가 되기에 필요한 자질을 가지고 있지 않다고 생각하며, 어떤 부부들은 자식을 기르는 데 시간을 뺏기고 싶지 않을 만큼 자신들의 직업에 대단한 가치를 두는 경우도 있다. 또 어떤 부부들은 자녀를 가짐으로써 수반되는 경제적인 부담을 원하지 않으며, 자녀가 그들 부부관계에 방해가 될 것이라고 생각한다(사진 참조).

사진 설명 어떤 부부들은 둘이 함께 누리는 자유를 포기하고 싶지 않아서, 또는 자녀가 그들 부부관계에 방해가 될 것이라고 생각해서 자녀를 갖지 않는다.

우리나라의 경우 한국여성정책연구원 연구보고서(최인희 외, 2015)에 의하면 40대 이후의 무자녀 부부 비율은 지난 10년간 다소의 증가가 있었음에도 불구하고, 이들이 해당 연령 내 전체 여성인구 중에서 차지하는 비율은 1%대에 그치는 것으로 확인되었다.

무자녀 부부의 교육수준을 살펴보면, 전반적으로 무자녀 부부의 학력수준이 높은 것으로 나타났다. 특히, 4년제 대학 이상의 학력수준에서는 무자녀 여성의 비율이 더 높은 것으로 보인다.

취업과 소득수준 면에서는 유자녀 부부와 무자녀 부부 모두 맞벌이가 과반수 이상을 차지하고 있었으나 유자녀 부부에 비해 무자녀 부부는 맞벌이의 비율이 훨씬 높았으며(유자녀: 50.0%, 무자녀: 61.9%), 여성 외벌이 또는 부부 무직 또한 5.4%에 달하여 비전통적인 가족형태의 비율이 높은 것을 알 수 있다.

가구소득 중 부부의 개인소득을 살펴보면, 남성의 경우 유자녀 남성이, 여성의 경우 무자녀 여성이 개인소득이 높은 것으로 나타났다. 즉, 무자녀 부부의 경우 유자녀 부부와 비교할 때 상대적으로 남성의 소득은 낮은 반면 여성이 그 소득을 일정 이상 벌충하여, 전통적인 남성생계부양자 가족에서 다소 벗어난 모습을 보이고 있다.

아이를 갖지 않기로 한 이유에 대해서는 여가나 부부만의 생활 즐기기 등의 가치관에 따른 판단으로 아이를 낳지 않으려 한다는 응답은 전체의 12.9%에 지나지 않았으나, 난임이나 부부의 건강 문제 등으로 아이를 낳지 않으려 한다는 응답은 전체의 72.7%에 달하였다.

아이를 갖지 않기로 결정한 부부를 세상은 예전보다는 좀더 관대하게 생각하고 있지만 사회적 비난은 여전히 존재하며, 그런 부부로 하여금 변명을 하지 않을 수 없게 만든다. 의도적으로 자녀를 갖지 않기로 한 것이 정신건강에 나쁜 영향을 미치지 않는다는 증거가 많이 있음에도 불구하고(Bloom & Pebley, 1982; Umberson, Pudrovska, & Reczek, 2010), 한 연구에서 대학생들은 남자가 아이를 갖지 않겠다고 한다면 그 사람을 심리적으로 덜 건강하다고 여기며, 의도적으로 아이를 갖지 않는 여성보다 본의 아니게 아이를 갖지 못한 여성들에 대해 보다 더 호의적인 느낌을 갖는 것으로 나타났다(Calhoun & Selby, 1980).

4) 한부모가족

이혼이나 사별로 인한 한부모가족도 전 세계적으로 증가하고 있는 가족형태이다. 우리나라의 한부모가족은 1975년 64만 2,999가구에서 2000년에는 112만 3,854가구로 25년 동안에 거의 2배가 증가하였다. 그리고 2020년 현재 한부모가족 수는 153만 3천여 가구에 달하고 있다(통계청, 2022; 〈그림 10-10〉 참조). 한부모가족을 편모와 편부가족의 비율로 살펴보면 약 5 : 1 정도로 편모가족의 수가 편부가족보다 월등히 많음을 알 수 있다.

편모가족의 문제는 첫째, 경제적 곤란이다. 왜냐하면 편모가족의 경우 소득이 $^1/_2$ 혹

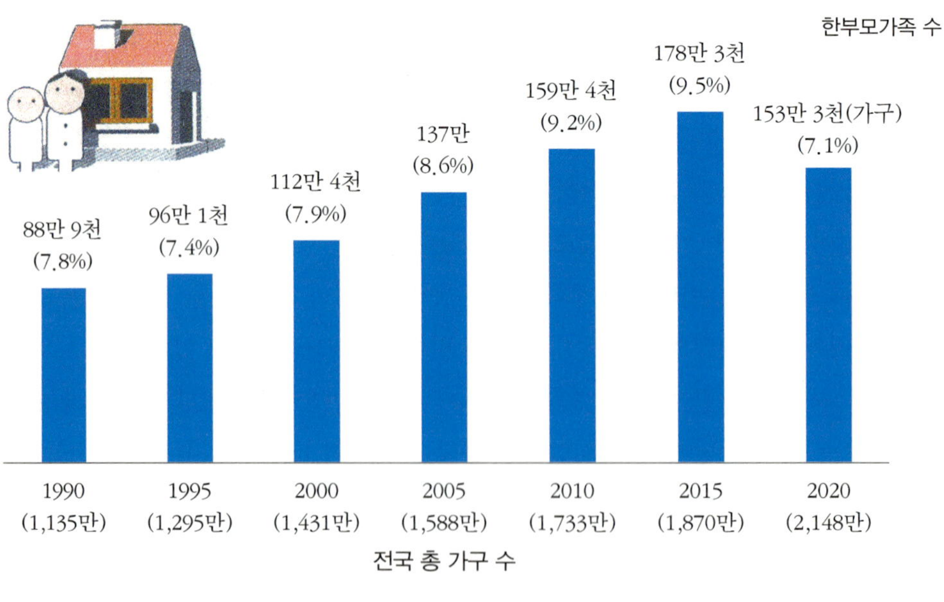

〈그림 10-10〉 전국 총 가구 수에 따른 한부모가족 수와 비율(%)

은 $^{1}/_{3}$로 감소될 뿐만 아니라 여성의 사회진출 그 자체가 어렵기 때문이다. 둘째, 일반적으로 아버지의 부재 시 동일시 대상의 상실과 "아버지 없이 자라서 아이가 버릇이 없다"라는 식의 사회적 통념에서 오는 압박감과 열등감 그리고 가족 내 역할구조상의 문제로 인해 자녀에게 정서적 불안과 심리적 갈등이 생겨날 수 있다. 셋째, 모자가족의 경우 어머니와 자녀들 모두가 일반가족에 비해 문제해결 능력, 가족 구성원 간의 의사소통, 역할기능, 정서적 반응, 정서적 관여, 자녀에 대한 행동통제 등 가족기능의 모든 영역에 있어서 많은 어려움을 겪고 있다(권복순, 2000).

편모가족에 비해서 그 수가 많지는 않지만 편부가족도 문제가 없는 것은 아니다. 첫째, 경제적인 문제로서, 편부가족의 대부분이 가사의 대체비용과 이혼 시의 재산분할로 인한 재산감소, 생활의 불규칙함에서 오는 지출과다 등 편모가족의 문제와는 다른 이유로 경제적 어려움을 겪는다(신수자, 1995). 둘째, 자녀양육과 가사 등 가정관리의 문제와 직장생활을 병행해야 하는 데서 오는 어려움이 있다. 셋째, 편부가정의 자녀는 어머니의 부재로 인한 가족관계상의 문제로 자신의 감정을 표현할 경험을 가질 기회가 적기 때문에 대인관계가 원만하지 못한 경우가 많다.

5) 계부모가족

이혼율의 증가와 더불어 재혼율도 증가하고 있다. 따라서 계부모 가족의 수도 증가했다. 계부가족과 계모가족의 비율이 10 : 1 정도인 서구사회에 비해(Hamner & Turner, 1996), 우리나라는 대부분이 계모가족이다. 계모라는 단어는 어릴 적에 들은 콩쥐팥쥐나 장화홍련전, 백설공주, 헨젤과 그레텔 같은 이야기로부터 사악하고 잔인한 이미지를 연상시킨다. 이런 이미지는 계부모가 계자녀와 좋은 관계를 맺으려는 노력에 장애요인이 된다.

Pauline H. Turner

계부모가족의 경우는 양쪽의 부계 · 모계 친척뿐 아니라 전 배우자, 전 인척 및 헤어진 부모를 포함하는 조연 배역들이 너무 많다. 한마디로 계부모가족은 친가족보다 훨씬 무거운 부담을 안고 있다.

계부모가족은 아이들과 어른 모두가 경험한 죽음이나 이혼의 결과로 인한 상실감으로부터 오는 스트레스를 극복해야 하는데, 그것은 믿고 사랑하는 것을 두려워하게 만든다. 이전의 친부모와의 유대나 헤어진 부모나 죽은 부모에 대한 충성심이 계부모와

Emily B. Visher

의 긴밀한 유대를 형성하는 데 방해가 될 수 있다. 그리고 자녀를 둔 남성이 아이를 한번도 가져보지 않은 여성과 결혼한 경우 인생 경험의 차이에서 오는 어려움이 크다(Visher & Visher, 1989).

우리나라 재혼가족 내 계모의 스트레스와 적응에 관한 심층면접 연구(임춘희, 정옥분, 1997)에 의하면, 계모에 대한 사회적 낙인과 부정적인 계모의 이미지, 모호하게 규정된 계모역할, 특히 전처 자녀의 양육과 관련된 문제에서 주로 스트레스를 받는 것으로 나타났다.

출산과 양육의 경험 없이 재혼남성의 가족에 편입되는 초혼계모로서는 자신의 불안한 위치나 모호한 역할로 인해 스트레스를 받는다. 초혼계모들은 또한 가족 내에서뿐만 아니라 가족 외부에서 계모에 대한 부정적인 사회적 인식에 매우 신경을 쓰고, 계모라는 사실이 노출되는 것을 두려워하며 그것을 스트레스로 받아들이고 있었다.

초혼계모가 남편과의 관계에서 느끼는 스트레스를, 특히 재혼가족 상황과 관련시켜 볼 때, 먼저 전처 자녀문제와 관련된 것이 많았다. 특히 남편이 전처 자녀에 대해 애착이 많은 경우 계모는 많은 스트레스를 받는 것으로 나타났다. 계모와 전처 자녀의 관계는 근본적으로 한 남성의 애정을 공유해야 하는 삼각관계를 바탕으로 하고 있기 때문에, 계모의 입장에서는 남편이 전처 자녀에게 지나치게 애정을 쏟을 때에 자신의 위치에 대한 불안과 질투감정으로 스트레스를 받는다.

초혼계모가 시댁문제로 받는 스트레스의 내용들을 살펴볼 때, 초혼여성이 재혼남성과 결혼했다고 해서 가족관계에서 보다 평등하고 다소 우월적인 위치를 확보하는 것은 아닌 듯하다. 오히려 부계직계 가족을 축으로 한 가부장적 가족문화 속에서 초혼인 결혼생활과 유사한 적응문제에 더하여 '재혼' 상황으로 인해 초래되는 부가적인 문제들로 갈등을 더 많이 겪는 것으로 보인다. 권한은 주지 않은 채 의무만 강요하는 과도한 역할기대는 여성은 남성의 혈연집단에 종속되는 존재라는 가부장적 인식이 남아 있음을 보여준다.

제3부

중년기

중년기에 대한 관심은 20세기 후반에서 볼 수 있는 현상이다. 1900년에는 평균 수명이 47세였다. 따라서 인간의 발달단계에서 중년기라고 불리는 단계에 대한 연구는 별로 의미가 없었다.

중년기는 언제 시작되는가? 한껏 숨을 모아 40개의 촛불을 불어 끄는 생일 때인가? 아들, 딸이 대학에 들어가는 때인가? 혹은 경찰관들을 "아저씨"라고 부르기에는 그들이 너무 어려 보인다는 사실을 깨닫게 되는 때인가? 중년기를 결정하는 기준에는 여러 가지가 있겠지만, 이 책에서는 대략 40세에서 65세까지를 중년기로 규정하고자 한다.

중년기를 소화가 잘 안 되고, 배가 나오며, 여기 저기가 아프고, 잃어버린 '젊음'을 한탄하는 때로 생각하기 쉽지만 대부분의 중년기 사람들이 이 시기를 그들의 인생에서 황금기로 여긴다. 일반적으로 오늘날의 중년들은 신체적으로, 경제적으로 그리고 심리적으로 안정된 상태에 있다. 한 집단으로서 오늘날의 중년들은 상당한 재산을 가지고 있으며, 의학의 진보와 건강에 대한 높은 인식으로 현재 중년세대들은 대체로 좋은 육체적 건강을 유지하고 있다. 이러한 인생의 전성기에도 물론 스트레스는 있다. 신체적으로는 여성 폐경기, 남성 갱년기가 나타나고, 심리적으로는 중년기 위기를 경험하게 된다.

제3부에서는 중년기의 신체변화, 인지변화, 직업발달과 직업전환, 성격 및 사회적 발달, 가족생활 등에 관해 살펴보고자 한다.

중년기의 발달과업

1. 중년기의 생리적 변화를 인정하고 그에 적응한다.
2. 시민의 의무와 사회적 책임을 다한다.
3. 십대 자녀가 책임감 있고 행복한 성인이 될 수 있도록 돕는다.
4. 여가활동을 개발한다.
5. 배우자와 인간적인 유대관계를 형성한다.
6. 노년기 부모에게 적응한다.

출처: Havighurst, R. J. (1972). *Developmental tasks and education* (3rd ed.). New York: David Mckay.

Adult Development and Aging

제 11 장 신체변화

중년기는 대부분의 사람들이 자신이 늙어가고 있다는 사실을 신체의 변화를 통해 처음으로 깨닫기 시작하는 때이다. 신체변화는 물론 전생애를 통해 일어나지만 중년기 동안의 신체변화는 특히 중요한 의미를 갖는다.

신체적 매력에 큰 비중을 두는 여성들에게 중년기는 특히 어려운 시기가 될 수 있다. 피부는 탄력성이 없어지고, 눈 가장자리와 이마에 주름이 생기며, 눈 바로 아래에 볼록한 주머니 같은 것이 나타나기 시작한다. 노화반점도 이때에 나타나기 시작한다. 그러나 중년기 동안의 신체 기능과 건강은 성년기의 절정 수준은 아니지만 대체로 좋은 편이다. 대부분의 사람들은 생식 및 성적 능력에서의 변화—여성의 폐경기 및 남성의 갱년기—를 무난히 해결하지만, 신체적 매력의 쇠퇴에 대해서는 약간의 불안을 느낀다.

중년기 동안 체력과 근육협응에 있어서 점진적인 쇠퇴가 있기는 하지만, 그러한 신체변화를 대부분의 사람들은 거의 알아차리지 못한다. 20대 절정기 때 체력의 10% 정도의 감소는 일상생활에서 전 체력을 사용하지 않는 사람들에게는 대수롭지 않은 일이다.

이 장에서는 외적 변화, 내적 변화, 감각기능의 변화, 생식 및 성적 능력의 변화, 건강과 질병에 관해 살펴보고자 한다.

1. 외적 변화

생물학적 노화는 유전과 환경의 영향을 받는다. 모든 사람은 유전적 배경이 다르기 때문에 노화의 속도도 각기 다르다(Wang et al., 2020). 어떤 이들은 변화가 거의 눈에 띄지 않을 정도로 점진적으로 일어나지만, 또 어떤 이들은 급속도로 노화한다. 최근 연구(Liu & Lachman, 2020)에 의하면 좋은 건강습관, 자기통제력, 사회적 지지, 감정조절 등의 복합적인 적응 요인이 중년기 신체건강과 인지기능의 저하를 완화해 주는 역할을 한다고 한다.

그러나 신체의 어떤 부분도 노화과정을 피할 수는 없다. 신체 내부에서 발생하는 내적 변화뿐만 아니라 외견상 눈에 보이는 외적 변화도 마찬가지이다. 세월이 갈수록 내적 · 외적 변화는 때로는 알게 모르게 때로는 노골적으로 진행된다.

1) 피부

중년기가 되면 피부는 탄력을 잃게 된다. 정상적인 노화과정뿐만 아니라 자외선 또한 그런 변화의 원인이 된다. 피부 바깥층인 표피는 연령이 증가하면서 얇아지고 평평해진다. 그 이유는 진피의 주요 물질이 섬유질화하기 때문이다. 콜라겐과 탄력소 섬유가 파괴되어 탄력을 잃으면 팽팽하던 피부는 주름이 생기고 처지기 시작한다. 피부 아래에 있는 피하지방층은 감소하기 시작하는데 이것은 주름의 원인이 되기도 한다. 중년기에는 피부가 손상되기 쉽고 잘 낫지 않는다(Pageon et al., 2014; Sifaki et al., 2020).

중년기에는 얼굴부위가 가장 많은 변화를 나타낸다. '까마귀 발' 또는 '미소 라인'이라고 불리는 주름이 눈 가장자리에 나타난다. 그 외에도 입, 이마, 목 부위에 주름이 생기고, 턱이 처지고, 눈 아래가 거무스름해진다(사진 참조).

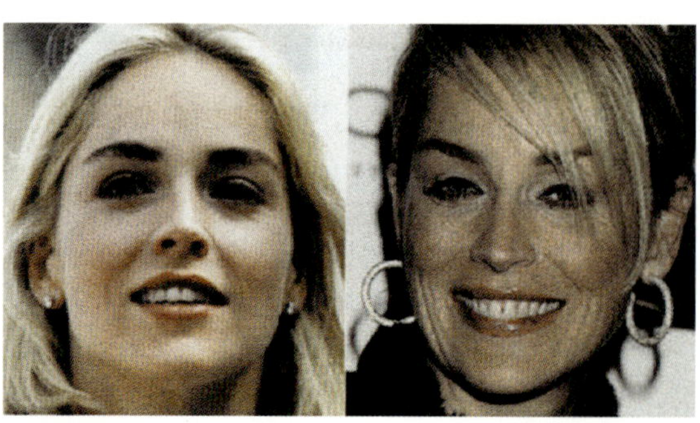

사진 설명 미국 영화배우 샤론 스톤의 20대와 40대 모습

피부의 피지선과 땀샘 역시 변화가 나타난다. 피지선은 기능이 거의 퇴화하지 않지만 피지분비는 감소한다. 인생 초기 단계에는 피지선이 매우 활동적이어서 피부를 매끄

럽고 부드럽게 유지시켜주지만, 점차 수분이 감소해서 결국 피부는 건조해지고 때로는 갈라지기도 한다. 수분의 감소는 폐경기 여성에게서 더욱 심하다. 땀샘은 크기, 수, 기능 면에서 감소하기 시작하고, 노년기가 되면 체온을 조절하는 능력에 영향을 미친다.

그 외 다른 피부변화는 중년기에 시작해서 점점 뚜렷해진다. 피부가 더 얇아지고, 탄력성이 떨어지며, 혈액순환이 잘 되지 않기 때문에 안색이 나빠진다. 색소형성이 불규칙하여 색깔이 고르지 못한 얼룩이 얼굴에 생기며, 주로 자외선에 노출되어 생기게 되는 기미가 얼굴과 손등에 나타난다.

피부표면에 가까이 있는 혈관이 팽창하게 되면 혈관문제를 일으킨다. 즉, 입술 위에 정맥성 용혈이라고 하는 푸른색의 얼룩이 생길 수 있고, 얼굴에는 모세관 확장증 또는 말초혈관 확장증이 나타난다. 음낭의 푸르고 붉은 얼룩과 몸통의 선홍색 얼룩은 노인성 혈관증이라고 한다. 이러한 피부상태는 노년기 가려움증과 더불어 노인에게 고통을 주는데 중년기에도 흔히 발생한다. 가려움증은 피부가 얇고 건조해서 온도에 매우 민감하기 때문에 특히 건조한 겨울날씨에 많이 발생한다. 〈표 11-1〉은 피부상태, 착색, 종양을 자세히 설명해 놓은 것이다.

일사광선에의 노출은 피부암을 포함하여 연령과 관련 있는 피부변화의 주요한 요인이 된다. 성인은 노화된 피부를 보호하기 위해서 강한 일사광선에 과도하게 노출되는 것을 피하는 것이 좋다. 비록 선탠이 건강한 모습으로 보이게 한다고 해도 피부암의 위험을 증가시키고 피부노화가 빨리 일어나게 한다(Angier, 1990; Sweet, 1989). 일사광선에의 노출이 불가피하다면 피부를 보호하는 옷을 입거나 선크림을 사용할 것을 의료전문가들은 권한다(Abel, 1991; Bamboa, 1990).

올바른 피부관리는 항상 피부를 청결하게 유지하고, 지성피부가 아닌 경우 보습제를 사용하도록 한다. 신체가 지방과 수분을 생산하는 능력이 감소하기 때문에 보습제는 대체기능을 한다. 또한 중년기에는 비누와 세제가 피부의 자연적인 기름을 제거하는 경향이 있기 때문에 과도하게 사용하지 않는 것이 좋다(Turner & Helmes, 1994).

최현진(2005)에 의하면, 중년여성은 몸의 변화를 통해 느끼기 시작한 나이 듦의 인식이 젊어 보이고, 젊게 행동하는 것을 좋아하는 우리 사회의 중년여성에 대한 부정적 인식과 결합되어 여성성을 회복하려는 노력으로 성형수술이 시행되고 있으며, 이러한 성형수술은 쌍꺼풀 수술, 눈밑 주름제거 수술, 안면 주름제거 수술, 보톡스 주입, 코 수술, 눈썹심기 등의 형태로 나타난다고 한다. 중년여성의 성형수술은 주로 어느 정도 경제적 여유를 가지게 된 상황, 중년여성들의 경험과 나이 든 몸에 대한 가치를 인정하지

표 11-1 여러 종류의 피부질환과 그 특성 및 치료

명칭	위치	특성	치료
흑사마귀 또는 기미	얼굴, 손	서서히 자라고, 평평하며 연한 갈색 반점	화학적 필링이나 액화질소에 의해 제거할 수 있지만 자주 재발하기 때문에 그냥 두고 일사광선을 피한다.
지루성 각화증	얼굴, 손, 팔, 몸통	연한 갈색의 약간 도톰한 종양	어떤 연령에서도 발생하며 피부표면이 딱딱해지고 악성이 되지 않는다. 의사에 의해 쉽고 고통없이 제거될 수 있다.
각화극 세포종	얼굴, 목, 손	건조하고 가운데가 단단한 작은 혹	2개월 동안 양성으로 자란 후, 두달 동안 변하지 않고, 또 두 달이 지나면 치료 없이 사라진다.
자외선 각화증 또는 일광성 각화증	얼굴, 목, 손	건조하고 비늘처럼 벗겨지며 단단하게 달라붙은 종양. 농부, 선원, 어부같이 태양에 노출된 사람에게 자주 나타남	종양이 악성이 되기 전에 제거해야 한다.
편평 상피암	얼굴, 목, 손, 입술	기존의 종양이 낫지 않거나 변화가 생겨 나타나는 종양	이 위험한 종양이 계속 성장하면 임파선과 내장에 퍼질 수 있다. 조기 발견과 치료가 필수적이다.
기저 세포암	얼굴, 목, 몸통	진주색의 말랑말랑해 보이는 작은 혹으로 일정 기간 이후에 궤양으로 된다.	가벼운 형태의 이 피부암은 매우 느리게 성장하고 다른 신체부위에 거의 퍼지지 않는다. 증상이 커지기 전에 제거하면 완치할 수 있다. 치료하지 않으면 이 종양은 주변의 조직으로 퍼지지만 내장으로는 절대 퍼지지 않는다.
백반증	입, 생식기	백색 반점	외상이나 흡연과 같은 계속적인 자극이 원인으로 보인다. 백색 반점이 악성으로 변할 수 있으므로 진찰을 받아야 한다.
악성 흑사마귀	주로 얼굴	느리게 성장, 평평한 갈색 또는 검은색 병변	가벼운 형태의 이 악성 흑색종은 의사의 진단과 치료를 받아야 한다. 이 병은 천천히 진행되기 때문에 예후가 매우 좋다.
악성 흑색종	피부 부위 또는 기존의 검은 점으로부터 시작할 수 있음	경계가 분명치 않거나 색이 변하는 반점 또는 피가 나고 궤양이 있는 피부병변 또는 크기, 색상, 윤곽에서 변하기 시작하는 사마귀	치명적인 형태의 이 피부암에 대한 성공적인 치료는 조기 진단이다.

출처: Donsky, H. (1985). *Cosmetic surgery*. Emmaus, PA: Rodale.

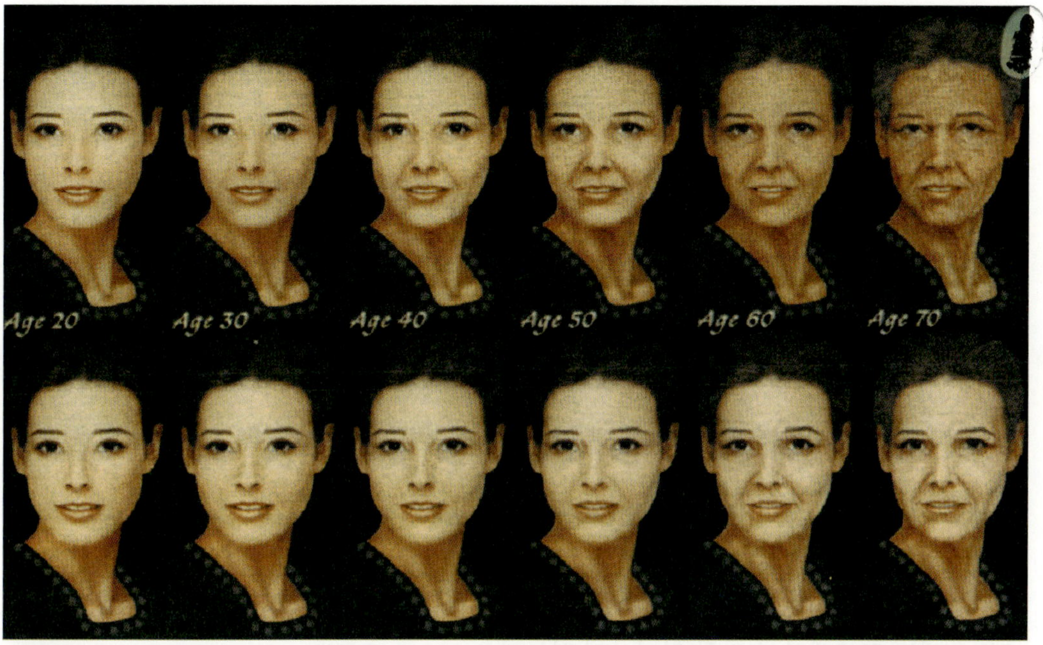

사진 설명 피부관리를 올바르게 한 경우(사진 下)와 그렇지 못한 경우(사진 上)의 20대부터 70대까지의 얼굴사진

않는 사회적 상황, 성형외과 전문의들의 특화된 전문성 강조 등으로 인해 더욱 부추겨진다고 하였다.

2) 모발

대부분의 성인은 50세가 되면 흰 머리카락이 많이 생긴다. 이와 같이 머리카락의 색깔이 변하는 것은 모근(〈그림 11-1〉 참조)에 있는 멜라닌 색소가 점차 감소하기 때문이다. 중년기에는 모발이 가늘어지기 시작하며 모발의 성장도 느리기 때문에 더 느리게 모발이 교체된다. 머리카락은 생장기, 퇴행기, 휴지기, 성장기의 주기적 변화를 겪는데(〈그림 11-2〉 참조) 중년기에는 모발의 휴지기와 성장주기가 변화를 겪는다. 젊은 시절에는 모발의 성장주기가 3~5년이며 한 달에 3.8cm씩 자란다. 그리고 휴지기가 되면 2~4개월 동안 성장을 멈추는데 모발의 10~15% 정도가 항상 휴지기에 있다. 그러나 모발의 휴지기가 중년기에는 더 길어진다(Donohugh, 1981; Rossman, 1986).

모발의 감소는 휴지기가 더 길어진 결과이다. 남녀 모두에게 이런 감소가 발생하지만 남성에게 더욱 명백히 나타난다. 머리를 빗을 때 매일 50~100개의 머리카락이 빠

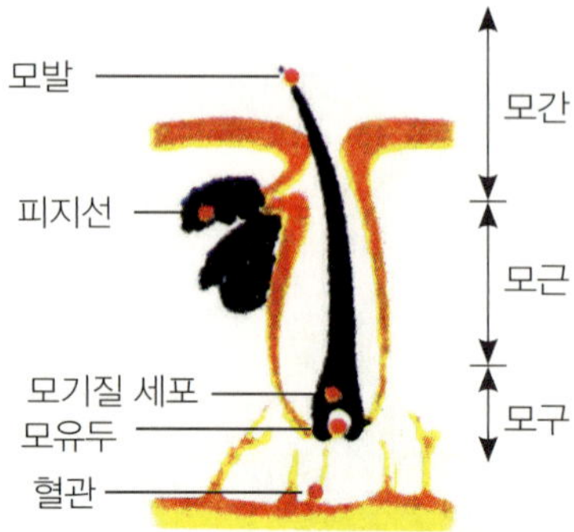

〈그림 11-1〉 모발의 구조

〈그림 11-2〉 머리카락의 일생

지는데, 젊었을 때는 빠진 만큼 새로운 모발이 생겨난다. 그러나 중년기에 더 길어진 휴지기에는 휴지상태의 모발이 저절로 떨어지는 경우가 많다. 그리고 모발은 더 가늘어진다. 가늘고 색소가 없는 흰 머리카락이 두껍고 검은 머리카락을 대체하는데 심한 경우에는 교체생산이 전혀 일어나지 않는다(Matteson, 1988).

보통 대머리라고 불리는 남성형 탈모증은 유전적인 영향을 많이 받는다. 주로 이마 양 옆에서 M자 모양으로 이마선이 뒤로 물러나면서 시작되는데 때로는 성년기에도 나타난다. 그 후에는 머리 뒷부분에 대머리가 나타난다. 더 심한 경우는 머리 전체가 완전히 벗겨지기도 한다(〈그림 11-3〉 참조).

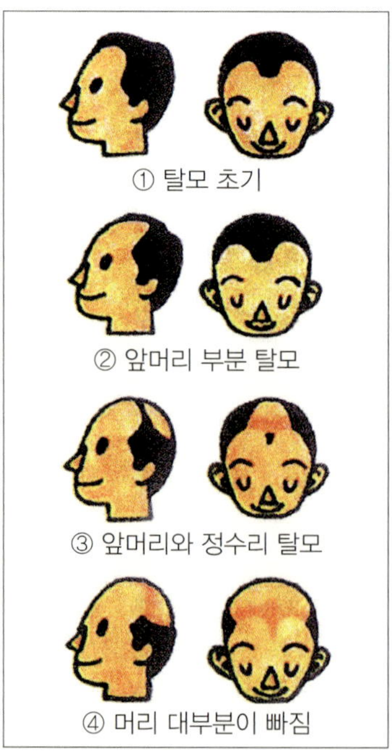

〈그림 11-3〉 대머리의 진행모습

여성은 훨씬 늦은 나이에 모발 손실을 경험하고 손실 자체가 남성보다 덜 두드러진다. 대개 정수리와 앞머리쪽 부분의 머리카락이 많이 빠진다. 어떤 여성은 폐경기 이후에 심한 모발의 손실을 경험한다. 그러나 대부분의 경우 여성의 대머리는 유전적인 요인 때문이다.

모발 손실을 늦추기 위해서는 빗질을 부드럽게 하고, 지나친 드라이 열을 피하며, 샴푸한 후에 컨디셔너로 헹군다. 파마나 탈색 등은 피하고 모발을 짧게 함으로써 모발 손상을 줄일 수 있다. 그리고 피부보호와 마찬가지로 지나친 직사광선은 피하도록 한다.

대머리 치료제가 아직 발명되지 않았지만 수술에 의해 부분 치료가 가능하다. 그 하나가 모발 이식수술이다. 즉, 작은 원통 모양의 이식조직을 모발이 자라고 있는 부분에서 채취하여 원하는 부위에 이식하는데 주로 자신의 뒤쪽 머리를 앞쪽에 옮겨 심는다. 다른 하나는 두피 축소수술로 두피를 절개하여 이식조직이 필요한 대머리 부위를 줄이는 것이다(Turner & Helmes, 1994).

2. 내적 변화

Jeffrey S. Turner

눈에 보이는 외적 변화와는 달리 내적 변화는 눈으로 볼 수 없다. 단지 간접적으로 그런 변화를 인지하게 될 뿐이다. 즉, 느낌이나 행동에서 차이점을 감지하거나 의사에게 들어서 알게 된다. 내적 변화는 심장혈관 계통, 신경계, 호흡기 계통의 변화를 포함한다(Turner & Helmes, 1994).

1) 심장혈관 계통

연령이 증가함에 따라 심장조직이 딱딱해지고 탄력성이 감소하며 심박력과 혈액의 양은 감소한다. 30세에 심장의 기능이 100%의 능력을 가진다고 가정하면, 50세에는 그 효능이 80%로 떨어지고, 80세에는 70%로 감소한다. 그러나 심장혈관 기능의 감소는 노화과정보다는 공기조절의 부족과 더 관련이 있으므로 규칙적인 운동의 필요성이 강조된다. 중년기에는 혈압(특히 심장 수축 시의 혈압)도 상승하는데(Mosley et al., 2020), 폐경기에 이르면 여성의 혈압은 급격히 상승하고, 이후 남성들보다 혈압이 더 높아진다. 또한 이 시기에 동맥경화가 시작된다.

2) 신경계통

신경자극이 뇌에서 신체의 근육조직으로 전달되는 속도가 일생 동안 약 10% 감소한다. 50세까지 그중 5%가 감소한다. 중년기에 뇌와 척수의 신경세포가 점차 감소한다고 해도 뇌의 구조적인 변화는 대수롭지 않다. 그러한 신경의 손실은 대뇌피질, 특히 전두엽 부위에서 가장 두드러진다.

신경세포의 감소가 반드시 뇌의 기능에 영향을 주는 것은 아니지만, 시간이 흐름에 따라 뇌의 무게가 감소하는 원인이 된다(Kalat, 1992; Purves, 1988; Scheibel, 1992). 또한 신경계의 장애는 정신착란과 치매의 주요 원인이다.

3) 호흡기 계통

중년기의 호흡 능력은 30세를 100%로 보았을 때 75%로 감소한다. 폐의 탄력성 또한 서서히 감소하고, 흉곽도 작아지기 시작한다. 흉곽이 딱딱해지고 숨을 들이마시고 내쉬는 동안 가슴을 움직이게 하는 근육도 더 약해지는 경향이 있다. 따라서 노년기가 되면 호흡의 효율성이 떨어진다. 심장혈관 계통과 마찬가지로 호흡기 계통도 운동부족의 영향을 받기 때문에 규칙적인 운동에 의해 강화될 수 있다(Morey, 1991; Schilke, 1991).

4) 근육과 관절 계통

근육조직의 상실은 50세 이후 급격히 일어난다. 이는 신체적 힘을 감소시키고, 특히 등과 다리근육의 힘을 약화시킨다. 서울대학교 체력과학노화연구소의 연구에 의하면, 한국 여성들은 40대에 근력이 쇠퇴하기 시작하고, 남성들은 50대에 근육의 감퇴가 급격히 일어난다고 한다(조선일보 2003년 7월 4일자).

중년기에는 뼈의 움직임을 위해 쿠션역할을 하는 힘줄과 인대의 효율성이 감소하여, 움직일 때 어려움을 느끼게 된다. 30대 중후반에 최대치에 달했던 뼈의 밀도도 점차 감소하며, 50대에 이르면 감소비율이 급격히 가속화된다.

3. 감각 기능의 변화

성년기에도 감각기능에 약간의 변화가 있지만, 중년기에는 더 많은 변화가 있다. 물리적 환경과의 접촉은 노화과정에서 매우 중요한 특성이다. 인간은 지각을 통해 모든 행동과 성격에 영향을 준다. 감각기능의 결함으로 인해 다양한 지각정보를 받아들이지 못할 때 자아개념은 쉽게 손상될 수 있다. 감각기능의 변화는 우리 모두가 어느 정도 경험하는 것이고, 심각한 손상이 없다면 대부분 이러한 변화에 잘 적응할 수 있다(Botwinick, 1981, 1984).

1) 시각

시력의 감퇴는 중년기 동안 일어나는 눈에 띄는 변화 중의 하나이다. 눈의 수정체가 나이가 듦에 따라 탄력성을 잃게 되면 초점이 잘 모아지지 않는다. 그 결과 많은 사람들이 노안이 되어 가까이 있는 물체를 잘 볼 수 없게 된다. 따라서 독서용 돋보기 안경이 필요하게 된다(사진 참조). 〈그림 11-4〉는 노안의 교정에 관한 것이다.

사진 설명 45~50세경에는 대부분의 사람들에게 돋보기 안경이 필요하게 된다.

시각에서의 다른 변화도 중년기에 시작된다. 동공이 점점 작아지고 그 결과 동공을 통과하는 빛의 양이 적어진다(Scialfa & Kline, 2007; Yan, Li, & Liao, 2010). 따라서 중년들은 더 밝은 조명을 필요로 한다(Andersen, 2012). 또한 어둠과 번쩍이는 빛에 적응하는 시간이 더 길어지는데 이는 야간운전이 왜 불편한가를 설명해 준다(Artal, Ferro, Miranda, & Navarro, 1993; Barr & Eberhard, 1991; Spear, 1993). 깊이 지각, 거리 지각, 3차원에 대한 지각 능력이 감소하며, 수정체의 투명도가 떨어지고, 망막의 민감도가 떨어지며, 시신경을 구성하는 섬유조직의 수가 감소하는 경향이 있다(Schieber, 1992, 2006).

최근 한 연구(Hajek et al., 2021)에 의하면 중년기에 신문이나 책 등을 읽기 불편하거

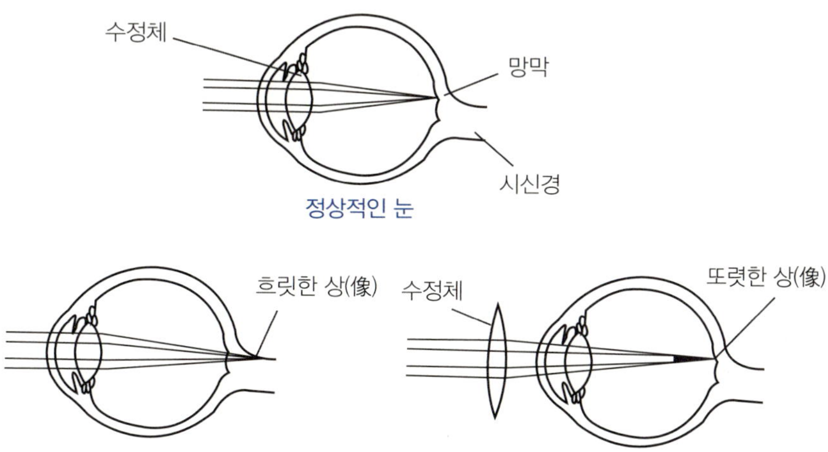

〈그림 11-4〉 노안의 교정

나 길에서 아는 사람을 알아보지 못하는 등의 시력감퇴는 생활만족도와 자아존중감을 떨어뜨리고, 우울증상, 사회적 고립 등을 야기시키는 것으로 나타났다.

2) 청각

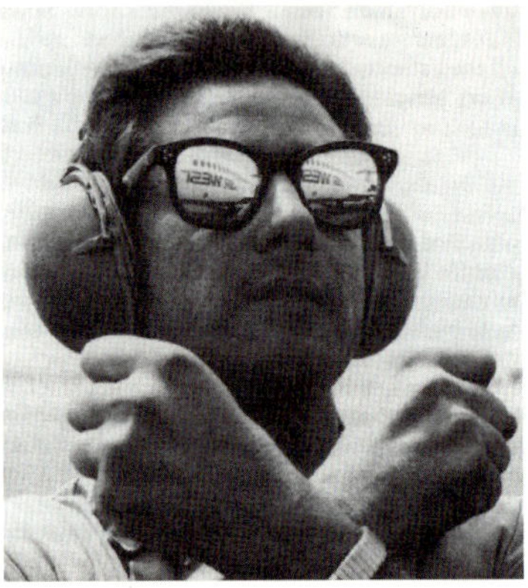

사진 설명 소음에 대한 노출이 심한 직업에 종사하는 사람들의 경우 청력감퇴가 심하다.

중년기에는 청각이 점진적으로 감퇴하는데, 특히 높은 진동수의 소리에 대해 그러하다(Roring, Hines, & Charness, 2007; Schaie & Geitwitz, 1982). 이것을 의학적으로는 노인성 난청이라고 부른다. 낮은 진동수의 소리에 대해서는 별로 변화가 없다. 높은 진동수의 소리에 대한 청력감퇴는 남성이 여성보다 더 심한데, 이러한 성차는 어쩌면 남성의 직업(예를 들면, 광부나 자동차 제조공)이 소리에 대한 노출이 더 크기 때문일지 모른다(Olsho, Harkins, & Lenhardt, 1985; Scialfa & Kline, 2007). 그런데 시력감퇴는 금방 알 수 있지만, 대부분의 청력감퇴는 일상생활에 큰 지장을 주지 않기 때문에 잘 감지되지 않는다.

3) 기타 감각

미각, 후각, 촉각 등에 관해서는 시각과 청각만큼 연구가 이루어지지 않았다. 미각은 50세 정도에서 감퇴하기 시작하며 특히 '맛의 미묘한 차이'를 구별하는 능력이 떨어진다. 후각은 그대로 지속되는 것으로 보이며, 제일 나중에 쇠퇴하는 감각 중의 하나이다.

4) 반응시간

자극에 반응하는 데 걸리는 시간을 반응시간(reaction time)이라고 하는데, 중년기에는 반응속도가 매우 느려진다(Benjuya, Melzer, & Kaplanski, 2004; Der & Deary, 2006; Newman, 1982; Salthouse, 1993; Schaie, 1989). 그러나 일상생활을 영위하는 데는 별로 지장이 없다. 예를 들어, 전화가 왔을 때에 몇 초 늦게 전화를 받는다고 해서 크게 문제될 것은 없다.

연령과 함께 반응시간이 증가하는 것에 대해서는 다음과 같이 몇 가지로 설명할 수 있다. 첫째, 연령이 증가함에 따라 중추신경계에서 자극을 처리하는 속도가 전반적으로 느려진다는 것이다(Botwinick, 1984). 둘째, 연령이 증가하면서 신경세포가 일정한 목적없이 되는 대로 신경을 자극하기 시작하여 신경잡음(neural noise)을 만들어내기 때문에 한 자극에서 다른 자극을 구분하기가 힘들게 된다. 셋째, 나이가 들면 행동이 조심스러워지는 등의 변화로 인해 반응시간이 느려진다(Welford, 1977).

4. 생식 및 성적 능력의 변화

중년기의 기본적인 변화 중 하나인 생식능력의 감퇴는 남성과 여성에게 각기 다른 영향을 미친다. 아이를 낳을 수 있는 여성의 능력은 중년기 어느 때에 끝나게 된다. 남성은 계속해서 아이를 갖게 할 수 있지만 수정능력의 감소를 경험하기 시작하고, 경우에 따라 정력감퇴를 느끼기 시작한다.

1) 여성의 갱년기

여성의 신체가 폐경을 가져오는 다양한 생리적 변화를 겪는 2년에서 5년까지의 기간을 전문용어로 '갱년기(climacterium)'라고 한다. '폐경(menopause)'이라는 생물학적인 사건은 여성이 배란과 월경을 멈추고, 더 이상 아이를 가질 수 없을 때 일어난다. 남성은 계속해서 정자를 생산할 수 있는 반면, 여성은 태어날 때 고정된 수의 난자를 갖고 태어나므로 월경주기 30~40년이 지나면 난자가 거의 다 배출된다. 폐경 바로 전에 에스트로겐의 분비가 감소하기 시작하고, 에스트로겐과 프로게스테론의 분비가 계속해서 감소한다. 마침내 에스트로겐이 거의 분비되지 않으면 월경을 더 이상 할 수 없게 된다. 에스트로겐의 감소는 생식기와 다른 조직에도 영향을 미친다. 유방은 덜 단단해지고, 자궁의 크기가 감소하며, 질벽이 얇아지고, 탄력성이 떨어지며, 분비물이 적어져서 성교 시 통증을 수반한다(Schwenkhagen, 2007; Weg, 1987; Wich & Carnes, 1995).

폐경의 평균 연령은 50세 정도인데 40~60세 사이에 일어나는 폐경은 정상 범위에 속한다(Bellantoni & Blackman, 1996). 약 10% 미만의 여성들이 40세 전에 폐경을 하게 되는데, 이 경우를 '조기(premature)' 폐경이라고 부른다(Wich & Carnes, 1995). 여성이 폐경에 달하는 연령은 초경 연령과는 아무런 상관이 없다(Treloar, 1982). 성숙의 가속화 현상으로 말미암아 초경 연령이 점점 낮아지고 있지만, 폐경 연령에는 거의 변화가 없는 것으로 보이며 문화에 따른 차이도 별로 없다(Greene, 1984). 단지 옛날과 다른 점은 오늘날의 여성들은 폐경이 지나고서도 상당 기간을 살 수 있다는 것이다. 늦은 나이에 폐경을 하는 경우 유방암의 발생을 증가시킨다고 한다(Gottschalk et al., 2020; Mishra et al., 2009). 〈표 11-2〉는 폐경기 증상 및 폐경 전과 후의 증상에 대한 요약이다.

표 11-2 폐경기 동안 일어나는 주요 변화

시기	증상	설명
폐경 전	불규칙한 월경주기	• 월경주기가 길어지거나 짧아진다. 월경의 양이 많아지거나 적어진다. 월경을 하지 않고도 1년 정도 임신이 가능한 경우도 있다.
폐경 중	월경중단	• 월경이 중단된다.
	번열증	• 체온이 올라갔다 내려갔다 한다. • 땀이 나고, 가슴이 두근거리며, 메스껍고, 불안하다. 빈도는 1시간에 몇 번부터 한 달에 한 번까지 다양하다. 그러나 지속시간은 대부분 5분 정도이다. • 번열증은 폐경 1년 전이나 1년 반 전에 시작되어 폐경 후 몇 년까지 지속될수 있다.
	불면증	• 한밤중에 번열증으로 인해 잠이 깨거나 REM 수면이 감소하여 수면을 방해한다.
	심리적 영향	• 단기 기억의 감소, 과민성, 집중력 부족이 보편적인 증상이다. 이러한 증상들은 단순히 수면부족 때문일 수도 있다. 어떤 여성의 경우 성적 욕구가 감소한다.
폐경 후	신경계의 변화 피부와 모발의 건조	• 촉각이 예민해진다. • 피부가 건조하고, 가렵고, 얇아진다. • 머리카락도 가늘어진다. 얼굴의 솜털이 증가한다.
	요실금	• 방광조직의 수축과 자궁근육의 약화로 요실금이 발생한다. 요도감염으로 인한 방광염이 발생한다.
	질건조증	• 질의 점막과 질벽이 얇아져서 감염이 잘 되고 성교 시 통증을 수반한다.
	뼈의 손실 (골다공증)	• 뼈의 손실이 극적으로 증가한다.
	심장혈관의 변화	• 혈관이 유연성이 없어지고 콜레스테롤과 트리글리세라이드(중성지방) 수치가 높아진다.

출처: Davis, L. (1990). The myths of menopause. In L. Fenson & J. Fenson (Eds.), *Annual editions: Human Development* (18th ed., pp. 237-247). Dushkin Publishing Group, Inc.

(1) 폐경의 신체적 증상

폐경기 여성에 대한 고정관념적 시각은 많다. 쉽게 짜증을 내고, 고함을 지르며, 특별한 이유 없이 눈물을 쏟고, 우울증에 빠지며, 정서가 불안정하다는 것이다. 그러나 이것은 대부분 사실이 아니고 몇 가지 폐경 증상만이 여성 호르몬의 감소와 관련이 있다. 그러나 이 증상들도 심리적인 것은 아니고 신체적인 것이며, 호르몬 대체요법으로 치료될 수 있다(Greene, 1984; Unger & Crawford, 1992).

첫째, 여성 호르몬인 에스트로겐 분비의 감소로 폐경 여성의 $^2/_3$ 정도가 번열증(hot flashes)을 경험한다(Brockie et al., 2014; Hachul & Tufik, 2019; Mitchell & Woods, 2015). 번열증은 몸 전체가 달아오르는 갑작스러운 열반응으로 주로 얼굴이나 상체에 갑자기 열이 나고 땀이 나는 현상인데, 몇 초 또는 몇 분간 지속되며 오한이 수반되기도 한다. 번열증을 경험하는 동안 신체 특정 부위의 체온이 1~7℃까지 상승한다(Kronenberg, 1994; Whitbourne & Whitbourne, 2014).

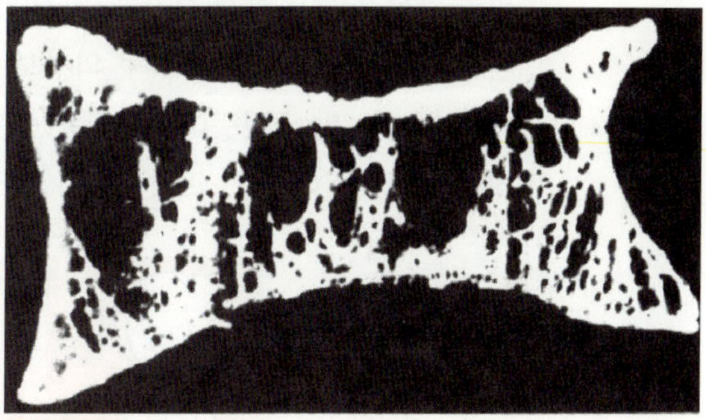

사진 설명 골다공증에 걸린 뼈의 사진. 뼈가 부서지기 쉽고, 레이스 모양으로 구멍이 숭숭 뚫려 있다.

둘째, 질 내벽이 얇아지고 건조해지는 질건조증(vaginal dryness)을 경험한다. 질이 위축되고 분비물이 적어지므로 성관계 시 통증을 느낄 수 있다.

셋째, 폐경 여성의 $^1/_4$ 정도가 '골다공증'을 경험한다(사진 참조). 골다공증은 뼈의 밀도가 떨어져서 뼛속에 작은 구멍들이 많이 생기고 푸석푸석해지는 현상을 말한다. 골다공증(osteoporosis)의 'osteo'는 '뼈(bone)'를 의미하며, 'porosis'는 '구멍이 많다'는 의미이다. 골다공증은 노년기 골절의 주요 원인이다(Kemmler, Engelke, & von Stengel, 2016; Welch & Hardcastle, 2014). 골다공증은 여성이 남성보다 그 위험도가 훨씬 높으며, 특히 마른 여성, 흡연 여성, 충분한 칼슘 섭취나 운동을 하지 않는 여성에게서 흔히 나타난다(Kataoka et al., 2020; Madrasi et al., 2018). 또한 골다공증의 가족력이 있는 경우나 난소제거 수술로 일찍 폐경기가 온 여성에게서 자주 발생한다. 골다공증은 심혈관질환과 함께 심각한 질병으로 인식되고 있으며, 고혈압은 "침묵의 살인자", 골다공증은 "침묵의 도둑"이라고도 불린다.

골밀도 감소는 남성과 여성 모두 30세경에 시작된다(〈그림 11-5〉 참조). 그러나 여성의 경우 폐경으로 인해 그 과정이 가속화된다. 이 골밀도 손실의 주요 결과는 뼈골절의

골다공증의 예방

골다공증은 뼈에 구멍이 많이 생기는 병으로서 작은 충격에도 쉽게 골절을 일으키는 상태를 말한다. 골절은 척추나 팔목, 대퇴부 그리고 엉덩이 부위에 주로 발생한다. 척추 골절이 되면 허리통증이 나타나며, 허리가 구부러져서 키가 줄어들게 된다(Bartl, Bartl, & Frisch, 2015; 〈그림 11-7〉 참조).

골다공증은 여성들이 청소년기와 중년기에 적절한 조치를 취하면 예방할 수 있는 것으로 보인다. 가장 중요한 예방법은 칼슘 섭취를 늘리고, 운동을 많이 하며, 흡연을 삼가고, 호르몬을 보충하는 것이다. 여성은 청년기부터 하루에 1,000 내지 1,500mg 이상의 칼슘을 섭취해야 한다. 칼슘이 풍부한 음식으로는 저지방 우유와 저지방 요구르트, 뼈채 먹는 생선류, 해조류, 두류 그리고 브로콜리, 케일, 순무 같은 채소류가 있다.

운동은 새로운 뼈의 성장을 자극하는 것으로 보인다. 운동은 일찍부터 생활습관이 되어야 하며, 일생 동안 가능한 한 오래 일정한 정도로 계속해야 한다. 뼈의 강도를 증가시키는 가장 좋은 운동은 걷기, 달리기, 줄넘기, 에어로빅 댄스, 자전거 타기와 같이 체중을 싣는 운동이다. "두 다리는 두 의사보다 낫고, 우유배달부는 우유를 마시는 사람보다 장수한다"라는 말이 있듯이, 걷는 운동은 골다공증을 비롯한 모든 순환계 질병을 예방하는 최선의 방법이다(Peng et al., 2016; Rizzoli, Abraham, & Brandi, 2014; Wang et al., 2013).

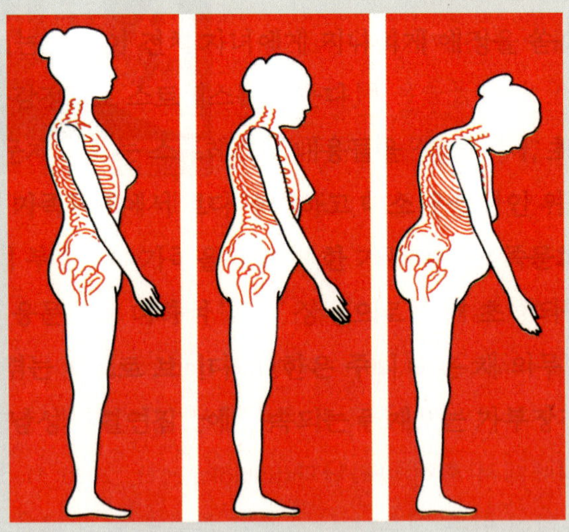

골다공증은 뼈를 약하게 만들기 때문에 척추 골절로 인해 여성들은 허리 윗부분부터 구부러져서 키가 10cm 이상 줄어들게 된다.

〈그림 11-7〉 골다공증으로 인한 신장 감소

출처: Notelovitz, M., & Ware, M. (1983). *Stand tall: The informed woman's guide to preventing osteoporosis*. Gainesville, FL: Triad.

Gregory R. Mundy

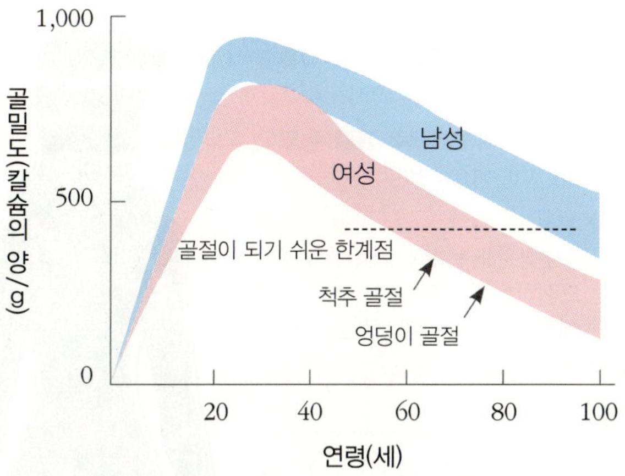

〈그림 11-5〉 골밀도 손실과 뼈골절

출처: Mundy, G. R. (1994). Boning up on genes. *Nature, 367*, 216-217.

위험이 증가하는 것이다. 여성은 50세경에 시작되고 남성은 이보다 훨씬 늦다.

여성의 경우 뼈손실은 에스트로겐의 수준과 직접적인 연관이 있다. 폐경 이후 에스트로겐의 수준이 급격히 떨어지기 때문에 뼈손실의 비율 증가는 연령보다는 폐경의 시기가 그 계기가 된다. 에스트로겐 호르몬 치료를 받는 여성의 경우 뼈손실의 비율이 폐경 전 수준으로 돌아간다(Duursma, Raymakers, Boereboom, & Scheven, 1991).

Observational Health Data Sciences and Informatics(OHDSI)에서 구축한 빅데이터를 통해 2001년부터 2020년까지 우리나라 여성 95만여 명을 대상으로 폐경과 이로 인한 치주염 발생 및 호르몬 치료 효과를 살펴보았는데, 그 결과 폐경 전 여성에 비해 폐경 후 여성에게서 치주염의 발생률이 더 높게 나타났으며, 폐경 후 여성에서 호르몬 치료는 치주질환의 발생률을 감소시킬 수 있는 것으로 나타났다(박기열, 2023). 폐경 후 여성에서는 체내 에스트로겐 호르몬 수치가 낮아지면서 여러 부작용이 나타나는데, 특히 골밀도의 감소와 골다공증 위험의 증가가 그것이다. 이러한 골밀도 감소는 여러 선행연구에서도 치주질환을 유발할 수 있다고 지적된 바 있다.

인공 에스트로겐과 프로게스테론을 병행처치하는 호르몬 대체요법(hormone replacement therapy: HRT)은 번열증, 질건조증, 골다공증 등의 갱년기 증상을 완화시키는 효과가 있는 것으로 밝혀졌다(Devi, Creatura, & Devi-Chou, 2020). 하지만 HRT는, 특히 장기간 처치했을 경우, 유방암, 심장마비, 뇌졸중 등의 발생을 증가시키는 것으로 나타났다(American Cancer Society, 2020). 호르몬 치료의 대안으로 규칙적인 운동, 식

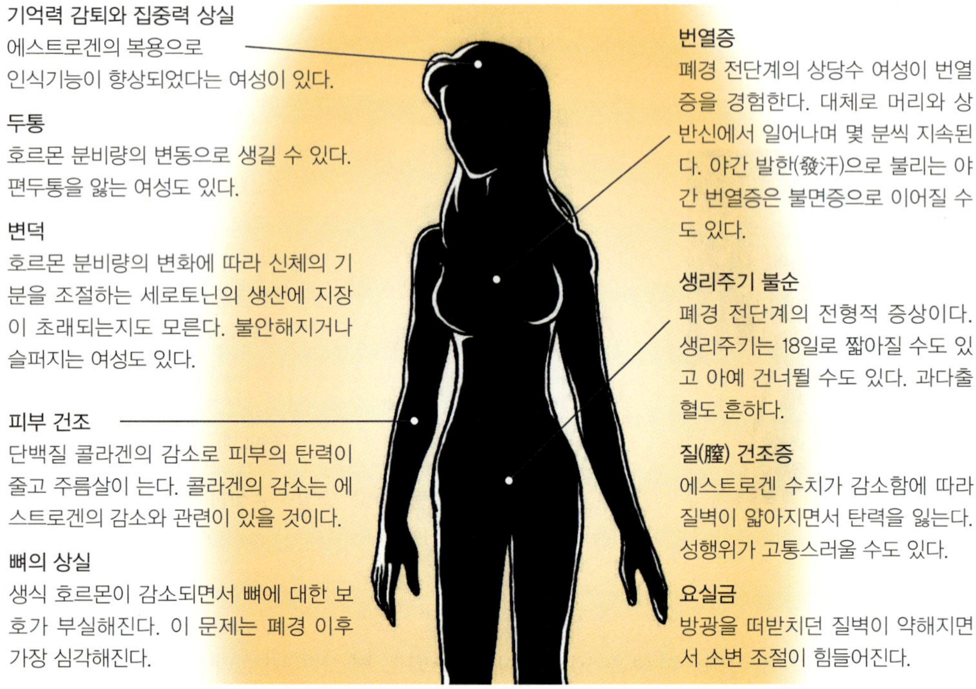

〈그림 11-6〉 폐경기의 보편적 증상

출처: Newsweek(2000). NWK 특별호 3. 중앙일보 미디어 인터내셔널(JMI).

이요법, 약초치료, 이완치료, 침술요법, 비스테로이드소염제 치료 등이 있다(Al-Safi & Santoro, 2014; Buhling et al., 2014; Moradpour et al., 2020; Nasiri, 2015; Yazdkhasti, Simbar, & Abdi, 2015).

〈그림 11-6〉은 폐경기의 보편적 증상에 관한 내용이다.

(2) 폐경의 심리적 증상

대부분의 여성들에게 폐경은 심리적으로 대수롭지 않은 일이다. 한때 많은 심리적 문제들, 특히 우울증이 폐경 탓으로 생각되었지만 최근 연구에서는 그렇지 않은 것으로 나타났다(Brown et al., 2018; Judd, Hickey, & Bryant, 2012).

한 연구(Matthews, 1992)에서 541명의 비슷한 연령의 여성을 대상으로 3년에 걸쳐 아직 폐경을 경험하지 않은 여성집단과 연구 초기에는 폐경 전이었으나 연구기간 동안 폐경을 경험한 여성집단을 비교하였다. 연구결과 폐경을 방금 경험한 여성집단에서 번열증, 가벼운 우울증, 일시적 정서불안을 보고한 경우도 있었지만, 단지 10%만이 폐경에 대한 반응으로 심각한 우울증상을 나타내었다.

또 다른 연구(Busch, Zonderman, & Costa, 1994)에서는 40~60세 여성 3,049명을 대상으로 10년간 조사하였다. 이 연구에서 연구자들은 연구대상을 폐경 전 여성, 폐경 중인 여성, 자궁적출로 인한 인위적 폐경 여성, 자연적 폐경 여성의 네 집단으로 나누었다. 횡단적 연구에 의해 이들 네 집단을 비교했을 때 우울증, 행복감, 수면장애 등에서 네 집단 간에 아무런 차이도 보이지 않았다. 그리고 종단적 연구에 의해 10년 동안 폐경 상태가 변한 여성들(예를 들면, 폐경 전에서 폐경 중 또는 폐경 후로 바뀜)에게서도 아무런 변화를 발견하지 못했다.

일반적으로 폐경은 불안, 분노, 스트레스와는 무관한 것으로 보인다. 그리고 폐경기간 동안 심각한 심리적 문제가 있는 여성들은 이미 그 이전에 그런 문제가 있었던 여성들이다(Greene, 1984; Somerset et al., 2006; Wroolie & Holcomb, 2010).

폐경을 경험한 여성들 대부분이 폐경으로 인한 생활의 변화를 거의 경험하지 않았거나 폐경이 자신의 인생에 별다른 영향을 미치지 않은 것으로 보고하였으며, 심지어 어떤 여성들은 삶이 예전보다 더 좋아졌다고 보고하였다(Morrison et al., 2014; Unger & Crawford, 1992). 대부분의 여성들에게 폐경은 성적 관심이나 성생활에도 별다른 영향을 미치지 않은 것으로 보인다(Greene, 1984). 따라서 온갖 부정적인 고정관념에도 불구하고 폐경이 대부분의 여성들에게 별로 대수롭지 않은 것으로 보인다.

우리나라 중년기 여성을 대상으로 폐경에 대한 상태불안을 알아본 연구(김진이, 정옥분, 1998)에서도 이들은 폐경에 대해 별로 개의치 않았고, 중년기 여성이 경험하는 당연한 사건으로 여기는 것으로 나타났다.

그렇다면 왜 어떤 여성들은 보다 심각한 폐경 증상을 경험하는가? 여기에는 폐경에 대한 여성 개인의 태도가 중요한 것으로 보인다. 폐경을 우울하고 불쾌한 부정적인 경험으로 간주하는 여성들이 있는가 하면, 임신에 대한 두려움에서 벗어나 성생활을 더 즐기는 여성들도 있다. 사회문화적 요인 또한 중요하다. 나이 든 여성을 존중하는 사회에서는 폐경과 관련된 문제가 거의 없다. 노화에 대한 사회적 태도가 폐경기 여성의 호르몬 수준보다 그들의 심리적 안녕감에 훨씬 더 큰 영향을 미치는 것으로 보인다.

폐경이란 생리적 현상은 모든 문화권에서 보편적인 것이다. 그러나 폐경에 대한 경험은 문화에 따라 다르다. 한 연구에서 캐나다 여성의 69%가 폐경기 동안 번열증을 경험했다고 보고한 반면, 일본 여성의 경우는 20%만이 그러한 경험이 있다고 보고하였다(Avis, Kaufert, Lock, Mckinlay, & Voss, 1993; Lock, 1986).

심리적 증상은 문화에 따라 다양하다. 예를 들면, 인도의 귀족 신분의 여성들을 대상으로 조사한 연구(Flint, 1982)에서, 폐경으로 인한 심리적 증상을 경험한 여성이 거의 없었다. 그리고 심지어 아직 폐경기에 도달하지 않은 여성들은 그것을 기대하기까지 하였다. 그 이유는 무엇일까? Flint(1982)에 의하면 폐경이 인도 여성들에게 사회적 보상을 가져다주기 때문이라고 한다. 그들은 이제 월경을 하는 젊은 여성들이 갖는 금기—즉, 베일을 써야 하고, 남성사회에서 격리되는 등—에서 해방된다. 이제는 남편과 아버지 이외의 다른 남성들과 어울릴 수 있고, 술도 함께 마실 수 있다. 그리고 여전히 의미있는 일과 역할이 있으며 나이 든 여성으로서의 대접을 받게 된다. 반면, 우리 사회에서는 늙는다는 것은 신분상실을 의미한다.

이상의 예로서 노화에 대한 사회적 태도가 생물학적 변화에 대한 적응에 영향을 미친다는 것을 알 수 있다. 물론 같은 문화권 내에서도 이 보편적인 현상(폐경)에 대한 개인의 반응에는 큰 차이가 있다. 요컨대 생물학적, 심리적, 사회적 요인이 모두 여기에 작용한다.

2) 남성의 갱년기

남성은 상당히 늦은 나이까지도 계속해서 아이를 갖게 할 수 있지만 일부 중년기 남성은 수정능력 및 오르가슴 빈도가 감소하고 발기불능이 증가한다. 젊은 남성에 비해 정자 수가 감소하고, 정자의 활동성이 떨어지며, 남성 호르몬인 테스토스테론의 분비가 감소한다(Abootalabi et al., 2020; Blumel et al., 2014; Glina et al., 2014; Mulligan & Moss, 1991; Samaras, 2015; Tsitouras & Bulat, 1995; Wise, 1978).

테스토스테론 분비의 감소는 근육조직의 손실(그로 인한 근력감소)과 더불어 중년기 및 노년기의 심장질환의 위험을 증가시킨다. 뿐만 아니라 성기능에도 영향을 미치는 것으로 보인다. 특히, 중년기에 발기불능의 발생빈도가 증가하기 시작한다(Huang et al., 2019; Mola, 2015).

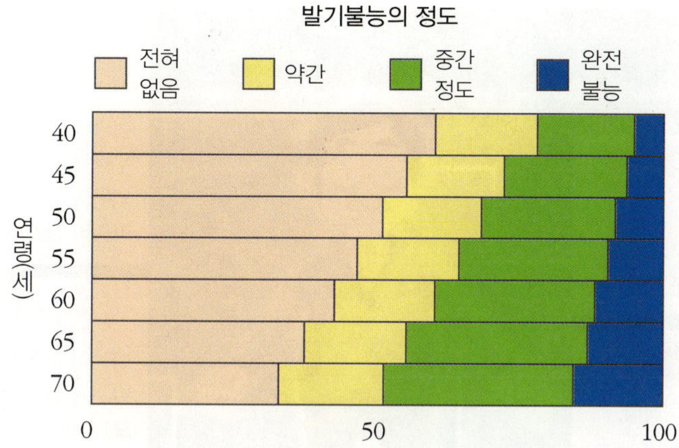

〈그림 11-8〉 중년기 남성과 노년기 남성의 발기불능의 정도

출처: Feldman, H. A., Goldstein, I., Hatzichriston, D. G., Krane, R. J., & Mckinlay, J. B. (1994). Impotence and its medical and psychosocial correlates: Results of the Massachusetts male aging study. *The Journal of Urology, 151*, 54-61.

미국 보스턴 시의 40~90세 되는 남성 1,290명을 대상으로 한 연구(Feldman et al., 1994)에서 발기빈도와 지속시간, 그리고 발기불능의 정도를 조사하였다(〈그림 11-8〉 참조). 연구결과 '약간 발기불능'이라고 보고한 사람들은 발기 및 발기상태를 유지하는 데 약간의 문제가 있었지만 대부분 활발한 성생활을 하고 있었다. '중간 정도의 발기불능'으로 보고된 사람들은 좀더 심각한 문제가 있었지만, 대부분은 가끔씩 성행위를 하는 것으로 나타났다.

사진 설명 중년의 삶에 갈등하다가 유혹적인 댄스의 세계로 빠져드는 한 남자의 모습을 그린 영화, 〈쉘 위 댄스(Shall we dance?)〉

중년기 남성은 또한 전립선이 비대해지기 쉬운데 전립선이 비대해지면 요도를 압박하여 소변보기가 힘들고 때로는 전립선암을 유발하기도 한다(Williams, 1977).

남성의 생식체계와 그 밖의 신체체계를 포함하는 생리적, 정서적, 심리적인 변화가 나타나는 남성의 갱년기는 일반적으로 여성의 갱년기보다 10년 정도 늦게 시작된다. 그리고 그 변화는 보다 점차적이고 보다 다양하다(Weg, 1987). 약 5%의 중년기 남성들이 우울증, 피로, 성적 무력감, 발기불능 그리고 정의하기 힘든 신체적 이상을 호소한다. 여성처럼 심하지는 않으나 남성들도 번열증을 경험한다는 보고도 있다(Henker, 1981). 〈그

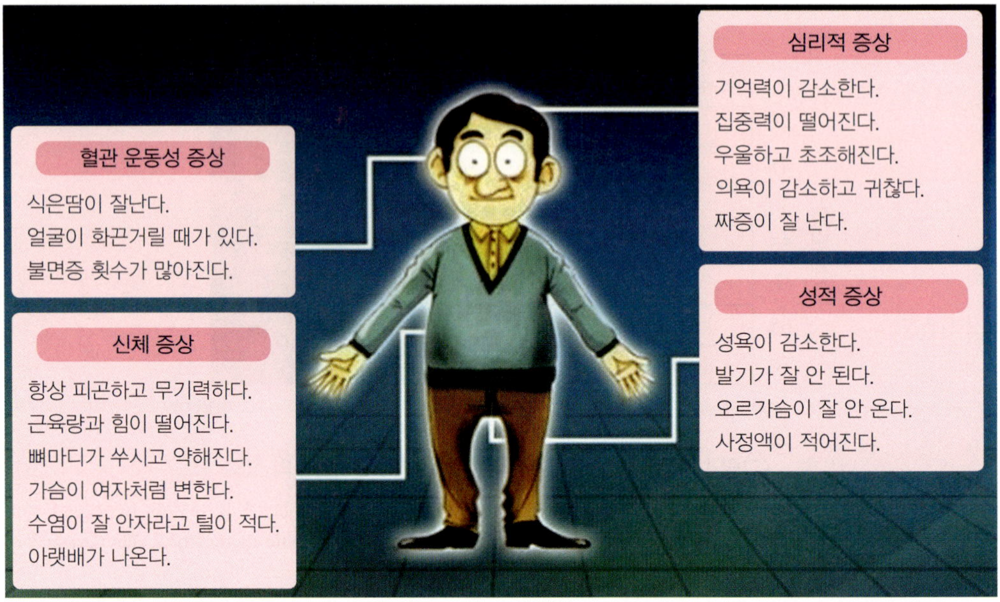

〈그림 11-9〉 남성의 갱년기 증상

림 11-9〉는 남성의 갱년기 증상에 관한 내용이다.

우리나라 중 · 노년 남성을 대상으로 한 연구(김정희 외, 2003)에서는 중 · 노년 남성의 갱년기에 대한 인식이 전반적으로 부족하고, 남성갱년기 증상으로 기억력 감소, 근력 감퇴, 무기력, 열감, 피로 등을 호소하며, 갱년기 증상을 느낄 때는 건강보조식품으로 인삼이나 개소주, 녹용, 마늘 등을 복용한 것으로 보고하였다.

이제까지는 여성의 갱년기에 비해 점진적으로 일어나는 남성갱년기에 대한 관심이 적었으나, 최근에는 남성갱년기로 인한 다양한 건강문제가 주요 관심사가 되고, 남성들도 건강증진과 활기찬 삶을 성취하기 위해 갱년기 장애를 적극적으로 자각하기 시작했으며, 우리나라에서는 1998년 대한 남성갱년기연구회가 조직되기도 하면서, 남성갱년기 현상에 대한 적극적 예방과 대처를 주장하는 목소리가 높아지고 있다(김정희 외, 2003).

중년기에는 기분의 변화도 심한 것으로 보이는데, 한 연구(Doering, Kraemer, Brodie, & Hamburg, 1975)에서 호르몬 수준과 기분의 변화 간에는 전혀 관계가 없는 것으로 밝혀졌다. 대다수 남성들의 호소는 여성의 경우처럼 환경에서 오는 압박 때문인 것으로 보인다. 일부 문제는 배우자와의 이혼이나 사별, 가족문제, 결혼생활의 갈등, 남성 자신이나 아내의 병, 가정과 직장에서의 스트레스, 혹은 부모의 죽음 등 괴로운 인생사건들과 관련이 있는 것으로 보인다.

5. 건강과 질병

중년들에게는 건강상태가 주요 관심사가 되며 자신의 건강에 대해 신경을 많이 쓰게 된다. 중년기의 주된 건강문제는 심장질환, 암 그리고 체중문제이다. 과체중은 중년기에 중요한 건강문제가 된다. 비만은 고혈압, 소화기 장애 등의 질병을 초래할 확률이 높다.

건강상태는 일상적인 삶을 어떻게 영위하느냐와 직접적인 연관이 있다. 즉, 음주, 흡연, 음식, 약물남용, 스트레스에 대한 반응, 운동(사진 참조) 등이 건강상태와 관련이 있다. 건강한 습관은 심장질환, 폐질환, 고혈압, 고지혈증, 골다공증으로부터 우리를 보호해준다. 물론 좋은 건강습관이 질병으로부터 우리를 완전히 자유롭게 해주지는 못하지만 그러한 위험을 감소시킬 수는 있다. 특히 건강습관을 일찍부터 지니기 시작한다면 더욱 그러하다.

1) 비만

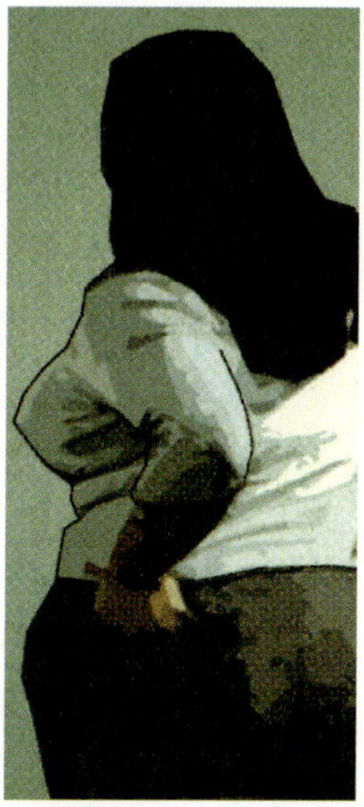

사진 설명 비만은 중년기와 노년기에 심각한 건강문제를 초래할 가능성이 많다.

정상 체중보다 20% 이상의 체지방이 과다하게 축적되는 것을 비만이라 한다. 중년기 비만은 여러 가지 원인에서 비롯된다(Anspaugh, Hamrick, & Rosato, 1991; Brannon & Feist, 1992; Hales, 1992). 예를 들면, 비만의 경향은 유전적으로 타고날 수도 있고, 신체 내의 지방세포 수가 비만의 소지를 심어줄 수도 있다. 지방세포의 수가 많을수록 지방의 형태로 에너지를 저장하는 수용능력이 커진다. 또 다른 가능한 설명은 신체가 체지방을 일정 수준으로 유지하도록 도와주는 내부 통제기제를 갖고 있는데, 체중이 어느 정도 증가하거나 감소한 후에 체중이 다시 일정 수준으로 되돌아가게 해준다. 그러나 비만인 사람의 경우 이 내부 통제기제가 기능을 제대로 못하게 된다.

비만은 생물학적, 행동학적, 심리적, 환경적 요인에 의한 복합작용이라는 것이 또 다른 설명이다. 운동부족과 좋지 못한 식습관은 일반적으로 비만의 원인이 된다. 비만인 사람들은 음식에 탐닉하는 경향이 있는데, 불안이나 스트레스에 대처하는 방법으로 음식을 먹게 된다.

비만은 고혈압, 당뇨, 심장질환, 암, 뇌졸중을 비롯한 만성질환과 관련이 있다(Stefan, 2020). 나이가 많을수록 비만으로 사망할 확률이 더 높다(Edelson, 1991). 비만인 사람은 의학적 위험요소와 더불어 사회적 차별을 경험하고, 부정적인 신체상을 갖게 되며, 자아개념도 낮아지게 된다(Anspaugh, Hamrick, & Rosato, 1991).

2) 고혈압

고혈압은 순환계 장애이다. 젊은 성인들의 경우는 고혈압이 여성보다 남성에게 더 큰 문제이지만 55세 이후에는 여성에게 더 큰 문제가 된다(Taler, 2009). 고혈압은 '침묵의 살인자(silent killer)'라고도 하는데, 이는 눈에 보이는 증상이 없기 때문이다. 치료를 받지 않으면 중요한 신체기관을 파손할 수 있고 심장병, 뇌졸중 또는 신장 기능부전으로 이어진다(Hermida et al., 2013). 이러한 장애가 초래하는 위험을 이해하기 위해서 우선 혈압이 무엇인지를 알아보기로 한다. 혈압은 혈액이 동맥의 벽에 가하는 압력을 말한다. 혈압계에 의해 측정된 혈압기록은 최고 혈압(심장 수축 시)과 최저 혈압(심장 이완 시)으로 표현된다. 예를 들어, 혈압기록이 120/80이라고 했을 때 120mm는 심장이 수축할 때의 수치이고 80mm는 심장이 이완할 때의 수치이다. 〈표 11-3〉은 정상혈압과 고혈압에 대한 내용이다.

중년기에는 혈압이 약간 증가하는데, 특히 심장 수축 시의 혈압이 증가한다. 이것은 소동맥의 직경이 감소하고 탄력성이 떨어진 결과이다. 연령과 관련된 혈압의 변화를

표 11-3 혈압의 분류

혈압 상태	수축기 혈압	확장기 혈압
정상혈압	120 미만	80 미만
고혈압 전단계	120~139	80~89
제1기 고혈압	140~159	90~99
제2기 고혈압	160 이상	100 이상

보면 18세 미만의 정상혈압은 120/80이지만 18~50세의 정상혈압은 140/85이다.

고혈압에 취약한 위험 요인이 있다. 유전적인 요인, 과다한 염분 섭취, 비만, 장기간의 스트레스, 지나친 음주 등이 고혈압을 발생시킨다(Julius, 1990). 고혈압은 완치될 수는 없지만 적절한 음식과 건강한 생활양식이 고혈압을 통제할 수 있다. 이를 위해 체중 감소 프로그램, 규칙적인 운동, 스트레스를 덜 받게 도와주는 이완 기법이 추천된다.

또한 염분과 콜레스테롤의 섭취를 줄이고, 술을 적당히 마시며, 칼륨, 마그네슘, 칼슘의 섭취를 늘리는 것이 좋다. 중년기에 고혈압이 통제되지 않으면 노년기에 인지장애를 초래할 수 있다(Virta et al., 2013).

3) 동맥경화

동맥경화는 동맥이 딱딱하게 굳어지는 것을 말한다. 동맥경화는 플라크(plague, 지방물질)가 동맥 내부벽에 달라붙는 심장혈관 질환의 일종이다. 플라크는 동맥을 두껍고 단단하게 만들 뿐만 아니라 혈액의 흐름을 막아 혈액의 이동을 방해한다.

플라크는 콜레스테롤과 같은 지방으로 구성되어 있다. 콜레스테롤은 체내에서 저절로 만들어지는 지질(지방)이다. 혈액을 포함한 신체 여러 기관에서 발견되며 달걀, 육류, 어패류와 같은 음식에도 들어 있다. 이렇게 섭취되거나 생산된 콜레스테롤은 혈관을 통해 필요한 장기로 이동하게 된다. 이것을 나르는 역할을 지단백질(lipoprotein)이 하게 되는데 콜레스테롤과 단백질, 중성지방들이 모인 것을 LDL 또는 HDL 콜레스테롤이라 부른다(〈그림 11-10〉 참조).

콜레스테롤 자체가 나쁜 것은 아니다. 오히려 신체는 소화나 호르몬 생성을 돕는 데 콜레스테롤을 필요로 한다. 문제(특히 심장혈관질환문제)를 일으키는 것은 흔히 '나쁜' 콜레스테롤이라고 일컬어지는 저밀도 지단백 콜레스테롤(low-density lipoprotein cholesterol: LDL)의 지나친 섭취이다. LDL은 단백질보다 지방의 밀도가 낮기 때문에 더 많은 콜레스테롤을 싣고 이동하게 된다. 콜레스테롤은 물에 녹지 않고 기름이 물에 떠있듯이 혈관을 이동하게 되는데 콜레스테롤을 많이 함유한 LDL 콜레스테롤이 많아지게 되면 혈관 내에 서

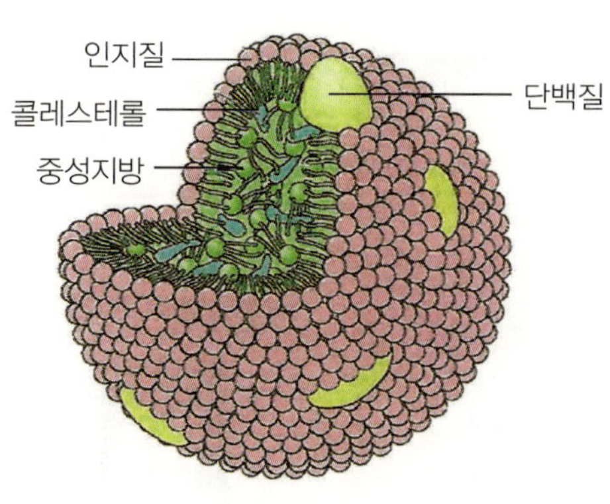

〈그림 11-10〉 콜레스테롤을 운반하는 지단백의 구조

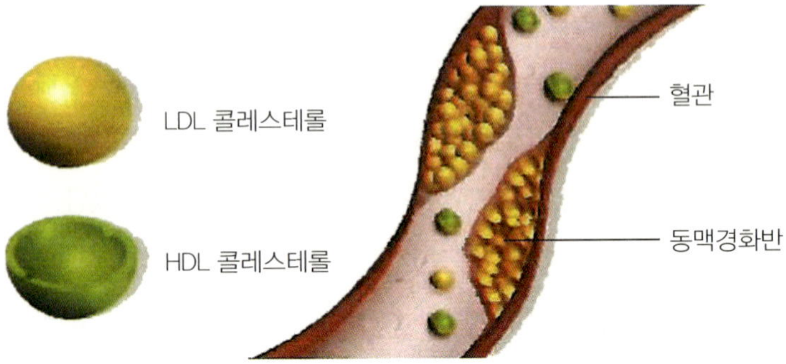

〈그림 11-11〉 LDL과 HDL

로 응집하여 부착하게 되어 동맥경화반(atherosclerotic plaque)을 만든다. 이것이 혈관을 좁게 만들거나 막히게 하여 뇌졸중, 심근경색과 같은 심혈관질환을 일으키게 된다(Wenger, 2014).

한편 '좋은' 콜레스테롤이라고 불리는 고밀도 지단백 콜레스테롤(high-density lipoprotein cholesterol: HDL)은 밀도가 높기 때문에 혈액 내의 콜레스테롤을 더 효율적으로 이동시켜 훨씬 더 좋은 혈관 건강을 유지할 수 있어 심혈관질환 발생위험이 낮아지게 된다. 〈그림 11-11〉은 LDL과 HDL에 관한 것이다.

동맥경화는 매우 이른 나이에 시작되는데 동맥의 망상조직을 천천히 막기 시작한다. 동맥경화는 눈에 보이는 증상이 없기 때문에 이런 변화는 발견되지 않은 채로 몇 년이 지나다가 중년기가 되어서야 문제가 나타나기 시작한다. 이때 동맥벽은 지방 침전물에 의해 크기가 줄어들고, 혈액이 산소를 신체기관에 전달하지 못하도록 방해한다.

동맥경화의 정확한 원인은 알려져 있지 않지만 동맥경화를 증가시키는 요인은 몇 가

Kenneth H. Cooper

Joseph C. Piscatella

지 알려져 있다. 유전, 고혈압, 당뇨병, 흡연, 운동부족, 스트레스 등이 위험 요인이다. 동맥경화의 치료는 식습관과 생활양식을 바꾸는 데 있다. 즉, 콜레스테롤의 섭취를 줄이고, 저지방 식이를 하며, 금연과 규칙적인 운동을 하고, 체중을 감소시키는 것이 좋다(Cooper, 1990; Piscatella, 1990).

4) 심장질환

대부분의 심장발작은 부족한 혈액공급으로 인해 심장근육(심근)의 일부가 괴사할 때에 발생한다. 심근조직이 괴사하는 것을 심근경색이라 하며 감염된 조직을 경색이라고 한다. 동맥경화는 심근경색을 일으키는 원인이 될 수 있다.

심장발작 후 작은 경색이 나타나도 심장은 여전히 기능을 하게 되고, 반흔조직이 괴사된 부분에 형성된다. 그리고 새로운 혈관이 손상된 혈관을 대체하게 된다. 그러나 심장조직의 손상이 심한 경우에는 심장에 혈액 공급이 곧바로 회복되지 않아 사망에 이르게 된다.

협심증은 심장발작과 혼동되는 심장질환이다. 협심증은 심근의 일부에 혈액공급이 필요한 만큼 충분하지 않을 때 발생한다. 부적절한 혈액공급의 결과로 가슴부위에서 통증이 되풀이하여 발생한다. 협심증은 수분 동안 지속되는데, 니트로글리세린을 복용하면 대개 통증이 가라앉는다. 약물치료는 심장의 관상동맥을 확장시켜 혈액이 더 효율적으로 심근에 전달되도록 한다. 심장발작과 마찬가지로 협심증도 동맥경화가 그 원인이다. 그러나 심장발작과는 달리 심근이 혈액부족으로 인해 손상되지 않고 반흔조직도 형성되지 않는다.

심장질환의 치료 역시 식습관과 생활양식의 변화에 있다. 금연, 규칙적인 운동, 스트레스의 양을 줄이고, 지방섭취를 줄이며, 신선한 과일이나 야채를 많이 섭취하고, 정제된 당제품과 염분의 섭취를 줄이며, 알코올 음료의 섭취를 줄이도록 한다(Niu et al., 2016; Sallam & Laher, 2016; Schiff, 2021).

한 연구(Jagannathan et al., 2019)에서 고혈압, 고혈당, 높은 수준의 LDL 그리고 좋지 못한 식습관이 심장혈관계통의 질환을 초래함으로써 사망하는 것으로 밝혀졌다.

미국 심장협회(American Heart Association: AHA)는 2022년 6월 순환기 저널(Circulation Journal)에 발표된 AHA(사진 참조)의 새로운 대통령 자문 내용에 따라 종전의 심혈관 질환 예방지침(Life's Simple 7)을 새 심혈관 질환 예방지침(Life's Essential 8)으로 바꾸었다

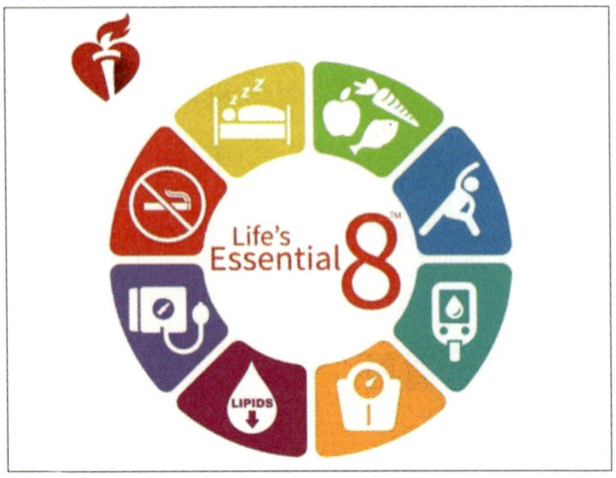

고 밝혔다(사진 참조). 이 예방지침은 심혈관 건강의 개선 및 유지를 위해 일반인들이 건강 체크리스트로도 활용할 수 있다.

새 예방지침(라이프 에센셜 8)은 건강행동(health behaviors)과 건강요인(health factors) 두 가지 영역으로 구성되어 있다. 건강행동 영역에는 더 잘 먹기(eat better), 신체활동 향상(get active), 금연(guit smoking), 충분한 수면시간(sleep duration) 등 네 가지가 있는데 수면시간은 새 예방지침에 처음으로 추가된 것이다. 이는 충분한 수면이 심장과 뇌의 건강에 매우 중요함을 인정한 것이다. 건강요인 영역에는 체중관리(manage weight), 콜레스테롤 조절(control cholesterol), 혈당관리(manage blood sugar), 혈압관리(manage blood pressure) 등 네 가지가 있다.

한 연구(Mok et al., 2018)에 의하면 그동안 옛 예방지침(라이프 심플 7)이 건강한 노후, 심혈관 건강 개선, 심장질환, 뇌졸중 등의 위험을 줄이는 데 큰 역할을 한 것으로 보인다.

5) 당뇨병

당뇨병은 췌장에서 분비되는 인슐린 부족으로 인한 질병인데, 인슐린이 부족하면 혈당을 조절하는 기능이 약해진다. 당뇨병은 제1형(인슐린 의존성) 당뇨병과 제2형(인슐린 비의존성) 당뇨병으로 구분되는데, 제1형 당뇨병은 유전인자에 의해 어릴 때 발병하는 것이 그 특징이고, 제2형 당뇨병은 비만, 스트레스, 운동부족, 잘못된 식습관이 주원인으로 주로 40~50대 중년기에 발병한다. 노년기 당뇨병은 대부분 제2형에 해당한다.

당뇨병의 대표적인 증상은 다음(多飮), 다뇨(多尿), 다식(多食), 체중감소의 삼다일소(三多一小)가 그 특징이다(〈그림 11-12〉 참조). 다음은 항상 갈증이 나기 때문에 물을 많

〈그림 11-12〉 당뇨병의 대표적 증상인 三多一小

이 마시게 되는 것을 말하고, 다뇨란 소변량이 많은 것을 의미한다. 자주 소변을 보더라도 그 분량이 많지 않으면 다뇨라고 볼 수 없다. 우리 몸은 혈중 포도당의 농도가 높으면 포도당을 몸 밖으로 배설하기 위한 노력을 하는데, 따라서 소변량이 많아지며 그로 인해 탈수가 되면 체내 수분의 양이 적어지기 때문에 갈증이 생겨 물을 많이 마시게 된다. 당뇨병이 진행되면 식욕이 왕성해져 많이 먹게 되는데 그러면서도 체중은 점점 감

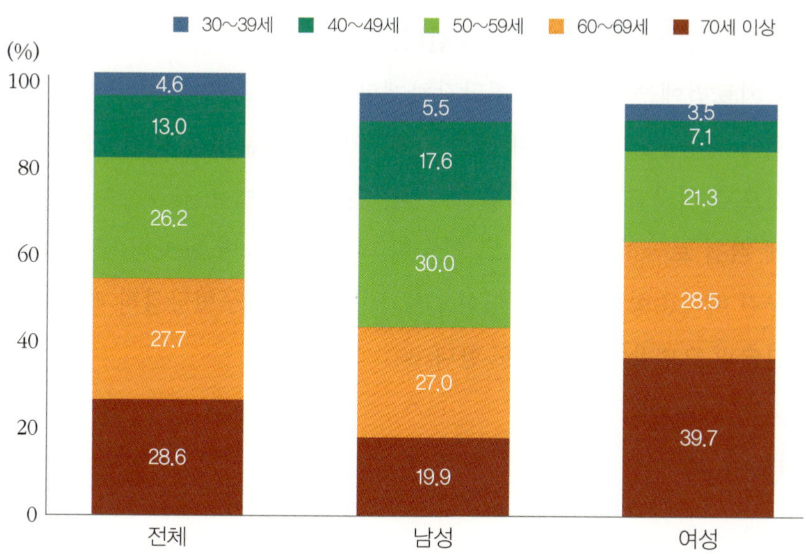

〈그림 11-13〉 연령별 당뇨병 유병률(2019~2020년 통합)

출처: 대한당뇨병학회(2022). 2020 한국인 당뇨병 연구보고서.

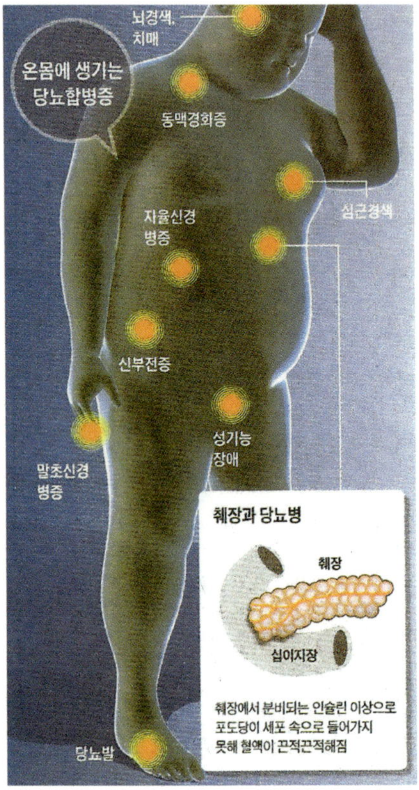

〈그림 11-14〉 온몸에 생기는 당뇨합병증

출처: 조선일보, 2012년 11월 9일자 기사.

소한다. 계속해서 과식하게 되고, 이로 인해 목이 마르고 다뇨증도 점점 심해진다.

대한당뇨병학회(2022)의 2020년 한국인 당뇨병 연구보고서에 의하면 국내 만 30세 이상 당뇨병 유병률은 남성 5.5%, 여성 3.5%이며, 남녀 모두 연령이 높을수록 증가하여 남성은 50세가 30.0%, 여성은 70세 이상에서 39.7%의 유병률을 보였다(〈그림 11-13 참조).

당뇨병이 무서운 것은 그로 인해 발생하는 합병증 때문이다. 합병증으로는 고혈압, 뇌졸중, 치주질환, 당뇨병성 망막증, 당뇨병성 괴저(壞疽) 등이 있다(〈그림 11-14〉 참조). 당뇨병성 망막증은 카메라의 필름과 비슷한 역할을 하는 망막에 출혈이 생겨 시력장애가 발생하고 심한 경우 실명하게 된다. 당뇨병이 상당 기간 진행된 경우 발에 난 상처로 세균이 침범해 발가락에서부터 차츰 썩어 들어가는 당뇨병성 괴저를 특히 조심해야 한다. 당뇨병 환자는 혈액순환이 원활하지 못한 데다 세균에 대한 저항력이 낮기 때문에 세균이 침범하면 발이 쉽게 썩는다. 이럴 때는 썩은 부위를 절단하는 것 말고는 다른 방법이 없으므로 발관리에 각별히 신경을 써야 한다.

당뇨병의 치료법에는 크게 경구혈당강하제와 인슐린 요법이 있다. 경구혈당강하제는 식이요법과 운동요법이 효과가 없는 환자의 인슐린 분비를 촉진시키기 위해 약을 복용하는 것으로 혈당을 낮추는 작용을 한다. 인슐린 요법은 가공하여 만든 인슐린제제를 인체에 직접 보급하는 방법으로 인슐린 의존형 당뇨병 환자의 경우에 사용된다. 그러나 인슐린 비의존형 환자라도 식이요법, 운동요법, 경구혈당강하제가 효과가 없는 경우에는 인슐린 요법을 시행하기도 한다.

6) 대사증후군

최근 중노년기에 대사증후군(metabolic syndrome)이 증가하고 있는데, 대사증후군이란 비만, 고지혈증, 당뇨병, 고혈압 등 심뇌혈관 질환의 위험인자를 동시 다발적으로 갖고 있는 경우를 말한다(Alves Freire Ribeiro et al., 2020; Samson & Garber, 2014). 대사증후군의 주요 원인으로 인슐린 저항성을 들고 있는데, 인슐린 저항성이란 인슐린의 양이 정상적으로 분비됨에도 불구하고 인슐린의 작용이 감소된 상태를 말한다. 최근 연구(Akbulut, Ikitimur, & Akan, 2020; Fabre et al., 2013)에서는 만성적 스트레스가 대사증후군과 관련이 있는 것으로 나타났다. 체중감소와 규칙적인 운동이 대사증후군 치료에 효과가 있는 것으로 밝혀졌다(Paydar & Johnson, 2020; Samson & Garber, 2014; Vissers et al., 2013).

7) 암

암은 비정상적인 세포가 성장해서 퍼져나가는 질병이다. 만일에 암이 퍼지는 것이 통제되거나 저지되지 않는다면 죽음에 이를 수 있다. 그러나 많은 암들은 조기에 발견해서 치료하면 완치될 수 있다.

신체의 모든 세포는 대체로 아주 규칙적으로 재생되는데, 낡은 조직을 대체하고 손상된 것을 고치며 신체성장을 계속하도록 한다. 가끔 어떤 세포들은 비정상적인 변화를 하고 마음대로 성장해서 퍼져나가는 과정을 시작한다. 이러한 비정상 세포들은 종양이라는 조직의 덩어리로 자라난다. 종양은 정상세포로부터 필요한 영양을 빼앗는 과정에서 주요 기관에 침투하여 혈관을 막을 수 있다.

종양은 악성 종양과 양성 종양이 있다. 양성 종양은 해롭지 않고 정상 조직을 침범하지 않는다. 악성 종양은 암으로 변해 주변 조직을 침범한다. 또한 신체 곳곳에 전이되어 퍼질 수 있다. 전이는 원래의 종양이 커지거나 임파선이나 혈류를 통해 신체의 다른 부위로 옮겨가는 것을 말한다.

암에는 네 가지 유형이 있는데 암종(carcinomas), 육종(sarcomas), 림프종(lymphomas), 백혈병(leukemias)이 그것이다. 암종은 피부나 점막 등의 상피세포로부터 발생하고 단단한 종양이 된다. 육종은 근육, 뼈, 지방 그리고 다른 연결조직에서 발생한다. 림프종은 임파선 조직에서 발생하고, 백혈병은 혈액에서 발생하는 암이다.

아무도 정상 세포가 어떻게 해서 비정상 세포로 변하는지를 확실히 알지 못한다. 그러나 암이 유전적 요인을 갖고 있음이 밝혀졌다. 또한 암을 일으키는 발암물질에 계속해서 오랜 기간 노출되었을 때 암이 발생할 수 있다. 발암물질은 신체세포가 그 구조를 바꾸고 통제로부터 벗어나 마음대로 성장하도록 한다. 발암물질의 예로는 담배, 일사

〈남성〉			〈여성〉
폐암	15.0%	21.1%	유방암
위암	13.7%	18.5%	갑상선암
전립선암	12.9%	9.7%	대장암
대장암	12.6%	7.9%	폐암
간암	8.5%	7.5%	위암
갑상선암	5.7%	3.5%	췌장암
췌장암	3.3%	3.4%	간암
신장암	3.2%	3.0%	자궁체부암
담낭 및 기타 담도암	3.1%	2.9%	담낭 및 기타 담도암
방광암	2.9%	2.6%	자궁경부암

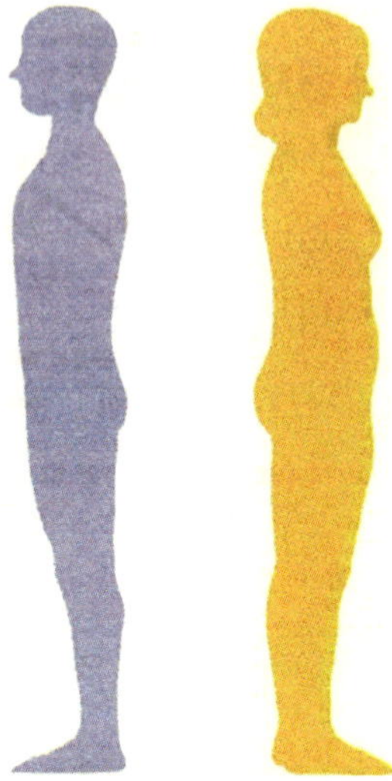

〈그림 11-15〉 성별 암발생분율

출처: 보건복지부 중앙 암 등록본부(2022. 12.)

광선이나 방사선에의 과다한 노출 등이 있다.

모든 암의 $^{1}/_{2}$ 이상이 65세 이상의 노인에게서 발생되지만 어떤 연령에서도 암은 발생할 수 있다. 20~40세 사이에는 암이 남성보다 여성에게 더 보편적이지만, 60~80세 사이에는 남성에게서 암이 더 많이 발생한다. 전반적으로 여성보다 남성이 암으로 더 많이 사망한다. 여성에게 치명적인 암은 유방암, 결장암, 직장암, 폐암, 자궁암 등이며, 남성에게 치명적인 암은 전립선암, 폐암, 결장암, 직장암, 방광암 등이다. 〈그림 11-15〉와 〈그림 11-16〉은 우리나라 성별 암발생분율(Cancer Incidence Proportion by Sex)과 연령별 유방암 발생률에 관한 것이다.

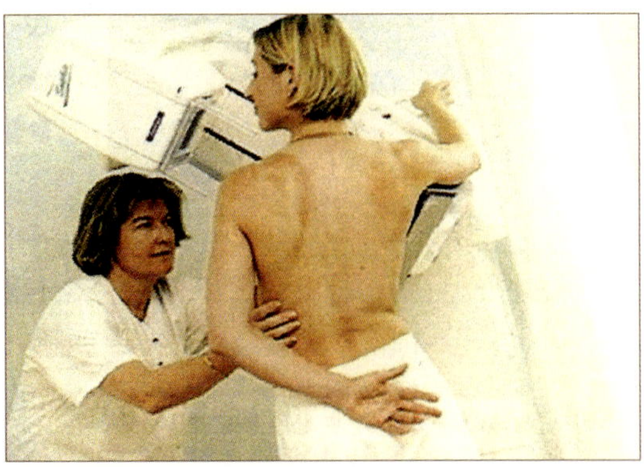

사진 설명 50세 이상 여성들은 1년에 한 번씩 정기적으로 유방암 검사를 받아야 한다.

특히 중년기에는 폐암과 유방암이 가장 보편적이다. 폐암의 80%는 담배를 피우는 사람들에게서 발생한다(Williams, 1991). 여성은 10명 중 1명꼴로 유방암에 걸리지만 조기에 발견하면 생존율이 높다. 유방암은 자가검진이나 유방조영술(사진 참조), 초음파검사 등의 정기검진으로 조기에 발견할 수 있다.

암전문의들은 암과 관련된 일곱 가지 증후를

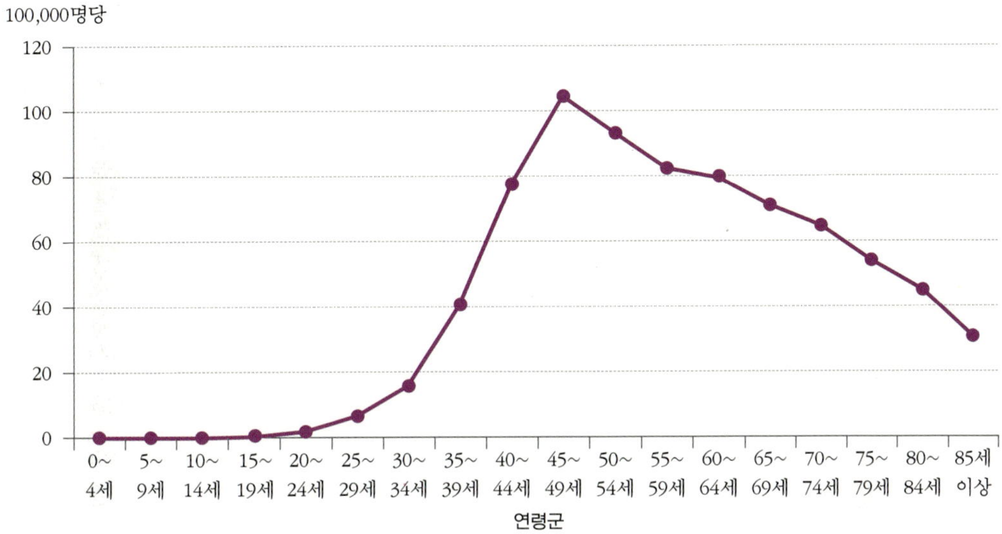

〈그림 11-16〉 유방암의 연령군별 발생률

출처: 보건복지부 암 등록 통계(보건복지부 중앙암등록본부, 2022. 12.)

확인한 바 있다. 낫지 않는 종기, 비정상적 출혈이나 분비물, 배변이나 배뇨습관의 변화, 잔기침이나 쉰 목소리, 소화불량, 유방이나 그 외 다른 부위에서 손으로 만져지는 멍울, 사마귀의 눈에 보이는 변화 등이 그것이다.

심장질환과 마찬가지로 생활양식과 환경적 요인이 암의 발생과 관련이 있다. 식습관, 흡연, 음주, 석면, 화학적 오염물질, 방사능과 같은 독소에 노출되는 것 등이 암발생에 영향을 준다.

제12장

인지변화

중년기에 지적 능력은 증가하는가 아니면 감소하는가? 그도 아니면 중년기 내내 안정적인가? 중년기 동안 지적 능력이 감소하는가 아닌가 하는 문제에 대해서는 상당한 논란이 있지만 속도에 크게 의존하는 능력을 제외하고는 중년기 동안의 지적 능력이 별로 감소하지 않는다는 상당수의 증거가 있다.

감소의 원인이 무엇인가에 대해서도 논란이 많다. 정상적인 노화과정으로 인한 중추신경계의 감소가 그 원인이라면 우리는 누구나 할 것 없이 나이를 먹으면서 이 영향에서 벗어나지 못할 것이다. 반면, 정신적으로 활동적이고, 신체적으로 건강하며, 식습관이나 건강습관이 좋은 사람들은 별로 감소를 하지 않는다면 생리적 요인보다는 경험이 훨씬 더 중요할지 모른다.

연령이 증가하면서 기억력이 감퇴하는 것으로 보인다. 기억에 영향을 미치는 요인으로는 개인의 특성, 정보의 학습과 관련된 요인, 학습재료의 특성, 인출과 관련된 요인 등이 있다.

이 장에서는 연령과 지적 능력과의 관계를 알아보기 위한 검사의 종류 및 측정방법, 연령변화에 따른 기억과 창의성 및 문제해결 능력 등에 관해 살펴보고자 한다.

1. 검사의 종류

Nancy Bayley

연령과 지적 능력과의 관계는 검사의 종류와 측정방법에 따라 달라진다(Denney, 1982; Salthouse, 1989). 예를 들면, 기본적인 학습능력 및 문제해결능력인 유동성 지능은 성년 초기에 감소하는 것으로 보인다(Botwinick, 1977; Horn & Cattell, 1966). 비언어적, 추상적 능력 또한 연령과 함께 감소한다(Bayley, 1970). 웩슬러의 성인용 지능검사에서 비언어능력을 측정하는 동작성 검사 역시 연령이 증가하면서 감소하는 것으로 나타났다(Albert & Heaton, 1988; Honzik, 1984). 반면, 학습된 지식과 기술을 포함하는 결정성 지능은 중년기 내내 증가하는 것으로 보인다(Horn & Donaldson, 1980). 정보, 이해, 어휘력 또한 중년기에 증가한다(Sands, Terry, & Meredith, 1989). 지적 수행에서의 연령변화를 세 가지 측면에서 좀더 자세히 살펴보기로 한다.

1) 유동성 지능검사와 결정성 지능검사

결정성 지능은 교육과 경험에 크게 의존하는 것으로 언어이해력, 어휘력, 추론능력 등과 같이 우리가 학습한 기술이나 지식으로 구성된다(사진 참조). Denney(1982)는 이

사진 설명 지도를 읽을 수 있는 능력은 결정성 지능에 의존한다. 일단 지도를 보는 법을 익히고 나면 그 능력은 노년기까지도 유지된다.

것을 '훈련된(exercised)' 능력이라고 부른다. 표준화된 검사에서 결정성 지능은 보통 문장을 읽고 질문에 답하는 것과 같이 어휘력과 언어이해력으로 측정된다.

유동성 지능은 교육이나 경험에 별로 의존하지 않는 것으로 중추신경계의 효율적인 기능에 의존하는 좀더 기본적인 능력이다. Denney(1982)는 이것을 '훈련되지 않은(unexercised)' 능력이라고 부른다. 유동성 지능은 예를 들어, A C F J O 다음에 무슨 글자가 올지 등과 같이 글자시리즈 검사가 보편적이다.

Horn은 결정성 지능은 적어도 70세까지는 안정적이거나 계속 증가하고, 유동성 지능은 35세 또는 40세부터 감소한다고 주장한다(Horn & Donaldson, 1980). 유동성 지능이 감소하는 첫째 이유는 연령이 증가하면서 수행속도가 떨어지기 때문이다. 중년기의 유동성 지능을 측정할 때 속도제한을 완화한 경우 훨씬 더 나은 결과가 나왔고, 감소도 상당히 완만하였다(Hertzog, 1989). 두 번째 이유는 많은 사람들이 언어적 기술은 일생 동안 사용하지만, 비언어적 기술은 중년기가 되면 별로 사용하지 않는 것으로 보인다. 사용하는 능력은 성인기 내내 유지되지만 사용하지 않는 능력은 감소한다(Denney, 1982).

성인들은 비언어적 과제를 더 어렵게 생각하는데 이는 단순히 이 특정 기술을 오랜 기간 동안 사용하지 않았기 때문이다. 사실 연구결과에 의하면 연령이 증가하면서 사람들은 유동성 지능검사를 언어검사보다 더 어렵게 생각하는 것으로 나타났다(Cornelius, 1984).

성인기 동안 유동성 지능은 감소하기는 해도 50세까지는 별로 심각한 문제가 되지 않는다. 결정성 지능은 중년기를 지나 노년기까지도 증가하는 경향이 있다(Horn & Donaldson, 1980). 그런가 하면 중년기 동안 지능 면에서의 감소가 전혀 없다고 주장하는 연구도 있다(Schaie & Hertzog, 1983).

Bruce J. Avolio

반응시간, 기억, 유동성 지능의 개인차는 연령이 증가하면서 더욱 중요해진다. 16~74세를 대상으로 한 연구에서 보면 일반지능, 언어능력, 수능력, 공간지각능력, 속도에 의존하지 않는 능력 등은 적어도 65세까지는 별 차이가 없는 것으로 나타났다(Avolio & Waldman, 1994).

2) 속도 검사와 비속도 검사

지능검사에서 정해진 시간 내에 과제를 끝내야 하는 경우가 많다. 웩슬러 성인용 지능검사에서는 산수문제에 시간제한이 있으며, 그림 완성하기 과제에서는 순서대로 그림을 빨리 맞추면 점수가 높다. 그러나 어휘력 문제의 경우는 대부분 시간제한이 없다. 일반적으로 속도제한이 있는 경우가 없는 경우보다 성인기에 더 일찍 감퇴하기 시작한다(Cunningham & Owens, 1983; Jarvik & Bank, 1983).

3) 언어성 검사와 동작성 검사

웩슬러의 성인용 지능검사는 언어능력을 측정하는 언어성 검사와 비언어능력을 측정하는 동작성 검사의 두 가지로 크게 나뉜다. 대부분의 언어성 검사는 시간제한이 없는 반면, 대부분의 동작성 검사는 시간제한이 있기 때문에 언어능력은 적어도 70세까지 성인기 동안 계속 증가하거나 안정적이지만, 비언어능력은 훨씬 더 이전에 감소한다(Denney, 1982; Matarazzo, 1972).

2. 자료수집의 방법

어떤 능력이 절정에 달하고 감소하기 시작하는 연령은 그것이 횡단연구인지 종단연구인지에 따라 다르다. 20, 30, 40, 50대를 대상으로 비교하는 횡단연구에서는 지적능력이 중년기에 감소하는 것으로 보인다. 같은 대상을 오랜 기간 동안 연구하는 종단연구에서는 적어도 50세 이전까지는 중년기에 감소하지 않는 것으로 보인다(Whitbourne & Weinstocks, 1979). 시애틀 종단연구는 횡단연구와 종단연구의 자료를 모두 제공하는데 그 양상의 차이는 매우 인상적이다.

사진 설명 Schaie(오른쪽)와 그의 동료들

Schaie와 그의 동료들(O'Hanlon, Schaie, Haessler, & Wills, 1990)은 언어이해능력, 공간지각능력, 귀

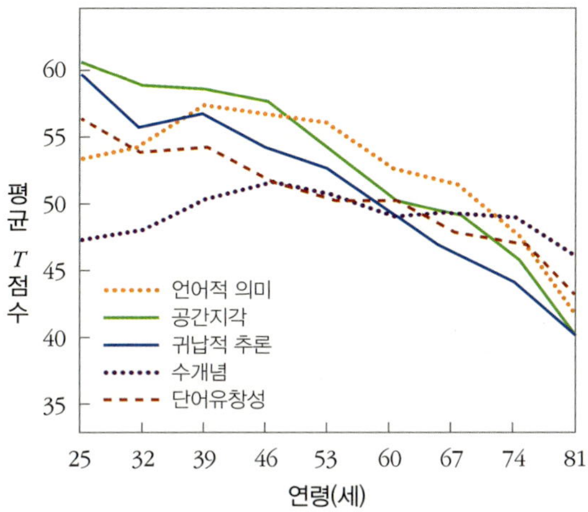

횡단연구 자료에 의하면 인지능력이 종단연구에서보다 더 일찍 감소하기 시작한다. 그러나 인지기능은 중년기에도 여전히 우수하다.

〈그림 12-1〉 횡단연구에 의한 지적 능력의 변화

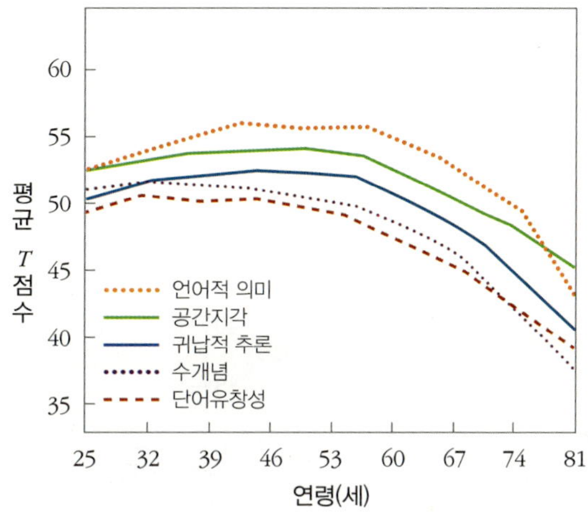

종단연구 자료에 의하면 대부분의 인지능력이 60세 이전에는 감소하지 않는다.

〈그림 12-2〉 종단연구에 의한 지적 능력의 변화

출처: Schaie, K. W. (1994). The course of adult intellectual development. *American Psychologist, 49*, 304-313.

납적 추론, 수개념, 단어유창성 등과 같은 기본능력을 25~81세에 걸쳐 7년 이상 추적 연구했는데 이 연구를 시애틀 종단연구라 불렀다.

시애틀 종단연구의 횡단연구 자료에 의하면 공간지각능력, 귀납적 추론, 단어유창성은 성년기에 절정에 달했다가 그 이후 감소하기 시작하는데, 공간지각능력과 귀납적 추론은 매우 급격히 감소하고 단어유창성은 좀더 완만하다(〈그림 12-1〉 참조). 언어이해능력과 수개념은 중년기에 절정에 달하고 노년기에 감소하기 시작한다(Schaie, 1994, 2008, 2009, 2010, 2011a, b, 2013, 2016). 제5장에서 보았듯이 횡단연구는 연령효과 및 세대 간의 다양한 경험과의 혼합효과가 있다.

종단연구 자료는 약간 다른 양상을 보인다(〈그림 12-2〉 참조). 종단연구에 의하면, 60세 전에는 속도와 관련이 있는 단어유창성을 제외하고는 중년기에 능력이 별로 감소하지 않는다(Schaie, 1994). 대부분의 능력은 중년 초기에 절정에 달해 50대 후반이나 60대 초까지 계속되다가 그 후로 처음에는 천천히 그리고 70대 후반이 되면 빠른 속도로 감소한다(Schaie & Willis, 1993).

성년기, 중년기, 노년기 성인의 인지능력을 비교연구하는 대부분의 횡단연구에서는 성년기가 중년기보다 약간 더 나은 편이고, 중년기가 노년기보다 약간 더 나은 것으로 보인다(Willis, 1989). 예를 들면, 횡단연구에서는 언어능력이 중년기 초기에 감소하는

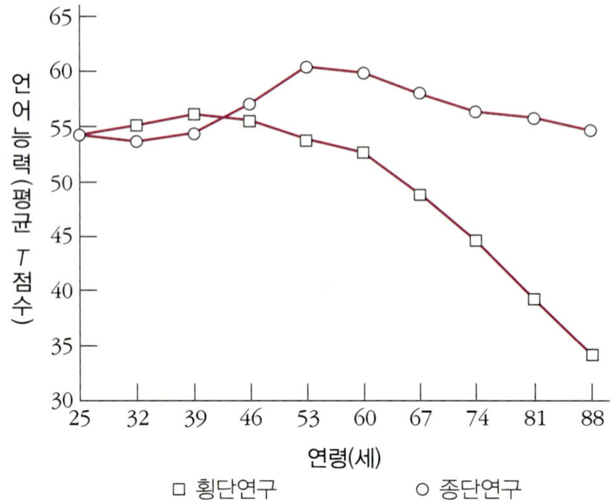

〈그림 12-3〉 성인기 동안의 언어능력

출처: Schaie, K. W. (1988). Variability in cognitive functioning in the elderly: Implications for societal particpation. In A. Woodhead, M. Bender, & R. Leonard (Eds.), *Phenotypic variation in populations: Relevance to risk management*. New York: Plenum.

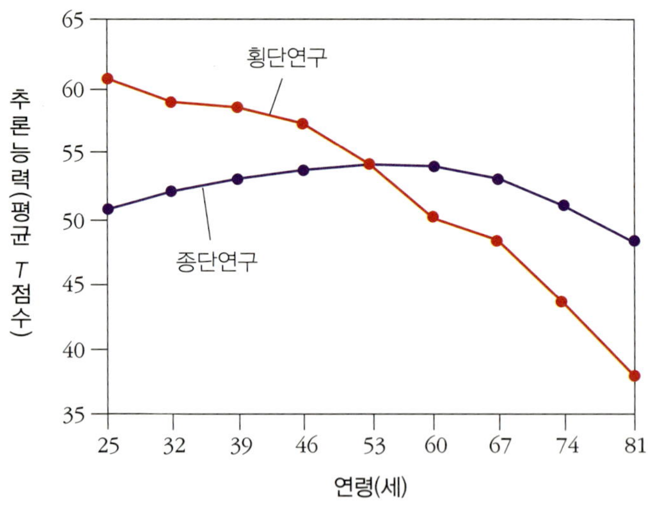

횡단연구 결과 추론능력은 연령과 함께 감소하는 반면, 종단연구 결과 추론능력은 중년기에 오히려 증가하고, 노년기 초기부터 약간 감소하기 시작한다.

〈그림 12-4〉 성인기 동안의 추론능력

출처:Schaie, K. W. (1988). Variability in cognitive functioning in the elderly: Implications for societal particpation. In A. Woodhead, M. Bender, & R. Leonard (Eds.), *Phenotypic variation in populations: Relevance to risk management*. New York: Plenum.

것으로 나타나지만, 종단연구에서는 중년기 후기나 노년기 초기에 감소하는 것으로 보이며 그 감소도 점진적이다.

〈그림 12-3〉은 기본적 정신능력의 하나인 언어적 의미의 횡단연구와 종단연구의 차이를 보여주고 있다. 그림에서 보듯이 횡단연구에서는 39세에 절정에 달하고 그 후 급속히 감소한다. 종단연구에서는 53~60세까지도 증가하고 그 후 약간 감소한다. 심지어 74세도 25세보다 나은 수행을 한다. 추론능력(〈그림 12-4〉 참조), 수능력, 단어유창성, 공간지각능력에서도 유사한 결과가 나왔다.

한 가지 흥미로운 것은 횡단연구에서 일반 지능이 감소하기 시작하는 연령이 교육수준이나 생활수준이 개선되면 높아진다는 사실이다(Storfer, 1990). 횡단연구와 종단연구의 이와 같은 차이는 동시대 출생집단 효과, 선택적 탈락 및 연습 효과 등 몇 가지 이유에서 발생한다.

1) 동시대 출생집단 효과

20대, 30대, 40대, 50대를 대상으로 지적 능력을 비교하는 횡단연구 결과 연령이 증가할수록 지적 능력이 떨어지는 것으로 나타났을 때 이 결과를 어떻게 해석할 것인가? 이 결과는 연령의 차이일 수도 있고, 동시대 출생집단 효과(특정 시대에서 함께 살아온 효과)라고 불리는 세대 간의 차이일 수도 있다. 최근에 출생한 사람들은 부모나 조부모 세대보다 교육을 받을 기회가 증가하였다. 전세대에서는 고등학교나 대학졸업자가 거의 없었다. 시애틀 종단연구에서 Schaie(1977, 1983, 1994, 1996)는 성인의 지적 수행은 연령과 동시대 출생집단의 효과에 따른다는 것을 발견하였다.

동시대 출생집단 효과는 특히 60대와 20대를 비교할 때 주요 쟁점이 되었지만, 오늘날과 같이 급변하는 사회에서는 성년기에 막 진입하는 사람들과 중년기에 막 진입하는 사람들의 비교에도 적용될 수 있다. 지적 능력의 비교에서 중요한 쟁점인 동시대 출생집단 효과는 어쩌면 세대 간의 상이한 교육수준의 결과일지도 모른다. 지적 과업을 수행함에 있어서 교육수준이 매우 중요한 역할을 하기 때문에 다른 세대 간의 지적 능력을 비교하는 것은 쉬운 일이 아니다(Schaie, Plomin, Willis, Gruber-Baldini, & Dutta, 1992).

Ranjana Dutta

2) 선택적 탈락

성인기의 지적 변화에서 종단연구를 보다 낙관적으로 보이게 만드는 것이 피험자 탈락 현상이다. 선택적 탈락(selective dropout)의 개념은 종단연구가 진행될수록 원래 표본을 그대로 보존하는 것이 점점 더 어려워진다는 것에 기초한 것이다. 다시 말해서 건강하지 못하고, 동기가 부족하며, 지능검사에서 점수가 낮게 나온 사람들이 연구에서 탈락하는 경향이 있다. 즉, 종단연구가 진행됨에 따라 연구결과에 긍정적인 영향을 주는 사람들이 주로 남게 된다는 것이다. 결과적으로 성인기의 지적 변화에 관한 종단연구 결과가 횡단연구 결과보다 더 낙관적인 것으로 보이게 한다.

3) 연습 효과

지적 능력에 관한 횡단연구 결과와 종단연구 결과의 차이는 또한 연습 효과에 의해 설명될 수도 있다. 종단연구에서 피험자들은 같은 검사를 여러 번 받기 때문에 검사상황에 익숙해지거나 이전 검사에서 비슷한 문제를 어떻게 풀었는지를 기억함으로써 연습 효과가 나타날 수 있다. 따라서 종단연구 결과 적어도 50세까지는 지능이 감소하지 않는 것으로 보이는데 이것은 연습 효과 때문일지 모른다.

3. 기 억

중년 부인 셋이 늙어가는 것의 불편함에 대해 이야기를 나누고 있었다. 그중 한 부인이 말했다. "내가 냉장고 문을 열어놓고 가끔 음식을 꺼내려고 문을 열었는지 아니면 음식을 넣으려고 열었는지 기억을 못해요"라고 말하니, 둘째 부인이 "그건 아무것도 아니에요. 나는 가끔 계단참에서 내가 계단을 올라가려고 했는지 아니면 내려가려고 했는지 알 수가 없답니다."라고 말했다. 이때 셋째 부인이 외쳤다. "아유, 나는 정말 다행이에요. 나는 그런 문제가 전혀 없거든요." 그러면서 탁

자 위를 가볍게 세 번 두드렸다. 그러고는 의자에서 일어나며 말했다. "밖에 누가 왔나 봐요!"(Dent, 1984, p. 38).

연령이 증가하면서 기억력이 감퇴한다는 사실은 이미 밝혀진 바 있다. 그런데 문제는 이러한 기억의 차이가 부호화, 저장 그리고 인출 가운데 어느 과정 때문인가를 밝혀내는 데 있다. 외부에서 들어온 정보를 우리 기억 속에 저장했다가 나중에 필요할 때 회상하는 과정은 크게 세 가지 과정을 거치는데 부호화(encoding), 저장(storage), 인출(retrieval)이 그것이다.

부호화, 저장, 인출의 세 과정을 냉장고에 음식을 저장하는 과정에 비유해보자. 부호화는 냉장고에 음식을 넣을 때 우리가 하는 일과 같다. 즉, 야채는 야채 칸에 넣고, 고기는 고기 칸에 넣으며 음료수는 음료수대로 따로 넣는다. 저장은 우리가 오랫동안 그

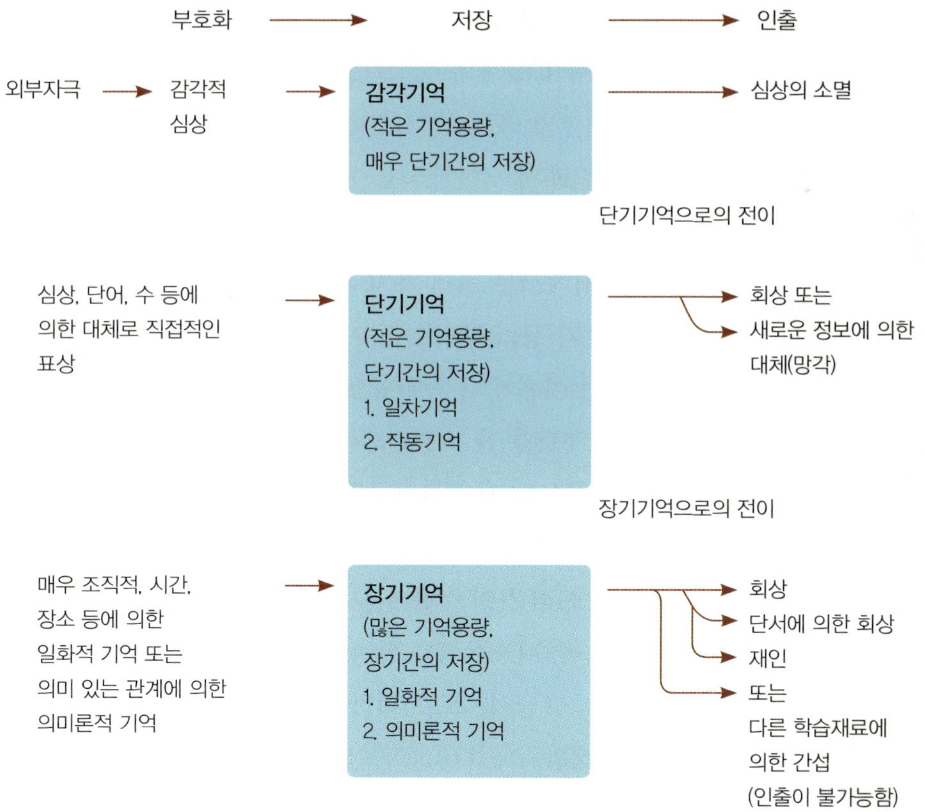

〈그림 12-5〉 기억의 세 가지 과정과 세 가지 기억체계

출처: Atkinson, J. W., & Shreffrin, R. M. (1968). Human Memory: A proposed system and its control processes. In K. W. Spence & J. T. Spence (Eds.), *The psychology of learning and motivation* (Vol.2). New York: Academic Press.

음식을 먹지 않을 때 어떤 일이 일어나는가 하는 것이다. 그중 어떤 음식(예를 들면, 마요네즈)은 원상태 그대로 보존될 것이고, 어떤 음식은 곰팡이나 설태가 끼고 썩을 것이다. 인출은 우리가 필요할 때 원하는 음식을 냉장고로부터 꺼내는 과정에 해당한다.

〈그림 12-5〉는 기억의 세 가지 과정(부호화, 저장, 인출) 및 세 가지 기억체계(감각기억, 단기기억, 장기기억)에 관한 것이다.

Fergus I. M. Craik

Cynthia Adams

1) 부호화 과정

부호화 과정에서는 여러 가지 자극을 우리가 기억할 수 있도록 시각, 청각, 촉각 등의 방법으로 부호화시키게 된다. 우리가 기억재료를 기억하는 이유가 나중에 필요할 때 효과적으로 인출하는 것이라면 우선 그 정보를 잘 부호화하여 저장할 필요가 있다. 부호화 과정은 서류정리를 할 때 분류체계를 사용하는 것과 비슷하다. 우리가 서류를 체계적으로 분류해두면 나중에 필요할 때 찾기가 훨씬 쉽다. 반면에 여러 가지 서류와 자료를 들어오는 대로 아무런 체계 없이 저장해두면 나중에 필요할 때 찾기가 어렵다. 나이 든 사람은 새로운 정보를 효율적으로 처리하지 못하기 때문에 나중에 기억에서 문제가 발생할 수 있다(Craik & Jennings, 1992).

Adams(1991)의 연구에서 다양한 연령층의 성인들에게 이야기책을 읽어주고 잠시 후에 그것을 기억하여 적어보도록 하였다. 성년들의 경우는 이야기 속의 구체적인 사건이나 활동에 대해 보고하는 경향이 있었지만, 중년들의 경우는 주인공의 심리적 동기를 더 잘 기억하였고 더 많은 해석을 하였다. 이 연구가 의미하는 것은 연령이 증가하면서 부호화 과정에 변화가 온다는 것이다. 즉, 세세한 부분까지 부호화하지 않고 좀더 넓게 요약된 정보를 저장하는 것이다.

2) 저장 과정

저장은 정보를 기억 속에 쌓아 두는 과정이다. 저장 과정은 다시 감각기억(sensory memory), 단기기억(short-term memory), 장기기억(long-term memory)의 세 과정으로 나뉜다. 우리가 어떤 전화번호를 기억하려고 하는 경우를 예로 들어보자. 처음 전화번호를 잠깐 쳐다보면 그것은 감각기억이다. 만약 여기서 더 이상 아무것도 하지 않으면 수초 후에는 그 번호를 기억하지 못할 것이다. 그러나 그 번호를 입속으로 한 번 외우면 그 번호를 다시 보지 않고도 다이얼을 돌릴 수 있게 되는데 이것이 단기기억이다.

그러나 단기기억도 곧 소멸된다. 즉, 몇 분 후에는 기억을 하지 못하게 된다. 장기기억으로 저장하기 위해서는 그 전화번호를 여러 번 써보거나 자기가 알고 있는 다른 번호와 연관지어 외우거나 하는 연습을 해야 한다. 여기서 감각기억, 단기기억, 장기기억을 좀더 구체적으로 살펴보자.

(1) 감각기억

뇌는 우리가 보고, 듣고, 냄새 맡고, 맛보고, 만지는 것 등 무엇이든지 감각을 통해 들어오는 모든 것을 기록하여 감각기억이라고 불리는 일시적인 저장소에 정보를 놓아두는데, 그곳에서 정보는 매우 짧은 시간 동안만(1초 이내) 머물게 된다. 감각기억은 환경으로부터 정보가 잠깐 머무는 정거장으로 개념화할 수 있다(Hoyer & Plude, 1980). 감각기억에 있는 심상은 단기기억으로 바뀌지 않으면 재빨리 사라지고 만다.

감각기억은 다시 시각(iconic)기억과 청각(echoic)기억으로 나뉜다. 시각기억의 예는 우리가 보는 단어나 문자, 우리가 접촉한 사람들의 얼굴, 우리 눈에 보이는 경치 등이다(사진 참조). 물론 단어는 다른 사람이 특정 단어를 말하는 것을 듣거나 우리가 스스로 어떤 단어를 큰 소리로 반복할 때와 같이 청각기억을 통해서도 받아들이게 된다. 경치 또한 파도가 철썩이는 소리를 들음으로써 우리 귀를 통해서 감각기억으로 들어오기도 한다.

노화에 따른 시각체계에 큰 변화가 있음에도 불구하고 시각기억에 관한 연구결과 자극을 식별하는 능력에 있어서 단지 작은 연령 차이가 있는 것으로 나타났다. 시각기억은 60세까지는 별로 감소하지 않지만 그 이후는 상당히 감소한다(Giambra, Arenberg, Zonderman, Kawas, & Costa, 1995). 노인들은 글자나 상(icon)을 식별하는 데 시간이 약간 더 걸렸다(Walsh, Till, & Williams, 1978). 이와 같은 시각기억에서의 미미한 감소는 장기기억에서 볼 수 있는 큰 감퇴에 비해 별반 영향을 미치지 않는 것으로 보인다.

시각기억에 관한 연구도 드물지만 청각기억에 관한 연구는 더 드물기 때문에 연령 차이에 관한 연구는 거의 찾아볼 수 없다. 단지 청각기억은 20~40세 사이에 약간의 감소를 보이고, 그 이후로는 감소하지 않는다는 정도만 알 수 있다.

우리 모두는 촉각, 미각, 후각을 통해서 들어온 기억에 대해 장기기억 저장을 경험한 바 있다. 예를 들면, 갓 구워낸 빵의 냄새는 많은 성인들로 하여금 어릴 때 기억을 불러일으킨다. 그러나 이러한 감각기억은 검사하기가 매우 힘들다. 따라서 시각 이외의 감각기억에 대한 변화를 조사한 연구는 거의 없는 실정이다.

(2) 단기기억

단기기억은 정보를 조직하는 일시적 단계로서 반드시 뇌의 저장영역에 전달하는 것은 아니다. 일시적 저장에도 불구하고 단기기억은 우리가 새로운 정보를 처리하는 데 있어 매우 중요하다. 우리는 전화번호나 어떤 사람의 이름을 듣고 바로 그 이름이나 전화번호를 사용하고는 곧 잊어버린다. 대부분의 성인들은 5~9자리 숫자나 글자를 60초 정도 기억한다. 이 정보를 장기기억 속으로 넘기려면 이 정보를 외우는 노력이 필요하다. 우리가 어떤 정보를 단기기억이 기억할 수 있는 60초 동안에 보유하려고 애쓰는 동안 주의가 산만하게 되면 곧바로 잊어버리게 된다.

단기기억은 다시 일차기억(primary memory)과 작동기억(working memory)으로 나뉜다. 일차기억은 적은 양의 정보(예를 들면, 전화번호)를 잠깐 동안 기억하는 것이다. 전화 안내원으로부터 우리가 필요한 전화번호를 듣게 될 경우 안내원의 목소리가 처음에 감각기억으로 부호화된다. 그다음 그 전화번호는 우리가 다이얼을 돌리거나 번호를 받아 적을 때까지 일차기억 속에 저장된다. 일차기억은 매우 적은 용량을 가지고 매우 짧은 시간 동안 저장된다. 만약 우리가 그 번호를 나중에 다시 사용하기 위해 기억해야 할 필요가 있다면 그 번호는 작동기억 속으로 부호화되어야 한다. 작동기억 내의 정보는 기억(회상)되기 쉬운 개념의 형태로 처리된다.

Alan D. Baddeley

Baddeley(1986, 1994, 2010, 2012)가 처음으로 만들어 사용한 작동기억의 개념은 다음과 같은 것으로 이해될 수 있다. 근무시간에 수많은 새로운 정보(메모, 보고서, 작업요구서)가 계속해서 책상 위에 쌓인다. 이때 우리는 ① 어떤 정보가 가장 중요한 정보이며, ② 어떤 정보가 신속한 처리를 요하는지, ③ 처리과정에서 어떤 책략을 사용해야 하는지, ④ 어떤 정보가 불필요하며 책상을 어지럽히는지, 그래서 어떤 정보는 버리고, 어떤 정보는 보관해야 할지 등을 결정해야 한다. 마찬가지로 작동기억은 어떤 정보는 외워야 하고, 또 어떤 정보는 무시할 것인지, 어떤 정보가 가장 중요한지, 또 어떻게 하는 것이 정보를 가장 잘 처리하는지 등을 결정해야 한다.

〈그림 12-6〉은 작동기억이 어떻게 작동하는가를 보여주고 있다. Baddeley의 작동기억모델에서 작동기억은 엄청난 양의 정보처리가 이루어지는 정신적 작업대(mental workbench)와 같다. 작동기억에는 세 가지 구성요소가 있는데 언어회로(phonological loop), 시공간 작동기억(visuospatial working memory), 중앙집행부(central executive)가 그것이다. 여기서 언어회로와 시공간 작동기억은 중앙집행부가 제 역할을 하도록 보조역할을 해 준다. 감각기억을 통해 투입된 정보는 언어정보가 저장되고 시연(rehearsal)이 이루어지는 언어회로와 시각적 · 공간적 정보가 저장되는 시공간적 작동기억으로 이동한다. 그리고 중앙집행부가 하는 역할은 어떤 정보를 저장해야 할 것인지를 결정해서 그 정보를 장기기억 속에 저장하는 것이다.

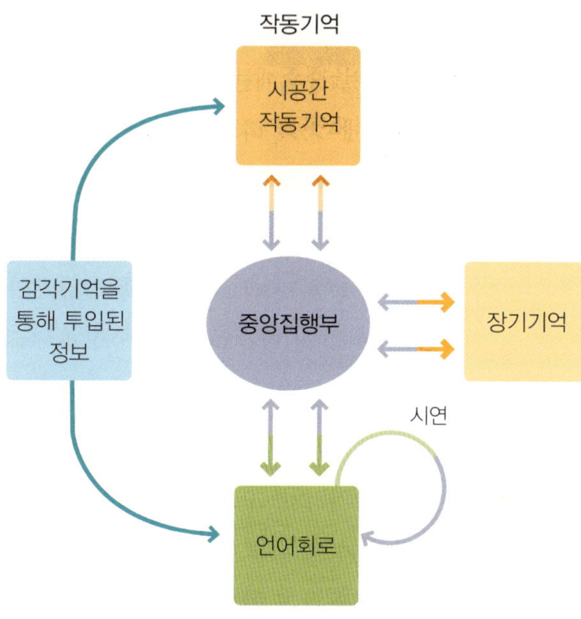

〈그림 12-6〉 작동기억

단기기억에서는 연령에 따른 감소가 있다. 연령이 증가하면서 단기기억에서 기억하는 숫자, 단어 등의 자료가 줄어들게 된다(Craik & Jennings, 1992). 그러나 지능검사나 일반적 인지검사에서 중년기나 노년기 초기

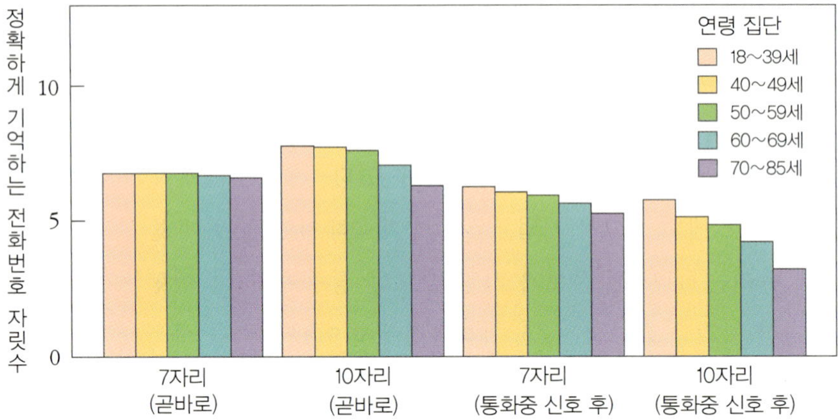

〈그림 12-7〉 전화번호를 기억하는 능력에서의 연령 차이

출처: West, R. L., & Crook, T. H. (1990). Age differences in everyday memory: Laboratory analogues of telephone number recall. *Psychology and Aging, 5*, 520-529.

의 단기기억의 감소의 폭은 그리 크지 않아 일상생활을 영위하는 데 큰 문제가 없다.

West와 Crook(1990)의 연구에서 전화번호를 기억하는 것과 같은 일상의 과제를 사용하여 이 점을 분명히 하였다. 이 연구에서 피험자들을 컴퓨터 화면 앞에 앉게 하고 일련의 번호들이 하나씩 차례대로 화면에 나타나게 하였다. 피험자들로 하여금 각 숫자(7자리 또는 10자리 숫자)가 화면에 나타날 때마다 큰 소리로 그 숫자를 말하게 하였고, 일련의 번호가 다 나왔을 때 컴퓨터에 연결되어 있는 전화 다이얼을 누르게 하였다. 어떤 경우에는 통화중 신호가 났으므로 전화를 다시 걸어야만 했다. 연구결과는 〈그림 12-7〉에 나와 있다.

그림에서 보듯이 통화중 신호없이 7자리 번호(시내 전화번호)가 나타난 경우와 같이 가장 쉬운 과제에서는 연령 차이가 전혀 없었다. 그러나 10자리 번호(시외 전화번호)나 통화중 신호가 난 경우와 같이 과제가 조금 어려워졌을 때에는 연령 차이가 크게 나타났다. 따라서 단순한 단기기억 과제에서는 연령 차이가 거의 없지만 조금 복잡한 과제에서는 노인들이 훨씬 불리한 것으로 보인다.

(3) 장기기억

우리가 일반적으로 기억에 대해서 이야기할 때 그것은 장기기억을 의미한다. 장기기억은 정보를 저장하는 큰 용량을 갖고 있는 것으로 보이며 오랜 시간 동안 보유할 수 있다. 장기기억은 서술기억(declarative memory)과 절차기억(procedural memory)으로

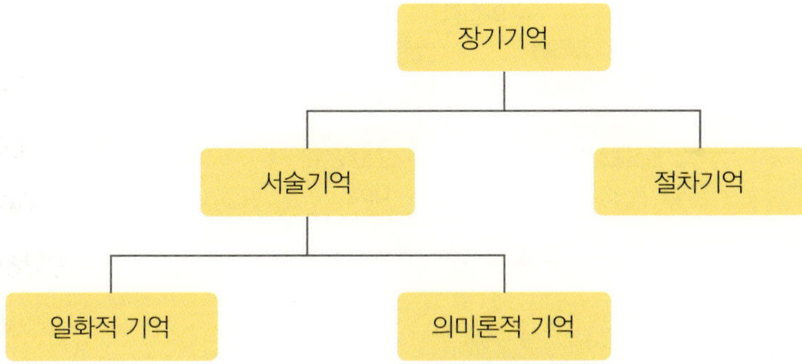

〈그림 12-8〉 장기기억의 분류

출처: Squire, L. R. (1994). *Declarative and non declarative memory: Multiple brain systems supporting learning and memory*. MIT Press.

구분된다(〈그림 12-8〉 참조). 서술기억은 언어적으로 의사소통이 가능한 특정 사실이나 사건과 같은 정보를 의식적으로 회상하는 것을 말한다. 예를 들어, 아동이 목격한 어떤 사건을 차례차례 얘기하거나 수학공식을 설명하는 것이다. 서술기억은 다시 일화적(episodic) 기억과 의미론적(semantic) 기억으로 나뉜다. 일화적 기억은 특정 시간이나 장소와 연관 있는 것을 기억하는 것과 관련이 있다. 어떤 특정한 날 무슨 일을 했는가를 기억하거나 약을 언제 복용해야 되는지 등이 그 예가 된다. 의미론적 기억은 지식을 위한 기억을 포함한다. 예를 들면, 영어문법이나 수학공식 등을 기억하는 것이다.

춤을 추거나 자전거 타기 또는 컴퓨터의 키보드를 두드리기와 같은 기술은 우리가 의식적으로 회상할 수 있는 내용이 그리 많지 않다. 그 이유는 이러한 기술에 대한 지식을 저장하는 기억체계가 절차적이기 때문이다. 우리가 의식적인 노력 없이도 문법에 맞는 문장을 자연스럽게 말하는 것도 절차기억의 예이다.

장기기억은 감각기억이나 단기기억보다 연령 차이가 심한 것으로 보인다. 사실 중년기와 노년기에 기억을 잘하지 못하고 장기기억으로부터 정보를 인출하지 못하는 것이 많은 사람들의 관심거리이다(Poon, 1985). 이와 같은 기억력 감퇴는 중년이나 노인들의 자아개념에 심각한 영향을 미치고, 많은 과제를 제대로 수행하지 못하게 하며, 결과적으로 우울증을 낳게 한다(O'Hara, Hinrichs, Kohout, Wallace, & Lemke, 1986).

Leonard W. Poon

지금까지 저장과정에 대해 알아보았다. 〈그림 12-9〉는 한 저장체계에서 다음 저장체계로 전이되는 과정과 세 가지 저장체계에서

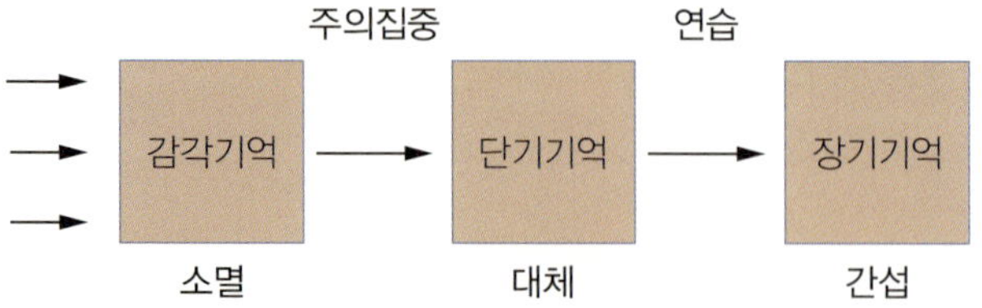

〈그림 12-9〉 기억의 3단계 모델

발생하는 세 종류의 망각에 대해 설명하고 있다.

감각기억에서 단기기억으로의 전이(transfer)에는 주의집중이 수반되고, 단기기억에서 장기기억으로의 전이에는 연습을 필요로 한다. 그리고 감각기억으로부터의 망각(forgetting)은 단순히 시간이 지나면서(1초 미만) 정보상실로 인한 소멸 때문에 발생한다. 단기기억으로부터의 망각은 새로운 정보가 낡은 정보를 대체한 결과이며, 끝으로 장기기억으로부터의 망각은 이전에 학습한 지식과 새로운 지식 간의 간섭작용 때문이다. 한 종류의 정보나 지식 때문에 다른 종류의 정보나 지식의 학습이 방해받는 것을 간섭(interference)이라 한다. 그러나 장기기억에서의 망각은 저장의 문제가 아니라 정보가 어디에 있는지 그 위치를 잊어버려 제대로 찾지 못하는 인출의 문제로 보는 연구자들도 많이 있다.

3) 인출 과정

저장된 정보를 필요할 때 꺼내는 과정을 인출이라 한다. 인출 과정에 관한 연구는 두 종류의 인출에 초점을 맞추는데 회상(recall)과 재인(recognition)이 그것이다. 회상은 "미국의 수도는 어디인가" "어린이날은 언제인가?"와 같이 장기기억 내에 저장되어 있는 정보의 바다 속에서 답을 찾아내는 과정이다. 재인은 "보기에 제시된 세 도시 중 스페인의 수도는 어느 것인가"와 같이 장기기억 내에 저장되어 있는 정보와 보기에 제시된 정답을 짝짓는 것으로 회상보다 용이하다. 우리는 때로 회상은 할 수 없지만 재인은 할 수 있다. 우리가 주관식 문제를 풀 때에는 회상을 사용하고, 사지선다형과 같은 객관식 문제를 풀 때에는 재인을 사용한다.

기억된 정보를 얼마나 잘 인출할 수 있는가는 기억재료들이 얼마나 체계적으로 잘 저장되어 있는가에 달려 있다. 연구결과 연령이 증가할수록 정보의 인출이 어려운 것으로 보인다.

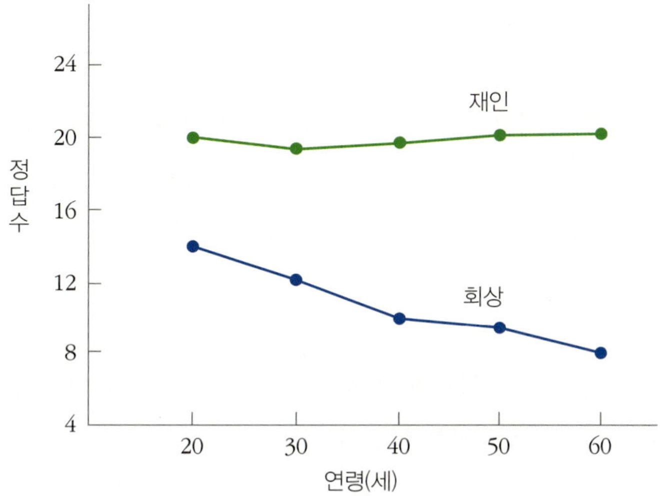

〈그림 12-10〉 연령에 따른 회상과 재인 능력

왜 연령증가에 따라 인출(특히, 회상)이 어려워지는가? 그 원인에 대해서는 여러 가지 가능성이 있을 수 있으나 연령증가에 따라 기억재료를 분류하고 조직하는 능력이 감퇴하기 때문인 것으로 보인다.

〈그림 12-10〉은 회상과 재인능력이 연령에 따라 어떻게 다른가를 보여준다. 그림에서 보듯이 회상능력은 연령이 증가함에 따라 쇠퇴하는 반면, 재인능력은 연령 증가에 따른 변화가 거의 없다.

우리나라 청년기, 중년기, 노년기 여성을 대상으로 한 김혜경(1986)의 연구에서 공간상에 배열된 시각적 · 언어적 자료의 공간위치 기억과 항목재인 기억에서 연령에 따른 차이가 있는가를 알아보았다. 이 연구에서 피험자들은 16개의 건물이 배열되어 있는 한 도시의 모형지도를 보았는데 이때 각 건물은 이름만 있는 조건, 건물그림만 제시된 조건 그리고 이름과 그림이 함께 제시된 이름+그림 조건의 세 가지 실험조건에 무선적으로 배정되었다. 지도 위의 배열을 학습하게 한 후 피험자들에게 건물이름 재인과 그림 재인 검사를 실시한 다음 지도 위에 건물들을 재위치하게 함으로써 공간위치 기억검사를 실시하였다. 연구결과 모든 조건의 공간위치 기억에서 연령에 따른 감퇴가 나타나 노년 피험자의 수행이 가장 덜 정확했지만 그러한 감퇴는 중년기에 이미 나타나고 있었다. 항목재인에서는 청년과 중년 및 노년 피험자들이 서로 비슷한 수행을 했지만, 이름 재인에서는 연령에 따른 차이가 나타났다. 즉, 청년이 중년과 노년보다 높고, 중년과 노년 간에는 별 차이가 없었다.

4) 기억에 영향을 미치는 요인

정보가 얼마나 잘 학습되고 기억되는가 하는 정보처리에 영향을 미치는 몇 가지 요인이 있다. 개인의 특성, 정보의 학습 또는 부호화와 관련된 요인, 학습재료의 특성, 인출과 관련된 요인 등이 그것이다(Bäckman, Mantyla, & Herlitz, 1990; Craik & Jennings, 1992). 〈그림 12-11〉은 이 네 종류의 요인과 그 요인들 간의 가능한 상호작용을 보여준다.

부호화 요인은 학습 또는 습득단계에 영향을 미친다. 인출 요인은 정보가 기억되는 상황에 영향을 미친다. 개인 요인은 학습과 기억 과정에 영향을 미치는 개인의 능력이나 특성을 포함한다. 재료 요인은 부호화와 인출을 용이하게 또는 어렵게 하는 재료의 특성을 포함한다. 이 네 가지 영향은 학습이나 기억이 발생하는 상황을 반영하는 것으로 보인다. 어떤 상황은 학습이나 기억을 용이하게 한다. 예를 들면, 부호화 과정에서 조직적 책략을 사용하거나 인출 과정에서 회상이 아니라 재인하도록 한다면 정보를 기억하는 가능성이 증가한다. 부호화나 인출을 용이하게 하는 상황을 알아내는 것은 노인들로 하여금 정보를 기억하도록 돕는 데 특히 중요하다.

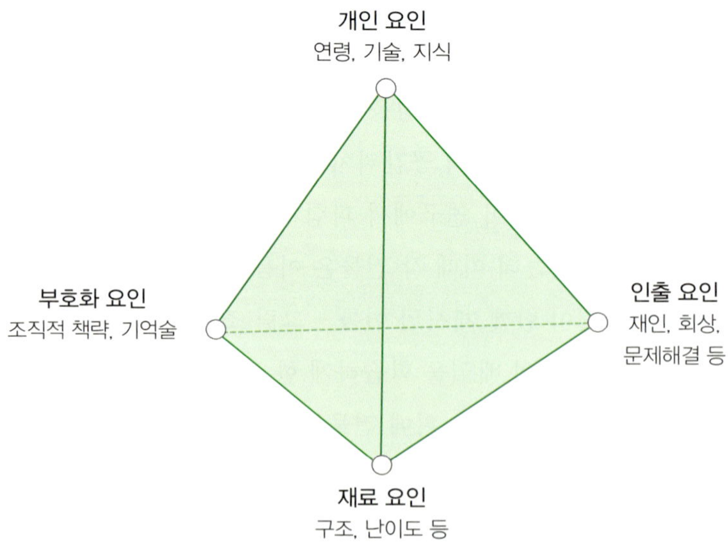

〈그림 12-11〉 기억 수행에 영향을 미치는 네 가지 요인

출처: Jenkins, J. J. (1979). Four Points to remember: A tetrahedral model of memory experiments. In L. S. Cermak & F. I. M. Craik (Eds.), *Levels of processing in human memory*. Hillsdale, NJ: Lawrence Earlbaum Associates.

4. 문제해결능력

추상적인 문제해결능력은 성년 초기에 감소하지만 현실적이고 실제적인 문제해결 능력은 중년기에 절정에 달한다. 한 연구(Denney & Palmer, 1981)에서 20세에서 79세 사이의 84명의 성인들을 대상으로 두 가지 종류의 문제를 제시하였다. 그중 하나는 '스무고개' 놀이와 비슷한 것으로 지능검사의 기존 과제와도 상당히 비슷한 것이다.

피험자들에게 흔히 있는 사물들을 그린 그림 42가지를 '예'나 '아니요'의 대답이 나오도록 질문을 하면서, 실험자가 그중 어떤 것을 생각하고 있는지 알아맞히도록 하는 것이다. 점수는 정답을 맞히기까지 질문을 몇 번 했는가와 한 번에 한 가지(예를 들면, "그것은 개입니까")보다는 한 가지 이상을 고려한 질문(예를 들면, "그것은 동물입니까")의 비율에 근거하였다(〈그림 12-12〉 참조).

또 다른 문제는 실생활의 여러 상황에서 어떻게 할 것인가를 질문하는 것이다. "지하

〈그림 12-12〉 변형된 '스무고개' 놀이 그림

실이 물에 잠겼다" "냉장고가 고장이다" "차 앞바퀴가 냇물에 빠졌다(사진 참조)" "눈보라 때문에 차 속에서 꼼짝 못하고 있다" "여덟 살 된 아이가 학교 갔다 집에 올 시간이 1시간 반이나 지났다" "세일즈맨에게서 구입한 진공청소기가 2주 만에 고장이 났다" 이런 경우 어떻게 할 것인가에 대한 해결안의 점수는 다른 사람들의 도움보다는 자기 자신이 스스로 문제를 해결하는 정도에 따라 산출되었다.

Daniel Morrow

연구결과는 성인의 지능에 대해 우리가 생각해왔던 중요한 점을 확인시켜주었다. 피험자의 나이가 많을수록 '스무고개'에서는 잘하지 못하였다. 그러나 실제적인 문제를 가장 잘 해결한 사람들은 40대와 50대의 중년들로서 일상생활의 경험에 근거하여 대답을 한 사람들이었다. 즉, 중년기 사람들은 일상적인 문제를 해결한 경험이 많기 때문에, 현실적이고 실제적인 문제해결능력이 높게 나타난 것으로 보인다(Morrow, Leirer, Altieri, & Fitzsimons, 1994; Salthouse, 2012).

Avshalom Caspi

Cornelius와 Caspi(1987)는 여섯 가지 영역—소비자로서의 경험, 복잡한 정보처리, 가정관리, 가족 간 갈등문제 해결, 친구 및 직장동료와의 갈등문제 해결—에서 일상적인 문제해결능력을 측정하였다. 20~78세를 대상으로 한 이 연구에서 일상적 문제해결능력은 연령과 함께 증가하였다. 이 연구결과는 중년기에 실제적 문제해결능력이 증가한다는 다른 연구와도 일치하는 것이다.

지능의 목적은 과연 무엇인가? 놀이를 하는 것인가 아니면 우리가 매일 부딪치는 많은 문제들을 해결하는 것인가? 후자에 해당한다면 왜 중년기 사람들이 '지휘하는 세대(command generation)'로 알려져 있는지 분명해지는데, 이들은 실제 모든 사회기관에서 가장 큰 영향력을 행사하는 연령층이다. 물론 이들이 모든 문제를 다 해결하는 것은 아니지만, 책임을 맡기에 이들보다 더 적합한 사람들은 없는 것 같다.

5. 창의성

성인기의 창의성과 생산성에 관한 주제에서 가장 많이 인용되는 연구 중의 하나는 Lehman(1953)의 연구이다. 획기적인 과학적 발견을 한 과학자들이 그 위대한 발견을 할 당시의 나이를 조사하였는데, 특히 과학과 수학 분야에서의 가장 주목할 만한 발견은 성년기에 이루어진 것으로 나타났다. 예를 들면, 아인슈타인이 상대성 원리를 발견할 당시의 연령은 26세였고, 다윈이 적자생존의 이론을 발표할 당시의 연령은 29세였다. 이와 같이 과학분야나 예술분야의 뛰어난 창의적 업적은 주로 20대에 이루어졌기 때문에 창의성은 중년기에 감소하는 것으로 여겨져 왔다.

Dean Keith Simonton

그러나 아인슈타인이나 다윈과 같은 발군의 학자가 아닌 좀 더 평범한 수준의 과학자나 수학자의 생산성 또는 창의성은 어떠한가? Simonton(1991)은 19세기와 그 이전의 몇 세기 동안에 뛰어난 명성을 가진 수천 명의 과학자를 대상으로 그들의 첫 번째 뛰어난 업적, 그의 일생에서 가장 훌륭한 업적 그리고 마지막으로 주목할 만한 업적 등을 중심으로 하여 일생 동안의 창의성과 생산성을 연구한 바 있다. 연구결과 모든 과학분야에서 가장 훌륭한 업적을 이룬 평균 연령은 40세경인 것으로 나타났다. 그리고 40대와 50대까지도 뛰어난 업적은 계속되었다. Simonton은 이 결과에 대해 가장 뛰어난 업적을 40세경에 이루는 것은 이때가 생산성이 가장 왕성할 때이고 그리고 생산성이 왕성할 때 가장 훌륭한 업적이 나올 수 있다고 설명하였다.

20세기 과학자들(수학자, 심리학자, 물리학자 등)을 대상으로 한 연구(Simonton, 1989)에서도 같은 양상을 보이는데, 그들 역시 40세경에 최고의 창의성과 생산성을 나타내었다. 그리고 연구논문이 인용되는 횟수와 같은 연구의 질적인 측면에서 보면 50대 또는 60대까지도 창의적 업적은 계속되는 것으로 보인다.

Horner와 Rushton 그리고 Vernon(1986)은 네 개의 다른 동시대 출생집단(1909~1914, 1919~1924, 1929~1934, 1939~1944)에 속하는 심리학자들의 생산성을 연구하는 순차적 연구에서 1,000명 이상의 학자들의 업적을 조사하였다. 이 연구에서도 중년기에 생산성이 절정에 달하는 것으로 나타났다(〈그림 12-13〉 참조). 그리고 단순히 양보

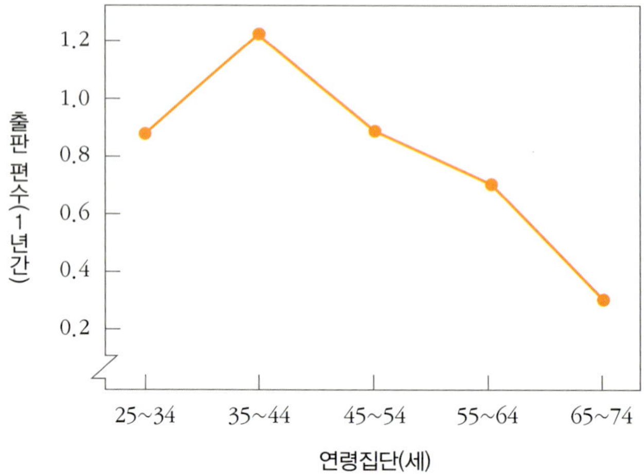

〈그림 12-13〉 동시대 출생집단과 심리학자들의 생산성

출처: Horner, K. W., Rushton, J. P., & Vernon, P. A. (1986). Relation between aging and research productivity of academic psychologists. *Psychology and Aging, 1*, 319-324.

다는 질을 따질 때, 50대에도 심지어는 60대에도 창의적 업적이 계속되는 것으로 나타났다.

창의성 및 전문적 생산성과 연령과의 관계를 실험연구를 통해서도 접근할 수 있다. Streufert, Pogash, Piasecki 그리고 Post(1990)는 한 연구에서 네 가지 의사결정팀을 구성하였는데, 이들은 정부기관이나 기업체의 중간관리직에 있는 사람들이었다. 이 중 15개 팀의 참가자들의 연령은 28~35세로 성년기에 해당하였고, 다른 15개 팀의 연령은 45~55세로 중년기에 해당하였으며, 나머지 15개 팀의 연령은 65~75세로 노년기에 해당하였다. 이들 각 팀에게 '샴바'라고 불리는 가상의 개발도상국가를 관리하라는 과제가 주어졌다. 사전에 샴바에 관한 일단의 정보가 제공되었고, 과제를 수행하는 동안 부가적 정보를 컴퓨터를 통해 요구할 수 있었다.

Streufert 등은 각 팀이 제기한 질문, 제안, 계획 등을 기록하여 이로부터 각 팀의 활동수준, 속도, 깊이, 다양성, 책략의 우수성 등을 평가할 수 있는 측정도구를 만들었다. 연구결과 성년집단이 좀더 많은 부가적 정보를 요구하고(때로는 불필요할 정도로 많이), 좀더 다양한 제안을 한 것을 제외하고는 성년집단과 중년집단 간의 수행에서 별 차이가 없었다. 즉, 책략의 이용, 계획, 위급상황에 대한 대처, 수집한 정보의 활용 등 대부분의 척도에서 두 집단 간에 차이가 없었다. 반면, 노년집단은 거의 모든 척도에서 수행정도가 가장 낮은 것으로 나타났다. 그들의 상호작용은 과제지향적이기는 했으나 산만하였으며 수집한 정보를 성년집단이나 중년집단만큼 효율적으로 이용하지 못하였다.

이 연구는 종단적 연구가 아니라 횡단적 연구이기는 하지만, 일생에 걸친 생산성과 창의성에 관한 다른 연구결과와 일치한다. 즉, 중년기에도 높은 수준의 창의성과 문제해결능력을 유지하는 것으로 보인다.

제13장

직업발달과 직업전환

직업은 생활수단일 뿐만 아니라 개인의 자아존중감 및 생활만족도를 포함한 여러 가지 면에서 개인의 인생에 큰 영향을 미친다는 사실을 성년기의 직업발달에서 살펴보았다. 직업에 대한 의미는 연령에 따라 변한다. 중년기에는 인생주기에서뿐만 아니라 직업주기에서도 전환기를 맞게 된다. 즉, 자신이 직업에 대해 설정한 목표를 어느 정도 달성했는가를 재평가하게 된다. 정년퇴직까지 시간이 얼마나 남았는지 따져보고 자신이 세운 목표를 제대로 달성하지 못했거나 시간이 별로 남지 않았다고 느끼게 되면 재평가 또는 재적응이 이루어져야 한다.

중년기 성인들의 직업활동은 일반적으로 안정과 유지로 생각된다. 대개 이 시기까지 사람들은 그들의 직업적 야망을 달성했거나 아니면 처음에 기대했던 것에는 못 미치지만 어느 정도 성공을 하고 거기에 정착한다.

중년기에는 자신의 직업에서 절정에 이르고, 좀더 많은 돈을 벌며, 보다 많은 영향력을 행사하고, 다른 어떤 시기보다 더 존경을 받는다. 개인적으로도 사회적으로도 그들이 선택한 분야에서 쌓은 경력의 덕을 보게 된다. 그리고 그들의 경험과 지혜의 축적 때문에 많은 이들이 권력과 책임 있는 지위를 얻는다. 대부분의 공무원들과 사업가, 학계의 거목들, 그밖에 우리 사회에서 뛰어난 업적을 이룬 사람들 대부분이 중년기에 있는 사람들이다. 40세 이하나 65세 이상인 사람들의 뛰어난 업적은 보통 특별한 경우에 속한다.

직무수행능력 및 직업만족도는 중년기에 증가하는가 아니면 감소하는가? 중년기의 직업전환은 얼마나 보편적인 현상인가? 중년기의 여가생활은 어떠한가? 이상의 질문들은 중년기의 직업발달에서 매우 중요한 문제들이다.

이 장에서는 중년기의 직무수행과 성공, 직업만족도, 직업전환, 실직 그리고 여가생활에 관해 살펴보고자 한다.

1. 직무수행과 성공

1) 직무수행능력

연령과 직무수행과의 관계는 일의 종류에 따라 다르다. 즉, 연령이 증가하면서 어떤 종류의 일에서는 기술이 숙련되고, 또 어떤 종류의 일에서는 연령과 관련된 직무수행능력의 감소가 있다. 특히 속도와 관련된 직무에서는 연령과 관련하여 상당한 직무수행능력의 감소가 있다(Salthouse, 1996, 2012). 젊은 성인과 비교하여 중년이나 노년은 새로운 컴퓨터 시스템의 사용과 같은 새로운 과제를 학습하거나 다양한 훈련 프로그램에 적응하는 데에 어려움을 경험한다(Czaja & Sharit, 1993; Schooler, Caplan, & Oates, 1998).

대부분의 직업분야에서 직무수행능력(job performance)은 중년기 동안 매우 높은 편이다(McEvoy & Cascio, 1989). 그러나 체력이나 재빠른 반응속도를 요하는 직업—예를 들면, 부두의 인부, 항공교통의 관제관, 트럭운전수, 운동선수 등의 직업—은 중년기 또는 그 이전에 직무수행능력이 감소하기 시작한다(Sparrow & Davies, 1988; Sturman, 2003). 사실상 이러한 직업에 종사하는 사람들 다수가 체력이나 반응속도의 감소 등으로 인해 중년기에 직업을 바꾸게 된다.

그러나 속도와 관련되지 않은 대다수의 직업에서 직무수행능력은 중년기 내내 높은 편이다(Salthouse, 2012; Salthouse & Maurer, 1996; Sturman, 2003). 이와 같이 인지능력이나 지각능력에서의 감소와는 대조적으로 직무수행에 있어서 연령과 관련된 능력감소가 비교적 적다는 사실은 놀라운 일이다. 어떻게 해서 중년기에도 계속 효율적인 직무수행을 할 수 있을까?

한 가지 가능한 설명은 직무수행에서의 경험이 주는 혜택 때문이다. 새로운 과제를 학습하고 새로운 기술을 사용하는 데 있어 연령과 관련된 차이가 있지만, 잘 훈련된 기술은 일반적으로 나이에 구애받지 않는다(Charness & Campbell, 1988; Lincourt, Hoyer, & Cerella, 1997; Salthouse & Maurer, 1996). 매우 힘든 일은 축적된 지식과 훈련된 기술을 요한다. 직무수행과 연령에 관한 많은 연구결과에 의하면 젊은 성인과 마찬가지로 중·노년들도 직무수행을 잘 하는 것으로 보인다(Salthouse & Maurer, 1996; Waldman & Avolio, 1986).

Paul B. Baltes

Baltes(1990) 또한 중년기 또는 노년기에 높은 생산성 및 높은 직무수행능력을 유지하는 것이 가능하다고 주장한다. 왜냐하면 신체적 기술 또는 인지적 기술이 눈에 띄게 쇠퇴하는 것에 대비해서 Baltes가 '선택적 능력발휘를 통한 보상(selective optimization with compensation)'이라고 부르는 과정이 여기에 작용하기 때문이다. 세 하위 과정은 다음과 같다. ① 선택 과정: 가장 핵심적인 업무에 집중함으로써 그리고 그외 다른 업무는 다른 사람에게 위임하거나 그다지 중요하지 않은 업무는 포기하거나 업무량을 줄임으로써 자신의 작업활동범위를 축소한다. ② 최적화 과정: 녹슨 기술을 갈고 닦아 가능한 한 기술을 최대한으로 유지할 수 있도록 중요한 능력을 단련한다. ③ 보상 과정: 감각기능의 쇠퇴 및 기억력 감퇴와 같은 장애를 극복하기 위해 돋보기 안경을 쓰고, 보청기를 끼는 것과 같은 실용적 대응책을 강구한다. 자신의 강점을 최대한으로 살리고 약점을 최소한으로 줄이는 것도 여기에 포함된다.

Robert O. Hansson

Abraham과 Hansson(1995)은 40~69세 성인 224명을 대상으로 한 연구에서 이 모델을 검증하였다. 이 모델의 세 과정과 더불어 직무수행능력을 측정한 결과 연령이 증가하면서 선택, 최적화, 보상 과정과 직무수행능력의 관계는 점점 더 강해지는 것으로 나타났다. 즉, 나이가 많을수록 유용한 보상전략을 사용하는가 사용하지 않는가 하는 것이 직무수행능력에 큰 영향을 미쳤다. 특히, 50대나 60대에서 선택, 최적화, 보상전략을 많이 사용할수록 직무수행도가 높아졌다. 이 연구결과는 직무수행은 중년기에도 여전히 높은 수준으로 유지된다는 것을 뒷받침해준다.

기업체에 근무하는 우리나라 40~60세의 남성을 대상으로 이 모델을 검증한 연구(김영선, 1997)에서도 선택, 최적화, 보상전략을 많이 사용할수록 직무수행능력이 더 성공적인 것으로 나타났다.

2) 직업에서의 성공

Ann Howard

Douglas W. Bray

자신의 직업에서 성공한 사람과 그렇지 못한 사람은 능력이나 성격 특성에서 차이가 있는가? 1956년에 시작된 AT&T 회사 연구는 이에 대한 몇 가지 정보를 제공해준다(Howard & Bray, 1988).

이 연구에서는 연구가 시작된 후 20년 동안 6단계의 관리직 중 4단계 이상의 직위에 오른 사람들을 "성공적"인 것으로 정의하였다. 20년에 걸친 조사에서 성공과 관련이 있는 특성뿐만 아니라 어느 시점에서 이러한 특성이 나타나며, 높은 지위에 오른 후에는 어떤 변화가 나타나는지 등의 정보를 얻게 되었다. 성공과 관련이 있는 몇 가지 특성은 직업을 갖기 시작할 때부터 갖고 있던 것이지만 나머지는 성공한 후의 변화에 의한 결과이다. 직업에서의 성공을 예측할 수 있는 가장 중요한 요인은 지적 능력, 대인관계 기술, 성취욕구 등인 것으로 나타났다. 예를 들면, 남보다 앞서려는 성취욕구는 연구대상 모두에게서 연령과 함께 감소하는 경향이 있었지만 성공한 사람들에게서는 감소가 미미한 수준이었다. 한편, 입사 초기에는 직업관여도(work involvement)가 두 집단에서 비슷했지만, 시간이 경과할수록 성공한 집단은 직업관여도가 점점 높아졌다. 따라서 직업관여도는 나중에 직업에서의 성공을 예측할 수 있는 좋은 변수가 되었다. 권위주의는 성공집단에서는 연령과 함께 감소 또는 안정적인 반면, 비성공 집단은 연령과 함께 증가하였다. 목표달성을 위해 자신의 행동양식을 바꿀 수 있는 능력인 행동의 유연성과 지배성 또한 직업성공에서 중요한 변수가 되었다(Howard & Bray, 1988).

2. 직업만족도

대부분의 중년기 사람들은 자신의 직업에 만족한다(Maas, 1989; Tamir, 1989). 중년기 대부분의 남성들은 자신의 직업경력상 가장 높은 지위에 오르고 수입도 가장 좋다. 여성들의 경우 자녀양육문제로 일시 중단한 경우가 아니라면 남성과 마찬가지이다. 여성의 직업경력 유형은 크게 세 가지로 나뉜다. 첫째, 대학졸업 후 바로 직업에 종사하여 중간에 쉬지 않고 계속 일을 하는 유형인 지속형, 둘째, 결혼과 자녀출산으로 잠시 쉬었다가 다시 일을 시작하는 유형인 중단형, 셋째, 자녀가 학교를 졸업한 후나 이혼한 후에 직업을 갖기 시작하는 중년기 시작형이 그것이다(Golan, 1986; Vandewater & Stewart, 1997).

Elizabeth A. Vandewater

직업만족도는 중년기 후기(50~59세)까지 증가하다가 그 후에는 감소한다. 특히 은퇴하기 5년 전까지 연령과 직업만족도와의 관계는 U자 곡선이다. 즉, 취업당시에 직업만족도가 높고 30대에 감소하다가 40대에 다시 증가하기 시작한다(Warr, 1992). 직업만족도가 높으면 생산성이 증가하는 반면, 직업만족도가 낮은 경우 생산성이 감소하고 장기결근이 잦다(Iaffaldano & Muchinsky, 1985; Rhodes, 1983).

Walter R. Nord

직업만족도의 영향요인은 무엇인가? 성년기와 중년기의 경우 그 요인은 각기 다른 것으로 보인다. 성년기에는 연봉, 직업안전보장(job security), 상사와 동료와의 관계 등에 관심이 많다(Nord, 1977). 반면, 중년기에는 직업의 자율성, 개인적 도전과 성숙의 기회, 성취감, 자신이 하는 일이 사회에 얼마나 기여할 수 있는지 등에 관심이 많다(Clausen, 1981).

Ellen Galinsky

이러한 요인들은 3,400명의 직장인들을 대상으로 한 전국 규모의 연구에서 밝혀진 것이다. 이 연구에서 현재 직업을 선택한 가장 중요한 이유가 무엇인가를 질문하였다. 이들이 대답한 몇 가지 중요한 요인들을 요약해 보면, 연봉이나 부가급부(fringe benefit) 등은 가정생활과 직업생활의 균형을 유지할 수 있게 해주는 일의 특성만큼 중요하지 않으나, 직업의 융통성, 개인적 자율성, 사회적 상호작용 등은 매우 중요한 것으로 나타났다. 즉, 오늘날 근로자들에게 가장 중요한 관심사는 작업환경의 질인 것으로 보인다(Galinsky, 1993).

중년기의 근로자들은 직업안전보장, 영향력 있는 자리에 오르는 것과 같이 그들의 성공을 확인해 주는 외부 지표를 대단히 만족스럽게 여긴다. 대부분의 중년들은 자신의 일에 만족하고, 자신의 능력을 인정받으며, 그래서 자아존중감이 증대되기 때문에 더 많은 연봉제안이 있어도 회사를 옮기지 않는다(Havighurst, 1982; Nord, 1977; Tamir, 1989). 중년과 노년 근로자들은 성년 근로자보다 자신의 직업수행능력을 정확하게 평가할 수 있으며, 직업에서 계속적인 성공을 위해 필요한 새로운 기술을 학습할 수 있는 능력을 제대로 평가할 수 있다(Fletcher, Hansson, & Bailey, 1992).

중년기의 직업만족도에 관한 연구결과는 몇 가지로 해석될 수 있다. 첫째, 중년기에는 자신의 직업에 보다 익숙해지고, 직업전환의 기회가 점점 적어지며, 자신의 직업에 적응하게 된다. 둘째, 중년기에는 좀더 높은 지위에 오르게 되고 봉급도 많아진다. 중년기 사람들은 직업에서의 자율성이 매우 중요한 측면이라고 생각한다(Schaie & Willis, 1996). 어쩌면 중년기의 높은 수준의 만족도는 높은 지위에서 누리게 되는 자율성의 반영일지 모른다. 직업만족도는 경제적 안정뿐만 아니라 그 직업이 얼마나 도전적인가 하는 것과도 관련이 있는데 높은 지위는 이 모두를 충족시켜준다.

중년기 후반의 직업만족도 감소는 이제 더 이상 승진할 가능성이 적고, 자신의 꿈을 실현시킬 기회가 없다는 자각 때문이다. 사실 승진의 기회는 나이와 함께 감소한다. 즉, 성년기에 승진은 비교적 쉽게 이루어지지만 중년기 후반에는 오를 수 있는 높은 자리가 적기 때문에 승진의 기회가 점점 적어진다. 중년기 후반의 직업만족도 감소는 또한 은퇴에 대한 생각 때문이다. 자신의 직업의 긍정적인 면보다 부정적인 면을 생각한다면 은퇴하기가 훨씬 쉽다. 그러나 연령과 직업만족도와의 관계는 그렇게 단순하지 않다. 연령은 직업과 관련된 다른 변인, 예를 들면, 직업의 종류 및 직업이 제공하는 도전보다 덜 중요하다(Chown, 1977).

중년기에 개인적 성취의 주요 근원으로서의 직업이 점점 그 의미를 잃게 되었다(Tamir, 1982). 이러한 결과는 자신의 인생에서 다른 측면, 특히 가족을 강조하는 경향과 조화를 이룬다. 직업만족도와 생활만족도와의 관계는 중년기가 성년기보다 약하다. 중년기의 직업만족도는 정서적 복지와 별로 상관이 없다(Tamir, 1989). 그리고 직업으로부터 정서적 분리현상이 일어난다(Harlan, 1983). 이제 중년기 사람들은 성년기 때보다 가족이나 개인생활에 더 많은 관심을 기울인다.

중년기의 직업발달에서 재미있는 성차가 나타났다. 여성들은 중년기에 처음으로 직업세계에 들어서거나, 성년기에 자녀양육문제로 잠시 쉬다가 중년기에 다시 시작하는 경우가 많다. 이제는 성년기와 달리 직업에 전적으로 몰두할 수 있다. 그러나 남성의 경우는 상황이 다른데, 특히 50대 남성들은 직업으로부터의 보상이 감소한 것으로 생각한다. 그리고 직업에 관여하는 정도도 낮다(Chiriboga, 1989).

3. 직업전환

사진 설명 증권 중개인에서 화가로 변신한 고갱은 파격적인 직업전환의 유명한 예이다.

중년기의 직업전환이 점점 보편적인 현상이 되고 있다. 사실상 일생 동안 한 가지 직업에 종사하던 시절은 이제 지나가 버렸다(Sarason, 1977). 중년기의 직업전환의 경험은 Levinson(1978)에 의해 성인기의 전환점(turning point)으로 묘사된 바 있다. 중년기는 은퇴하기까지 시간이 얼마나 남았는가에 비추어 이상적인 꿈 또는 희망을 현실적 가능성으로 대체해야 한다. 정년퇴직까지 시간이 얼마나 남았는지 곰곰이 따져보고 직업목표에 도달하기 위해서는 얼마나 속도를 내야 하는지를 생각해 보아야 한다. 만약 자신이 설정한 목표가 비현실적이거나 너무 뒤처져 있다고 느끼게 되면, 재평가 또는 재적응이 이루어져야 한다. 이때 자신이 이루지 못한 꿈으로 인해 슬픔에 빠지게 된다고 Levinson은 믿는다. Levinson에 의하면 많은 중년 남성들이 자신의 직장상사나 아내, 자식들로부터 구속당한다고 느끼며 이러한 느낌은 작은 반란을 불러일으킨다고 한다. 반란은 몇 가지 형태로 나타나는데 혼외정사, 이혼, 알코올 중독, 자살 또는 직업전환이 그것이다.

중년기의 직업전환의 의미를 음미해보는 것은 중요하다. 중년기의 직업전환은 가끔 태도, 목표, 가치관의 변화와 연관이 있다. 어떤 사람들은 자신이 하는 일을 싫어하면서도 그 일을 계속하는가 하면, 어떤 사람들은 자신이 하는 일에 만족하면서도 직업을 바꾼다. 직업을 고수한다고 해서 개인의 태도, 목표, 가치가 바뀌지 않았다는 것을 보장하지는 못한다. 개인의 외적 생활에서는 변한 것이 아무것도 없지만 그 사람은 여전히 변할 수 있다. 중년기에는 자기 자신에 대해서 또는 자신의 인생이나 직업에 대해 좀더 자기분석적으로, 반성적으로, 민감하게 바라보기 시작한다. Levinson(1996)과 Sheehy(1995, 1998)는 인생, 일, 자신에게 다른 의미를 갖게 하는 내적 · 심리적 변화를 주목하였다.

직업전환에는 몇 가지 이유가 있다(Brand, 2014; Moen, 2009a, b; Schaie, 1996). 예를 들면, 기술혁신은 새로운 기술의 개발로 인해 쓸모없게 된 직업으로부터 보다 매력적인 새로운 기술개발에 의한 직업으로 전환케 하고 있다. 신문지상의 구인란을 보면 25년 전이나 50년 전의 직업과는 많이 다른 것을 알 수 있다. 이와 같이 기술혁신은 놀라울 정도로 빠른 속도로 새로운 직업을 창조해내고 있다.

Wayne Hazelwood의 예는 오늘날 급속도로 변하는 기술로 말미암아 한 개인의 직업인생에서 경험하게 되는 직업변화 유형을 실감나게 한다(*New York Times*, May 17, 1985, p. 15). Wayne은 1964년에 타자기 조립공으로 IBM에 입사하였다. 그는 맡은 바 일에 충실하였고 훌륭한 조립공이 되었다. 그러나 IBM은 타자기 제작을 기계화하여 대규모 제작에 들어가게 되었다. Wayne이 하던 조립작업은 이제 더 이상 쓸모가 없게 되었다. 그래서 1975년에 Wayne은 타자기를 검사하는 훈련 프로그램에 참가하여 타자기의 품질을 검사하는 검사관이 되었다. 그는 그 역할을 훌륭하게 수행했다. 그러나 타자기 기술의 새로운 발달은 또 새로운 기술을 요구하였다. 1980년에 Wayne은 제조업 교육의 조교 훈련을 받고 IBM에서 16년간 일한 생산공정의 경험을 활용하게 되었다. 1985년에 Wayne은 전자카드 조립품 기술감독이 되었는데, 이것은 IBM사에서 그가 가진 네 번째 직업이었다. 재훈련과 새로운 기술을 배우는 일은 고용주 및 피고용인이 변하는 직업세계에 적응하는 데에 중요한 측면이 되었다.

오늘날 직업에 종사하는 기간이 옛날보다 훨씬 길어졌다. 1900년에는 직업에 종사하는 기간이 평균 21년이었는데 그때는 직업전환이 매우 드물었다. 1980년에는 37년으로 증가하였는데 45세쯤에 새로운 일을 시작해도 앞으로 20년 정도 그 일을 계속할 수 있다. 이와 같이 직업에 종사하는 기간이 길어지면서 새로운 것을 시도해보려는 직업전환의 기회가 많아졌다. 이제 우리는 일생 동안 한 가지 직업에 종사하는 사람의 수가 점점 더 적어질 것으로 예상할 수 있다.

John Naisbitt

21세기에는 산업사회에서 정보사회로 급속히 변화함에 따라 직업의 종류나 필요한 기술의 종류가 달라질 것이다(Naisbitt, 1984). 많은 직업이 직접적으로 제품을 생산하는 것보다 정보를 제공하고 이용하는 데 관여할 것이다(예를 들면, 교사, 비서, 변호사, 기술자 등). 정보사회에 영향을 미치는 두 가지 요인은 정보의 양이 증가하는 속도와 정보가 전달되는 속도이다. 과학적 · 기술적 정보의 양은 이제 매 5년마다 2배로 증가하고 있으며, 정보가 전달되는 속도는 거의 동시적이다. 이러한 정보사회에서 자신의 직업에서 사용하는 지식과 기술은 매우 빠른 속도로 변한다.

직업시장이 빠른 속도로 변하는 것에 대한 사람들의 반응은 다양하다. 자신의 직업분야에서 변화를 따라가지 못하는 사람은 자신의 지식이 쓸모없게 되고, 자신이 퇴보하고 있다는 위협을 느낀다. 쓸모없게 된 지식은 문제해결에서 덜 효율적인 이론이나 개념 또는 기술의 사용으로 정의할 수 있다(Willis & Dubin, 1990). 이것은 연령과 관련된 능력의 감소를 의미하는 것이 아니고, 오히려 새로운 지식이나 기술을 계속해서 익히는 데 실패한 것의 반영이다.

구식화(obsolescence)의 정도는 변화속도가 빠른 분야에서 더 높다. 예를 들면, 1986년 사무직 근로자의 19%가 컴퓨터를 사용한 반면, 1988년에는 27%로 증가하였다. 그리고 오늘날에는 대부분의 직업에서 지식의 구식화를 피하기 위해 어느 정도 수준의 컴퓨터 지식이 필요하다. 특히, '테크노 스트레스'로 대변되는 '중년 컴퓨터 불안증후군'은 컴퓨터가 지금까지 쌓아온 업무상의 노하우를 단번에 무용지물로 만들어버리는 데 대한 중년관리직이 느끼는 불안감을 의미한다. 노사 양쪽이 급속도로 변화하는 직업세계에서 살아남기 위해서는 재훈련과 직업상담이 필요하다(Shannon, 1989).

Richard Nelson Bolles

교육과 상담은 중년기에 직업을 바꾸려는 생각을 하고 있는 사람들로 하여금 많은 가능성이 그들 앞에 놓여 있다는 것을 깨닫게 하며, 이러한 기회들을 어떻게 하면 최대한으로 이용할 수 있는지 이해하는 데 도움을 준다. 이러한 기회 중에는 학업과 직업, 여가를 조화시키는 새로운 방법들이 있다. 여기에 대한 한 가지 견해가 Bolles(1979)의 '인생의 세 가지 상자'에 제시되어 있다.

인생의 세 가지 상자

직업상담자인 Richard N. Bolles(1979)는『인생의 세 가지 상자』라는 책에서 인생을 설계하는 새로운 방법을 제시하고 있다. 인생의 세 가지 상자란 인간 생애의 세 가지 영역, 즉 교육, 직업, 여가를 말한다. Bolles에 의하면 우리들 대부분은〈그림 13-1(a)〉에서 보듯이 첫 20년 정도의 세월을 학업에, 다음 40년간은 주로 직업에 그리고 나머지 인생은 여가로 시간을 보낸다고 한다.

이러한 접근의 문제는 한 번에 인생의 한 가지 측면에만 전념함으로써 우리가 할 수 있는 한 맘껏 인생의 각 시기를 즐기지 못하고, 인생의 다음 단계에 대비하지 못한다는 것이다. 예를 들면, 수십 년간 학업과 일에 몰두함으로써 사람들은 어떻게 노는지를 잊어버린다. 결과적으로 은퇴해서 원하는 여가시간을 갖게 될 때, 너무나 많은 사람들이 어떻게 해야 할지 모른다. 그러나 만약 사람들이 〈그림 13-1(b)〉에서 보듯이 이 세 가지 영역을 일생에 걸쳐 양립시킨다면 인생은 더 풍요롭고 만족스러운 것이 될 것이라고 Bolles는 주장한다.

교육과 직업 그리고 여가를 쉽게 통합하기 위해서는 많은 사람들이 중년기에 그들의 인생을 재평가하듯이 사회적 지침이나 가치도 그러한 재평가를 거쳐야 한다. 아마도 우리 문화 역시 비슷한 재평가를 받으면 재설계될 수 있을 것이다.

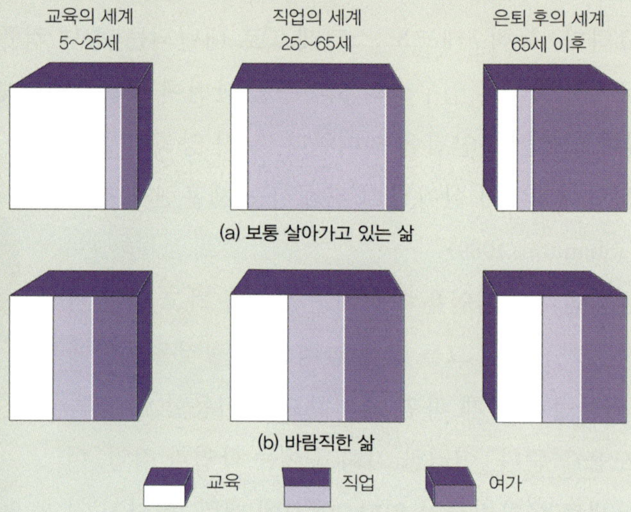

〈그림 13-1〉 인생의 세 가지 상자

출처: Bolles, R. N. (1979). *The three boxes of life*. Berkeley, CA: Ten Speed Press.

4. 실 직

직업과 관련된 스트레스 원인 중 가장 큰 것은 무엇보다도 갑작스럽고 예기치 않은 실직이다. 실직상태가 일시적이든 영구적이든 간에 스트레스를 받는다. 실직에서 오는 스트레스는 수입상실로 인한 경제적 곤란뿐만 아니라 자아개념의 손상에 기인한다. 직업에서 정체감을 찾는 사람들, 가족부양을 남성다움으로 여기는 남성들, 자신의 가치를 자신이 벌어오는 돈으로 정의하는 사람들은 직업을 잃을 때 봉급보다 더 많은 것을 잃게 된다. 그들은 자신의 일부를 잃으며, 자아존중감을 상실하게 된다(Brenner, 1991; Merva & Fowles, 1992; Voydanoff, 1987, 1990).

사진 설명 실직으로 인한 무기력증은 우울증이나 다른 심리적 문제의 원인이 된다.

실직에 대한 두려움은 중년기에 가장 높다(Sheehy, 1995). 일시해고(Layoff)의 $^1/_3$ 정도가 중간관리직인데 이 직위에는 중년들이 많다(Downs, 1996). 이것은 주로 구조조정의 일환으로 행해진다(Farber, 1996).

중년기에 실직하면 새로운 직업을 구할 기회가 매우 드물다(Barnes-Farrell, 1993). 특히 40세 이후에는 새 직장을 구한다 해도 이전보다 봉급이 적은데 55세 이후에는 더욱 그러하다(Kossen, 1983). 이때 많은 중년들은 자신들이 덫에 빠졌으며, 자신의 직업목표를 달성할 수 없고, 탈출구가 없다고 느끼는데, 이것은 중년기에 발생하는 우울증이나 기타 다른 심리적 문제의 원인이 된다. 이러한 상황에 적응하는 데 있어 중요한 요소는 실직을 바라보는 시각이다. 그같은 어쩔 수 없는 변화를 다른 것을 할 수 있는 기회로 여기거나 성장을 위한 도전으로 생각하는 사람들은 정신적으로 또 직업적으로 발전할 수 있다.

Powell과 Driscoll(1973)은 실직에 대한 심리적 반응을 네 단계로 나누어 설명하고 있다.

(1) 위안(relaxation and relief) 단계: 이 단계는 처음 실직당했을 때의 충격, 분노, 좌절에서 벗어나 곧 새 직장을 다시 구할 수 있다는 자신감을 갖는 시기로 가족과 함께 시간을 보내는 것에 즐거움을 갖고 집안일을 돌보기도 한다.

(2) 노력(concerted effort) 단계: 이 단계에서는 직업을 구하기 위해 신중하게 모든 노력을 동원하게 되는데, 실직 후 한 달쯤 지나면 여가시간을 지루해한다. 그러나 새 직장을 구하기 위해 새로운 시도를 하는 등 여전히 낙관적이다. 여러 곳으로부터 거절당하는 편지를 받아도 불안해하거나 우울증에 빠지지 않고 긍정적으로 생각하려고 노력한다.

(3) 동요(vacillation and doubt) 단계: 직장을 구하는 것이 여의치 않을 때 자신의 능력을 의심하게 되며, 가족과 친구들과의 관계도 소원해지는 단계이다. 이 시기에는 감정의 기복이 심하여 불안증세까지 나타난다.

(4) 냉소(malaise and cynicism) 단계: 실직상태가 지속됨에 따라 모든 일에 자신감이 없어지고, 불안하고 냉소적인 태도로 변하는 단계이다. 이제는 일을 다시 시작해야 한

다는 것조차 어렵다고 느끼며 술로 시름을 달래기도 한다.

실직의 심리적 효과는 성년기나 노년기보다 중년기에 더 심각하다. 성년들은 새로운 직업을 구하는 데 훨씬 낙관적이고 현실적이며, 노인들은 은퇴하면 된다고 생각한다. 경제침체, 기술혁신, 회사매출(buyout), 회사합병, 구조조정으로 인해 실직당한 젊은 성인들은 인내심이 있고, 계속 구직에 힘쓰면 대체로 새로운 직장을 얻을 수 있다. 그러나 실직당한 중년들은, 특히 상당히 높은 지위에 있던 사람들은, 그에 상응하는 새 직장을 구할 기회가 적을 뿐만 아니라 은퇴할 준비도 되어 있지 않다. 중년기에 실직하게 되면 실직기간이 성년기보다 더 길어진다. 왜냐하면 중년기에는 선택의 폭이 좁고 기회도 적기 때문이다(Brenner, 1985).

John M. Ivancevich

실직은 불안, 우울증, 공허감, 신체적 건강쇠퇴, 알코올 중독 그리고 자살에까지 이르게 한다(DeFrank & Ivancevich, 1986; Kelvin & Jarrett, 1985). 실직의 영향은 당사자뿐만 아니라 부부관계, 자녀관계에도 영향을 미친다(McLoyd, 1989).

장기간에 걸친 실직의 영향은 심각하다. 35~60세 사이에 실직한 사람과 여전히 직업이 있는 사람들을 비교해 본 연구(Linn, Sandifer, & Stein, 1985)에서 실직집단이 우울증이나 불안감 등의 증상을 더 많이 보여주었다. 그리고 자아개념에서의 변화는 가족이나 친구들로부터 받는 사회적 지지에 달려 있는 것으로 나타났다. 가족으로부터 지지를 받는 경우 좀 낫기는 했지만 그러나 전반적으로는 실직자 집단의 자아존중감이 더 낮았다.

특히 40대 실직자의 경우는 재정적 압박으로 인해 실직을 견디기가 더 힘들다. 50대의 경우는 자신의 실직을 좀 일찍 은퇴한 것으로 받아들이고, 경제적 어려움이 전혀 없는 것은 아니지만 경제적 책임감이 무거운 40대보다는 덜한 편이다(Warr, Jackson, & Banks, 1988).

실직 남성을 몇 개의 연령집단으로 나누어 일반 건강에 관한 질문을 한 결과 40~49세 집단이 건강상태가 가장 좋지 않았으며 그다음이 30~39세 집단이었다. 이보다 나이 많은 집단이나 적은 집단은 이 두 집단보다 정신건강이 나은 편이었다. 실직한 지 2년 후 정신건강이 약간 나아졌지만 중년남성들의 경우는 별 진전이 없었다(Warr et al., 1988).

실직의 심리적 효과는 실직 이유 및 실직이 개인에게 어떤 의미를 갖는가 등에 따라 상당히 다양하다. 실직 이유가 자신의 잘못이 아니고, 가장으로서 또는 인간으로서의 자신의 가치에 대한 거부가 아닌 것으로 합리화되면, 실직에 효율적으로 대처할 수 있다. 가족이나 친구로부터 사회적 지지를 받고, 좌절에 대처할 수 있는 효율적인 기술을 갖고 있을 때 특히 그러하다(Mallinckrodt & Fretz, 1988). 실직수당이나 그 외 다른 경제적 지원은 실직자가 궁핍상태에 빠지지 않게 도와준다. 실직상태가 길어지는 경우 자신을 일로부터 분리해서 생각하고, 인생에는 일 말고도 다른 무엇이 있다는 것을 받아들여야 한다(Kinicki & Latack, 1990).

여성도 남성과 마찬가지로 실직 시 상심이 크다. 1982년에 폐쇄된 인디애나주의 한 공장의 피고용자들을 대상으로 한 연구(Perrucci, Perrucci, & Targ, 1988)에서 보듯이 여성도 실직하면 남성과 마찬가지로 경제적, 심리적, 신체적으로 좌절한다. 남녀 모두 실직 후 두통, 위장장애 및 고혈압의 신체증상을 호소하였으며, 자신의 생활에 대한 통제력이 떨어졌다고 느끼는 것으로 나타났다.

통제력은 실직을 극복하는 데 매우 중요한 요인인 것으로 보인다. 190명의 실직자를 대상으로 한 연구에서, 자신에게 일어나는 일, 상황, 환경에 자신이 어느 정도 영향력이 있다고 믿는 내적 통제 소재자는 자신의 행동이나 그 결과가 자신의 통제 밖에 있다고 생각하는 외적 통제 소재자보다 불안감, 우울증, 신체증상이 적고 자아존중감과 생활만족도가 높은 편이었다(Cvetanovski & Jex, 1994).

실직에 가장 잘 대처하고 그것을 극복하는 사람들은 경제적 재원이 있으며 다른 가족원으로부터의 수입이 있는 경우로서 이들은 실직한 데 대해 자책하고 자신을 낙오자로 보는 대신 실직상황을 보다 객관적으로 평가하였다. 그들은 또한 가족이나 친구들로부터의 이해와 후원을 받는 사람들이다(Voydanoff, 1990). 실직을 성장에 대한 도전으로 여기는 사람들은 정서적으로 직업적으로 성장할 수 있다.

우리나라는 1997년 말 외환위기 이후 대량실업으로 인해 약 100만 명에 이르는 실직자들이 발생하였다. 이러한 실직자들의 삶—특히 이들의 직업전환 과정—에 대한 관심에서 출발한 연구가 손유미(2001)의 「실직자의 직업전환 과정 연구」이다. 이 연구는 실직 후 재취업한 18명의 30~40대를 대상으로 수행되었다.

연구결과, 첫째, 연구참여자들의 직업전환경로는 일차적으로 학력에 따라 사무직과 생산직으로 그 경로가 뚜렷하게 차별화되어 있다. 둘째, 첫 직업세계로 입문한 후 '경제 위기'로 인한 비자발적 실직 전까지 두 경로 간의 이동은 쉽게 일어나지 않는다. 셋째, 실직 이후의 직업전환 과정도 여전히 생산직과 사무직 간의 대처방법이 상이하다.

예를 들면, 생산직 연구참여자의 직업전환 과정에서 이들의 저학력은 위계화된 직업문화 속에서 선택이 불가능하므로 '선택해 버릴 수밖에 없는' 구조의 영향을 받게 된다. 즉, "못 배운 우리 같은 사람"이 가야 할 길은 정도의 차이가 있지만 이미 예정되어 있다고 체념하는 것이다. 그래서 이들에게 직업이동은 이미 세대 간 이동보다 더욱 운명적으로 정해진 것처럼 보인다.

5. 여가생활

아리스토텔레스는 일찍이 여가생활의 중요성을 인식하고 일도 잘해야 하지만 여가 선용도 잘해야 한다고 강조했다. 우리 사회에서 흔히 여가는 일과 반대의 개념으로 통용된다. 어떤 이는 여가를 시간낭비로 보고, 우리 사회의 기본 가치인 일, 동기, 성취에 반대된다고 생각한다. 그러나 여가에 대한 태도가 점점 긍정적으로 변해가고 있다 (Clebone & Taylor, 1992).

19세기 초에는 평균 노동시간이 일주일에 72시간이었다. 주당 40시간으로 된 것은 50년도 채 안된다. 19세기 초에 출생한 사람들보다 훨씬 더 많은 여가시간을 갖게 된 우리들은 그 시간에 주로 무엇을 하는가? 많은 사람들이 대부분의 시간을 TV시청으로 보내고, 스포츠는 전 국민의 오락활동이 되었다.

최근에 와서 소득증대 및 생활수준 향상과 기계문명의 발달에 힘입어 많은 사람들이 여가생활에 관심을 갖게 되었다. 테니스를 비롯한 스포츠 게임, 헬스클럽의 성업, 프로야구의 열풍, 산과 바다로 떠나는 여름철의 레저붐(사진 참조), 다양한 오락 프로그램의 TV시청, 음악 · 미술 등의 취미생활 그리고 이와 관련된 전문서적이나 등산, 낚시에 대한 월간잡지 등에서 알 수 있듯이 우리 사회도 바야흐로 노동 못지않게 여가에 관심을 갖는 시대가 되었다(윤진, 1985).

중년기의 여가생활은 어떠한가? 여가생활은 중년기에 특히 중요하다(Nicolaisen, Thorsen, & Eriksen,

2012). 왜냐하면 많은 중년들이 이 시기에 많은 변화를 경험하기 때문이다. 그 변화란 신체적 변화, 배우자와 자녀 관계에서의 변화, 직업에서의 변화 등이다. 중년기에는 경제적으로 어느 정도 여유가 있으며 자유시간도 더 많아진다. 이러한 중년기 변화가 여가에 대한 폭넓은 기회를 제공해준다. 많은 사람들에게 있어 중년기는 생애 처음으로 자신의 관심분야를 확장할 기회를 갖게 해준다.

여가활동은 몇 가지 이유로 바람직하다. 개인적 관심을 표현하는 수단이기도 하며, 같은 취미를 가진 사람들과 교류하고, 스트레스에 대처하며, 신체적 · 정신적 기능을 개선시키고, 자신에 대한 긍정적 느낌을 갖게 한다.

여가활동은 성격, 연령, 건강, 흥미, 능력, 경제상태, 교통, 사회문화적 요인 등에 따라 다양하다. 중년기의 여가활동은 성년기의 능동적 여가활동으로부터 노년기의 수동적 여가유형으로 바뀐다. 한 연구(Loprinzi, 2015)에서 몸을 많이 움직이지 않고 주로 앉아서 지내는 여가활동(예: TV 시청, 비디오 게임, 컴퓨터 사용 등)을 하는 사람들은 연령이 증가할수록 텔로미어(telomere)[1] 길이가 짧아지는데 텔로미어 길이가 짧아지면 수명이 짧아지는 것으로 나타났다. 중년기에는 격렬한 운동이나 스포츠보다는 클럽이나 조직에 가입해서 사회문화적 활동이나 다른 사람들과 교제하는 데 시간을 더 많이 보낸다. 이러한 수동적 유형은 노년기에 더욱 보편적인 현상이 되는데 65세 이상 된 노인들의 경우 능동적 여가활동에 참가하는 비율은 약 10%로 추산된다(Burrus-Bammell & Bammell, 1985).

여가활동에서의 연령 차이는 연령뿐만 아니라 동시대 출생집단 효과를 반영한다. 중년기나 노년기의 여가활동의 정도는 어떤 면에서는 일생에 걸친 습관으로 볼 수 있다. 성년기에 능동적이고 활동적인 여가활동에 종사한 사람들은 중년기나 노년기에도 그 활동을 계속하는 경향이 있다(McAuley, 1992; McAuley, Lox, & Duncan, 1993).

젊은 시절 다양한 활동을 했던 사람들은 중년기나 노년기에도 다양한 여가활동을 할 수 있으며, 이것은 노년기의 성공적인 적응에 도움이 된다. 따라서 노인들의 여가활동이 젊은이들의 여가활동과 다른 면이 있다면, 그 차이는 어쩌면 연령뿐만 아니라 세대 간의 문화적 차이 때문이기도 하다. 다음 세대는 은퇴 후 지금의 노인들처럼 바둑이나 두고 정원이나 가꾸면서 시간을 보내기보다는, 오히려 오늘날 젊은이나 중년들이 하는

1) 텔로미어는 염색체의 말단부에 존재하는 유전자 조각으로서 염색체를 보호하게 된다. 세포분열이 반복될수록 텔로미어는 점점 짧아져서 노화세포가 되어 마침내 죽게 된다.

여가활동을 계속해서 할 것이다(DeGenova, 1992).

Neulinger(1981)는 『여가심리학』이라는 책에서 여가에 대해 다음과 같이 설명하고 있다. 여가란 노동에 반대되는 개념이 아니다. 즉, 노동을 신성하고 긍정적인 것으로 여기고, 여가를 부정적인 것으로 여겨서도 안 된다. 여가도 노동과 마찬가지로 우리 인생에서 꼭 필요한 것이다. 특히, 여가는 자유롭게 선택해야 하며, 활동 그 자체에 만족을 얻는 내재적 동기에 의해서 여가활동에 참여할 때 더욱 바람직하다.

Neulinger에 의하면 성년기에는 중년기보다 사회적, 경제적 압박이 심하고 가족에 대한 책임으로 여가활동의 폭이 좁다고 한다. 젊은 성인들은 자신의 여가를 사회관습에 맞추고 사회적으로, 직업적으로 성공하기 위해 '필요한' 사람들과 교제하는 등 자신의 여가활동을 조심스럽게 구상한다. 반면, 중년들은 자기 방식대로 재미있고 즐거운 여가활동을 선택하게 된다.

또한 중년여성의 여가활동은 사회적 관계 만족도와 주관적 건강에 영향을 미치는 것으로 확인되고 있다(Sirven & Debrand, 2008). 특히 혼자서 하는 단독형 여가활동보다 가족이나 친구, 이웃과 함께하는 교류형 여가활동의 경우 중년여성의 우울을 예방하고 사회적 관계만족도와 주관적 건강수준을 높이는 것으로 보인다(이화윤, 2022).

중년기에는 은퇴에 대비해서 경제적으로, 심리적으로 준비할 필요가 있다. 중년기에 시작되는 은퇴준비 프로그램에는 여가교육이 포함된다(Connolly, 1992; Knesek, 1992). 우리 사회는 일의 윤리(work ethic)를 강조하는 사회로 여가시간을 어떻게 활용할 것인가에 대한 교육이 미미하다. 그러므로 이에 대한 교육이 필요하다. 중년기에 개발된 여가활동은 이러한 준비 과정에 매우 중요하다. 만약 은퇴 후에도 계속해서 할 수 있는 여가활동이 있다면 직업으로부터 은퇴로의 전환을 좀더 용이하게 해줄 것이다.

제**14**장

성격 및 사회적 발달

중년기의 성격에 관한 연구는 생물학적, 인지적, 사회정서적 발달 과정이 어떻게 서로 복잡하게 얽혀 있는가를 잘 보여준다. 예를 들면, 중년기의 신체적 매력에 대한 자신의 지각뿐만 아니라 다른 사람들이 자신을 어떻게 보는가를 포함하여 노화 과정에서 나타나는 여러 가지 신체변화에 대한 반응이, 궁극적으로 중년들이 자신에 대해 어떻게 지각하는가에 영향을 미친다. 같은 맥락으로 직장에서의 성공 또는 실패에 대한 반응이 중년기의 성격, 사회적 관계, 스트레스 수준에 중요한 영향을 미친다. 확실히 발달 과정은 서로 융합되어 있다. 즉, 사회정서적 과정이 인지적 과정에 영향을 미치고, 인지적 과정은 사회정서적 과정에 영향을 미치며, 생물학적 과정은 또 인지적 과정에 영향을 미친다.

중년기의 성격특성은 안정적인가 아니면 변화하는가? 성격의 안정성과 변화의 문제는 오랫동안 이 분야 연구의 주된 관심사가 되었다. 성격의 어떤 측면은 인생 초기에 형성된 대로 변화하지 않고 그대로 유지되는가 하면, 또 어떤 측면은 중년기의 새로운 경험과 도전, 즉 중년기 신체변화, 빈 둥지 시기, 중년기의 직업전환, 조부모가 되는 것 등으로 인해 많은 변화가 일어난다.

중년기 동안의 성격과 생활양식의 변화는 종종 '중년기 위기' 탓으로 돌려지는데 중년기는 잠재적으로 갈등이 많은 시기이고, 다른 어떤 시기보다 더 과거를 되돌아보고 미래를 내다볼 수 있는 시기이다. 과거에 대한 반성과 미래에 대한 기대는 자신의 인생에 대한 평가를 내리게 한다.

이 장에서는 중년기 성격의 안정성과 변화, 중년기 위기 또는 전환, 중년기 여성의 성격발달, 한국 중년세대의 특성, 자아실현인의 성격특성에 관해 살펴보고자 한다.

1. 중년기 위기인가 전환기인가

중년기는 흔히 수많은 갈등으로 가득찬 위기의 시기라고 일컬어진다. 중년기를 위기로 보는 이들은 중년기에 일어나는 여러 가지 변화, 즉 자녀들의 독립, 직업적응, 노화로 인한 생리적 · 심리적 변화에 대한 적응 등의 많은 변화를 강조한다. 중년기 위기의 옹호론자들은 중년기의 여러 가지 도전이 초래하는 혼란에 초점을 맞춘다.

반면, 다른 모든 발달단계와 마찬가지로 중년기를 나름대로의 발달과업과 도전이 있는 인생의 또 다른 단계로 보는 시각도 있다. 사실 중년기의 발달과업이 다른 단계의 발달과업보다 더 복잡하거나 격렬한 것은 아니다. 심지어 어떤 이들은 중년기를 인생에서 가장 행복한 시기로 보기도 한다. 중년기를 위기가 아니고 전환기로 보는 이들은 중년기의 경제적 안정, 직업에 대한 열정, 부모의 책임에서 벗어나는 자유 등을 강조한다.

이와 같이 중년기를 어떻게 해석하느냐에 따라 중년기를 긍정적으로 볼 수도 있고, 부정적으로 볼 수도 있다. 어떤 이들은 '중년기 위기'를 피할 수 없는 것으로 보고, 중년기 위기가 초래하는 심각한 영향 역시 피할 수 없는 것이라고 생각한다. 그들은 중년기의 위기 그리고 이 위기가 가져오는 문제들과의 투쟁이 가슴을 무겁게 하고, 정신을 피곤하게 만든다고 말한다(O'Connor & Wolfe, 1991).

그러나 중년기 위기는 불가피한 것이 아니라고 보는 견해도 많다. 이들은 일반적으로 '위기'라는 말은 부정적이고, 비관적인 일종의 파국이나 공황과 같은 것으로 이해되는 경향이 있다는 점을 강조하면서, 중년기 위기를 경험하지 않고 중년기를 넘기는 사람들도 많이 있다고 주장한다. 더군다나 일부 문화권에서는 중년기라는 개념조차 없다.

중년기가 없는 사회

중년기 위기의 보편성은 우리 문화에서조차 의문의 여지가 있다. 그렇다면 중년기라는 명확한 개념조차 없는 비서구 문화권에서는 어떠한가? 아프리카의 Gusii 문화가 그러한 경우인데, Gusii는 서부 케냐에 있는 인구 백만 명 정도로 이루어진 사회로, 거기서는 사람들이 마법을 믿고 남자는 몇 명의 아내를 거느린다.

Gusii에서 자녀 출생은 성년기에만 국한되는 것이 아니다(Levine, 1980). 사람들은 생리적으로 가능한 한 계속해서 출산한다. Gusii 족 또한 각 단계에 대한 기대를 명확하게 정의한 '인생계획'이 있지만 이러한 계획은 오늘날 우리 사회에서 정상적인 것으로 수용되는 것과는 사뭇 다르다.

Gusii 족에게는 '청년' '성년' 그리고 '중년'을 의미하는 단어가 없다. 남성은 9세에서 11세경에 해야 하는 할례와, 연장자가 되는 때인 첫 아이의 결혼 사이에 단 하나의 인정된 인생 단계—'오모무라(omomura)' 혹은 전사의 단계—를 거친다. 그러므로 '오모무라' 단계는 25세에서 40세까지, 혹은 그 이상 어느 시점까지 계속될 수 있다. 여성들은 할례와 연장자가 되는 시기 사이에, 그들의 인생에서 결혼의 크나큰 중요성을 강조하는 또 하나의 단계—'오모수바티(omosubaati)' 혹은 기혼 여자의 단계—를 거친다.

이렇듯 Gusii 사회에서 전환기는 나이가 아니라 인생사건에 좌우된다. 할례, 결혼, 자녀출산 그리고 자녀의 결혼(따라서 장래의 조부모가 되는 것)으로부터 지위가 부여된다. 그러나 Gusii에는 이러한 사건들이 정상적으로 일어나야만 한다고 하는 일련의 기대(사회적 시계)가 있다. 그리고 여자든 남자든 '시간이 맞지 않는' 사람은—결혼해서 첫 아이를 늦게 낳거나, (더 나쁘게는) 아이가 없는 경우—조롱을 받거나 심지어 추방당하기까지 한다.

하지만 Gusii에 분명히 구분되는 중년 전환기는 없다 하더라도, 일부 사람들은 조부모가 될 정도로 나이 든 때쯤에(전형적으로 40세정도) 재평가를 거친다. "우리 사회의 중년과 같이, 중년의 Gusii 인들은 그들의 인생과 장래의 활동을 제한된 것으로 경험하며, 이것이 중년기 위기를 야기시킬 수 있는데, 주술사나 치료사가 됨으로써 여기에서 벗어난다"(Levine, 1980, p. 99). 그들은 자신들의 기력과 정력이 쇠퇴해가고 있고, 언제까지나 농사를 짓고 가축을 키울 수 없다는 것을 알며, 그래서 영적인 힘을 찾는다. 이러한 추구는 생산적 목적 또한 지닌다. 연장자들은 의식을 행함으로써 그들의 자녀와 손자들을 죽음이나 질병에서 보호해야 할 책임을 가지고 있으며, 자녀가 성장한 경우에도 마찬가지이다.

다수의 여성노인들이 사람들을 돕거나 해칠 수 있는 힘을 추구하면서 주술사나 무당이 된다. 그들의 동기는 남성이 지배하는 사회에서 자신들의 부족한 힘과 경제력을 보상하려는 것인지 모른다(Papalia, Olds, & Feldman, 1989, 재인용).

1) 중년기 위기

'중년기 위기'라는 용어는 Jacques(1967)와 Jung(1966) 같은 정신분석학자들에 의해 처음 소개되었는데 중년기의 우울증, 혼외정사 또는 직업전환에 대한 설명으로서 급격히 대중화되어 유행어가 되었다. 그러한 사건은 외부지향, 즉 사회에서 자리를 찾는 데 대한 관심으로부터 내부지향, 즉 자기 안에서 의미를 찾으려는 변화의 신호로 여겨진다(Jung, 1966). 이러한 내부지향적 변화는 불안한 일로서 사람들이 그들의 인생목표에 의문을 가질 때 일시적으로 중심을 잃게 할 수 있다.

Jacques(1967)에 의하면 위기를 가져오는 것은 죽음에 대한 인식이다. 성년기가 끝나고 이 시기의 과업은 대체로 완수된다. 사람들은 가정을 이루고 어느 정도의 성공도 이룬다. 부모로부터 독립하며 부모는 이제 거꾸로 그들에게 도움과 조언을 구한다. 그들은 인생의 절정에 있으면서도 그들의 시대가 얼마 남지 않았고, 젊은 시절의 모든 꿈을 다 이룰 수 없다는 것을 또는 그 꿈을 이루었다 해도 기대한 만큼의 만족을 얻지 못했다는 것을 깨닫는다.

많은 연구들이 중년기가 위기의 시기임을 뒷받침한다. 이 시기에 결혼만족도는 최저점에 이르고(Pineo, 1961), 정신질환 및 신경증의 발병률이 최고에 이른다(Weintraub & Aronson, 1968). 중년기는 알코올 중독, 위궤양, 고혈압, 심장병 등이 가장 빈번하게 나타나는 시기이며, 40세에서 65세의 기간에, 특히 남성의 경우 자살률이 급격하게 증가하는 것을 볼 수 있고, 이혼이나 별거, 불륜이나 도피 등은 중년기 결혼에서 드물지 않은 일이다(Stevens-Long, 1979). 이외에도 중년기가 위기의 시기임을 보여주는 수많은 사례가 정신분석가 및 임상심리학자들에 의해 보고되었다.

사진 설명 중년기 위기와 영향요인

우리나라 성인남녀를 대상으로 '중년기 위기론'을 검증한 김애순(1993)의 연구에서는 중년기가 오는 시기가 언제인가를 규명하기 위해 본인 연령, 첫 자녀 연령, 막내 자녀의 연령과 중년기 위기감과의 관계를 분석했다. 그 결과

본인 연령은 중년기 위기감에 대해 의미 있는 설명력이 없었다. 그러나 첫 자녀와 막내 자녀의 연령이 증가할수록 위기감 수준이 증가했는데 이러한 추세는 여성들보다 남성들에게 더욱 현저하게 나타났다. 특히 첫 자녀의 연령보다는 막내 자녀의 연령이 중년기 위기감에 대한 설명력이 컸는데, 이러한 결과는 성인발달이 신체적 연령보다는 사회적 연령과 더 밀접한 관계가 있으며, 중년기 위기가 생물학적 연령과 관련된 사건이라기보다는 자녀의 성장으로 인한 역할변화, 청소년 자녀들과의 문제, 직업상 경력에서의 한계 등 사회적 연령과 관련된 사건이라는 점을 시사하고 있다. 또한 우리나라 중년들은 서구와는 달리 청소년 자녀들과 갈등을 일으키는 40대 초반의 시기보다는 자녀들이 부모의 슬하를 떠나는 50대 빈 둥지가 임박한 시기가 더욱 심각한 위기임을 말해주고 있다.

2) 중년 전환기

위기가 중년기의 이정표라는 생각에 이의를 제기하는 학자들이 많다. 중년기로의 전환이 잠재적으로 스트레스가 많을지 모르지만 스트레스가 반드시 위기를 드러내지는 않는다. 또한 이러한 종류의 전환이 중년기에만 국한되는 것은 아니다. 따라서 중년기는 위기의 시기라고 보기보다는 전환의 시기라고 보는 것이 옳다(Farrell & Rosenberg, 1981; Rossi, 1980; Schlossberg, 1987).

중년기는 가족생활, 직업경력, 친밀한 관계, 내적 생활에서 새로운 측면이 나타나는 시기이다. 중년기로의 전환은 자신과 자신을 둘러싸고 있는 사람들을 보는 시각의 변화로 특징지어진다. 이러한 새로운 측면을 향해 가고, 변화된 시각을 경험하게 됨에 따라 아마도 불확실함 또는 낯설음과 직면하게 될 것이다. 그러나 이러한 반응은 한 단계에서 다른 단계로 넘어갈 때 나타나는 지극히 정상적인 반응이다.

사진 설명 중년기는 개인적 욕구, 인생의 목표 등을 재평가하는 시기이다.

전환기 동안 사람들은 그들 삶의 성공과 실패를 되돌아보고, 곰곰이 생각해 본다. 어떤 사람들에게 이러한 반성은 두려움이 될 수도 있고, 고통스러운 것이 될 수도 있다. 사람들 중에는 자신의 불완전함과 결점을 견디지 못하는 사람들도 있다. 성공적인 중년기 전환은 자신의 강점뿐만 아니라 약점까지도 탐색하는 것을 가능하게 해준다.

중년기로의 전환에는 물론 불안감, 우울증, 실패감 등의 부정적인 측면이 있다. 어떤 이들은 노화의 징후와 죽음이라는 생각에 사로잡히게 되고, 또 어떤 이들은 자신의 인생에서 부정적인 측면만 보고서 자신을 인생의 낙오자로 생각하기도 한다.

중년기에 있어서 발달과업의 성공적인 해결은 재평가 및 재적응의 능력에 의해 좌우된다. 젊은 시절에 세웠던 인생의 목표가 중년기의 현실 때문에 실현되지 못할 수도 있다. 실현되지 못할 꿈들을 포기하는 것은 중요한 일이다. 많은 사람들에게 이러한 과정은 고통스럽겠지만 이것을 수용하고 적응하는 것이 필요하다. 이러한 재적응 및 재평가는 노년기의 자아통합감을 가능하게 해준다.

2. 중년기 성격의 안정성

성격의 안정성과 연속성에 대한 주된 증거는 Costa와 McCrae(1980, 1986, 1989, 1998; McCrae, 2021; McCrae & Costa, 2006)의 종단연구에서 나온 것이다. 이들은 성격특성이 시간이 지나면서 변하는지 변하지 않는지에 관심을 두고 20~80세 사이의 성인 약 2,000명을 대상으로 성격을 연구했다. 매 6년마다 성격검사가 실시되었는데 이 검사는 신경증, 외향성, 개방성, 성실성, 순응성 등 다섯 가지 기본적인 성격 차원(Big Five factors of personality)으로 구성되어 있고 각 차원에는 모두 여섯 가지 특성이 있다. 피험자들로 하여금 "나는 너무 쉽게 사람들에게 화를 낸다"와 같은 문항에 동의하는지 하지 않는지를 질문하였다. 같은 검사를 여러 번 실시하여 어떤 특성이 안정성이 있는지 아니면 연령의 증가와 함께 변하는지를 알 수 있었다. 〈표 14-1〉은 제9장 〈그림 9-1〉의 5요인 모델을 좀더 보완한 것이다.

여러 연구결과 성격특성은 매우 안정적이고 일관성이 있는 것으로 나타났다(Costa & McCrae, 1980, 1988). 한 연구(Costa, McCrae, & Arenberg, 1980)에서는 12년 간격의 성격특성 간의 상관계수가 .65~.85였다. 이에 대해 Costa와 McCrae(1982)는 대부분의 경우 30세 때의 자아개념은 80세 때의 성격특성의 좋은 지표가 된다고 언급하였다. 또한 배우자가 평정한 성격특성이 6년 후에도 거의 변화가 없는 것으로 나타났다(Costa & McCrae, 1988).

이와 같은 연구결과는 성격은 안정성과 연속성의 특징이 있다는 사실을 지지하는 것

표 14-1 Costa와 McCrae의 5요인 모델의 성격특성

성격의 차원	성격의 특성
신경증	침착한, 평온한 — 걱정이 많은 마음이 평정한 — 신경질적인 자기만족의 — 자기연민의 마음이 편안한 — 자의식이 강한 이지적인 — 감정적인 대담한, 배짱 좋은 — 상처받기 쉬운
외향성	수줍어하는, 내성적인 — 다정한, 인정 많은 혼자 있기 좋아하는 — 사람들과 잘 어울리는 말수가 적은 — 수다스러운 소극적인 — 적극적인 침착한 — 유쾌한 무감각한 — 정열적인
개방성	현실적인 — 상상력이 풍부한 창의성이 없는 — 창의적인 관습적인 — 독창적인 판에 박힌 — 변화를 좋아하는 호기심이 없는 — 호기심이 많은 보수적인 — 진보적인 인정미가 없는 — 상냥한, 온화한 의심이 많은 — 잘 믿는
순응성	인색한 — 관대한 반대하는 — 순종하는 비판적인 — 수용적인 성마른 — 마음씨가 고운
성실성	소홀한 — 성실한 게으른 — 근면한 무질서한 — 질서정연한 지각을 잘하는 — 시간을 엄수하는 목적 없는 — 야심 있는 포기를 잘하는 — 끈기 있는

출처: Costa, P. T., & McCrae, R. R. (1989). Personality continuity and the changes of adult life. In M. Storandt & G. R. VandenBos (Eds.), *The adult years: Continuity and change*. Washington, DC: American Psychological Association.

이다. Costa와 McCrae(1989)는 자신들의 연구에서 우리 인간은 사회과학자들이 주장하는 것만큼 환경의 영향을 받지 않는다고 주장한다. 즉, 인간은 생활사건, 역사적 사건, 변하는 사회적 역할의 수동적인 희생자가 아니라고 주장한다. 오히려 이러한 모든 영향력에도 불구하고 그들의 독특한 성격특성을 그대로 유지한다는 것이다.

Duane F. Alwin

Dan P. McAdams

최근의 연구들(Hakulinen et al., 2021; Roberts & Nickel, 2021)에서도 다섯 가지 성격 차원은 개인의 신체적 · 정신적 건강, 지능, 성취도, 인간관계 등과 같은 주요 측면과 관련이 있다고 밝혔다.

또 다른 연구(McCrae & Costa, 1990)에서 350명 이상의 30~60세 성인들에게 직업 불만족, 가정생활 불만족, 인생의 무의미함, 죽음, 내적 갈등과 혼란 등을 평가하기 위해 '중년기 위기 검사'를 실시하였다. 연구결과 이러한 모든 문제들이 중년기에 절정에 달한다는 증거를 발견하지 못했다. 따라서 많은 사람들이 중년기 위기를 경험한다는 속설은 잘못된 것으로 결론지었다.

5요인 모델은 인기도 높고, 이 모델을 지지하는 연구결과도 많지만 이 모델에 대한 비판도 적지 않다. 성격의 안정성은 단지 통계적 가공품이라는 주장이 있는가 하면(Alwin, 1994; Block, 1995), 어떤 성격특성들은 안정보다는 변화를 보인다는 주장도 있으며(Jones & Meredith, 1996), 이 모델은 인간의 행동을 충분하게 설명하지 못하고, 사회문화적 맥락을 무시했다는 주장도 있다(McAdams, 1992).

3. 중년기 성격의 변화

중년기 성격이 안정적이라기보다 변한다고 보는 학자들은 발달단계에 따라 질적으로 서로 다른 성격특성이 나타난다고 주장한다. 중년기 성격의 변화를 주장하는 Erikson, Peck, Vaillant, Levinson, Gould 그리고 Jung의 이론을 살펴보고자 한다.

〈표 14-2〉는 중년기 성격발달에 관한 이들의 이론을 비교한 것이다.

표 14-2 중년기 성격발달에 관한 이론들의 비교

Erikson 심리사회적 위기	Peck 적응과제	Vaillant 중년기 적응	Levinson 중년기 발달단계	Gould 비합리적 가정	Jung 중년 전환기
생산성 대 침체성	1. 지혜의 중시 대 육체적 힘의 중시 2. 사회화 대 성적 대상화 3. 정서적 유연성 대 정서적 고갈 4. 정신적 유연성 대 정신적 경직	1. 중년 전환기 (40대) 2. 평온한 시기 (50대)	1. 중년 전환기 (40~45세) 2. 중년기로의 진입(45~50세) 3. 50세 전환기 (50~55세) 4. 중년기의 절정기(55~60세)	1. 안정은 영원히 지속될 것이다. 2. 죽음은 나와 내가 사랑하는 사람들에게는 일어나지 않을 것이다. 3. 배우자 없이 세상을 살아가는 것은 불가능하다. 4. 가족을 벗어나서는 생활이나 변화가 존재할 수 없다. 5. 나는 완전무결하다.	1. 자기 확산기 2. 자기 수렴기

1) Erikson의 생산성 대 침체성

Erikson(1968b, 1978, 1982)에 의하면 40세 정도에서 생산성 대 침체성이라는 일곱 번째 위기를 경험한다. 생산성이란 성숙한 성인이 다음 세대를 구축하고 이끄는 데 관심을 기울이는 것을 말한다. 자신들의 인생이 저물어가고 있는 것을 바라보고는 다음 세대를 통해 자신의 불멸을 성취하고자 한다. 그리고 이 욕구가 충족되지 않으면 침체성에 빠지게 된다고 Erikson은 말한다. 침체성은 다음 세대를 위해서 자신이 한 일이 아무것도 없다는 것을 깨닫는 것이다. 인생을 지루하고 따분하다고 생각하는 사람, 불평불만을 일삼는 사람, 매사에 비판적인 사람들이 침체성의 전형이다.

생산성은 몇 가지 다른 방법으로 표출될 수 있다(Kotre, 1984). 생물학적 생산성은 자녀를 낳아 기르는 것이고, 직업적 생산성은 다음 세대에게 기술을 전수하는 것이며, 문화적 생산성은 문화의 어떤 측면을 창조하고, 혁신하고 그리고 보존하는 것이다. 이 경우에 생산성의 대상(목표)은 문화 그 자체이다(Lewis & Allen, 2017).

생산성을 통해서 중년기 성인들은 다음 세대를 인도한다. 즉, 자녀를 낳아 기르고, 젊은 세대를 가르치고, 지도하고, 지역사회에 도움이 되는 일들을 함으로써 인생의 중요한 측면을 통하여 다음 세대를 인도한다. 생산적인 중년들은 다음 세대와의 연결을

사진 설명 자녀를 낳아 기르는 것은 생산성의 가장 직접적인 표현이다.

통해 사회의 존속과 유지에 헌신한다. 그렇게 함으로써 일종의 불멸감(immortality)을 맛보기도 한다(Moieni et al., 2021).

Ryff(1984)의 연구에서 중년기 성인들의 주요 관심이 생산성이라는 것이 밝혀졌다. 그들은 스스로를 젊은이들을 돕고 지도하는 일에 관심이 있는 지도자로서 그리고 의사결정자로서 지각하였다. 그리고 또 다른 연구(Peterson & Klohnen, 1995)에서 40대 중년들을 연구한 결과 생산성은 친사회적 성격, 일을 통한 생산적 태도, 자녀양육에 대한 폭넓은 관심으로 표현되었다.

Erikson의 다른 단계에서와 마찬가지로 중요한 것은 생산성과 침체성이 균형을 이루는 것이다. 매우 생산적인 사람이라도 다음 계획을 위해 에너지를 모으면서 휴지기를 거친다. 그러나 지나친 침체는 결국 방종으로 흐르거나 심지어 신체적으로 또는 심리적으로 나약하게 된다.

2) Peck의 적응과제

Erikson의 개념을 확장하여 Peck(1968)은 중년기의 성공적인 적응에 중요한 네 가지 심리적 발달을 구분하였다. 20대 후반이 지나면 노화의 피할 수 없는 결과로 나타나는 것이 신체적 힘과 젊음의 매력이 감소한다는 것이다. 그러나 중년기에는 성년기 때 갖지 못한 인생경험으로 인해 지혜를 획득하게 된다.

(1) 지혜의 중시 대 육체적 힘의 중시

인생에서 최선의 선택을 하게 하는 능력인 지혜는 광범위한 관계 및 상황과 만날 기회와, 순수한 인생경험에 주로 좌우되는 것으로 보인다. 때로 30대 후반과 40대 후반 사이에서 가장 성공적으로 적응한 사람들은 그들이 획득한 지혜가 쇠퇴해가는 신체 기력과 정력 그리고 젊음의 매력을 보상하고도 남는다고 생각한다.

(2) 사회화 대 성적 대상화

일반적으로 신체적 쇠퇴와 더불어 나타나는 갱년기는 중년들로 하여금 그들의 인생에서 남녀를 재정의하여 성적 대상으로서보다는 한 개인, 친구 그리고 동료로서 가치를 두게 만든다. 성적 요소는 감소하고 대신 감정이입, 이해, 동정심 등이 새로운 차원으로 떠오른다. 이런 식으로 이들은 다른 사람들의 고유한 성격을 감지할 수 있고 훨씬 깊은 이해에 도달할 수 있다.

(3) 정서적 유연성 대 정서적 고갈

한 사람으로부터 다른 사람으로, 또 어떤 활동에서 다른 활동으로, 정서적 투자를 전환할 수 있는 정서적 유연성은 중년기에 매우 중요하다. 이 시기는 부모와 친구의 죽음 및 자녀의 성숙과 독립으로 인해 관계의 단절을 경험하기 쉬운 때이다. 그들은 또한 신체적 한계로 말미암아 활동에서도 변화를 꾀해야 한다. 불행히도 어떤 이들은 자신이 정서적 투자를 했던 대상이 사라짐으로써, 그리고 자신의 감정을 다른 대상에 재투자하지 못함으로써, 정서적 고갈을 경험하게 된다. 그러나 새로운 정서적 투자의 대상을 발견함으로써 이 위기를 극복할 수 있다.

(4) 정신적 유연성 대 정신적 경직

중년기에는 자신의 견해나 행동은 물론 새로운 생각을 받아들이는 데 있어서도 유연성이 있어야 한다. 그러나 중년기에는 '정신적 동맥경화 현상'이 나타나기 쉽다. 중년기까지 많은 사람들은 인생의 중요한 문제에 대해 일련의 해답을 얻었다. 그러나 이러한 해답에 안주하여 새로운 해답을 구하려 계속 노력하지 않을 때, 그들의 생각은 고정되고 새로운 사상을 받아들이지 못한다. 유연성을 유지하는 사람들은 그들이 이미 찾아낸 해답과 자신의 경험을 새로운 문제를 해결하기 위한 잠정적인 지침으로 활용한다.

3) Vaillant의 중년기 적응

George Vaillant

Vaillant(1977)는 하버드 대학 신입생들을 대상으로 그들의 50대까지 추적한 그랜트 연구에서 40세경에 중년 전환기가 나타난다고 밝혔다. 중년 전환기는 새로운 인생단계로의 진입요구 때문에 스트레스가 많을지 모른다. 이 시기는 종종 십대 자녀와 원만하게 지내는 데 문제가 있기도 하고 때로는 지나친 우울증에 빠지기도 한다.

그랜트 연구에서는 남성들의 경우 전환기가 때로는 혼란스럽기는 하나 이 시기가 위기의 차원으로 나타나지는 않았다. 게다가 이들은 인생의 어느 시기보다도 이 중년기에 더 많이 이혼하거나, 직업에 싫증을 낸다거나, 혹은 좌절하게 되는 것 같지 않았다. 50대쯤에서 이 집단 중 가장 잘 적응한 남성들은 실제로 35세에서 49세까지의 시기를 그들의 인생에서 가장 "행복한 때"라고 보았다.

이 연구에 의하면 50대가 40대보다 일반적으로 보다 더 원숙하고 평온한 시기라고 생각하는 것으로 보인다. Vaillant는 다른 사람들이 지적한 것과 비슷한 특성들을 관찰했는데, 즉 나이가 들수록 성 구별이 줄어들고, 남성들의 성향은 보다 온정적이고 표현적이 되었다.

4) Levinson의 중년기 발달단계

Levinson(1978, 1980, 1986, 1996)은 중년기를 다시 몇 단계로 나눈다. Levinson은 각 발달단계에서 이룩해야 할 발달과업을 다음과 같이 강조한다.

(1) 중년 전환기(40~45세)

Levinson의 모든 전환기처럼 중년 전환기는 끝이자 시작이다. 성년기의 일을 마무리해가면서 또 한편으로는 중년기의 요령을 익혀간다. 이 교량 역할을 하는 시기 동안 이제 자신의 죽음을 보다 절실히 인식하는 남성들은 그들 삶의 모든 측면에 대해 실질적으로 의문을 제기한다.

Levinson에 의하면 중년기 남성은 내면의 상반되는 성향들을 처리해야 한다고 말한다. 그가 젊은 세대보다 늙었다고 느끼더라도 아직 자신을 중년이라고 부를 준비가 안

되어 있다. 그로 하여금 중년기라는 세계에서 그의 위치를 찾지 못하게 막는 젊은 태도를 지나치게 고집하지 말아야 한다. 그러나 그의 사고가 너무 늙게 되면 메마르고 경직될 것이다. 그는 또한 그의 성격의 '남성적' 부분과 '여성적' 부분을 통합하려고 노력해야 한다.

(2) 중년기로의 진입(45~50세)

40대 중반이 되면 남성들은 새로운 선택을 수반하는 새로운 인생구조를 설계하기 시작한다. 여기에는 새 직업이나 현재의 일에 대한 재구성 또는 재혼 등이 포함된다. 이때 매우 성공적인 사람들은 중년기를 인생에서 가장 충만하고 창조적인 시기, 자기 성격의 새로운 국면이 꽃필 수 있게 해주는 기회로 생각한다. 반면, 어떤 이들은 중년기의 과업을 전혀 해결하지 못하는데 이들은 따분한 중년기를 보내게 된다.

(3) 50세 전환기(50~55세)

인생 구조를 수정할 수 있는 또 다른 기회는 50대 초반에 다가온다. 50대 전환기는 중년 전환기가 비교적 무난했던 남성의 경우 특히 어려운 시기가 되는 것 같다.

(4) 중년기의 절정기(55~60세)

중년기 인생구조의 절정기는 남성들이 중년기의 토대 구축을 끝낸 안정된 시기이다. 다시 젊어져서 인생을 풍요롭게 하는 사람들에게 50대는 위대한 완성의 시기가 된다.

5) Gould의 비합리적 가정

Gould(1978, 1980)는 35~45세를 중년기로 본다. 그는 성년기와 마찬가지로 중년기 동안의 성장은 비합리적인 생각을 극복함으로써 이루어진다고 주장한다. Gould가 제시하는 중년기에 극복해야 할 다섯 가지 비합리적 사고는 다음과 같다.

(1) 안정은 영원히 지속될 것이다

중년기에는 이제 부모의 보호에서 벗어나고 오히려 역할전도가 일어난다. 중년들은 이제 그들 스스로가 부모가 있던 위치에 있게 된다. 또한 자신의 부모가 은퇴로 인해 힘을 잃은 반면, 자신은 직장에서 상급자의 위치에 있게 되며 힘을 얻는다.

(2) 죽음은 나와 내가 사랑하는 사람들에게는 일어나지 않을 것이다

질병 또는 부모의 죽음 등이 중년기 생활의 일부분이며, 자신도 언젠가는 죽을 것이라는 조짐을 보이는 것이 중년기의 현실이다. 부모의 죽음은 대부분의 사람들에게 그들이 살아오는 동안 지녀왔던 두려움이 현실화되는 것이다. 많은 성인들은 부모의 죽음과 같은 사건의 가능성을 계속 부정해 왔다. 그러나 이러한 사건이 실제로 일어나게 될 때 자신의 힘에 한계가 있고, 인생은 유한하다는 것이 엄연한 현실이라는 사실을 깨닫게 된다.

(3) 배우자 없이 세상을 살아가는 것은 불가능하다

오랜 기간에 걸쳐 위의 두 번째 가정이 비현실적임을 깨닫게 됨으로써 마음에 상처를 받는 동안에 자신의 죽음을 인식하게 된다. 자신의 죽음을 인식하는 여성들은 이제 자신의 신념대로 행동하기를 원한다. 지금까지 여성의 자립을 방해했던 두려움이 무엇이었든지 간에 이제는 두려움에 맞서고 극복해야 한다. 남성들보다는 전통적인 여성들이 보호자 없는 삶을 살아갈 수 없다고 생각하기 쉽다. 그러나 여성들이 일단 이러한 '보호자 신화(protector myth)'를 떨쳐버리게 되면, 직업이나 가족이나 여가활동을 통해서 자유롭게 보다 넓은 범위의 사회적 접촉을 할 수 있고, 자신의 성격을 확장해 나갈 수 있다.

(4) 가족을 벗어나서는 생활이나 변화가 존재할 수 없다

이것은 특히 남편과 아내가 그들의 관계를 지속적으로 성장시키고 성숙시키려고 하지 않을 때, 가족관계가 원만하지 못하고 마비된다는 것을 의미한다. 많은 부부들은 오랜 결혼생활 동안 유지해온 안정을 위협할 것이라는 두려움 때문에 두 사람의 관계를 향상시키려는 노력을 회피한다. 그러나 관계를 개선시키려고 노력하는 부부들은 관계를 다시 살펴보고, 재설계하는 것이 새로운 수준의 만족과 성취를 가져다준다는 것을 발견하게 된다. 재협상과 자아쇄신(self-renewal)을 통해 원한다면 변화와 새로운 삶이 가족 밖에서 존재할 수 있다는 것을 발견한다.

(5) 나는 완전무결하다

많은 성인들은 과거에 탐욕, 시기, 질투나 경쟁과 같은 성격특성들이 항상 다른 사람들에게만 존재한다고 생각해왔다. 이제 그들 자신도 역시 어느 정도 그러한 특성들을 갖고 있다는 것을 인식하게 된다. 결과적으로 자신도 스스로가 믿었던 것만큼 순수하지 않다는 것을 깨닫게 된다. 이 시기의 발달과업은 자신에게도 이러한 성격특성이 존재한다는 잠재성을 인식하는 것뿐만 아니라 이러한 성격특성들이 표출되지 않도록 노력하는 것이다.

Gould는 중년기의 기본적 목표는 개인적 성장과 자아쇄신이라고 주장한다. 중년기는 정착의 시기가 아니라 청년기만큼 혼란스러운 시기이다. 그러나 중년들은 건강하고 행복한 삶을 위해 그들의 과거 경험을 활용할 수 있고, 자아쇄신을 위한 시도를 할 수 있다는 점에서 청년들과 차이가 있다. 청년들과는 달리 중년들은 자신이 누구인지 알고 있으며, 그것을 인정할 수 있다.

6) Jung의 중년 전환기

Jung은 약 40세에 시작되는 중년기를 인생의 전반에서 후반으로 바뀌는 전환점으로 보았는데, 중년기에 이르면 급격한 가치관의 변화가 일어난다고 한다. 젊었을 때의 관심과 추구는 가치를 잃고, 이제는 생물학적이 아니고 보다 문화적인 새로운 관심으로 대체된다. 한때 그토록 영원할 것 같던 인생의 목표나 야망이 이제는 그 의미를 잃게 되고, 마치 뭔가 결정적인 것이 빠진 것 같은 불완전함과, 우울함과 침체된 느낌을 갖게 된다(사진 참조). 중년기에는 보다 내향적이고 충동성이 적어진다. 지혜와 현명함이 신체적 · 정신적 격렬함을 대신한다. 그의 가치는 사회적, 종교적, 문화적, 철학적 상징으로 승화된다. 다시 말해서 이제 정신적인 사람으로 바뀌게 된다.

사진 설명 앞줄 왼쪽으로부터 Freud, Hall, Jung

이러한 전환은 개인의 인생에서 매우 중대한 사건이다. 이 전환은 또한 에너지가 전환하는 동안 만약 무엇이 잘못된다면 성격에 영원히 장애가 올지도 모르므로 가장 위험한 사건 중의 하나이다. 예를 들어, 중년기의 문화적 또는 정신적 가치가 이전에 본능적 목적에 투입되었던 에너지를 전부 이용하지 않을 때 그런 장애가 발생한다. 이 경우에 잉여 에너지는 정신의 평형 상태를 혼란시킬 수 있다(Jung, 1931).

Jung은 잉여 에너지의 만족스러운 배출구를 찾지 못한 중년기 사람들을 치료하는 데 매우 성공적이었다. 그의 환자 중에는 중년기에 인생에 대한 허탈감과 무력감을 호소하는 사람들이 많았는데, Jung은 이것을 이들이 사회로부터 얻은 성취는 자신의 성격의 어느 한 측면을 억제한 대가로 얻어진 것이므로, 경험했어야 할 인생의 다른 많은 측면이 어두운 창고 속에 묻혀 있어, 그러한 내재적 욕구가 중년기에 분출되어 나온다고 보았다.

한편, Jung은 중년기 이후 남녀 모두가 자신의 생물학적 성과 반대되는 성격 측면을 표현한다고 보았다. 즉, 남성들은 자신 속의 여성적인 측면(anima)을 표출하여 덜 공격적이 되고, 대인관계에 보다 많은 관심을 보이기 시작하며, 여성들은 남성적인 측면(animus)을 표출하여 보다 공격적이고 독립적이 된다는 것이다.

4. 중년기 여성의 성격발달

성인발달의 단계이론은 그 이론적 개념이나 연구대상이 모두 남성지향적이다. 예를 들면, 단계이론의 주요 초점은 전통적으로 남성의 인생을 지배했던 직업경력이나 일에서의 성취를 강조하고 있다. 단계이론은 관계나 보살핌 같은 여성들의 관심사를 반영하지 못하며, 자녀출산과 자녀양육을 중요시하지 않는다(Gilligan, 1982).

여성들의 가정 내에서의 역할은 복잡하고 그들의 인생에서 매우 중요하다. 여성들이 가사와 직업을 병행하면서 경험하는 역할갈등을 대부분의 남성들은 경험하지 않는다. 따라서 남성들을 대상으로 한 연구를 여성들에게 일반화하는 데는 문제가 있다(Barnett, Marshall, & Pleck, 1992; Basow, 1992; Keith & Schafer, 1991; Zunker, 1990).

Rosalind Chait Barnett

많은 여성들에게, 심지어 직업이 있는 여성들의 경우에도, 가족은 최대의 관심사이다(Kelly, 1991; Moen, 1991). 전통적인 여성들의 중년기 전환은 남편과 자녀 주위를 맴돈다. 여성들은 자신의 인생주기를 자신의 연령이 아니라 남편과 자녀의 연령 또는 가족생활주기로서 정의한다. 자녀가 모두 집을 떠나고 부부만 남게

Ravenna Helson

된 '빈 둥지 시기'에 여성들은 인생이 무의미하며, 자신이 이제 더 이상 쓸모없게 되었다고 느낀다.

그러나 연구결과 '빈 둥지화'는 생활이 가족중심적이었던 여성들의 경우에만 해당되는 것으로 나타났다. 많은 여성들은 이제 부모의 책임에서 벗어나 자신을 더 이상 아내로서 또 어머니로서 정의하지 않으며, 정체성에 다른 의미를 부여한다. 이러한 과정은 심리적으로 건강한 것으로 보인다(Basow, 1992; Helson & Wink, 1992; Lieberman & Peskin, 1992).

중년 전환기의 또 다른 성차는 노화과정을 보는 시각이다. 자신의 신체변화를 인정하는 것은 심리적 적응 면에서 매우 중요하다. 그러나 우리 사회에는 노화의 이중 기준이 적용된다. 남성들에게는 경험과 성취의 증거로서 매력으로 여겨지는 노화의 징후들이 여성들에게는 다르게 지각된다. 한마디로 신체적 매력을 강조하는 우리 사회는 여성들이 우아하게 늙어가는 것을 허용하지 않는다. 한 연구(Rossi, 1980)에서 대부분의 중년 여성들이 적어도 10년 정도 자신이 젊었으면 하고 바라는 것으로 나타났다.

그러나 모든 여성들이 중년기를 잃어버린 젊음을 아쉬워하고 쇠퇴기로 보는 것은 아니다. 한 연구(Mitchell & Helson, 1990)에 의하면 많은 여성들에게 있어 50대 초반은 인생의 새로운 전성기(new prime of life)였다. 26~80세의 700명의 여성 표본에서 50대 초반의 여성들은 자신의 인생을 일등급으로 묘사하였다. 다른 연령집단과 이들을 구분하는 조건은 보다 나은 건강, 나은 수입, 부모에 대한 더 많은 관심이었다. 이들은 자신감, 안전감, 독립심을 보여주었다. 요약하면 중년기가 모든 여성들에게 부정적인 시기라는 고정관념은 잘못된 것으로 보인다.

5. 한국 중년 세대의 특성

오늘날에는 한국의 중년 세대를 일컬어 '샌드위치 세대'라고 한다. 가치관의 측면에서 볼 때 공동체를 중시하는 가치와 개인주의적 특성을 강조하는 근대적 가치의 중간에 위치하면서 이 둘 사이의 갈등을 경험하는 세대이기 때문이다. 즉, 전통적인 공동체적 가치를 충분히 수용하지 않을 뿐 아니라, 개인의 개성을 중시하여 공동체적 가치를 거부하지도 못한다. 또한 경제적 측면에서 본다면, 한때 우리 사회의 경제부흥기를 주

사진 설명 시대적 배경은 산업사회인데 여전히 남성들의 의식 속에는 조선시대 여성상이 그대로 존재하고 있다.

도한 세대로서 그 이전 세대에 비해 경제발전의 혜택을 누리기도 했지만 동시에 최근의 경기불황과 더불어 고용안전을 가장 위협받는 세대이기도 하다. 이 때문에 노년기를 위한 경제적 준비에 미흡하여 불안한 노년기를 보내야 하는 세대이다(김명자, 1998).

특히 중년 후기 세대는 '전통적 가족문화와 현대적 가족문화의 중간에 끼어 있는 샌드위치 세대'로 인식하고 있다. 자신들의 노후를 자녀들에게 기대하지 못하고 노년기를 대비해 독립적인 삶을 개척해야 한다는 점을 강하게 인식하는 첫 세대인 것이다(장경섭, 2001).

이 가운데에서도 특히 중년기 여성들은 어떠한 삶을 살아왔는가? 우리 사회의 근대화 과정에서 여성들의 삶이 실질적으로 변화한 것은 사실이다. 근대화를 통해 여성들도 고등교육을 받을 수 있는 여건과 기회가 많았으며 1960년대 이후 정부의 산업화 정책에 가속도가 붙으면서 여성의 취업활동도 활발히 이루어졌다. 현재의 중년 후기 여성들은 이렇게 여성의 삶의 변화를 경험하고 일견 혜택을 받은 것으로 보이는 세대이다(여성을 위한 모임, 1999).

그러나 과거의 전통적인 여성들의 삶과 비교해 보았을 때 외적인 삶의 모습이 변화한 것은 분명하지만, 강한 부계혈연 중심의 사회 · 문화적 분위기 속에서 이러한 변화는 피상적인 것에 그칠 수밖에 없었다. 조혜정(1988)은 "전통적 남존여비사상을 중심으로 한 규범적 지배는 크게 약화되었으나, 아직도 심층적인 차원에서 그 특성이 유지되는 면이 없지 않다"라고 지적하고 있다. 즉, 사회와 가족 속에서 여성의 위치와 삶은 여전히 부차적 존재로서 의존적이고 종속적 성격을 갖는다.

이러한 중년 후기 여성들의 모습은 현대에 와서 변화된 한국 사회에서 비주체적이고 의존적인 '전통적 여성상'과 독립적이고 주체적인 '현대적 여성상'의 이분화된 이미지 사이에 불안정하게 놓여 있으며, 이러한 불확실한 긴장 관계 속에서 성인 여성들의 정체성의 갈등이 드러난다.

6. 중년기의 자아실현

Abraham Maslow

많은 사람들이 성인기 동안에 이상적인 인간상인 자아실현인이 되고자 노력한다. 자아실현인이 되기 위해서는 자신의 잠재력을 충분히 실현시킬 수 있도록 해야 한다. Maslow(1971)에 의하면 인간의 욕구에는 기본적으로 다섯 가지가 있는데 그 중에서 자아실현의 욕구가 가장 높은 수준의 것이라고 한다. Maslow는 인간의 행동에 동기를 부여하는 것은 단순히 쾌락을 추구하고, 고통을 회피하거나 내적 긴장을 감소하려는 노력 이상의 것이라고 주장한다. 우리 인간의 많은 동기가 유기체의 긴장에 의해 유발되고, 그리고 긴장수준이 감소된 후에라야 높은 수준의 행동이 가능하다(Maslow, 1970).

Maslow는 자아실현을 이루기 위해서는 몇 가지 전제조건이 충족되어야 한다고 주장한다. 우선 세속적인 걱정, 특히 생존과 관련된 근심으로부터 자유로워야 한다. 그리고 자신이 하는 일(직업)에서 편안해야 하고, 가족구성원이나 직장동료로부터 인정을 받는다고 느껴야 한다. 게다가 자신을 진정으로 존중하는 마음이 있어야 한다.

중년기 이전에는 자아실현을 이루기가 어렵다. 성년기 동안에는 에너지가 성욕, 교육, 직업경력, 결혼과 부모역할 등의 여러 방향으로 분산된다. 그리고 경제적 안정을 이루려는 노력은 상당한 양의 정신 에너지를 소모하게 한다. 그러나 중년기에는 이러한 욕구를 대부분 충족시키고, 이제 자아성숙을 향한 노력에 에너지를 할애할 수 있다.

1) 인간욕구의 위계

Maslow(1971)에 의하면 인간의 욕구에는 기본적으로 다섯 가지가 있는데, 그것은 생리적 욕구, 안전에 대한 욕구, 애정과 소속에 대한 욕구, 자아존중감의 욕구 그리고 자아실현의 욕구가 그것이다(〈그림 14-1〉 참조).

〈그림 14-1〉 Maslow의 인간욕구 위계

(1) 생리적 욕구

생리적 욕구(physiological needs)는 음식, 물, 공기, 수면에 대한 욕구와 성욕으로서, 이들 욕구의 충족은 우리의 생존을 위해서 필요불가결한 것이다. 생리적 욕구는 모든 욕구 중에서 가장 강렬하며, 이 욕구가 충족되지 않으면 안전이니, 사랑이니, 자아존중감이니 또는 자아실현이니 하는 것들은 모두 하찮은 것이 되어버린다. 물론 우리가 배고픔이나 갈증을 참고 견딜 때도 있지만, 이러한 생리적 욕구들이 줄곧 만족되지 못하면 우리는 보다 높은 단계로 나아가지 못할 것이다.

(2) 안전의 욕구

생리적 욕구가 해결되고 나면 안전의 욕구(safety needs)에 의해 동기가 유발된다. 안전의 욕구에는 안전, 안정, 보호, 질서 및 불안과 공포로부터의 해방 등과 같은 욕구가 포함된다. 은행에 돈을 저축하고, 보험에 가입하며, 안정된 직장을 얻는 것 등이 좋은 예이다. Maslow는 부모 간의 갈등, 별거, 이혼, 죽음 등은 가정환경을 불안정하게 만들기 때문에 아동의 심리적 안녕감에 해가 된다고 주장한다.

(3) 애정과 소속의 욕구

애정과 소속의 욕구(love and belongingness needs)는 특정한 사람들과 친밀한 관계를 맺고, 어떤 집단에 소속되고자 하는 욕망으로 표현된다. 즉, 단체나 클럽에 가입하여 소속감을 느끼기도 하고, 특정한 사람과 친밀한 관계를 가짐으로써 애정의 욕구를 만족시키려고 한다. 이러한 관계에서는 사랑을 받는 것도 중요하지만 사랑을 주는 것 역시 중요하다. 사랑의 욕구가 충족이 되면 다른 사람과 원만한 관계를 갖게 되는데, 친구 및 배우자와 가깝고 의미 있는 관계를 유지하게 된다. 그러나 안타깝게도 현대 사회의 특징(예를 들면, 도시화, 관료주의, 가족 간 유대관계의 쇠퇴 등)으로 인해 이 욕구의 충족이 저해되고 있다. 애정과 소속의 욕구를 충족시키지 못하면 소외감과 외로움을 느끼게 된다.

(4) 자아존중감의 욕구

자아존중감의 욕구(self-esteem needs)는 기술을 습득하고, 맡은 일을 훌륭하게 해내며, 작은 성취나 칭찬 및 성공을 통해서 그리고 다른 사람들로부터 긍정적인 평가를 들음으로써 충족된다.

자아존중감에는 다른 사람이 자기를 존중해주기 때문에 갖게 되는 자아존중감과 스스로 자기를 높게 생각하는 자아존중감이 있다. 다른 사람이 존중해주기 때문에 갖게 되는 자아존중감은 명성, 존중, 지위, 평판, 위신, 사회적인 성과 등에 기초를 두는데, 이것은 쉽게 사라질 수도 있다. 반면, 스스로 자기를 높게 생각하는 자아존중감을 지닌 사람은 내적으로 자신이 가치 있는 사람이라고 생각하므로 자신에 대해 안정감과 자신감이 생긴다. 자아존중감의 욕구를 충족시키지 못하게 되면 열등감, 좌절감, 무력감, 자기비하 등의 부정적인 자기지각을 초래하게 된다.

(5) 자아실현의 욕구

자아실현의 욕구(self-actualization needs)는 인간욕구의 위계 중에서 가장 높은 수준의 것이다. 앞에서 언급한 모든 욕구를 충족시킨 사람들이 이 범주에 속하는데, 그들은 자신의 능력과 재능을 최대한 활용하는 성숙하고 건강한 사람들이다. Maslow에 의하면 인간은 누구나 다 자아실현의 욕구를 가지고 있지만, 대부분의 사람들은 이 욕구를 실현시키지 못한다고 한다.

2) 자아실현인의 성격특성

자아실현인의 성격특성을 연구하기 위해 Maslow는 자신의 재능을 최대한 살리고 자아실현을 이룬 것으로 생각되는 48명을 연구대상으로 삼았다. 그들은 학생, 지인(知人), 유명한 역사적 인물(예를 들면, 링컨 대통령, 루스벨트 대통령 부인, 토머스 제퍼슨; 사진 참조)들로서 생존해 있는 사람들에게는 면접, 자유연상 그리고 투사적 기법을, 이미 세상을 떠난 사람들에게는 전기와 자서전 자료로써 분석하였다. 이들에게서 나타난 성격특성은 다음과 같다.

(1) 효율적인 현실 지각: 사람과 사물을 객관적으로 지각한다. 즉, 자신의 소망, 감정, 욕망으로 인해 현실을 왜곡하지 않는다. 환경에 대한 분석이 객관적이고 거짓과 부정직을 감지하는 능력이 있다.

(2) 자신과 타인에 대한 수용: 현실지각에 장애가 되는 죄의식, 수치, 의심, 불안과 같은 부정적 특성이 없다. 자신을 있는 그대로 받아들이고, 죄책감을 느끼거나 방어적이지 않으면서 자신의 강점과 약점을 인정한다.

(3) 자연스러움: 자아실현인들은 가식이 없이 솔직하고, 외현적인 행동뿐만 아니라 내적 사고나 충동이 비교적 자연스럽다. 사회적 기준을 따르기도 하지만 사회가 기대하는 역할에는 무관심하다. 자신의 가치관이 확고하기 때문에 다른 사람들이 한다고 해서 무조건 따라 하지 않는다.

(4) 문제중심적: 자기중심적이 아니고 문제중심적이다. 자기중심적인 사람들이 자기평가에 많은 시간을 보내는 것과는 달리, 문제중심적인 사람들은 자신의 에너지를

사진 설명 Maslow가 자아실현인으로 생각한 Abraham Lincoln, Eleanor Roosevelt, Thomas Jefferson

과제나 문제에 집중하고, 자신의 목표를 매우 중요하게 생각한다.

(5) 초연함: 혼자 있기를 좋아하고, 홀로인 것에 개의치 않는다. 반면, 일반인들은 다른 사람의 존재를 필요로 하고, 혼자 있게 되면 다른 사람을 찾게 되는데 이것은 소속의 욕구, 다른 사람으로부터 인정을 받으려는 욕구를 반영하는 것이다.

(6) 자율성: 자신이 속해 있는 사회적 환경으로부터 독립하여 자율성을 갖는다. 결핍동기보다는 성장동기에 의해 유발된다.

(7) 신선함: 사람과 사물에 대한 인식이 구태의연하지 않고 신선하다. 다른 사람들에게는 시시하게 느껴지는 경험일지라도 자아실현인들은 즐거움과 황홀감을 느낀다. 이러한 느낌은 자연으로부터 올 수도 있고, 음악 또는 어린이들에게서도 느낄 수 있다.

(8) 신비로운 경험: 반드시 종교적인 것이 아니더라도 황홀한 기쁨을 경험한다. 이러한 절정경험을 하는 동안 자아를 초월하게 되고, 심오한 의식을 갖게 된다.

(9) 인류애: 인류에 대한 연민과 애정을 갖고 있다. 자아실현인들은 모든 인간에 대하여 강하고 열렬한 애정을 갖는다. 그들은 인류의 구성원으로서 인류 모두에게 형제애를 느낀다.

(10) 깊고 풍부한 대인관계: 대인관계가 피상적이지 않고 깊고 풍부하다. 열렬히 사랑하고, 깊은 우정을 나누며, 대인관계가 보다 강렬하지만 가까이 지내는 사람들의 범위는 넓지 않다.

(11) 민주적인 성격구조: 사회계층, 인종, 교육수준, 종교, 정치적 신념에 상관없이 모든 인간을 존중한다.

(12) 수단과 목적 구분: 수단과 목적을 혼동하지 않는다. 많은 사람들이 편의주의에 근거해서 의사결정을 하는 반면, 자아실현인들은 아무리 좋은 목적이라도 수단이 도덕적으로 옳지 않으면 추구하지 않는다.

(13) 철학적인 유머감각: 다른 사람에게 상처를 주거나 다른 사람의 열등감을 자극하는 종류의 유머를 좋아하지 않는다. 그들의 유머감각은 철학적이며, 학대적이거나 어릿광대 놀음이 아니다.

(14) 창의성: 지혜롭고 창의적이다. 모차르트나 아인슈타인의 천재성에는 못 미치지만 독창적이며 혁신적이다. 그들의 창의성은 생각, 아이디어, 행동에서 어린아이같이 천진난만하고, 자발적이며, 신선한 것이 특징이다.

(15) 문화에 대한 저항: 자신의 문화를 대부분 인정하지만 무조건 동조하지는 않는다. 사회변화를 원하지만 청년기와 같은 반항의 의미를 갖는 것은 아니다.

Maslow의 연구대상 중 대부분은 위에서 언급한 성격특성을 많이 소유하고 있었지만, 그것이 이들이 완벽하다는 것을 의미하는 것은 아니다. 오히려 Maslow는 이들에게서 많은 단점을 발견하였다. 지루하고, 따분하고, 고집세고, 허영심이 강하고, 분별없는 습관이 있는 경우도 있고, 때로는 죄책감과 불안감 및 경쟁심을 느끼기도 하며, 내적 갈등을 경험하기도 한다.

그들은 가끔 놀라울 정도의 무정함도 보이는데, 이것은 친구에게 속임을 당했다고 느끼거나, 어떤 이가 정직하지 못하다고 느낄 때 나타난다. 이런 경우에는 얼음같이 차고 냉정하게 그 관계를 끝내버린다.

제15장

가족생활

오늘날 중년기의 가족생활은 예전과 많이 다르다. 예전에는 평균수명이 지금보다 훨씬 낮았고, 출산하다가 사망하는 경우도 많았으므로 부부가 함께 30~40년을 사는 경우가 흔하지 않았다. 이른 나이에 결혼해서 늦은 나이까지 계속해서 자녀를 낳았으며, 대부분의 사람들은 자녀가 결혼할 때까지는 함께 사는 것으로 생각했다. 따라서 중년기에 부부 두 사람만 사는 경우는 비교적 드문 일이었다. 오늘날에는 막내가 결혼을 해서 집을 떠난 후 20년 이상을 부부가 함께 사는 경우가 많아졌다.

일반적으로 부모가 중년기가 되면 자녀들은 청년기에 접어든다. 흔히 정서적 위기와 연결되는 것으로 생각되는 두 시기, 즉 청년기와 중년기에 있는 사람들이 한 식구로 산다는 것은 무척 힘든 일이다. 뿐만 아니라 평균예상수명의 증가로 인해 노부모를 모시는 기간도 길어졌다. 중년세대는 부모역할뿐만 아니라 자녀역할도 해야 하므로, 동시에 이중 역할을 수행해야 하는 책임이 무거운 세대이다. 그들은 흔히 '샌드위치' 세대로 묘사된다.

이 장에서는 중년기의 부부관계, 자녀와의 관계 그리고 노부모와의 관계에 관해 살펴보기로 한다.

1. 중년기의 부부관계

20년 이상을 부모로서의 역할과 의무감 속에서 바쁘게 살아온 중년기 부부는 자녀들이 독립하고 나면 부부관계에 대해 재평가를 하게 된다. 자녀의 성장으로 인해 시간의 흐름을 절감하면서 결혼의 의미를 다시 생각하게 된다.

1) 결혼만족도

결혼만족도는 가족생활주기에 따라 다르지만 일반적으로 U자형의 곡선을 그리는 것으로 보인다. 즉, 결혼 초기에는 결혼만족도가 높고, 자녀 양육기에는 만족도가 낮아지며, 자녀가 독립한 이후에는 다시 높아진다(〈그림 15-1〉 참조).

결혼만족도가 U자 곡선을 그리는 이유는 첫째, 자녀가 부부관계에 부정적인 영향을 미치기 때문이다. 부모기로의 전환이나 부모역할의 과중함, 역할 긴장 등이 부부관계에 부정적인 영향을 준다. 특히 십대 자녀를 둔 중년 초기에는 스트레스가 매우 심하다. 한 연구(Steinberg & Silverberg,

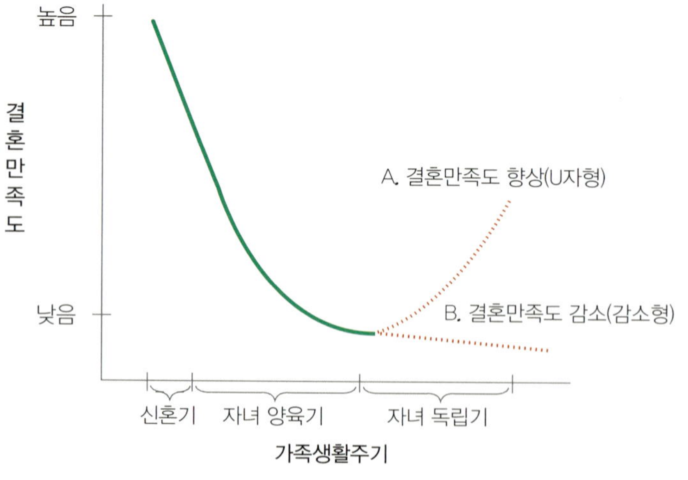

〈그림 15-1〉 가족생활주기와 결혼만족도

1987)에 의하면, 이 시기의 결혼만족도는 동성의 청년기 자녀와 얼마나 친밀한 관계를 유지하는가와 관련이 있는 것으로 나타났다. 부자간 또는 모자간의 친밀도가 낮을수록 결혼생활에 불만이 더 많은 것으로 보인다. 둘째, 결혼기간이 늘어나면서 부부 당사자 간의 활력과 만족도가 떨어지기 때문이다. 중년기의 정체감 문제(특히 아내의 경우)도 결혼만족도에 영향을 주는 것으로 보인다. 그러나 최근의 연구(Vaillant & Vaillant, 1993)에서 여성의 결혼만족도의 변화 폭이 남성보다 더 크다는 새로운 결과가 제시되면서, 결혼만족도의 성차에 관한 새로운 탐색이 요구되고 있다(〈그림 15-2〉 참조).

중년기에는 부부 모두 결혼만족도가 비교적 낮은 편이지만 남편과 아내의 경우 약간의 차이가 있다(Turner, 1982). 남편들은 이 시기를 비교적 긍정적인 시기로 보는 반면, 아내들은 그렇지 못하다. 예를 들면, 중년부부를 대상으로 한 연구(Lowenthal, Thurnher, & Chiribaga, 1975)에서 남성은 80%가 중년기 결혼생활을 긍정적인 것으로 평가한 반면, 여성은 40%만이 같은 반응을 보였다. 남편에 대한 아내의 주된 불만은 남편이 너무 의존적이라는 것이다. 흥미로운 것은 신혼기에는 남편 쪽이 아내가 너무 의존적이라고 불평한다는 점이다. 중년기 여성들은 친구나 성장한 자녀를 주된 의논상대로 여기는 반면, 남성들은 연령이 증가하면서 배우자를 더욱 중요하게 인식한다.

결혼만족도는 자녀가 독립한 후에 증가하는데 여성의 경우 더욱 그러하다(Rhyne, 1981). 특히 자녀가 집을 떠난 직후 몇 년간은 신혼기처럼 커다란 만족감을 느끼기도 한다. 자녀들이 독립하면서 부모의 의무로부터 해방되어 그동안 제대로 누리지 못했

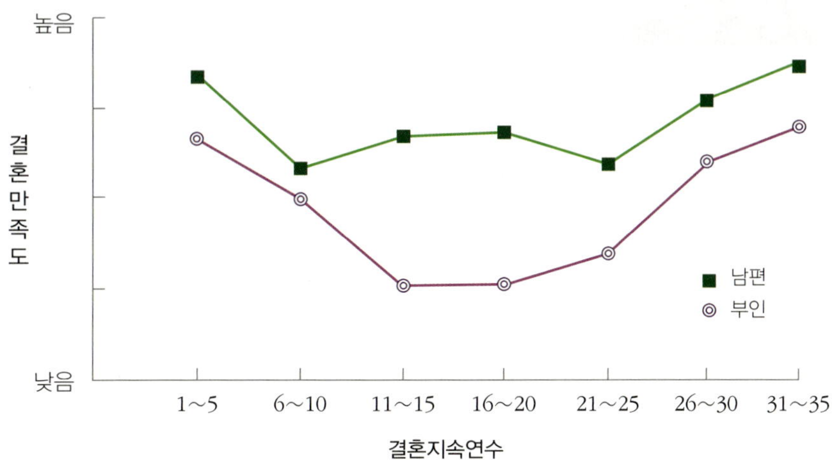

〈그림 15-2〉 가족생활주기에 따른 결혼만족도

출처: Vaillant, C. O., & Vaillant, G. E. (1993). Is the u-curve of marital satisfaction an illusion? A 40 year study of marriage. *Journal of Marriage and the Family, 55*, 230-239.

던 자유를 만끽하고, 남편과 시간을 더 많이 가질 수 있게 되어 서로를 한 개인으로서 알게 되는 새로운 기회, 즉 '제2의 신혼기'를 맞이하게 된다. 그러나 자녀의 독립 후에도 결혼만족도가 계속 낮아지는 부부도 적지 않다(〈그림 15-1〉 참조). 이 경우 부부는 한집에 살고 있지만, 정서적으로는 이혼상태에 있다. 많은 시간을 함께 보낸다고 해서 저절로 결혼만족도가 높아지는 것은 아니다(Fitzpatrick, 1984; Liu, Elliott, & Umberson, 2010; Umberson et al., 2006).

중년기의 결혼생활이 얼마나 원만한가는 주로 지금까지의 결혼의 질에 달려 있다. 지금까지 별 탈 없이 잘 지내온 부부는 중년기의 위기도 무난히 넘기는 편이다. 신혼기의 정열적인 사랑은 나날의 생활이 신비감을 잃으면서 사라지지만, 부부가 서로에 대해 더 잘 알게 되고 즐거움과 슬픔을 함께 나누면서, 동반자적 사랑은 오히려 깊어진다. 그러나 위태로운 결혼에서는 막내가 독립해서 떠나는 빈 둥지 시기가 개인적 위기와 결혼의 위기가 될 수 있다. 자녀들이 독립함으로써 부부는 그들에게 더 이상 공통되는 점이 없다는 것을 깨닫게 되면서 위기를 맞게 된다.

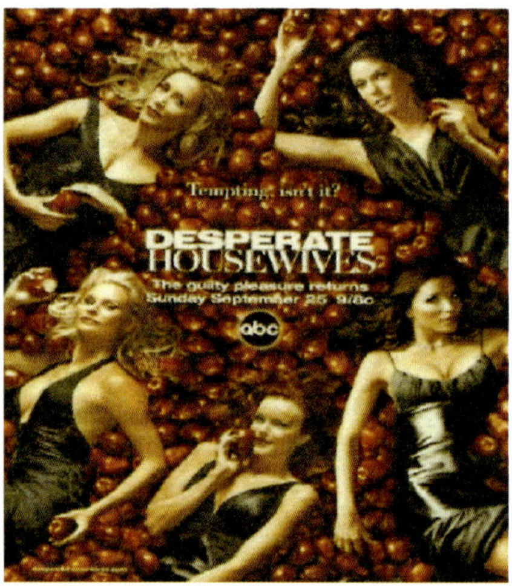

사진 설명 미국 드라마, 〈위기의 주부들〉

지금까지 중년기의 결혼만족도에 관한 연구결과를 살펴보았다. 그러나 대부분의 연구가 방법론적인 면에서 결함이 있다는 지적을 받는다. 첫째, 많은 연구들이 부부를 함께 연구대상으로 하지 않고, 남편이나 아내 한쪽만을 대상으로 해서 연구함으로써 남성과 여성의 결혼만족도에 대한 포괄적인 분석이 이루어지지 않았다는 것이다. 둘째, 거의 모든 연구가 횡단적 접근법에 의한 것이기 때문에 같은 시대의 부부를 대상으로 하기보다는 다른 연령대의 부부간의 차이를 보여준다는 것이다. 셋째, 연구대상에서 이혼한 부부들은 제외된 채 결혼상태가 지속된 부부들만 포함되어 왜곡된 결과를 낳게 된다는 것이다(Blieszner, 1986).

2) 성적 친밀감

성욕은 인간의 기본적 욕구로서 자신의 성적 욕구를 표현하는 것은 자연스러운 일이다. 중년기가 되면 성에 대한 관심과 욕망이 변화하면서 중년기 특유의 성생활이 시작

된다. 대부분의 남성들은 젊었을 때만큼 자주 성적 흥분을 느끼지 않는다. 자발적인 발기는 적어지고, 좀더 직접적 자극에 의해서야 발기가 된다. 오르가슴은 점차 느려지며 때로는 전혀 도달하지 못하기도 한다. 그리고 한 번 오르가슴이 있은 후에 다시 사정하기까지의 회복 시간도 길어진다. 폐경기 이후의 여성들은 전만큼 쉽게 흥분되지 않으며, 질의 윤활액이 잘 분비되지 않아 성관계 시 통증을 느낄 수 있다.

중년기의 성욕 감퇴는 단조로운 성생활에서 오는 권태, 정신적 또는 육체적 피로, 과음이나 과식, 본인이나 배우자의 육체적 · 정신적 질환, 성관계 실패에 대한 두려움 등으로 인해 발생할 수 있다(Masters & Johnson, 1966).

사진 설명 성 연구가 William Masters와 Virginia Johnson

중년기 부부의 성생활을 증진시키는 방법에는 여성의 자연스런 윤활액 분비가 잘 안 될 때 윤활물질을 사용하는 방법, 길고 섬세한 전희, 남성의 느린 오르가슴으로 인한 오랜 성행위, 일정한 주기로 자주 성행위를 하는 방법 등이 있다(Hunt & Hunt, 1974).

그러나 성관계만이 사랑을 확인하는 방법은 아니다. 성관계는 애정표현의 한 방법일 뿐이다. 신체적 접촉, 애무 등 다른 방법을 통한 부부간의 친밀감과 애정의 표현도 가능하다. 중년기의 성생활은 횟수보다는 질에 초점을 두고, 애정을 바탕으로 한 동반자로서의 관계에 초점을 맞추는 것이 중요하다.

3) 이혼

성년기보다 중년기에는 이혼이 덜 보편적이지만 그 차이는 연령보다는 동시대 출생집단의 차이에서 오는 것 같다. 우리나라의 경우 최근에 와서 중년기 이혼이 급증하고 있다. 이혼을 결심하는 부부 중 30% 이상이 40대 이상일 정도로 중년기의 부부해체 현상이 두드러지고 있다. 통계청이 발표한 '2022년 이혼통계 결과'에 따르면, 결혼한 지

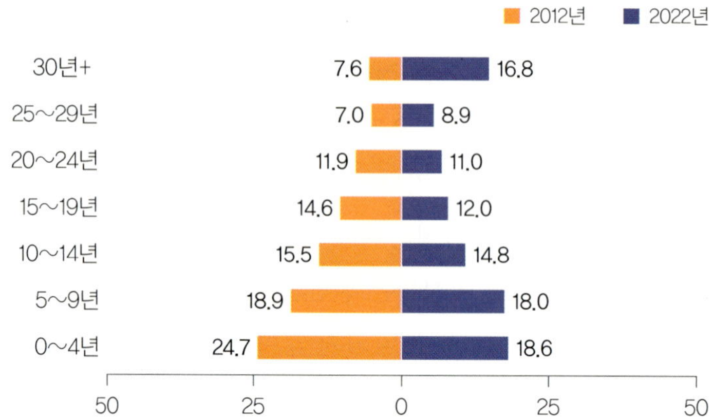

〈그림 15-3〉 혼인지속기간별 이혼 구성비(2012, 2022)

출처: 통계청(2023). 「인구동태통계연보(혼인 · 이혼편)」

'20년 이상 된 부부'의 이혼 비중이 36.7%로 가장 많고, 다음으로 '4년 이하 함께한 부부'의 이혼 비중이 18.6%를 차지하였다(〈그림 15-3〉 참조).

20년 전에는 혼인지속기간이 길수록 이혼이 감소했으나, 최근에는 20년 이상 및 4년 이하가 전체 이혼의 55.3%를 차지하고 있다. 혼인지속기간이 30년 이상된 이혼도 지속적으로 늘어나 10년 전에 비해 2.2배가 되었다. 40대의 이혼이 늘어난 것은 자녀의 연령과 관계가 있는 것으로 보인다. 30대는 자녀가 어려서 부모의 도움을 필요로 하기 때문에 서로 불만이 있어도 참고 사는 경우가 많지만, 40대가 되면 자녀도 제 앞가림을 할 수 있을 정도로 성장했고, 또 부모의 이혼을 이해해주리라 믿기 때문에 이혼을 결심하는 경우가 많은 것으로 보인다.

중년기의 주된 이혼사유는 주벽, 불성실, 무책임, 의처 · 의부증, 성적 갈등 등 부부간 불화가 60% 이상을 차지했고, 다음으로는 여성의 27%, 남성의 24%가 경제문제를 이혼사유로 제기했다. 그러나 전문가들은 이혼에 이른 부부갈등의 근원적 사유를 '대화단절'에서 찾는다.

다음은 가족과 성 상담소에서 제시하는 부부 양쪽이 모두 승자가 되는 동시에 공동의 행복을 추구하는 '윈윈(win-win)전략' 부부대화법이다(문화일보, 1999년 9월 6일자).

물론 이혼은 쉽지 않은 일이다. 자신의 삶이 안정되기를 바라는 중년기 사람들에게 이혼은 괴로운 일이다(Chiriboga, 1982). 그러나 이혼을 함으로써 받게 되는 스트레스는 갈등으로 가득찬 관계를 지속하는 데 따르는 스트레스보다는 덜한 것으로 보인다(Pearlin, 1980). 그래서 불행한 결혼생활을 하는 많은 사람들이 이혼을 하기로 결심

'원윈전략' 부부대화법

▲ **한 사람만의 고민도 공동의 문제이다.** 한쪽이 고민을 토로해도 상대방은 관심이 없거나 전혀 문제가 아니라 생각하기 십상이다. 그러나 일단 상대가 제기한 문제에 대해서는 공동의 문제로 인식하는 포용적 자세가 필요하다.

▲ **현안에 대해서만 얘기한다.** 과거의 불만까지 끄집어내면 대화는 언제나 원점에 머물게 된다. 구체적 현안에 국한해 원인을 찾아본다. 대화가 성공적이면 점점 크고 포괄적인 문제로 옮겨간다.

▲ **들어준다.** 생각이 다르다고 반박하기에 앞서 끝까지 상대의 얘기를 들어주는 것은 대화의 필수조건이다. 그런 다음 솔직하게 내가 원하는 것, 나의 상황과 감정을 전달한다. 서로의 요구사항을 종이에 적어보고, 타협을 통해 실천 가능한 일을 꼽아본다.

▲ **시간을 잘 택한다.** 아무리 짜증이 나 있는 상대라도 하루 중 잠시는 마음이 여유로운 시간이 있다. 이런 때를 기다려 대화를 시도한다.

▲ **희망을 갖는다.** 어려운 상황도 극복할 수 있다는 희망을 가지면 들어주는 힘도 커지고, 감정에 치닫는 대신 문제를 객관화해 되돌아보고, 긍정적으로 대화를 유도할 수 있게 된다.

한다.

오늘날에는 이혼이 너무나 빈번한 현상이 되어버렸기 때문에, 사회학자들은 이제 어떤 결혼은 왜 '깨어지지 않는가'를 연구하고 있다. 한 연구(Lauer & Lauer, 1985)에서는 15년 이상 결혼생활을 지속해온 부부 351쌍에게 그들의 결혼생활이 지속되고 있는 이유를 물어보았다. 그 결과 남성과 여성의 응답이 놀랄 만큼 유사하였다(〈표 15-1〉 참조). 결혼생활을 지속하는 이유 중 가장 많은 응답은 배우자를 친구로서, 또 한 인간으로서 대하는 긍정적인 태도, 결혼에 책임을 져야 한다는 신념 그리고 결혼은 신성하다는 믿음, 인생의 목표나 목적에 대한 일치 등이었다. 또한 행복한 결혼생활을 하는 부부들은 가능한 한 많은 시간을 함께 보내며, 많은 활동을 함께하는 것으로 나타났다.

Leonard I. Pearlin

표 15-1 왜 함께 살고 있는가

남편	아내
아내는 나의 가장 친한 친구이다.	남편은 나의 가장 친한 친구이다.
나는 아내를 한 인간으로서 좋아한다.	나는 남편을 한 인간으로서 좋아한다.
결혼은 오랜 언약이다.	결혼은 오랜 언약이다.
결혼은 신성한 것이다.	결혼은 신성한 것이다.
우리는 목표와 목적이 일치한다.	우리는 목표와 목적이 일치한다.
아내는 점점 더 재미있어진다.	남편은 점점 더 재미있어진다.
나는 이 관계가 성공적이기를 바란다.	나는 이 관계가 성공적이기를 바란다.
지속적인 결혼은 사회 안정에 중요하다.	우리는 함께 웃는다.
우리는 함께 웃는다.	우리는 인생 철학이 같다.
나는 아내의 성취를 자랑스럽게 여긴다.	우리는 애정의 표현 방법과 정도가 같다.
우리는 인생 철학이 같다.	지속적인 결혼은 사회 안정에 중요하다.
우리의 성생활에 만족한다.	우리는 대화를 많이 한다.
우리는 애정의 표현방법과 정도가 같다.	우리는 진지하게 일을 의논한다.
아내를 신뢰한다.	우리의 성생활에 만족한다.
우리는 취미와 흥미가 같다.	남편의 성취를 자랑스럽게 여긴다.

4) 재혼

중년기의 재혼도 증가하고 있는 추세이다. 우리나라의 경우 2022년 현재 평균 재혼 연령은 남자 51.0세, 여자 46.8세로 10년 전에 비해 남자는 4.4세, 여자는 4.5세 각각

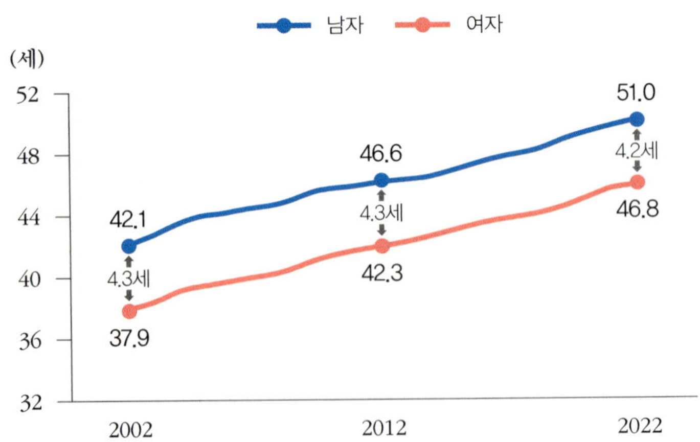

〈그림 15-4〉 평균재혼연령, 2002–2022

출처: 2022년 혼인 · 이혼통계(통계청, 2023)

상승하였다(〈그림 15-4〉 참조).

이혼 혹은 사별 후 재혼여부를 결정할 때 가장 큰 영향을 미치는 요소로 남성은 경제적 여건(28.6%), 자녀의 동의(24.7%), 마음의 준비(21.4%)의 순으로 나타났고, 여성은 마음의 준비(57.9%), 정서적 측면(15.8%), 경제적 여건(10.5%) 순으로 나타났다. 또한 재혼을 망설이게 하는 가장 큰 요인으로는 남녀 모두 '내게 맞는 사람이 있을까'(남성 32.3%, 여성 39.8%)를 최우선으로 지적하였으며, 재혼의 가장 큰 목적은 남녀 모두 정서적 안정(남성 58.3%, 여성 35.3%)을 꼽았고, 재혼은 이혼 후 1년이 적당하다(남성 29.2%, 여성 23.5%)는 응답을 가장 많이 하였다. 재혼상대 기피조건으로는 남성은 결혼 전의 빚 갚기(32.2%), 전 배우자 자녀양육(23.9%), 전 배우자와의 연락 · 만남(15.7%) 등을 가장 많이 들은 반면, 여성은 전 배우자와의 연락 · 만남(38.9%), 배우자가족 돌보기(16.9%), 전 배우자에 대한 경제적 지원(11.6%) 등을 피하고 싶다고 하였다(조선닷컴, 2006년 5월 3일자).

중년기 재혼의 긍정적인 측면은 노년기를 준비하는 중년기는 정신적으로 매우 불안한 시기이므로, 이 시기를 홀로 외롭게 지내는 것보다 재혼함으로써 심리적 불안을 줄이고, 다가올 노년기를 둘이서 함께 극복할 수 있다는 데 있다. 부정적인 측면은 성년기 재혼과 마찬가지로 사회적 편견이나 계부모와 자녀 간의 갈등 등이다.

2. 자녀와의 관계

일반적으로 중년기가 되면 자녀들이 청년기에 접어든다. 부모와 자녀 간의 유대관계가 아무리 강하다 할지라도 자녀가 청년기에 들어서면 부모와 청년자녀 간의 갈등은 불가피해진다. 청년과 부모의 갈등의 근원을 청년기 자녀의 발달상의 변화 때문이라고 생각해왔으나, 부모의 요인들 또한 청년과 부모 간의 갈등에 영향을 주는 것으로 보인다. 청년자녀의 부모들은 자신의 인생에서 결정적인 시기에 접어든다. 그들은 십대자녀의 부모라는 사실을 떠나서라도 그들 스스로도 중년기 위기라는 힘든 시기를 맞이하게 된다.

1) 중년기 부모와 청년기 자녀

흔히 정서적 위기와 연결된다고 생각되는 두 시기, 즉 청년기와 중년기에 있는 사람들이 한식구로 산다는 것은 무척 힘든 일이다. 청년과 부모는 각기 자신의 인생에 있어서 결정적인 시기에 있지만 서로 반대 방향에 있다. 청년들은 흔히 인생의 '황금기'라는 성인기의 문턱에 서 있지만, 부모들은 이제 인생의 절반을 보내고 내리막길로 접어들고 있다. 바꾸어 말하면, 청년들의 경우는 빠른 신체적 성장과 성적 성숙, 신체적 매력과 성적 매력이 증가하지만, 부모들은 중년기와 관련된 신체변화, 건강문제, 에너지 감소, 신체적 · 성적 매력 감소, 생식능력의 감퇴를 경험한다. 이때 청년과 부모 모두가 일종의 정체감 위기를 경험한다(Atwater, 1996).

많은 연구에 의하면 부부의 결혼만족도는 중년기에 가장 낮다고 한다. 이것은 어쩌면 결혼기간이나 중년기의 변화 때문일 수도 있고, 또 어쩌면 십대 자녀의 존재 때문일 수도 있다. 그리고 이때는 청년자녀의 교육비 등으로 경제적 부담 또한 가장 무거운 시기이다.

어떤 부모들은 자녀가 성인기의 문턱에 서 있는 것을 보면서 그들의 시대가 얼마 남지 않았다는 것을 절감한다. 그리고 직업에서의 자신의 성취를 재평가하게 되고, 젊어서 설정한 목표에 얼마나 도달했는지 검토해 보며, 앞으로 얼마나 시간이 더 남았는지도 생각해 보게 된다.

중년기 부모들이 극복해야 할 또 다른 문제는 있는 그대로의 자녀(부모가 희망하고 꿈꾸는 모습이 아닌)를 인정하는 것이다. 이러한 현실과 타협하는 데 있어서 그들이 자녀를 자기 마음대로 할 수 없으며, 부모의 복사본이나 개선된 모델로 주조해 낼 수 없다는 사실을 직시해야 한다. 많은 부모들이 이 같은 사실을 인정하는 것은 너무 힘든 일이고, 많은 청년들은 빗나가려는 욕구가 너무 강해서 청년기는 가족 모두에게 어려운 시기가 될 수 있다.

사진 설명 세대차이

어느 시대에나 세대차이는 존재한다(사진 참조).

부모들은 청년들을 무책임하고 제멋대로 행동한다고 생각하는 반면, 청년들은 부모를 시대에 뒤떨어졌다고 생각하는 경향이 있다. 부모를 구식이라고 생각하는 청년들은 부모와의 대화를 기피함으로써 세대차이에 대한 왜곡된 견해를 가지게 된다. 흥미롭게도 청년과 부모의 견해 차이는 세대차이에 대한 그들의 지각에서도 나타난다. 부모들은 자녀와의 세대차이를 과소평가하는 반면, 청년들은 부모와의 세대차이를 과대평가한다. 그러나 부모와 청년자녀의 견해차이는 그리 심각하지 않다.

서구와는 달리 우리나라의 경우에는 부모자녀 관계가 비독립적이고 종속적이어서, 자녀들이 부모로부터 심리적으로 독립하는 시기가 상대적으로 늦을 뿐만 아니라, 자녀의 앞날에 대한 염려와 걱정이 보다 증가한다. 따라서 국내의 연구를 보면 중년기 부부의 가장 큰 관심사 및 당면문제는 자녀의 진로문제, 대학진학문제, 자녀의 앞날에 대한 염려(김명자, 1991)로 나타났고, 이로 인한 스트레스도 컸다(한미선, 1992). 특히 우리나라는 자녀가 고3이 되면 어머니 역시 '고3 증후군'에 걸리는 '입시 시집살이'라는 것이 있다(김명자, 1994).

중년기 후반이 되면 자녀가 청년에서 성년으로 성장함에 따라 자녀의 취업, 결혼, 자녀의 배우자, 손자녀와의 새로운 관계로 인해 새로운 부모역할이 요구된다.

2) 빈 둥지 시기

자녀가 모두 성장해서 집을 떠나고 두 부부만 남게 되는 시기를 '빈 둥지 시기(empty nest stage)'라고 한다(사진 참조). 많은 부모들(특히 어머니)은 지금까지 자녀에게 많은 시간을 투자하고 온갖 정성을 다했다. 자신의 삶을 오로지 자식만을 위해서 헌신해 온 어머니의 경우, 빈 둥지 시기에 도달했을 때 고독감을 견디지 못하고 심한 우울증에 빠지게 되는데, 이를 '빈 둥지 증후군(empty nest syndrome)'이라고 한다. 지금까지 많은 연구들이 '빈 둥지 위기'를 강조해 왔다(Grambs, 1989; Kalish, 1989; Lewis, Volk, & Duncan, 1989).

J. Kenneth Davidson

그러나 최근의 연구에서는 어머니됨에 막대한 투자를 한 일부 여성만이 이 시기에 어려움을 겪는다고 한다. Davidson과 Moore (1992)에 의하면 이 시기는 경제적 부담이 줄고, 자유시간이 많아지

며, 부부가 함께하는 시간이 많아짐으로써 결혼만족도가 높아진다고 한다. 대부분의 부부들에게 있어 자녀가 독립한 이후의 탈부모기(post-parental stage)는 인생에서 매우 행복한 시기이다(Fingerman & Baker, 2006; Gorchoff, John, & Helson, 2008). 부부관계는 더 향상되고, 어떤 부부에게는 둘이 처음 만났을 때의 행복감과 만족감을 이 시기에 다시 느낌으로써 제2의 신혼기가 찾아온다고 한다.

반면, 결혼생활이 행복하지 못한 부부들의 경우에는 자녀가 떠나고 난 빈 둥지에서 둘 사이에 공통된 것이 아무것도 없다는 것을 발견하고서 공허감을 느낀다(사진 참조). 그들은 이제 부모로서의 책임과 의무를 다했기 때문에 자신의 인생도 끝났다고 믿는다. 즉, 자신의 인생에는 남은 것이 아무것도 없으며 무의미하다고 느낀다. 이런 의미에서 보면 부모역할이 부부역할을 능가한다고 할 수 있다(Keith & Schafer, 1991). 따라서 이 시기에 부모역할 외에 다른 어떤 의미 있는 역할(예를 들면, 직업이나 학업, 사회봉사)을 찾도록 하는 것이 좋다. 그리고 무미건조해진 결혼생활에 활력을 불어넣기 위해 전보다 더 여유로워진 시간과 에너지, 경제적 자원을 부부관계에 투자해야 한다(Lamanna & Riedmann, 1991).

3. 노부모와의 관계

중년기에 있어서 노부모와의 관계는 성년기와는 다른 국면을 맞이하게 된다. 성년기에는 새로운 가족을 형성함에 따라 자신의 근원가족과 얼마나 조화로운 관계를 맺는가가 중요한 관건이 되는 것이라면, 이 시기는 부모세대가 신체적으로 노화나 질병 등으로 어려움을 경험하고, 경제적으로나 심리적으로 의존적인 시기이므로 이들에 대한 부양자로서의 역할이 강조된다.

1) 노부모 모시기

중년기 자녀는 이제 노인이 된 부모가 더 이상 의지할 수 있는 기둥이 아니며, 그들이 이제 자식에게 의지하기 시작한다는 사실을 깨닫는다. 중년기 자녀와 그들의 노부모에 관한 연구(Cantor, 1983; Cicirelli, 1980; Robinson & Thurnher, 1981)에 의하면, 양자의 관계는 인생 초기의 애착관계에서 발달한 강력한 유대관계가 오래도록 지속된다고 한다. 부모와 자녀들은 자주 만나고 대체로 잘 지낸다. 그러나 부모가 자녀에게 갖는 '효'에 대한 기대감은 갈등의 소지가 많은 것인데, 부모의 요구가 과도하면 세대 간의 갈등과 긴장을 유발한다. 특히 아들에 대한 기대감은 며느리와의 갈등을 불러일으킴으로써 고부갈등을 증가시킨다.

Victor G. Cicirelli

성인 자녀와 노부모는 보통 부모가 너무 가난하거나 질병 때문에 혼자 살 수 없는 형편이 아닌 한 함께 살기를 원하지 않는다. 많은 노인들은 자녀들에게 잔소리를 안 할 수가 없고, 이것이 별로 환영받지 못하리라는 것을 알기 때문에 결혼한 자녀의 가족과 함께 사는 것이 힘들 것이라고 생각한다.

자녀와의 동거여부나 동거형태는 노인의 만족도와 일관성 있는 관계를 보이지 않는다. 장남과 동거하는 노인이 자녀와의 결속도를 높게 지각하고 만족도도 높다는 연구결과(조병은, 1990)가 있는 반면, 기혼의 아들과 별거하는 노인이 기혼의 아들과 동거하는 노인에 비해 갈등과 고독감을 적게 느낀다는 연구결과(윤가현, 1991)도 있다. 자녀와 동거하는 경우, 딸과 동거하는 노인이 아들과 동거하는 노인보다 갈등이 적고 정서적으로 만족한다는 보고도 있다(최정혜, 1991).

세대 간의 관계는 노부모가 건강하고 활기찬 생활을 하고 있는 동안에 가장 원만하다. 노인들이 병약해질 때에는, 특히 정신적 쇠퇴나 성격변화를 겪게 된다면 이들을 돌보는 부담 때문에 양자의 관계가 위축되는 경우가 흔히 있다(Troll, 1986). 특히 딸이나 며느리들은 일반적으로 이러한 책임을 맡기 때문에 괴로움에 빠진다. 한 연구(Cicirelli, 1980)에 의하면, 노부모를 모시는 것과 관련하여 성인 자녀의 절반 이상이 다소의 스트레스를 받았고, $\frac{1}{3}$이 지속적인 스트레스를 받는 것으로 보고하고 있다. 스트레스를 받게 되는 주된 원인은 자신이 이제는 부모보다 강한 위치에 있다고 생각할 때 느끼는 실망감, 분노, 죄책감 등일 것이다. 더욱이 예상되는 부모의 죽음에 대한 불안은 그들 자신의 죽을 운명에 대한 두려움을 반영한다(Cicirelli, 1980; Troll, 1986).

노부모 봉양문제는 자녀양육문제와는 사뭇 다르다. 예를 들면, 새로 부모가 된 성인들은 아기를 돌보는 데 육체적, 경제적, 정서적으로 전적인 책임을 지지만 그러한 보살

핌의 노고는 아이가 자라면서 점점 줄어들 것이라고 예상한다. 그러나 대부분의 사람들은 자신이 부모를 돌보리라고 예상하지 않으며, 부모가 병약해질 가능성을 고려하지 않고, 따라서 그에 대해 거의 준비하지 않으며, 그것을 거부할 수 없게 되었을 때 자신의 계획에 장애가 되는 것으로 여긴다.

이제 자녀에 대한 부모로서의 책임이 막 끝났거나 곧 끝날 예정인 부모들은 그리고 이제는 자신이 살 날도 얼마 남지 않았음을 절실히 느끼는 이들은 노부모를 돌보는 일로 말미암아 자신의 꿈을 이룰 마지막 기회를 빼앗긴다고 느낄 수 있다. 평균예상수명이 계속 늘어나면서 50대와 60대의 중 · 노년들은 이전 세대에서는 거의 볼 수 없었던 자신의 노부모를 모셔야 하는 위치에 있음을 깨닫게 된다. 일부 성인자녀들이 느끼는 '꼼짝없이 묶였다'는 느낌은 노부모를 모시는 일에서 가장 힘든 부분이다(Robinson & Thurnher, 1981).

노부모를 모시는 일은 쉽지 않다. 하지만 노부모의 봉양에 따른 보상은 있다. 노부모와의 관계가 증진되고, 노부모로부터 육아나 가사의 도움을 받거나 노화에 대한 지식을 습득하면서 인간적으로 성숙하게 된다. 뿐만 아니라 성인자녀가 노부모에 대한 부양의 의무를 다하는 것을 법률적으로, 관습적으로 정당화하고 있으며, 자신의 자녀에게도 부모와의 관계를 보여줄 수 있는 좋은 모델이 될 수 있다.

2) 노인학대

성인과 노부모 간의 친밀한 유대와 충격적인 대조를 이루는 현상이 노인학대이다. 노인학대는 종종 노부모를 '돌보는' 자녀에 의해 행해지는 유기나 신체적 또는 심리적 학대를 말한다. 아동학대가 1960년대의 주요한 사회문제로 등장하고, 1970년대에는 배우자학대가 그러했던 것처럼 1980년대에는 노인학대가 심각한 사회문제가 되었다(Papalia, Olds, & Feldman, 1989).

우리나라는 전통적으로 노인공경의 문화가 뿌리깊게 자리 잡고 있었으나 최근에는 노인학대의 비율이 급격하게 증가하고 있어 노인학대에 대한 사회적인 관심이 고조되고 있다.

노인학대는 음식, 주거, 의복, 의료혜택을 베풀지 않는 등 유기의 형태를 띠거나, 욕설을 퍼붓는 등 심리적 고문 또는 자신을 방어할 수 없는 노인에 대한 매질, 주먹다짐 혹은 화상 입히기와 같은 적극적인 폭력으로 나타날 수도 있다.

노인학대의 전형적인 피해자는 늙고 병약한 여자 노인이다. 학대자는 중년기의 아들이나 딸일 가능성이 많다. 자신의 힘없는 부모를 학대하는 사람들은 어린 시절에 아동학대를 경험한 사람들이라는 증거가 있다(Eastman, 1984; Pedrick-Cornell & Gelles, 1982).

우리나라의 경우 2023년 보건복지부「2022 노인학대 현황보고서」에 의하면, 유형별로는 정서적 학대(43.3%), 신체적 학대(42.0%), 방임(6.5%), 경제적 학대(3.8%), 성적 학대(2.5%), 자기방임(1.6%), 유기(0.3%) 순으로 나타났다(〈그림 15-5〉 참조).

신체적 학대는 물리적인 힘 또는 도구를 이용하여 노인에게 신체적 혹은 정신적 손상, 고통, 장애 등을 유발시키는 행위를 말하며, 정서적 학대는 비난, 모욕, 위협 등의 언어 및 비언어적 행위를 통하여 노인에게 정서적으로 고통을 유발시키는 행위를 일컫는다. 성적 학대는 성적 수치심 유발행위(기저귀 교체 시 가림막 미사용 등) 및 성폭력(성희롱, 성추행) 등 노인의 의사에 반하여 강제적으로 행하는 모든 성적 행위가 해당된다. 경제적 학대는 노인으로부터 재산 또는 권리를 빼앗는 행위로서 경제적 착취, 노인 재산에 관한 법률 권리 위반, 경제적 권리와 관련된 의사결정에서의 통제 등을 하는 행위를 말한다. 방임은 부양의무자 또는 보호자로서의 책임이나 의무를 거부, 불이행 혹은

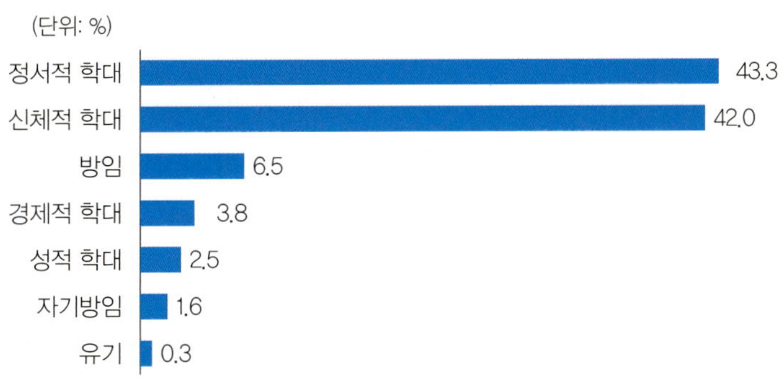

〈그림 15-5〉 노인학대 유형(2022년 기준)

출처: 보건복지부(2023). 2022 노인학대 현황보고서.

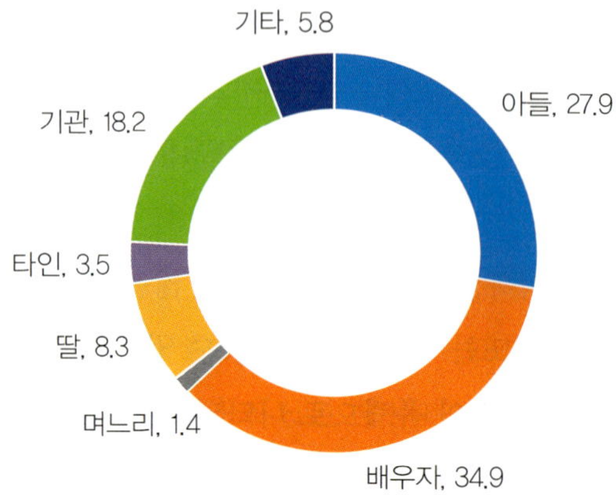

〈그림 15-6〉 노인학대의 주체(2022)

출처: 보건복지부(2023). 2022 노인학대 현황보고서.

포기하여 노인의 의식주 및 의료를 적절하게 제공하지 않는 행위(필요한 생활비, 치료, 의식주를 제공하지 않는 행위)를 말하며, 자기방임은 노인 스스로가 의식주 제공 및 의료 처치 등의 최소한의 자기보호 관련 행위를 의도적으로 포기 또는 비의도적으로 관리하지 않아 심신이 위험한 상황이나 사망에 이르게 하는 행위 전반을 가리킨다(2022 노인학대 현황보고서 가이드북).

노인학대의 주체는 배우자(34.9%), 아들(27.9%), 기관(18.2%), 딸(8.3%), 며느리(1.4%)의 순으로 나타났다(〈그림 15-6〉 참조). 배우자 학대의 증가원인으로는 가구형태 변화가 자녀동거 가구에서 노인부부 가구로 증가하는 경향이 두드러지고 있고, 노인부부 간 돌봄 부담 및 부양 스트레스 등으로 인한 것으로 보인다.

노인학대를 유발하는 위험요인은 여러 가지가 있겠지만 그중에서도 가족 내적 요인이 그 대표적인 원인이라고 볼 수 있다. 우리 사회가 급속히 변화하고 있음에도 불구하고 전통적인 우리의 가치관에서 장남 중심의 노인부양, 더 나아가서는 가족 중심의 노인부양이 여전히 일반적인 현상이다. 노인부양의 책임문제를 놓고 가족 내 구성원들 간의 불화가 빈번히 발생하고, 이 과정에서 노인은 가족의 천덕꾸러기로 전락하는 경우가 발생하고 있다. 이는 결국 노인학대로 이어지는 중요한 한 요인이 된다.

우리나라 노인학대의 또 다른 현상은 급속한 고령화로 인해 노인인구가 급증하면서, 부모나 배우자를 학대하는 노인이 크게 늘고 있다는 것이다. 노인에 의한 노인학대, 즉 노(老)-노(老) 학대가 그것이다. 2012년 보건복지부 노인학대 보고서에서는 "자식이 60~70대에 접어들면서 자기 몸을 추스르기가 힘든 상황에서 부모를 수발하기 힘들게 되자 학대가 나타나는 것 같다"라고 보고하고 있다. 또한 앞에서 살펴본 바와 같이 노인부부 가구 비중이 점점 증가함에 따른 것으로도 보여진다.

노인학대는 그 특성상 알려진 사례보다도 훨씬 많은 것으로 보고 있다. 대개 노인학대가 발생하여도 이를 가족의 문제로 치부하고 외부의 도움을 받아 적극적으로 대처하려 하기보다는 가족 내에서 해결하려 하는 특성이 있기 때문이다. 특히 학대를 직접 받는 노인의 경우 학대의 원인을 '자신의 무능력'으로 생각하는 경우가 많기 때문에 그 학대를 참고 은폐하려는 경향이 강한 것으로 알려져 있다. 학대받는 노인들은 자신의 이러한 문제가 외부로 알려지는 것을 더 없는 수치로 생각하기 때문에 심한 좌절감을 느끼고, 우울증, 망각, 망상 등과 같은 정신질환의 증세를 보이기도 한다.

노인학대는 노인들에게 있어서 매우 심각한 위기이다. 이 위기를 극복하지 못하면 노년기는 황폐해지며, 삶의 보람이나 의지를 보장받을 수 없고 하나의 인격체로서 사회의 구성원이 되기가 쉽지 않다. 이러한 위기가 발생했을 때, 일반적으로 노인은 약화된 가족 내 입지 때문에 독자적으로 이 위기를 타개하기는 어렵다. 노인들은 사회적, 경제적, 심리적으로 이미 많이 위축되어 있기 때문에 적절한 사회적인 개입과 중재가 필요하고, 필요한 경우 적절한 조치를 반드시 취해야만 한다.

노인학대의 문제를 해결하는 것은 학대의 원인과 결부시켜 접근할 수 있다. 노인에 대한 부정적인 편견이나 고정관념은 이를 변화시키도록 노인들 자신이나 사회적 차원에서 노력이 필요하다. 동시에 노인 자신의 소극적인 대처방식에서 벗어나 노인학대에 대한 인식을 하고 이에 적극적으로 대처할 수 있는 능력을 훈련시키는 것이 일차적인 문제이다. 가족 내에서 노인학대가 일어나지 않도록 사전예방을 위한 교육을 시키는 것이 우선적이지만 노인학대가 일단 발생한 경우에는 가족 내의 치부로 생각하고 감추려는 행동이 문제를 더 심화시킬 수 있음을 인식시키는 것이 중요하다. 또한 가족갈등이 노인학대의 중요한 예측변수라는 점을 감안하여 지역사회 차원에서도 노인 자신이나 노인부양가족을 대상으로 하는 교육이 지속적으로 이루어져야 할 것이다. 동시에 학대가 일단 일어나면 이에 적극적으로 지역사회가 개입하도록 하는 방안을 강구해야 할 것이다. 또한 노인들은 경제적인 능력을 유지할 수 있도록 정년제를 융통성 있게 운용하는 것이 필요하며, 개인적으로도 지속적인 운동이나 균형 잡힌 식습관을 유지함으로써 신체적인 건강을 유지하도록 하는 노력이 필요하다.

제 4 부

노년기

인간발달의 단계를 명확히 구분 짓는 것은 어려운 일이지만, 그중에서도 중년기의 끝과 노년기의 시작을 한계 짓기가 갈수록 더 어려워지고 있다. 노년기의 전형적인 분류기준인 은퇴는 더 이상 신뢰할 만한 기준이 못 된다. 오늘날 많은 사람들이 50세에 이미 은퇴하는가 하면 어떤 노인들은 70대 이후까지도 계속해서 일을 하기 때문이다.

노인세대가 차츰 젊어질 뿐만 아니라 그 수가 점점 더 많아지고 있다. 65세 이상의 건강하고 활기찬 노인들의 숫자가 급격히 늘어나고 있기 때문에, 머지않아 노년은 80세부터 시작된다고 해야 할지도 모른다.

우리 사회에서 노인들의 수가 급격히 증가하면서 노인학과 노인병리학에서 그에 관한 연구가 활발히 진행되고 있다. 노인과 노화과정에 관한 연구를 노인학(Gerontology)이라고 하는데, 이 말은 그리스어가 그 어원으로서 '*geras*'는 노년기를 의미하고 '*logos*'는 무엇을 연구한다는 의미이다. 노인학은 발달심리학 분야에서 매우 광범위하고 활발하게 연구가 이루어지는 영역이다. 노인학과 밀접한 관련이 있는 분야는 사회노인학(Social Gerontology)인데, 사회노인학 학자들은 노인들에게 특별한 서비스, 프로그램, 정책을 제공함으로써 노인들의 삶의 질을 향상시키기 위해 애쓰고 있다. 또 다른 관련분야는 노인병리학(Geriatrics)인데, 노인들에게 건강관리와 건강관련 서비스를 제공하는 의학의 한 분과이다. 이와 같은 여러 학문분야가 학제적 연구를 통해 복잡하고 다면적인 노화의 신체적, 인지적, 심리적, 사회적 과정을 이해하는 데 도움을 주고 있다.

제4부에서는 노년기의 신체변화, 인지변화, 직업과 은퇴, 성격 및 사회적 발달, 가족생활에 관해 살펴보고자 한다.

노년기의 발달과업

1. 신체쇠약과 건강저하에 적응한다.
2. 퇴직과 그로 인한 수입감소에 적응한다.
3. 배우자와의 사별에 적응한다.
4. 동년배 집단과의 친교를 이룬다.
5. 시민으로서의 책임을 다한다.
6. 만족스러운 주거공간과 생활조건을 확립한다.

출처: Havighurst, R. J. (1972). *Developmental tasks and education* (3rd ed.). New York: David Mckay.

Adult Development and Aging

제16장

신체변화

노년기에는 주로 노화와 연관이 있는 신체변화가 많이 일어난다. 피부는 양피지 같은 감촉을 갖게 되고, 탄력성을 잃으면서 주름이 잡히고 반점들이 생겨난다. 정맥이 튀어나오는 현상은 보다 보편적인 것이 된다. 남녀 모두 머리카락이 많이 빠져 성글게 되고, 남아 있는 것은 은발이나 백발이 된다.

노인들은 척추의 디스크 수축으로 인해 신장이 감소하고, 척추 사이에 있는 콜라겐의 감소는 허리를 구부러지게 만들어 체격이 줄어들기도 한다. 폐경 이후의 여성들에게서 종종 볼 수 있는 뼈에 구멍이 생기는 현상인 골다공증 때문에 골절상을 입기 쉽다.

연령이 증가함에 따라 감각기능에도 변화가 오는데 점차 기능이 손상된다. 특히 시각과 청각의 손상이 문제가 되는데, 노년기에는 백내장과 녹내장 그리고 황반변성의 발병률이 높으며 청력 감소 또한 대단히 보편적인 현상이다. 노년기에는 또한 반응시간이 증가하여 반응속도가 50%까지 감소한다.

이 장에서는 수명과 노화, 외적 변화, 내적 변화, 감각기능의 변화, 건강관리와 질병, 건강서비스 등에 관해 살펴보고자 한다.

1. 수명과 노화

그리스 신화에서 새벽의 여신인 에오스는 제우스신에게 그녀가 사랑하는 인간 티소누스를 영원히 살 수 있게 해달라고 간청했다. 제우스신은 티소누스에게 영원한 생명을 주었고, 두 연인은 행복하게 살았다. 그러나 그 행복은 오래 가지 못했다. 티소누스는 늙기 시작했고, 거동을 할 수 없을 정도로 병약하게 되었다. 하지만 그는 죽음이라는 축복을 거부당했다. 에오스는 중대한 실수를 했던 것이다. 그녀는 제우스신에게 영원한 생명과 함께 영원한 젊음을 부탁하는 것을 잊었던 것이다(Papalia, Olds, & Feldman, 1989).

1) 평균예상수명

Leonard Hayflick

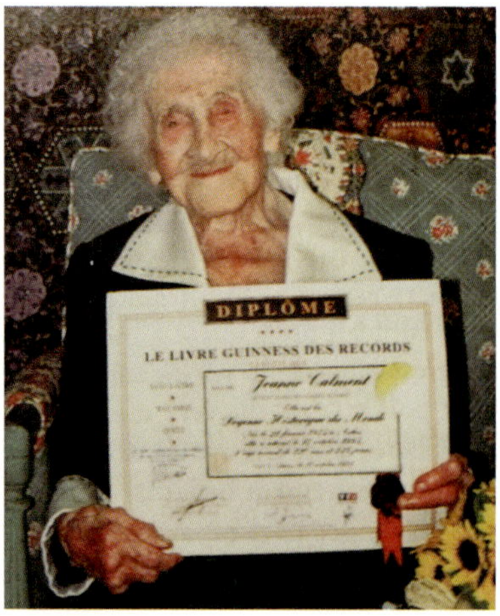

사진 설명 120년 이상을 산 것으로 알려진 Jeanne Calment 할머니

평균예상수명(average or median life expectancy)은 같은 해에 태어난 사람의 절반 정도가 얼마나 오랫동안 살 수 있는가를 말하는 것이고, 최대예상수명(maximum life expectancy)은 우리 인간이 최대한으로 얼마나 오래 살 수 있는가를 말하는 것이다. 오늘날 인간의 최대예상수명은 약 120년 정도인 것으로 보인다(Hayflick, 1994, 2003).

고대 그리스에서 태어난 아이들은 평균적으로 20년 이상을 살지 못했으며, 고대 로마의 평균예상수명은 약 25세였다. 1985년에 평균예상수명은 거의 75세로 늘어났는데, 이것은 고대 로마의 수명보다 3배 정도 높은 것이다(Papalia, Camp, & Feldman, 1996). 나라마다 다소 차이는 있지만(〈그림 16-1〉 참조) 오늘날 대부분의 사람들은 노년기를 맞이할 수 있다. 2021년 현재 우리나라 남성의 평균예상수명은 80.6세이고, 여성의 평균예상수명은 86.6세이다.

이와 같이 평균예상수명이 늘어난 것은 20세기 전반 동안 발생한 유아 및 아동 사망률의 극적인 감소와 치명적이던 많은 질병들을 치료할

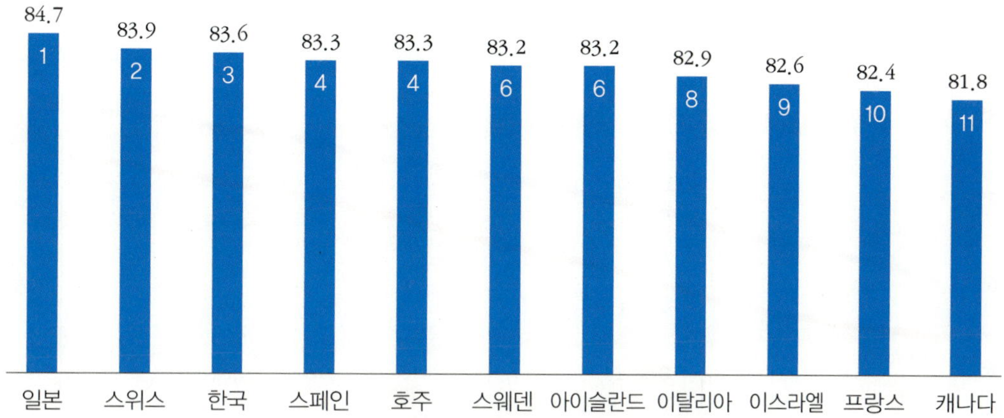

〈그림 16-1〉 OECD 회원국 평균수명(남녀 합산) 순위

출처: OECD Health Status Data(2022. 11.)

수 있는 새로운 약품의 발달과 의학의 발전에서 비롯된 것이다.

평균예상수명에는 성차가 존재한다(〈표 16-1〉과 〈그림 16-2〉 참조). 그 이유는 무엇인가? 건강습관이나 생활양식 등의 사회적 요인이 여기에 작용하기 때문이다. 예를 들면, 남성은 여성에 비해 호흡기 계통의 암, 교통사고, 자살, 간경변, 폐기종, 심장병 등으로 사망할 확률이 높다. 이러한 사망원인은 흡연과 같은 건강습관이나 생활양식과 관련이 있다.

평균예상수명에서의 성차는 생물학적 요인에 의해서도 영향을 받는다. 사실상 인간을 포함한 모든 종에서 암컷이 수컷보다 더 오래 산다. 여성은 감염이나 퇴행성 질환에 대한 저항력이 높다. 예를 들면, 여성 호르몬인 에스트로겐은 동맥경화를 예방해준다. 그리고 여성의 X 성염색체는 질병에 대항하는 항체 생성과 관련이 있는 것으로 보인다.

표 16-1 우리나라 평균예상수명에서의 남녀 차이, 1970~2021년 (단위: 세)

	1970	1980	1990	2000	2001	2011	2020	2021	증감	
									'11 대비	'20 대비
남녀 전체	62.3	66.1	71.7	76.0	76.5	80.6	83.5	83.6	3.0	0.1
남자(A)	58.7	61.9	67.5	72.3	72.9	77.3	80.5	80.6	3.4	0.1
여자(B)	65.8	70.4	75.9	79.7	80.1	84.0	86.5	86.6	2.6	0.1
차이(B−A)	7.1	8.5	8.4	7.3	7.2	6.7	6.0	6.0	−0.7	0.0

출처: 통계청(2022). 2021년 생명표.

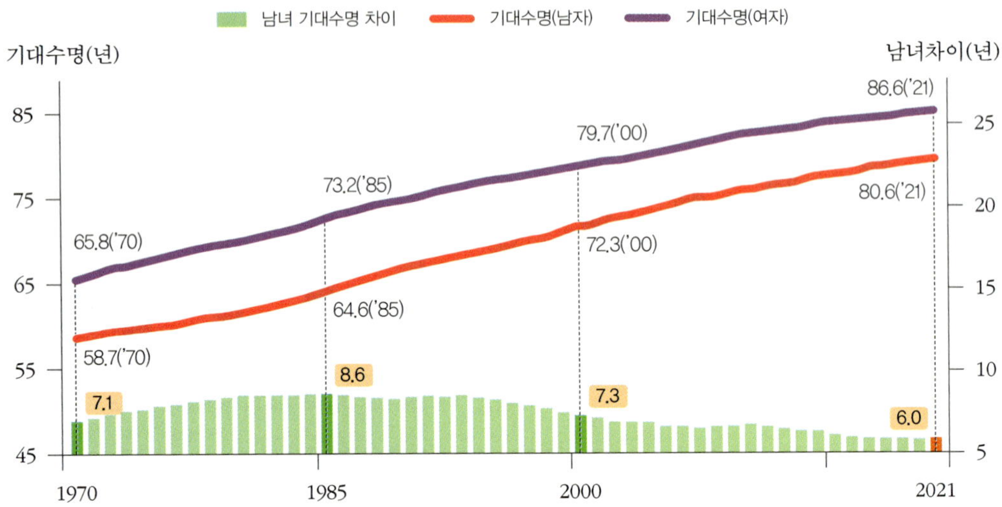

〈그림 16-2〉 성별 기대수명 및 남녀 기대수명의 차이, 1970~2021년

출처: 통계청(2022). 2021년 생명표.

노화문제는 대체로 여성의 문제이다. 여성은 남성보다 오래 살고, 미망인이 되며, 만성적인 건강문제로 고생하는 기간이 길다. 그러므로 여성의 연장된 수명은 이들에게 은총이기는커녕 질병, 빈곤, 의존, 외로움 및 시설수용이라는 고통스러운 삶이 되기도 한다. 인생을 양적인 면보다는 질적인 면에서 이야기할 때에는 남성들이 유리한 입장에 있다. 이들은 오래 건강을 유지하며, 따라서 원기왕성한 기간 및 독립기간이 훨씬 더 길다. 남성중심 사회에서 말년에 이 같은 문제를 겪는 사람들이 주로 남성들이었다면 이러한 노화문제를 지금과는 다르게 다루었을 것이다.

2) 노화이론

생물학적 노화를 설명하고자 하는 이론들이 많이 있다. 그중 대표적인 것이 계획된 노화이론과 마멸이론이다(Papalia, Olds, & Feldman, 1989). 계획된 노화이론은 모든 유기체 내에 미리 짜 넣어진 정상적인 발달유형에 따라 신체가 노화한다는 주장으로, 각 종에 따라 내재된 이 프로그램은 아주 작은 변화만 가능할 뿐이다. 반면, 노화의 마멸이론은 신체를 지속적으로 사용했기 때문에 노화한다는 이론이다. 즉, 노화는 신체에 축적된 피해의 결과라는 것이다(Arking, 2006; Campisi & Robert, 2014; Hayflick, 2004).

계획된 노화이론을 지지하는 사람들은 각 종마다 고유한 노화유형 및 고유의 평균예상수명을 갖고 있기 때문에, 이러한 유형은 예정되고 타고난 것임에 틀림없다고 설명한다. Hayflick(1974, 1985, 2003, 2007)은 여러 종류의 동물들의 세포를 연구한 바 있는데, 정상적인 세포가 분열하는 횟수에는 한계가 있다는 것을 발견하였다. 인간세포의 경우 약 50회 정도로 분열한다. 그는 이러한 한계가 수명을 조절하며, 인간의 경우에는 약 110~120년 정도인 것으로 보인다고 주장한다. 이 한계에 도달하느냐 못 하느냐는 몇 가지 요인에 달려 있다. 성별, 조상의 평균수명 그리고 환경적 요인이 그것이다. 담배를 많이 피우면 평균적으로 12년 정도 수명이 단축되고, 비만의 경우는 매 10% 과체중당 1년 내지 1년 반의 수명이 단축된다. 공기나 수질오염, 유해한 식품 첨가물, 농약 또는 제초제의 과다사용 또한 부정적 영향을 미친다.

세포분열의 횟수에는 한계가 있는데 이 한계구조에는 텔로미어(telomere)가 작용하는 것으로 보인다. 텔로미어(말단소립)는 세포 속 유전자의 끝부분을 감싸고 있는 유전자 조각으로 염색체를 보호하는 기능을 한다(〈그림 16-3〉 참조). 세포분열이 일어날 때마다 텔로미어의 길이가 점점 짧아져서 노화점보다 짧아지면 세포는 분열을 멈추고 노화세포(old cell)가 되어 마침내 죽게 된다. 따라서 텔로미어의 길이는 생물학적 노화의 척도가 된다(Fragkiadaki et al., 2020; Mather, Jorm, Parslow, & Christensen, 2011). 최근 연구들에 의하면 텔로미어의 길이가 짧아지면 알츠하이머병에 노출되기 쉬운 것으로 확인되었으며(Scarabino et al., 2017a, b) 운동이나 식습관 등의 생활습관을 개선함으로

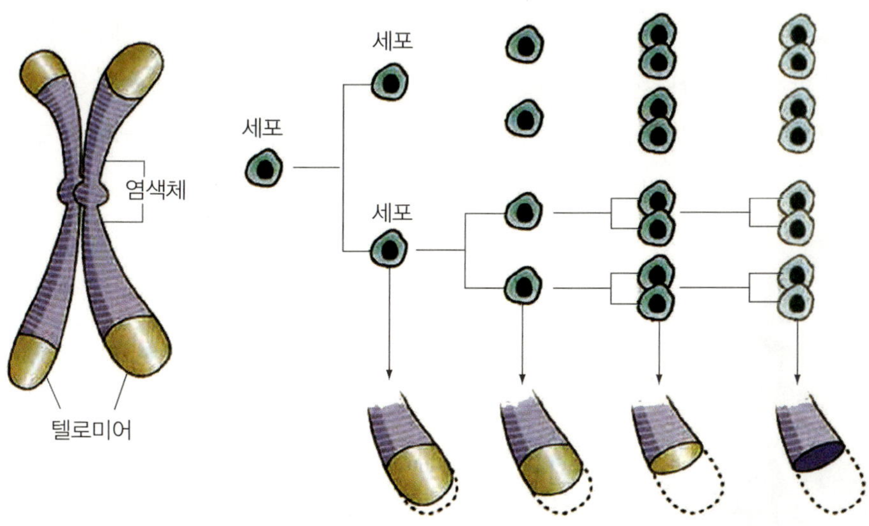

세포분열이 일어날 때마다 텔로미어의 길이가 점점 짧아져서 마침내 죽게 된다.

〈그림 16-3〉 텔로미어(말단소립)

써 텔로미어의 길이가 짧아지는 것을 늦출 수 있는 것으로 밝혀졌다(Qiao, Jiang, & Li, 2020).

생물학적 노화를 늦추고 생명을 연장하기 위한 한 가지 방법은 텔로머라제(telomerase)라는 효소를 이용하여 텔로미어가 짧아지는 것을 예방하는 것이다(Harrison, 2012). 그러나 암세포에서는 이 효소가 말단소립을 계속 연장시켜주기 때문에 세포가 죽지 않음은 물론 암세포를 급속히 증식시키는 역효과가 있다(Cleal, Norris, & Baird, 2018; Wang, 2010; Wright & Shay, 2005).

노화의 마멸이론을 지지하는 사람들은 인간의 신체를 기계에 비유하는데, 기계의 부품은 오래 쓰면 결국에는 마멸되어 버린다. 예를 들면, 심장과 뇌의 세포는 생의 초기에서조차도 결코 복원될 수 없으며, 이들 세포는 손상받으면 죽는다. 같은 일이 인생 후기에 다른 세포들에게도 일어난다. 즉, 세포가 늙어갈수록 손상된 부분을 치유하거나 대체하는 능력이 떨어진다. 이 이론에 의하면 신진대사의 화학적 부산물과 같은 해로운 물질의 축적을 포함하는 내적, 외적 스트레스가 마멸과정을 촉진시킨다고 한다(Hayflick, 2004; Maynard et al., 2015; Olshansky & Carnes, 2004).

두 이론의 차이는 이론의 차원에 그치는 것이 아니다. 만약 인간이 특정한 방식으로 노화하도록 프로그램화되어 있다면 이 과정을 지체시킬 방법은 없다. 그러나 신체가 받기 쉬운 스트레스 때문에 노화한다면 이러한 스트레스원을 제거함으로써 생명을 연장할 수 있을 것이다. 두 이론 중 어느 이론이 옳고, 어느 이론이 틀린다기보다는 두 이론이 모두 옳을지도 모른다. 즉, 유전적 프로그램이 인간 수명의 최대 한계를 결정하지만, 인간이 이 한계에 얼마나 가까이 갈 수 있느냐 하는 것은 마멸의 영향을 받을 것이다.

같은 입장에서 일부 노인학자들은 노화를 일차적 노화와 이차적 노화로 구분한다. 일차적 노화는 인생 초기에 시작되어 일생 동안 가차 없이 계속되는 신체적 노쇠의 점진적 과정을 말하며, 이차적 노화는 나이보다는 질병, 신체의 지나친 사용 및 아예 쓰지 않는 경우 등 종종 우리 자신의 통제하에 있는 요소들의 결과이다(Busse, 1987; Horn & Meer, 1987).

Ewald W. Busse

반사반응이 늦어져 가거나 청력이 떨어지는 것을 멈출 수는 없을 것이다. 그러나 잘 먹고, 계속해서 활동하며, 신체적인 건강상태를 유지함으로써 많은 노인들이 이차적 노화의 효과를 피할 수 있을 것이다.

3) 노화를 지연시킬 수 있는가

지난 수십 년간 유전학자들의 노화과정에 대한 이해는 커다란 진전이 있었다. 그 결과 고갈된(낡은) 호르몬을 새 호르몬으로 대체시키는 호르몬 대체요법에 의해 노화를 지연시킬 수 있는 가능성이 엿보인다.

동물이나 인간에게 성장 호르몬을 주사하여 그 효과를 연구하고 있는데 지금까지 몇 가지 놀라운 사실이 발견되었다. 예를 들면, 척추뼈의 골밀도가 높아지고 근육이 생성되며 지방이 감소되는데, 이러한 변화는 다시 젊음을 되찾게 해주는 것으로 보인다. 이 효과에 대해서는 아직도 더 많은 연구를 해보아야 되기 때문에 아직은 우리가 매일 비타민을 섭취하듯이 그렇게 할 수는 없다(Darrach, 1992).

DHEA라는 부신 호르몬은 우리 신체가 효율적으로 기능을 하도록 돕는다. 30세가 넘으면 DHEA 생산이 감소하기 시작해서 50세경에는 젊은 시절의 30% 정도밖에 분비되지 않는다. DHEA는 노화지연의 효과가 있으며, 체지방을 $^1/_3$로 줄이고, 동맥경화를 예방하며, 당뇨병을 완화시키고, 암발생률을 줄이며, 면역체계의 기능을 향상시켜 수명을 20% 정도 연장하는 것으로 나타났다(Darrach, 1992).

동물을 대상으로 한 또 다른 연구에 의하면 칼로리 섭취를 65% 낮추면(주로 지방섭취를 줄임으로써) 수명이 35% 연장되었다. 더불어 종양이 커지는 것을 억제하고, 신장 기능 이상이 지연되며, 근육손실이 줄고, 그 외 노화와 관련된 변화가 더디게 나타났다(Ausman & Russell, 1990; Masoro, 1990).

Lynne M. Ausman

Robert M. Russell

Edward J. Masoro

2. 외적 변화

가장 눈에 띄는 외적 변화는 피부, 모발, 치아와 관련된 변화이다.

1) 피부

피부에서 가장 두드러진 변화는 주름인데 중년기부터 시작되는 과정이다(Hoyer & Roodin, 2009). 주름은 미소나 찡그림 같이 반복적인 얼굴표정, 피하지방 조직의 감소, 피부탄력의 감소에 의해 영향을 받는다. 콜라겐의 변화가 노화과정에서 발생하는데, 콜라겐 섬유가 더 두꺼운 묶음으로 재배열되고 교차결합 형태로 변화한다(Matteson, 1988). 피하지방은 신체와 분리되어 감소된 조직이 체열의 손실을 가져온다. 또한 피하지방의 손실은 노년의 특징으로서 많은 노인들에게서 여윈 모습을 볼 수 있다(Kart, 1990).

30세의 피부세포가 약 100일 정도 산다고 볼 때 70세의 피부세포는 46일 정도를 산다. 노인들의 피부세포는 서서히 대체된다. 또한 피부를 약화시키는 많은 신경세포가 쇠퇴하는데 이는 촉각이 덜 민감해지도록 한다. 게다가 나이가 들면서 피부는 수분을 유지하는 능력이 감소하여 결국 건조하고 탄력 없는 피부가 된다. 신체적 노화과정으로 인해 갈색 반점이 생겨나고, 얇아진 세포와 혈관이 더 느리게 회복되기 때문에 상처는 예전보다 더디게 치유된다(Kermis, 1984).

2) 모발

연령이 증가하면서 모발은 계속 백발이 되면서 윤기를 잃는다(사진 참조). 흰색 모발은 관자놀이부터 시작해서 정수리 부분으로 확대되어 나간다. 젊을 때의 모발이 색이 진하고 두꺼운 것에 비해 노인의 모발은 색이 엷어지고 가늘어진다. 이마 앞부분의 헤어라인이 뒤로 물러나는 것은 거의 모든 남성노인과 80%의 여성노인에게 발생한다. 남성의 경우 귀와 코뿐만 아니라 눈썹 부위에 거칠고 길다란 털이 자라고, 여성의 경우 입술 윗부분과 턱에 털이 나타나기도 한다(Aldwin & Gilmer, 2013).

3) 치아

치아 및 잇몸 문제는 노년기에 흔한 일이다. 치아의 색이 탁해지고, 상아질 생성이 감소하며, 잇몸이 수축되고, 골밀도가 감소하는 것은 정상적 노화의 과정이다.

극소수의 노인들이 오래도록 자신의 치아를 그대로 유지하는데 치아상실은 영양과 밀접한 관계가 있다. 치아가 손상되거나 빠진 사람들은 씹기가 힘들어지므로 식욕을 잃는다. 결과적으로 적게 먹거나 종종 영양가가 떨어지는 유동식으로 바꾸게 된다(Wayler, Kapur, Feldman, & Chauncey, 1982).

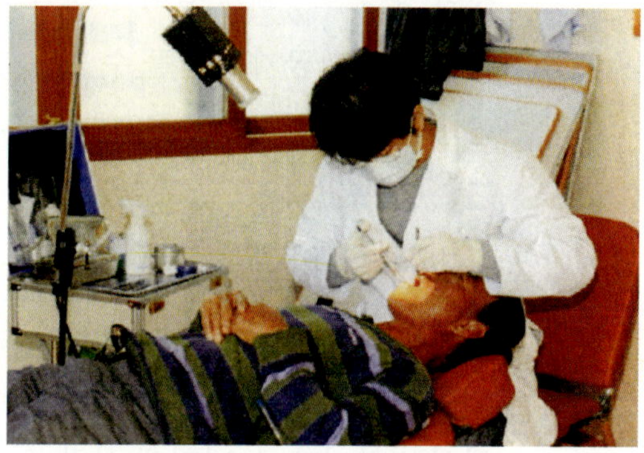

치아건강은 타고난 치아구조와 후천적인 식습관 및 치아건강 습관과 관련이 있다. 치아상실은 많은 경우 노화의 영향보다는 부적절한 치아관리 때문이다(사진 참조).

4) 노화의 이중 기준

남녀 모두 우리 사회의 젊음에 대한 선호로 고통을 받기는 하지만, 여성은 특히 전통적인 노화의 이중 기준으로 스트레스를 많이 받는다. 남성에게 있어서는 경험과 노련미의 증거로서 매력으로 여겨지는 은발, 거친 피부 및 눈가의 주름살이 여성들에게는 자신들이 '내리막길'로 들어섰다는 표시로 생각된다(Andreoni & Petrie, 2008; Pruis & Janowsky, 2010; 사진 참조). 여성적인 모습은 부드럽고, 둥그스름하며, 주름살이 없고,

근육이 없는 매우 젊은 모습으로 연약하고 다치기 쉬운 모습이다. 일단 이러한 젊음의 표시가 사라지면 매력적이고 낭만적인 상대로서의 여성의 가치 역시 사라지며, 심지어 고용인으로서 혹은 사업동료로서의 여성의 가치도 사라진다.

젊어 보이고, 젊게 행동하며, 젊게 사는 것을 좋아하는 사회가 만들어 내는 압박은 사람이 늙으면서 겪게 되는 신체적 상실에 덧붙여 소위 말하는 '중년기 위기'의 한 원인이 된다. 가능한 한 건강하게 살면서 이러한 스트레스를 견딜 수 있고 또 원숙해지는 것이 양성 모두에게 있어 긍정적인 성취라고 인식할 수 있는 사람은 중년기 및 노년기를 인생의 황금기로 만들 수 있을 것이다.

3. 내적 변화

내적 변화는 눈에 보이지 않는 노화의 증상을 말한다. 이는 신체 내에서 발생하는 퇴행성 변화이다. 노년기에 신경, 심장혈관, 호흡, 위장, 면역기관 등이 노화로 인해 쇠퇴한다고 하더라도 우리 신체가 갖고 있는 예비능력으로 인해 일상생활에서 적절한 수준을 유지할 수 있다.

인간의 신체는 만약의 경우에 대비해 은행에 저축해둔 돈과 같은 것을 갖고 있다. 정상적인 상황에서는 자신의 신체나 기관을 한계점까지 사용하지 않지만 특별한 경우에 사용할 수 있는 여분의 능력이 있다. 이처럼 신체가 스트레스를 받거나 이상이 있을 때 기능하도록 해주는 저장된 능력을 예비능력이라고 부른다. 나이가 들면서 예비능력의 수준은 떨어지지만 그 정도가 일상생활에서는 대개 눈에 잘 띄지 않는다.

1) 뇌와 신경계

성인기 동안에 뇌에서 일어나는 변화는 뇌무게의 감소, 뇌수의 회백질 감소, 수지상돌기의 밀도감소, 신경세포의 자극전달속도 감소 등이다. 이 변화 중 가장 핵심적인 것이 수지상돌기의 밀도감소이다(〈그림 16-4〉 참조). 수지상돌기의 밀도는 뇌의 전역에 걸쳐 골고루 감소하는 것이 아니고, 어떤 부위에서는 오히려 노년기에도 증가한다. 그러나 평균적으로 보면 뇌신경 세포의 밀도는 감소하고 덜 효율적이 된다. 뇌무게의 감소나 뇌수의 회백질 감소는 모두 이 수지상돌기의 밀도감소에 의한 것으로 보인다. 수

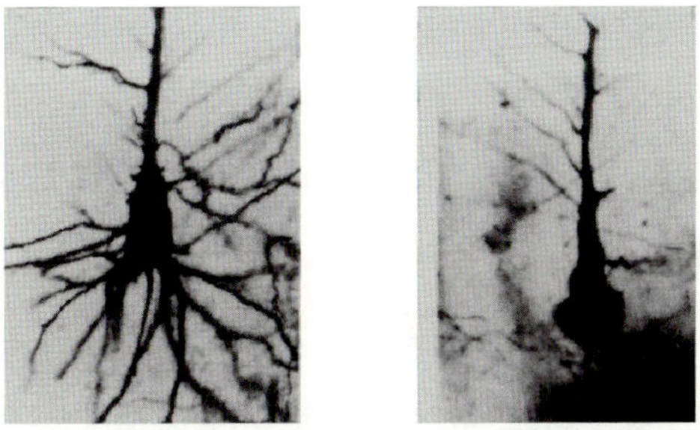

〈그림 16-4〉 연령에 따른 수지상돌기의 밀도 변화

출처: Scheibel, A. D. (1992). Structural changes in the aging brain. In J. E. Birren, R. B. Sloane, & G. D. Cohen (Eds.), *Handbook of mental health and aging*. San Diego, CA: Academic Press.

지상돌기의 감소는 또한 신경세포의 자극전달속도를 감소시킨다. 그 결과 일상생활에서 반응시간이 길어진다.

뇌의 효율성은 적당한 양의 신경전달물질의 유지 여부로부터도 영향을 받는다. 신경전달물질은 뉴런 간의 신경세포의 자극전달을 중재하는 화학물질이다. 신경전달물질은 뇌의 정보유출을 통제하는데, 만약 신경전달물질의 공급이 부적절하면 신경충격(신경섬유를 따라 전도되는 화학적 · 전기적 변화)이 천천히 전도된다. 기억에 영향을 주는 것으로 알려진 신경전달물질인 아세틸콜린의 수준은 연령과 함께 감소하는 것으로 보인다(Tatemichi, Sacktor, & Mayeux, 1994). 또 다른 신경전달물질인 도파민(부신에서 만들어지는 뇌에 필요한 호르몬) 역시 연령과 함께 감소하는데 도파민이 극도로 감소하면 파킨슨병에 걸린다(Carlson et al., 1980).

신경계의 또 다른 변화는 신경단위인 뉴런의 수가 감소하는 것이다. 성인기 동안 50% 정도가 감소한다는 설도 있지만, 아직까지 인간의 뇌세포가 어느 정도 감소하는지에 대한 정확한 통계수치는 없다(Bondareff, 1985). 그러나 노년기에 뇌세포가 많이 감소하고 그리고 휴지기에 들어가기는 하지만 한꺼번에 죽어 없어지는 것은 아니다. 노화 과정에서 중요한 측면은 뉴런이 대체될 수 없다는 사실이다(Moushegian, 1996). 그러나 우리의 뇌는 놀라운 정도의 회복력을 갖고 있는데 노년기에도 뇌기능의 아주 적은 양이 손실될 뿐이다(Labouvie-Vief, 1985). 이와 같은 뇌의 적응력이 한 연구에서 실제로 증명된 바 있다(Coleman, 1986). 40대에서 70대까지에 신경세포의 수지상돌기가 증가하였는데, 이것은 신경세포의 수령부분(receiving part)으로서 뉴런의 95%를 차지하기 때문에 매우 중요한 것이다. 수지상돌기의 성장은 뉴런의 감소를 상쇄하는 것으로 보인다. 그러나 90세쯤 되면 더 이상 성장하지 않는다.

미국국립노화연구소의 신경과학실험실 실장인 Stanley Rapaport(1994)는 같은 일에 종사하는 젊은이들과 노인들의 뇌를 비교해 보았다. 이 연구에서 어떤 뉴런이 소임을 다하지 못할 때 그 옆의 뉴런이 그 일을 돕는 것으로 나타났다. 결론적으로 말해서 노인이 되면 상당 부분의 뇌세포가 상실되거나 뇌가 제대로 기능을 하지 못한다는 설이 있지만, 뉴런의 감소에도 불구하고 뇌가 제대로 기능을 하는 데에 별 문제가 없는 것으로 보인다(Goh & Park, 2009; Woodruff-Pak & Hanson, 1996).

사진 설명 걷기운동은 심장혈관 기능을 유지하는 데 도움이 된다.

2) 심장혈관 계통

심장은 크기는 그대로 유지되지만 조직이 위축된다. 심장으로부터 혈액을 공급받아 신체 각 부위로 전달하는 대동맥은 탄력성을 잃게 된다. 또한 동맥이 딱딱해지고, 위축됨으로써 혈액이 체내로 자유롭게 흐르지 못하게 된다. 게다가 심장근육의 힘이 감소하고, 심장근육 세포의 크기와 심박력도 줄어든다. 75세의 심박력은 기껏해야 30세의 70% 정도이다(Kart, 1990).

3) 호흡기 계통

연령이 증가하면서 호흡기 계통의 효율성은 눈에 띄게 떨어진다. 즉, 최대 호흡량, 폐용량, 기본적 산소 소모량이 감소한다. 이 모든 것이 신진대사율을 줄어들게 한다. 또한 폐의 탄력성도 감소하는데 이것은 폐조직과 혈관벽에서 콜라겐이 변화한 결과이다(Weg, 1983). 횡격막 근육, 늑간(肋間)근육, 그 외 다른 신체근육도 나이가 들면서 쇠약해진다(Lalley, 2013). 늑골과 척추의 골다공증 및 연골의 석회화 현상은 흉곽벽을 굳어지게 한다(Harrell, 1988).

노인들에게서 발생하는 가장 흔한 호흡기 장애는 만성 폐쇄성 폐질환(Chronic Obstructive Pulmonary Disease: COPD)이다. 흡연이 COPD의 주 원인이지만 매연, 대기오염, 공업용 화학물질 등도 COPD 발생의 원인이 된다(American Lung Association, 2016).

오랜 기간 흡연을 하면 담배의 타르와 같은 유해물질이 기관지의 가장 끝 부분에 붙어 있는 작은 꽈리인 폐포에 쌓여 딱딱하게 된다. 폐포가 탄력을 잃고 늘어지면 체내로 산소공급이 저하된다.

이 질환의 가장 중요한 증상은 호흡곤란, 지속되는 기침, 기침 후 동반되는 끈끈한 가래, 천명음[1], 흉부 압박감 등이다. 삶의 질을 떨어뜨리는 이 질병은 말기에 이르면 심장기능도 떨어진다. COPD는 우리나라에서 70세 이상 고령자의 사망 원인 중 네 번째로 흔한 것이다. COPD의 치료로는 금연, 약물요법, 호흡재활치료, 폐이식 등의 외과적 치료가 있다.

폐기종(emphysema)은 COPD의 가장 심각한 형태로서 기관지나 폐에 염증이 생기고, 이로 인해 숨을 쉴 때 폐조직(폐포)이 늘어나는 것을 조절하는 섬유질이 파괴되면서 폐포가 제 기능을 하지 못하는 질환이다(American Lung Association, 2016). 폐기종(사진 참조)은 만성적인 기침이나 가래, 호흡곤란 등의 증상이 나타나며, 폐활량이 감소하는 증상도 보인다. 이미 파괴된 폐를 정상으로 되돌릴 수 없기 때문에 폐기종의 치료는 상당히 어렵다. 금연은 폐기종의 예방을 위해서도 중요하지만, 기도폐쇄가 진행되는 것을 지연시키기 위해서도 금연이 필수적이다. 약물치료는 호흡곤란과 만성적 기침 등의 호흡기 증상을 감소시켜서 환자의 삶의 질을 향상시킨다. 다양한 종류의 기관지 확장제와 흡입제 등이 약물로 사용될 수 있다.

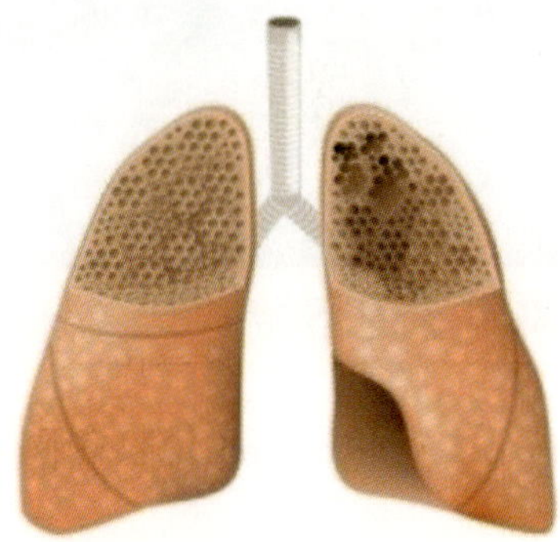

건강한 폐 폐기종이 있는 폐

4) 소화기 계통

소화기관은 연령이 증가하면서 변화하는데 소화액의 생성이 감소하고 연동운동도 감소한다. 연동운동은 소화기 계통(입, 위, 장)의 내용물을 아래쪽으로 밀어주는 수축운동을 말한다. 이는 신진대사와 음식물의 배설작용과 관련되기 때문에 전반적인 건강에 매우 중요하다. 노인들에게 자주 발생하는 변비는 소화기 계통에서 일어나는 노화 때문이다(Kermis, 1984).

1) 폐로 오가는 공기의 통로인 기도가 좁아지면서 숨을 쉴 때마다 가슴에서 '쌕쌕' 소리가 나는 호흡음을 천명음이라 한다.

5) 근골격 계통

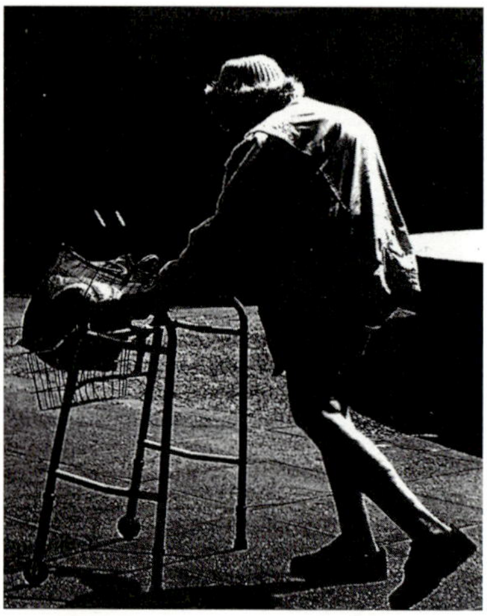

사진 설명 골다공증으로 인한 '과부의 혹'

이 시기에 신장이 점차 줄어들게 되는데 특히 여성노인의 경우가 더욱 그러하다(〈그림 16-5〉 참조). 이러한 현상은 척추 길이가 감소할 뿐만 아니라 디스크가 점차 좁아짐으로써 척추의 압축 때문에 발생한다. 신장은 20년마다 1.2cm씩 줄어드는데 남녀 모두에게 다 나타난다(Matteson & McConnell, 1988). 또한 뼈가 약해져서 부서지기 쉬운데 이는 골다공증 때문이다. 이 현상으로 인해 목 뒤에 '과부의 혹'(사진 참조)이 생기기도 한다. 근육의 힘과 무게도 감소하는 경향이 있다. 그러나 근육의 감소는 퇴행적인 과정보다는 근육을 사용하지 않음으로써 나타나게 된다. 따라서 규칙적인 운동을 함으로써 근육의 힘과 무게가 감소하는 것을 줄일 수 있다(Blumenthal, 1991; Reed, 1991).

〈그림 16-5〉 노년기의 신장 감소

6) 비뇨기 계통

비뇨기계는 신장, 방광, 요관으로 구성되어 있다. 연령증가에 따라 비뇨기 계통의 효율성이 떨어지기 때문에 노인들은 배뇨시간이 길어진다. 신장 내의 세포 수가 감소하여 체내로부터의 독소와 찌꺼기의 배설작용이 원활하지 못하게 된다(Lerma, 2009). 게다가 방광은 탄력성이 줄어들어 노인의 방광은 그 용량이 젊은 성인의 $^1/_2$도 채 안 된다. 일반적으로 남성 노인의 비뇨기 문제는 전립선의 확대로 인한 잦은 배뇨이다(Kart, 1990; Kermis, 1984).

7) 면역 계통

면역력은 연령이 증가하면서 약화된다. 신체는 예전만큼 면역체계로부터 이물질을 제거하는 데 효율적이지 못하다. 면역체계는 부분적으로는 신체의 피드백 체계가 쇠약해져서 효율성이 떨어진다. 또한 결함있는 세포의 수가 증가함에 따라 자기면역 반응도 떨어진다. 면역체계의 결함은 노인의 건강문제에서 흔히 있는 일이다. 예를 들면, 폐렴으로 인한 노인의 사망률은 젊은 성인의 6~7배이며, 암과 결핵의 발병률도 매우 높다(Kermis, 1984; Verbrugge, 1990; Weg, 1983).

4. 감각기능의 변화

연령이 증가함에 따라 감각기능에도 변화가 오는데 일반적으로 점차 기능이 손상된다. 노인들은 감각자극에 대해 민첩하게 반응하지 못하고 그들의 환경에서 적절한 정보를 인식해서 받아들이지 못한다(Bouscaren et al., 2019). 이러한 생리적 변화는 심리적 결과를 초래한다. 우리는 시각, 청각, 미각, 촉각, 후각을 통해서 외부 세계와 연결되어 있다(Kart, 1990). 몇몇 연구(Claussen, & Patil, 1990; LaForge, Spector, & Sternberg, 1992)에 의하면 감각장애, 특히 시각과 청각의 손상은 일상생활에서의 의존성을 증대시키는 기능쇠퇴의 위험요인이 된다고 한다. 따라서 노인들의 세상에 대한 지각은 그들이 경험하는 감각의 변화에 의해 영향을 받는다. 예를 들어, 시각과 청각이 손상된 노인은 고집스럽고 괴팍스럽게 보일 수 있다.

1) 시각

대부분의 중년들에게 영향을 미치는 원시는 60세쯤에 안정된다. 안경이나 콘택트렌즈를 사용함으로써 대부분의 노인들은 꽤 잘 볼 수 있다. 그러나 65세 이상 된 노인들 중에는 일상생활에 지장이 있을 정도로 심한 시각장애가 있는 사람이 많다. 많은 노인

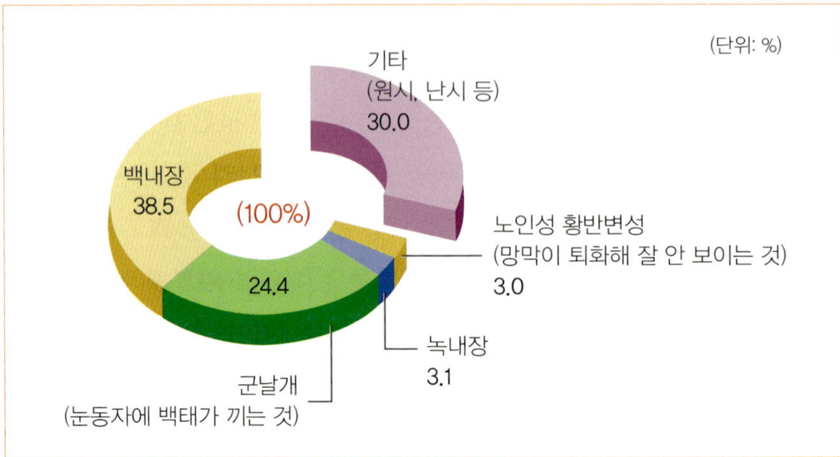

〈그림 16-6〉 우리나라 노인의 안질환

들이 시력이 0.3 이하이고, 깊이나 색깔을 지각하고 갑작스러운 빛의 변화에 적응하는 데 문제가 있으며, 빛 반사에 약하고, 어두운 곳에서 잘 보지 못한다.

노년기에는 노란색 안경을 쓰고 주위의 물체를 보는 것과 같은 황화(黃化)현상이 나타나기도 한다. 황화현상은 노인들이 단파장(短波長: 보라, 남색, 파랑)보다는 장파장(長波長: 노랑, 주황, 빨강)에서 색채를 더 잘 식별하기 때문에 일어난다(Coren & Girgus, 1972). 노년기에는 또한 백내장과 녹내장, 황반변성의 발병률도 높다(〈그림 16-6〉 참조).

(1) 백내장(Cataracts)

백내장은 수정체가 혼탁해져서 생기는 병이다. 한 조사결과에 의하면 우리나라 노인들은 70대에 이르면 약 70%가 백내장에 걸리는 것으로 나타났다. 수정체는 통증을 느낄 수 없는 섬유질로 구성되어 있으므로 백내장이 발병해도 통증을 느끼지 못한다. 처음에는 시야가 흐릿하게 보이다가 증세가 악화되면 안개가 낀 것처럼 부옇게 변한다(Quinlan & Giblin, 2022).

한쪽 눈이 백내장이면 수년 내에 다른 쪽 눈도 백내장이 된다(Corso, 1987). 백내장은 높은 혈당치와 연관이 있는데 이것은 당뇨병 환자에게서 백내장의 발병률이 높은 것을 설명해 준다(Olafsdottir, Andersson, & Stefansson, 2012; Shukla & Tripathy, 2022).

백내장의 또 다른 원인은 자외선 과다노출, 신진대사 질환, 눈 속의 염증, 염색체 이상 등이며, 이 중에서 가장 빈도가 높은 것은 노화현상으로 인한 노인성 백내장이다.

백내장은 비교적 간단한 수술로 치유될 수 있다. 즉, 혼탁한 수정체를 제거하고 그 자리에 인공 수정체를 삽입한다(Grewal et al., 2016; Jackson, Edmiston, & Bedi, 2020; Marra et al., 2016; Michalska-Malecka et al., 2013; Moshirfar, Milner, & Pael, 2022).

(2) 녹내장(Glaucoma)

녹내장은 눈 안의 압력, 즉 안압이 높아져서 시신경이 눌려 손상을 받고, 그 결과 시야가 이상하게 보이는 질환이다(Akpek & Smith, 2013; Smith, 2022; Serbin et al., 2020). 60~85세 사이의 노인들에게서 녹내장이 급격히 증가한다. 연령과 관련된 녹내장의 발병률 증가는 수정체 두께의 변화, 홍채 및 그 주위 조직의 경직과 연관이 있다. 안압은 또한 최고혈압과 관련이 있는 것으로 보인다. 혈압을 조절하는 약을 처방하면 안압이 낮아진다(Gillies & West, 1981; Strempel, 1981).

녹내장은 대부분의 경우, 망막이 회복 불가능할 정도로 손상될 때까지 아무 증상이 없는 것이 특징이다. 녹내장은 한 번 발병하면 이미 손상된 시신경이 다시 복구되지 못하므로 시각장애인이 되는 요인이 된다. 그러나 녹내장의 원인이 되는 높은 안압은 심각한 손상이 있기 전에 안압계를 통해 감지될 수 있다. 조기발견이 매우 중요하므로, 50세가 넘으면 정기적으로 녹내장 검사를 받도록 한다. 다행히도 녹내장을 조기발견하여 안압을 낮출 수 있는 안약을 사용하면 실명을 막을 수 있다(Jindal, 2013; Lambiase et al., 2009; Sentis et al., 2016).

(3) 황반변성(Macular Degeneration)

눈 안쪽 망막의 중심부에 위치한 신경조직을 황반이라고 하는데, 황반변성은 이 황반부에 변성이 생겨 시력장애를 일으키는 질환이다. 황반변성은 주변 시력은 정상이지만 중심 시력이 저하되는 병으로(사진 참조), 심할 경우 시력을 완전히 잃을 수도 있다(Owsley et al., 2016; Taylor, 2012). 황반변성의 원인은 노화, 스트레스, 비만, 고혈압, 유전 및 가족력 등의 요인이 있지만 그중에서도 흡연이 가장 큰 위험인자인 것으로 밝혀졌다(Schmidt et al., 2006). 줄기세포를 이용하여 황반변성을 치료하기도 한다(Maeda et al., 2022; Munoz-Ramon, Hernandez Martinez, & Munoz-Negrete, 2020).

사진 설명 황반변성으로 인한 시력장애

(4) 당뇨망막병증(Diabetic Retinopathy)

당뇨망막병증은 당뇨로 인한 대표적인 안과 합병증으로 시력저하를 일으키고 심하면 실명으로 이어질 수도 있다(National Eye Institute, 2019). 당뇨망막병증은 지속적인 고혈당으로 인해 모세혈관이 손상되면 혈관 내 물질이 망막조직으로 새어나가 망막이 붓게 되고, 신생혈관이 발생하는데, 신생혈관은 기능과 구조가 비정상적이며 혈관벽이 매우 약해 쉽게 파괴되어 출혈을 일으킨다(〈그림 16-7〉 참조). 출혈에 의해 시력이 저하되며 섬유화 증식[2]이 발생하여 망막조직이 떨어지는 견인 망막박리가 발생할 수 있다. 당뇨가 발생한지 오래될수록 발병률이 높아지기 때문에 당뇨병 환자는 정기적인 검진을 받는 것이 좋다. 치료방법으로는 약물치료, 레이저치료, 수술치료 등이 있다.

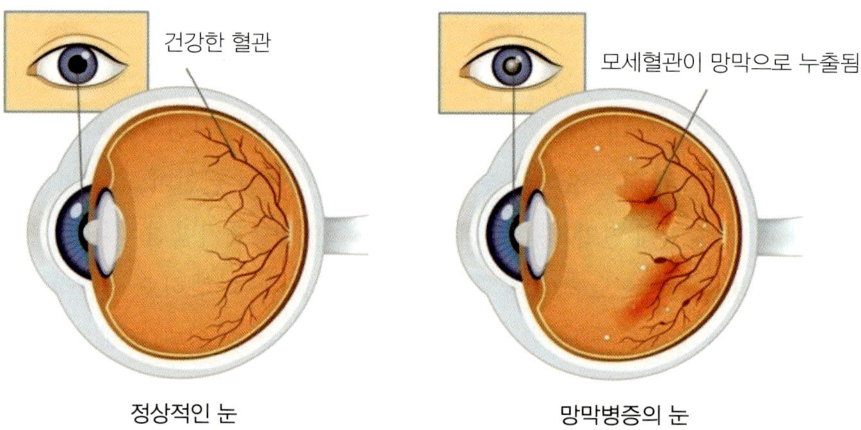

〈그림 16-7〉 당뇨망막병증의 눈

2) 청각

연령에 따른 청각문제는 시각과 비슷한 양상을 띤다. 시각과 마찬가지로 40세경에 청력손상이 나타나기 시작해서 60세 이후에 크게 증가한다(Li-Korotky, 2012). 중년기에는 청각이 점진적으로 감퇴하는데, 특히 고주파수의 소리에 대해 그러하다(Schaie & Geitwitz, 1982). 이것을 의학적으로 노인성 난청이라고 부른다(Rees, 2000).

노인성 난청(presbycusis)은 달팽이관(〈그림 16-8〉 참조)의 청각세포와 세포막의 손상

2) 신생혈관과 함께 수축하는 성분으로 구성된 막과 같은 조직이 자라나는 것을 말한다.

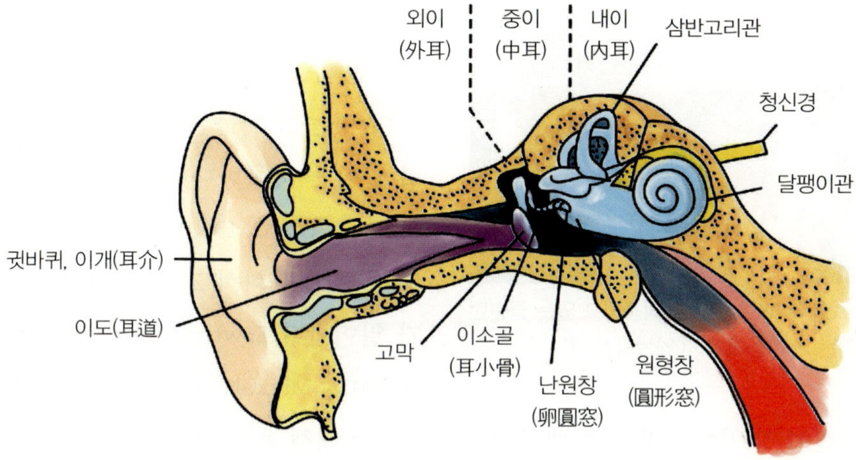

〈그림 16-8〉 귀의 도형

으로 인해 발생한다. 노년기의 또 다른 청각문제는 일명 '귀울음'이라고도 하는 이명(耳鳴)[3] 현상이다. 이명 현상은 한쪽 귀에서만 발생할 수도 있고, 양쪽 귀 모두에서 발생할 수도 있다. 이명 현상은 중년기가 되면 젊은 사람의 3배, 노년기가 되면 4배나 높게 발생한다(Rosenhall & Karlsson, 1991). 이명은 소리에 대한 노출이 많은 직업(예를 들면, 광부나 자동차 제조공)과 관련이 있는 것으로 보이는데, 치료는 불가능하지만 그 상태에 점점 적응하게 된다고 한다(Micozzi, 1997).

청력감소는 노년기에 대단히 보편적인 현상인데, 정도의 차이가 있겠지만, 65세에서 74세 사이의 노인 10명 중 3명 정도가, 75세에서 79세 사이의 노인 중 약 반수 정도가 청력이 감소되는 것을 경험한다. 그런데 시력감퇴는 금방 알 수 있지만, 대부분의 청력감퇴는 일상생활에 큰 지장을 주지 않기 때문에 잘 감지되지 않는다(Pacala & Yeuh, 2012).

청력손상은 일반적으로 고주파수의 음(high frequency sound)에서 더욱 크다(Brant & Fozard, 1990). 따라서 노인들은 남성보다 여성의 소리를, 베이스보다 소프라노를, 저음 전용 스피커보다 고음용 확성기 소리를 더 잘 듣지 못한다. 모든 연령에서 남성들은 여성보다 고주파수의 음을 잘 듣지 못하고, 연령이 증가하면서 더욱 그러하다(Brant & Fozard, 1990; Morrell & Brant, 1991).

3) 청신경에 병적 자극이 생겨, 환자에게만 어떤 종류의 소리가 연속적으로 울리는 것처럼 느껴지는 일.

사진 설명 (a) 보청기 (b) 보청기를 착용하고 있는 클린턴 전 대통령(보청기는 거의 눈에 띄지 않는다.)

청력손상은 노인들이 말을 잘 이해하지 못하는 주요 원인 중의 하나이다. 청력손상이 있는 노인들은 특히 빨리 하는 말을 잘 알아듣지 못한다(Bond & Garnes, 1980; Brant & Fozard, 1990). 말을 똑똑히 알아듣지 못하면 사회적 고립, 우울증, 정서장애가 일어난다(Lawrence et al., 2020; Mick et al., 2018; Mikkola et al., 2016). 청각장애인들은 자신이 잘 알아듣지 못한 대화내용을 자기에 대해 욕을 하는 것으로 오해하거나, 고의적으로 자신을 대화에서 배제시킨다고 느낀다(Fozard, 1990). 그렇게 본다면 청력이 손상된 사람들이 어째서 고립감과 고독감을 더 느끼는지 그리고 성격이 괴팍해져서 다른 사람들과 잘 지내지 못하는지 쉽게 알 수 있다(Li-Korotky, 2012). 우리는 여기서 다시 한 번 신체발달이 정서발달에 어떻게 영향을 미치는가를 볼 수 있다.

보청기(사진 참조)는 청력 감소를 어느 정도 보완해준다. 그러나 소수의 노인들만이 보청기를 착용하는데, 이는 보청기에 적응하기가 어렵기 때문인 것으로 보인다. 특히 보청기는 착용자가 듣기를 원하는 소리뿐만 아니라 배경의 잡음까지 증폭시키기 때문이다. 게다가 보청기를 착용하는 것이 "나는 늙었소"라고 광고를 하는 것 같다고 느끼는 사람들이 많다.

3) 기타 감각

사진 설명 신선한 재료와 풍부한 양념으로 조리하면 미각과 후각을 자극할 수 있다.

노인이 되면 시각과 청각의 감소뿐만 아니라 미각과 후각도 쇠퇴한다(Doets & Kremer, 2016; Mistretta, 1984; Murphy, 1983; Saxon & Etton, 2003). 노인들이 음식이 더 이상 맛이 없다고 불평할 때, 이는 맛봉오리의 수가 줄어들고 후각이 쇠퇴했기 때문일 수 있다. 단맛과 짠맛에 비해 쓴맛과 신맛에 대한 감각이 더 오래 지속된다(Bartoshuk, Rifkin, Marks, & Bars, 1986; Weiffenbach, Tylenda, & Baum, 1990).

음식의 맛은 후각에 의해 영향을 받는다. 나이가 들

면서 뉴런의 감소와 함께 후각구의 위축이 나타난다. 그러나 지금까지 그러한 변화가 후각의 손상을 초래한다는 결정적인 증거는 발견할 수 없다. 건강과 같은 요인이 후각과 미각에 영향을 미치는 것으로 보인다(Myslinski, 1990; Rawson, 2006; Schieber, 1992; Weiffenbach, Tylenda, & Baum, 1990).

촉각 또한 연령과 함께 쇠퇴한다(Garcia et al., 2019; Mantyh, 2014). 이것은 피부의 변화, 즉 피하층의 지방과 수분이 감소한 때문이기도 하고, 말초신경의 수가 감소한 때문이기도 하다. 촉각의 쇠퇴는 손가락 끝이나 손바닥, 하지(下肢)부분에서 특히 더 심하다(Corso, 1977).

4) 반응시간

노화와 반응시간에 관한 연구결과는 일관성 있게 연령이 증가하면 반응시간이 증가하는 것으로 나타났다. 단순한 과제에서는 반응속도가 20% 감소하고, 복잡한 과제에서는 50% 감소한다(Cerella, 1990). 반응시간의 증가는 중추신경계가 정보를 처리하는 속도 변화를 반영하는 것인데, 중추신경계는 연령이 증가하면서 굼뜨게 된다. 정보처리속도의 감소는 학습, 기억, 지각, 지능에서의 연령 차이를 설명할 수 있다(Birren & Fisher, 1992; Salthouse, 1994).

연령이 증가하면서 반응시간이 왜 오래 걸리는가? 회복불능의 신경의 노후화, 뇌로 가는 혈액 흐름의 감소, 정보처리 과정의 비효율성의 요인들이 모두 복합적으로 상호작용하는 것으로 보인다(Birren & Fisher, 1992). 한 연구(Emery, Burker, & Blumenthal, 1992)에 의하면 반응시간은 운동에 의해 개선되는 것으로 보인다. 운동을 하는 노인들(60~70대)의 경우, 평균 반응시간이 운동을 하지 않는 젊은이들(20대)보다 짧은 것으로 나타났는데, 이는 운동을 하면 뇌로 가는 혈액의 흐름이 증가하기 때문이다.

Charles F. Emery

5) 수면장애

노인들로부터 가장 자주 듣게 되는 불평 중의 하나가 숙면을 취하지 못한다는 것이다. 한 연구(Vitiello & Prinz, 1991)는 25~40%의 노인들이 수면장애를 갖고 있음을 보고

하였다. 수면장애는 노화로 인한 생물학적 변화 때문에 발생한다.

수면은 모두 다섯 단계로 이루어지는데, 첫 4단계가 비 REM(rapid eye movements) 수면상태이고 마지막 다섯 번째 단계가 REM[4] 수면상태이다. 그리고 제4단계에서 가장 깊은 잠에 빠지게 된다. 수면단계는 주기적으로 반복되는데 하룻밤에 4~5회 반복된다. 뇌파활동은 매 단계마다 그 특성이 다르다.

수면에는 눈동자가 움직이느냐 움직이지 않느냐에 따라 REM 수면과 비 REM 수면이 있다. REM 수면은 눈동자의 빠른 움직임과 동시에 몸을 움직이며, 빠르고 불규칙한 호흡 및 맥박이 나타난다. 소리를 내거나 꿈을 꾸는 것은 REM 수면에서 빈번하게 일어난다. 비 REM 수면은 조용하고 깊은 잠으로서 호흡이나 맥박이 규칙적이며 몸의 움직임도 줄어든다.

질병이 없는 상태에서도 정상적인 노화과정으로 인해 뇌파활동이 느려지고, 매 단계의 지속시간이 변한다. 수면실험 결과 노인들은 3, 4, 5단계의 수면시간이 감소하고 얕은 잠을 자는 것으로 나타났다. 노인들은 1, 2, 3, 4단계와 5단계(REM 수면) 사이의 주기가 짧고, 따라서 이 동안에 잠에서 쉽게 깨게 된다(Fetveit, 2009; Vitiello & Prinz, 1991).

노인들은 낮잠으로 수면부족을 보충하려고 하지만 이로 인해 밤에 숙면을 취하지 못하게 되는 악순환이 계속된다. 낮에 몸을 많이 움직이고(신체활동), 카페인 섭취를 줄이며, 수면제 사용을 피하고, 낮잠을 줄이며, 수면환경을 개선함으로써 수면장애를 완화시킬 수 있다(Morin, Savard, & Ouellet, 2013; Vanderlinden, Boen, & van Uffelen, 2020).

그러나 노년기 수면장애는 수면 중 일시 호흡정지, 간헐적인 다리의 움직임, 심장통 때문에 발생할 수 있는데, 이 경우에는 약물치료를 받아야 한다(Bootzin & Engle-Friedman, 1988; Buchholz, 1988). 우울증과 불안감 역시 노년기 불면증에서 관찰된 바 있다(Morin & Gramling, 1989). 알츠하이머병이나 파킨슨병을 앓고 있는 노인들 또한 심각한 수면장애가 있는 것으로 밝혀졌다(Gabelle & Dauvilliers, 2010; Hita-Yanez, Atienza, & Cantero, 2013; Romanella et al., 2021). 또한 수면의 질은 심장질환, 치매, 여러 종류의 약 복용 등을 포함하는 뇌기능에 영향을 미치는 여러 가지 상황으로 인해 저하된다. 이와 같은 수면을 방해하는 상황들은 연령이 증가하면서 더 빈번해진다(Prinz, Dustman, & Emmerson, 1990).

4) 꿈꿀 때의 급속한 안구 운동.

5. 건강관리와 질병

노년기에 건강을 유지하고 이차적 노화를 방지하려면 건강한 생활습관을 갖는 것이 중요하다. 제4장에서 살펴본 바와 같이 여기에는 규칙적으로 적당한 양의 식사를 하는 것, 콜레스테롤을 피하는 것, 금연, 적당한 음주나 금주, 약물사용의 금지, 스트레스의 극복, 규칙적인 운동 등이 포함된다.

젊었을 때와 마찬가지로 노인들의 생활에서 운동은 중요한데, 성인기를 통한 규칙적인 신체단련은 고혈압과 심장질환에 대한 예방효과가 있는 것 같다. 게다가 규칙적인 운동은 순발력, 지구력 감소와 호흡 및 순환 같은 기본적인 기능의 감소를 줄이는 것으로 보인다. 규칙적인 운동을 하면 관절과 근육의 내구력과 유연성이 증대되어 부상당할 가능성을 줄이며, 관절염 증상과 허리통증을 가라앉히거나 방지하는 데 도움이 된다. 또한 집중력과 인지적 수행력이 향상되며, 불안과 가벼운 우울증을 경감시킬 수도 있다(Birren, Woods, & Williams, 1980; Blair, Goodyear, Gibbons, & Cooper, 1984; Bromley, 1974; Pardini, 1984).

대부분의 노인들은 양호한 건강상태에 있지만 만성적인 질병문제는 나이를 먹으면서 보다 빈번해지고 무력해지는 원인이 된다(Hirsch & Sirois, 2016). 가장 일반적인 질병은 관절염, 고혈압, 심장질환, 청력장애, 백내장, 다리, 둔부 또는 척추의 이상이다.

우리나라 노인의 건강상태와 영향요인을 알아본 연구(정진희, 1997)에서 우리나라 노인들에게 가장 흔한 질병은 두통, 허리 통증, 관절염(75.3%)이며, 그다음 소화기계통 질환(18.7%), 고혈압을 포함한 심장혈관 질환(18.7%)인 것으로 나타났다.

1) 관절염

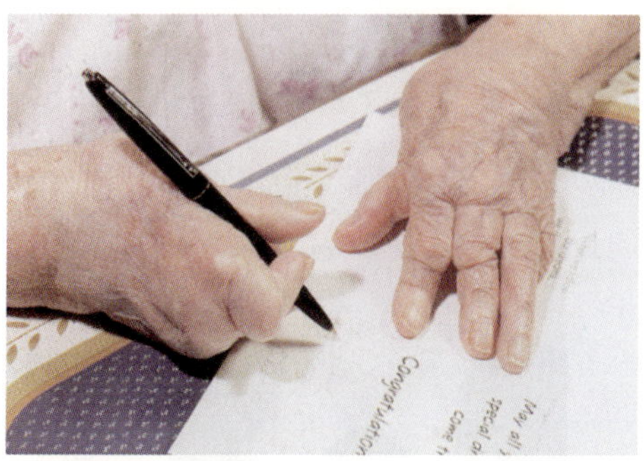

사진 설명 관절염은 손의 관절이 부어오르고 염증이 생기게 만든다.

관절에 생기는 염증인 관절염은 노인들에게서 볼 수 있는 보편적인 병이다. 관절염은 수년간 지속되고, 노화과정과 함께 더 심해질 수 있다. 100가지 정도 되는 관절염의 유형 중 가장 일반적인 것은 골관절염과 류마티스 관절염이다(Tonna, 2001).

골관절염(osteoarthritis)은 퇴행성 관절염으로도 불

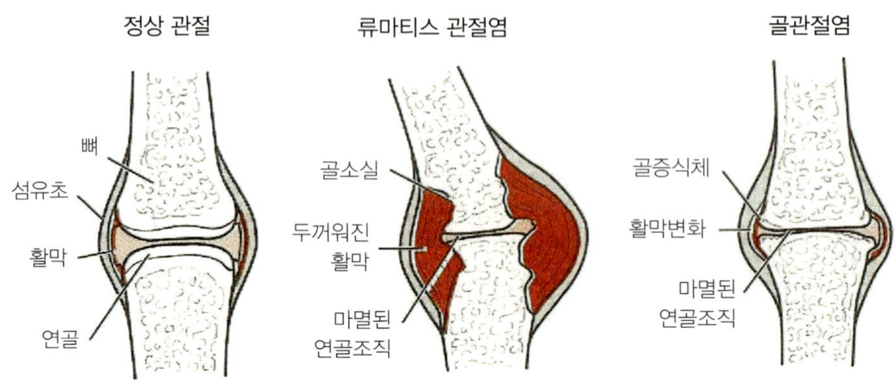

〈그림 16–9〉 정상 관절, 류마티스 관절염, 골관절염

리는데, 관절염 중 가장 일반적인 유형이다. 골관절염은 관절의 연골조직이 점차 마멸되는 특징이 있고(〈그림 16–9〉 참조), 무릎과 엉덩이 부위처럼 체중을 많이 지탱하는 관절과 연관이 있다. 대개 통증과 더불어 부풀어 오르는 증상이 있고 관절이 딱딱해진다. 관절이 굳어지는 증상은 활동을 함으로써 간단하게 경감시킬 수 있지만 재발할 수도 있다.

류마티스 관절염(rheumatoid arthritis)은 신체 내의 모든 연결조직에 영향을 준다(〈그림 16–9〉 참조). 이것은 서서히 진행되어 노년기 전에 발병하는데 남성보다 여성에게 더 일반적이다. 이 관절염은 세포막의 내부 또는 관절을 윤활하게 하는 곳에 염증을 일으킨다. 염증에 대한 반응으로 통증과 함께 부어오를 뿐만 아니라 피로감과 열을 동반한다. 연골조직은 마침내 파괴되는데 상처 난 조직이 손상된 연골조직을 대체함에 따라 관절은 점점 굳어지고 일그러진다.

두 가지 형태의 관절염에 대한 치료는 통증을 줄이고, 관절의 퇴화를 멈추게 하며, 유동성을 유지시키는 데 있다. 아스피린과 소염제 그리고 신중하게 짜여진 운동 프로그램이 그 처방이 된다. 일반적인 생각과는 달리 휴식이 항상 관절염에 최선의 약이 되는 것은 아니다. 비록 휴식이 관절의 염증을 경감시킬 수는 있지만 지나친 휴식은 관절을 더 굳어지게 만든다. 따라서 의사는 걷기나 수영과 같은 운동을 매일 할 것을 권고한다. 관절이 심하게 손상된 경우에는 수술을 통해 통증을 줄이고, 다시 움직일 수 있게 한다(Jinesh, 2015; Verbrugge, Lepkowski, & Konkol, 1991; White et al., 2015; Wood et al., 2016).

James M. Lepkowski

2) 고혈압

제11장에서 보았듯이 고혈압은 지속적으로 상승된 혈압에 의해 생기는 병으로, 심장으로부터 신체로 혈액을 운반하는 동맥벽에 압력을 가하게 된다. 동맥벽에 압력을 가하는 과도한 힘은 동맥을 손상시키고, 더불어 심장, 뇌, 신장과 같은 신체기관에도 영향을 준다.

중년기에도 고혈압 환자가 많지만 노년기에는 발병률이 더 증가한다(Messerli, 1990). 혈압의 상승은 신체 내 모든 작은 동맥의 지름을 줄어들게 하고, 탄력성도 점차 감소하게 하기 때문에 노화과정의 일부로 여겨진다. 중년기와 마찬가지로 노년기에도 고혈압의 증상은 겉으로는 거의 나타나지 않는다. 심계항진(가슴이 두근거림), 심한 두통, 불안감이 고혈압의 징후이지만 감지되지 않고 수년간 경과하기 때문에, 노인들은 최소한 일 년에 한 번 정도 혈압검사를 받아야 한다. 고혈압을 치료하지 않으면 심장과 뇌질환을 일으킬 수 있다. 고혈압은 또한 흡연, 좋지 못한 식습관, 운동부족과 같은 요인에 의해 악화될 수도 있다.

3) 심장질환

노년기에는 심장질환의 발생률이 증가한다. 제11장에서는 심장발작에 관해서 살펴보았으므로 여기서는 다른 유형의 심장질환에 관해서 알아보고자 한다.

충혈성 심부전은 혈액을 방출하는 심장기능에 장애가 생기는 경우이다. 심장이 약해지면 신체기관으로의 혈액공급이 감소하고, 신체의 효율성과 지구력이 떨어진다. 보다 구체적으로 심장근육의 손상은 심장수축력을 감소시켜 동맥 속으로 흐르는 혈액순환이 덜 효율적이 된다. 그리고 혈액이 폐로 들어와 충혈을 일으킨다.

충혈성 심부전은 여러 원인에 의해 발생할 수 있다. 고혈압이 심장에 부담을 주어 발병하거나 노인의 경우 젊었을 때부터 지속된 심장의 손상이 부가적인 문제를 일으킨다. 예를 들면, 심장발작은 상처조직에 영향을 주지는 않지만 시간이 흐름에 따라 심장의 펌프활동능력이 줄어들게 된다. 또 다른 원인은 심장판막의 기형으로 인한 것이다. 그리고 가벼운 심장질환에 고열, 빈혈, 갑상선 문제가 겹쳐져서 발생할 수 있다.

충혈성 심부전 환자들은 호흡곤란과 폐의 수축을 경험한다. 대개 환자들은 가벼운 운동에도 빠른 심장박동과 심한 피로감을 느끼며, 침대에 가만히 누워 있어도 숨이 가

뻘 수 있다. 다른 증상으로는 밭은 마른 기침, 발목이 부어오르고, 찬 온도를 견디지 못하는 것 등을 포함한다.

충혈성 심부전은 심각한 장애로서 곧바로 치료를 받아야 한다. 심장의 능률과 힘을 회복하기 위해 휴식, 산소, 약물요법으로 치료한다. 수술이 필요할 때에는 상처 난 심장판막을 인공판막과 교체한다. 또한 심장에 혈액공급을 늘리기 위해 관상동맥에 바이패스(bypass) 형성수술을 한다.[5]

4) 암

암은 인생의 어느 단계에서든지 발생할 수 있지만 〈그림 16-10〉에서 보듯이 연령이 증가할수록 발병률이 증가한다(Frazer, Leicht, & Baker, 1996). 모든 암의 $^1/_2$ 이상이 65세 이상의 노인에게서 발생하며, 여성보다 남성에게 발생빈도가 높다.

장암, 폐암, 전립선암이 남자노인들에게서 볼 수 있는 가장 보편적인 암이다. 60세

Robert V. Kail

John C. Cavanaugh

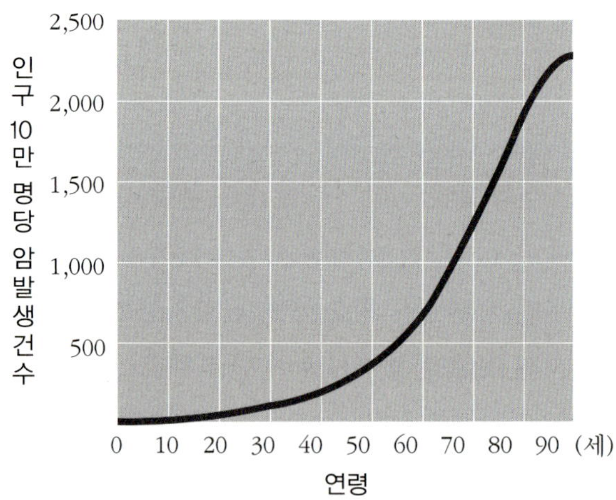

〈그림 16-10〉 연령과 암발생률

출처: Kail, R. V., & Cavanaugh, J. C. (2000). *Human development: A life-span view.* (2nd ed.). Wadsworth/Thomson Learning.

5) 관상동맥 바이패스 수술은 좁아지고 막힌 동맥들 주위로 새로운 길을 만들어서 심장에 충분한 혈액이 공급되게 하는 수술이다.

이상 노인의 반 정도가 전립선 비대로 인해 불면, 요실금 증상을 보이고 있다. 폐암은 연령보다는 흡연과 더 관련이 있는 것으로 보인다. 여자노인의 경우 유방암과 자궁암의 발생률이 높다.

특정 식습관이나 생활양식뿐만 아니라 연령이 증가하면서 암의 발생률이 높아지는 데에는 몇 가지 요인이 작용한다. 연령이 증가하면서 면역력이 저하되고, 발암물질에 노출되는 기간이 길어지는 것 등이 암발생과 관련이 있다.

6. 건강서비스

노인들에 대한 건강서비스를 강화한다면 노인들의 건강한 삶을 가능하도록 할 수 있는데, 건강한 삶은 사회적 비용을 줄이는 한 요인이 되기 때문에 개인과 사회 모두에게 긍정적인 요소로 작용하게 된다. 노인인구의 건강문제, 특히 질병 예방차원의 건강서비스 제공과 노인성 질환의 문제에 어떻게 대처하는가는 개인의 행복과 사회의 안정에 영향을 줄 수 있는 한 요인이 될 것이다. 다행스러운 것은 최근 고령노인 인구의 증가와 함께 건강하고 활기찬 생활을 스스로 개척하려는 노인의 수도 함께 증가하고 있고, 고령화 사회에 대비하려는 사회적 관심 또한 그 이전과 달리 빠른 속도로 증폭되고 있다는 점이다.

그러나 비록 노인인구의 건강에 대한 자각과 사회적 관심이 크게 증가하였다고는 하나, 경제적 · 사회적 여건이나 개인적인 상황이 여의치 못해 다른 사람의 도움을 필요로 하는 노인인구 또한 증가 추세에 있다. 이러한 이유로 노인 건강서비스에 대한 공공의 역할과 더불어 민간과 연계된 공적 서비스의 유기적 협조가 매우 필요하다고 하겠다.

우리나라의 국민건강보험공단(2016)에서 조사한 65세 이상 노인들의 의료시설 이용실태 분석결과에 따르면, 65세 이상 노인인구는 해마다 증가추세를 보이며, 2015년 말에는 622만 명으로 전체인구의 12.3%에 달하였으며, 이러한 노령인구의 증가는 출산율 저하와 평균수명 연장 등의 요인으로 앞으로도 더 큰 폭의 증가세를 보일 것으로 예상되고 있다. 그러나 문제는 12.3%의 노인인구가 의료 진료비에서 차지하는 비율이 37.8%에 이른다는 점이다. 이는 전체인구에서 노인인구가 차지하는 비율과 비교할 때 노인 진료비 지출이 약 3배 이상 높은 것으로서, 노인의 신체적 조건이 비노년층에 비해 열세인 것을 고려하더라도 비교적 높은 수치에 해당한다고 하겠다. 즉, 사회적 기회비용을 효과적으로 사용할 수 있는 방법과 대안을 필요로 하는 시점이 되었음을 의미하는 것이다. 2016년 건강보험료 수가(酬價)의 인상요인 중 하나가 노인인구의 증가와 노인 임플란트 지원, 4대 중증질환 보장성 확대라는 점을 지적하고 있는 건강보험공단의 원인 분석에서도 알 수 있듯이 노인인구의 건강서비스 문제는 이제 중요한 사회적 이슈가 되고 있다.

보건복지부가 발표한 2006년도 노인 건강서비스 정책에 따르면, 주로 저소득층의 노인들을 대상으로 하여 건강진단, 안(眼)검진과 개안수술, 치매상담 및 치매정밀검진에 관한 사업들이 시행되고 있다. 노인건강진단과 노인안검진 서비스는 저소득층의 노인건강을 체계적으로 보장하기 위해 마련된 서비스이며, 치매관리사업은 치매노인들이 보다 건강한 삶을 살 수 있도록 지원하는 지역사회의 치매관리사업인 것이다.

제17장

인지변화

노년기 인지변화 중 두 가지 중요한 것은 일반 지능과 기억력의 감퇴이다. 뇌세포는 청년기 이후 소멸되기 시작하고 대체되지 않는다. 그러나 성인기 동안 뇌세포 간의 신경회로 수가 증가함으로써 이러한 손실을 보완해준다.

어떤 심리학자들은 일반적인 지능이 노년기에 쇠퇴한다는 것은 속설에 불과하다고 주장하는 반면, 다른 학자들은 이런 설명은 낙관론일 뿐이라고 일축한다. 이 두 가지 관점을 고찰해보기 위해서는 서로 다른 연령층의 사람들에게 실시한 지능검사의 종류와 자료수집의 방법에 관해 알아볼 필요가 있다.

노년기의 인지변화 중 가장 심각한 것이 기억력 감퇴이다. 노년기 기억력 감퇴에 영향을 미치는 요인으로는 생물학적 요인, 환경적 요인, 정보처리의 결함 요인 등이 있다. 한편, 지혜와 같은 능력은 노년기에도 그대로 유지되거나 심지어 증가한다고 보는 입장도 있다.

이 장에서는 지능검사의 종류, 자료수집의 방법, 노년기의 지적 능력에 영향을 미치는 요인, 기억, 문제해결능력, 지혜 등에 관해 살펴보고자 한다.

1. 지능검사의 종류

유동성 지능과 결정성 지능의 구분은 노년기의 인지변화에 관한 논쟁에서 매우 중요한 의미를 갖는다. 이 구분을 밝히는 데 도움을 준 Horn과 Donaldson(1980)은 유동성 지능을 지능의 핵심이라고 보았으며, 이러한 핵심영역에서 지능상의 노화는 내리막길이라고 보았다. 유동성 지능은 새로운 문제를 해결하는 데 필요한 것으로 노년기에는 쇠퇴하는데 이는 아마도 신경학적 손상 때문인 것 같다.

반면, Schaie와 Baltes(1977)는 유동성 지능은 쇠퇴하나 결정성 지능은 노년기에도 그대로 유지되거나 심지어 증가한다고 보는 입장이다. 그들은 또한 새로운 능력, 즉 지혜와 같은 능력의 출현을 강조한다. 지혜는 책에서 배운 것, 전문지식, 실용적 지식 등이 모든 것에 의존하지만 그 이상의 것이다. 지혜는 인생에 대한 깊은 통찰력과 어려운 인생문제에 대한 대처능력을 제공해준다.

Christopher Hertzog

또 다른 연구(Schaie & Hertzog, 1983)에서는 유동성 검사의 경우 훈련을 받으면 검사점수가 높아질 수도 있다고 주장하였다. 이와 같이 연구자들은 전반적인 지능감퇴라는 가정은 입증되지 않았다고 강조한다.

Salthouse(1982)는 노인들을 대상으로 웩슬러의 성인용 지능검사를 실시하였다. 연구결과 어휘력은 70세까지 안정적이거나 증가하였다. 상식문제에서는 연령에 따른 차이가 없었고, 이해력은 50~60세까지는 차이가 없다가 그 후 약간 감소하였다. 공통성문제에서는 연령이 증가하면서 약간 감소하였고, 산수문제에서는 50세까지는 비교적 안정적이다가 그 후 약간 감소하였다. 숫자문제에서는 연령이 증가함에 따라 잘하지 못했다.

동작성 검사에서는 그와는 다른 양상을 보였는데 블록짜기와 그림차례 맞추기는 일찍부터 감소하기 시작했다. 웩슬러의 언어성 검사는 결정성 지능을 반영하고, 동작성 검사는 유동성 지능을 반영한다. 일반적으로 유동성 지능은 50세 이후 급격히 감소하지만 결정성 지능은 70세까지도 증가한다(Horn & Donaldson, 1980). 이와 같이 언어능력은 비교적 안정적인 반면, 비언어능력은 계속적으로 감소하는 양상을 노화의 고전적 양상(classic pattern of aging)이라고 부른다(Belsky, 1990; Botwinick, 1984).

2. 자료수집의 방법

앞의 장(제5장과 제12장)에서도 지적했듯이 횡단적 연구와 종단적 연구는 성인기 인지변화에 있어서 서로 다른 양상을 보여준다. 횡단적 연구결과에 의하면 지능은 아동기 동안 증가하여 청년기 또는 성년기에 절정에 달하며, 중년기부터 감소하는 것으로 나타났다.

노년기에 지적 능력이 감소한다는 사실은 수많은 횡단연구의 결과 밝혀졌다. 예를 들면, 웩슬러 성인용 지능검사를 사용하여 노년기의 지능을 측정한 결과 Wechsler(1958), Eisdorfer(1963) 그리고 Botwinick(1970) 등은 노인들이 젊은이들보다 점수가 낮은 것으로 보고하였다.

Carl Eisdorfer

오늘날의 노인들은 1930년대 경제공황과 1940년대 세계대전을 겪으면서 교육을 제대로 받지 못했다. 지능검사는 주로 학교에서 배우는 지식과 관련이 많으므로, 교육을 받지 못한 노인들의 지능을 측정하는 데에 적당하지 않다. 많은 노인들은 또한 검사에서 높은 점수를 받으려는 동기가 결여되어 있고, 관심도 별로 없으며 지루해한다. 반면, 젊은 성인들은 교육을 많이 받았을 뿐만 아니라 시험을 잘 보는 기술이 있다. 즉, 실제로 지식이 없다 하더라도 어느 것이 정답인지 선택하는 기술을 갖고 있다.

반면, 종단적 연구결과에 의하면 지능은 50세까지 증가하며 60세 정도에서 안정되는 것으로 나타났다. Shay와 Roth(1992)의 종단연구에서 동작성 지능은 연령증가에 따라 감소하지만 언어능력은 비교적 안정적인 것으로 나타났다. 시애틀 종단연구(Schaie, 1994)에서도 단어유창성만이 50세에 감소하는 것으로 나타났다. 그 외는 25세와 비교했을 때 88세도 언어능력이 거의 감소하지 않았다.

그러나 횡단적 연구와 종단적 연구는 모두 결점이 있다. 횡단적 연구에서는 동시대 출생집단 효과가, 종단적 연구에서는 선택적 탈락 현상 및 연습 효과가 있다. 이러한 결점을 극복하기 위해, 또 두 가지 검사 간의 불일치를 해결하기 위해 Schaie와 그의 동료들은 새로운 접근법을 개발하였는데 순차적 접근법이 그것이다.

Schaie 등은 1956년에 시애틀에서 20세부터 70세까지의 연령에 걸쳐 500명을 무작위로 추출하여 각 집단마다 남녀 각각 25명씩을 검사하였다. 그리고 매 7년마다 원

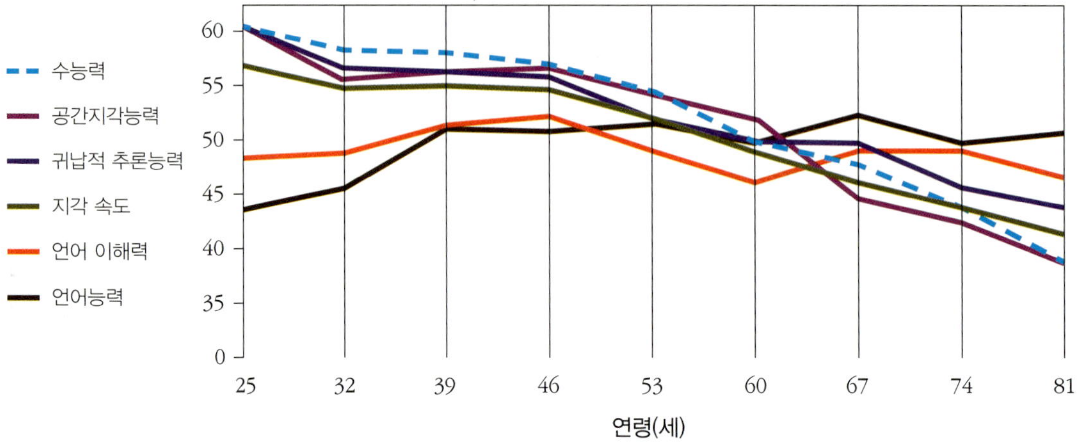

〈그림 17-1〉 연령과 지적 능력의 변화

출처: Schaie, K. W.(1994). The course of adult intellectual development. *American Psychologist, 49*, 304-313.

래의 피험자들을 재검사하였고, 새로운 피험자들을 연구에 첨가시켰다. 1984년에는 2,000명 이상에게 동의어 찾기, 공간적 관계에 관한 이해(공간에 있는 그림을 마음속으로 회전시키는 것), 어휘력(5분 내에 'S'로 시작되는 단어를 가능한 한 많이 쓰도록 한다), 논리적 문제, 수리력 문제와 같은 시간제한이 있는 과제에 대해 검사를 실시하였다.

이 연구에서 발견한 노년기 인지변화에 대한 몇 가지 결론은 다음과 같다.

(1) 변화의 다차원성: 모든 지적 능력에서 연령과 관련된 일정한 패턴은 없다. 어떤 능력은 25세경에 시작해서 성인기 내내 감소하지만 어떤 능력은 비교적 안정적이다(〈그림 17-1〉 참조). 새로운 문제와 상황을 다루는 능력인 유동성 지능은 연령과 함께 감소하지만 정보의 저장, 기술, 책략 등의 결정성 지능은 안정적이거나 증가하기도 한다(Schaie, 1993).

(2) 개인차의 다양성: 지적 능력의 변화에서 개인차가 크다. 어떤 사람의 지적 능력은 30대에 쇠퇴하기 시작하나 어떤 사람의 지적 능력은 70대까지 쇠퇴하지 않는다. 사실 70대의 $^1/_3$이 성년기 성인의 평균점수보다 높다. 개인의 지능은 건강, 직업의 종류, 교육수준과 같은 요인의 영향을 받는 것으로 보인다.

(3) 문화적 · 환경적 영향: 노년기의 지적 능력 감소의 정도에 환경적 요인과 문화적 요인이 작용한다. 서로 다른 시대에 태어난 사람들은 서로 다른 종류의 인생경험을 하기 때문에, 성숙한 다음에는 서로 다른 유형의 지적 기능을 보여준다. 예를 들면, 보다

최근에 태어난 사람들은 대체로 공식적인 교육을 보다 많이 받았으며, 대중매체를 통한 정보에 더 많이 노출되었고, 보다 많은 검사를 받았다. 그리고 보다 건강하며, 신체적인 노력보다는 사고에 의존하는 직업을 갖고 있는 경향이 있다. 이 모든 요인들이 동시대 출생집단 간의 차이에 기여한다.

사진 설명 노년기에도 계속해서 지적 활동을 하는 경우 높은 수준의 지적 능력을 유지할 수 있다.

3. 노년기의 지적 능력과 영향요인

노년기 지적 능력에 영향을 주는 요인들로는 교육수준, 직업수준, 불안수준, 건강상태, 생활양식, 지적 능력의 급강하 현상 등이 있다.

1) 교육수준

일반적으로 연령과 교육수준 간에는 역상관 관계가 있다. 왜냐하면 나이가 많은 사람일수록 시대적 여건이 나빠 교육을 적게 받았기 때문이다. 그러므로 연령의 증가에 따른 지능의 쇠퇴는 사실상 교육수준의 영향이라고 볼 수 있다. 만일 교육수준을 통제한다면 연령과 지적 능력 사이의 역상관 관계가 감소할 것이다.

2) 직업수준

일반적으로 교육수준과 정적 상관이 있는 직업수준 또한 지적 능력에 영향을 미친다. 사고와 문제해결을 요하는 직업에서 여전히 인지능력을 활용하고 있는 노인들은 그렇지 못한 노인들보다 지능의 쇠퇴가 적게 일어난다. 특히 문제해결의 재료가 자기 자신에게 익숙하고 항상 다루고 있는 것인 경우에는 익숙하지 못한 재료의 경우보다 지능의 쇠퇴가 적었다(Labouvie-Vief & Gonda, 1976; Poon & Fozard, 1978). 예를 들면, 변호사나 교사와 같이 언어기술을 요하는 직업의 경우 웩슬러의 언어성 검사점수가 높고, 건축가나 엔지니어와 같이 보다 추상적이고 유동성 기술을 요하는 직업의 경우 동작성 검사점수가 높았다.

3) 불안수준

불안은 지능검사 점수에 부정적인 영향을 미친다. 노인들은 특히 검사를 받는 상황에 익숙하지 않으며, 오랫동안 지능검사를 받지 않았기 때문에 불안해할 수 있다. 노인들은 문제를 풀 수 있는 자신의 능력에 대한 자신감이 적으며, 자기가 잘못하리라는 예감은 자기실현적 예언이 될 수 있다. 또는 지능검사 자체가 그들에게는 별 의미가 없기 때문에 동기가 적을 수도 있다.

4) 건강상태

건강과 감각기능 또한 지적 능력에 영향을 미친다. 일반적으로 나이가 많을수록 여러 가지 건강문제가 발생한다. 따라서 노년기의 지적 능력 감소는 연령 그 자체보다는 건강과 관련된 요인일 가능성이 많다. 예를 들면, 동맥경화증으로 좁아진 혈관은 뇌의 혈액공급을 감소시키고, 그 후유증으로 심장병을 일으킬 수 있다. 악성 종양은 뇌와 다른 신체부위로 전이되거나 혈액순환에 지장을 초래할지도 모른다. 심장혈관 질환, 고혈압, 폐기종, 급성 전염병, 영양실조, 운동부족, 상해, 외과수술 등은 일시적으로 또는 영구적으로 뇌에 산소공급의 감소를 초래한다.

노인들은 보고 듣기가 어렵기 때문에 정보처리 과정이 젊은 사람보다 느리다(Schaie & Parr, 1981). 과제수행 또한 협응과 기민함이 부족하기 때문에 잘하지 못한다. 지적 수행에서의 속도감소는 노년기 신체적 수행에서의 속도감소와 유사하다. 이러한 감소는 노년기에 뇌와 중추신경계에서 일어나는 변화와 병행한다. 예를 들면, 정보처리속도와 반응시간이 점차적으로 느려진다.

5) 생활양식

교육수준이 높고, 중산층 이상이며, 지적인 배우자와 함께 살고, 신체적 · 정신적으로 활동적인 생활양식을 가진 사람들은 지적 능력을 유지하거나 심지어 증가하는 것으로 보인다(Jarvik & Bank, 1983; Schaie, 1990a). 사회적 지위가 낮고, 활동이 거의 없으며, 생활만족도가 낮은 혼자된 여자노인의 경우 지적 능력이 크게 감소되는 것으로 나타났다(Gribbin, Schaie, & Parham, 1980; Schaie, 1984b). 이러한 노인들은 사회생활에서 이탈된 것으로 보인다.

6) 인지능력의 급강하 현상

노년기의 지적 능력에 영향을 미치는 또 다른 요인은 사망 직전의 지적 능력 급강하 현상이다(Gertsorf et al., 2016; Hülür et al., 2013; Thorvaldsson et al., 2008). Kleemeier (1962)의 주장에 의하면, 지적 능력의 감퇴는 사실상 사망 직전 5년 정도가 될 때라야 비로소 확실히 나타난다고 한다. 이것을 지적 능력의 최종적 급강하 가설(terminal drop hypothesis)이라고 부르는데, 이 가설에서는 생물학적 연령에 관한 하나의 새로운 지표를 얻을 수 있게 된다. 다시 말하면, 연령을 단순히 출생한 때로부터 계산하기보다는 지금 이 순간부터 사망까지가 몇 년 더 남았는가 하는 것이 중요한 의미를 갖는다는 것이다. 이와 같은 연령계산은 지적 능력이 감퇴하는 정도에 따라 어느 정도 예언이 가능한 것이다.

Kleemeier(1962)는 13명의 남자노인을 대상으로 12년에 걸쳐 그들의 지적 능력의 변화과정을 검사했는데, 지적 능력이 갑작스럽게 감퇴한 노인들이 능력 감퇴가 적은 노인들에 비해 더 일찍 사망하는 것을 발견하였다. 곧 인지능력의 급강하 현상은 그의 사망이 멀지 않았음을 예언해 주는 지표가 될 수 있다. 물론 최종적 급강하 현상은 젊어서 죽는 사람들에게서도 나타나기 때문에 연령의 작용은 아니다. 그러나 그러한 현상은 노인들의 지적 능력의 평균 점수를 끌어내린다. 왜냐하면 노인들은 가까운 장래에 사망할 가능성이 더 많기 때문이다.

Palmore와 Cleveland(1976)의 연구에서는 듀크 종단연구에 참여했으나 이미 고인이 된 178명의 남성을 대상으로 생전의 검사점수를 조사하였다. 연구결과 신체 기능에서는 주요한 감소가 있기는 했지만 급강하 현상의 징후가 전혀 없었다. 그러나 지능검사에서는 그 현상이 나타났다. 이들의 IQ는 사망하기 몇 년 전까지는 비교적 안정적이었으나 이 시점부터 급격히 감소하였다. 결정성 지능검사나 비속도검사(특히 어휘력)에서 갑작스러운 감소는 죽음이 임박했음을 보여준다. 그러나 유동성 지능검사나 속도검사에서의 감소는 보다 점진적이고 급강하 현상이 나타나지 않았다.

White와 Cunningham(1988)의 연구에서도 어휘력, 수리력, 지각속도 등에서 급강하 현상을 연구하였다. 연구결과 어휘력 검사에서 사망하기 몇 년 전에 급격히 감소하는 것으로 나타났다. 따라서 지적 능력의 급강하 현상은 일반적으로 연령에 거의 영향을 받지 않는 어휘력이나 그 외 다른 언어능력을 크게 제한하는 것으로 보인다.

4. 기 억

한 노인이 아내가 일러준 물건을 몇 가지 사려고 슈퍼마켓에 갔다. 오렌지 주스와 상추 그리고 주방용 세제를 산 다음 그 노인은 아내가 사오라고 한 물건이 더 있는 것 같은데 그것이 무엇인지 기억할 수 없었다. 할 수 없이 구입한 물건을 계산하려고 계산대 앞에 서 있는데 아는 사람이 그 옆을 지나갔다. 그런데 그 사람이 누구인지 그리고 이름이 무엇인지 도무지 기억이 나지 않았다. 계산을 하고 나와서 주차장으로 가는데 어디에 차를 주차해 놓았는지 기억이 나지 않았다. 한참을 헤매다가 겨우 차를 찾아서 타고 나오면서 그 노인은 혼자 중얼거렸다. "인제 모든 것이 도무지 기억나지 않는구먼!" 그리고는 혹시 자신이 치매에 걸린 것은 아닌지 걱정하기 시작했다.

사진 설명 주차장이 넓은 장소에서 주차해 놓은 자신의 차를 찾지 못하는 일이 중 · 노년기에 가끔 발생한다.

노년기의 인지변화 중 가장 심각한 것이 기억력 감퇴이다(Poon, 1985). 노인들이 자신의 기억력 감퇴에 대해 어떻게 느끼며, 또 어떻게 대처하는가에 대한 연구가 행해졌다. 예를 들면, 한 종단연구에서 노인들로 하여금 자신의 기억력과 관련되는 경험을 일기에 적게 하였다. 노인들은 사람들의 이름, 약속시간, 사물이나 장소 등에 관하여 자신이 잊어버린 것을 기록하였고 이에 대해 매우 좌절감을 느끼는 것으로 나타났다(Cavanaugh, Grady, & Perlmutter, 1983). 이것은 어쩌면 노인들이 학습상황이나 검사상황에서 자신감을 상실하는 이유가 될지 모른다. 결과적으로 수행에 부정적 영향을 가져온다. 사실 노인들은 회상이나 재인검사에서 젊은이들보다 자신의 답에 확신을 덜 갖는 것으로 보인다(Bahrick, Bahrick, & Wittlinger, 1975).

그러나 다른 측면에서와 마찬가지로 기억에서도 노인들의 기능은 매우 다양하다. 그 이유를 이해하기 위해서는 기억이라고 불리는 단일한 능력은 없다는 점을 염두에 둘 필요가 있다. 제12장(중년기의 인지변화)에서 부호화, 저장(감각기억, 단기기억, 장기기억), 인출에 대해 자세히 살펴보았다. 여기서는 노년기 연구를 중심으로 이 세 과정을 살펴보고자 한다.

1) 부호화 과정

Timo Mantyla

정보를 부호화하는 최선의 방법은 기억 재료를 적절히 조직하는 것이다. 기억재료를 체계적으로 잘 정리해두면 그것이 필요할 때 찾는 일이 쉬워진다. 만약 기억재료가 아무 체계 없이 들어온 순서대로 저장된다면 나중에 필요할 때 큰 어려움을 겪게 될 것이다. 여러 연구 결과 많은 노인들이 나중의 인출을 위한 정보조직을 잘하지 못하는 것으로 나타났다(Bäckman, Mantyla, & Herlitz, 1990; Craik & Jennings, 1992). 젊은이와 노인들을 두 집단에 무작위 할당하여 단어 리스트를 외우게 하였다. 각 리스트는 의미의 유사성(예: 대양과 바다)이나 관계성(예: 피아노와 음악)에 따라 여러 개의 묶음으로 구성되어 있었다. 한 집단에게는 가능한 한 많은 단어를 외우도록 지시하였고, 또 다른 집단에게는 관계된 단어끼리 범주별로 조직하여 외우도록 지시하였다. 노인들의 경우 조직적 책략(organizational strategy)을 지시받은 집단에서 더 나은 수행을 하였다. 젊은이들은 그런 지시를 받았든 받지 않았든 스스로 그러한 책략을 사용하였다. 이 과제에서 몇 개의 단어를 회상하느냐 하는 것은 피험자가 단어 리스트를 조직하는 정도와 연관이 있기 때문에, 조직적 책략 지시를 받은 집단에서 기억수행에서의 연령 차이가 감소하였다.

2) 저장 과정

저장 과정은 다시 감각기억(sensory memory), 단기기억(short-term memory), 장기기억(long-term memory)의 세 과정으로 나뉜다.

(1) 감각기억

노인의 시각기억에 관한 연구에서는 연령 차이가 거의 없는 것으로 보이며(Cerella, Poon, & Fozard, 1982; Walsh, Till, & Williams, 1978), 청각기억에 관해서는 연구가 거의 없는 실정이다(Crowder, 1980). 노인들은 시력과 청력이 떨어지기 때문에 잘 지각하지는 못하지만 일단 지각된 것(예를 들면, 전화번호부의 전화번호)은 젊은 성인과 마찬가지로 좋은 감각기억을 갖는 것으로 보인다(Craik, 1977; Labouvie-Vief & Schell, 1982).

(2) 단기기억

단기기억에서는 연령에 따른 감소가 있다. 노인들은 단기기억에서 기억하는 숫자나 단어 등의 자료가 훨씬 적다(Craik & Jennings, 1992). 그러나 지능검사나 일반적인 인지검사에 의하면 중년기나 노년 초기의 단기기억의 감소 폭은 그리 크지 않아 보여 일상생활을 영위하는 데 큰 문제가 없는 것으로 보인다.

단기기억에 관한 대부분의 연구결과는 연령 차이가 별로 없음을 보여주고 있다. 예를 들면, 한 연구(Botwinick & Storandt, 1974)에서 20~30대는 6~7개 글자를 기억하는 반면, 70대는 5.5개 글자를 기억하는 것으로 나타났는데, 그 차이는 단기기억의 감소된 능력 때문이라기보다는 반응시간이 더 걸리는 이유 때문인지 모른다. 그러나 또 다른 연구에 의하면 특별한 순서로 습득된 정보를 가려내는 능력에서는 연령에 따른 감소를 발견하였다(Dobbs & Rule, 1989).

(3) 장기기억

장기기억에서는 연령 차이가 큰 것으로 보인다(Poon, 1985). 단기기억 저장체계의 용량이 넘으면 그 정보를 장기기억 저장으로 전이해야 한다. 그렇지 않으면 곧 잊어버린다. 이 과정의 어딘가에서 노인들이 어려움을 겪는 것으로 보인다. 연구자들 간의 논쟁은 구체적으로 이 과정 어디에 문제가 있는가 하는 것이다. 부호화 과정인가 아니면 인출 과정에 문제가 있는 것인가? 답은 둘 다인 것으로 보인다(Craik & Jennings, 1992; Poon, 1985).

David J. Madden

3) 인출 과정

인출 과정은 확실히 연령이 증가하면서 느려진다(Craik & Jennings, 1992; Madden, 1992). 그러나 속도 이상의 어떤 것이 여기에 관련되는 것으로 보인다. 노인들은 재인의 경우 느리기는 하지만 젊은 성인만큼 잘 해낸다. 그러나 회상의 경우는 다르다. 노인들에게 일련의 단어를 제시하고 학습하게 한 다음 잠시 후에 어떤 특정 단어가 그 리스트에 있었는지 없었는지를 물어보면 잘 알아맞힌다. 그러나 그 리스트에 있던 단어들을 가능한 한 많이 말해보라고 하면 잘하지 못한다(Labouvie-Vief & Schell, 1982). 이와 같은 결과는 노인들이 '알기'는 하지만, 빨리 그것을 기억해내지 못할 뿐이고, 만약 힌트를 주거나 나중에 그것에 대해 기억을 환기시키면 기억할 수 있다는 것을 말해준다.

연구결과(Craik & Jennings, 1992; Poon, 1985) 재인검사에서는 연령 차이가 거의 없거나 아주 작은 반면, 회상검사에서는 연령 차이가 매우 큰 것으로 나타났다. 효율적인 부호화 책략의 사용이 회상에 특히 중요한 것으로 보인다.

노인들이 왜 장기기억으로부터 정보를 인출하는 데 문제가 있는지를 설명하는 몇 가지 이론이 있다. 한 가지 가능한 설명은 정보를 사용하지 않으면 상실한다는 '불용설(不用說)' 이론이다. 이 이론은 어떤 정보를 사용하지 않으면 그 정보는 사라져버린다는 것이다. 그러나 이 설명은 많은 사실들이 노인의 기억 깊은 곳에 저장되어 있다가 오랫동안 사용하지 않아도 나중에 잘 인출해낼 수 있다는 데서 볼 수 있듯이 설득력이 없다.

Nancy R. Hooyman

폭넓게 수용되는 또 다른 설명은 새로운 정보가 몇 년간 저장된 다른 정보와 충돌한다는 것이다. 노인이 새로운 정보를 학습하고자 할 때 방해를 받으면 새로운 정보를 기억 속에 저장하지 못한다. 인출을 잘하지 못하는 것은 학습단계에서 일어난 이러한 장애와 인출단계에서 찾으려는 정보와 유사한 새로운 정보가 충돌을 일으키기 때문이다.

H. Asuman, Kiyak

〈그림 17-2〉는 기억에 관한 정보처리 과정 모델이다. 이 모델은 학습과 기억이 어떤 과정을 통해 이루어지는가를 이해하기 위한 구조를 보여준다. 학습은 감각기억과 단기기억을 통해 습득된 정보가 장기기

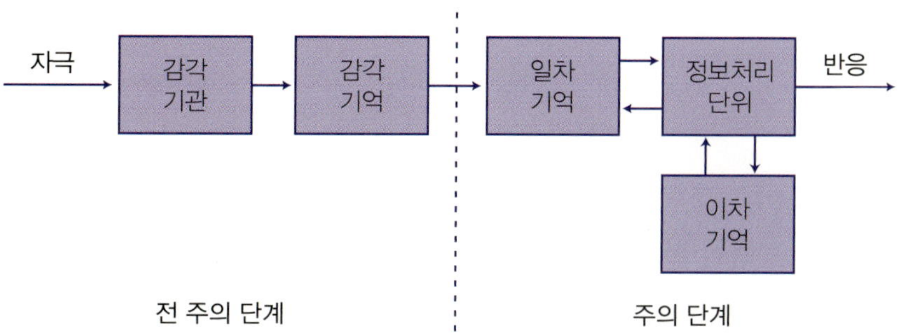

〈그림 17-2〉 정보처리 과정 모델

억에 저장될 때에 발생한다(Hooyman & Kiyak, 1996).

사교모임에서 처음 만난 사람의 이름을 학습하는 경험을 예로 들어 보자. 감각기억은 다른 사람들이 그 사람의 이름을 부르는 것을 몇 번 듣고, 그리고 그 사람의 얼굴을 보고서 그 이름과 연결시키게 해준다. 단기기억은 그 정보를 일시적으로 저장하거나 아니면 그 정보를 장기 기억으로 넘긴다. 그 이름을 여러 번 자기 마음속으로 반복해서 불러보거나, 그 사람의 신체적 특징을 찾아내어 그 이름과 연관 짓거나, 그 이름과 비슷한 이름을 가진 다른 사람과 그 이름을 연관 짓기도 한다. 이때 장기기억으로부터의 정보는 새로운 정보와 연관을 짓게 된다. 이것은 유용한 방법인데 장기기억 속의 재료는 영원한 것이고, 이 새로운 정보를 잘 학습된 정보와 연관지음으로써 저장을 잘하게 되고, 저장을 잘하면 나중에 필요할 때 회상도 잘할 수 있기 때문이다.

인지 과정의 어느 단계에서든지 새로이 획득한 정보가 상실될 수 있다. 만약 감각기억이 유사한 정보로 넘쳐날 경우 정보상실이 발생할 수 있다. 예를 들어, 새로운 사람을 너무 많이 소개받게 되면 그 사람들의 이름을 일일이 다 기억하는 것이 불가능하다(사진 참조).

단기기억 단계에서도 정보를 잃을 수가 있는데 방금 들은 이름을 외우려고 애쓰고 있는데 다른 사람이 나타난다거나, 아니면 자기를 찾는 전화가 걸려온다거나 해서 주의가 산만해지면 새로운 이름을 장기기억으로 넘길 수 없게 된다.

학습과정은 또한 장기기억으로부터 정보를 효율적으로 인출하지 못함으로써 장애가 발생하기도 한다. 예를 들면, 방금 새로 들은 이름을 전에 알던 사람과 연관 지었는데 장기기억으로부터 그 사람의 이름을 인출할 수 없을 때에 발생한다. 우리는 어떤 사람의 이름이 입가에서 맴도는데 그 이름이 생각이 나지 않는 경우를 경험한 적이 있다(사진 참조).

앞에서 보았듯이 노화는 감각기억과 단기기억에서 정보처리의 효율성을 감소시키고 장기기억으로부터의 인출을 어렵게 만든다. 노화는 단기기억이나 장기기억의 저장능력에 영향을 미치는 것이 아니라 정보처리 과정에 영향을 미친다.

4) 최근 기억과 옛날 기억

노화와 기억력에서 상당한 논란을 불러일으키는 것은 노인들이 과거 오래전에 일어났던 일을 최근에 일어난 일보다 더 잘 기억하는가 하는 문제이다. 많은 사람들이 노인들은 최근에 일어난 일은 기억을 잘하지 못해도 오래전에 일어난 일은 매우 자세하게 기억한다고 믿고 있다(Bahrick, 1984; Camp & Mckitrick, 1989; Erber, 1981). 예를 들면, 한 여자노인이 데이트를 처음 한 날의 기억을 "마치 그것은 어제 일과도 같아요"라고 말하면서 정작 어제 일은 전혀 기억하지 못하는 경우이다.

일반적으로 어떤 사건에 대한 기억은 사건이 일어난 바로 다음에 가장 잘 기억하고 그 후로는 감소한다. 그러나 잊어버리는 양의 정도는 시간에 비례하지 않는다. 첫 몇 년간이 망각의 정도가 가장 심하다. 재인 기억은 회상 기억보다 천천히 감소한다. 노인들의 경우 오래된 옛날 일을 아주 잘 기억하지만 최근에 일어난 일보다 더 잘 기억하는 것은 아니다(Erber, 1981).

우리나라 노인들을 대상으로 자연스러운 분위기에서 노인들의 자발적인 대화를 분석하여 대화 중 어느 시점(과거, 현재, 미래)에 대한 시간의 투자가 가장 많은가를 알아보고, 회상이 어떤 기능을 갖는가를 알아본 연구가 있다(남순현, 1990). 대화의 내용을 분석한 결과, 노인들은 먼 과거보다는 현재와 관련된 화제에 더 많은 시간을 투자하며,

사진 설명 노인들은 개인적으로 매우 의미 있는 옛날 일에 대한 강렬한 기억을 갖고 있으며, 지난 일에 대한 회상이 기억을 강화시키는 것으로 보인다.

회상의 기능 중에서 이야기하기 및 정보교환을 가장 많이 하는 것으로 나타났다.

한 연구에서 Bahrick(1979)은 피험자가 전에 살았던 도시의 공간적 배치(spatial layout)와 또 다른 연구(Bahrick, 1984; Bahrick & Phelphs, 1987)에서 학교 때 배운 제2 외국어에 관한 기억을 연구하였다. 두 연구에서 모두 3~6년까지는 기억이 크게 감소했으나 그 다음 6~25년까지는 별로 변화가 없었다. Bahrick은 '영구 저장(permastore)'이라는 말을 만들어내었는데, 이것은 북극의 '영구 동토층(permafrost)'과 유사한 개념으로 영구 저장된 기억의 내구력을 설명하는 것이다.

왜 노인들은 최근의 일보다 옛날 일을 더 잘 기억하는가? 노인들은 자녀의 출생, 자신의 결혼식, 부모나 배우자와의 사별 등에 대해 40~50년 전 일도 매우 상세하게 잘 기억한다. 이는 어쩌면 옛날 일에 대한 강렬한 기억과 좀더 희미하게 부호화된 최근의 일을 비교하기 때문일지 모른다(Erber, 1981). 최근의 일은 주의산만, 흥미부족, 능력감소, 그 외 다른 이유로 인해 부호화가 잘못되었을 수 있다. 옛날 일은 개인적으로 매우 의미있는 일로서 마음속으로 수천 번 재현해본 결과 매우 강렬한 기억으로 남아 있을 수 있다(Brown & Kulik, 1977). 아니면 제2차 세계대전이나 케네디 대통령의 암살 사건 등과 같이 세계 역사에 큰 영향을 주는 사건이기 때문일 수도 있다.

또 다른 가능한 설명은 옛날 일을 기억하는 데 사용되었던 단서(cue)가 최근의 일을 기억하는 데는 '단서과부하(cue-overloaded)' 현상으로 인해 덜 효율적으로 되기 때문이다(Schonfield & Stones, 1979). 즉, 옛날 일을 회상하는 데 유용했던 단서가 최근의 일을 회상하는 데도 마찬가지로 사용되지만 그 단서는 지난 일과 강한 연관을 갖고 있어 새로운 정보를 인출하는 과정을 어렵게 만든다. 예를 들면, 노인들이 과거에 전화번호를 외울 때에 사용했던 단서가 옛날 전화번호와 강한 연관이 있어 새로운 전화번호를 외우려고 할 때에는 별로 도움이 되지 않는다.

5) 미래기억

우리는 과거에 학습한 정보나 경험을 기억하는 것과 마찬가지로 의도한 행위를 실제로 수행하기 위하여 해야 할 일을 기억할 필요가 있는데, 이런 유형의 기억을 미래기억(prospective memory)이라 한다(Dismukes, 2012; Guynn, McDaniel, & Einstein, 1998; Insel et al., 2016; Mioni et al., 2015). 예를 들면, 전기료와 같은 각종 세금을 제때에 내는 것, 매 4시간마다 약을 복용하는 것, 친구에게 메시지를 전달하는 것을 기억하는 것 등이 미래기억에 해당한다. 이런 기억들은 친숙한 얼굴을 알아보거나 사고의 구체적인 내용을 회상하거나 각국의 수도 이름을 알아맞히는 것 등과 같은 과거기억(retrospective memory)과는 대비되는 기억이다(Maylor, 1996).

과거기억은 과거에 경험한 사건들을 기억하는 것과 관련이 있지만, 미래기억은 미래 행위에 대한 기억이다. 미래기억은 행위에 대한 계획과 행위의 수행에 대한 기억도 포함하고 있다. 대부분의 경우 계획된 행위는 특정 시간이나 어떤 제한된 시간 내에 수행되어야 하기 때문에 미래기억은 행위를 수행하는 시점을 기억하는 것과도 관련이 있다.

미래기억은 과거기억과 마찬가지로 노인들의 삶에서 중요한 부분을 차지하고 있다. 정해진 시간에 약을 복용하는 것을 기억하는 것이나, 가스불을 끄는 것을 기억하는 것이나, 예약된 시간에 병원에 진료를 받으러 가는 것을 기억하는 것 등은 노인들에게는 매우 중요한 일상적 기억이라 할 수 있다(이종형, 진영선, 박민, 2001).

Jerker Rönnberg

특히 미래기억 활동들은 사회적 상호작용에 있어서 대단히 중요하다. 왜냐하면 어떤 사람이 과거 사건을 망각했을 때 그 사람은 신뢰할 수 없는 기억을 가지고 있는 사람으로 간주되지만, 그가 미래의 의무를 수행하기로 약속한 것을 잊어버렸다면, 그는 신뢰할 수 없는 사람으로 간주되기 때문이다(Johansson, Andersson, & Rönnberg, 2000).

> 탈장수술을 받은 지 8개월이 지난 후 환자가 복부에 심한 통증과 메스꺼움을 호소하여 환자의 복부를 스캔(scan)하였더니 16cm짜리 외과수술용 겸자(clamp)가 보였다. 환자를 살리고자 했던 외과수술팀의 최선의 노력에도 불구하고 그들은 겸자를 제거하는 것을 잊었던 것이다(Einstein & McDaniel, 2005, p. 286).

위의 사례는 미래기억 혹은 의도한 행동을 수행하는 것을 기억하지 못한 실제 상황을 재연한 것이다. 위의 사례가 미래기억이 실패한 경우의 치명적인 결과만을 강조했다 하더라도, 중요한 것은 우리의 일상생활이 미래기억을 요구하는 수많은 상황들로 넘쳐나고 가득 차 있다는 것이다. 관리업무활동(예: 아침에 필요한 서류를 챙기는 것)에서부터 사회적 관계를 조율하는 것(예: 모임에 아이들을 데리고 가기), 건강과 관련된 요구들을 처리하는 것(예: 약 복용을 잊지 않는 것)까지 유용한 미래기억은 중요한 것이다(Einstein & McDaniel, 2005).

미래기억은 사건의존기억(event-based memory)과 시간의존기억(time-based memory)으로 구분된다(Einstein & McDaniel, 1990). 사건의존 미래기억은 특정 사건이 발생할 때 어떤 행위를 수행해야 한다는 것을 기억하는 것으로 여기에는 기억을 촉진하는 외적 단서가 필요하다. 친구의 얼굴을 보고서야 그에게 온 전화 메시지를 전해주는 경우나 저녁식사 때 약을 먹어야 하는 것을 기억하는 경우 등이 이에 해당한다. 반면에, 시간의존 미래기억은 일정 시간이 경과한 후에 수행해야 하는 행위에 대한 기억이다. 예를 들어, 10분 후에 가스불을 끄는 것을 기억하는 경우나 오후 2시에 치과에 가기로 한 약속을 기억하는 경우 등이 이에 해당된다. 이처럼 시간의존 미래기억은 외적 단서 없이 스스로 기억을 해내야만 하는 것이다. 따라서 사건의존 미래기억에서보다 시간의존 미래기억에서 연령효과가 더 클 것으로 예상된다. 연구결과도 시간의존 미래기억에서 연령차이가 더 큰 것으로 밝혀졌다(Jones et al., 2021).

실제로 Einstein, McDaniel, Richardson, Guynn과 Cunfer(1995)의 연구에서 노인들이 사건의존 미래기억에서는 결손을 보이지 않았지만 시간의존 미래기억에서는 저조한 수행을 보였음을 확인하였다. 이 연구에서 노인집단, 중년집단 그리고 청년집단이 시간의존 과제에서 특정 시간(매 5분마다: 5분, 10분, 15분, 20분, 25분, 30분)마다 컴퓨터의 키보드를 누르도록 요구받았고, 사건의존 과제에서는 특정 단어(대통령)가 나타날 때마다 특정 키를 누르도록 요구받았다. 연구 결과, 사건의존 과제에서는 연령집단 간에 수행의 차이가 나타나지 않았지만, 시간의존 과제에서는 노인집단이 청년집단이나

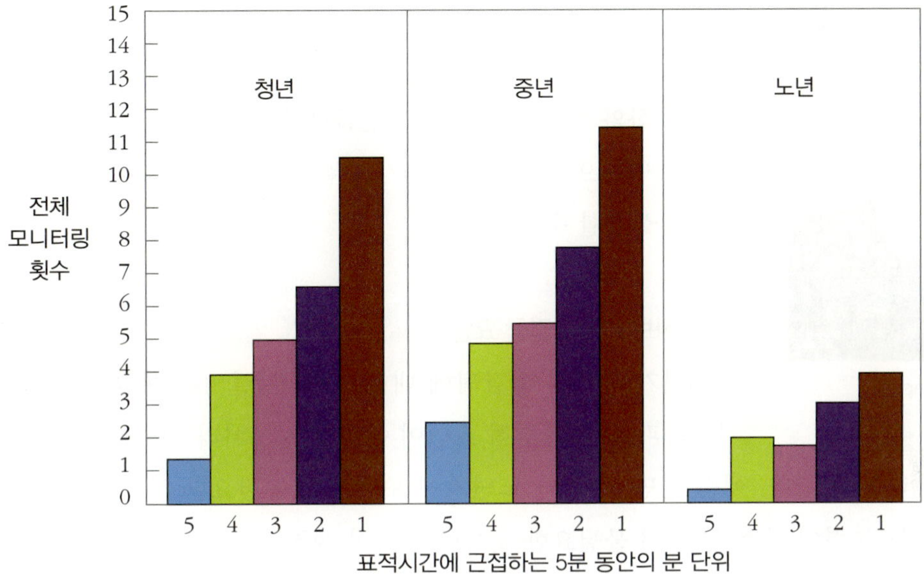

〈그림 17-3〉 집단별(청년, 중년, 노년) 표적시간에 근접하는 5분 동안의 모니터링 횟수

중년집단보다 미래기억을 잘 수행하지 못하는 것으로 나타났다. 또한 시간의존 과제에서 표적 시간에 근접하는 동안 시계를 모니터 한 횟수도 청년집단과 중년집단이 노년집단보다 더 많은 것으로 나타났다(〈그림 17-3〉 참조). 그리고 표적시간에 근접할수록 연령집단 간 모니터링 횟수의 차이도 더욱 커지는 것으로 나타났다. 이러한 결과는 미래기억에서 연령과 관련된 감소가 있는지를 알아보는 데 외적 단서가 중요한 요인이 된다는 것을 암시한다.

6) 노년기 기억력 감퇴와 영향요인

노년기 기억력 감퇴에 영향을 미치는 요인에는 생물학적 요인, 정보처리의 결함 요인, 환경적 요인 등이 있다.

Marilyn Albert

(1) 생물학적 요인

이 접근법에 따르면 기억력 감퇴는 뇌와 신체노화의 결과라고 한다. 예를 들면, 일차적 기억의 감소는 대뇌의 전두엽의 노화와 관련이 있다(Albert & Kaplan, 1980; Poon, 1985). 즉, 뇌의 뉴런의 수가 감

Edith Kaplan

소한다는 것이다. 20~80세 사이에 전두엽 피질(prefrontal cortex)의 뉴런의 17%가 손실된다. 그러나 많은 종류의 기억력 감퇴는 생물학적 노화와 상관없이 많은 노인들에게 발생한다. 요약하면, 생물학적 요인만으로는 건강상태가 좋은 노인들에게 일어나는 기억력 감퇴를 설명할 수 없다.

(2) 정보처리의 결함 요인

노년기의 기억력 감퇴에 대한 또 다른 설명은 생활양식이나 동기부족과 같은 환경적 요인이 아니라 정보처리능력에서의 변화 때문이라는 것이다. 예를 들면, 우리가 노년기에 도달하면 불필요한 정보나 생각을 차단하는 능력이 감소한다. 이 불필요한 정보나 생각이 성공적인 문제해결에 장애가 된다. 정보처리속도 또한 감소하는데 이것은 노년기 기억력 감퇴를 초래한다(Hartman & Hasher, 1991; Salthouse, 1991). 정보처리 결함에 대한 접근법에 의하면, 기억력 감퇴는 주의집중능력에서의 변화와 기억력과 관련되는 과제를 조직화하는 능력의 변화 때문이라고 한다. 이 견해에 따르면 노인들은 젊은이들보다 집중력이 떨어지고, 적절한 자극에 주의를 기울이는 것이 힘들며, 기억재료를 조직하는 능력이 감소한다. 게다가 노인들은 기억으로부터 정보를 인출하는 과정에서 덜 효율적인 방법을 사용한다. 이러한 정보처리 결함은 결과적으로 회상기억의 감소를 초래한다(Craik, 1984, 1994; Light, 1991; Poon, 1985).

(3) 환경적 요인

사진 설명 컴퓨터를 사용함으로써 노년기 기억력 감퇴를 늦출 수 있다.

기억력 감퇴의 원인이 되는 환경적 요인이 노년기에 많이 발생한다. 기억력에 방해가 되는 약을 복용하는 경우가 많기 때문에, 기억력 저하는 어쩌면 연령 그 자체보다는 복용하는 약 때문일지 모른다. 또한 기억력 감퇴는 때로 노년기 생활의 변화가 그 원인일 수 있다. 예를 들면, 은퇴하여 더 이상 지적 자극을 주는 일에 종사하지 않음으로써 기억력을 활용할 기회가 적어진다. 또한 정보를 기억해야 할 동기가 적어진다.

5. 문제해결능력

문제해결이란 갈등상황에서 해결책을 찾아내는 복잡한 과정을 일컫는다. 만약 가스레인지에 불이 들어오지 않으면 그 원인이 무엇인지에 대해 알아보고, 가능한 해결책을 찾는 모든 과정이 다 문제해결이다. 문제해결능력은 기억력과 매우 유사한 양상을 보인다. 즉, 문제해결능력은 문제의 종류에 따라 차이는 있지만 노년기에 확실히 감소하는 것으로 보인다.

Rainer H. Kluwe

실험실에서 하는 문제해결 과제는 다양한데 그중 전형적인 것을 예로 들면 불을 켜기 위해서 어떤 단추들을 눌러야 하는지 생각해 내는 것이다. 이러한 과제에서 젊은 성인들은 문제해결을 잘할 뿐만 아니라 더 나은 책략을 사용한다. 기억과제에서와 마찬가지로 연령에 따른 능력의 차이는 피험자로 하여금 이미 사용한 조합을 잊어버리지 않도록 기록하게끔 조언을 받았을 경우에도 마찬가지이다. 연구에 의하면 노인들은 덜 효율적일 뿐만 아니라 기록도 덜 하는 것으로 나타났다(Kluwe, 1986).

이와 같은 실험실 과제는 문제해결능력을 측정하는 데 있어 매우 인위적인 방법이라고 생각할 수도 있다. 그러나 좀더 익숙한 일상적인 과제에서도 노인들은 역시 잘하지 못하는 것으로 보인다. Denney(1989)는 65세 이상 노인들에게 그들이 실제 생활에서 직면하는 문제가 무엇인지를 질문하였다. 다음의 글은 노인들 스스로가 제시한 문제들 중의 하나이다.

> 67세 된 남자노인이 의사로부터 심장상태가 좋지 않으니 무리하지 말라는 말을 들었다. 그때는 여름이었고 노인의 잔디밭은 풀이 무성했지만 돈을 주고 잔디 깎는 사람을 살 형편은 못 되었다. 이 경우에 그 노인은 어떻게 해야 할 것인가?(Denney & Pearce, 1989, p. 439)

Denney는 20세에서 79세 사이의 사람들에게 이와 유사한 10가지 문제상황을 제시하고서 피험자들이 제시한 해결책의 안전성과 효율성으로 문제해결능력을 평가하였다. 연구결과 30~50세가 점수가 가장 높았고, 50세 이상이 점수가 가장 낮은 것으로 나타났다(Denney & Pearce, 1989; Denney, Tozier, & Schlotthauer, 1992). 이와 같은 결과는 교육수준을 통제했을 때에도 마찬가지였다. 또 다른 연구(Light, 1992)에서는 노인들은 다른 사람들이 제시한 '좋은' 문제해결 방안을 알아보는 것은 잘 했지만, 문제가 실제 생활과 유사한 경우라도 스스로 해결방안을 찾아내지는 못하였다. 그러나 노인들의 문제해결이 느리고 덜 효율적이라는 사실은 그들이 무능력하다는 것을 의미하지는 않는다. Willis(1996)의 연구에서 대다수 노인들은 대부분의 일상적인 문제를 잘 해결하는 것으로 나타났다.

Manfred Diehl

한 연구(Diehl, Willis, & Schaie, 1995)에서는 노인들의 문제해결 접근법에서 몇 가지 재미있는 특성을 발견하였다.

1) 조심성

"실행하기 전에 잘 생각하라(Look before you leap)"라는 속담은 노인들이 어떤 과제에 직면했을 때 그들 마음속에 일어나는 일을 가장 잘 묘사한 것이다. 노인들은 추측하는 것을 싫어한다. 그래서 답을 잘 모를 때에는 아예 답을 하지 않는다. 반면, 젊은이들은 틀리는 한이 있더라도 추측해서 답을 한다(Heyn, Barry, & Pollack, 1978). 그리고 노인들은 속도보다는 정확성을 중요시하며(Botwinick, 1984; Smith & Brewer, 1995), 위험을 감수하지 않는다(Labouvie-Vief, 1985). 이것은 일상생활에서도 나타나는데 노인들은 궂은 날씨에 운전하기를 싫어하고, 새로운 것에 투자하지 않으며, 새로운 음식을 싫어한다. 이러한 행동은 기능적일 수도 있다. 왜냐하면 노인들은 자신의 감각기제와 운동기제가 더 이상 효율적이지 않음을 깨닫고, 돈을 한번 잃으면 다시 만회하기가 쉽지 않으며, 인생에서 실수가 초래하는 결과가 엄청나다는 것을 알기 때문이다. 조심성은 노화과정에서 볼 수 있는 합리적인 반응일 수 있다(Okun, 1976).

2) 융통성과 경직성

노인들은 문제를 해결함에 있어 경직되어 보인다. 많은 연구에서 노인들은 문제를 해결할 때 책략을 바꾸어야 할 때조차도 썩 내키지 않아 했다(Salthouse, 1982). 노인들은 또한 융통성이 없는 것으로 보이는데, 이는 어쩌면 노인들이 익숙한 방법으로 일을 처리하는 것이 더 안전하다고 느끼기 때문일지 모른다.

3) 추상적 문제와 구체적 문제

누구든지 무의미하고 추상적인 문제보다는 의미 있고 구체적인 문제를 더 잘 해결한다. 이것은 부분적으로 흥미와 동기의 차이로써 설명될 수 있다. 왜냐하면 과제가 의미 있고 구체적이면 동기수준이 높아지기 때문이다. 노인들에게 구체적인 문제가 제시되었을 때 젊은이들보다는 못했지만 추상적인 문제가 제시되었을 때보다 문제해결을 더 잘했다(Labouvie-Vief, 1985).

4) 가설과 개념의 형성

Jeannie R. Aschkenasy

노인들은 개념과 가설을 형성하는 데 시간이 오래 걸린다(West, Odom, & Aschkenasy, 1978). 노인들은 추상적 해석을 내리는 데 곤란을 겪고 유사한 특성들을 묶어내는 데 어려움을 느낀다(Albert, Wolfe, & Lafleche, 1990). 그 어려움은 70세 이후가 되면 특히 심한데, 기억이나 지능수준과는 상관이 없고 연령과 관련이 있는 능력 저하가 일어나는 것 같다. 노인들은 인지적 융통성이 부족한 것으로 보인다. 즉, 문제를 분석함에 있어서 훨씬 경직되어 있다. 노인들은 또한 문제를 해결함에 있어 가장 적절하고 효율적인 책략을 사용하지 못하는 것 같다(Salthouse, 1982).

5) 정보탐색

어떤 의사결정을 내려야 할 때(예를 들면, 어떤 의학적 처치가 최선인지에 대한 의사결정) 노인들은 정보탐색을 덜한다. 그리고 젊은이들만큼 세부적인 것에 주의를 기울이지 않는다(Sinnott, 1989). 자신의 경험에 더 많이 의존하고 의사결정 과정에 에너지를 덜 소모한다(Streufert, Pogash, Piasecki, & Post, 1990). 노인들은 소량의 정보를 가지고 결정에 도달하지만 가끔 젊은이들이 내린 결정과 유사하다. 한 연구(Meyer, Russo, & Talbot, 1995)에서 18~88세 여성들에게 유방암에 걸린 여성이 어떤 치료를 받기로 결정해야 할 것인지

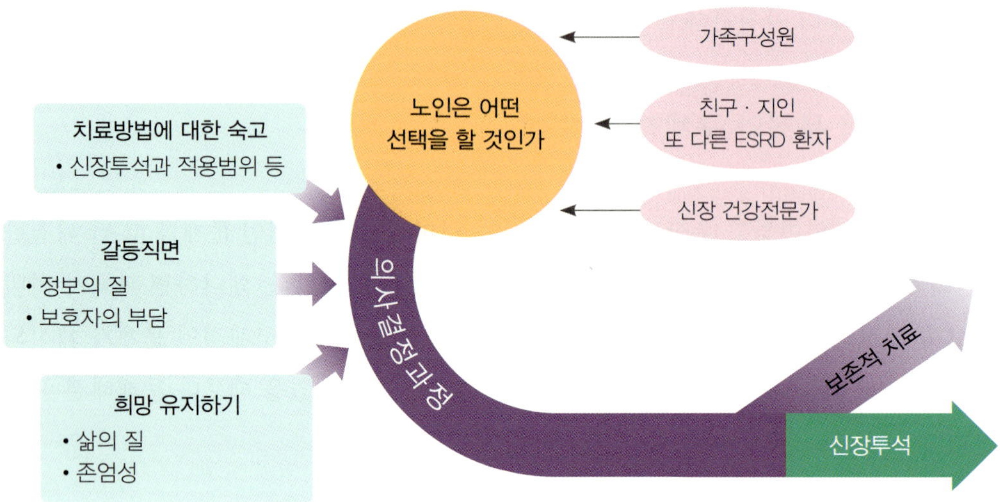

〈그림 17-4〉 노인환자의 의사결정 과정(신장투석 또는 보존적 치료)

출처: Kim, E. Y., & Son, Y. J. (2022). Developing a conceptual model of older patients' decision-making process in choosing dialysis or conservative care using meta-ethnography. *Journal of Advanced Nursing, 78*, 1-13.

물어보았다. 노인들이 정보탐색은 덜 했지만 결정은 젊은 여성들과 유사했다. 즉, 노인들은 소량의 정보를 가지고 있기 때문에 덜 체계적이기는 하지만 내린 결론은 유사했다.

〈그림 17-4〉는 말기 신부전 노인 환자들이 치료방법에 관해 어떤 의사결정을 내릴 것인지에 관한 내용이다. 말기 신부전(End-Stage Renal Disease: ESRD) 환자들의 궁극적인 목표는 합병증을 최소화하고 삶의 질을 증진시키는 것이다(Filho et al., 2022). 신장이식은 많은 제한점이 있기 때문에 신장투석이 어쩌면 더 현실적인 대안일 수 있다(Ladin et al., 2017 ; McClure et al., 2017). 하지만 다른 복잡한 건강문제로 인해 어떤 노인들의 경우 신장투석 대신에 보존적 치료[1]를 선택하기도 한다(Oestreich et al., 2020).

노인들은 자신의 문제해결능력에 대해 스스로 어떻게 생각하는가? 한 연구(Denney & Palmer, 1981)에서 76%는 연령과 함께 증가한다고 보았고, 20%는 변화가 없다고 보았으며, 4%만이 감소한다고 보았다. 실험실 연구결과는 그와 반대라는 사실을 제시했을 때 대다수가 일상적으로 해결해야 할 문제들은 실험실 과제와 다르다고 진술하였다. 대부분의 노인들은 자신의 일상적인 문제해결능력에 대해 긍정적인 견해를 갖고 있었다.

1) 질병의 궁극적 원인을 해결하는 치료가 아니라 현재 나타난 증상을 치료하면서 병이 호전되기를 기대하는 치료

6. 지 혜

사진 설명 많은 문화권에서 노년기에 지혜를 획득하는 것으로 여겨진다.

많은 사람들은 나이가 들면서 점점 지혜로워진다고 믿는다. 사실 이러한 믿음은 많은 문화권에서 역사를 통해 실제로 나타난 바 있다(Clayton & Birren, 1980; Holliday & Chandler, 1986; Randall, 2012). 이것은 또한 Erikson의 전생애 발달이론에서도 표현되고 있다. Erikson(1982)은 어떤 노인들은 죽음에 직면하여 지혜를 얻게 된다고 주장한다. '지혜롭다'는 말은 아동이나 청소년 또는 젊은 성인들에게는 어울리지 않는 말이다.

그러나 지혜란 무엇이며 또 어떻게 측정할 것인가에 대해서는 합의가 이루어지지 않았으며 그에 대한 연구도 별로 없다(Sternberg, 1990a). Baltes와 그의 동료들은 지혜를 "중요하지만 불확실한 인생사에 대한 현명한 판단과 충고"(Baltes & Smith, 2008; Staudinger, Smith, & Baltes, 1992, p. 272)라고 정의하고 있다. 이 정의에 따르면 지혜로운 사람은 인생이 무엇인가에 대한 빼어난 통찰력이 있으며, 인생문제에 대해 좋은 충고를 해줄 수 있다(Baltes, Smith, & Staudinger, 1992; Csikszentmihalyi & Rathunde, 1990; Kunzmann, 2019; Sternberg, 1990b).

최근에 와서 지혜는 심리학 연구에서 주요한 주제가 되고 있다. 지혜에 대한 관심은 몇 가지 다른 시각에서 시작되었다. 고전적 접근법에서는 지혜를 노년기 성격발달의 한 측면으로 보는 반면, 상황적 접근법에서는 지혜를 인지능력으로 본다. 지혜를 지능과 감정의 통합으로 보는 견해도 있는가 하면, 동양철학에 뿌리를 둔 접근법에서는 영적 측면을 강조한다.

1) Erikson의 고전적 접근법

Erikson(1982)에 의하면 마지막 제8단계에서 자아통합감 대 절망감의 갈등을 성공적으로 해결한 결과 나타나는 덕목이 지혜이다. 지혜는 자신의 죽음에 직면하여 얻게 되는 인생의 의미에 대한 통찰이다. 지혜는 커다란 후회 없이 자신이 살아온 인생을 인정하는 것을 의미한다. 그것은 또한 자신의 부모가 최선을 다했다는 것을 받아들이고, 죽음을 인생에서 피할 수 없는 종말로 인정하는 것을 의미한다. 요약하면, 자신이나 자신의 부모 그리고 자신의 인생의 불완전함을 현실적으로 받아들이는 것이 지혜이다.

2) Clayton과 Meacham의 상황적 접근법

Clayton(1975, 1982)은 지혜를 조작적으로 정의한 최초의 인지연구가 중 한 사람이다. 논리적, 추상적으로 사고하는 능력으로 정의되는 '지능'과는 달리 '지혜'는 역설(paradox)에 대한 이해, 모순(contradictions)에 대한 화해 및 타협의 능력이다. 지혜로운 사람은 자신의 행동이 자신뿐만 아니라 다른 사람에게 미칠 영향을 가늠하기 때문에, 지혜는 특히 사회적 상황에서 실제적인 의사결정을 하는 데 매우 적합하다.

지능은 어떤 일을 어떻게 해야 할 것인지를 아는 것이지만, 지혜는 우리가 그 일을 해야만 하는지 의문을 갖게 한다. 그래서 지혜로운 사람은 인종 간의 긴장을 완화하는 문제라든가 부부가 이혼하는 경우 남편과 아내 중 어느 쪽이 자녀양육권을 가져야 하는지 등의 문제(사진 참조)와 같이 가치관이 관련되는 사회적 문제에서 해결을 잘 할 수 있다.

아동과 노인 중 누가 더 지혜로운가? Meacham(1990)에 의하면 놀랍게도 젊은이들이 훨씬 더 지혜롭다고 하는데, 그 이유는 노인들은 너무 많이 알거나 자신이 알고 있는 것에 대해 너무 확신하기 때문이다. 겸손이 지혜의 중요한 요소라는 생각은 그리스의 현자로 잘 알려진 소크라테스의 시대로 거슬러 올라간다. 소크라테스는 자신이 얼마나 많이 모르는가를 잘 알고 있었다. Meacham(1982, 1990)에 의하면 지혜로운 사람은 지식의 습득과 지식의 본질적 오류를 인식하는 것 사이에 균형을 이룬다. 지혜로운 사람이 그렇지 않은 사람보다 반드시 더 많이 아는 것은 아니다. 단지 그들이 알고 있는 지식을 다르게 사용할 뿐이다. 즉, 자신이 알고 있는 사실을 실제 상황에 잘 적용할 줄 안다. 경험은 지혜에 큰 위협이 되는데, 특히 경험이 정보의 축적이나 성공 또는 권력으로 이어질 때 더욱 그러하다.

Jack Meacham

오히려 지혜는 적게 알고, 자신이 알고 있는 것에 대해서 확신이 적을 때 발생한다. 그러므로 노인의 지식에 대해 미심쩍어하거나 도전하는 사람이 주위에 없으면 지혜는 오히려 노년기에 상실될 수 있다.

3) Baltes의 경험적 정의

Meacham과는 대조적으로 Baltes(1993)는 지혜를 전문지식의 특별한 형태로 본다. 1980년대 후반부터 Baltes와 그의 동료들은 경험적으로 검증할 수 있는 지혜에 관해 연구하고 있다.

Paul Baltes

Baltes에게 있어 지혜는 중요한 것이지만 불확실한 일에 대한 매우 훌륭한 판단이다. 〈그림 17-5〉는 지혜의 다섯 가지 준거에 관한 것이다. 지혜로운 사람은 갈등상황을 분석함에 있어서 이 다섯 가지 측면을 모두 다 고려하지만, 지혜롭지 못한 사람은 아마도 문화적 고정관념에 의해 단순한 해결책에 도달할 것이다.

실제적 지식(factual knowledge)이란 특정 상황이나 다수의 대안이 가능한 상황에서의 지식을 말한다. 전략적 지식(strategic knowledge)은 인생문제를 해결하는 건전한 전략과 각기 다른 의사결정의 이해득실, 즉 지금 당장 또는 미래에 초래할 결과에 미치는 영향을 분석하는 등의 과정에 관한 지식이다. 상황적 지식

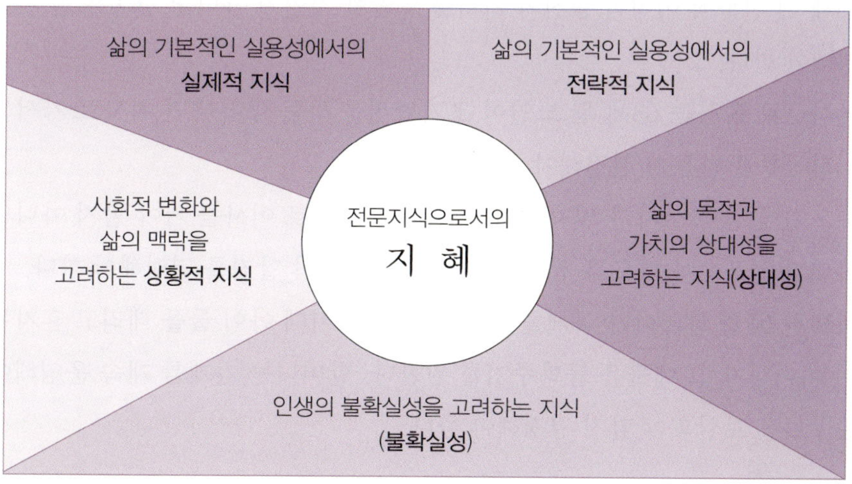

〈그림 17-5〉 지혜의 다섯 가지 준거

(contextualism)은 의사결정이 지금 인생의 단계에 적합한지 여부, 현재 문화적 규범과 같은 상황적 요인의 적합성에 대한 지식을 말한다. 상대성(relativism)은 문화에 따라 개인에 따라 인생의 목표는 다르다는 인식을 말한다. 불확실성(uncertainty)은 어떤 문제든지 완벽한 해결책은 없으며 미래를 완전하게 내다본다는 것은 불가능하다는 것을 깨닫는 것이다.

Baltes의 이중과정 모델에 의하면 지혜는 노년기에도 안정적이거나 심지어 증가하기까지 하는 인지적 측면인 실용적 지식의 일부분이다(Baltes, 1993; Dittmann-Kohli & Baltes, 1990). 따라서 Clayton이 지혜를 지능과 별개의 것으로 보는 반면, Baltes는 지혜를 지능의 구성요소로 본다(Blanchard-Fields, Brannan, & Camp, 1987).

물론 이 세상의 모든 사람이 다 지혜로운 것은 아니다. 사실상 Baltes에 의하면 지혜는 매우 드물게 나타난다고 한다. 지혜는 인생의 어떤 단계에서든지 나타날 수 있지만 나이를 먹으면서 지혜가 성장할 수 있는 비옥한 토양이 제공된다.

연령과 지혜와의 관계를 알아보기 위해서 Baltes 등은 여러 연령층의 성인들에게 가설적 갈등상황에 대한 반응을 비교하는 일련의 연구를 실시하였다. 피험자들의 반응은 〈그림 17-5〉에서 제시된 5가지 준거에 의거해서 평가되었는데 지혜롭다는 판정을 받기 위해서는 다섯 가지 영역 모두에서 높은 점수를 받아야 했다.

그에 관한 연구 중 한 연구(Smith & Baltes, 1990)에서는 교육수준이 높은 전문직에 종사하는 25~81세 사이의 독일인 60명에게 아래 네 가지 가설적 갈등상황이 제시되었다.

① 33세 된 전문직 여성이 승진의 기회를 수락할 것인지 아니면 결혼을 할 것인지 결정해야 한다.
② 본사근무를 하는 63세 된 노인이 조기퇴직을 하든지 아니면 지사로 가서 2~3년 연장근무를 하든지 결정해야 한다.
③ 해고된 공장 근로자가 일자리를 찾아 다른 도시로 이사를 가야 할지 아니면 그의 아내가 일을 계속하도록 취학 전 자녀들을 돌봐야 할지를 결정해야 한다.
④ 사별한 60세 할머니가 가게를 하나 차렸는데 이때 아이 둘을 데리고 혼자된 아들이 어머니가 그 애들을 돌봐주기를 원한다. 할머니는 가게를 계속 운영해야 할지 손주들을 보살펴야 할지 결정해야 한다.

일단의 전문가들이 다섯 가지 준거에 따라 피험자들의 반응을 평가하였다. 제시된

240개의 반응 중에서 단지 5%만이 '지혜로운' 것으로 평가되었다. 노인이라고 해서 젊은이들보다 더 지혜로운 것은 아니었다. 지혜로운 것으로 평가된 11개의 반응은 성년기, 중년기, 노년기에서 골고루 나타났다. 젊은이든 노인이든 자신이 속한 단계에 적용되는 의사결정에서 더 지혜로운 반응을 보였다. 예를 들면, 노인들은 제시된 갈등 상황 중에서 노인문제에 대해 가장 지혜로운 답을 했다.

Baltes와 그의 동료들의 가장 큰 공헌은 지혜를 체계적 · 과학적으로 연구했다는 데 있다.

4) Labouvie-Vief의 지능과 감정의 통합

만약 지혜로운 사람이 잘 해결하는 문제가 가치와 관련된 것이라면 문제를 잘 해결하기 위해 필요한 것이 지능만이겠는가? Labouvie-Vief(1990a, 1990b)는 지혜를 객관적, 분석적, 이성적인 로고스(logos)와 주관적, 경험적, 정서적인 미토스(mythos)의 통합이라고 정의한다. 그녀는 이러한 통합을 건강한 성인의 주요 발달과제라고 생각한다.

이 정의에 의하면 지혜는 반드시 연령과 정비례하는 것은 아니다. 사실상 지혜는 중년기에 절정에 달하는 것으로 보인다. 지혜로운 사람으로 만드는 것은 특별한 지식이 아니고, 자신의 감정을 이해하고 다른 사람의 것과 구분할 줄 아는 도덕윤리를 포함하는 능력이다. 그리고 그 이해를 이성적으로 이용할 줄 아는 능력이다. 이 점에서 Baltes와 의견을 같이 하는데 사실 Baltes는 Labouvie-Vief의 이론을 자신의 이론에 대한 상호보완적인 역할로 인용하기도 한다.

5) 지혜와 영적 발달

동양철학의 영향을 받은 연구자들은 지혜를 영적인 발달에 기초한 것으로 노년기에 나타난다고 믿는다(사진 참조). 이 정의에 의하면 지혜는 서로 관련된 세 가지 측면이 있는데 자기성찰과 자아통합의 개인내적(intrapersonal) 지혜, 감정이입, 인간관계의 성숙 등을 포함하는 개인 간의(interpersonal) 지혜 그리고 자아를 초월하여

Lucinda Orwoll

영적 성장을 추구하는 초개인적(transpersonal) 지혜가 그것이다(Achenbaum & Orwoll, 1991).

만약 지혜가 연령과 관련이 있는 것이라면, 그것은 아마도 묵상이나 영적 발달이 노년기에 이루어지기 때문일 것이다. 연령과 관련이 있는 내성(introspection)과 영적 생활에 대한 관심이 그 자극으로 작용할지 모른다(Jung, 1966; Neugarten, 1977). 젊은 날에 몰두했던 세속적인 목표와 관심으로부터 자유로워진 노인들은 이제 자아실현의 가능성이 더 높아졌다.

지금까지 연령과 지혜에 관한 연구결과는 일관성이 없다. Baltes는 연령이 지혜에 이바지할 것으로 추측하지만 확실한 증거를 찾지 못했고, Labouvie-Vief에 의하면 지혜는 중년기에 절정에 달하는 것으로 보인다. 그렇다면 왜 동서양을 막론하고 지혜를 노인의 전유물로 묘사했을까?

한 가지 가능한 이유는 평균 수명의 증가이다. 고대인들은 신화나 전설에서 '현자(wise elders)'를 40대 또는 그보다 좀더 젊은 것으로 묘사하였다. 또 다른 설명은 지혜의 정의에 관한 것으로 서로 다른 정의를 내림으로써 서로 다른 결과를 얻게 된다. 예를 들어, 지혜를 자아의 초월로 정의한다면 그러한 지혜를 획득하는 데는 시간이 좀더 오래 걸릴 것이다.

제18장

직업과 은퇴

일은 사람에게 정체감과 자아존중감을 부여해주므로 일생 동안 종사했던 일로부터 떠난다는 것은 개인의 정체감이나 역할상실의 측면에서 상당히 적응을 필요로 하는 사건이라고 볼 수 있다. 특히 오늘날과 같이 일에 높은 가치를 두는 사회에서 자신이 원하지 않는 시기에 자신의 의지와는 무관하게 직업으로부터 물러난다는 것은 하나의 위기라고 볼 수 있다. 그러므로 은퇴에 적응해나가는 것은 노년기의 또 하나의 발달과업이라고 볼 수 있다.

과거와는 달리 최근의 조기퇴직 현상으로 인해 노년기까지 직업을 가지고 있는 사람들의 비율이 실제로 높지 않다는 점에서 은퇴는 오히려 중년기의 문제라고 볼 수도 있다. 그러나 중년기의 은퇴는 또 다른 직업으로 연계되는 전환점이 될 수도 있지만 노년기의 은퇴는 직업에서 완전히 물러난다는 의미를 지니고 있다. 그러므로 일을 통해 자신의 정체감을 찾았던 사람들에게 있어서 은퇴는 일종의 위기라고 볼 수 있다.

이 장에서는 먼저 은퇴의 의미와 은퇴의 영향 그리고 은퇴 이후의 적응과 준비에 대해 논의해보고, 다음으로 우리나라 정년퇴직제도의 현황과 개선해나가야 할 점에 대해 살펴보고자 한다. 끝으로 노년기의 여가생활에 관해 알아보기로 한다.

1. 은퇴의 의미

Freud는 인간에게 있어 가장 중요한 두 가지는 일하고 사랑하는 것이라고 하였다. 그만큼 일이라는 것은 인간의 삶에 의미를 부여해주는 중요한 사건이므로, 일로부터 떠나게 되는 은퇴는 누구에게나 상당한 적응을 필요로 하는 사건이라고 볼 수 있다.

은퇴는 전일제의 고용상태에서 시간제의 고용상태로 전환하거나 고용관계가 완전히 종결되는 것을 의미한다. 은퇴제도가 본격적으로 시행되기 시작한 것은 20세기에 들어와서부터이다. 노인인구는 증가하는 데 반해 이들이 가진 지식은 산업사회에서 그다지 유용성이 없어지기 시작한 것이 주요 원인이 된다. 현대화이론(modernization theory)에 의하면 사회가 현대화될수록 노인의 지위는 낮아지게 되는데, 이는 노인의 지식과 기술이 시대에 뒤지고, 전반적인 교육수준도 젊은 세대에 비해 떨어지기 때문에 생산활동에서 자리를 지키기 어려워지고, 이로 인해 노인의 사회적 지위가 약화된다는 것이다. 사회가 산업화되면서 기계화나 자동화의 비율이 높아지게 되고 그 결과 종전에 사람이 하던 일을 기계가 대신하게 됨으로써 종전에 비해 노동인구의 필요성이 감소하게 된 것이다. 일자리는 적어지는 데 반해 일할 사람은 많아지게 됨으로써 자연적으로 노동자 간에 경쟁이 일어나게 되고 이러한 과정에서 작업의 효율성이 떨어지는 고령자들이 작업현장에서 밀려나게 된 것이다. 이처럼 고령자들을 작업현장에서 물러나도록 제도화한 것이 은퇴라고 볼 수 있다. 연령의 증가와 더불어 신체기능과 노동 생산성이 감소된다는 것과 급변하는 현대사회에서 고령자의 지식, 기술, 재능은 능률적이지 못하다는 점, 또한 개인의 능력과 효율성을 중시하는 자본주의 사회에서 연공서열과 근속연한에 의한 임금책정 체계가 비합리적이라는 점 등에 의하여 여러 가지 형태의 은퇴가 실행되고 있다(박재간, 1979).

Robert Havighurst

Havighurst(1982)는 개인의 삶에 있어서 일이 수행하는 다섯 가지 기능을 다음과 같이 지적하였다. 첫째, 일은 개인의 생존에 필요한 수입 또는 경제적 보상을 제공해 준다. 둘째, 일은 한 개인에게 특정 시간 동안 특정 장소에 있을 것을 요구함으로써 생활에 규제를 가한다. 즉, 일은 사람들로 하여금 언제 어디서 어떻게 시간을 보낼 것인지를 결정하게 하며, 이러한 요구가 개인의 생활에 일과를 제공해주는 것이다. 셋째, 일은 개인에게 정체감을 갖게 해준다. 일을 통해서 개인은 자신을 발견하고, 자신의 적성을 개발할 수 있는 경험을 하게 된다. 넷째, 일은 사회적 관계의 기반이 된다. 사람들은 일을 통해서 인간관계를 형성하게 되므로, 일은 사회적 계약과 주요 준거집단의 원천이 된다. 다섯째, 일은 의미있는 생활경험을 제공한다. 개인은 일을 통해서 외부 세계와 상호작용을 하게 되며, 자신의 생각을 표현하고, 새로운 아이디어를 받아들이게 되어 생활경험을 더욱 확장하게 된다.

이처럼 일은 인간에게 여러 가지 의미를 제공해주는 역할을 한다. 그러나 현대 사회에서 은퇴는 그 시기에서 차이가 있으나 누구나 경험하게 되는 일종의 통과의례라고 볼 수 있다. 은퇴는 단순히 경제적인 차원뿐만 아니라 대부분의 산업사회에서는 은퇴의 시점을 노년기의 시작으로 보고 있다는 점에서 그 의미가 크다. 그러므로 은퇴 이후의 적응을 돕고 이로 인한 부정적인 영향을 최소화하기 위해 개인적인 차원에서의 준비와 아울러 교육이나 상담과 같은 사회적인 차원에서의 노력과 더불어 제도적인 보완이 필요하다.

2. 은퇴의 영향

은퇴는 한평생을 일한 사람에게 주어지는 휴식의 시기이며, 자신의 내면세계를 풍요롭게 하고 자신이나 가족 이외의 여러 곳에 관심을 쏟을 수 있는 긍정적인 시기로 볼 수 있다. 은퇴 이후 대부분의 사람들은 지금까지와는 달리 여유로운 시간을 가지게 되며 이러한 여가시간은 자신이나 타인을 위해 여러 가지 긍정적인 차원으로 활용할 수 있다. 일생 동안 가족을 위해 부양자로서의 역할을 충실하게 수행하기 위해 일에 몰두해 왔던 사람들은 은퇴 이후 많은 여가시간들을 자원봉사활동과 같은 여러 가지 유익한 사회활동으로 전환할 수 있다. 지금까지 자신의 가족을 위해 생계부양자로서 열심히 살아왔다면 은퇴 이후에는 보다 넓은 사회의 구성원으로서 자신의 역할을 확대시켜 나가는 것이 가능하다. 이러한 활동을 통해 한 개인은 생산성의 개념을 보다 확대시켜 나가게 되며 생의 의미를 찾게 된다. 또한 직업세계에 몰두해 왔던 남성의 경우 가사활동에 더 많은 시간을 할애할 수 있다. 또한 평소 자신이 하고 싶었던 취미생활이나 활동을 하거나 지금까지의 자신의 삶을 되돌아보고 내면적인 삶을 풍요롭게 하는 데에 여가시간을 할애할 수도 있다.

은퇴는 지금까지 열심히 일한 사람에게 주어지는 일종의 휴식이자 상여금의 의미가 있으므로 축복받아야 할 사건이다(사진 참조). 그러나 이러한 은퇴의 긍정적인 측면에도 불구하고 우리나라에서 은퇴에 대한 시각은 긍정적인 측면보다는 부정적인 측면이 강조되고 있다. 은퇴 이후 노년기의 '4고(四苦)'를 빈곤, 질병, 고독, 역할상실이라고 한다. 정도의 차이는 있지만 누구도 이러한 고통에서 자유롭지 못하며, 이러한 문제 이외에도 은퇴하는 사람들은 여러 가지 문제에 직면하게 된다.

1) 경제적 문제

은퇴로 인해 노인들이 직면하는 가장 어려운 문제는 경제적인 문제이다. 우리나라의 경우 아직까지 노후보장정책이 정착되어 있지 못한 실정이어서 은퇴로 인해 심각한 경제적 위기에 직면하게 된다. 오늘날 노인의 사회적 지위가 하락하고 이에 따른 갖가지 노인문제가 발생하는 가장 직접적 원인은 노년기의 빈곤에 기인하는 것으로 볼 수 있다. 대다수의 노인세대는 퇴직으로 인한 수입격감이나 사회보장 미비, 자녀교육 과정에서의 과다지출, 질병 등의 원인으로 경제적인 문제를 경험하게 된다(〈표 18-1〉 참조).

일반 봉급생활자의 경우 소득수준은 54세경에 최고조에 달하며 그 이후부터는 격감

표 18-1 노인의 경제적 문제의 원인

정년으로 인한 수입감소	퇴직으로 인한 소득의 격감으로 지금까지와 같은 생활수준을 유지하기가 힘들게 되고 생활수준을 낮춘다 해도 소득이 부족할 경우 노년기의 경제적 사정은 악화됨.
사회보장제도의 미흡	국민연금 등이 노후생활의 안정에 기여를 하기는 하지만 아직도 시행착오를 겪고 있어 선진국에 비해 초보적인 단계에 있음.
자녀에 대한 과다한 지원	우리나라의 경우 교육열이 높아 자녀의 교육에 지나치게 많은 투자를 하게 됨. 또한 자녀의 혼인이나 분가비용에도 체면유지적 풍습에 의해 많은 지출을 하게 되어 부모 자신의 노후생활에는 별로 신경을 쓰지 못하게 됨.
재취업의 어려움	55세 퇴직 후의 노년기에 고정적인 수입을 위해 재취업이 필요하지만 현실적으로 연령이 많다는 이유로 재취업하기가 힘듦.

출처: 장인협 · 최성재(1987). 노인복지학. 서울: 서울대학교출판부.

하지만 일반생활비와 자녀교육비, 자녀결혼비용 등으로 인해 지출수준은 더욱 높아진다. 은퇴 이후의 소득이 은퇴 당시와 동일한 수준을 유지한다 하더라도 물가상승으로 인해 낮은 소득집단으로 분류되는데, 우리나라의 특수한 성격상 자녀결혼 등의 요인으로 노후를 위해 비축한 자금도 상당 부분 미리 사용하게 되는 실정이다.

경제적 어려움은 대부분의 은퇴자들이 경험하는 보편적인 현상으로, 대부분의 경우 수입이 은퇴 전의 $\frac{1}{2}$ ~ $\frac{1}{3}$로 감소하게 된다. 더군다나 노년기에는 이러한 경제적 어려움을 개선시킬 수 있는 가능성도 매우 드물다(Crystal & Shea, 1990; Hellman & Hellman, 1991; Staebler, 1991).

Stephen Crystal

Dennis G. Shea

노년기의 빈곤은 다음과 같은 특징을 갖는다는 점에서 문제가 더욱 심각하다(김성순, 1990). 첫째, 장기화 · 만성화 현상이다. 노인은 일단 직장에서 물러나면 재취업의 기회가 제한되어 경제적 빈곤을 겪게 되는데, 여기에 평균수명이 연장됨으로써 빈곤이 장기화된다는 것이다. 둘째, 대량화 현상이다. 노인인구의 증가와 핵가족화로 노부모의 부양을 꺼리는 젊은 세대가 증가함으로써 노인 빈곤이 대량화되는 것이 특징이다. 셋째, 가속화 현상이다. 일률적인 정년에 조기 퇴직하고 가족부양의 부담으로 비교적 여유가 없는 시기에 수입원을 잃게 되어, 빈곤이 가속화할 뿐만 아니라 일단 빈곤해지면 회복하기가 어렵다. 특히 여성노인은 문제가 더욱 심각하다. Martindale과 Moses(1991)는 가난한 노인의 70%가 여자노인이며, 많은 여성들이 노년기의 궁핍을 두려워한다고 하였다. 여성 노인이 특히 빈곤한 이유는 첫째, 여성은 남성보다 수입이 적어서 은퇴 후 자신의 재산이 적고, 둘째, 연금을 지급하지 않는 소규모 회사에서 일하는 경향이 있으며, 셋째, 자녀양육 문제로 휴직을 하는 경우가 많아서 은퇴 시 받는 혜택이 줄어들기 때문이다. 그러므로 은퇴에 대비한 재정적 계획은 여성에게 특히 중요하다.

노인문제는 개인이 가진 경제적 자원과 밀접한 관련이 있다. 실제로도 자녀세대가 부모세대로부터 주로 재정적 지원을 받는 상류계층에서는 노인문제가 훨씬 덜 심각하고 자녀세대와의 관계가 원만하다. 전문직 종사자의 은퇴가 원만하게 이루어지는 이유는 바로 노년기를 감당할 만한 경제적 여유가 있기 때문이다. 반면, 하류계층은 생계부양마저 걱정해야 하며, 자녀세대와의 관계에서 더 많은 갈등을 경험하게 된다.

2) 심리적 문제

인간에게 있어 일이라는 것은 단순히 경제적인 문제 외에도 정신적인 욕구를 충족시켜주는 중요한 역할을 한다. 그러므로 경제적인 문제 이외에도 당장 할 일이 없다는 것은 노년기의 심리적 적응에 중요한 영향을 미치게 된다. 남성은 여성에 비해 역할상실에서 보다 심각한 문제를 경험하게 되는데, 이는 사회적인 역할상실이 가족이나 친지에 대한 역할상실에 비해 그 정도가 훨씬 강하기 때문이다. 특히 외부의 직업적 역할에 치중한 남성인 경우에 역할상실로 인한 문제는 더욱더 심각하다. 우리나라의 중년 이후의 남성들은 자신의 직장을 한낱 생계를 위한 수단으로 여기는 것이 아니라 자신의 모든 것으로 생각한 나머지 심지어는 개인의 사생활도 거의 포기한 채 직업에만 전념하는 문화에서 생활해왔기 때문에 직장을 떠난다는 것은 일생일대의 크나큰 사건이 아닐 수 없다. 그러므로 은퇴는 단순히 경제활동인구에서 부양인구로의 전환보다도 더 큰 존재 의미의 상실을 유발한다고 볼 수 있다(이광규, 1984).

일생을 통해 인간에게는 역할상의 변화는 있을지 모르지만 역할은 지속된다. 학창시절 학생으로서의 역할이 있다면, 학교를 졸업하고 취업을 하게 되면 사회인 혹은 직장인으로서의 역할이 존재하게 된다. 그러나 노년기에는 직업에서 은퇴하였기 때문에 기대되는 사회적인 역할이 없으며 역할의 단절이 일어나게 된다. 직업세계를 떠나 자신의 정체감의 중요한 부분을 포기한다는 것은 심리적으로 매우 어려운 일이다. 많은 이들에게 그러한 전환은 자아존중감의 상실을 초래한다. 은퇴는 여성보다 남성에게 보다 심각한 문제이다. 직업은 생계수단일 뿐 아니라 개인의 자아존중감 및 전반적인 생활만족도에 큰 영향을 미치는 요인이다. 오늘날과 같은 노동지향적 산업사회에서 직업은 개인에게 정체감을 심어주고, 자신에 대한 가치와 자아존중감을 형성하게 해주기 때문에 일생을 바쳤던 직업으로부터의 이탈은 정체감 및 역할의 상실이나 전환을 초래하고 자아정체감의 재확립을 요구하게 된다. 즉, 은퇴는 단순히 직업의 상실이라는 차원을 넘어 새로운 신체적 · 심리적 적응을 필요로 하는 생애의 일대 사건으로 개인에게 다가오는 것이다. 특히 가족부양을 남성다움으로 여기는 남성이나 자신의 가치를 자신이 벌어오는 돈으로 정의하는 사람들은 직업을 잃음으로써 봉급 이상의 것을 잃게 된다. 이들은 자신의 일부를 잃으며, 자아존중감을 상실하게 된다(Brenner, 1991; Merva & Fowles, 1992).

직업역할의 상실은 개인의 심리적 적응에서 문제를 초래하기도 하지만, 가족 내에 또 다른 역할갈등을 유발하는 요인으로 작용하기도 한다. 은퇴 이후 부부가 함께하는 시간이 많기 때문에 서로 친밀감을 나누고 공통의 관심사나 취미생활을 하면서 즐거움을 느끼고 위안이 되기도 하지만(Jerome, 1990), 하루 종일 밖에 나가 있던 남편이 이제 매일 집에 있음으로써 아내가 스트레스를 받게 되고 부부관계에 긴장을 초래하기도 한다.

사진 설명 은퇴 후 부부가 함께 즐거운 시간을 보내고 있다.

한 연구(Lee & Shehan, 1989)에서는 남편이 은퇴하고 부인이 일을 계속하는 경우가 아내가 먼저 은퇴하거나 부부가 함께 은퇴하는 경우보다 결혼만족도가 더 낮아지는 것으로 나타났다. 또한 은퇴 후 부부에게 일어나는 변화 중 하나는 가사노동의 분담인데, 이 시기에 만약 남편이 스스로 아무 일도 할 수 없을 정도로 의존적이거나 혼자 있는 것을 좋아하지 않으면 갈등이 발생한다(Pearson, 1996). 반대로 은퇴 후에 남성이 은퇴 전보다 집안일을 더 많이 한다고 해서 반드시 바람직한 결과를 초래하는 것은 아니다(Ingraham, 1974). 예를 들면, 은퇴 전에는 아내가 집안일을 잘한다고 칭찬하던 남편이 은퇴 후에 갑자기 아내에게 집안일을 '제대로' 하도록 가르치려고 들면서 잔소리를 한다.

은퇴 후 남성들은 전통적으로 '여성의 일'이라고 여겨지던 일들을 하면서 자신의 체면이 손상되었다고 느끼기도 한다.

3) 건강 문제

은퇴는 신체적, 정신적인 건강에 큰 영향을 미치게 된다. 은퇴 자체로 인해 건강이 악화되는 것은 아니지만 은퇴 이후의 불규칙한 생활습관이나 역할의 단절, 수입의 감소는 신체적인 건강뿐만 아니라 정신건강에도 문제를 초래할 수 있다. 또한 은퇴로 인해 정해진 시간에 일어나서 출근을 하고 정해진 시간에 퇴근을 하는 것과 같은 지금까지 길들여졌던 생활리듬을 상실하게 되고 식사도 규칙적으로 하지 않게 됨으로써 건강 문제에도 영향을 미치게 된다.

그러므로 사회적인 역할상실을 보완할 정도는 아니라 하더라도 가정 내에서 자신이 수행할 수 있는 적절한 역할을 찾아보거나 규칙적인 생활습관을 유지함으로써 건강을 유지하고자 하는 노력이 필요하다.

4) 은퇴에 대한 고정관념

은퇴에 대한 사회적인 고정관념도 은퇴 이후의 적응에 부정적인 영향을 미치는 요인이다. 실제로 자신이 은퇴를 부정적으로 생각하지 않더라도 다른 사람들이 이를 부정적으로 생각하고 은퇴한 사람들에 대해 부정적인 시선을 보낸다면 적응에 어려움을 갖게 된다.

David, J. Ekerdt

Toni C. Antonucci

Laura L. Carstensen

일반적으로 은퇴한 사람들은 건강이 좋지 못하고, 덜 활동적이며, 생활만족도가 낮다는 등과 같이 은퇴에 대한 부정적인 시각을 많이 가지고 있지만, 연구결과는 그렇지 않은 것으로 나타났다. 첫째, 은퇴하자마자 건강이 나빠진다는 고정관념이 있지만 연구결과 은퇴가 건강에 직접적으로 부정적인 영향을 미친다는 증거는 없다는 것이다(Ekerdt, 1987). 즉, 은퇴 자체만으로 건강이 저하되지는 않는다는 것이다. 둘째, 은퇴는 부부관계에 부정적인 영향을 미치거나 생활만족도를 낮추지 않는다. 셋째, 은퇴는 사회적 관계망, 사회적 접촉의 빈도, 사회적 지원에 대한 만족도에 영향을 미치지 않는다(Bossé, Aldwin, Levenson, Spiro, & Mroczek, 1993). 친구의 수나 우정의 질도 은퇴의 결과로 감소하지 않으며, 은퇴 후 친구의 수나 우정이 변한다면 그것은 친구관계를 유지할 수 없을 정도의 심각한 건강문제와 같은 다른 요인 때문이라는 것이다.

Kahn과 Antonucci(1980)가 제안한 호위이론(convoy theory)에서는 친밀도의 정도에 따라 인간관계의 종류를 구분하고, 친밀도가 적은 외집단과의 사회적 접촉만이 은퇴의 영향을 크게 받는다고 하였다. 즉, 이 집단에 속한 직장동료는 멀어지는 경향이 있고, 여가활동을 함께하는 새로운 친구들이 이들을 대체하게 된다. 은퇴자들에게는 여전히 안정적인 내집단의 가까운 친구와 가족이 있고, 이들로부터 사회적 지원을 받기 때문에 은퇴 후 상실감을 느끼지 않는다는 것이다. 사회적 교류가 성인생활에 어떻게 작용하는가에 초점을 맞추고 있는 Carstensen(1991)의 선택이론(selecting theory)에서도 사회적 상호작용에는 정보의 원천, 자아정체감의 발달유지, 기쁨과 정서적 안정감의 근원과 같은 세 가지 기능이 있다. 정보제공과 자아정체감의 기능은 시간이 지나면서 덜 필요로 하기 때문에 감소하는 대신 사회적 지원의 질에 영향을 받는 정서적 기능은 점점 더 중요하게 된다. 은퇴한 사람들은 진정으로 즐길 수 있고, 필요할 때 의지할 수 있는 사람들과만 교류함으로써 사회적 상호작용이 점점 선택적이 되며, 이러한 정서적 기능은 은퇴 이후에도 충분하게 충족된다고 하였다.

3. 은퇴의 적응

어떤 학자들은 은퇴에 대해 적응해나가는 것을 하나의 과정으로서 파악하고자 하였으며, 또 다른 학자들은 일련의 과정보다는 개인차를 중심으로 은퇴에 대한 적응을 이해하고자 하였다.

1) 은퇴의 적응 과정

Robert C. Atchley

노년학자인 Atchley(1976)는 은퇴의 과정을 시간의 흐름에 따라 변화해나가는 단계적인 현상으로 파악하고, 은퇴 과정을 다음과 같은 7단계로 구분하였다(〈그림 18-1〉 참조). 이후 Atchley(2000)는 은퇴 과정에 대한 자신의 모델을 다소 수정하여 제시하였으나 여기서는 초기의 모델에 근거하여 은퇴 과정을 살펴보기로 한다.

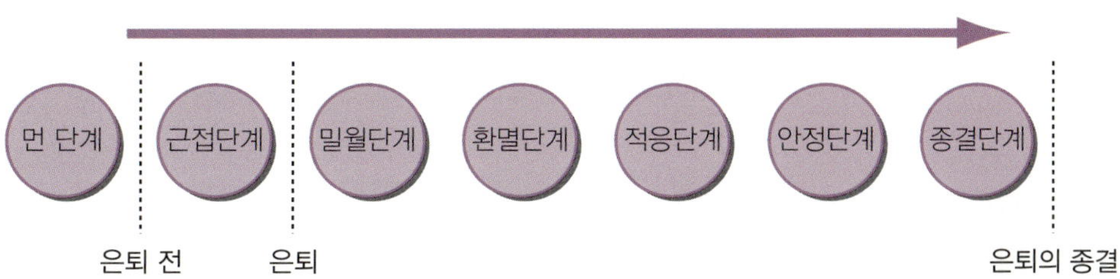

〈그림 18-1〉 은퇴의 과정

출처: Atchley, R. C. (1976). *The sociology of retirement*. Cambridge, MA: Sehenkman.

(1) 먼 단계(remote phase)

은퇴 전 단계는 아직 은퇴가 먼 단계와 은퇴 직전의 두 단계로 나뉜다. 대부분의 사람들은 이 단계에서는 은퇴에 대한 준비를 하지 않는다. 은퇴가 가까운 나이가 되어서도 은퇴를 막연한 일로 인식하고, 이에 대한 대비를 하지 않는다.

(2) 근접단계(near phase)

언제 어떻게 은퇴할 것인지 구체적으로 생각하며, 은퇴 후 경제문제, 신체적 · 정신적 건강문제를 생각한다. 은퇴 프로그램이나 세미나에 참가하기도 하고, 이미 은퇴한 사람들로부터 정보를 얻기도 한다. 은퇴 프로그램을 통해 은퇴 후 받게 될 연금이나 혜택에 관한 정보를 제공받고, 은퇴 후의 건강, 주거 및 은퇴의 법적 측면에 관하여 도움을 받게 된다.

(3) 밀월단계(honeymoon phase)

은퇴 직후 많은 사람들은 행복감을 느낀다. 평소에 하고 싶었거나 관심을 가지고 있었지만 시간이 없어서 하지 못했던 일들을 하면서 여가시간을 즐긴다. 그러나 이러한 활동은 다소의 경제적인 지출을 필요로 하기 때문에 경제적인 어려움이 있거나 건강문제 등으로 은퇴한 사람들은 이러한 긍정적 느낌을 경험하지 못한다.

(4) 환멸단계(disenchantment phase)

대부분의 사람들은 밀월단계에서 일상적인 은퇴 이후의 단계로 접어들어 은퇴 전에 세웠던 계획이 환상이었으며 현실적이지 못했음을 깨닫게 된다. 은퇴에 대한 환멸은 상실의 경험을 반영한다. 즉, 권력, 특전, 신분, 수입, 인생의 의미에 대한 상실을 경험한다. 이 단계에서 심한 우울증에 빠지는 사람도 있다.

(5) 적응단계(reorientation phase)

대부분의 은퇴자들은 이러한 환멸단계에서 벗어나 자신의 재정상태, 한계성, 어떤 특정한 일에 대한 실천 가능성 등을 검토하고 비교적 현실을 정확하게 인식하게 된다. 은퇴 이후의 생활에 대해 보다 현실적인 대안을 생각하며 생활에 만족감을 줄 수 있는 생활양식에 대해 탐색하고 평가한다. 이러한 과정을 통해 안정된 은퇴생활 단계로 나아가게 된다.

(6) 안정단계(stability phase)

은퇴로 인한 변화를 일상적으로 처리할 수 있는 상태를 확립하게 되면 안정단계로 들어가게 된다. 이 단계에서는 은퇴자로서의 새로운 역할과 자아정체감을 받아들이게 된다. 그렇게 함으로써 새로운 행동기준, 기대, 사회적 규범을 습득한다. 은퇴생활에 대한 적응이 잘 이루어지면 안정단계는 오랫동안 지속될 수 있다.

(7) 종결단계(termination phase)

은퇴자의 역할이 종결되는 단계로서 재취업을 함으로써 종결되기도 하지만, 대부분의 경우 나이가 너무 많아 병들거나 무능력하게 됨으로써 더 이상 독립적으로 기능하지 못하게 되어 은퇴자로서의 역할이 소멸되는 것이다.

Thomas O. Blank

Atchley의 견해는 여러 연구자들에 의해 지지를 받았다. Ekerdt와 그 동료들(Ekerdt, Bossé, & Levkoff, 1985)은 은퇴자들이 과연 밀월단계에서 행복감을 느끼고, 다음의 환멸단계로 이어지는지를 알아보았다. 연구결과, 은퇴 후 몇 개월까지는 밀월기에 있었는데, 이 시기에는 생활만족도도 높고 미래에 대해 매우 낙관적이었다. 그러나 은퇴 후 13~18개월 된 사람들은 방금 은퇴한 사람들보다 생활만족도도 낮고, 신체적 활동도 덜 하는 것으로 나타났다. Williamson, Rinehart 그리고 Blank(1992)의 연구 또한 Atchley의 단계개념을 지지하는 것으로 보인다. 1990년대 초반까지 은퇴 이후의 적응에 대한 연구의 초점은 Atchley가 제시한 은퇴단계 모형에 모아졌다. 그러나 이제는 은퇴가 단계개념으로 진행된다는 생각은 지지를 받지 못하고 있다(Stems & Gray, 1999). 대신 연구자들은 은퇴에 대한 적응은 신체적 건강, 경제적 상태, 은퇴형태(강제퇴직 또는 자의퇴직), 개인적 통제력 간의 복잡한 관계의 결과로 진행된다고 주장한다(Gall, Evans, & Howard, 1997).

사람들은 각기 다른 연령에, 각기 다른 이유로 은퇴하기 때문에 모든 사람들이 일률적으로 이러한 단계를 거치는 것은 아니다. 그러나 은퇴 과정에서 각 개인이 경험하게 되는 일반적인 심리상태를 파악하는 데에는 Atchley가 제시한 은퇴단계 모형이 유용한 모델이라고 볼 수 있다.

2) 은퇴의 적응양식

Hornstein과 Wapner(1985)는 모든 사람들이 Atchley가 제시한 방식으로 단계적인 과정으로 은퇴를 경험하는지 의문을 갖고, 은퇴 전 1개월 그리고 은퇴 후 6~8개월 사이에 있는 24명을 대상으로 심층면접을 했다. 그 결과 네 가지 각각 상이한 은퇴적응양식을 확인하였다(〈표 18-2〉 참조).

표 18-2 은퇴에 대한 네 가지 적응양식의 차원

차원	노년기로의 전환	새로운 시작	일의 계속	강요된 역할상실
은퇴의 의미	• 직업생활의 끝 • 속도를 늦추는 시기 • 인생의 마지막 국면 • 노년기로의 전환이 시작됨	• 인생의 새로운 국면의 시작 • 다른 사람의 필요에 의해서가 아니라 자신의 필요와 일치되는 삶을 살기 시작	• 은퇴 이전의 활동을 좀더 자기 방식대로 계속할 수 있다는 점 외에는 별다른 의미가 없음	• 가장 큰 의미와 가치를 두던 활동의 상실 • 중심이 없는 좌절의 시기
전환방식	• 점차적으로 일로부터 물러남 • 전환에 큰 의미를 둠	• 빠르게 일로부터 물러남	• 전환의 의미가 별로 없음	• 갑작스러운 일의 중단으로 큰 충격을 받음
전환기 동안의 주요 정서	• 숙고(reflectiveness), 내성(introspection)	• 흥분, 열광, 활력, 자유	• 평온한 만족	• 우울, 분노, 무기력
일에 대한 태도	• 즐겁지만 압박감을 느낌 • 최근에 자주 좌절감을 느낌	• 만족 또는 불만족, 압박감, 고갈	• 큰 가치를 두거나 아니면 별로 의미를 두지 않음	• 정체감의 주요 원인
은퇴와 자아의 관계	• 변화 없음	• 은퇴로 인해 자신의 새로운 면 탄생	• 변화 없음	• 자신의 귀중한 부분을 상실
시간에 대한 태도	• 과거는 만족스럽지만 끝났고 미래는 불투명함 • 현재에 초점을 맞춤	• 지나가버린 시간에 위안을 느끼고 미래는 기회로 가득찬 희망의 세계 • 미래를 실현하는 것에 초점을 맞춤	• 미래세계가 드넓지만 이는 과거에 기초 • 현재는 과거의 연속이고 미래는 현재의 연속이라는 것에 초점을 맞춤	• 과거를 높이 평가 • 미래는 불투명하고 현재는 공허함 • 과거를 현재 그대로 유지하는 것에 초점을 맞춤
전반적 생활 중심의 변화 정도	• 은퇴 전 생활 중심을 버림	• 은퇴 전 중심이 새로운 중심으로 대체됨	• 은퇴 전 중심이 약간 변형된 형태로 유지	• 상황이 변화했음에도 불구하고 은퇴 전 중심을 그대로 유지하려는 시도

은퇴목표와 활동의 본질	• 방향감각이 분명하지 않음 • 새로운 일을 시작하기에는 너무 늦고 이전의 활동을 계속하나 활동 수준이 떨어짐 • 만족스러운 취미생활	• 새로운 일이나 활동에 대해 분명하고 구체적인 목표를 가짐	• 분명한 목표를 갖지만 새로운 활동을 하지 않음 • 이전에 가치 있게 여기던 활동을 그대로 계속함	• 목표는 있지만 만족스럽게 여기지 않음 • 일을 대신할 활동을 찾으려고 시도하지만 좌절함 • 취미생활도 만족스럽지 못함
노년기에 대한 태도	• 불가피한 인생의 다음 단계 • 선택의 여지가 없이 받아들여야 함	• 은퇴와 노년기를 연결하지 않음 • 노인이나 은퇴자와 자신을 동일시하지 않음 • 젊게 느낌	• 특별한 감정 없음 • 은퇴와 노년기 간의 관계를 확실하게 느끼지 못함	• 다른 사람들이 자신을 노인으로 본다고 느끼나 자신은 늙었다고 느끼지 않고 일을 계속해야 한다고 생각 • 은퇴가 노년기로 연결된다는 생각에 걱정스러움

출처: Hornstein, G. A., & Wapner, S. (1985). Modes of experiencing and adapting to retirement. *International Journal on Aging and Human Development, 21*, 291-315.

(1) 노년기로의 전환(Transition to Old Age)

은퇴를 노년기로의 전환으로 받아들이는 유형의 사람들은 은퇴를 새로운 활동을 시작하는 시기가 아니라 오히려 활동을 단계적으로 축소하거나 일로부터 이탈하는 시기로 보았다. 한 응답자는 새로운 관심거리나 취미생활을 시작하기에는 너무 늦었다고 보고하였다.

이 집단에 속하는 사람들은 발달의 다른 단계에서의 전환처럼 은퇴를 노년기로의 전환으로 본다. 이들에게 은퇴는 노년기에 접어들면서 긴장으로 가득 찬 일의 역할에서 벗어나 휴식과 즐거움을 가져다주는 생활양식을 채택하는 시기이다.

(2) 새로운 시작(New Beginning)

은퇴를 새로운 시작이라고 받아들이는 유형의 사람들은 은퇴를 자유롭게 시간을 보내며 자기 방식으로 살아볼 수 있는 기회로 받아들이며 이를 환영한다. 이 집단에 속한 사람들에게 은퇴는 새로운 삶, 새로운 활력, 의욕, 생기, 활기로 받아들여진다.

이 집단에 속하는 사람들은 미래를 긍정적으로 보는데, 자기가 늘 하고 싶던 일을 하면서 되고 싶었던 사람이 될 수 있다고 생각한다. 이들에게 은퇴는 노인이 된다는 것과는 거리가 멀고, 전적으로 새로운 시작일 뿐이다.

(3) 일의 계속(Continuation)

은퇴를 일의 지속으로 받아들이는 유형의 사람들은 은퇴 후에도 계속해서 일을 하기 때문에 은퇴는 이들에게 아무런 영향을 미치지 않는다. 그들은 단지 직업을 바꾸거나 좀더 많은 시간을 특별한 기술연마나 취미생활, 관심거리에 할애한다. 이들에게 일은 여전히 자신의 인생구조에서 핵심적인 부분으로 남아 있다. 이 사람들은 은퇴 전과 후를 활동에 의해서가 아니라 직업역할의 강도에 의해 구분한다. 이 양식의 사람들에게는 은퇴는 시작도 아니고 끝도 아닌 아무런 사건도 아니다.

(4) 강요된 역할상실(Imposed Disruption)

마지막의 은퇴 적응양식은 중요한 역할상실을 반영하는 것이다. 이 양식을 채택하는 사람들은 은퇴를 직업역할의 상실, 정체감의 상실 등으로 보기 때문에 은퇴에 대해 매우 부정적이다. 이들에게 직업의 상실은 정체감의 핵심 부분을 상실하는 것이 된다. 결국에는 일을 대신할 어떤 활동을 찾게 되겠지만, 그동안의 좌절감과 상실감은 매우 크다. 이들은 일을 대신할 어떤 것도 없다고 생각하며, 은퇴를 결코 받아들일 수 없는 것으로 생각한다.

3) 은퇴의 적응에 영향을 미치는 요인

은퇴 이후의 적응을 하나의 단계로 간주하기보다 개인차에 따른 적응양식으로 설명할 경우에 이와 관련된 변수들은 중요한 의미를 갖는다. 은퇴 이후의 적응은 개인의 경제적 능력이나 은퇴에 대한 태도 등 여러 요인의 영향을 받게 된다.

은퇴에 대해 개인이 어떠한 태도를 가지고 있는지는 은퇴 이후의 적응에 큰 영향을 미치는 요인으로 볼 수 있다. 은퇴에 대한 개인의 태도는 은퇴 이후에 어느 정도의 보장이 이루어지는가에 따라 달라진다. 은퇴 이후에 경제적인 것이 문제가 되지 않는 사람들은 은퇴 이후의 삶에 대해 비교적 긍정적인 태도를 가지고 있는 반면, 그렇지 못한 경우에는 부정적인 태도를 보이게 된다. 사회경제적인 지위가 높은 계층의 사람들은 낮은 계층보다 은퇴에 대해 긍정적인 시각을 가지게 되는 것도 바로 이러한 이유에서이다. 일반적으로 건강하고, 적당한 수입이 있으며, 활동적이고, 교육수준이 높

Laurie Russell Hatch

으며, 친구와 가족을 포함한 사회적 지원망이 넓고, 은퇴 전 생활 만족도가 높은 사람들이 은퇴에 잘 적응한다(Damman, Henkens, & Kalmijn, 2014; Palmore, Burchett, Fillenbaum, George, & Wallman, 1985). 반면, 건강이 좋지 못하고, 수입이 적으며, 은퇴와 거의 동시에 일어나는 배우자의 죽음 같은 스트레스에 대처해야 하는 사람들의 경우에는 은퇴에 적응을 가장 잘하지 못한다(Stull & Hatch, 1984). 은퇴에 대한 개인의 적응은 경제적 문제뿐만 아니라 건강문제의 영향을 받는다. 건강하고 경제적 곤란이 없는 퇴직자들이 여가를 즐길 만큼 건강하지 못하고 수입을 아쉬워하는 퇴직자들보다 은퇴에 대해 더 만족한다(Bossé, Aldwin, Levenson, & Workman-Daniels, 1991). 경제적으로 여유있고, 건강하며, 친척이나 친구로부터 지원망이 있는 한 은퇴에 대해 만족해 한다(Gall et al., 1997; Matthews & Brown, 1987).

은퇴에 대한 적응은 은퇴에 대한 인식과도 밀접한 관련이 있다. 은퇴를 부정적인 경험으로 인식하는 경우는 건강이나 경제적 문제 때문에 은퇴를 스트레스를 주는 사건으로 지각하기 때문이다(Iams & McCoy, 1991; Ruchlin & Morris, 1992). Bossé와 그 동료들(1991)은 은퇴가 부정적인 영향을 준다고 생각하는 사람들의 경우 은퇴가 실제적으로 스트레스를 주는 사건이 된다는 것을 발견하였다. 강제로 퇴직을 당했거나, 해고 또는 건강문제로 퇴직했거나, 은퇴 후 경제적 곤란을 겪거나 건강이 좋지 않은 경우에는 자의로 은퇴하고, 예정된 은퇴를 하고 그리고 은퇴 후 경제적 여유가 있는 사람들보다 은퇴로 인한 스트레스를 더 많이 경험하는 것으로 나타났다. 이 연구는 은퇴에 대한 심리적 적응을 평가할 때 은퇴 전 생활의 모든 측면과 이전의 스트레스에 대해서도 연구할 필요성을 강조하는 것이다(Cook, 1991; Hughes, 1990).

은퇴에 대한 적응은 문화적으로도 차이를 보이는데, 사회보장제도가 완비되어 있는 서구의 여러 나라나 미국인들은 일반적으로 은퇴를 긍정적인 것으로 평가한다(Atchley, 2000). 미국의 경우 현재 정년제도가 폐지되었으며 62세부터 노령연금의 수급이 가능하기 때문에 비자발적인 은퇴가 아니라 자신이 자발적으로 은퇴의 시점을 결정하기 때문이다. 반면, 우리나라의 경우에는 직종에 따라 차이가 있으나 은퇴연령이 대부분 정해져 있으며, 최근에는 은퇴연령까지 종사하는 경우도 비율적으로 낮아졌기 때문에 은퇴에 대한 긍정적인 시각이 낮을 수밖에 없다. 우리나라의 낮은 은퇴연령이나 은퇴에 대한 준비부족, 사회보장제도의 미비로 인해 은퇴는 매우 스트레스를 주는 사건이며 따라서 은퇴 후의 적응에서도 어려움이 크다(신화용, 조병은, 2001).

이러한 요인 이외에도 은퇴 후에도 계속할 수 있는 여가활동이 있거나 여가활동을 할 수 있는 여유가 있다면 직업으로부터 은퇴로의 전환이 보다 용이하게 이루어질 수 있다.

4. 은퇴생활 준비

은퇴에 대한 적응은 일반적으로 은퇴 전에 얼마나 충분히 준비를 했는가와 자신의 시간을 어떻게 활용하느냐에 달렸다. 한국의 노인 자살률이 OECD국가 중 가장 높다는 것은 바로 은퇴 이후의 적응에서 많은 문제를 보이고 있음을 의미하는 것이며, 이는 은퇴에 대한 준비가 충분히 이루어지지 못했음을 의미하는 것이기도 하다. 평균수명이 증가하면서 앞으로 사람들은 20년 이상의 은퇴기를 보내게 될 것이며, 이것은 은퇴기를 여생(餘生)으로 간주하는 기존의 인식과는 달리 은퇴기는 또 하나의 인생기와 같은 것임을 의미하는 것이다. 그러므로 은퇴 이후의 시간을 무엇을 하고 보낼 것인가의 문제는 중요한 의미가 있다. 지난 100년간 인간의 수명은 지난 5,000년간 늘어난 것보다 더 많이 늘어났다. 수명이 연장되고 건강상태가 개선되었음에도 불구하고 현대인들은 더 젊은 시기에 은퇴한다. 비활동적이고 사회로부터 분리되어 자기중심적으로 보내는 은퇴생활은 결국 건강상의 문제나 무력감으로 고통을 받게 될 것이며, 은퇴에 대해 적절한 준비를 하지 않는다면 은퇴에 따른 공허함과 정서적 긴장감이 은퇴자를 압도할 것이다.

은퇴에 대한 계획은 이상적으로는 중년기까지는 착수해야 한다. 은퇴를 위한 계획에는 인생이 즐겁고 성공적인 것이 될 수 있도록 인생을 설계하며, 재정적인 필요에 대비해 그것을 적절히 준비하고, 신체적 또는 정서적 문제를 얼마간 예상하며 은퇴가 자신에게 어떠한 영향을 미칠지에 관해서 배우자와 의논하는 것 등이 포함된다(Bergstrom, 1990; Kirkpatrick, 1989; Weistein, 1991). 이러한 문제에 관해서는 은퇴준비 연수회나 기업에서 주관하는 프로그램으로부터 도움을 받을 수도 있다.

은퇴생활의 준비에 대해 좀더 구체적으로 살펴보면 다음과 같다(이인수, 1995). 첫째, 노년기에 발생하는 문제 중 경제문제, 건강문제, 여가문제, 주거문제 등과 같은 문제에 대해 다양한 정보를 수집한다.

둘째, 은퇴 후 생활에 대해 주위 사람들의 경험을 들어보고, 자신이 결정하고자 하는 사항에 대해 자세히 털어놓고 자문을 구한다. 그리고 주거문제, 연금관리, 부동산관리 등 전문분야는 전문가와 상담한다.

셋째, 은퇴 후의 소득방안, 활동, 건강관리 등에 대해 목표를 설정한다. 예컨대 저축에 관한 계획을 기간별로 설정하여 기록하고, 단계적으로 점검하면서 적절히 투자할 대상에 연결해 본다.

넷째, 은퇴 후의 계획은 은퇴 이전부터 미리 조금씩 시도해 본다. 예를 들면, 새로운 친구도 사귀어 보고, 자원봉사도 일주일에 한두 번씩 해보는 습관을 조금씩 들이도록 한다.

다섯째, 이러한 계획들을 그때그때 변하는 주변환경, 경제적 여유, 가족사항에 비추어 종합적으로 검토해 보고 수정보완하여 은퇴생활 계획에 대한 준비를 완료한다.

은퇴에 대한 준비가 필요하다는 사실은 널리 인식되고 있다. 이처럼 노후 대비의 필요성과 중요성을 인식하고 있음에도 불구하고 대부분의 중장년층은 자녀 사교육이나 주택마련 부담증가 등으로 노후준비를 '안 하는 것'이 아니라 '못하는' 상황에 처해 있다. 2021년 통계청 사회조사에 의하면 19세 이상 인구 10명 중 7명(67.4%)이 노후준비를 하고 있으며, 준비 방법은 국민연금이 가장 높은 것으로 나타났다. 성별로는 남자(70.7%)가 여자(64.2%)보다 높고, 연령대별로는 50대(80.0%), 40대(78.5%), 30대(74.1%) 순으로 높게 나타났다. 〈그림 18-2〉는 2011년부터 2021년까지 19세 이상 인구 중 노후준비를 하고 있는 비율이다. 또한 통계청, 금융감독원과 한국은행(2022)의 가계금융·복지조사보고서에 의하면 한국인의 가구당 평균 자산은 5억 4,772만원으로 나타났으며, 자산 가운데 부채를 제외한 순자산은 4억 5,602만원으로 나타났다. 문제는 이

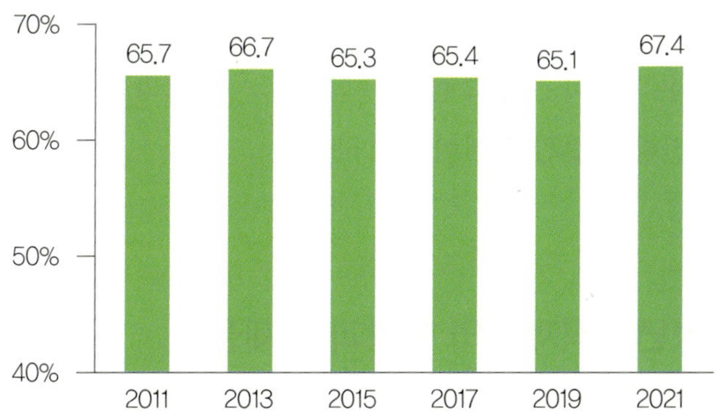

〈그림 18-2〉 19세 이상 인구 중 노후준비를 하고 있는 비율(2011~2021)

출처: 2021년 사회통계청 사회통계기획과 사회조사결과.

들 자산 가운데 부동산이 77.9%를 차지하는 반면, 금융자산이 차지하는 비율은 22.1%에 불과한 것으로 나타났다. 이러한 상황에서 부동산 가격이 급락할 경우 심각한 문제가 예상되므로 자산유형별로 균형있는 노후준비가 이루어져야 할 것이다.

은퇴 이후의 적응을 돕고 성공적인 삶을 영위할 수 있도록 하기 위해 여러 기업체를 중심으로 은퇴준비 프로그램이 실시되고 있다. 그러나 아직까지는 은퇴에 대한 전반적인 이해 부족으로 은퇴준비 프로그램이 형식적으로 이루어지고 있는 실정이다. 육체적 건강은 정신건강과 직결되며 일거리는 정신건강을 높여주는 중요한 요인이므로 일거리를 확보해주는 것은 노인에게 의료보험과 같은 소극적인 복지혜택을 제공해주는 것보다 훨씬 경제적이고 효율적인 방법이라고 볼 수 있다. 그러나 우리나라의 은퇴에 대비한 재직근로자의 재교육을 위한 직업훈련 참가율도 저조한 것으로 나타났다. 통계청(2014)의 직업교육훈련 참여 현황에 따르면 15세 이상 한국인의 전체 직업교육훈련 참여율이 20.5%로 나타난 것에 비해 60세 이상 연령대의 참여율은 8.5%에 불과한 것으로 나타났다. 교육수준별로는 대졸이상 학력자가 32.9%의 높은 참여율을 보인 것에 반해 중졸이하 학력자의 경우 8.1%에 불과한 것으로 나타났다. 그러므로 저학력 고령자를 대상으로 한 직업교육이 집중적으로 시행될 필요가 있다.

아울러 여가교육은 그 중요성이 더욱 강조되고 있다. 은퇴 이후의 여가시간을 어떻게 사용하는가에 따라 여가는 개인에게 하나의 훌륭한 자원이 될 수도 있고 오히려 무료함이나 권태감을 갖게 하는 부정적인 자원이 될 수도 있다. 여가시간이 주어졌다고 해서 모든 사람들이 이를 제대로 활용할 수 있는 것은 아니며 평소 이에 대한 교육이 얼마나 이루어졌는가에 따라 그 활용도나 은퇴 이후의 적응에서는 차이를 보이게 된다.

그러므로 은퇴 이후의 대책은 개인적인 복지 차원에서도 필요하지만 사회적으로도 정년제도의 재검토와 같은 방법으로 은퇴 이후의 적응을 도와주기 위한 노력이 필요하다. 또한 체계적인 은퇴준비 프로그램이 사회복지 서비스의 중요한 영역으로 자리 잡을 수 있도록 사회 전반에 걸친 관심이 필요하다.

5. 우리나라 정년퇴직제도의 현황과 문제점

은퇴에 대한 적응이나 준비에서 개인적인 노력도 중요하지만 국가적인 차원에서도 정년퇴직제도 등과 같은 제도적인 보완을 통해 은퇴 이후의 적응을 용이하게 해주고자 하는 노력이 필요하다. 정년퇴직제도는 크게 일률정년제, 계급정년제, 직종정년제로 구분할 수 있다. 일률정년제는 직급이나 직종, 성별에 관계없이 일정한 연령에 도달하면 은퇴하는 제도이고, 계급정년제는 직급에 따라 상이한 퇴직연령을 설정하여 그 연령에 도달하면 은퇴하는 제도이다. 직종정년제는 직종별로 상이한 퇴직연령을 정하여 그 연령에 도달하면 퇴직하는 제도이다.

우리나라에서 일률정년제는 1960년대에 이르러 산업화가 본격적으로 이루어지면서 도입되었다. 1963년 국가공무원법이 개정되면서 6급 이하의 공무원에 대한 일률정년제가 도입되었고, 일반 기업에서도 노동력의 공급과잉으로 인해 도입되기 시작하였다. 이러한 일률정년제는 연공서열형의 임금구조하에서 저임금의 노동자를 대량으로 받아들이고 고임금의 고령자를 조직으로부터 배제하기 위한 의도에서 이루어졌으므로 정년연령이 55세로 낮게 정해졌다. 계급정년제는 군인이나 경찰과 같은 특정직 공무원의 간부계급을 대상으로 1960년대에 도입되었고, 기업에서도 간부급을 대상으로 1970년대에 도입되었다. 직종정년제는 계급정년제와 혼합되어 공무원인 경우에 적용되고 있다.

서울시복지재단(2012)에서 은퇴경험자를 대상으로 한 노인능력 활용방안 연구결과에 따르면 평균 은퇴연령은 52.6세로 나타났다. 또한 은퇴 이유에서도 사업부진이나 경영악화, 정년퇴직, 정리해고, 직장 휴·폐업 등 비자발적 성격의 이유로 은퇴한 비율이 개인적 이유로 은퇴한 비율보다 월등하게 높은 것으로 나타났다(〈표 18-3〉 참조).

이러한 사실에 근거해 볼 때에 우리나라 노동자의 정년연령은 상당히 낮다는 것을 알

표 18-3 은퇴경험자의 은퇴 이유

		사례수(명)	사업부진 경영악화 일거리가 없어서	개인·가족 관련 이유 (육아·가사·돌봄 등)	정년퇴직	일을 그만 둘 때가 되었다고 생각해서	명예퇴직 권고사직 정리해고	기타	직장의 휴업 폐업	작업여건 (시간·보수 등) 불만족	여가를 즐기기 위해서	임시 또는 계절적 일의 완료	경제적으로 여유가 있어서
전체		(634)	24.1	17.2	13.6	12.6	11.5	9.5	4.6	3.6	2.4	0.6	0.3
연령대	55~59세	(276)	30.4	18.1	4.3	9.4	13.8	10.1	6.5	4.3	1.4	0.7	0.7
	60~64세	(196)	23.5	17.9	16.3	7.1	11.2	11.7	4.1	2.6	4.6	1.0	0.0
	65세 이상	(162)	14.2	14.8	25.9	24.7	8.0	5.6	1.9	3.7	1.2	0.0	0.0
성별	남자	(370)	26.2	9.2	20.0	8.6	16.5	7.8	5.1	4.6	1.1	0.5	0.3
	여자	(264)	21.2	28.4	4.5	18.2	4.5	11.7	3.8	2.3	4.2	0.8	0.4

출처: 서울시복지재단(2012). 노인능력 활용방안 연구.

수 있다. 정년제도가 처음으로 도입될 당시 우리나라 사람들의 평균수명은 남녀 각각 54.9세와 61.0세였으나 2021년 우리나라 사람들의 평균기대수명은 남녀 각각 80.6세와 86.6세로 25년 정도 증가했음에도 불구하고 정년연령은 그 당시의 수준을 유지하고 있음을 보여주는 것이다. 현재 우리 사회의 정년연령을 은유적으로 표현하고 있는 '오륙도' '사오정' '삼팔선'과 같은 용어들은 실제 통계치보다 정년의 문제가 더 빨리 직면하는 문제임을 말해주고 있다. 우리나라의 정년연령에 대한 이러한 사실은 실제 생물학적 나이로는 노인이라고 볼 수 없지만 사회적 연령으로는 노인으로 간주되는 사람들의 비율을 높여 놓고 있으며, 이는 결국 사회적인 부담이 지속적으로 증가할 것임을 말해주는 것이다. 사회적인 부담뿐만 아니라 개인적인 측면에서도 55세를 전후하여 자녀의 결혼 등으로 인해 지출은 최고조에 달하는 시점이기 때문에 경제적인 어려움이 문제가 된다. 우리나라의 정년연령은 선진국에 비해서도 상당히 낮은 수준이어서 정년 제도에 대한 보완이나 개선이 필요하다고 본다(〈표 18-4〉 참조).

이러한 비판 의견을 수렴하여 정부 차원에서도 유능한 노동자가 연령에 관계없이 안심하고 일할 수 있도록 연령차별 금지정책을 적극 추진하는 한편, 정년의무화 제도를 적극 검토해나갈 예정이다. 구체적으로 정부는 기업들의 정년을 65세로 권고하는 방향으로 고령자고용촉진법을 개정하는 방안을 추진 중이며, 연령차별금지 법제화, 정년연장을 위한 지원제도 신설, 임금피크제 지원, 고령자 고용촉진 인센티브 강화, 고령자

표 18-4 세계 각국의 정년연령

국가	남	여	국가	남	여
노르웨이	65	67	호주	65	61
미국	정년 없음		그리스	65	60
스웨덴	65	65	러시아	60	55
캐나다	정년 없음		태국	60	60
스페인	65	65	필리핀	60	60
스위스	65	62	일본	60	60
프랑스	60	60	이탈리아	66	60
이스라엘	65	60	헝가리	60	60
영국	정년 없음		싱가포르	63	55
독일	67	67	한국	60	60

출처: UN (2012). *Population Aging.*

취업지원서비스 확대 등을 추진하고 있다. 이러한 정부정책을 근간으로 하여 앞으로 개선되어야 할 방향을 제시해보면 다음과 같다.

첫째, 우리나라의 정년연령이 지나치게 낮다는 인식하에 정부도 기업들의 정년연령을 65세로 권고하는 방향으로 고령자고용촉진법을 개정하는 방안을 추진 중이다. 그러나 갑자기 정년연령을 상향조정하는 것 또한 여러 가지 문제가 예상되므로 일차적으로 60세 정도로 상향조정하고, 이후 단계적으로 정년연령을 높여 나가고자 하는 노력이 필요하다.

둘째, 연공서열방식의 임금구조를 개선할 필요가 있다. 연공서열방식의 임금구조하에서는 연령이 증가할수록 지급해야 하는 임금액수가 증가하게 된다. 즉, 세월이 흐르면서 자연스럽게 임금이 올라가므로 개인으로서는 무사안일주의에 빠지게 하는 병폐가 있으며, 기업에서는 능률에 비해 고임금을 지불해야 하는 문제가 있기 때문에 정년연령의 일률적인 상승을 어렵게 만드는 요인이 된다. 그러므로 연공서열방식이 아닌 개인의 능력에 맞게 임금구조를 변경하는 제도적 개선이 선행되어야 할 것이다. 이미 상당수의 기업에서 능률 위주의 성과급제를 사용하고 있으며 앞으로 더욱 확대될 전망이다.

셋째, 연공서열방식의 문제점을 해결하기 위해 임금피크제를 도입하는 것도 한 가지 대안이 될 수 있다. 고령자의 퇴직을 유도하는 가장 기본적인 원인 가운데 하나가 작업

사진 설명 60세 이상 구직희망자를 대상으로 부산에서 열린 '2007년 노인일자리 박람회' 모습. 노년층 구직자들이 몰려들어 장사진을 이루고 있다.

능률은 낮으면서 높은 임금을 지불해야 하는 것이기 때문에 작업능률이 가장 최고인 지점을 기준으로 임금피크제를 도입하게 되면 고령으로 인한 강제적인 은퇴현상은 상당 부분 해결이 가능할 것이다.

넷째, 갑작스러운 퇴직으로 인한 경제적 · 정신적 · 신체적인 문제를 완충시키는 방법으로 단계적으로 정년제를 도입해나가는 것도 한 방법이 될 수 있다. 일정 연령에 도달하여 일률정년제를 시행하되 일정 기간을 조건부로 연장하여 업무성과나 신체적인 여건을 고려하여 고용을 연장하는 방법을 적용할 수 있다. 또한 퇴직 이후 반일근무나 격일근무 등의 방법을 도입하는 것도 정년퇴직으로 인한 부작용을 감소시키고 점진적으로 은퇴에 적응해나가도록 하는 데 도움이 될 수 있다.

다섯째, 정부의 정책적인 지원이나 기업의 배려가 있다 하더라도 능률위주의 기업에서 복지적인 차원만을 강조하는 것은 한계가 있다. 그러므로 노인재고용을 위한 직업훈련이 필요하며, 이를 통해 노인들이 경쟁력을 확보할 수 있도록 지원하는 것이 보다 적극적인 방법이다. 앞서 살펴본 바와 같이 우리나라는 기업들의 고령자 채용 기피와 동시에 재직 근로자의 재교육을 위한 직업훈련 참가율도 저조한 것으로 나타났다. 이는 퇴직 이후의 취업에 대한 본인들의 노력도 적극적이지 못한 것을 의미하므로 정부가 나서서 근로자 재교육을 강제적으로 시행해야 할 필요가 있음을 시사한다.

6. 여가생활

노인에게 여가의 의미는 젊은이나 중년의 그것과는 다르다. 생활의 대부분이 여가라고 해도 과언이 아니기 때문에, 노인의 여가활동은 그들의 생활만족도와 직접적으로 연관이 있다. 노년기의 여가활동은 노인의 고독, 허탈감, 소외감을 극복하는 데 도움이 된다. 노인들은 여가를 통해 적절히 기분전환을 할 기회를 갖게 되고, 자신의 능력을 발휘할 수 있는 기회를 갖게 되며, 문화적인 생활을 하고자 하는 욕구도 충족시키게 된다. 이처럼 노년기 여가의 의미는 노인의 다양한 욕구를 충족시켜

줄 수 있다는 점에 있다.

그러나 경제적 이유나 건강상의 이유로 여가활동에 참여하지 못하고 무료하게 보내야 할 경우도 있으며, 또한 여가활동 및 여가수단에 대한 지식, 경험, 훈련부족 등으로 여가를 제대로 활용하지 못하는 경우도 많다.

노인의 여가는 생산적 활동에 왕성하게 참여하고 있는 젊은 층의 그것과는 분명히 다르다. 젊은 층은 재생산의 수단 또는 심신의 피로회복 등을 주된 목적으로 여가를 활용하고 있다. 그러나 노인은 여가를 선택적으로 즐기기보다는 사회적 제도와 일반적 인식에 기초해 여가가 일방적으로 주어지는 경우가 많다. 그렇기 때문에 항상 여가가 넘쳐나는 생활을 해야 하고, 심할 경우는 여가 자체가 즐거움의 대상이라기보다는 무료함과 고통의 대상이 되기도 한다. 만약 이러한 경우라면 여가 자체가 정신적인 스트레스이며 정서적인 불안감을 유발할 수도 있다. 따라서 소극적으로는 여가를 적절히 활용하지 못해 발생하는 문제점을 해소하고, 적극적으로는 여가를 즐겁고 보람되게 보냄으로써 인생을 의미 있게 마무리 짓는 것에 초점을 맞춘 다양한 대안들이 모색되어야 한다. Leitner와 Leitner(1985)는 여가활동은 건강증진, 사회적 접촉과 사귐의 기회 증진, 사기와 생활 만족감 증진, 신체적·정신적 자신감의 증진, 자기가치성과 자기유용성의 확대, 자립성 향상이 이루어지고, 특히 의미 있고 즐거운 삶을 얻을 수 있도록 노년기의 여가활동이 계획되어야 함을 강조하고 있다.

사진 설명 Sara F. Leitner와 Michael J. Leitner

우리나라에서 노인들의 여가활동을 위해 제공되는 프로그램은 크게 네 가지가 있다. 첫째, 정부가 정책적으로 평생교육 및 노인복지 차원에서 실시하는 여가 프로그램, 둘째, 종교단체, 자선단체, 지역유지들이 지역노인을 위해 경로효친 차원에서 실시하는 여가 프로그램, 셋째, 친목, 지역사회봉사, 사회문제해결을 위해 노인의 자율성에 기초하여 사회참여 차원에서 이루어지는 여가 프로그램, 넷째, 노인을 소비자로 보고 관광, 스포츠, 레크리에이션 등 고령친화산업 차원에서 이루어지는 여가 프로그램 등이 그것이다.

이가옥, 서미경, 고경환과 박종돈(1994)의 연구에서는 우리나라 노인들의 여가활동 참여실태를 알아보았다. 서예, 음악활동, 우표수집, 독서, 종교생활, 친구·친척 모임 등의 참여 등 12개의 여가활동을 제시한 후 각각의 문항에 대해 노인들이 얼마나 자주 참여하고 있는가로 여가실태를 조사하였다.

연구결과 노인들이 많이 참여하는 여가활동은 주로 TV 시청 및 라디오 청취(95.7%)로 나타났다. 다음으로 노인들이 많이 참여하는 여가활동은 친구 · 친척 모임 참여(62.0%), 성경읽기, 기도 등의 종교생활(50.6%), 신문 · 책보기(33.9%) 등으로 수동적인 여가활동을 많이 즐기는 것으로 보인다. 그리고 운동 · 등산 등 체력관리를 위한 취미생활도 21.1%의 노인이 참여하고 있어 비교적 많은 노인들이 건강관리를 하고 있는 것으로 나타났다.

이 결과는 10년 전 한국갤럽조사연구소(1984)가 만 60세 이상의 전국 노인들을 대상으로 생활실태를 조사한 연구결과와 상당히 유사하다. 즉, 그 당시 우리나라 노인들의 취미활동은 TV 시청(69.9%), 라디오 청취(52.3%), 바둑이나 장기 및 화투 등의 놀이(27.1%), 산책(20.1%) 및 여행(18.8%), 독서(12.8%) 순이며 그 밖의 취미활동은 미미한 것으로 나타났다.

〈그림 18-3〉은 우리나라 노인들이 노후를 보내고 싶은 방법에 관한 것이다. 노후를 보내고 싶은 방법으로 취미활동(39.5%), 여행 · 관광활동(32.5%), 소득창출활동(11.9%) 순으로 응답하였다. 남성은 여성보다 상대적으로 취미활동, 소득창출활동에 대한 선호가 높은 반면, 여성은 여행 · 관광활동, 학습 · 자기개발활동, 자원봉사활동, 종교활동에 대한 선호가 높은 것으로 나타났다.

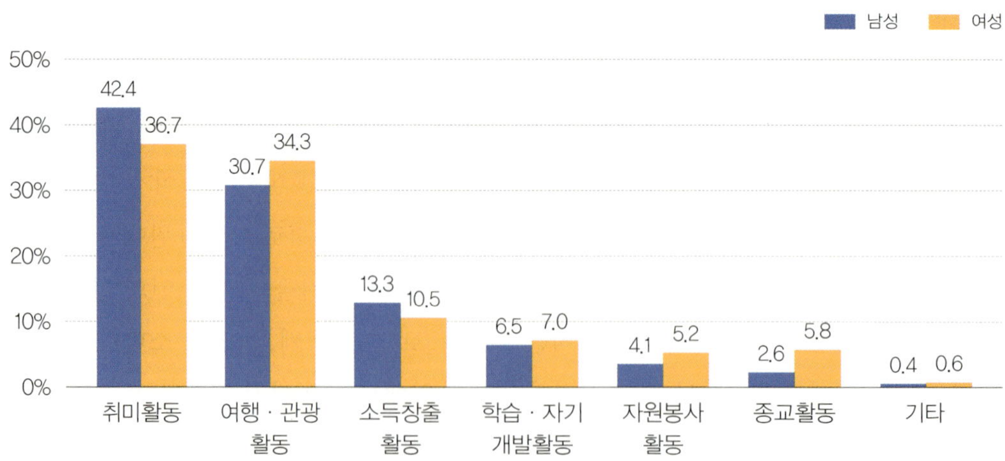

〈그림 18-3〉 우리나라 노인들이 노후를 보내고 싶은 방법

출처: 사회통계국 사회통계기획과 2021년 사회조사보고서.

우리나라 노인을 대상으로 한 노년기 여가활동 유형에 따른 생활만족도 연구(강연주, 1997)에서는 여가활동 유형과 생활만족도 간에는 일정한 관계가 있는 것으로 나타났다. 가장 밀접한 상관이 있는 여가활동은 단체활동, 자기개발활동, 가족 및 종교활동 순이었다.

우리나라 60세 이상 노인 522명을 대상으로 여가활동이 삶의 만족도에 영향을 미치는 요인을 알아본 최근 연구(백종욱, 김성오, 김미양, 2010)에서는 조사대상자의 95%가 소일형 여가 중 라디오 청취나 TV 시청에 참여하고 있으며, 경제상태가 좋을수록 취미문화형과 사회단체형 여가활동 참여가 많은 것으로 나타났다. 여가활동 참여유형에 따른 생활만족도에서는 사회단체형 여가활동 수준이 생활만족도에 가장 큰 영향을 미치는 것으로 나타났다.

제**19**장

성격 및 사회적 발달

정신분석 이론가인 Freud와 Jung은 노년기를 아동기와 매우 유사한 것으로 보았다. 예를 들면, Freud는 노년기에 우리 인간은 유아기의 자기중심적 성격으로 되돌아간다고 믿었으며, Jung은 노년기에 우리의 사고는 무의식 세계에 깊이 잠수해 있는 상태라고 보았다. 따라서 노년기에는 현실세계와의 접촉이 단절될 수 있다고 생각하였다. 그러나 현대 발달심리학자들은 노년기를 보다 건설적이고 보다 적응적인 것으로 보는 견해를 갖고 있다.

> 만약에 내가 인생을 다시 한 번 살 수 있게 된다면 다음에는 보다 많은 실수를 저지르려고 노력할 것이다. 나는 느긋할 것이며 경쾌한 일상을 보내겠다. 이번 인생에서보다는 더 어리석을 것이다. 진지하게 생각할 것은 아무것도 없다는 것을 나는 알고 있다. 나는 더 바보 같아질 것이고, 더 지저분해질 것이다. 더 많은 모험을 할 것이고, 더 많이 여행을 할 것이다. 더 많은 산을 오르고, 더 많은 강을 헤엄치며, 더 많이 해지는 광경을 볼 것이다. 휘발유를 더 많이 쓸 것이며, 아이스크림을 더 많이 먹고, 콩은 적게 먹을 것이다. 가상의 문제보다는 좀더 현실의 문제를 좇을 것이다(Papalia, Olds, & Feldman, 1989, 재인용).

사진 설명 "우리는 닮은 점이 참 많은 것 같아요. 저는 너무 어려서 많은 것을 할 수 없고, 할아버지는 너무 늙으셔서 많은 것을 하실 수 없잖아요."

이 글은 Nadine Stair가 '바깥세계행' 학교에 참가하고서 85세에 쓴 글이다. 이 학교는 여러 연령층의 성인들이 바깥 세상을 경험한 상황에서 자신의 인생과 가치를 되돌아보도록 격려해주는 곳이다.

노년기는 많은 사람들이 그들의 인생을 과거뿐만 아니라 앞으로의 인생까지도 바라보면서 자신들의 인생을 재검토하는 때이며, 남은 시간을 어떻게 최대한으로 활용할 것인가를 결정하는 시기이다.

이 장에서는 노년기 성격의 안정성과 변화, 성공적 노화이론, 성공적인 노화와 성격유형, 성공적 노화모델, 노년기의 자아개념과 자아존중감, 노년기의 심리적 부적응 등에 관해 살펴보고자 한다.

1. 노년기 성격의 안정성

노년기 성격의 안정성을 주장하는 종단연구 중 대표적인 것이 Costa와 McCrae(1984, 1986, 1988, 1989)의 연구이다. 그들은 20~80세의 성인 2,000명을 대상으로 하여 매 6년마다 성격특성 차원을 검사하였다. 연구결과 성격특성은 성인기 내내 안정적인 것으로 나타났다.

노년기 성격의 안정성을 뒷받침하는 또 다른 연구들이 있다(Hagberg, 1991). 예를 들면, 버클리의 노인세대 연구는 1928년과 1929년에 캘리포니아주의 버클리에서 약 420명의 성인들을 대상으로 시작된 종단연구이다. 55년 이상 진행된 이 연구의 대상은 성년기, 중년기, 노년기의 성인들을 망라한 것이었다.

Field와 Millsap(1991)은 1969년부터 1983년까지 버클리 종단연구의 생존한 피험자들로부터 수집한 자료를 분석하였다. 1969년에는 평균연령이 65세인 젊은 노인(young-old)집단과, 평균연령이 75세인 고령 노인(old-old)집단으로 구분하여 검사를 실시하였다. 1983년에는 평균연령이 79세인 고령 노인(old-old)집단과, 평균연령이 89세인 최고령 노인(oldest-old)집단으로 나누어 재검사를 실시하였다. Field와 Millsap은 이 연구설계를 통하여 14년 간격의 두 동시대 출생집단이 갖는 성격의 안정성을 비교할 수 있었다.

연구결과 성인기 내내 성격이 안정적인 것으로 밝혀졌다. 연구결과를 좀더 구체적으로 살펴보면, 만족감이 가장 안정적인 특성이었으며, 외향성, 활기 등의 특성은 완만한 감소를 보였고, 순응성은 오히려 증가하였다. Field와 Millsap은 이러한 결과와 관련하여 노년기에는 대인 영역과 신체 영역에서 큰 손실이 일어난다는 사실을 감안할 때, 노인들이 삶으로부터 계속해서 만족감을 느낀다는 것을 젊은이들은 이해하기 힘들 것이라고 해석하였다. 그들은 또한 이 연구를 통해 노년기에는 성격이 완고해진다는 고정관념이라든가 사람이 나이가 들수록 보수적이며, 괴팍해진다는 고정관념에서 벗어나도록 해준다고 결론을 내렸다.

2. 노년기 성격의 변화

성격의 안정성을 주장하는 학자들과는 달리 Erikson, Peck, Levinson 그리고 Jung 등은 노년기 성격의 변화를 강조한다. 이들의 이론을 살펴보기로 한다.

사진 설명 Erikson이 아내 Joan과 함께

1) Erikson의 통합감 대 절망감

Erikson(1968b, 1978, 1982)은 그의 여덟 번째이자 마지막 위기인 '통합감 대 절망감'에서 노인들은 자신의 죽음에 직면해서 자신이 살아온 삶을 되돌아보게 된다고 한다. 노인들은 자신의 삶을 다시 살 수 없다는 무력한 좌절감에 빠지기보다는 자신의 삶에 대한 통합성, 일관성 그리고 전체성을 느끼려고 노력한다고 한다.

사진 설명 자아통합감을 이룬 노인들이 생활만족도가 높은 것으로 보인다.

어떤 노인들은 자신의 삶이 의미있고 만족스러운 것으로 인식하는가 하면(자아통합감), 어떤 노인들은 원망과 씁쓸함, 불만족스러운 마음으로 자신의 삶을 보게 된다. 서글프게도 그들은 자신이 바라던 삶을 창조할 수 없었다고 느끼거나 이러한 실망감에 대해 다른 사람을 비난하게 된다(절망감).

이 단계에서 발달하는 미덕은 지혜인데, 그것은 죽음에 직면했을 때 나타나는 인생 그 자체에 대한 박식하고 초연

사진 설명 노년기에 경험하는 상실이나 변화에 대한 반응으로 우울증에 빠지기 쉽다.

한 관심이다. 이와 같은 지혜는 노년기의 지적인 힘일 뿐만 아니라 중요한 심리적 차원이다. Erikson에 의하면 지혜는 개인이 나는 무엇을 다르게 했어야 했는데, 혹은 무엇을 할 수 있었는데라는 커다란 후회없이, 지금까지 살아 온 인생을 그대로 받아들이는 것을 포함한다. 지혜는 어떻게 살아야 하는지를 안다는 것뿐만 아니라, 열심히 살아온 인생에 대한 피할 수 없는 종말로 죽음을 받아들인다는 것을 의미한다. 지혜는 자기 자신, 자신의 부모, 자신의 인생의 불완전함을 인정하는 것을 의미한다.

이 같은 사실을 인정하지 못하는 사람은 통합감을 이루기 위해 다른 길을 가기에는 시간이 너무 짧다는 사실을 깨닫고 절망감에 빠지게 된다. 이 위기를 성공적으로 해결하기 위해서는 통합감이 절망감보다 물론 낫지만 어떤 절망감은 불가피한 것이다. Erikson에 의하면 자기 자신의 인생에서 불행과 잃어버린 기회에 대해서뿐만 아니라 인간존재의 나약함과 무상함에 대한 비탄감은 피할 수 없는 것이라고 한다.

2) Peck의 노년기의 세 가지 위기

Peck(1968)은 노년기의 심리적 발달에 관한 Erikson의 논의를 확장하여, 노인들이 심리적으로 건강하게 기능하기 위해 해결해야만 하는 세 가지 중요한 위기를 강조하였다. 이 위기들을 성공적으로 해결하기만 하면 자신과 인생의 목적에 대한 보다 폭넓은 이해를 할 수 있게 된다.

사진 설명 Peck에 의하면 노년기에는 상실한 직업역할을 대신하고 신체적 쇠퇴를 보상할 새로운 관심사를 찾아야 한다.

(1) 자아분화 대 직업역할 몰두

은퇴에 즈음해서 사람들은 자신의 직업역할 이상으로 인간으로서의 자신의 가치를 재정의할 필요가 있다. 자랑할 만한 그 밖의 개인적 특성을 발견할 수 있는 사람들은 활력과 자신감을 유지하는 데 보다 성공하는 것 같다. 자신의 일역할의 상실에 적응해야 하는 사람들은 스스로를 탐색하고 이전에 인생에서 지향하고 구조화했던 것들을 대신할 수 있는 다른 관심사를 찾을 필요가 있다. 그들은 자신의 자아가 직업에서의 자신들의 과업의 총체보다 더 풍부하고 다양하다는 것을 인식할 필요가 있다.

(2) 신체초월 대 신체몰두

일반적으로 노화와 함께 일어나는 신체적 쇠퇴는 두 번째 위기를 나타낸다. 신체적 상태에 관한 걱정을 극복하고 이를 보상할 다른 만족을 구해야 할 필요가 있는데, Peck은 이것을 '신체초월 대 신체몰두'라고 하였다. 행복한 생활의 기본으로 신체적 건강을 강조해온 사람은 어떤 기능저하나 고통과 아픔에 의해 쉽게 절망감에 빠지는 것 같다. 그 대신에 사람들과의 관계를 중시하고 완벽한 건강상태에 좌우되지 않으며, 몰두할 수 있는 활동을 강조하는 사람들은 신체적인 불편을 극복할 수 있다.

(3) 자아초월 대 자아몰두

노인들이 직면하고 있는 가장 어려운 과업은 아마도 바로 지금의 자신과 자신의 인생에 대한 관심을 초월하는 것이며, 다가올 죽음의 실체를 받아들이는 것인 것 같다. Peck은 이 위기를 '자아초월 대 자아몰두'라고 하며, 예상되는 죽음에 대한 성공적인 적응이 노년기의 가장 중요한 성취가 될 것이라고 믿는다.

어떻게 사람들이 자기 자신의 죽음에 대해 긍정적이 될 수 있는가? 자신들이 살아온 길이 지속적인 의미를 획득할 수 있게 해준다는 것을 인식함으로써 그렇게 할 수 있다. 인간은 본질적으로 다른 사람의 행복과 안녕에 기여함으로써 자아를 초월할 수 있는데, 그것은 다른 어떤 것보다도 더 인간의 삶을 동물의 삶과 구별해 준다고 Peck은 말한다.

3) Levinson의 노년기 발달단계

Levinson(1978, 1984, 1986, 1990)에 의하면 노년기도 성년기, 중년기와 마찬가지로 전환기부터 시작된다.

(1) 노년 전환기(60~65세)

60대 초반은 중요한 전환점으로서 중년기를 끝내고 노년을 준비하는 시기이다. 이 시기에 사람들은 갑자기 늙지는 않으나 정신적, 신체적 능력의 변화로 인해 노화와 죽음에 대한 인식이 강화된다. Peck과 마찬가지로 Levinson도 신체적 변화와 성격과의 관계에 주목한다. 개인차가 크기는 하지만 이 시기에는 적어도 한두 가지의 질병 — 예를 들면, 심장마비나 암, 시력 또는 청력의 감퇴, 우울증과 같은 — 에 걸릴 확률이 높다. 이러한 신체변화는 받아들이기 어려운데, 특히 이전에 좋은 건강상태를 유지해 왔던 사람들의 경우가 더욱 그러하다.

사진 설명 노년 전환기에는 노화와 죽음에 대한 인식이 강화된다.

(2) 노년기(65세 이상)

노인들은 이 시기에 그들이 더 이상 무대의 중심인물이 아님을 깨닫게 된다. 무대의 중앙으로부터 물러나는 것은 인정, 권력, 권위에 손상을 가져오므로 정신적으로 큰 상처를 받게 된다. 그들 세대는 더 이상 지배 세대가 아니다. 그러나 가정에서는 조부모 세대로서 성장한 자녀들에게 여전히 유용한 지혜, 인도, 지원의 원천으로서 도움을 줄 수 있다.

위엄과 안정 속에 은퇴하는 것은 또 다른 중요한 발달과업이다. 이 과업을 성공적으로 수행한 사람들은 은퇴 후 가치있는 일에 종사할 수 있다. 그러한 작업은 외적인 압력과 경제적인 필요에 의한다기보다는 창조적인 힘에 의해 이루어진다. 이제 사회에서 맡은 바 직분을 다하고 드디어 개인적으로 보상을 받는 즐거운 일을 할 수 있는 권리를 얻은 셈이다.

인생의 마지막 단계에서 노인들은 죽어가는 과정을 이해하게 되고 자신의 죽음을 준비한다. 이전 단계의 끝무렵에는 새로운 단계의 시작과 삶에 대한 새로운 이유를 기대했던 반면에, 이제는 죽음이 곧 닥쳐올 것이라는 것을 알고 있다. 죽음이 몇 달 후 또는 몇십 년 후에 닥친다 해도 노인들은 죽음의 그림자 속에서 그리고 죽음의 부름 속에서 살고 있는 것이다.

이 시기에 노인들은 자아에 대한 궁극적인 관심과 인생이 과연 무엇인가에 대해 최종적으로 마음의 정리를 하게 되는데 Levinson은 이것을 삶의 끝자락에서 하게 되는 "다리 위에서의 조망(one's view from the bridge)"이라고 표현하였다. 이러한 분석은 Erikson의 자아통합감과 유사하다. 이제 궁극적인 과업은 자아와의 화해로서 자신을 알고, 자신을 사랑하며, 자신을 버릴 준비를 하는 것이다.

4) Jung의 노년기

Carl Jung

Jung은 "사람들이 나이가 들면서 명상과 반성을 많이 하게 됨에 따라 자연적으로 내적 이미지가 전에 없이 큰 비중을 차지하게 된다"고 보았다(1961, p. 320). 노년기에는 쌓아온 기억들을 마음의 눈앞에 펼치기 시작한다. 노인은 죽음 앞에서 생의 본질을 이해하려고 노력한다. Jung은 내세에 대해 아무런 이미지도 가지고 있지 않은 사람들은 죽음을 건전한 방식으로 대면할 수 없다고 믿었다. Jung은 노인에게 내세에 대한 생각을 가지라고 충고하는 것이 단순히 인위적인 진정제를 처방하는 것이라고는 생각하지 않았다. 왜냐하면 무의식 자체는 죽음이 가까워옴에 따라 내부에서 솟아나오는 영원에 대한 원형을 갖고 있기 때문이다.

Jung은 내세에 대한 원형적 이미지가 과연 타당한 것인지는 규명할 수 없었지만, 그것이 정신기능의 중요한 부분이라고 믿었기 때문에 그것을 이해하려고 노력하였다. Jung에 의하면 사후의 생도 생 그 자체의 연속이라고 한다. 사후에도 존재에 대한 질문이 계속된다고 보는 Jung의 견해는 무의식을 유한한 생 이상으로 연장하여, 우주의 긴장에 참여하는 그 어떤 것으로 믿는 그의 이론과 잘 부합된다.

3. 성공적 노화이론

현관 앞 흔들의자에 앉아 세상이 지나가는 모습을 조용히 바라보고 있는 노인은 아침부터 밤늦게까지 분주하게 움직이는 노인과 비교해서 노화에 건강하게 적응하고 있는 것인가? 성공적으로 늙어가는 데는 여러 갈래의 길이 있으며, 사람들이 따르고

있는 유형은 개인의 성격과 그 특유의 생활환경만큼이나 다양하다. 성공적인 노화를 설명해 주는 세 가지 대표적인 이론은 분리이론, 활동이론 그리고 연속이론이다.

1) 분리이론

분리이론(disengagement theory)에 의하면 노화의 특징은 상호철회이다. 노인들은 스스로 활동과 관여를 줄이고(Cashdollar et al., 2013), 사회는 은퇴하기를 강요함으로써 나이 듦에 따른 사회로부터의 분리를 조장한다. 이 이론은 노인들이 점차 자기 자신에게 몰두하게 되고, 다른 사람들에 대한 정서적 투자를 줄이는 것이 정상인 것처럼 이런 분리 유형이 정상적이라고 주장한다.

분리이론은 캔자스 시 성인연구를 토대로 하여 Cummings와 Henry(1961)가 제시한 이론이다. 이는 최초의 포괄적이고 학제적인 노년학 이론으로 보고 있다(Achenbaum & Bengtson, 1994). 신체적으로나 경제적으로 능력이 있는 미국 캔자스시에 거주하는 50~90세의 성인 275명을 대상으로 한 연구를 바탕으로 Cummings와 Henry는 노인을 사회로부터 분리시키는 것이 개인적으로나 사회적으로 바람직하다는 분리이론을 주장하였다. 이들은 『나이가 들어가는 것(Growing Old)』(1961)이라는 자신들의 저서에서 모든 사회는 노인 세대로부터 젊은 세대로 권력이 이양되는 질서정연한 방식을 필요로 하며, 대부분의 사회는 점차적으로 노인을 사회로부터 분리시킴으로써 이러한 문제를 해결한다고 하였다.

노인들은 젊은 사람들에 비해 육체적으로나 정신적으로 건강하지 못하기 때문에 사회로부터 분리시키는 것은 노인으로 하여금 일로부터 해방시키고, 자신의 노화과정을 자연스럽게 받아들이며, 자아통합을 도와줄 수 있는 효율적인 방법이라고 하였다. 그러므로 은퇴는 자연스러운 일이며 오히려 은퇴한 노인들의 생활만족도가 높다고 하였다. 또한 Henry(1965)는 성인 초기에 사회에 발을 디디기 시작하면서 중년기까지 점차 개입수준을 최고조로 유지하다가 이후부터 점진적으로 역할을 감소시켜 나가는 것이 노년기의 적응에 보다 용이하다고 하였다. 나이 든 사람들은 활동수준을 줄여나가고 수동적인 역할을 수행함으로써 자신의 내면세계를 통찰할 수 있는 시간을 가지게 되며, 감퇴하는 심리적, 신체적 수준에 조율할 수 있는 여유를 가질 수 있다는 것이다. 분리이론에서는 노년기에 적응하기 위해 바쁘게 일하는 것보다 분리되는 것이 개인이나 사회적 측면에서 모두 긍정적인 결과를 유발한다고 하였다.

노인을 재교육시키는 것보다 젊은 세대로 교체하는 것이 사회적으로도 보다 기능적이라는 분리이론은 구조기능주의이론에 그 근거를 두고 있다. 구조기능론적 관점에서는 개인이나 가족이 특정한 역할을 수행할 때에 가장 기능적이라는 것을 주장한다. 즉, 노인을 은퇴시켜 사회로부터 분리시키고 노인이 수행하던 역할을 젊은 세대가 수행하도록 교체하는 것이 보다 바람직하다는 것이다. 분리이론은 당시 노화에 대한 미국인들의 관점을 설명해 주는 하나의 이론이라는 점에서는 공헌한 바가 있다. 당시 미국의 노인세대들은 힘들게 일하는 것보다 오히려 은퇴하는 것이 경제적으로도 오히려 이익이 되는 점이 많았으며, 사회적으로 여유로운 노년기를 보내는 것이 바람직한 것으로 생각하였다.

이 이론에 대한 비판적인 입장은 분리와 관계되는 것은 나이보다는 노화와 관련이 있는 요소들, 즉 좋지 않은 건강상태, 배우자 사별, 은퇴 및 가난 등과 더 많이 관계되는 것으로 보인다는 주장이다. 분리는 노화의 결과이기보다는 사회적 환경의 영향을 받은 결과라고 한다. 예를 들면, 사람들이 일을 할 때 그들은 일과 관련된 교제에 계속 관여한다. 그런데 직업을 잃거나 그만두었을 때에는 사람들은 이러한 활동을 포기하는 경향이 있다.

7년 후에 Havighurst, Neugarten 그리고 Tobin(1968)에 의해 그에 관한 후속 연구가 이루어졌다. 연구대상의 사망 또는 이사 등으로 인해 후속연구에서는 Cummings와 Henry가 대상으로 한 원래 피험자들의 55%만이 조사되었다. 이 연구에서 연령이 증가하면서 사회적 역할로부터의 이탈은 증가했지만, 여전히 활동적인 노인들은 높은 수준의 만족감과 행복감을 느끼고 있는 것으로 보고하였다. 노인들이 계속해서 활동적이고 생산적인 삶을 영위한다면 생활만족도가 저하되기보다는 오히려 높아진다는 연구결과로 보아 분리이론은 별로 지지를 받지 못하는 것으로 보인다.

분리이론에 대한 또 다른 연구결과, 75세 이상의 노인들이 그들의 내면세계에 대해 보다 많은 관심을 보이는 것은 사실이지만, 내적인 측면에 대한 관심이 심리적, 사회적 분리와 무관하다는 것이다(Atchley, 2000). 분리이론은 노화에 대한 적응의 일반적인 경로로 볼 수 없으며 이러한 분리는 무능력으로 인해 비자발적으로 이루어지는 경우가 많다는 것이다. 분리이론은 개인적 차원이나 사회체계의 차원에서 노화를 설명하고자 시도한 대표적인 이론이기는 하지만 이는 실증적으로 지지를 받지 못하고 있다(Achenbaum & Bengtson, 1994). 실제로 많은 노인들은 직업을 가지고 있고, 건강하고 사회적으로도 활발하게 활동하고 있으며, 이러한 사람들이 노화에 보다 성공적으로 적

W. Andrew Achenbaum

Vern Bengtson

응해나간다는 것이다.

분리이론은 개인의 성격이나 사회경제적 지위의 차이에 따른 다양성을 간과하고 있다는 점에서도 비판을 받고 있다(Achenbaum & Bengtson, 1994). 은퇴를 편안하게 받아들이는지의 문제는 개인의 성격이나 여러 가지 상황요인에 따라 차이를 보이는 문제이며, 따라서 일률적으로 은퇴를 바람직한 것으로 간주하는 것은 문제가 있다는 것이다. 또한 문화적인 영향을 간과하였다는 점에서도 비판을 받고 있다. 세계 각국의 노인들이 미국 노인과 동일한 경제적, 사회적인 여건을 가지고 있는 것이 아니며, 특히 저개발국에서는 당장 은퇴하면 경제적인 문제에 봉착하게 되는 경우가 상당수를 차지한다는 것이다. 이들에게 은퇴는 여유로운 노년이 아니라 가난이라는 더욱더 심각한 문제를 유발하는 요인이 된다. 또한 노인이 젊은 세대보다 사회에 대한 공헌도가 낮다는 점에서도 비판의 여지가 있다. 이는 명백하게 연령상의 편견이라고 볼 수 있다는 것이다. 그러므로 은퇴가 개인이나 사회 모두에게 기능적이라는 분리이론의 관점은 그 한계가 있다(Atchley, 1971). 이러한 비판을 받아들여 이후 Cummings와 Henry는 사회적 분리에 대한 자신들의 입장을 수정하였으며, 이는 이후의 활동이론과 연속이론의 기초를 형성하게 된다.

2) 활동이론

활동이론(activity theory)은 캔자스 시 성인연구결과를 토대로 하여 Robert Havighurst가 제시한 이론이다. Havighurst와 그 동료들(1968)은 노인은 불가피한 건강상의 변화를 제외하고는 중년기와 다름없는 사회적 욕구를 가지고 있으므로 사회적인 분리가 기능적이라는 주장은 설득력이 없다고 하였다. 사회활동 참여수준이 높을수록 노인의 생활만족도가 높고, 긍정적인 자아개념을 가지고 있는 것으로 나타났다(Bengtson, 1969). 따라서 노인들을 위한 새로운 역할이나 활동을 개발해야 하며, 이는 부(富)나 생산적인 일을 중시하는 사회적인 가치와도 일치한다고 하였다. 활동을 제한받는 것은 분명 쇠퇴의 증거이며, 많은 노인들은 활동을 지속하는 것이 자신들의 생활만족도를 유지시켜주는 것으로 믿고 있다(Herda et al., 2021; Hutchinson & Wexler, 2007; Rebok et al., 2014). 그리고 도전적인 인지활동에 참여하는 노인들은 보다 오랜 시간 동안 인지능력을 유지할 수 있다(Wu & Rebok, 2020).

이처럼 활동이론은 모든 노인들이 자신의 젊은 시절만큼 활동적으로 일을 수행할 수 없거나 혹은 수행하기를 원하지 않는다 하더라도 일은 자신이 사회의 일원으로서 공헌하고 있으며, 가치 있는 인간이라는 인식을 심어줄 수 있고, 결과적으로 생에 의미를 부여해주며, 자아개념에 긍정적인 영향을 미치고, 노화에 대한 적응능력도 높여준다는 것이다.

활동이론은 인간은 자기 주변의 인물들로부터의 반영적 평가에 의해 자신을 평가한다는 상징적 상호작용이론에 그 근거를 두고 있다. 상징적 상호작용이론에서는 출생 이후 한 개인이 형성하는 자아개념은 주변 인물들과의 상호작용을 통해 받는 반응으로 형성된다고 한다. 그래서 상징적 상호작용이론에서는 Cooley(1902)의 면경자아(looking glass self) 개념을 강조한다. 주변 인물들이 자신을 가치 없는 인물이라고 평가하면 그 사람은 자신을 가치 없는 사람이라고 생각하는 것처럼, 노인을 사회로부터 분리시키는 것은 결과적으로 자신에 대해 부정적인 인식을 심어주고 오히려 적응에 역기능적인 영향을 미친다는 것이다.

Charles Cooley

그러나 노화로 인한 능력의 저하는 분명히 존재하며, 이러한 능력의 저하로 인해 실제로 노인들은 중년기에 자신이 수행하던 역할을 지속하기에는 어려움이 있다는 점에서 활동이론은 비판을 받고 있다. 또한 활동이론에서는 활동수준보다 개인의 성격이나 사회경제적 지위, 생활방식과 같은 변인들이 노년기의 생활만족도에 더 많은 영향

사진 설명 분리이론은 노년기에 노인과 사회가 점차적으로 상호철회한다고 주장하는 반면, 활동이론은 노년기에 활동적일수록 성공적인 노화가 이루어진다고 주장한다.

을 미치고 있다는 점을 간과하고 있다(Covey, 1981). 활동에 가치를 두는 정도는 자신의 생활경험이나 성격, 사회경제적 자원에 따라 상이하기 때문이다. Reichard와 그 동료들(1962)도 사회적 활동을 지속하는 것이 노화에 성공적으로 적응해나가는 것인지 혹은 은퇴하는 것이 성공적으로 적응해나가는 것인지는 개인차의 문제라고 하였다. 또한 미국과 같은 일 중심적인 문화권에서는 활동이론이 적절하지만 다른 문화권에도 활동이론이 적절한지는 의문의 여지가 있다. 나아가 이를 적용하는 데에는 한계가 있다는 것이다. 몇몇의 노인들에게는 활동이론이 적절하지만 실제로 일을 하고 싶어도 일할 곳이 없다는 현실적인 한계에 직면하게 된다.

3) 연속이론

분리이론이나 활동이론 모두 성공적 노화를 충분히 설명해 주지 못한다(Ouwehand, de Ridder, & Bensing, 2007). 두 이론을 절충해서 나온 이론이 연속이론이다.

연속이론(continuity theory)은 변화하는 신체적, 정신적, 사회적 지위에도 불구하고 그들의 활동, 성격 그리고 관계에서 일관성을 보여주는 많은 노인들에 대한 관측에서 유래되었다. 연속이론은 활동이론이나 분리이론과는 달리 개인은 연령이 증가하여도 일관성 있는 행동을 유지하며 환경에 적응해나가기 위해 이전에 수행하던 역할과 유사한 역할을 수행한다는 것이다. 어떤 사람이 나이가 들었다고 해서 갑작스럽게 변화하는 것이 아니라 거의 유사한 성격패턴을 유지하며 생활만족도는 자신의 생활경험과 현재의 활동이 얼마나 일치하는가에 좌우된다고 하였다(Atchley, 1972, 2003; Neugarten, Havighurst, & Tobin, 1968; Pushkar et al., 2010; Whitbourne, 2001). 기본적으로 사람은 나이가 들어가면서 젊었을 때의 성격을 그대로 유지하며 오히려 더욱 분명해진다는 것이다. 활동적이던 사람이 은퇴를 했다고 해서 비활동적이 되거나 수동적인 사람이 노인이 되어서 적극적으로 변화하는 경우는 드물다는 것이다. 그러므로 분리이론이나 활동이론을 모든 노인에게 적용할 수는 없으며, 젊은 시절에 활동적이었던 사람은 나이가 들어서도 적절한 활동수준을 유지하고, 젊은 시절에 비활동적이었던 사람들은 활동으로부터 적절하게 분리되어 은퇴생활을 즐기는 것이 개인의 적응에 도움이 된다는 것이다(Holahan & Chapman, 2002).

Bernice Neugarten

연속이론은 활동이론, 분리이론과 함께 노화이론의 주요 이론으로 평가되고 있으며, 합리적이라는 점에서 타당성을 갖는다. 그러나 노화에 대한 개인의 적응은 여러 요인의 상호작용에 의해 영향을 받기 때문에 이는 실증적으로 검증이 어렵다는 한계가 있다. 또 다른 한계는 개인차의 문제를 지나치게 강조함으로써 노화문제에 접근하는 데 있어서 사회적 역할을 간과하고, 노인들이 직면한 문제를 해결하는 데 있어서 정부의 자유방임적인 접근을 합리화하고 있다는 점이다.

4. 성공적인 노화와 성격유형

분리이론과 활동이론의 주된 문제점은 두 이론 모두 성공적인 노화를 단일한 유형으로 특징지으려고 시도했다는 점이다. 그러나 실제로 노인들이 노화에 적응하는 방식은 그들의 활동 및 관여수준보다는 그들의 성격과 일생을 통해 상황에 적응하는 방법에 의해 좌우된다.

성공적인 노화는 많은 노력과 대처기술이 필요하다(Satlin, 1994; Weintraub, Powell, & Whitla, 1994). 규칙적인 운동을 한다는 것은 어떤 연령에서든지 노력이 필요하다. 효율적인 대처기술 또한 그러하다. 근력이 감소하고 에너지가 부족한 노인들에게는 더욱 더 힘이 든다. 그러나 활동적인 삶을 영위하고 효율적인 대처기술이 더 큰 생활만족을 가져다 줄 것이라고 믿는 노인들은 그렇지 못한 노인들보다 더 성공적으로 늙어가는 것 같다.

1) Reichard, Livson, Peterson의 연구

Reichard 등(1962)은 55~84세 사이의 백인 남성 87명을 대상으로 한 연구에서 다섯 가지 성격유형을 확인하였다.

(1) 성숙형

성숙형은 가장 이상적인 유형으로 자신의 강점뿐만 아니라 약점도 인정하며 자신의 지나온 삶을 긍정적으로 받아들인다. 자신에 대한 현실적인 지각을 하고 자신의 노화를 받아들인다. 대부분 신경증 증세가 없으며 대인관계에서 만족을 느낀다. 이 유형의 노인들은 자신의 일생이 값진 것이었다고 느끼며, 과거에 대한 후회나 미래에 대한 두려움이 없다.

(2) 흔들의자형

흔들의자형은 일생 지녔던 무거운 짐을 벗어던지고 복잡한 대인관계와 사회생활에서 해방되어 조용히 지내게 된 것을 다행스럽게 여기는 노인들이다. 이 유형의 노인들은 매우 수동적이고 의존적이며, 노년기를 수동적으로 살고 싶은 욕구를 충족시키게 되어 젊은 시절에 갖지 못했던 기회를 맞았다고 좋아한다.

(3) 무장방어형

무장방어형은 늙어가는 데 대한 불안을 방어하기 위해 사회적 활동과 기능을 계속해서 유지하는 노인들이다. 이런 노인들은 노년기의 수동성과 무기력함을 그대로 받아들일 수 없어, 계속적으로 활동함으로써 신체적 능력의 저하를 막아보려고 애쓴다. 성숙형이나 흔들의자형보다 젊음을 부러워하고 자신의 죽음에 대한 생각을 두려워한다.

(4) 분노형

분노형은 젊은 시절의 인생목표를 달성하지 못하고 늙어버린 것에 대해 크게 비통해하는 노인들에게서 볼 수 있다. 이런 노인들은 실패의 원인을 자기 자신이 아니라 불행한 시대, 경제사정, 부모형제, 자녀 탓으로 돌림으로써 남을 탓하고 자신이 늙어가는 것과 타협하지 않으려고 안간힘을 쓰는 사람들이다. 자신의 늙어감을 인정하지 못하고 젊은 세대를 부러워함과 동시에 비판한다.

(5) 자학형

자학형은 열등감이 많고, 인생의 실패 원인을 자기 자신에게 돌리고 자신을 꾸짖는다. 나이가 들수록 더욱 우울증에 빠지고, 자신이 보잘것없는 존재라고 비관하며, 심한 경우에는 자살을 시도하기도 한다. 자학형은 젊은 사람을 부러워하지 않으며, 죽음에 대한 언급을 많이 하고, 심지어 빨리 죽기를 바라는 사람도 있다.

앞의 다섯 가지 유형 중에서 성숙형, 흔들의자형, 무장방어형은 비교적 잘 적응한 경우이고, 분노형과 자학형은 부적응 유형에 해당하는 것이다.

2) Neugarten, Havighurst, Tobin의 연구

Neugarten 등(1968)은 70~79세의 노인들을 대상으로 한 연구에서 성격유형과 역할 활동이 생활만족도에 중요한 요인이 된다고 보았다. 이들 또한 Reichard 등과 유사한 성격유형을 확인하고 이에 따른 역할활동의 구체적인 유형을 분류하였다.

네 가지 주요한 성격유형을 확인하였는데 통합형, 무장방어형, 수동적 의존형, 해체형이 그것이다. 통합형은 다시 재구성형, 집중형, 이탈형의 세 유형으로 나뉘고, 무장방어형은 유지형과 위축형으로 그리고 수동적 의존형은 원조요청형과 냉담형으로 나뉜다.

(1) 통합형

통합형의 노인들은 융통성이 있으며 손상되지 않은 인지능력과 통제능력을 유지하고, 새로운 자극에 대해 개방적이다.

① 재구성형: 은퇴한 후에도 자신의 시간과 생활양식을 재구성하여 모든 분야의 활동에 적극적이고 일상생활에 잘 적응한다(사진 참조).

② 집중형: 활동적이고 생활에 잘 적응하지만 여러 분야에 관심을 분산시키지 않고, 한두 가지 역할에만 선택적으로 몰두하며 거기서 만족을 얻는다.

③ 이탈형: 신체도 건강하고 생활적응 수준도 높지만 스스로 자청해서 활동하는 일은 거의 없고, 자기충족의 생활로 물러나 조용히 지낸다.

(2) 무장방어형

무장방어형은 불안에 대한 방어와 함께 야망적이고 성취지향적인 성격유형이다.

① 유지형: 심리적 적응은 비교적 잘 하지만 노화방지를 위해 왕성하게 활동하고, 활동을 중지하면 빨리 늙게 될 것을 두려워하며 활동에 얽매인다.

② 위축형: 신체적 쇠약과 감각기능의 퇴화와 같은 노화의 위협에 사로잡혀 다른 사람과의 별다른 사회적 접촉 없이 폐쇄적으로 살아간다(사진 참조).

(3) 수동적 의존형

수동적 의존형은 다른 사람에게 의존하고 일생 동안 수동적인 행동을 보이는 성격유형이다.

① 원조요청형: 한두 사람의 가족이나 친지에게 의존하며 중간 정도의 생활만족도를 유지한다.
② 냉담형: 신체적 건강을 유지하기 위한 활동 이외에 거의 활동을 하지 않아 무기력하고 무감각하게 된다.

(4) 해체형

해체형은 자신의 감정을 통제하지 못하고, 사고과정의 퇴보가 있는 등 심리적 기능에 문제가 있는 성격유형이다.

〈표 19-1〉은 성격유형과 역할활동의 수준 그리고 생활만족도에 관한 것이다.

분리이론과 활동이론의 관점과 Reichard와 동료들의 성격유형을 연관시켜보면 성숙형은 활동을 유지하는지 여부와 상관없이 Erikson의 자아통합감과 유사하게 성공

표 19-1 성격유형, 역할활동, 생활만족도의 관계

성격유형	역할활동	생활만족도
A. 통합형(재구성형)	높음	높음
B. 통합형(집중형)	중간	높음
C. 통합형(이탈형)	낮음	높음
D. 무장방어형(유지형)	높음 또는 중간	높음 또는 중간
E. 무장방어형(위축형)	낮음 또는 중간	높음 또는 중간
F. 수동적 의존형(원조요청형)	높음 또는 중간	높음 또는 중간
G. 수동적 의존형(냉담형)	낮음	중간 또는 낮음
H. 해체형	낮음	중간 또는 낮음

출처: Neugarten, B. L., Havighurst, R. J., & Tobin, S. S. (1968). Personality and patterns of aging. In B. L. Neugarten (Ed.), *Middle age and aging*. Chicago: University of Chicago Press.

적 노화를 경험할 가능성이 상당히 높은 유형인 반면, 분노형은 이와 상반되는 유형으로 볼 수 있다. 그리고 흔들의자형에게는 분리이론이, 무장방어형에게는 활동이론이 보다 적절한 이론으로 볼 수 있다. 또한 Reichard와 동료들의 성격유형과 유사하게 Neugarten과 동료들의 성격유형에서 통합형은 성숙형과 마찬가지로 성공적 노화를 경험할 가능성이 상당히 높은 유형인 반면, 해체형은 분노형과 마찬가지로 가능성이 낮다. 그리고 수동적 의존형에게는 분리이론이, 무장방어형에게는 활동이론이 보다 적절한 이론으로 볼 수 있다.

5. 성공적 노화모델

이상과 같은 여러 연구결과들을 토대로 노년학자들은 성공적 노화에 필요한 요소들에 대해 설명하고자 시도하였다. 그중 대표적인 학자로는 미국의 Rowe와 Kahn을 들 수 있다. 여기서는 성공적인 노화를 설명하는 Rowe와 Kahn의 모델을 비롯하여 몇 가지 모델을 더 살펴보기로 한다.

John W. Rowe

Robert L. Kahn

1) Rowe와 Kahn의 모델

Rowe와 Kahn(1998)은 맥아더 재단으로부터 연구비를 지원받아 미국 East Coast에 거주하는 70~79세 노인들을 대상으로 하여 의학, 생물학, 신경학, 심리학, 사회학, 유전학, 생리학, 노인병학 등 여러 분야의 학자들과 약 7년간 노화와 관련된 연구를 수행하였다. 이 연구가 노년학에서 의미를 갖는 것은 성공적인 노화를 결과가 아닌 적응하는 과정으로서 이해하고 계속적인 성장발달의 한 부분으로 인식하고 있다는 점 때문이다. 즉, 이 재단에서 연구한 '성공적 노화'란 기존의 전통적 인식인 "노화란 고통스러운 쇠퇴의 과정"이라는 '속설(myth)'을 벗어나 나이가 들수록 유전적 영향보다는 사회적, 신체적 습관이 신체와 정신의 건강에 점점 더 통합적으로 영향을 미치는 것으로 보고 있다. 이는 그동안 협소하면서 편의적인 수동적 노화에 대한 해석을 보다 폭넓고 적극적인 인식의 수준과 범위로 확대하고 있다는 점에서 의의가 크다.

성공적인 노화는 개인의 선택과 행동에 좌우되는 경우가 많다. 그래서 '일반적인 노화'라고 부르는 상태, 즉 소극적이며 부정적인 의미의 쇠퇴 과정에서 모두의 목표인 '성공적 노화'로 누구든지 옮겨 갈 수 있다고 Rowe와 Kahn은 주장하고 있다. 이들의 연구 성과가 의미를 갖는 또 하나의 이유는 어느 정도의 쇠퇴를 가정하고 있는 기존의 노년연구와 달리 노년에도 정신과 신체의 건강을 유지할 수 있게 해주는 요인을 밝혀냈다는 데 있다. 어떤 생활방식을 선택하느냐에 따라 성공적 노화가 결정될 수 있다고 보면, 그러한 선택사항에서 식습관, 운동, 정신적인 자극, 자기효능감, 대인관계 등이 중요한 요소일 수 있다는 것이다. 이와 같이 맥아더 재단의 '성공적 노화'에 대한 연구는 개인의 선택과 행동을 강조하고 있을 뿐만 아니라 노인의 활동에 대한 정의를 보다 현실적으로 구체화하여 그러한 활동에 노년인구가 계속 참여하는 것이 필요하다고 주장하고 있다.

Rowe와 Kahn(1998)은 성공적 노화의 핵심개념에 질병 및 장애예방, 높은 수준의 신체적 · 인지적 기능 유지하기, 적극적인 사회참여라는 세 가지 요소를 포함하고 있다 (〈그림 19-1〉 참조). 성공적인 노화의 세 가지 구성요소들은 위계적인 순서를 이루고 있다. 질병과 장애가 없으면 정신적 기능이나 신체적 기능을 유지하기가 더 쉽고, 정신적 또는 신체적 기능을 유지함으로써 적극적인 사회참여가 가능해진다. 이 요소를 구체적으로 살펴보면 첫째, 질병 및 장애가 발생하기 전에 금연, 운동, 좋은 식습관, 정기

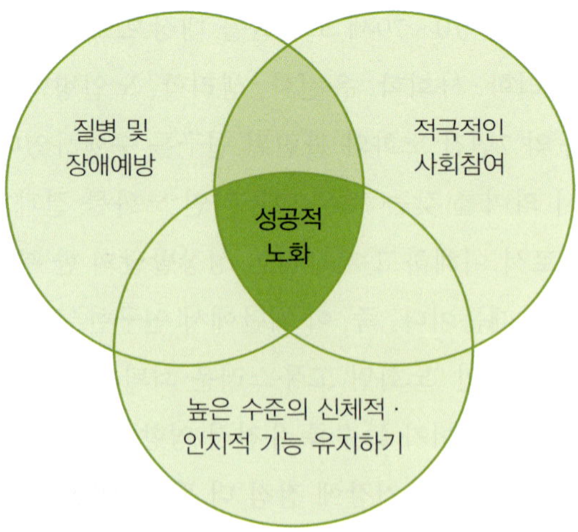

〈그림 19-1〉 Rowe와 Kahn의 성공적 노화의 모델

출처: Rowe, J. W., & Kahn, R. L. (1998). *Successful aging*. New York: Pantheon.

적인 건강검진 등을 통해 자신의 건강을 유지하는 것, 둘째, 적절하고 규칙적인 운동을 통해 신체적 활동을 유지하며 인지활동에 계속적으로 참여함으로써 인지적 기능을 유지하는 것, 셋째, 다른 사람들과 친밀한 관계를 유지하고 자원봉사활동 등의 의미 있고 목적 있는 생산적 활동에 참여하는 것이다.

2) Vaillant의 모델

2002년에 출간된『성공적 노화(Aging well)』에서 Vaillant는 '그랜트 연구(Grant Study)'의 대상자들의 삶에서 성공적 노화와 관련된 변인들을 제시하고 있다.

『성공적 노화』는 1920년대에 태어나 사회적 혜택을 받고 자란 하버드 대학 졸업생(268명)을 대상으로 한 'Grant Study'를 비롯해서 사회와 가정 어떤 곳에서도 혜택을 받지 못한 1930년대에 출생한 보스턴 빈민(456명)을 대상으로 한 'Glueck Study' 그리고 1910년대에 태어난 천재 여성(90명)을 대상으로 한 'Terman Study' 등 세 연구의 대상을 비교분석하였다. 세 연구 모두 각기 다른 연구이지만 하버드 대학의 성인발달연구에서 이들 연구를 통합하여 연구를 완결하였고 저자인 Vaillant가 그 책임을 맡았다. Vaillant는 이 세 연구의 생존자들을 대상으로 이들의 중·노년기에 면접을 계속했는

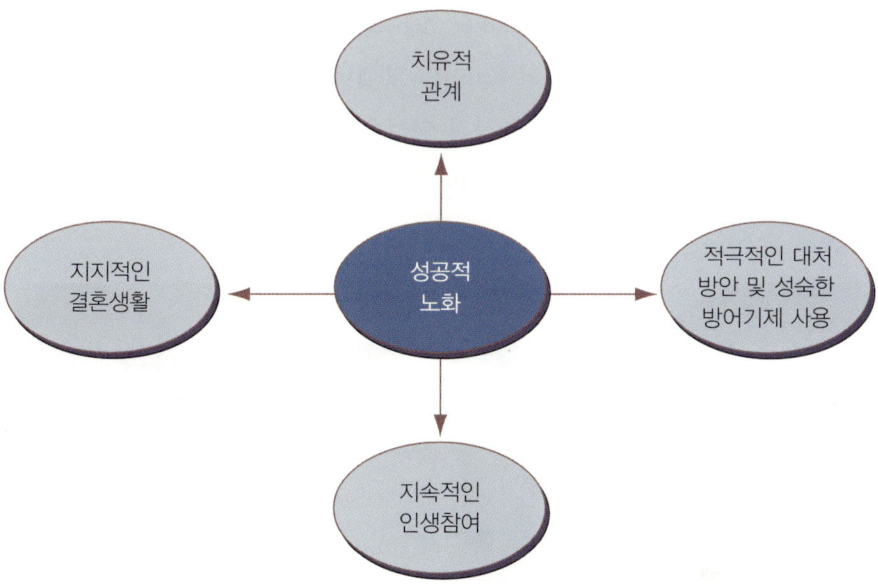

〈그림 19-2〉 Vaillant의 성공적 노화의 모델

출처: Vaillant, G. E. (2002). *Aging well*. Boston: Little Brown .

데 Grant 표본은 1967년에, Glueck 표본은 1970년에 그리고 Terman 연구의 표본은 1987년에 면접이 이루어졌다.

Vaillant는 각기 다른 배경을 지닌 이 다양한 표본으로부터 수집된 자료를 분석함으로써 성공적 노화를 예견할 수 있는 공통된 특성들을 몇 가지 요약하였다(〈그림 19-2〉 참조).

1. 치유적 관계: 오랜 기간 동안 지속되어온, 서로 도움을 주고받을 수 있고 아픈 상처를 치료해줄 수 있는 관계의 형성
2. 지지적인 결혼생활: 배우자와 지지적인 관계의 형성
3. 지속적인 인생참여: 세상을 떠난 친구들을 대신할 수 있는 새로운 친구를 사귀고, 죽음을 의연하게 받아들일 수 있는 태도
4. 적극적인 대처방안 및 성숙한 방어기제의 사용: 건강이나 대인관계에서 위기에 직면했을 때 수동적인 수용보다는 적극적으로 대처하고 성숙한 방어기제를 사용하는 것

3) Crowther와 동료들의 모델

Crowther와 그 동료들(Crowther, Parker, Achenbaum, Larimore, & Koenig, 2002)은 성공적 노화의 중요한 요소로 Rowe와 Kahn의 모델에 '긍정적 영성(positive spirituality)'을 포함시켰는데, 노인들이 노후에 긍정적 영성을 유지하는 것 또한 삶을 풍요롭게 하는 행위에 해당한다고 주장하였다(〈그림 19-3〉 참조).

Martha Crowther

Walter L. Larimore

Harold G. Koenig

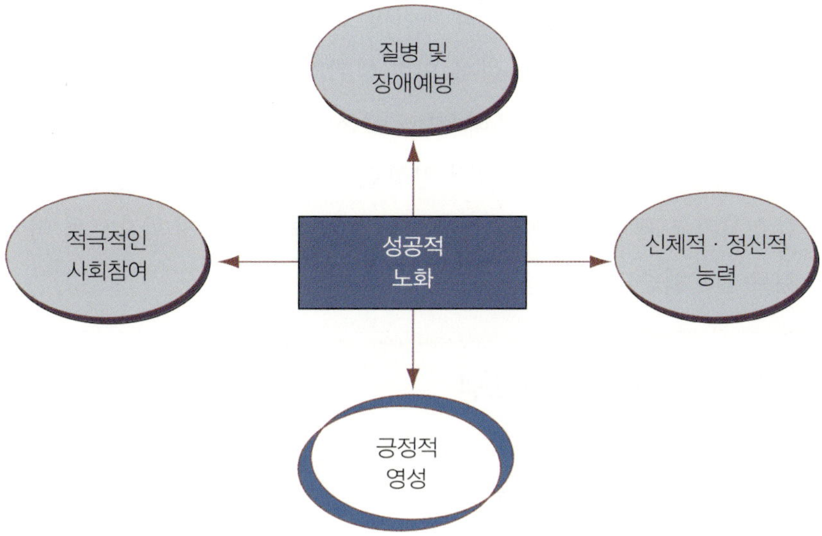

〈그림 19-3〉 Crowther와 동료들의 성공적 노화의 모델

출처: Crowther, M. R., Parker, M. W., Achenbaum, A. W., Larimore, W. L., & Koenig, H. G. (2002). Rowe and Kahn's model of successful aging revisited. *The Gerontologist, 42*, 613-620.

'긍정적 영성'에 관해 알아보기 전에 '영성'이 무엇인지부터 간단히 살펴보기로 하자. '영성'은 우리를 근원적으로 이끄는 '뿌리' 같은 그런 것으로 절대적 존재의 가르침이나 은총을 통해서 개발된다. 쉬운 예로 하느님이나 부처님의 삶을 닮는 것에서부터 출발된다. 또한 우리 내면의 수행이나 신앙을 통해서 우리가 가지고 있는 '성스러운(sacred)' 성품을 온전히 드러내는 것이 '영성'이 아닌가 한다(월간독자 Reader, 2008). 즉, 이러한 태도를 통해서 인생의 의미와 목적의식을 느끼고 충만한 삶을 살게 된다. 영성은 삶의 궁극적 의미를 추구하는 것일 뿐만 아니라 개체를 넘어서 더 큰 전체 또는 절대자와 연결되기를 바라는 자기초월적 욕구를 말한다(권석만, 2008).

그러나 영성의 영향이 항상 긍정적인 것만은 아니다. Crowther 등은 '긍정적 영성'을 설명하기 위해 무엇이 '긍정적 영성'이 아닌지에 대해 논의하고 있다. 어떤 특정 '신앙심(religion)'과 활동은 정신적 · 육체적 건강에 부정적인 영향을 미친다. '영성(spirituality)'은 때로는 우리의 영혼을 자유롭게 하기보다는 구속한다. '신앙심'은 종종 위선, 독선, 증오, 편견 등을 정당화하기 위해 이용된다. 신과 같은 절대적 지도자에게 무조건 복종하고 헌신하도록 강요하거나, 건강에 이상이 생겼을 때 의학적 치료를 배제하고 오로지 종교적 행위에만 몰두하도록 조장하는 '신앙심'과 '영성'의 이러한 측면들은 건강에 악영향을 미친다. 예를 들어, 짐 존스(Jim Jones) 목사와 900여 명에 이르는 가이아나 집단자살, 텍사스 웨이코의 데이빗 코레시(David Koresh) 사교도들의 방화 참사, 911 테러사건 등은 '긍정적 영성'에 의한 행위가 아니다.

'긍정적 영성'은 질병에 맞서 스트레스를 감소시키고 인생의 목적과 의미를 찾게 해주는 인지적 체계를 마련해준다. '긍정적 영성'은 기도나 명상 등의 영성적 활동을 통해 고립감을 감소시키고 환자로 하여금 병에 대한 통제력을 기르게 함으로써 적극적인 인생참여의 길로 인도해준다.

4) 우리나라의 성공적 노화모델

앞에서 언급한 성공적 노화모델을 참고로 하여 우리나라의 성공적 노화모델을 제시해보고자 한다(〈그림 19-4〉 참조).

(1) 신체적 · 정신적 건강

신체적 · 정신적 건강은 심리적 안녕감에 중요한 작용을 하는 요인들이다. 적당한 영양과 운동, 예방적인 건강관리 등이 건강과 자아개념에 매우 중요하다. 좋은 건강습관은 신체적 건강뿐만 아니라 정신적 건강에도 유익하다. 즉, 불안과 우울증에서 벗어나게 도와주며 정신건강을 증진시켜준다. 특히 최근에 이차적 노화(영양, 운동, 피부관리 등을 통해 노화의 속도를 조절하는 것)에 대한 정보가 증가하면서 신체적 · 정신적 건강은 성공적 노화의 중요한 요인으로 인식되고 있다.

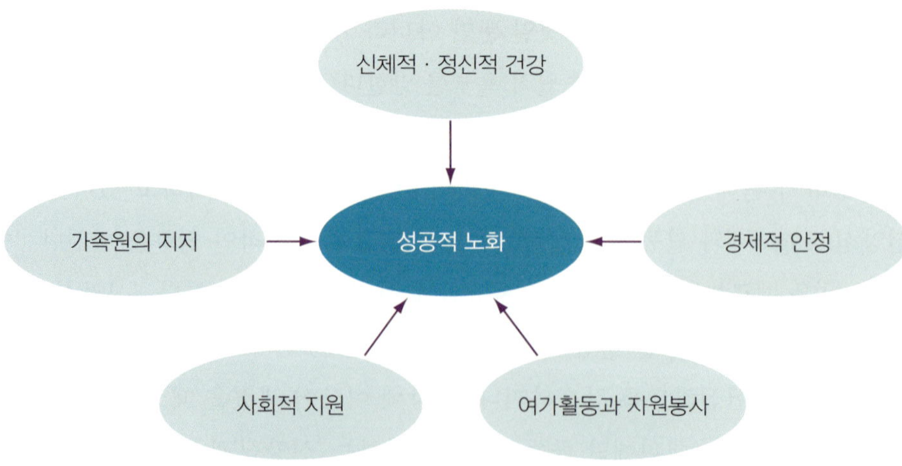

〈그림 19-4〉 우리나라 성공적 노화의 모델

(2) 경제적 안정

외국의 모델에서는 경제적 안정요인이 성공적 노화에 필요한 항목으로 거론되지 않았다. 그러나 노인에 대한 복지, 경제적 지원이 충분하게 이루어지고 있는 선진국에서는 경제적 안정이 성공적 노화에서 그다지 중요한 요인이 아닐 수 있지만 노인 빈곤율이 OECD 국가 중 1위인 우리나라에서는 무엇보다도 중요한 요인으로 볼 수 있다. 일상생활을 영위하는 데 필요한 돈을 충분히 갖고 있지 않는 것은 비단 은퇴기뿐만 아니라 성인기 내내 근심의 원인이 된다. 그러나 연령이 증가함에 따라 경제적 불안은 많은 문제들을 더욱 심각하게 만들 수 있다. 따라서 투자를 포함한 경제문제는 매우 신중하게 대처해야 한다. 노인들은 '노인 할인제도'와 같은 제도에 익숙해질 필요가 있다. 경제적 안정을 향한 조치가 노인들의 심리적 안정감과 안녕감을 증진시켜줄 것이다.

(3) 여가활동과 자원봉사

신체적 · 정신적 건강이나 경제적 안정 못지않게 여가도 성공적인 노화에서 중요한 요인이다. 일반적으로 노년기에는 여가가 넘쳐나는 생활을 해야 하고, 여가 자체가 즐거움의 대상이기보다는 무료함을 유발하는 요인으로 인식되고 있다. 그러므로 소극적으로 여가를 적절하게 활용하지 못해 발생하는 문제점을 해소하고, 적극적으로 여가를 즐겁고 보람되게 보냄으로써 인생을 의미 있게 마무리하는 것에 초점을 맞춘 다양한 여가선용 방법이 모색되어야 할 것이며, 이를 위한 교육도 필요하다. 앞으로의 노인세대는 전부는 아니라 하더라도 일부는 경제적인 능력을 근간으로 노후의 여유를 즐기려는 성향이 강할 것으로 예측되므로 질적인 여가활동은 성공적 노화에 중요한 요인이 될 것이다. 특히 베이비붐 세대가 은퇴하게 되는 2010~2020년에는 더욱 중요한 요인이 될 것이다.

자원봉사활동은 의미 있게 여가를 활용할 수 있는 대표적인 방법이다. 적극적인 사회참여는 성공적 노화에서 중요한 요인이며, 자원봉사활동은 노인과 사회를 하나로 통합해주는 기회를 부여해준다는 점에서 중요한 의미를 지닌다. 그리고 개인적으로도 고독감과 역할상실의 문제를 해결하고 정신적 건강을 유지할 수 있다는 이점(利點)이 있다.

COVID-19 팬데믹 이전까지 정기적으로 최소 6개월 이상 봉사활동에 참여했던 60세 이상 노인 524명을 대상으로 한 연구(이상욱, 이정화, 2023)에서 자원봉사활동 참여가 성공적 노화에 영향을 미쳤으며, 10시간 이상의 참여시간과 주관적 특성인 참여동기가 남성에게서 더 높은 영향력으로 나타났다고 하였다. 또한 남녀 모두에게서 자원봉사활동 만족도가 높게 나타났으며, 만족도가 높을수록 성공적 노화에 긍정적인 영향을 미친 것으로 나타났다.

(4) 가족원의 지지

우리나라와 같이 가족주의 이념이 팽배해 있고 가족부양에 높은 가치를 두는 사회에서는 가족원의 지지가 성공적 노화에 미치는 파급효과가 그 어느 나라보다도 크다고 볼 수 있다. 자녀가 출가한 노년기에 친밀한 부부관계, 자녀나 손자녀, 형제자매와의 적절한 관계유지나 상호작용은 성공적인 노화의 중요한 요인이다. 자녀가 출가하기 전까지 대부분의 가정에서 상당 시간을 자녀에게 할애하지만 성공적인 노화를 위해서는 자녀에게 몰두해왔던 에너지를 부부관계를 재정립하기 위한 에너지로 전환하는 것이 필요하다. 최근 평균수명이 증가하면서 자녀출가 이후의 '빈 둥지 시기'가 늘어나고 있어서 부부간의 친밀한 관계형성은 보다 중요한 요인으로 부각된다. 또한 전통적인 '효'의 규범이 약화되면서 부정적인 가족관계는 노부모 봉양으로 인한 스트레스와 결부되어 노인학대를 유발하는 요인으로 지목되고 있다. 그러나 자녀양육에서도 시설보다 할머니의 손끝을 택하는 우리 문화의 특성을 감안해볼 때, 노부모와 성인자녀 간의 호혜적인 관계는 성공적 노화의 중요한 요인으로 볼 수 있다.

(5) 사회적 지원

인간은 사회적 피조물이며 대인관계에 대한 욕구는 일생 동안 계속된다. 그러므로 성공적 노화에서 가족이라는 사적 지원체계의 지원도 중요하지만 사회적 지원도 중요하다. 사회적 지원은 경제적 곤란, 배우자 상실, 건강문제 등과 같이 많은 변화와 도전에 직면해야 하는 노년기에 특히 중요하다.

노년기의 성공적인 노화의 모습은 다양하고 포괄적인 사회적 지원체계에서 찾아야 하는 것으로 보인다. 우리나라 재가복지 수혜 노인들을 대상으로 한 연구(손화희, 정옥분, 2000)에서 재가노인 복지서비스라는 공적 지원체계가 노인의 주관적 안녕감에 긍정적인 영향을 미치는 것으로 나타났다.

이상에서 살펴본 바와 같이 성공적인 노화에는 개인의 신체적 · 정신적 건강, 경제적 안정, 여가활동과 자원봉사, 가족원의 지지와 사회적 지원과 같은 여러 요인이 영향을 미치지만 우리나라의 경우 아직까지 사회적 지원에는 한계가 있고 가족부양의식이 약화되면서 점차 자기부양을 강조하는 사회적 분위기로 바뀌어 가고 있는 실정이다. 우리나라의 저출산 현상은 이러한 요인을 더욱 부추기는 요인으로 작용하고 있다. 그러므로 성공적인 노화를 위한 개인의 노력이 그 어느 때보다도 절실한 시점이다. 그리고 이러한 준비는 노년기에 접어들어서 하루아침에 이루어지는 것이 아니라 미리 계획하고 준비되어야 할 것이다. 아울러 노화가 극소수의 사람이 아니라 대부분의 사람들이 경험해야 하는 삶의 한 과정이라는 점에서 성공적인 노화를 위해 노인세대만이 아닌 사회전반에서 통합적인 노력이 필요하다. 불과 20년 전까지만 해도 세계문명국들의 모범이 되었던 우리나라의 노인공경문화는 바로 성공적 노화를 위한 가족적, 사회적 차원에서의 지원의 한 형태였다고 볼 수 있다. 전통적인 방식의 노인공경문화는 아니라 하더라도 현 시대에 적절한 방식으로 우리의 아름다운 문화적 전통을 계승해나가기 위해 사회와 가족원 모두의 노력이 필요한 시점이다.

6. 노년기의 자아개념과 자아존중감

노년기에 요구되는 주요한 적응 중의 하나는 자신의 자아개념에 대한 재정의이다. 예를 들어, 40~50년을 교직에 있다가 은퇴한 남자노인이 자신을 어떻게 인지할 것이며, 자신의 자아개념이 아내로서의 역할과 밀접하게 관련되어 있던 여자노인이 남편 사망 후 자신을 어떻게 인지할 것인가?

많은 노인들은 은퇴 후에도 여전히 예전의 직업과 자신을 동일시하는 경향이 있다. 즉, 자신을 의사로 또는 교수로 소개한다. 이런 노인들은 독립된 자아개념을 확립하지 못한 것이다. 한 개인의 자아개념이란 자신의 사회적 역할과 무관하게 정의될 수 있어야 한다. 자신의 자아개념을 사회적 역할이나 다른 사람의 자신에 대한 기대로서 정의하는 노인들에게 있어 직업을 잃는다는 것은 자신의 자아존중감에 심각한 영향을 미친다. 자아존중감은 자신의 존재에 대한 긍정적 또는 부정적 견해인데, 자아개념이 자아에 대한 인지적 측면이라면, 자아존중감은 정서적 측면이라 할 수 있다. 즉, 자신의 존

Roberta G. Simmons

Dale A. Blyth

재에 대해 인지적으로 형성된 것이 자아개념이고, 자기 존재에 대한 느낌은 자아존중감이다(Simmons & Blyth, 1987).

자아존중감의 이러한 정서적 성격 때문에 은퇴나 사별, 건강상태 등에 의해 노인들의 자아존중감이 훨씬 더 많은 영향을 받는다. 결과적으로 사회적 역할의 변화(신분상의 변화, 즉 역할상실), 건강의 쇠퇴, 감각기능의 저하 등은 노인들의 자아존중감에 부정적으로 작용한다(Chen, 1994; Tran, Wright, & Chatters, 1991). 노년기에 자아존중감을 유지하는 데 필요한 중요한 몇 가지 성격요인이 있다(Morgan, 1979).

(1) 자아라는 의미에 대한 재해석이 필요하다. 한 개인의 자아개념이나 자아가치는 개인의 과거의 역할과 독립적이어야 한다. 즉, "나는 의사다" 또는 "나는 교수다"라는 것보다 "나는 개성있는 한 인간이다"라는 인식이 중요하다. 성격특성, 기술, 능력과 같은 내적 현실에 초점을 맞추는 노인들은 외부 환경의 영향을 덜 받고 자아를 강화시킬 수 있다.

(2) 노화과정, 노년기의 제한성 그리고 가능성 등을 있는 그대로 받아들인다. 예전보다 근력이 많이 떨어지고 반응속도도 느리지만 그래도 여전히 삶의 궤도에서 이탈할 수 없음을 깨달으면 노년기에 일어나는 많은 상실에 잘 적응할 수 있다.

노년기로의 사회화는 다른 어떤 단계보다도 어렵다. 왜냐하면 역할모델을 발견하기가 쉽지 않기 때문이다(Rosow, 1974). 따라서 사회나 대중매체가 노화과정에 성공적으로 적응하는 역할모델을 제시하는 것이 중요하다.

(3) 인생 전반에 걸친 인생의 목표나 기대에 대한 재평가가 이루어져야 한다. 많은 사람들이 매우 이른 나이에 인생의 목표를 설정하고 나이가 들면서 계속 좌절하고 실망한다. 내적 · 외적 압력에 적절히 반응하면서 인생의 목표를 적절히 수행할 수 있는 능력을 가진 노인들은 노화와 연관된 여러 가지 변화에 성공적으로 적응할 수 있다.

(4) 자신의 지나온 과거를 객관적으로 돌아보고 실패와 성공을 담담하게 회고할 수 있는 능력이 필요하다. 인생의 회고는 자신이 살아온 삶에 대한 객관적 평가이며, 인생의 의미를 깨닫게 해주는 회상 과정으로서 인생을 좀더 의미있는 것이 되도록 한다.

7. 노년기의 심리적 부적응

노화와 관련된 스트레스는 노년기에 심리적 부적응을 야기시킬 수 있다. 노년기에 흔히 발생하는 심리적 부적응 현상은 불안장애, 조현병(정신분열증), 우울증, 성격장애, 기질성 정신장애 등이다. 연령이 많을수록, 건강상태가 나쁠수록, 이혼이나 사별로 인해 홀로된 경우일수록 심리적 부적응 현상이 많이 나타난다.

1) 불안장애

불안장애는 무슨 나쁜 일이 곧 일어날 것 같은 두려움과 초조감이 주요 증상이지만, 가슴이 답답하고, 숨이 가빠지며, 심장이 두근거리는 등의 신체증상이 함께 나타나기도 한다. 전반적으로 노년기 불안장애의 발생률이 높은 편은 아니지만, 특히 공포장애, 공황장애, 강박증과 같은 불안장애는 성년기나 중년기에 비해 매우 낮다(Blazer, George, & Hughes, 1991). 노년기 불안장애의 원인은 무력감 또는 상실감으로 인한 것이다(Bowman, 1992).

2) 조현병(정신분열증)

논리적이지 못한 사고, 환각이나 환청 등 지각 과정의 이상, 현실을 왜곡하는 망상, 왜곡된 기억 등이 노년기 조현병의 주된 증상이다. 피해망상이나 병적인 의심 등을 포함하는 편집증이 노년기에 증가하는데, 젊은 성인들의 경우 편집증은 심한 정신장애를 반영하지만, 노인들의 경우는 정신장애보다 감각기능의 장애, 특히 청각장애가 있는 노인들의 경우 그 정도가 심하다(Birkett, 1991).

사진 설명 노년기에 경험하는 상실이나 변화에 대한 반응으로 우울증에 빠지기 쉽다.

3) 우울증

우울증은 노년기에 매우 보편적인 증상이다(Schooler, 1992). 노년기에는 건강쇠퇴를 포함하여 여러 종류의 상실을 경험하므로 우울증에 빠지기 쉽다(Saint Onge, Krueger, & Rogers, 2014). 심한 우울증은 자살충동을 동반하는데 남자노인의 경우 연령과 함께 자살률이 꾸준히 증가한다. 65세 이상 노인의 자살률은 어느 연령대보다도 높다(Osgood, 1991). 여성의 경우 자살률은 중년기에 제일 높지만 남성보다는 언제나 낮은 편이다. 약물남용, 불치병, 정서장애가 노년기 자살의 위험을 증가시킨다(Ruckenhauser, Yazdani, & Ravaglia, 2007). 젊은이들과 비교했을 때 노인들의 자살 성공률은 매우 높은 편이다(Blazer, 1992).

4) 성격장애

성격장애는 부적응적인 사고나 행동을 반영하는데 노년기에는 발생빈도가 높지 않은 편이다(George, 1990). 자기도취적 성격장애와 반사회적 성격장애가 보편적인 성격장애의 형태이다. 자기도취적 성격장애를 가진 노인들은 지나칠 정도로 잘난 체하며, 특별한 사람으로 인정받기를 원한다. 그들은 자신이 너무나 특별하기 때문에 오로지 특별한 사람들만 자신을 이해할 수 있다고 믿는다. 반사회적인 성격장애를 가진 노인들은 정상적인 양심이 없는 사람들로서 다른 사람의 권리를 무시하고, 죄책감 없이 다른 사람들을 이용하고, 배신을 잘 한다.

5) 기질성 정신장애

기질성 정신장애의 발병원인은 대뇌 손상이다. 노인성 치매라고 하는 정신장애는 기질성 정신장애의 대표적인 유형이다. 노화와 관련된 문제 중에서 노인성 치매만큼 두려움의 대상이 되는 것도 없다. 노인성 치매환자는 자신의 배우자나 자녀를 알아보지 못할 정도로 문자 그대로 정신을 놓아버린다. 치매(dementia)라는 말은 라틴어에서 유래된 말로서 "정신이 없어진 것"이라는 의미를 갖고 있다.

이처럼 많은 사람들에게 치매가 두려움의 대상이 되기 때문에, 일상생활에서 기억을 잘 하지 못할 때 자신이 치매에 걸린 것은 아닌가 하고 걱정하는 사람이 많다. 그러나 경미한 기억상실이 반드시 치매의 증세는 아니다.

치매는 어떤 특정 질병을 일컫는 것이 아니고, 인지적 기능과 행동적 기능이 쇠퇴하는 정신장애 전반을 일컫는 말이다. 가장 보편적이고 치명적인 치매의 형태가 알츠하이머병이다.

(1) 알츠하이머병

존경받는 어떤 시인이 자신의 시는 물론이고 자신의 이름마저 기억하지 못한다. 옛날 실업계의 한 거물이 기저귀를 차고, 하루 종일 구두를 닦으며 시간을 보낸다. 이들은 알츠하이머병의 피해자들로서 이 병은 퇴행성 뇌질환으로 지능, 지각, 심지어 신체기능의 통제력을 점차 빼앗아 가고 결국 죽게 만든다(McMillan et al., 2014; Reisberg, 1983; Teri, McKenzie, & Coulter, 2016).

Alois Alzheimer

1906년 11월 3일 정신과 의사인 Alois Alzheimer 박사가 남편에 대한 극심한 질투망상으로 오랫동안 고생하던 55세 된 부인이 사망한 후 뇌를 해부한 결과, 신경세포 수가 현저하게 감소되었으며 '노인반점'이 대뇌피질에 다수 발견된 사례를 보고하였는데, 이는 최초로 보고된 퇴행성 뇌질환으로 이후 이 의사의 이름을 따서 알츠하이머병으로 불리게 되었다.

이 무서운 질병은 중년기에도 가끔 나타나지만 대부분의 피해자는 65세 이상의 노인이며, 85세 이상 노인들의 경우에는 20~30% 가량이 걸리는 것으로 추정되고 있다(Heston & White, 1983).

알츠하이머병의 원인은 아직 알려져 있지 않다. 여러 가지 이론들이 이 병의 원인이 되는 것으로 신경화학물질의 결핍 또는 불균형, 바이러스 감염, 유전적 영향, 면역체계의 결함 또는 심지어 알루미늄 중독 등을 들고 있다(Cohen, 1987; Park & Farrell, 2016).

알츠하이머병의 초기 증상으로는 전화전언을 잘못하거나 갑자기 엉뚱한 행동을 하는 것 등을 들 수 있다. 가장 두드러진 초기 증상은 기억력 장애이다. 과거의 일도 정확하게 기억을 못하지만 특히 최근의 사건들을 잘 기억하지 못한다. 그 다음에는 혼란, 성급함, 침착하지 못함, 흥분, 판단력 · 집중력 · 방향감각 · 언어능력에서의 감퇴가 잇따른다. 정도의 차이는 있지만 대부분의 치매환자가 언어장애를 나타낸다. 초기에는 말하는 도중에 적절한 단어를 찾지 못하여 머뭇거리거나 정확하지 않은 단어를 사용하기 때문에 듣는 사람이 무슨 말인지 이해하기 힘들게 된다. 자신의 이러한 증상을 자각하게 되면서 환자는 우울증에 빠지기도 한다. 병이 진행되면서 증상들은 보다 뚜렷해지고 걷잡을 수 없게 된다. 마지막에는 환자가 언어를 이해하지 못하거나 사용할 수 없게 되며, 가족들도 알아보지 못하고 남의 도움 없이는 먹지도 못한다.

알츠하이머병은 진단이 매우 어렵다. 그것은 이 병이 다른 형태의 치매들과 구별하기가 어렵기 때문이다. 유일하고 확실한 진단은 뇌 속의 조직을 관찰하는 것뿐인데 그

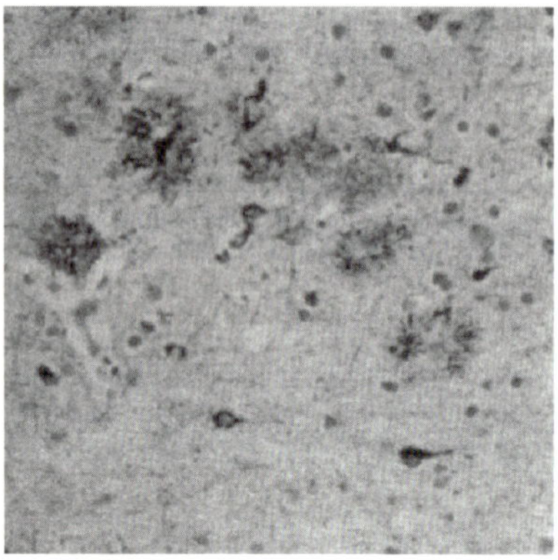

사진 설명 알츠하이머병에 걸린 사람의 뇌는 사진에서 보는 바와 같이 신경섬유가 엉켜 있다.

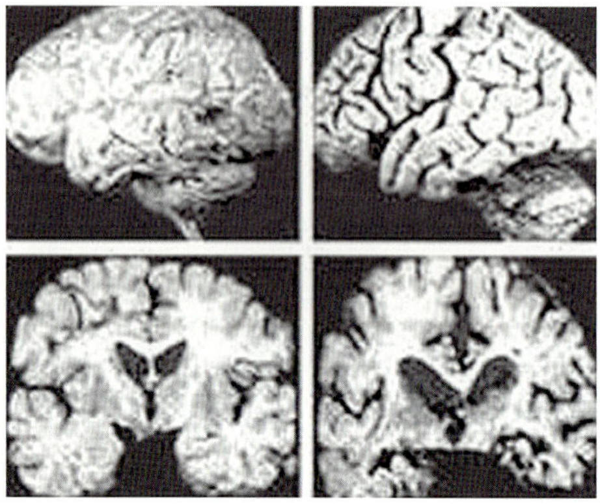

사진 설명 왼쪽은 정상적인 노인의 뇌 모습이며, 오른쪽은 알츠하이머병에 걸린 노인의 뇌 모습이다. 알츠하이머병에 걸린 노인의 뇌는 뇌실이 확장되어 있다.

것은 사후부검에 의해서만 가능하다. 알츠하이머병에 걸린 사람의 뇌는 신경섬유가 엉켜 있고(사진 참조), 세포가 줄어들며, 그 밖의 다른 변화도 나타난다. 이런 변화들은 정상적인 노화에서도 어느 정도는 볼 수 있으나 알츠하이머병에 걸린 사람들에게서 더 현저하며 또한 기억력과 관련이 있는 뇌의 영역에서 보다 많이 일어나고 있다(Hyman, Van Hoesan, Damasio, & Barnes, 1984).

의사들은 보통 이러한 증상에서 알 수 있는 그 밖의 질환들을 배제함으로써 살아있는 환자에게서 알츠하이머병을 진단하며(Heston & White, 1983; Kokmen, 1984), 새로운 기술인 핵자기공명진단법으로 진단의 정확도가 개선되고 있다(Summers, Majovski, Marsh, Tachiki, & Kling, 1986). 알츠하이머병 자체는 치유가 불가능하나 보다 정확하게 진단하게 되면 때때로 알츠하이머병이라고 잘못 진단한 유사한 질병을 치료할 수 있게 된다.

알츠하이머병에 걸린 환자들은 흥분을 가라앉히고, 우울증을 가볍게 하며, 잠을 자도록 하는 약물요법으로 치료를 받을 수 있다. 적절한 영양공급과 유동식을 섭취하는 것이 중요하며, 운동과 물리요법으로도 치료에 도움을 받을 수 있다. 환자나 그 가족에게 가장 큰 도움이 되는 것은 아마도 전문적인 상담과 후원단체를 통해 얻을 수 있는 사회적 · 정서적 지원일 것이다(Heston & White, 1983; Kokmen, 1984; Newkirk et al., 2020; Riekkola et al., 2019).

(2) 파킨슨병

파킨슨병은 신경전달물질인 도파민[1]을 생산하는 중뇌(中腦)의 신경이 노화함에 따라 발생하는 행동장애를 일컫는다(Catalan et al., 2013; Hassan et al., 2016; Kamath et al., 2022). 파킨슨병의 증상은 언어표현이 자유롭지 못하고, 머리를 흔들며, 몸을 덜덜 떨면서 경련을 일으키고, 걸음걸이가 부자연스럽다(Riley, 1999). L-dopa와 같은 약물치료가 이러한 행동문제를 크게 완화시킬 수 있다(Mestre et al., 2014; Nyholm & Bergquist, 2022).

파킨슨병과 치매의 관계가 1970년대 후반에 밝혀졌는데, 그후 연구에 의하면 파킨슨병 환자의 14~40%가 치매에 걸리게 된다고 한다(Oxtoby et al., 2021; Raskind & Peskind, 1992).

사진 설명 파킨슨병에 걸린 것으로 알려진 Muhammad Ali

(3) 피크병

피크병은 매우 드문 형태의 치매로서 알츠하이머병과 구분이 되지 않을 정도로 그와 유사한 병이다. 그러나 뇌의 구조적 변화, 즉 신경병리학적으로는 두 병이 분명히 구별된다. 알츠하이머병 환자가 활동과잉인 반면, 피크병 환자는 위축되는 경향이 있다.

피크병은 발병연령이 주로 40대로서 비교적 젊은 나이에 발병한다. 피크병은 초기 단계에서는 기억력 손상이 거의 없지만 실어증, 무례한 행동, 무절제한 성행위와 같은 행동변화가 크게 나타난다. 그리고 죽을 무렵에는 식물인간처럼 되고 만다.

1) 부신에서 만들어지는 뇌에 필요한 호르몬.

제20장

가족생활

신체적 변화나 직업적 은퇴는 그 시기의 차이는 있지만 발달 과정에서 누구나 경험해야 하는 불가피한 문제이다. 반면, 가족 내의 인간관계는 가정마다 상이하며, 어떠한 상호작용이 이루어지는가에 따라 중요한 자원이 될 수도 있고 그렇지 않을 수도 있다. 우리나라와 같이 가족주의 이념이 팽배해 있고 가족부양에 높은 비중을 두고 있는 사회에서는 가족관계가 생활 전반에 미치는 파급효과는 그 어느 나라보다도 크다고 볼 수 있다.

우리나라의 전통가족에서는 부자관계가 가장 강한 관계로 부부관계는 이에 종속되는 특성을 보였다. 그러나 가문의 대를 잇는 것보다 개인의 사랑이 더 중요한 결혼의 동기가 되는 현대사회에서는 부모자녀관계보다 부부관계가 가족관계의 중심이 된다고 볼 수 있다. 특히 자녀들이 출가한 노년기에는 부부관계의 중요성이 보다 강조된다. 부부관계가 모든 관계의 중심이 되지만 성인자녀와의 관계나 손자녀와의 관계, 형제자매관계는 노년기의 생활만족도에 중요한 비중을 차지하고 있다. 친밀한 부부관계를 형성하고, 이와 동시에 자녀와 적절한 관계를 유지하며, 손자녀와의 안정적인 상호작용이나 형제자매 간에 적절한 교류를 하는 것은 노년기의 생활만족도에 가장 큰 영향을 미치는 요인이 된다.

이 장에서는 노년기의 가족관계에서 중요한 비중을 차지하는 부부관계, 부모자녀관계, 손자녀관계, 형제자매관계에 대해 살펴보기로 한다.

1. 부부관계

노년기의 부부관계는 매우 중요하다. 자녀들이 독립해 나가고 친구들도 하나둘씩 세상을 떠남으로써 친밀한 감정을 나눌 수 있는 유일한 대상이 배우자로 좁혀진다. 즉, 인생의 반려자로서의 의미가 그 어느 때보다 절실해진다.

1) 결혼만족도

사진 설명 82년을 함께 살아 세계에서 가장 오래된 로치오 부부

노년기의 결혼만족도는 중년기보다 높으며, 많은 노인 부부들이 해를 거듭할수록 결혼생활이 더 좋아진다고 보고하고 있다(Gilford, 1986). 그점에 관한 한 가지 추정 가능한 이유는 최근에 와서는 이혼하기가 더 용이해졌기 때문에, 노년기까지 결혼생활을 유지하고 있는 부부들은 함께 살기로 결심한 사람들이기 때문이다. 여러 가지 어려움에도 불구하고 함께 사는 부부는 상호 만족스러운 관계에 도달할 수 있다. 또 다른 가능한 설명은 노년기가 되면 일반적으로 인생에 더 만족한다는 사실이다. 그들의 만족은 결혼보다는 직업, 자녀양육 부담의 감소, 혹은 보다 윤택해진 경제적 여건 등의 요소로부터 비롯될 수 있다.

그러나 은퇴 후 증가하던 결혼만족도는 점점 나이 들고 병 들면서 감소하게 된다(Miller et al., 1997). 일반적으로 노년기의 결혼만족도는 건강상의 문제로 위협을 받기 이전까지는 높은 편이다(Gilford, 1984; Pearson, 1996).

노년기에는 결혼만족도뿐만 아니라 갈등 또한 증가한다. 우리나라 부부의 가족생활주기에 따른 결혼만족도와 부부갈등에 관한 연구(박영옥, 1986)에 따르면, 신혼 초기부터 자녀를 양육하는 시기까지는 부부갈등이 증가하나, 자녀의 결혼에 즈음하여 감소하다가 다시 노년기에 들어 약간 증가하는 경향이 있는 것으로 나타났다. 노년기에 자녀와 동거하는 경우, 노인부부의 행동이 자유롭지 못하므로 결혼만족도가 떨어진다고 한다.

앞서 살펴본 바와 같이 결혼만족도에서 성차가 나타나는 이유는 여러 요인이 영향을 미칠 수가 있다. 그러나 상당 부분 이는 여성의 막중한 역할 부담에 기인하는 것으로도 해석할 수 있다. 노년기 남성을 '젖은 낙엽'(사진 참조)으로 비유하는 것도 바로 이러한 노년기 여성의 역할부담으로 인한 어려움을 빗댄 표현이라고 볼 수도 있다.

또한 남편의 은퇴 후 부인의 남편에 대한 정서적 지지자로서의 역할은 중요하다. 부인의 결혼만족도는 자신이 건강하다고 지각할수록, 연령이 높을수록, 남편의 정서적 지지가 많을수록 높게 나타나는 반면, 남편의 결혼만족도는 아내로부터 받는 정서적 지지만이 영향을 미치는 것으로 나타나 은퇴 이후 남편의 결혼만족도에 가장 큰 영향을 미치는 요인은 아내로부터의 정서적 지지라고 볼 수 있다(신화용, 조병은, 1999).

2) 성적 적응

노년기는 자녀들이 독립해나가고 친구들도 하나씩 둘씩 세상을 떠남으로써 친밀한 감정을 나눌 수 있는 유일한 대상이 배우자로 좁혀진다. 즉, 인생의 반려자로서의 의미가 그 어느 때보다도 절실해지는 시기이다. 그러므로 부부간에 친밀한 관계를 형성하기 위한 노력이 필요하다. Sternberg(1986b)의 사랑의 세모꼴 도식에서 열정과 친밀감, 책임의 세 가지 요소 가운데 열정은 처음 상태와 같이 강하지 않다 하더라도 친밀감은 노년기에도 지속시키는 것이 가능하다. 부부관계를 형성하는 데 있어서 사랑의 표현 방법이나 성생활은 중요한 의미가 있다.

인간은 태어나면서부터 죽을 때까지 성적인 존재이며, 성욕은 인간의 기본적 욕구로서 자신의 성적 욕구를 표현하는 것은 자연스러운 일이다(Hyde, & DeLamater, 2020). 그러나 노년기에는 성에 대한 욕망이나 관심은 감소하게 된다. 대부분의 남성의 경우 성적 흥분이나 자발적인 발기는 감소하게 된다. 여성의 경우에도 폐경기 이후에는 쉽게 성적으로 흥분되지 않으며 질의 윤활액이 잘 분비되지 않아 성관계 시 통증을 느낄 수 있다. 그리고 오르가슴에 도달하는 속도도 점차 느려지며, 아예 도달하지 못하는 경우도 많게 된다. 그러나 성관계만이 사랑을 확인하는 유일한 방법은 아니다. 신체적 접촉이나 애무와 같은 방법을 통해서도 애정표현이 가능하며, 이러한 욕구는 노년기에도 지속되는 것으로 나타난다. 질병이나 신체가 쇠약해져 노인들이 자신의 성적 감정에 따라 실제로 행동할 수 없을지는 모르지만 그러한 감정은 유지된다. 노년기에도 적절한 성관계는 부부의 애정과 친밀감을 확인시켜 주고, 서로의 계속적인 생명력을 확인시켜 준다(Turner & Rubinson, 1993).

60세 이상의 남녀노인에 대한 면담연구결과 Masters와 Johnson(1981)은 젊은 시절 활발하게 성생활을 했던 사람들이 노년기에도 지속적으로 활발한 성생활을 하는 것으로 나타났다고 하였다. Marsiglio와 Donnelly(1991)도 60세 이상의 노인들을 대상으로 한 부부간의 성적 친밀감에 관한 연구에서 연구대상의 53% 이상이, 특히 76세 이상 노인의 24%가 한 달에 한 번 이상의 성관계를 갖는 것으로 보고하였다.

우리나라 60세 이상의 남녀노인 250명을 대상으로 노인의 성의식을 조사한 이윤숙(1990)의 연구에서도 남성의 성적 능력은 정도의 차이는 있어도 89.4%가 지속되고 있으며, 80세 이상까지도 유지되고 있음을 나타내고 있다. 성적 욕구를 충족시키지 못한 이유에 대해서 남성의 경우는 상대가 응하지 않아서(21.0%), 체면 때문에(11.3%), 좋은 상대가 없어서(8.9%), 돈이 없어서(2.4%)라고 응답하였고, 여성의 경우는 30.6%가 적당한 상대가 없어서 또는 체면 때문이라고 응답하였다.

보건복지부가 2012년 노인 500명을 대상으로 조사한 '노인의 성생활 실태조사'에 따르면 65세 노인 10명 중 6명이 활발하게 성생활을 하고 있는 것으로 조사되었다. 35.4%는 성 매수 경험도 있었다.

일반적으로 연령이 증가함에 따라 성 반응능력은 감소하지만 성 기능은 계속 유지된다. 대다수의 남성들은 젊었을 때보다 자주 성적 흥분을 느끼지 않고, 자발적인 발기횟수는 줄어들지만 60대에도 적절한 기능을 갖고 있으며, 소수의 남성은 70대는 물론 심지어 80대에도 지속된다고 한다. 또한 여성들은 폐경 이후 질의 윤활액이 분비되지 않아 성관계 시 통증을 느낄 수는 있으나 보다 오랫동안 기능을 유지할 수 있다.

사진 설명 노년기의 성적인 욕구를 다룬 영화, 〈죽어도 좋아!〉

그러므로 남녀 모두가 노년기에도 성생활을 즐기는 것이 가능하다. 그리고 노년기의 성적 표현이 정상적이고 건강한 것이라는 점을 이해한다면 이러한 감정에 대해 수치심을 느끼거나 당황해하지 않고 성적인 감정이나 행동을 표현하는 것이 보다 용이할 것이다. 특히 우리 문화에서는 노년기의 성적 욕구를 표현하는 것을 금기시하고 있으므로 더욱더 중요한 문제가 된다. 성욕은 인간의 기본적 욕구로서 부부간의 적절한 성생활은 생기 있는 결혼생활의 중요한 요소이다(사진 참조). 그러나 성관계는 애정표현의 한 방법일 뿐 사랑을 확인하는 유일한 방법은 아니며, 신체적 접촉이나 애무와 같은 다른 방법을 통해서도 애정표현은 가능하며, 상호 간에 친밀감을 표현할 수 있다.

특히 노년기의 삶의 질을 향상시키기 위해서는 무엇보다도 부부간의 사랑과 성에 대한 태도를 개선시키려는 노력이 중요하다(이혜자, 김윤정, 2004). 노년기 부부간의 성생활은 생활만족도에 영향을 미치는 중요한 요인으로 작용할 뿐 아니라 성생활 만족도가 높을수록 노화인지도가 낮게 나타난다는 점에서 성생활이 또 다른 삶의 의미를 부여하는 것으로 볼 수 있다(오현조, 2013).

3) 이혼

노년기의 이혼은 매우 드문 현상이다. 만약 부부가 이혼을 하려 한다면 그보다 훨씬 일찍 했어야 할 것이다. 그러나 최근에 와서는 수십 년간 함께 살아온 부부들이 노년기에 이혼하는 소위 '황혼이혼'이 증가하고 있다(〈그림 20-1〉 참조).

황혼기의 부부를 이혼에 이르게 하는 것은 자녀 출가 이후에 부부간에 새로운 문제가 발생하였다기보다는 오히려 우리나라의 강한 도구적 가족이념을 생각한다면 지금까지 자녀 때문에 참고 유지해온 결혼생활을 자녀 출가 이후에는 부모로서의 책임을 다하였다는 홀가분한 마음에서 결혼생활을 끝내는 것으로 해석하는 것이 보다 타당할 것으로 볼 수 있다.

노년기 이혼이 증가하는 이유에 대해 박재간 등(1995)은 다음과 같이 설명하고 있다.

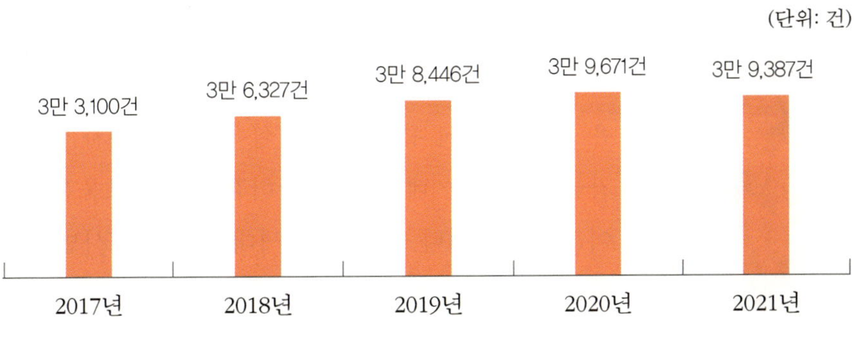

〈그림 20-1〉 국내 황혼이혼 추이

출처: 통계청(2023). 2022년 혼인 · 이혼 통계.

첫째, 가족생활주기의 변화 때문이다. 자녀들이 독립한 뒤 부부만 함께 사는 '빈 둥지 시기'가 등장하면서 부부간의 문제가 발생한다. 이때 원만한 관계를 형성하면 '제2의 신혼기'가 되겠지만, 부부관계가 원만하지 못하면 남은 여생을 고통 속에서 보내는 것보다 다소 희생이 따르더라도 이혼을 선택하게 된다. 둘째, 여성의 경제적 능력이 증대되어 여성 쪽에서 그동안 누적된 불만으로 인한 이혼을 청구한다. 셋째, 결혼생활에 대한 남편과 아내의 사고 차이 때문이다. 남편은 가정을 피로를 풀고 활력을 찾기 위한 휴식의 공간으로 여기지만, 아내에게는 가정은 생활의 중심이기 때문에 그곳에서 자신의 욕구를 충족시키고자 한다.

이혼은 인생의 어느 시기에 하더라도 힘든 일이지만 특히 노년기의 이혼은 적응하는 데 큰 어려움을 겪는다. 더욱이 노인들은 장래에 대한 희망도 적은 편이다(Chiriboga, 1982).

이혼이나 별거 중인 노인들의 생활만족도가 다른 노인들에 비해 낮고 정신질환이나 사망률이 높다는 사실은 이혼한 노인들에 대한 적절한 지원체계가 없다는 사실에 기인한다고 볼 수 있으며(Bourassa, Ruiz, & Sbarra, 2019; Uhlenberg & Myers, 1981), 이는 노년기의 이혼문제에 대해 보다 신중한 접근이 필요함을 시사해주는 것이다.

4) 사별

노년기의 사별은 여성이 남성보다 빈번하게 경험하는 현상이다. 오랜 결혼생활 후에 배우자를 사별한 사람들은 정서적 문제와 실제적 문제에 부딪히게 된다. 배우자와의 사별은 스트레스 지수가 가장 높은 사건으로 볼 수 있다. 결혼생활이 원만하였다면 정서적 공허감은 더욱 크며 원만하지 못한 결혼생활이었다고 하더라도 그 상실감은 크다.

남녀노인 모두에서 사별 이후 경험하는 가장 큰 어려움은 고독감이다. 평생을 함께 살아온 친구이자 인생의 반려자를 상실하는 데서 오는 공허감이나 외로움은 극복하기 어려운 사건이다. 물론 자녀세대의 지원은 사별 이후의 적응을 용이하게 해주는 중요한 자원임에는 틀림없으나 "효자보다 악처가 낫다"라는 우리나라 속담은 바로 부부간의 정서적 지지가 얼마나 중요한가를 말해주는 것이다. 게다가 남편을 사별하게 되는 여성 노인의 경우에는 경제적 어려움을 겪게 되며, 아내를 사별한 남성 노인의 경우에는 아내가 해주던 모든 가사노동의 대부분을 돈으로 해결하거나 다른 사람의 도움을 받아서 해결하기도 하지만 자신이 직접 이러한 일을 수행해나가는 것에 적응해야 한다는 어려움이 있다. 사별 후 겪게 되는 또 다른 문제는 의기소침해진다는 점이다. 그래서 사별한 남녀노인들은 높은 비율의 정신질환, 특히 우울증을 보이며, 아내와 사별한 남성은 6개월 이내에 사망할 가능성이 상당히 높게 나타난다(Parkes, Benjamin, & Fitzgerald, 1969).

5) 재혼

일반적으로 노년기의 재혼은 남성이 여성보다 3배 정도 많은 것으로 나타난다. 노년기에는 남성이 여성보다 재혼이 용이한데, 이는 평균수명의 차이로 인해 남성의 경우 결혼상대가 더 많을 뿐만 아니라 재혼의 필요성도 더 많이 느끼기 때문이다. 전통적으로 남성들은 도구적인 역할을 수행해왔기 때문에 혼자서 자신을 돌보는 일에 익숙하지 않은 반면, 여성들의 경우에는 오히려 가사활동이 자유로울 뿐만 아니라 남성을 부양하는 것에 대한 부담감을 갖기 때문에 재혼을 기피하는 경향을 보인다. 노년기 재혼의 가장 큰 이유는 남성은 자기부양문제로 인해 자녀로부터 재혼을 권유받거나 고독감 때문이라고 볼 수 있다면, 여성의 경우는 경제적인 어려움으로 인한 것이 가장 중요한 이유가 된다. 〈그림 20-2〉는 우리나라 65세 이상 재혼자의 증가 추이에 관한 것이다.

재혼 후의 결혼생활은 이전의 결혼보다 평온한 것으로 보인다. 서로 "나도 살고 상대방도 살게 하자"라는 태도이다. 이러한 평온한 태도는 주로 이전의 결혼생활에서 경험한 스트레스, 즉 자녀양육문제, 직업적 성공에 대한 노력, 배우자의 가족과 원만하게 지내야 하는 등의 문제가 없는 것에서 비롯되는 것 같다(Vinick, 1978).

노년기 재혼의 성공적인 요인은 다음과 같다(박재간 외, 1995).

① 상대방이 이미 낯익은 사람이거나 친구로 서로를 오랜 기간 잘 알고 있는 경우

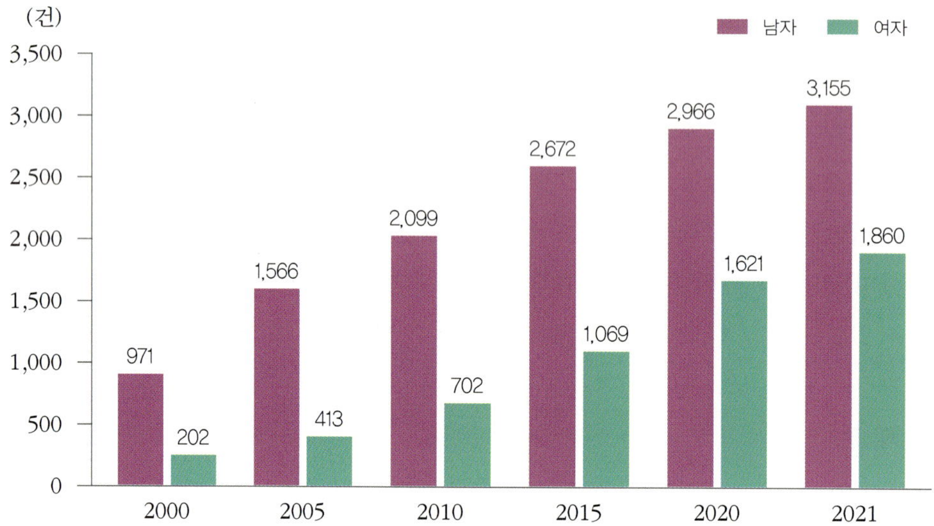

〈그림 20-2〉 65세 이상 재혼자 증가 추이

자료: 통계청, 인구동태통계연보(혼인, 이혼편) 각년도
출처: 통계청 보도자료(2022. 9. 29.). 2022 고령자 통계.

② 부부 공통의 관심사와 흥미 그리고 함께 즐길 활동 등이 있는 경우
③ 주위 친구들과 자녀의 찬성을 얻어 축복받는 결혼을 하는 경우
④ 재정적 능력이 있는 경우
⑤ 이전의 배우자와 지내던 집에서 살지 않고, 새로운 생활 근거지를 마련하는 경우
⑥ 노화에 따른 역할변화에 순응적인 경우

2. 부모자녀관계

강한 가족주의나 이와 관련된 부양의식이나 '효' 의식은 우리나라 부모자녀관계의 특징적인 측면이라고 볼 수 있다. 가족관계 가운데 전통적으로 가장 강한 관계가 부자관계라면 가장 부정적으로 평가되어온 관계는 고부관계이다. 그러나 최근 핵가족화와 여성취업의 영향으로 장서관계가 고부관계 못지않게 부정적인 관계로 부각되고 있는 반면, 부자관계를 대신하여 모녀관계가 보다 강한 관계로 발전하고 있다. 최근 전통적인 '효'의 규범이 약화되면서 이러한 부정적인 가족관계는 노부모 봉양으로 인한 스트레스와 결부되어 노인학대의 문제를 유발하는 요인이 되고 있다.

1) 노부모와 성인자녀와의 관계

부자관계는 전통적으로 우리나라 가족에서 가장 강한 관계였으며, 이러한 관계의 근저에는 '효' 의식이 그 초석을 이루고 있다. 그러나 노부모와 성인자녀와의 관계는 '효'라는 규범적 차원에서가 아니라 호혜적일 때 갈등이 적게 지각되고 오랫동안 지속될 수 있다. 이러한 호혜성은 갑자기 형성되는 것이 아니라 어린 시절부터의 부모자녀 간의 애정적 유대에 근거한다고 볼 수 있다. 부모와의 애착이 강할 때 그만큼 부모를 가깝게 느끼고 부모의 어려움이나 상태에 민감해진다.

부모자녀관계는 일생 동안 상호 간에 영향을 주고받으며 도움과 의존이라는 역동적인 관계를 갖게 된다. 자녀가 성인이 되고 부모가 노년기에 이르면 이들의 관계는 역할역전이 이루어져서 부모자녀관계에서의 도움과 의존의 균형은 뒤바뀌게 된다(김태현, 1994). 그러나 어느 한쪽이 도움의 제공자 또는 수혜자라고 단정할 수 없다. 오히려 여러 가지 면에서 호혜적인 관계이다.

노부모와 성인자녀와의 관계가 아무리 호혜적인 특성을 지닌다고 하더라도 그 기간에서 차이가 있을 뿐이지 인생에서 의존적인 노년기는 일정 기간 존재하게 된다. 그러므로 노부모와 성인자녀와의 관계는 호혜성과 동시에 부양이라는 부담을 가지는 양면적인 특성을 지니고 있다.

(1) 호혜적인 관계

우리나라 노부모와 성인자녀관계에서 대부분의 노부모들은 경제적인 여유가 있는 한 자녀에게 물질적인 혜택을 주고, 자녀에게 어려운 일이 발생하면 정서적으로나 경제적으로나 도움을 주고자 한다. 반면, 자신의 노후부양을 자녀에게 기대하는 호혜적인 관계이다.

가족구성원 간에 이처럼 도움을 주고받는다는 것은 노년기의 생활만족도를 증가시키는 중요한 요인이 된다. 즉, 노년기의 삶의 질은 객관적 · 물리적 상황보다는 개인의 주관적 차원이 보다 중요한 변수가 되며, 가족으로부터 도움을 받을 것으로 인지할수록 삶의 만족도는 높아진다(손화희, 정옥분, 2000). 특히 우리나라는 가족에 대한 가치를 높이 평가하는 문화이기 때문에 가족원의 지지는 어느 문화보다도 긍정적인 영향을 미치는 것으로 볼 수 있다.

세계 다른 문화권의 사람들은 우리나라에서 이루어지고 있는 남북 이산가족의 상봉

사진 설명 남북 이산가족 상봉장면

장면에 대해 쉽게 이해하지 못한다(사진 참조). 6·25 동란을 즈음하여 가족이 이별을 하였으나 그간 50여 년의 세월이 흘렀고, 헤어진 당사자들이 이미 사망한 가족도 많지만 아직도 가족 간의 상봉에서 눈물바다를 이루는 것은 우리나라 가족 특유의 유대감을 보여주는 것이다.

우리나라의 노인층이 독립된 주거공간을 희망하는 비율도 점차 증가하고 있으나 양로원을 선호하는 비율이 아직 낮다는 사실은 여전히 가족부양에 가치를 두고 있음을 보여준다. Le Play는 가족의 문화적 전통을 계승하여, 개인들에게 사회심리적 안정성을 도모하는 기능을 가장 잘 수행할 수 있는 형태가 직계가족이라 하였다(가족환경연구회, 1992). 이는 단순히 가족형태의 문제라기보다는 가족 내에서의 세대 간 유대의 의미를 강조한 것이라고 볼 수 있다. 그러므로 우리나라와 같이 외형상으로는 핵가족이지만 직계가족의 이념이 상당히 뿌리깊게 자리 잡고 있는 문화에서는 가족원 상호 간의 지지는 노년기의 적응에 중요한 의미가 있다.

우리나라는 아직도 노인부양의 근간이 가족이므로 이를 근거로 현시대에 적절한 가족부양체계를 계속 발전시켜나가는 것은 노인세대의 건강과 직결된다. 독립을 중시하는 서구사회에서도 성인자녀로부터 경제적, 정서적 도움을 받는 것이 일반적인 경향이다. 노부모세대에 대한 가족부양은 노부모와 자녀세대에게 부담도 되지만 만족감도 부여한다.

취업여성의 증가와 평균수명의 증가로 자녀세대의 욕구와 부모세대의 욕구가 맞물리면서 부모와 성인자녀 간의 동거가 적응적 형태로 이루어지고 있다. 특히 취업여성들은 부모와의 동거로부터 많은 도움을 받는 것으로 나타나고 있다(조병은, 신화용, 1992). 동거로 인한 혜택과 비용 지각에 가장 영향력 있는 변수는 부양자의 부양의식이다. 경제적이거나 도구적인 이유에서 동거한 경우 규범적 이유에서 동거한 경우보다 혜택 지각이 더 높고 취업주부는 시부모와의 동거로 인한 비용은 낮게, 혜택은 높게 지각한다(한경혜, 이정화, 2001). 그러므로 노부모 봉양을 전통적인 '효'의 논리에만 의존할 것이 아니라 호혜적인 관계 속에서 자연스럽게 이루어질 수 있도록 상호 간의 노력이 필요하다.

자녀와의 동거여부나 동거형태는 노부모의 생활만족도에서 일관성 있는 결과를 보이지 않는다. 자녀와 동거하는 경우 노인들은 더 큰 만족감을 보인다는 결과가 있는가하면(신영희, 이혜정, 2009), 이와는 상반되는 결과도 보고되고 있다(이신영, 2009). 이는 동거여부가 노인자신의 자원이나 태도에 기초하여 자발적으로 선택한 것일 수도 있지만, 자신의 의지와는 무관하게 선택한 것일 수도 있기 때문이다.

(2) 노부모 모시기

자녀가 일찍이 부모의 보살핌을 받았듯이, 노인이 자녀로부터 보살핌을 받을 것으로 기대되는 전통사회에서 보편적이었던 보살핌의 순환과정 역시 순조롭지 못하다. 중년기 자녀가 노부모를 보살펴야 할 때가 되면, 이들은 애정과 분노, 부모에 대한 의무와 자신의 배우자 및 자녀에 대한 책임 그리고 효도하고 싶다는 생각과 자신의 현재 생활방식을 바꾸고 싶지 않다는 생각 사이에서 심한 갈등을 겪는다.

흔히 노년기의 四苦를 빈곤, 질병, 고독, 역할상실이라고 한다. 정도의 차이는 있지만 대부분의 노인들은 이러한 고통에서 자유롭지 못하다. 노인들이 자녀에게 의존하는 주된 이유는 건강과 경제적 취약성에 기인하는 것이지만, 이들이 가장 도움을 받고 싶어 하는 부분은 경제적 지원보다는 잦은 방문이나 정서적 지원이다. 이러한 문제에 직면해서 아직도 우리나라에서는 주된 의존대상이 가족이며, 사회적 지원보다는 자녀에 대한 의존도가 높고, 가족원으로부터의 지원은 노년기 생활만족도의 중요한 근원이 된다.

노부모와 성인자녀의 관계는 의무감에서가 아니라 애정적인 유대감에서 비롯될 때 만족스러운 것이다(Cantor, 1983; Robinson & Thurnher, 1981). 세대 간의 유대관계 연구에서 전화통화나 방문과 같은 애착행동을 고무시키는 것이 자녀의 의무감에 호소하는 것보다 더 효과적인 것으로 나타났다(Cicirelli, 1980). 즉, 애정을 바탕으로 부모자녀관계를 수립함으로써 노년기의 생활만족도를 높일 수 있을 것으로 보인다.

부모가 노년기에 접어들면 성인자녀는 보편적으로 부모에게 여러 측면에서 도움을 제공한다고 생각한다. 즉, 동거와 부양을 동일한 개념으로 파악하여 노부모와 기혼자녀가 동거하는 것은 곧 기혼자녀가 노부모를 모시는 것과 동일한 의미로 간주한다.

그러나 동거나 별거의 문제와는 별개로 세대 간의 관계는 노부모가 건강하고 활기찬 생활을 하는 동안에 가장 원만하다. 노인들이 병약해질 때, 특히 정신적 쇠퇴나 성격변화를 겪고 있는 경우에는 이들을 돌보는 부담 때문에 양자의 관계가 위축되는 경우가 흔히 있다(Troll, 1986). 특히 딸이나 며느리들은 일반적으로 이러한 책임을 맡기 때문에 괴로움에 빠진다.

최근 노인들의 의식이 변화하면서 자녀에게 의존하기보다는 독립적으로 노후를 보내려고 하는 노인들의 비율이 증가하고 있다. 실제로 우리나라 노인들의 자녀와의 별거 희망률은 계속적으로 증가하는 추세이다. 이처럼 독립적인 노년기를 희망하지만 평균수명의 증가로 대부분의 노인에게 의존적인 시기가 찾아온다. 그러므로 모든 세대가 노인의 부양문제에 대한 타협점을 찾는 일이 중요한 과제이다.

2) 고부관계

고부관계는 가부장제 사회의 필연적 산물이다. 아버지에서 아들로 가장권이 계승되는 가부장제 가족에서 가족관계 가운데 부자관계가 가장 강한 관계이자 양지라면, 고부관계는 가장 취약한 부분이자 음지라고 볼 수 있다. 가부장제 사회에서 여성이 지위를 성취하는 데 있어 가장 중요한 요건이 남아의 출산이므로 모자관계는 가족 내에서 가장 밀착된 관계를 형성하게 된다. 결혼 후 며느리의 존재는 이처럼 밀착된 모자관계라는 아성에 대한 침범으로 볼 수 있으며, 그 결과가 고부갈등으로 표현된다. 전통사회에서는 가부장권의 영향으로 이러한 고부갈등은 표면화되지 않았으나 최근 가족 내의 인간관계가 보다 평등한 형태로 변화하면서 고부갈등은 공공연하게 표면화되어 가족 내의 갈등을 증폭시키는 요인이 되고 있다. 전통사회와는 달리 현대사회에서는 획득지위의 영향이 감소하였으며, 개인의 능력이 중시되고 있다. 자녀세대가 경제적으로 독립함으로써 주부권의 상징이던 '광 열쇠'가 갖는 상징적 의미가 없어졌으며, 그 결과 시어머니의 권력은 감소하게 되었다. 동시에 경로효친(敬老孝親) 사상의 약화로 인해 노인은 가정이나 사회에 부양부담을 주는 사회문제의 대상으로 인식되기 시작하였다는 점도 고부관계를 악화시키는 요인이 된다.

외형상으로는 핵가족이지만 내부 구조상으로는 여전히 부계 직계가족의 범주를 벗어나지 못하고 있는 우리나라 가족의 특성도 고부관계를 심화시키는 요인으로 작용하고 있다. 우리나라의 장남은 분가하여 핵가족을 이루고 살아간다 하더라도 심리적으로 평생 부모를 떠나지 못한다. 차남은 분가라는 형식으로나마 생식가족을 이루지만 심리적으로 의존적인 것은 마찬가지이다. 이처럼 여성은 출가외인 사상에 의해 출생가족을 떠나 생식가족에 전적으로 소속되도록 강요받았지만 남성은 출생가족과 생식가족이 분리되지 않은 채로 평생을 살게 된다. 자신의 출생가족과 생식가족 중간에 반쯤 걸쳐 있는 상태로 결혼생활을 하는 남편과 생식가족에 집착하는 아내의 불협화음이

고부갈등을 심화시키는 요인이 된다(박미령, 2003).

고부관계의 문제는 전통적인 가족윤리를 통한 해결방식으로는 더 이상 효과를 거두기가 어렵다. 그러나 한국가족의 위계상 며느리 측의 변화를 요구하는 것이 보다 효율적일 수 있으며, 며느리의 변화를 통해 시어머니의 변화를 기대할 수 있다. 이러한 관계개선을 위해 부정적인 사고체계의 변화나 인지체계의 수정을 통해 고부관계는 개선될 수 있다. 실제 부정적 사고체계를 전환시키는 데 효율적인 것으로 검증된 긍정적 사고훈련 프로그램을 적용한 결과 고부관계는 상당히 향상된 것으로 나타났으며, 그 교육효과도 지속적이었다(이정연, 2002).

3) 장서관계

친정에서는 출가외인, 남편으로부터는 자신의 생식가족에 충성하도록 강요받는 여성의 심리적 허탈감은 자신이 낳은 자녀에게 집착하는 자궁가족이라는 기형적 가족형태로 나타난다. 자신의 억울한 경험에 비추어 아들에 대한 집착이 초래하는 문제점을 너무나 잘 알고 있는 나머지, 우리나라의 여성들은 아들에 대한 집착을 끊으려고 노력한다. 그러나 대신 딸에게 집착함으로써 아쉬움을 달래려는 부모가 증가하면서 딸들을 떠나보내지 않으려는 친정어머니들이 많다. 아들에게 집착하는 것이나 딸에게 집착하는 것이나 자녀를 출생가족으로부터 분리시키지 않음으로써 자녀의 생식가족이 독립적으로 살아가는 것을 방해하는 것은 마찬가지이다(박미령, 2003). 분리되지 않은 모녀관계는 여성 취업률 증가와 맞물려 보다 굳건한 관계로 발전될 가능성이 있다. 여성취업으로 인한 가사활동이나 자녀양육문제, 여권신장으로 인해 모계(처가)와는 자발적 · 친밀적 관계를, 부계(시가)와는 의무적 · 형식적 관계를 가지는 경향을 보이게 된다.

사진 설명 신(新) 고부갈등, 사위 vs 장모

그러나 이러한 변화의 과정에 적응하지 못하고 갈등을 경험하는 장모와 사위가 늘고 있다. '사위는 백년손님'이라는 말은 옛말이 되었으며, 장서갈등이 전통적인 고부갈등보다 더 심각한 경우도 있다. 장모 · 사위 간 갈등이 증가하면서 한국가정법률상담소는 시가와의 갈등만을 포함시켰던 상담분류항목에 1999년부터 장모 · 사위갈등을 추가했다. 장서갈등은 장모의 심한 간섭, 의존적인 아내, 가부장적인 남편의 의식 모두가 총체적인 원인으로 작용하고 있다.

맞벌이 가족이 증가하면서 육아나 살림에 처가의 도움을 받는 경우가 많아지면서 장모의 간섭은 늘어나게 된다. 장모의 도움은 고맙지만 사위들은 그러한 도움이 궁극적으로는 자신의 딸을 위한 도움이라고 생각한다. 그러므로 이로 인해 장모의 간섭이 심해지면 장모와 갈등이 생기고 궁극적으로는 부부갈등으로 발전하게 된다. 부모와 성장한 자녀세대 간에 명확한 경계가 설정될 때 서로를 존중하고 배려하는 진정한 의미의 건강한 관계가 형성된다. 그러므로 부모는 성인자녀의 부부관계에 지나치게 개입하지 않고 든든한 지원자로서의 역할만을 수행하는 것이 바람직하다.

부모세대는 아들과 며느리, 딸과 사위의 독립된 부부관계를 인정하고 지나친 간섭이나 기대에서 탈피하는 것이 필요하다. 자녀가 독립하는 것은 너무나 당연하고 건강한 현상이며 이를 계속 출생가족에 묶어 두고 싶어 하는 것은 또 다른 노욕이다. 자신의 출생가족을 결코 떠난 적이 없었던 남편들 때문에 경험했던 어려움을 생각하면 자녀를 떠나보낸다는 것은 심정적으로는 어려운 일이다. 그러나 부모가 청년기 자녀에게 줄 수 있는 두 가지 선물이 '뿌리'와 '날개'로 표현되듯이, 성인이 된 아들딸이 마음껏 날갯짓을 하면서 날아가도록 지켜봐주고 든든한 지지세력으로 남는 것은 중 · 노년기의 중요한 발달과업이다.

3. 손자녀와의 관계

조부모의 역할은 중년기에 시작되는 경우도 있지만 대부분의 경우 노년기에 시작된다. 조부모는 지식과 지혜 그리고 관용의 원천으로서 손자녀의 삶에 많은 영향을 미친다(McMillan, 1990; Orthner, 1981; Strom & Strom, 1990; Wood, 1982). 조부모는 손자녀에게 노화에 대한 긍정적인 태도를 심어줄 수 있으며, 조부모의 '무릎학교'를 통해 문화가 전수되기도 한다. 손자녀에 대한 조부모로서의 역할을 통해 조부모는 자신의 존재가치를 확인하고, 상실감을 극복하며, 삶에 대해 의욕적인 자세를 지닐 수 있다. 이처럼 조부모의 존재는 손자녀에게 중요하다. 그들은 지혜의 원천이고, 과거와의 연결자이며, 놀이친구이고, 가족생활의 영속성을 나타내는 상징이다. 조부모 역할은 Erikson의 생산성이 표현되는 한 방법이기도 하다. 즉, 다음 세대의 인생에 스스로를 바침으로써 자신의 불멸에 대한 인간의 갈망을 표현한다.

조부모와 손자녀와의 관계는 다양한 형태로 나타난다. Neugarten(1977)은 이를 공식적 유형, 기쁨추구형, 대리부모형, 지혜전수형, 원거리형으로 분류하였다. 우리나라의 연구에서는 조모역할은 훈계자 역할, 물질제공자 역할, 대리모 역할, 가계역사의 전수자 역할, 손자녀 후원자 역할, 생활간섭자 역할인 것으로 나타났다(서동인, 유영주, 1991). 이 중에서도 여성 취업률의 증가로 점차 대리부모로서의 역할이 증가하는 경향을 보이고 있다. 조부모와 손자녀 간의 관계가 어떠한 유형이건 조부모는 부모보다 자녀양육 경험이 많으므로 손자녀에게 정서적 안정감을 제공해줄 수 있으며, 손자녀에 대한 직접적인 의무감이나 책임감이 없기 때문에 순수하게 애정적인 관계에서 유대감을 형성할 수 있다(사진 참조).

조부모와 손자녀의 관계는 손자녀에게만 일방적으로 긍정적인 영향을 미치는 것이 아니라 이를 통해 노인인구 증가로 인한 노인 소외나 고립을 방지하는 긍정적인 효과도 기대할 수 있다. 여러 학자들은 노년기에 상호관계에서 받는 것에 못지않게 주는 것의 의미를 강조하고 있다. 타인에게 도움을 줌으로써 얻을 수 있는 긍정적인 효과로 Hooyman과 Kiyak(2005)은 다음과 같은 점을 들고 있다. 첫째, 타인에게 도움을 줌으로써 자신감이 생기는 것과 같이 자신의 신체적 · 정신적 안녕에 도움이 되고, 둘째, 통제감과 자율성 · 유능성을 획득하게 되며, 셋째, 적극적이고 유연성 있는 노년생활을 하게 되고, 넷째, 사별과 같은 스트레스를 주는 사건으로 인한 부정적인 결과를 최소화하며, 다섯째, 사망률도 감소한다는 것이다. 우리나라의 가족 내의 상호관계에서 노인은 손자녀에게 많은 도움을 줄 수 있는 위치에 있다. 손자녀와의 관계를 통해 조부모 세대도 자신의 존재가치를 확인하고 상실감을 극복하며 삶에 대해 보다 의욕적인 자세를 가질 수 있다. 또한 여성취업으로 인한 자녀양육에 대한 부담을 감소시켜줄 수 있는 긍정적인 측면도 있다.

그러나 손자녀와의 관계가 항상 긍정적인 것만은 아니며 양육방법에서 자녀세대와 갈등을 경험하기도 한다. 동시에 조부모의 여가나 노후생활을 침해한다는 부정적인 측면도 고려해야 할 것이다. 자녀세대의 기대와는 달리 손자녀를 돌보는 것을 유일한 낙으로 생각하는 조부모는 거의 없다. 가사노동이나 육아로 젊은 시절을 보낸 중·노년기의 부모는 자녀출가 이후 얻은 자유를 포기하고 싶어하지 않는다.

4. 형제자매관계

형제자매와의 관계는 가장 오래 지속되는 관계이며, 나이가 들수록 훨씬 더 중요해진다. 어린 시절의 경쟁심이 성인기까지 지속될 수도 있지만, 대부분의 형제자매들은 서로에게 친밀감을 느끼며, 상호관계에서 상당한 만족감을 얻는다. 일반적으로 노인들은 형제자매보다는 자녀나 손자녀와 더 가깝게 느끼고 도움을 많이 받지만, 앞으로 자녀를 점점 적게 갖는 경향이 있으므로 노년기의 형제자매관계는 정서적 지원과 실제적 도움의 원천으로서 보다 의미 있는 역할을 할 것이다.

형제자매관계에서도 자매관계가 가장 접촉이 빈번하고 친밀하다(Cicirelli, 1980; Lee, Mancini, & Maxwell, 1990). 반면, 형제관계는 접촉 빈도가 가장 낮다(Connidis, 1988). 특히 여자 형제들은 가족관계를 유지하는 데 중요한 역할을 한다. 여자 형제가 있는 남자노인들은 여자 형제가 없는 남자노인들보다 노후에 대해 덜 걱정하며, 생활만족도도 높은 편이다(Cicirelli, 1977).

우리나라 노년기 형제자매관계의 특성에 관한 연구(전혜정, 1992)에 의하면 노년기 형제자매 간 친밀도에 영향을 미치는 변인은 종교일치 여부로 나타났으며, 사회적 상호작용을 가장 잘 설명해줄 수 있는 변인은 지리적 근접성, 교육수준, 형제

자매의 수인 것으로 나타났다.

Deborah T. Gold

Gold와 그 동료들(Gold, Woodbury, & George, 1990)은 친밀감과 상호 간의 관련도, 접촉빈도, 시기심, 적개심을 중심으로 형제자매관계를 다음과 같은 다섯 가지 유형으로 구분하였다. 친밀형(14%)은 친밀도와 관련도, 접촉빈도는 높은 대신 시기심과 적개심은 낮은 유형으로 주로 자매관계에서 많이 나타나는 유형이다. 우정형(30%)은 친밀도와 관련도는 높은 반면, 접촉빈도는 보통 수준이며 시기심과 적개심은 비교적 낮은 유형으로 남매간에서 많이 나타나는 유형이다. 충실형(34%)은 친밀도, 관련도, 접촉빈도는 보통 수준인 반면, 시기심과 적개심은 비교적 낮은 편이다. 무관심형(11%)은 서로 무관심한 관계이며 다섯 가지 요인 모두가 낮은 수준이다. 냉담형(11%)은 적개심과 관련도는 높은 수준인 반면, 친밀감이나 접촉빈도, 시기심은 비교적 낮은 수준이다. 남자형제관계는 주로 충실형, 무관심형, 냉담형에 속한다. 형제자매관계의 유형에서 나타나는 성별에 따른 차이는 노년기에 여성이 남성보다 왜 적응이 용이한지를 설명해주고 있다.

제5부

인생의 마무리

우리는 각기 다른 인생을 경험하고 서로 다른 방식으로 살아간다. 그러나 모든 인간이 다 겪는 한 가지 경험은 생을 마감하는 일이다. 누구도 죽음을 피할 수는 없다. 삶의 끝은 죽음이다. 죽음은 우리 인간의 성장과 발달에서 삶만큼 중요하다. 우리가 이 피할 수 없는 사건을 제대로 이해하고 수용한다면, 보다 완전한 삶을 살 수 있을 것이다.

인생의 최종 단계는 인생의 과정 중에서도 매우 중요하고 소중한 부분이다. 만약 우리가 충분히 오래 산다면 가까운 이들의 죽음을 보게 된다. 더욱이 우리 자신도 언젠가는 죽을 것이라는 자각을 함으로써 인생의 기쁨에 대해 특별한 인식을 하게 되며, 자신이 살아오면서 간직한 가치들에 대해 되돌아보게 된다.

모든 죽음은 모든 삶이 다르듯이 서로 다르다. 죽어가는 과정은 사고의 희생자, 말기암 환자, 자살자 그리고 순간적인 심장마비로 죽는 사람의 경우 모두가 똑같지 않으며, 유족들에게도 사별의 경험은 같지 않다. 그러나 우리는 모두 인간이다. 우리의 삶에서 공통점이 있는 것처럼 죽음에서도 공통점이 있다.

죽음은 죽는 사람뿐만 아니라 남게 되는 사람에게도 큰 고통을 안겨준다. 어쩌면 죽는 사람에게는 죽음이 고통의 끝이겠지만 남아 있는 사람들에게는 고통의 시작이 될 수 있다. 죽음의 도래는 수태의 순간부터 시작된 여로의 피할 수 없는 결말이다. 죽음이 다가올 때 사람들은 자신이 살아온 인생을 되돌아보게 된다.

제5부에서는 죽음과 임종, 사별과 비탄, 인생의 회고 등에 관해 살펴보고자 한다.

Adult Development and Aging

제21장

죽음과 임종

죽음은 한때는 일상생활의 일부분이었다. 사람들은 자녀 중 몇 명은 으레 유아기나 아동기 때 죽으려니 했었다. 모든 아기의 $^1/_3$ 이상이 유아기에 죽었고, 모든 아동의 절반이 열 살이 되기 전에 죽었다.

20세기에 들어와서 의학과 위생시설이 향상되면서 '사망률 혁명'이 일어나 선진국에서는 유아 사망률이 1% 미만으로 낮아졌고, 그 결과 평균예상수명이 급격히 높아졌다. 아동들은 성인기에, 성인들은 노년기에 이를 가능성이 더욱 높아졌고, 따라서 죽음은 노년기의 현상이 된 것처럼 보인다.

이와 같이 죽음이 대체로 노약자에게 일어나는 것이 되었기 때문에 젊은 사람들의 의식 속에는 죽음에 대한 생각이 거의 없다. 죽어가는 사람과 죽은 사람을 돌보는 일은 한때 가족생활의 일상사로 여겨졌으나 이제는 전문가의 영역이 되었다. 사람들은 죽으러 병원에 가고, 장의사가 염을 하며, 장례준비를 해준다. 사람들은 심지어 죽음에 대해 직접적인 표현을 하기를 꺼린다. 대신에 "돌아가다" "떠나다" "흙으로 돌아갔다"는 등의 완곡한 표현을 사용한다.

최근에 와서 인간이면 그 누구도 피할 수 없는 죽음에 관한 문제를 연구하는 사망심리학(Thanatology)에 많은 관심이 모아지고 있다. 죽음이 임박한 사람들을 관찰함으로써, 문학과 예술에서 죽음이 어떻게 다루어지는지를 봄으로써 그리고 그에 관해 연구하고 논의함으로써 인생의 마지막 단계에 대한 준비를 할 수 있다. 우리의 하루하루가 인생의 기쁨을 음미하고, 자신의 뛰어난 자질을 표현할 수 있는 최후의 순간이 될지 모른다는 생각을 하게 되면 우리는 보다 나은 삶을 살아갈 수 있을 것이다.

이 장에서는 죽음의 정의, 발달단계와 죽음의 의미, 죽음에 대한 태도, 죽음 전의 심리적 변화, 호스피스 간호, 죽음에 관한 쟁점 등에 관해 살펴보고자 한다.

1. 죽음의 정의

죽음은 인생의 모든 과정에서 맞이하게 되는 단 한 차례의 사건이다. 생애과정이 모든 경험의 누적으로 이루어지는 것과 달리 죽음은 단 한 차례의 경험이며, 연속적인 발달의 과정에서 종료이자 단절을 의미한다. 또한 죽음은 보편적으로 예측할 수 있는 발달의 시기와 달리, 그 누구도 예상할 수 없는 시기에 찾아오는 사건이다. 이러한 죽음의 특성은 생물학적인 죽음에 초점을 맞추고 있는 것이지만, 사실상 죽음의 의미를 이해하기 위해서는 생물학적인 죽음 이외에도 사회적 죽음, 심리적 죽음으로 죽음을 분류해 볼 필요가 있다.

세계보건기구(WHO)는 죽음을 "소생할 수 없는 삶의 영원한 종말"이라고 정의하였다. 죽음에는 적어도 세 가지 측면이 있는데 생물학적, 사회적, 심리적 측면이 그것으로 세 측면 모두 논쟁의 대상이 되고 있다.

1) 생물학적 정의

생물학적인 죽음이란 일반적으로 맥박과 호흡이 정지하는 상태에 이른 것을 의미한다. 생물학적인 죽음은 보편적인 의미의 죽음으로 이해되고 있으며 삶의 종료를 의미한다.

생물학적 죽음에 대한 법적 정의는 일반적으로 신체기능의 정지로 간주된다. 일정기간 심장의 박동이 멈추거나 뇌의 활동이 멈출 때 죽었다고 판정할 수 있다. 뇌사(brain death)는 죽음에 대한 신경학적인 정의로서 일정 기간 뇌의 전기적 활동이 멈추는 것을 말한다.

뇌전도(EEG)가 일정 시간 동안 균일한 모양을 나타낼 때 뇌사로 인정한다. 그러나 죽음에 대한 생물학적 기준은 생명의 기본적인 표시를 무한정 연장시킬 수 있는 의료장비의 발달로 인해 보다 복잡하게 되었다 (Kramer, O'Mahony, & Deamant, 2022; 사진 참조).

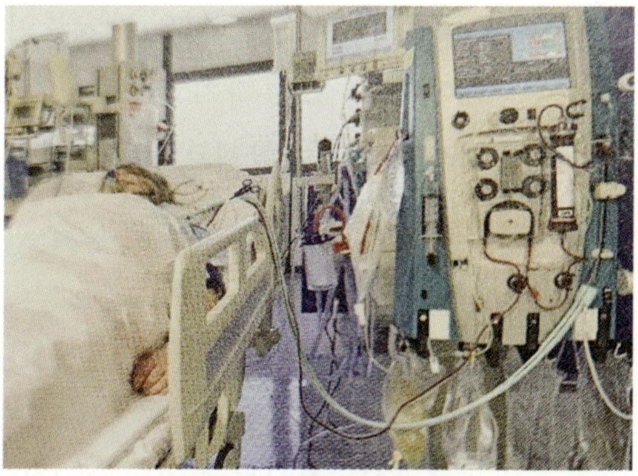

2) 사회적 정의

죽음의 사회적 측면은 장례식과 애도의식 및 권리와 재산의 법적 재분배에 관한 것이다. 죽음의 사회적 측면의 상당 부분은 그 사회의 죽음 및 사후(死後)에 대한 견해를 반영하는 종교적, 법적 규범에 의해 좌우된다.

예를 들어, 말레이 사회에서는 죽음을 점차적인 전이 과정으로 본다. 따라서 사람이 죽으면 처음에 가매장을 하고, 유족들은 죽은 사람의 영혼이 육체를 떠나 영적 세계로 전입되었다고 믿을 때까지 애도의식을 계속한다(Kastenbaum & Aisenberg, 1972).

오늘날 방부제를 사용해서 시체를 보존하는 관습은 고대 이집트나 중국에서 향료나 향유를 사용하여 시체를 미라로 만들던 관습으로 거슬러 올라가는데 시체 보존은 영혼이 육체로 다시 돌아올 것이라는 믿음 때문이다(사진 참조).

사진 설명 기원전 14세기의 이집트 투탕카멘 왕의 석관(그의 시체는 미라로 보존되었다.)

유태인들의 전통 장례에서는 한순간도 고인을 혼자 있게 하지 않는데(Gordon, 1975; Heller, 1975), 그 이유는 악령이 죽은 사람 주위를 맴돌면서 그 사람의 육체 안으로 들어가려고 기회를 노린다는 믿음 때문이라고 문화인류학자들은 설명한다.

3) 심리적 정의

죽음의 심리적 측면은 사람들이 다가오는 자신의 죽음에 대해서 그리고 가까운 사람의 죽음에 대해서 어떻게 느끼는가 하는 것이다. 전통사회에서는 애도의식을 통해서 유족들로 하여금 그들의 슬픔과 비탄을 자연스럽게 표현할 수 있는 인간적인 배출구를 마련해 주었다.

그러나 오늘날 옛날의 관습들이 사라지면서 유족들은 그들의 슬픔을 극복하는 데 도움이 될 수 있는 가치있는 것들을 많이 잃어버렸다. 우리는 죽음의 실체를 자연스럽고 예정된 인생의 단계로 이해하여 좀더 긍정적으로 받아들일 필요가 있다.

2. 발달단계와 죽음의 의미

사망심리학자들과 발달심리학자들 모두에게 똑같이 흥미 있는 주제는 인간이 각기 다른 발달단계에서 죽음에 대해 어떤 생각을 하고, 죽음의 의미는 무엇이며, 인지적·정서적·경험적 발달에 의해 어떤 영향을 받는가 하는 점이다.

1) 아동기

"할아버지도 함께 오셨다면 참 좋았을텐데……"

대부분의 아동들은 죽음이 일시적인 상태라고 생각한다(사진 참조). 아동이 죽음을 '돌이킬 수 없는 것'으로 이해하게 되는 것은 5세 내지 7세쯤 되어서야 가능하다. 이 무렵에 아이들은 죽음에 대한 또 다른 두 가지 중요한 개념을 이해한다. 첫째, 죽음은 보편적인 것이며(살아 있는 모든 것은 결국 죽는다), 둘째, 죽은 사람은 전혀 기능하지 못한다는 것이다(모든 생명의 기능은 죽음으로 끝난다). 그 이전에는 아이들은 특정한 사람들은 죽지 않으며, 똑똑하거나 운 좋은 사람은 죽음을 피할 수 있고, 그들 자신도 영원히 살 것이라고 믿는 경향이 있다(Lansdown & Benjamin, 1985; Speece & Brent, 1984, 1992).

이상의 세 가지 개념—비가역성, 보편성 및 기능의 정지—모두가 Piaget에 의하면 아동이 전조작기에서 구체적 조작기로 이동하는 때에 발달하기 때문에 이 같은 인지적 성취는 죽음에 대한 성숙한 이해를 위한 토대를 마련하는 것으로 보인다.

여전히 자기중심적 사고에 빠져 있는 아동은 보통 죽음을 이해할 수 없는데, 이는 죽음이란 것이 자신의 개인적 경험 이상의 것이기 때문이다. 그러나 불치병을 앓고 있는 아동들은 그 자신의 임박한 죽음을 이해한다.

죽음을 둘러싼 쟁점에 관해 이야기할 기회와 아동 자신의 경험을 이용하여 죽음의 개념을 가르친다면 죽음을 이해하는 데 도움이 될 것이다. 애완동물이나 꽃의 죽음이 죽음에 대해 설명할 수 있는 자연스러운 기회를 만들어 줄 수 있다(사진 참조).

2) 청년기

청년들은 죽음에 관해 굉장히 낭만적인 생각을 하는 경향이 있다. 청년들은 죽음조차 두려워하지 않기 때문에 용감한 병사가 되며, 그만큼 강하고 명예롭게 되는 데에 열중한다(Pattison, 1977). 정체감을 찾고 그것으로 살아가고자 하는 열망에서 그들은 얼마나 오래 살 것이냐보다는 어떻게 살 것이냐를 생각한다.

사진 설명 청년들의 죽음에 대한 생각은 매우 낭만적이고 극적이다.

많은 청년들이 여전히 자기중심적으로 생각하고 있으며 개인적 우화에 빠져 있다. 그들은 실제로 어떤 모험에 뛰어들어도 아무 위험이 없다고 생각한다(Elkind, 1985). 자동차 편승여행을 하고 거칠게 차를 몰고, 강한 약물을 시험 삼아 복용해봄으로써 자주 비극적인 결과를 낳는다.

청년들은 불치병을 앓을 때 모순되고 황당한 방식으로 죽음을 대한다(Feifel, 1977). 이들은 자신의 현실을 부정하고, 사실상 그렇지 않다는 것을 알면서도 마치 회복될 것처럼 말하기도 한다. 병을 앓는 10대들은 좌절하기보다 분노하는 편이다. 자신의 불공평한 운명에 대한 분노가 종종 부모, 의사, 친구 혹은 세상 전반을 향해 분출된다.

3) 성년기

대다수의 성년들은 이제껏 준비해온 삶을 사는 데 열심이다. 그들이 갑자기 병들거나 심하게 부상당했을 때 다른 어떤 인생 시기에 있는 사람들보다 임박한 죽음에 대해 더 감정적이 되는 편이다(Pattison, 1977). 이들은 자신의 꿈을 이루지 못한다는 점 때문에 극도로 좌절한다. 그들은 끔찍이도 열심히 일해왔지만 이제 모든 것이 헛되다고 생각한다. 그들의 좌절은 분노로 바뀌고, 분노는 종종 이들 성인들을 다루기 어려운 환자로 만든다.

4) 중년기

대부분의 사람들이 자신도 언젠가는 죽을 것이라는 사실을 진심으로 내면 깊숙이 깨닫게 되는 것은 중년기이다. 부모의 죽음으로 인해 그들은 집안에서 이제 가장 나이 많은 세대가 된다. 부고란을 읽을 때면 아는 이름들이 점점 더 많아진다. 육신도 이제 예전처럼 젊지도, 민첩하지도, 기운차지도 않다는 신호를 보내온다.

이러한 내면적인 인식과 함께 중년기 사람들은 시간을 지각하는 방법에서도 변화를 겪는다. 이전에는 출생 이후부터 살아온 햇수로 시간을 지각했으나 이제는 죽을 날까지 남은 햇수로 시간을 지각하며 남은 세월을 어떻게 하면 최대한 뜻있게 살 수 있을까를 생각한다(Akhtar, 2010; Neugarten, 1967).

죽음은 엄연한 현실이라는 자각은 종종 인생에 중요한 변화를 가져오는 추진력이 된다. 중년들은 자신의 직업경력과 결혼생활, 자녀와의 관계, 우정, 가치관 등에 관해 재평가하게 된다.

5) 노년기

일반적으로 노인들은 중년들보다 죽음을 덜 걱정한다(Bengtson, Cuellar, & Ragan, 1975). 노인들은 살아가면서 친구와 친지를 잃으면서 점차 자신의 죽음을 받아들일 수 있도록 생각과 느낌들을 재조정하기 때문이다. 자신의 인생이 의미 있는 것이었다고 느끼는 사람들은 아직도 삶의 의미에 대해 방황하고 있는 이들에 비해 대체로 예상하고 있는 죽음을 더 쉽게 받아들일 수 있다.

82세 할머니가 쓴 다음의 글에서와 같이 죽음에 대한 인식은 사라져가고 남은 생애의 소중함에 대한 확인을 하기도 한다.

…… 나는 내가 황폐한 공간으로 흩어지는 한 조각의 먼지라고 생각하지 않겠다. 나는 이 세상에 필요한 중요한 사람이라고 믿는다. 나는 살고 싶다. 지금 이 순간 나는 영원하다. 나는 여전히 어엿한 존재—아무것도 잃은 것이 없는 존재—이다. 마지막 숨을 모아 찬송가를 부른다(Papalia, Olds, & Feldman, 1989 재인용).

사진 설명 장례식 참석은 노인들로 하여금 자신의 죽음을 준비할 수 있게 해준다.

3. 죽음에 대한 태도

Freud에 의하면 죽음이란 누구에게나 자연스럽고, 부정할 수 없으며, 피할 수 없는 것이지만 사람들은 마치 그것을 다른 사람에게만 일어나는 일인 것처럼 행동한다고 한다(Cicirelli, 1999).

공포와 부정은 우리 자신의 죽음, 무(無)로 돌아가는 것(nonexistence)에 대한 자연스러운 반응이다. 그래서 우리 사회에서 죽음은 금기시되는 주제이다(Kalish, 1985).

죽음에 대한 공포가 선천적인 것인지 학습된 것인지는 확실하지 않다. 죽음에 대해 왜 그렇게 두려워하는지 물어보았을 때 사람들은 고통에 대한 두려움, 육신의 상실, 내세에 대한 두려움과 고통 그리고 사랑하는 사람과의 이별이 괴롭다고 답하였다.

일반적으로 사람들은 죽음 자체보다는 죽음 후의 세계에 대해 아무것도 알 수 없다는 무력감, 죽는 과정, 특히 고통 속에서 천천히 죽어가는 과정을 두려워한다(Marshall & Levy, 1990; Thorson & Powell, 1988).

사진 설명 Chuck Powell(맨 왼쪽)이 동료교수들과 함께

몇 가지 요인이 죽음에 대한 사회정서적인 반응에 영향을 미친다. 성과 연령이 그 요인 중 하나이다. 여성이 남성보다 죽음을 더 두려워하고, 특히 통증과 육체의 해체 또는 부패를 두려워한다. 하지만 남성보다 자신의 죽음에 대해서

는 더 인정하는 편이다(Keith, 1979; Thorson & Powell, 1988). 죽음불안에 대한 국내 연구(장휘숙, 최영임, 2007)에서도 성차가 유의한 것으로 나타났다. 즉, 여성이 남성보다 죽음불안을 더 많이 경험하고 있는 것으로 나타났다.

나이 든 사람이 젊은 사람보다 죽음에 대해 더 많이 생각하고, 더 많이 이야기하며, 자신의 죽음을 덜 두려워하는 편이다(Kalish, 1985; Stillion, 1985). 특히 Erikson의 8단계에서 이룩해야 할 발달과업인 자아통합감을 성취한 사람이라면, 인생의 회고를 성공적으로 마친 사람이라면 죽음에 대한 갈등과 불안을 줄이고 자신의 죽음을 받아들일 수 있게 된다.

죽음에 대한 태도조사 연구에서 보면 젊은이들은 친구나 가족에게 슬픔을 가져다주는 상실을 제1위로 꼽았고, 40세 이상의 나이 든 사람들은 자녀를 돌보지 못하는 상실을 제일로 쳤다.

종교 또한 영향을 미치는 요인이다(사진 참조). 모든 연령집단에서 가장 신앙심이 깊은 사람이, 즉 내세에 대한 신념이 가장 큰 사람들이 죽음을 가장 덜 두려워한다. 종교적인 사람에게 죽음은 영생에 이르는 문이기 때문이다. 신앙심이 전혀 없는 사람들이 그다음으로 죽음을 덜 두려워하고, 죽음에 대해 가장 큰 두려움을 나타낸 사람들은 신앙심이 약간 있는 경우였다(Downey, 1984; Kalish, 1985; Keller, Sherry, & Piotrowski, 1984).

우리나라 말기 암 환자 30명을 대상으로 하여 죽음에 대한 태도를 면접조사한 윤은자와 김홍규(1998)의 연구에서 보면, 죽음을 눈앞에 둔 환자의 태도는 크게 세 가지로 분류되었다. 분류된 비율은 종교의존형 40.0%, 과학신봉형 36.7%, 냉소주의형 23.3% 등의 순서로 집계되었다. 이들은 특히 종교나 학력, 성별, 연령에 따라 각기 다른 태도를 보였는데 고학력일수록 종교에 의지하는 비율이 높았고, 저학력 남성일수록 현대의학을 믿는 과학신봉자가 많았다. 이에 대해 연구자들은 고학력자들의 경우 암이 말기에 이르러 죽음을 눈앞에 두게 되면 현대의학과 의사의 한계를 인정하는 데 반해, 저학력 환자들은 현대의학과 의사에게 지나치게 의지하고 신봉하는 태도를 갖게 되기 때문인 것으로 해석하고 있다. 또한 무신론자이면서 저학력일수록 죽음에 냉소적이었다. 일반적으로 노년층일수록 삶에 대해 애착적인 태도를 보이는 경향이 많은 데에 비해, 중년층의 말기 암 환자들은 오히려 죽는다는 사실에 그다지 집착하지 않는 현상을 나타내었다.

우리나라 노인 약 2,000명을 대상으로 죽음에 대한 태도를 알아본 이가옥 등(1994)의 연구에서 죽음을 생각해본 적이 없는 사람은 2.0%에 불과하여 대부분의 노인들이 죽음에 대하여 생각해본 적이 있는 것으로 나타났다. 또한 죽음을 생각할 때 "편안하다(15.3%)" "담담하다(54.1%)"로 대부분의 노인들은 죽음을 담담하고 당연하게 받아들이는 것으로 나타났다. 성별로는 "편안하다"는 응답이 여자노인 17.8%, 남자노인 11.4%로 여자노인이 남자노인에 비하여 높지만, "담담하다"는 여자노인 51.4%, 남자노인 58.1%로 남자노인이 여자노인에 비하여 높게 나왔다. 연령이 높아질수록 "편안하다"와 "담담하다"의 비율이 높아져서, 상대적으로 나이가 많은 노인층에서 죽음을 의연하게 받아들이고 있는 것으로 나타났다.

4. 죽음 전의 심리적 변화

Elizabeth Kübler-Ross

사람들은 다가오는 자신의 죽음에 어떻게 대응하는가? 인생이 곧 끝날 것이라는 사실을 어떤 과정으로 받아들이는가? 죽음이 임박했을 때 어떤 심리적 변화를 겪는가?

죽어가는 사람들을 연구하는 정신병 의사인 Elizabeth Kübler-Ross는 사망심리학에 대한 현재의 관심을 유발한 것으로 널리 인정받고 있다. 그녀는 대다수 환자들이 그들의 상태에 대해 솔직하게 이야기할 수 있는 기회를 원하며 자신의 죽음이 임박함을 알고 있다는 것을 발견하였다.

500명 정도의 불치병 환자와 이야기를 나눈 후 Kübler-Ross(1969, 1975, 1981)는 죽음과 타협하게 되는 다섯 단계를 제시하였는데 부정, 분노, 타협, 절망 그리고 궁극적인 수용이 그것이다. 임박한 사별에 직면한 사람들도 비슷한 반응을 보인다(〈그림 21-1〉 참조).

자신의 죽음이 임박했을 때 다음 다섯 단계를 거치게 되는 것으로 보이지만 여기에는 물론 개인차가 있다. 예를 들어, 어떤 이들은 제시된 순서대로는 아니지만 다섯 단계를 모두 경험하는 반면, 어떤 이들은 단계를 건너뛰기도 한다. 또한 특정 단계에서

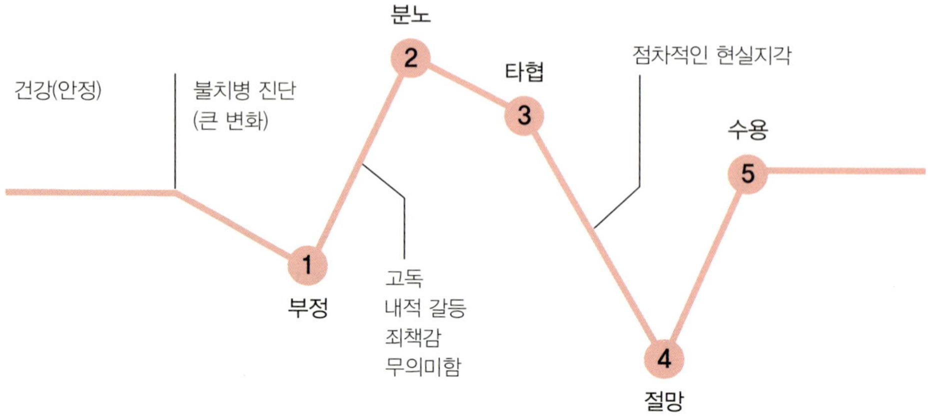

〈그림 21-1〉 자신의 죽음에 직면했을 때 나타나는 심리적 변화 5단계

출처: Kübler-Ross, E. (1975). *Death: The final stage of growth*. Englewood Cliffs, NJ: Prentice Hall.

오래 머무르거나 한 단계에서 다음 단계로 진행하기를 주저하는 현상도 나타났다. 그리고 몇 개의 단계가 중복되는 경우도 있다. 그러나 이 모든 단계에서 기초가 되는 정서는 “희망”이다.

1) 부정

죽어가는 과정 중 첫 번째 단계는 부정의 단계이다. 자신의 죽음이 임박한 사실을 알았을 때 대부분의 사람들은 충격을 받고 그 사실을 부정하려고 든다.

“아니야, 나는 아니야. 그럴 리가 없어” “아마 검사결과가 잘못 나왔을 거야. 다른 의사에게 가봐야겠어” “나는 그렇게 아픈 것 같지 않아. 사실이 아닐 거야”라는 반응이 보편적이다. 우리는 무의식적으로 우리의 불멸(immortality)을 믿기 때문에 자신이 죽을 것이라는 사실을 인정할 수 없는 것이다.

부정은 거의 모든 환자에게서 나타나는데 초기의 불안한 상황에 대처하는 데 있어서 비교적 건강한 방법이다. 또한 환자들로 하여금 그들의 생각을 가다듬게 함으로써 예기치 못한 충격적인 사실에 대한 완충역할을 할 수도 있다.

2) 분노

분노의 단계에서는 자신의 죽음을 더 이상 부정할 수 없음을 깨닫고 분노하게 된다.

대체로 분노, 격분, 질투, 원한의 감정을 경험한다. 1단계에서 비극적인 소식에 대한 환자의 반응이 "아니, 사실이 아니야. 뭔가 착오가 있었을 거야"인 데 반해, 2단계에서는 "다른 사람이 아니고 왜 하필이면 나인가"라는 생각으로 의사나 간호사, 가족, 심지어 신에게까지 화를 내게 되고, 젊고 건강한 사람들을 부러워하게 된다.

부정의 단계에 비해 분노의 단계는 가족과 의료진으로 하여금 환자를 다루기 어렵게 만든다. 왜냐하면 환자의 분노가 아무에게나 투사되고 전이되기 때문이다. 가족과 병원관계자는 죽어가는 환자에 대해 공감해주고, 환자의 분노가 어디에서 연유하는지를 깨닫는 것이 중요하다. 이 단계에서 환자들은 모든 것에 대해 불평거리를 발견한다. 그러나 환자를 이해하고 따뜻한 관심을 가져주면 시간이 지나면서 그들의 분노도 감소한다. 이때 환자들은 자신이 보호받을 가치가 있는 귀중한 존재임을 깨닫게 된다.

3) 타협

1단계에서 자신의 죽음을 인정할 수 없었던 환자나 2단계에서 분노했던 환자들은 이제 3단계에서 어떻게 해서든지 죽음이 연기되거나 지연될 수 있기를 바란다. 환자들은 착한 행동이 보상을 받고, 때로는 착한 행동 때문에 특별한 소원이 이루어진다는 사실을 과거 경험으로부터 알고 있다. 본질적으로 타협은 시간을 좀더 벌기 위한 시도이다. 이때 사람들은 신에게 다음과 같이 기도한다. "당신께서 제가 딸이 졸업하는 것을 볼 때까지 …… 아들이 결혼할 때까지 …… 손주가 태어날 때까지 살 수 있도록 허락해 주신다면 …… 저는 더 좋은 사람이 되겠습니다. ……" 또는 "더 이상 아무것도 바라지 않겠습니다. ……" 또는 "제 운명을 받아들이겠습니다."

Phillips(1992)의 연구에서 사람들의 살고 싶은 소망이 실제로 잠시 동안이라도 죽음을 연장시키는 것으로 나타났다. 그는 중국 여성노인의 사망률이 축제일 동안이나 축제일 전에 감소하고, 그 후에 증가하는 것을 발견하였다. 또한 유태인의 경우 사망률이 유월절 전에는 31% 감소하고, 그 이후에는 그만큼 증가하는 것으로 나타났다. Phillips는 이 결과에 대해 죽어가는 환자들이 어떤 상징적인 행사(예를 들면, 생일이나 결혼기념일)를 행할 때까지 자신의 생명을 연장시킬 수 있는 것은 의식적으로든 무의식적으로든 그 경우가 아니면 볼 수 없는 사람들을 모두 만나 축제 기분에 젖고, 작별인사를 할 기회를 갖기 때문인 것으로 해석하였다.

4) 절망

절망의 단계에서는 말이 없어지고, 면회를 사절하며, 혼자서 울며 슬퍼하는 시간을 갖게 된다. 이 시점에서는 죽어가는 사람을 위로하지 않는 것이 좋다고 Kübler-Ross는 말한다. 왜냐하면 자신의 임박한 죽음에 대해 슬퍼할 시간이 필요하기 때문이다.

이 단계에서 사람들은 울며 생명을 잃는다는 것을 슬퍼할 필요가 있다. 왜냐하면 자신의 깊은 고뇌를 표현함으로써 슬픔을 감추려고 억누를 때보다 훨씬 빨리 좌절을 극복할 수 있기 때문이다.

5) 수용

만일 환자가 충분한 시간을 가졌다면, 즉 죽음이 갑작스럽거나 예기치 못한 것이 아니라면, 그리고 만일 앞의 네 단계를 통해 도움을 받았다면 이제 자신의 운명에 대해 절망하지도 않고 분노하지도 않는 마지막 단계에 도달할 것이다.

수용의 단계에 있는 대부분의 환자들에게는 지금까지 그들의 감정을 표현할 기회가 있었다. 그들은 건강하고 살아있는 사람들에게 부러운 감정을 나타내었고, 가까운 장래에 죽지 않아도 되는 사람들에 대해 분노와 원한의 감정을 표현하였다. 사랑하는 사람과 이별하는 슬픔도 함께 나누었다. 이제 자기 자신과 세상에 대해 평화로운 마음을 가지게 된다.

수용의 단계는 아무런 느낌도 없는 시기이므로 오히려 환자보다 가족들에게 도움과 지지가 더 필요하다. 환자들은 많은 시간 동안 혼자 있기를 좋아하며 거의 말이 없기 때문에 말보다는 비언어적 방법으로 의사소통이 이루어진다. 이 단계는 긴 여행을 떠나기 전의 마지막 휴식시간이 된다.

가끔 마지막 순간까지 살려고 발버둥치는 환자들이 있다. 이들은 수용 단계에 이르는 것이 불가능하다. 불가피한 죽음을 피해보려고 애쓰면 애쓸수록, 죽음을 부정하면 부정할수록 평화와 위엄 속에서 죽음을 맞이하기가 점점 더 어려워진다.

죽어가는 환자들을 연구한 다른 전문가들은 Kübler-Ross가 기술한 감정이 보편적으로 일어난다 하더라도 모든 사람이 다섯 단계를 순서대로 다 거치는 것은 아니며, 사람에 따라 다른 순서로 겪을 수도 있다고 지적하였다. 예를 들면, 어떤 사람은 분노와 절망 사이를 왔다 갔다 하거나 한 번에 두 가지를 모두 느낄 수도 있다. 이론적인 모델에서의 순차적인 진행 대신에 죽어가는 사람들은 연령, 성, 인종, 민족, 사회적 상황 및 성격의 영향을 받아 극도로 다양한 반응을 보여준다(Butler & Lewis, 1982).

살아가는 것이 그러하듯 죽어가는 것도 개인적인 경험이다. 어떤 사람에게는 부정이나 분노가 침착한 인정보다 죽음을 맞는 더 건강한 방법이 될 수 있다. 그러므로 Kübler-Ross의 모델이 인생의 종말을 맞는 사람들의 감정에 대한 우리의 이해를 돕는다는 점에서는 유용하지만 이것을 건강한 죽음의 준거로 여길 필요는 없는 것으로 보인다.

5. 호스피스 간호

Dame Cicely Mary Saunders

불치의 병을 다루는 많은 사람들이 불치병 환자에게 병원은 적절한 장소가 아니라는 것을 깨닫게 되었다(Cousins, 1979). 병원은 일반적으로 사람들을 치료하고 무사히 집에 보내는 것을 목적으로 세워졌다. 이러한 목적은 환자가 죽을 병일 때 좌절하기 마련이다. 죽어가는 환자는 보통 필요 없는 검사와 쓸데없는 치료를 받고, 회복 가망이 큰 환자들보다 관심을 덜 받게 되며, 전혀 적절하지 못한 병원 규칙에 얽매인다.

사진 설명 St. Christopher's Hospice, London

호스피스 운동은 이러한 환자들을 위한 특별 시설과 보살핌의 요구에 의해 시작되었다. 병원(hospital)이나 환대(hospitality)와 동일한 어원에서 온 호스피스(hospice)라는 단어는 원래 중세기에 예루살렘으로 성지순례를 가는 사람들이 하룻밤 편히 쉬어갔던 휴식처를 의미하는 말이었다. 그러다가 1967년 영국인 의사 Cicely Saunders가 런던 교외에 '성 크리스토퍼 호스피스'(사진 참조)를 설립하면서 처음으로 죽어가는 환자들을 위한 전문적인 간호용어로 사용되었다. 미국에서는 1974년에 코네티컷 주의 뉴헤이븐에서 호스피스 간호가 처음으로 시작되었고, 현재 전국적으로 3,000여 개의 호스피스 시설이 있다(Wilkinson & Lynn, 2001).

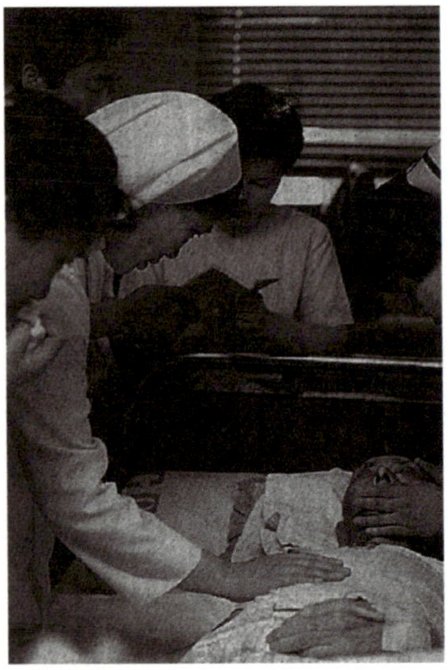

사진 설명 강남 성모병원의 호스피스 병동

우리나라는 1981년 가톨릭대학교 의과대학과 간호대학 학생들을 중심으로 호스피스 활동이 시작되어 1987년 여의도와 강남의 성모병원에서 호스피스 간호가 시작되었다(사진 참조). 1988년에는 연세대학교 세브란스 병원 암센터에서도 가정 호스피스 간호를 시작하였으며, 1992년에는 이화여자대학교 간호대학에서도 가정 호스피스 간호를 시작하였다. 2023년 현재까지 국내에서 활동하고 있는 호스피스 기관은 110개소에 달한다.

죽어가는 환자를 하나의 인간으로 대우하고, 품위를 잃지 않으며, 평화스러운 마음으로 임종할 수 있도록 신체적 · 정신적 · 사회적 욕구를 충족시켜주고, 아울러 가족들도 격려하고 지원해주는 것이 호스피스 간호이다(Guo & Jacelon, 2014; Sokol, 2013; Thomas, 2013). 환자가 죽음의 과정을 겪는 동안 그 가족도 함께 그 모든 과정을 겪으며 고통을 당하기 때문에 환자뿐만 아니라 가족들에게도 관심을 가지고 치료에 동참시켜 가족들이 환자의 병과 죽음을 다루는 데 도움을 준다. 환자에 대한 간호는 임종과 더불어 끝나지만 남은 유가족들은 상실감과 슬픔으로 오랫동안 비탄에 빠지게 된다. 따라서 유가족에 대한 관심과 사랑도 절대적으로 필요하다.

호스피스 간호의 목적은 질병 그 자체에 초점을 두고 환자를 치료하는 것이 아니라 환자를 좀더 편안하게 하고, 남은 날들을 좀더 의미 있게 하고자 하는 것이다. 즉, 삶을 긍정적으로 받아들이고, 죽음을 삶의 자연스러운 일부분으로 받아들이게 돕는다. 호스피스 간호는 병원이나 시설기관 또는 가정에서 이루어질 수 있다(사진 참조). 죽을 병을 앓는 사람들을 위한 따뜻하고도 인간적인, 환자와 가족 중심의 호스피스 간호는 다양한 연령대와 배경의 의사, 간호사, 사회봉사원, 심리학자, 목회자, 친구, 가족 및 자원봉사자들이 함께 환자의 고통을 줄이고, 제증상을 치료하며, 가능한 한 평온한 가운데 죽음을 맞이하도록 배려해 준다.

사진 설명 가정에서 이루어지고 있는 호스피스 간호

6. 죽음에 관한 쟁점

사람들은 자기 목숨을 끊을 권리가 있는가? 만약 있다면 어떤 상황에서 그렇게 할 수 있는가? 자살을 도운 사람들의 법적 책임은 무엇인가? 어떤 생명이 지속될 가치가 없다는 판단은 누가 내리는가? 언제 치료를 그만둘지는 누가 결정하는가? 어떤 폐해가 있을 수 있는가? 어떻게 이를 막을 수 있는가?

환자의 불치병을 진단한 의사가 이를 어떻게 말해주어야 하는가? 환자에게 죽음을 준비하고 신변을 정리할 수 있도록 얼마나 살 수 있는지를 알려주어야 하는가? 혹은 그 예후를 아는 것이 자기실현적 예언이 되어 죽음을 재촉하는가?

이들 질문 중 어느 것도 간단히 대답할 수가 없다. 관련된 모든 사람들의 철저한 심사숙고가 필요하다. 상황마다 특이하기 때문에 그 대답도 특이하기 마련이다.

1) 안락사

안락사(安樂死)란 생존의 가능성이 없는 병자의 고통을 덜어주기 위하여 인위적으로 죽음에 이르게 하는 일로(Zeydi et al., 2022) 안사술(安死術)이라고도 한다. 고대 그리스어의 '*Euthanatos*'에서 유래한 말로, '좋다'는 의미의 'eu'와 '죽음'을 뜻하는 'thanatos'가 결합해 만들어진 용어이다.

1983년 3월 18일에 79세 된 노인이 62세 된 아내를 만나러 그녀가 살고 있는 요양원을 찾아왔다. 한때 성공한 사업가였던 그의 부인은 그때 중증의 알츠하이머병을 앓고 있었으며, 병석에 누워 있었다. 그녀는 끊임없이 소리를 질렀고, 말을 하지 못했다. 남편은 그녀의 휠체어를 층계구석으로 밀어붙이고 거기에서 권총으로 그녀를 살해했다. 남편을 기소한 지방검사는 그의 행위를 '일급살인'으로 분류하였다. 대배심원은 기소를 기각했고, 그는 풀려났다(Malcolm, 1984).

Andrew H. Malcolm

앞의 사례에서 남편은 안락사 혹은 자비로운 살인(mercy killing)을 행한 것이다. 그의 행위는 불치병 환자의 소원을 들어주기 위해서, 혹은 고통을 끝내주기 위해서 생명을 단축시킬 목적으로 고의로 취해진 행위인 적극적 안락사의 한 예이다. 소극적 안락사는 약물치료, 생명연장장치 또는 급식관 같은 생명을 연장시키는 처치를 중단하는 것을 말한다.

적극적 안락사는 거의 모든 나라에서 불법이지만 소극적 안락사에 대해서는 많은 사람들이 어떤 경우에도 생명을 유지해야 한다고 생각하지는 않는 것 같다. 안락사는 법적으로나 윤리적으로 논쟁의 대상이 되고 있다.

네덜란드는 2002년 세계 최초로 안락사를 합법화한 국가이다. 네덜란드는 6가지 조건 아래에서 안락사를 허용하고 있다. 환자가 견딜 수 없는 고통을 겪고 있으며, 치료 가망이 없고, 오랫동안 독립적으로 죽음에 대한 소망을 밝힌 경우 등이다. 유럽에서는 스위스 · 벨기에 · 스페인 등에서도 안락사가 합법화된 상태이다. 미국은 10여개 주에서 의사조력자살을 허용하고 있다. 우리나라에서는 2018년 2월부터 시행된 연명의료결정제도에 따라 심폐소생술, 혈액투석, 항암제 투여, 인공호흡기 착용, 체외생명유지술, 수혈, 혈압상승제 투여 등의 연명의료를 거부할 권리만 있다. 종교계와 의료계는 안락사를 "자살을 부추길 수 있고, 사회 · 경제적 약자가 존엄사란 이름으로 죽음을 강요당할 수 있다"며 반대하고 있다.

사진 설명 2024년 2월 5일 93세 동갑 아내와 동반 안락사로 생을 마감한 드리스 판 아흐트 전 네덜란드 총리와 부인 외제니 여사의 생전 모습

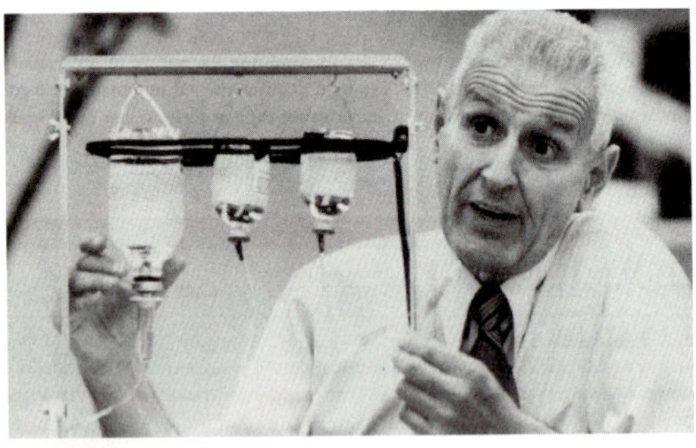

사진 설명 "자살방조의사"로 알려진 Jack Kevorkian과 그가 제작한 '자살기계'

가장 논란이 되고 있는 안락사의 한 형태는 의사가 방조하는 자살이다. 내과의사인 Jack Kevorkian 박사는 인간의 죽을 권리를 강하게 주장하는 사람으로서 죽기를 원하는 사람들을 돕기 위해 자살기계를 제작하였다(사진 참조). 의사조력자살(physician-assisted suicides)은 미국뿐만 아니라 전 세계에서 계속해서 논란의 대상이 될 것으로 예상된다.

최근에 많은 사람들이 사전연명의료의향서(living will)[1]를 작성하는데 이것은 만약

1) 불치의 병으로 식물인간이 되느니 죽기를 원한다는 문서.

사전연명의료의향서(The Living Will)

나의 사전연명의료의향서

나의 가족, 의사, 변호사 및 관계 제위께

죽음은 출생, 성장, 성숙 및 노령과 같이 엄연한 현실이다. 그것은 인생에서 한 가지 확실한 것이다. 내가 나 자신의 미래에 대해 더 이상 판단을 내리지 못하는 때가 온다면, 이 진술을 내가 아직 정신이 맑을 때 나의 희망과 지시 사항을 표현한 것으로 인정해주기 바란다.

심각한 육체적 혹은 정신적 장애로부터 내가 회복될 가능성이 전혀 없는 상황이 되면 나를 죽게 놔둘 것과, 약물치료나 인공적 수단 혹은 '과감한 수단'으로 목숨을 연장시키지 말 것을 요구한다. 하지만 나는 나의 남은 생명을 단축시키는 한이 있더라도 나의 고통을 완화시키기 위한 약물치료가 시행되도록 요구한다.

이 진술은 신중히 생각한 후에 이루어졌으며 나의 강한 확신과 믿음에 따른 것이다. 나는 여기에서 밝힌 희망 및 지시 사항이 법이 허락하는 한도까지 수행되기를 바란다. 법적으로 시행될 수 없는 내용에 한해서는 이 유언을 실행할 사람들이 스스로 이러한 조항에 대해 도덕적 의무를 갖는다고 생각하기를 바란다.

(만약 있다면, 특별 조항이 여기에 열거될 것이다.)

법적 대리인의 영구 위임권(선택적)

본인은 의학적 처치에 관한 결정을 내리는 문제를 위해서 ______을(를) 사실상의 나의 법정 대리인으로 지명한다. 이 위임권은 본인이 무능력자가 되거나 아니면 스스로 이러한 결정을 내릴 수 없게 되는 경우에도 유효할 것이다.

선택적 공증 성명 ____________

본인 앞에서 이 내용을 ______년 날짜 ____________

______월 ______일에 선서하고 서명함 중인 ____________

______________________________ ____________________

공증인 주소

(보증印) 중인 ____________

주소 ____________

이 의뢰서의 사본은 ______에게 제출되었다.

(선택적) 나의 사전연명의료의향서는 사망관련협회에 등록된다. (No.)

〈그림 21-2〉 사전연명의료의향서

자신이 죽을병에 걸린다면 생명을 강제로 연장시키지 않도록 하기 위해서이다(〈그림 21-2〉 참조).

2) 자살

인생이 너무나 소중하다는 것을 알기 때문에 왜 스스로 생을 끝내는지 이해하지 못하는 사람들이 많다. 그러나 해마다 자살률이 증가하고 있다. 통계치는 실제 수치보다 낮게 보고되는 경향이 있는데, 왜냐하면 보고되지 않는 자살 사례가 많으며, 일부 사고사가 실제로는 자살일 수도 있기 때문이다. 게다가 이 수치에는 자살미수 사례는 포함되어 있지 않다.

(1) 아동기의 자살

"그건 사고가 아니었어요. 나는 내가 죽으면 사는 것보다 괴롭지 않을 것이라고 생각했어요." 이것은 다섯 살 난 아이가 죽어가면서 한 말이었다(Turkington, 1983).

어린아이가 자신의 생명을 끊을 정도로 그렇게 불행하다라는 것을 믿기란 괴롭고 어려운 일이다. 그러나 최근의 연구는 취학 전 아동이 관련되어 있는 많은 사고가 고의적인 자살시도일지 모른다고 주장한다(Rosenthal & Rosenthal, 1984).

(2) 청년기의 자살

청년기 자살이 점점 증가하고 있으며 자살시도는 15~24세에 절정을 이룬다. 전체 인구의 자살률은 크게 변화가 없지만 청년기 자살률은 크게 증가하였다(Garland & Zigler, 1993).

무엇이 그렇게 많은 젊은이들로 하여금 인생을 견딜 수 없게 만드는가? 청년기에 겪게 되는 불안과 좌절에서 벗어나기 위해 자살이라는 극단적인 행동을 한다고 주장하는 사람이 있는가 하면, 오늘날 우리 사회의 경쟁적인 분위기—좋은 성적을 얻어야 하고, 좋은 대학에 들어가야 하며, 좋은 직장을 얻어야 하는 등(사진 참조)—가 청년들에게 커다란 압박감으로 작용한다고 주장하는 사람들도 있다.

일반적으로 자살을 기도하는 사람들은 대체로 외롭고 소외되었으며, 따돌림을 받는다고 느끼고, 부모와 친구들로부터 사랑받지 못한다고 생각한다. 많은 경우 자살기도는 정말로 죽기를 원해서가 아니라 자신의 괴로움을 극적인 방법으로 표현하는 것이라고 볼 수 있다. 자살기도는 관심과 도움을 구하는 필사적인 탄원인 것이다. 그러나 원래의 의도보다 더 성공하는 바람에 또는 전략상 오산으로 인해 종종 도움을 받기도 전에 죽게 된다.

자신의 생명을 스스로 끊으려는 십대들을 방지하기 위해 우리는 무엇을 할 수 있는가? 자살을 시도하는 사람은 아무도 모르게 조심스럽게 자살을 계획하지만, 대부분의 경우 행동으로 옮기기 전에 여러 가지 위험신호를 보낸다. 다음은 자살기도에 앞서 흔히 나타나는 자살경보 신호이다(Papalia, olds, & Feldman, 1989).

① 가족이나 친구들로부터 멀어지고 혼자 고립되어간다.
② 죽음과 내세 혹은 자살에 관해 이야기한다.
③ 아끼던 소유물을 남에게 준다.
④ 학업성적이 떨어진다.
⑤ 몸에 이상이 없는데도 신체적 이상을 호소한다.
⑥ 무력감, 좌절감, 불안감, 우울증에 시달린다.
⑦ 평상시보다 훨씬 적게 혹은 훨씬 많이 먹거나 잔다.
⑧ 지나치게 외모에 무관심하다.

이상과 같은 위험신호가 보이면 다음과 같은 특별한 주의가 필요하다(Santrock, 1998).

① 경보신호를 무시하지 않는다.
② 만약 자살이라는 주제에 관해 이야기하기를 원한다면 피하지 말고 조용히 들어준다.
③ 기겁을 한다든지, 비난을 한다든지, 혐오스러운 반응을 보이지 않는다.
④ "모든 일이 다 잘될 거야"와 같이 거짓 확신을 준다든지, "매사에 감사할 줄 알아야지"라는 진부한 소리를 늘어놓지 않는다.
⑤ 전문적인 도움을 청하도록 설득한다.

(3) 성인기의 자살

최근 베르디의 맥베드 공연을 하는 메트로폴리탄 오페라단의 후원자들은 막간에 한 노인이 위층 발코니에서 몸을 던져 죽은 사건으로 경악하였다. 이 사람은 Bantcho Bantchevsky라는 이름의 82세 된 노래지도자로서 몇 달 전 그의 건강이 악화되기 전까지 음악과 친구를 위해 살았고, 활기차고 사교적인 사람이었다. 그는 좌절에 빠져 급기야 그가 살아왔던 연극적 방식으로 목숨을 끊었다(Okun, 1988).

우리나라의 경우 경기침체에 따른 실직(失職), 생활고 등으로 인해 자살에 의한 사망률은 지속적으로 증가하였다. 연령별 자살률을 보면 70대 이상 노인자살이 제일 많고 그 다음으로 50대, 40대, 30대의 자살률이 높은 편이다(〈표 21-1〉 참조). 특히, 20~30대의 경우 자살이 사망원인 1위를 차지하는 것으로 나타났는데(통계청, 2023), 이는 청년실업문제 등 우울한 사회상을 반영하고 있는 것으로 분석되었다. 〈그림 21-3〉은 OECD 국가 연령표준화 자살률에 관한 것이다.

노인의 자살은 종종 우울이나 건강을 해치는 신체질병과 더불어 일어난다. 노인의 자살률은 많은 죽음이 자살로 인지되지 않을 수도 있기 때문에 통계수치보다 더 높을지 모른다. 일부는 교통사고나 실수로 약을 과다 복용하거나 또는 생명을 유지하는 약을 먹는 것을 잊어버린 결과처럼 보일 수 있다. 자살하는 노인들은 신중하게 자살을 계획하고, 자신이 무엇을 하고 있는지 잘 알고 있는 것으로 보이는데 이는 노인의 자살기도에서는 매 2명당 1명이 목숨을 잃는 데 비해 청년의 경우 7명당 1명에 불과하다는 사

표 21-1 연령별 자살사망자 수

성별	시점	연령										
		전 연령	0~9세	10~19세	20~29세	30~39세	40~49세	50~59세	60~69세	70~79세	80세 이상	연령미상
전체	2014	13,836	2	274	1,174	2,193	2,854	2,914	1,699	1,775	949	2
	2015	13,513	0	245	1,087	1,926	2,624	2,795	1,778	1,957	1,098	3
	2016	13,092	0	273	1,097	1,857	2,579	2,677	1,783	1,715	1,111	0
	2017	12,463	1	254	1,106	1,812	2,408	2,568	1,641	1,598	1,073	2
	2018	13,670	1	300	1,192	1,998	2,676	2,812	1,880	1,664	1,147	0
	2019	13,799	2	298	1,306	1,914	2,588	2,837	2,035	1,620	1,193	6
	2020	13,195	2	315	1,471	1,874	2,405	2,606	1,937	1,398	1,187	0
	2021	13,352	1	338	1,579	1,842	2,298	2,569	1,951	1,535	1,239	0
	2022	12,906	0	337	1,394	1,680	2,329	2,479	1,954	1,418	1,315	0

출처: 통계청(2023). 2023 사망원인통계.

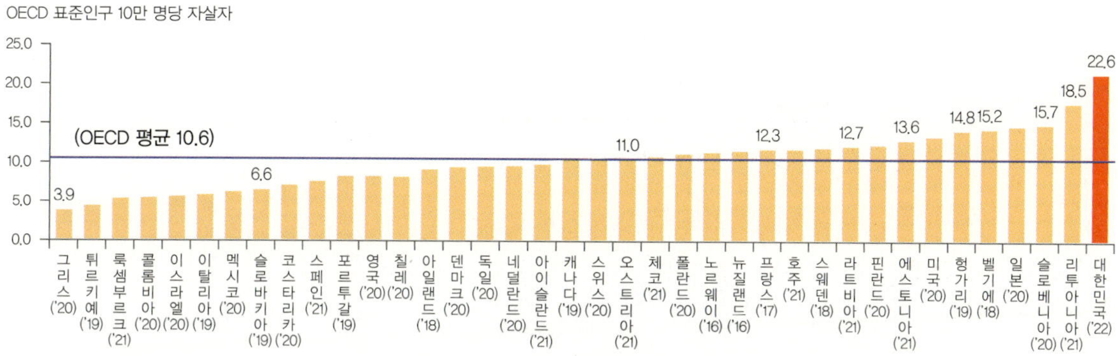

〈그림 21-3〉 OECD 국가 연령표준화 자살률 비교

자료: OECD STAT, Health Status Data(2023. 9. 추출). 우리나라 최근 자료는 OECD 표준인구로 계산한 수치임. OECD 평균은 자료 이용이 가능한 38개 국가의 가장 최근 자료를 이용하여 계산.

실에서 알 수 있다.

왜 노인들이 자살하는가? 한 가지 가능한 설명은 그들이 어떻게 할 수 없는 회복불능의 상실이 진행되는 데에 대한 좌절 때문이다. 노인들이 경험하는 상실은 직업, 친구, 배우자, 자녀, 돈, 건강 및 마침내는 자아존중감과 희망의 상실이다. 아마도 어느 시점에서는 자신의 인생에 대해 그들이 할 수 있다고 여겨지는 유일한 통제가 자신의 생을 마감하는 일인 것 같다.

제22장 사별과 비탄

상실은 우리 삶에서 다양한 형태로 나타난다. 그중에서 가장 큰 상실은 사랑하는 사람과 사별하는 것이다. 죽음은 죽는 사람뿐만 아니라 남게 되는 사람들에게도 큰 고통을 안겨준다. 어쩌면 죽는 사람에게는 죽음이 고통의 끝이겠지만 남아 있는 사람들에게는 고통의 시작이 될 수 있다.

사랑하는 사람을 잃게 될 때 우리는 사별, 비탄, 애도의 경험을 하게 된다. 사별(bereavement)은 상실이라는 객관적인 사실로서 유족의 신분상의 변화를 뜻한다. 예를 들면, 아내에서 미망인으로, 자녀에서 고아로의 변화를 말한다. 비탄(grief)은 사별에 대한 정서적 반응으로서 충격, 무감각, 분노, 우울, 공허함 등 다양하게 표현될 수 있다. 애도(mourning)는 사회문화적, 종교적 관습에 의해 유가족들이 슬픔을 표현하는 행위를 말한다. 예를 들면, 상복을 입고, 장례식에 참여하며, 삼우제[1] 또는 사십구재[2] 등의 애도기간을 지키는 등의 장례관습이 애도행위이다. 비탄과 애도의 차이는 비탄은 죽음에 따르는 정서적 반응이고, 애도는 문화적으로 승인된 행동적 표현이다.

전통문화에서는 애도의식을 통해서 구조화된 방식으로 사별과 비탄을 극복하도록 도움을 주었다. 그러나 오늘날 전통적 관습들이 많이 사라져버리면서 유족들이 비탄

1) 장사 지낸 뒤에 세 번째 지내는 제사.
2) 사람이 죽은 지 사십구일되는 날에 지내는 재.

을 극복하는 데 도움이 될 수 있는 가치있는 것들을 많이 잃어버렸다.

이 장에서는 사별, 비탄 과정, 비탄과 영향요인, 비탄치료, 애도의식 등에 관해 살펴보고자 한다.

1. 사 별

"부모가 죽으면 산에 묻고, 자식이 죽으면 가슴에 묻는다"라는 말이 있다. 사별의 경험은 그 대상이 누구냐에 따라 다를 수 있다. 여기서는 배우자, 자녀, 부모와의 사별에 관해 알아보기로 한다.

1) 배우자와의 사별

제4장에서 보았듯이 배우자의 죽음은 스트레스 지수가 가장 높은 생활사건이다. 배우자 사별은 부부간에 강하고 오래된 유대관계를 가졌던 경우라면 더 큰 슬픔으로 다가온다.

Colin Murray Parkes

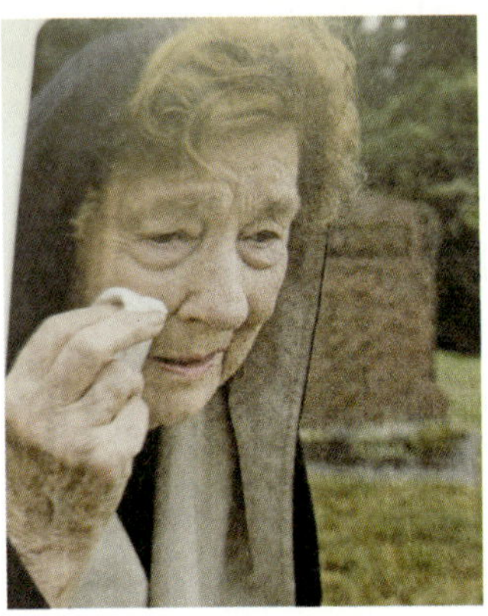

노년기 사별에 관한 연구에서 Parkes(1993)는 배우자 사별은 인생의 동반자 상실을 의미한다고 보았다. 특히 여자노인들은 남자노인보다 더 오래 살고 남편보다 나이가 적은 경우가 많기 때문에 남편과 사별하고 혼자 되는 경우가 많다(사진 참조).

사별이라는 스트레스가 젊은 성인의 경우에 더 큰지 노인들의 경우에 더 큰지는 확실하지 않다. 언제 배우자를 잃느냐와는 상관없이 슬픈 것은 슬픈 것이다. 처음에는 젊은 성인이 더 강렬한 비탄 반응을 보이지만 1년 반이 지나면 반대가 된다(Kastenbaum, 1991). 사별을 경험하는 연령층에 따라 비탄의 반응이 차이를 보이는 이유는 다음과 같다. 첫째, 젊은 배우자의 죽음은 예상치 못한 경우가 많다. 예상치 못한 죽음의 경우 상실감이 더 크다(DiGiulio, 1992). 둘째, 젊어서 사별하는 경우 같은 연령대의 모델이 적다. 셋째, 노년기 사별의 경우 오랜 결혼 생활을 통해서 얻어진 동반의식이 손상받는다. 넷째, 젊어서 혼자된 경우 재혼의 기회가 더 많다.

사별이 남성에게 더 힘든 일인지 아니면 여성에게 더 힘든 일인지도 확실하지 않다. 사별한 여성이 남성보다 더 의기소침하고 심리적 곤란을 더 많이 겪는다는 연구도 있지만, 일반적으로 남녀 모두 사별로 인한 비탄수준은 비슷하다(Blieszner & Hatvany, 1996; Sasson & Umberson, 2014). 그러나 일반적으로 과부가 홀아비보다 경제적 문제, 법적 문제, 재혼 가능성에 있어서 불리하다. 반면, 과부는 홀아비보다 다양하고 광범위한 우정망을 형성하고, 말년에 과부가 되는 것이 보편적인 현상이기 때문에, 많은 과부들은 다른 과부들로부터 정서적 지원을 받을 수 있다(사진 참조). 이러한 정서적 지원은 남편과의 사별을 보상해주고, 혼자서 살아가는 삶에 적응할 수 있게 도와준다.

우리나라 중년기 여성이 경험하는 배우자 사별 스트레스와 적응에 관한 연구(강인, 1998)에서 스트레스는 배우자 상실감으로 인한 스트레스, 경제적 스트레스, 자녀관련 스트레스, 대인관계 스트레스로 구분되었다. 이 가운데 자녀교육, 자녀양육 등 자녀관련 스트레스를 가장 많이 경험하며, 다음으로는 경제적 스트레스, 배우자 상실감으로 인한 스트레스, 대인관계 스트레스 순으로 나타났다. 또한 배우자 상실감으로 인한 스트레스가 높은 사별여성들은 생활만족도가 낮아지고, 우울증이 증가하는 것으로 보인다. 배우자 사별 스트레스와 우울의 관계를 살펴본 또 다른 연구(김승연, 고선규, 권정혜, 2007)에서 배우자 사별노인들은 상실감과 경제적 문제로 인한 어려움을 강하게 경험하고 있으며, 사회적 지지가 높을수록 우울 정도는 낮은 것으로 나타났다. 또한 경제적 문제로 인한 우울감에 사회적 지지의 조절효과가 있음이 밝혀졌다.

과부 대 홀아비의 비율은 5 : 1 정도이다(Lund, Caserta, & Dimond, 1993). 따라서 사별에 관한 대부분의 연구가 홀로된 여자노인을 대상으로 하고 있다. 사별한 남자노인에 관한 연구는 별로 없지만 대체로 남자노인들은 더 외로워하고 혼자된 것에 적응을 잘하지 못하는 것으로 보인다(Bennett, Smith, & Hughes, 2005). 일생을 통해 가족참여도가 낮았고, 감정을 억제해왔으며, 가정관리나 요리에 무관심했기 때문에 홀로된 삶에 적응하기가 무척 어렵다. 또한 정서적 지원, 집안일, 가정의 대소사 등을 아내에게 의존해왔기 때문에 재혼의 필요성이 여성보다 훨씬 더 절실하다(Martin-Matthews, 1988; Wister & Strain, 1986).

사진 설명 Dale A. Lund(맨 왼쪽)와 Michael S. Caserta(맨 오른쪽)

2) 자녀와의 사별

어린 자녀의 죽음은 부모에게 말할 수 없는 아픔을 남긴다. 부모들은 자식의 죽음에 대해 격렬한 비탄 반응을 보인다(Cacciatore, 2010; McQuaid, 2021; Murphy, Johnson, & Wu, 2003; Rubin & Malkinson, 2001; Worden, 2018). Klass(1996)는 아동의 죽음은 사망의 유형 중 최악이라고 여기는데 왜냐하면 부모가 죽기 전에 어린 자식이 죽으리라고는 상상도 못하므로 마치 자연을 거스르는 일로 간주되기 때문이다. 이처럼 뜻밖의 죽음은 주로 사고나 치명적인 질병으로 인한 것으로 부모들은 이로 인해 죄책감을 느끼게 된다(Fernández-Sola et al., 2020; Granek et al., 2015). 자녀의 죽음으로 실의에 빠진 부모들은 자신의 감정이 이해받지 못할 때 더 큰 상처를 받는다. 그들에게는 아픔을 겪은 사람들(부모, 조부모, 친구, 형제자매, 친척 등의 죽음을 경험한 사람들)로부터의 격려가 큰 힘이 된다.

노부모에게 성인 자녀의 죽음 또한 견디기 힘든 일이다(사진 참조). 자녀의 죽음을 부모로서의 정체감 상실로 받아들이고 죄책감, 분노, 불안감, 고립감을 경험한다. 성인 자녀의 죽음이 배우자나 부모의 죽음보다 아픔이 덜하다는 연구결과도 있는 반면, 오히려 가장 큰 비탄 반응(절망감, 죄책감, 분노, 불안, 신체적 이상)을 보인다는 연구결과도 있다(DeSpelder & Strickland, 1992).

3) 부모와의 사별

부모와의 사별(사진 참조)은 아동기든, 청년기든, 성인기든 어느 시기에 발생하든지 간에 오랜 기간 지속적인 영향을 미친다. 자녀들은 그들이 받아온 사랑, 애착, 관심 등의 상실뿐만 아니라 부모와의 관계를 향상시킬 수 있는 기회도 사라진다(Buchsbaum, 1996). 살아생전에 효도하는 것이 무엇보다 중요하다.

노부모의 죽음은 젊은 부모의 죽음보다는 덜 고통스럽다는 연구가 있다. 왜냐하면 성인 자녀는 시간이 지나면서 부모의 죽음에 대한 마음의 준비를 할 수 있기 때문이다(Moss & Moss, 1995; Norris & Murrell, 1990). 그러나 이 경우도 대부분의 자녀들은 자신의 부모가 천수를 누렸다고 생각하지 않는 경향이 있다(Moss & Moss, 1995).

2. 비탄 과정

자신의 죽음에 직면했을 때 그것을 궁극적으로 인정하는 단계가 있듯이 사랑하는 이의 죽음을 받아들이는 데에도 단계가 있는 것으로 보인다. 여러 학자들은 이 단계를 여러 가지 다른 말로 표현하고 있지만(Bowlby, 1974; Parkes, 1972, 1991, 2006; Spangler & Demi, 1988) 여기에는 부정과 분노, 우울, 인정과 적응이라는 공통요소가 있다. 즉, 비탄의 단계는 Kübler-Ross가 제안한 자신의 죽음을 인정하는 5단계와 매우 유사하다.

1) 충격

처음 얼마 동안은 격렬한 슬픔에 압도되어 충격과 의혹의 상태에 빠진다. 종종 당황하고, 넋을 잃으며, 혼란을 겪고, 숨이 가쁘며, 가슴이나 목이 답답하고, 메스껍고, 공복감 등의 신체적 증상도 나타난다. 그리고 상실에 대한 분노와 고인의 생존 시 더 잘해주지 못한 것에 대해 죄책감을 느끼기 시작한다. 이 단계는 Kübler-Ross의 부정과 분노의 단계와 유사하다. 그러나 상실에 대한 인식이 자리 잡으면서 초기의 마비증세는 걷잡을 수 없는 슬픔으로 바뀌며 종종 울음으로 표현된다.

2) 그리움

고인에 대한 그리움으로 고인이 살아있다는 느낌에 사로잡힌다. 고인과 대화하고, 신체적으로 접촉하며, 목소리를 들으며, 한방에 있음을 느끼고, 심지어 눈앞에 고인의 얼굴이 보이기까지 한다. 고인에 관한 생생한 꿈을 꾸다가 갑자기 깨어나 그가 죽었음을 다시 깨닫는다. 고인이 살아 돌아올 수만 있다면 무엇이든 하겠다는 타협의 마음이 생기는데 이는 Kübler-Ross의 타협의 단계와 유사하다.

불면증, 극심한 슬픔, 불안 등의 증상을 보이고 심할 경우 사랑하는 사람과 다시 만나는 방법으로 자살을 생각하기도 한다. 그러나 이러한 격렬한 감정은 시간이 지나면서 점차 사라진다.

3) 절망

시간이 지나면서 고인에 대한 강렬한 그리움과 슬픔의 감정은 약해지지만 이제 고인과 다시 만나는 것이 불가능하다는 사실을 깨달으면서 우울증, 절망감에 빠진다. 매사에 무관심하고, 냉담한 반응을 보이며, 심지어 패배감을 느끼기도 한다. 이 단계는 Kübler-Ross의 절망의 단계와 유사하다.

4) 회복

일상활동을 재개하게 되는 회복단계는 대체로 사별 후 1년 이내에 나타나며 Kübler-Ross의 수용의 단계와 유사하다. 이제 고인의 유품을 정리하면서(사진 참조) 심한 고통과 그리움보다는 평온한 감정으로 고인을 회상할 수 있게 되고, 따라서 사람들을 만나면서 인간관계를 회복하고, 새로운 취미활동을 하거나 새로운 사회적 관계를 형성한다.

3. 비탄과 영향요인

Kevin Ann Oltjenbruns

비탄은 우리가 사랑하는 사람을 잃었을 때 동반되는 무감각, 믿기지 않음, 분리불안, 절망감, 비애, 쓸쓸한 마음 등의 정서적 느낌이다. 비탄은 단순한 정서상태가 아니고 다양한 측면의 매우 복잡하고 서서히 전개되는 과정이다(Mughal, Azhar, & Siddiqui, 2022).

비탄의 과정과 강도 및 그 지속기간에 영향을 미치는 몇 가지 요인이 있는데, 성, 연령, 성격 등이 그것이다(Cook & Oltjenbruns, 1989).

1) 성

남성과 여성은 배우자의 죽음에 각기 다르게 반응한다. 배우자와의 사별 후 여성은 남성보다 건강문제가 더 많이 발생하며, 죽음에 대한 불안, 분노의 감정, 고립감, 우울증을 더 많이 경험한다(Parkes & Brown, 1972; Sanders, 1980). 여성은 또한 남성보다 자포자기하는 경향이 더 많다(Glick, Weiss, & Parkes, 1974).

자녀의 죽음에 대한 반응에서도 남녀 차이가 있다. 어린 자녀의 죽음에 대해 어머니가 아버지보다 더 격렬한 반응을 보인다(Peppers & Knapp, 1980). 그러나 비탄 과정에서 보여주는 전반적인 적응 면에서는 차이가 없다(Parkes, 1975).

2) 연령

아동의 죽음에 대한 이해는 성인과는 다르기 때문에 죽음에 대한 반응 또한 성인과 다르다. 그러나 죽음이 무엇인지에 대한 정확한 이해가 없으면서도 어린 아동들은 비탄을 경험한다. 그들은 심리적으로, 신체적으로 비탄을 표현한다. 잠을 자다가 오줌을 싸거나 손가락을 빠는 등의 퇴행적 행동을 보이거나, 공격적인 행동, 떼쓰기 등이 보편적으로 나타나는 반응이다(Elizur & Kaffman, 1983).

학동기 아동이 부모와 사별하는 경우 그에 대한 반응은 죄책감 또는 혼자된 부모를 보호하려는 욕구 등으로 표현된다(Berlinsky & Biller, 1982; Ikeman et al., 1987; Kaffman & Elizur, 1979). 형제자매의 죽음에 대한 반응은 질병에 대한 두려움, 죽음에 관해 더 알고자 하는 욕구, 부적절한 행동 등으로 나타난다(Koch-Hattern, 1986).

청년기가 되면 비탄에 대한 반응이 성인과 거의 유사하다. 몇 연구에 의하면 청년이 비탄의 감정을 충분히 표현하지 못하게 될 경우에는 여러 가지 행동문제를 보이는 것으로 나타났다(Aubrey, 1977; Shoor & Speed, 1976).

성인들의 경우 고인과의 친밀도뿐만 아니라 자신의 성격에 따라 비탄의 양상이 달라지는 것으로 보인다(Gut, 1974; Sanders, 1980).

3) 성격

의존적인 성격을 지닌 사람들은 일반적으로 불안수준이 높고 좌절감을 잘 견디지 못한다. 이런 사람들이 사랑하는 사람을 잃게 되면 심각한 우울증, 병적인 비탄에 빠지고, 그로부터 회복하는 데 시간이 오래 걸린다(Gut, 1974; Parkes & Brown, 1972).

4. 비탄치료

사별 후 대부분의 사람들은 가족과 친구의 도움을 받아 비탄을 이겨낼 수 있으며 정상적인 생활을 재개할 수 있다. 그런데 어떤 경우에는 비탄치료가 필요할 정도로 비탄이 지연되거나 왜곡된다. 비탄이 지연되는 경우에는 처음에는 매우 잘 견디는 것처럼 보이기 때문에 주위 사람들은 그의 의연함에 놀라게 된다.

그러나 이런 경우에는 비탄을 거부함으로써 신체적 문제가 발생하거나 나중에 병적인 비탄을 경험하기도 한다. 비탄이 왜곡되는 경우에는 강박적 과잉행동, 죽은 사람과의 동일시, 신체쇠약, 사회적 접촉의 회피 또는 심한 우울증으로 나타날 수 있다.

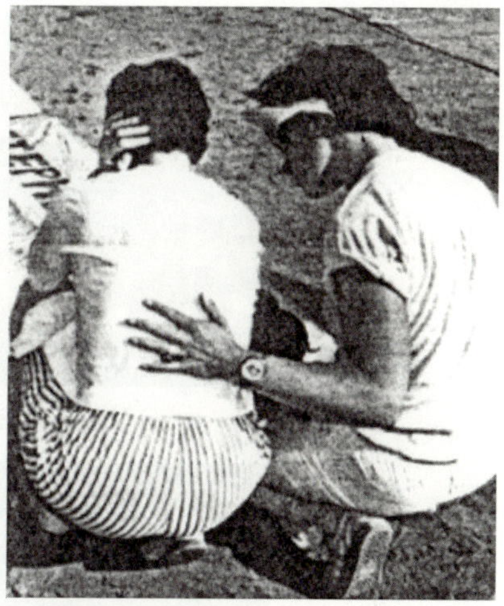

비탄치료는 이와 같은 경우에 비탄을 극복하도록 돕는 정신치료로서(James & Cherry, 1988), 사별한 사람이 슬픔과 상실감, 죄책감, 적대감 및 분노를 표현하도록 돕는 데 초점을 맞춘다. 고인과의 관계를 돌이켜보고, 그가 죽었다는 사실을 인정하며, 새로운 관계를 맺을 수 있도록 격려해준다.

우리는 우리 자신이 이 세상에서 살 날이 한정되어 있음을 깨달아야 하듯이 우리가 사랑하는 이들에게도 언젠가는 죽음이 찾아온다는 사실을 받아들여야 한다.

5. 장례: 애도의식

장례는 고인과 가깝게 지내던 사람들이 모두 한자리에 모여 고인의 명복을 빌어주고, 고인의 죽음을 공식적으로 인정하는 의식이다. 이 의식은 슬픔을 자유롭게 표현하도록 함으로써 비탄 과정을 용이하게 해준다.

장례 절차는 유가족의 문화적 · 종교적 환경에 따른다. 예를 들면, 천주교의 장례식은 천주교회에서 장엄한 의식으로 진행된다. 서구 여러 나라에서는 고인을 곱게 치장하여 관 뚜껑을 열어놓고 조문객들이 고인과 마지막 작별인사를 나누게 한다(사진 참조).

장례 절차에서 시신은 보통 매장하거나 화장을 한다. 이 또한 문화적 · 종교적 영향을 많이 받는다(〈그림 22-1〉 참조). 예를 들면, 유태교와 회교도는 매장을 선호하고, 힌두교와 불교에서는 화장을 권장한다. 우리나라의 경우 2021년 통계청 사회조사결과를 보면, 화장 후 봉안(납골당, 납골묘 등)이 34.6%로 가장 많고, 다음은 화장 후 자연장(수목장, 잔디장 등)이 33.0%, 화장 후 산이나 강 또는 바다에 뿌림 등이 22.3%로 나타났다. 그리고 매장이 9.4%로 나타나 2011년 이후 계속 감소 추세로 매장문화에 대한 의식이 크게 변한 것을 알 수 있다(〈그림 22-2〉 참조). 연령대별 장례 선호방법(〈그림 22-3〉 참조)을 보면 모든 연령대가 매장보다는 화장을 더 선호하지만 매장은 60세 이상이 상대적

싱가포르의 중국식 매장

한국의 장례식

네팔의 화장

하이티의 장례식

〈그림 22-1〉 다양한 문화에서의 장례의식

으로 선호비율이 높은 것으로 나타났다.

장례의식에는 특별한 기능이 있다. 즉, 비탄 과정을 용이하게 극복할 수 있도록 해주고, 죽은 이와 남은 이들에게 각각 고인과 유족이라는 새로운 사회적 지위를 갖게 해준다. 신판귀(1999)는 「한국의 상장례문화에 관한 연구」에서 장례의식의 역할을 다음과 같이 정리하고 있다. ① 사회적 역할: 사람이 죽으면 그 죽음을 통지하고, 관청에 사망신고를 하고 호적에서 말소시키며, 상속 등의 수속이 필요한데 이것이 사회적 역할이다. ② 물리적 역할: 사자(死者)의 신체[屍身]는 생명을 잃음에 따라 부패가 시작된다. 그러므로 시신을 땅에 묻든가(매장) 불에 태워(화장) 처리해야 할 필요가 있는데 이것이 물리적 역할이다. 그러나 시신을 처리하는 일은 인간과의 결별에 관계되는 일이므로 물리적 역할 이상의 의미를 지닌다. ③ 문화 · 종교적 역할: 사자의 영혼을 위로하고, 저승에서의 평안을 빌면서, 죽은 사람의 영혼을 이승에서 저승으로 보내주어야 한다. 이것은 이승에서의 삶을 초월한 것으로 여러 가지 종교적 의식으로 이루어진다. ④ 심리적 역할: 사랑하는 사람의 죽음은 주위 사람들에게 충격을 주고 비탄에 빠지게 한다. 비통한 심정은 표출을 해야 치유가 되는데 이러한 감정을 표출하는 수단이 장례인 것이다.

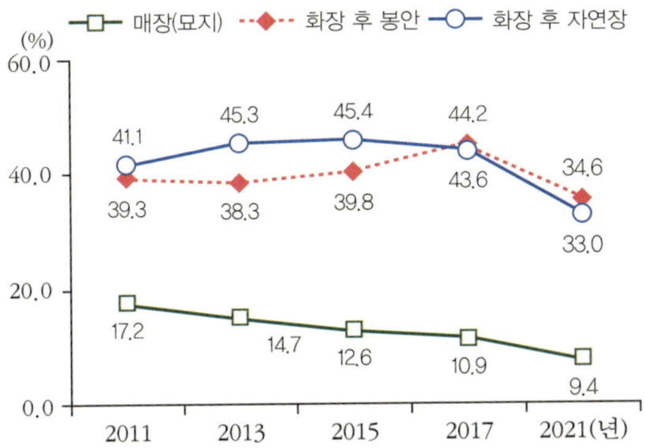

〈그림 22-2〉 매장문화에 대한 의식의 변화

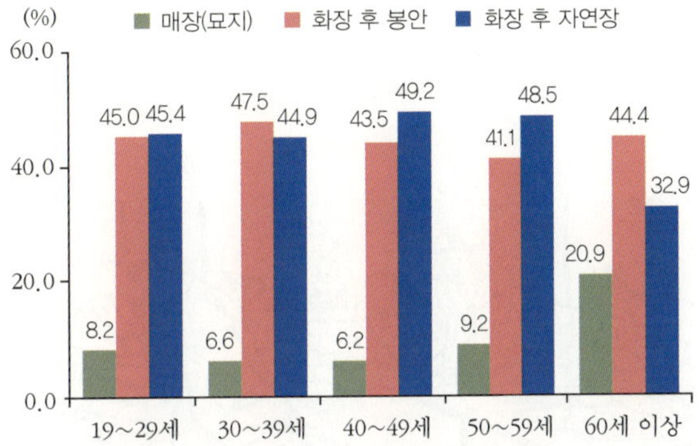

〈그림 22-3〉 연령대별 장례 선호방법

우리나라 상례절차를 간단히 살펴보면 다음과 같다.[3)]

(1) 임종(臨終)

가족이나 가까운 혈족이 운명(殞命)할 때 곁에서 지켜보는 것을 말한다. 임종이 가까워지면 병자가 평소에 입던 옷 중에서 흰색이나 엷은 색의 깨끗한 옷을 골라 갈아입히고 거처하던 방과 운명한 뒤 모실 방도 깨끗하게 치워둔다. 유언(遺言)이 있으면 침착한 마음으로 기록하거나 녹음해두고, 병자가 죽기 전에 가장 보고 싶어 하는 친족, 친지에게 속히 연락하여 운명을 지켜볼 수 있도록 손을 써야 한다.

(2) 수시(收屍)

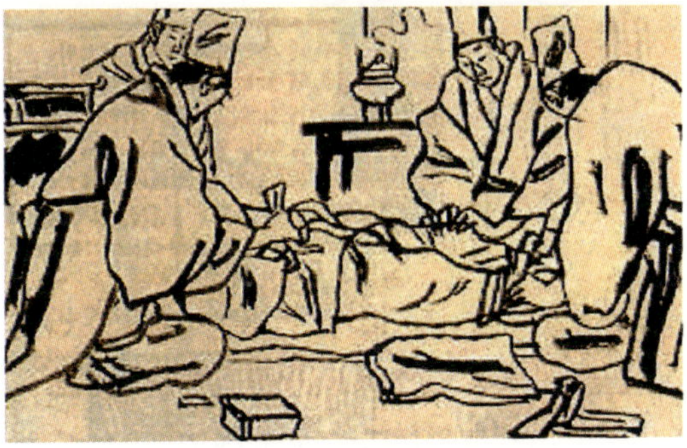

숨이 끊어지면 먼저 눈을 곱게 감도록 쓸어내리고 몸을 반듯하게 한 다음 손과 발을 매만져 가지런히 한다. 머리를 약간 높게 하여 괴고, 깨끗한 솜으로 코와 귀를 막는다. 이를 수시 또는

3) 한국의 장례절차 참고 사이트
http://www.mrmpark.co.kr/information/information_4_2.asp
http://dacheon.net/mounrning2.htm

정제수시(整濟收屍)라 한다. 얼굴에 백포를 씌우고 홑이불을 머리까지 덮은 뒤 병풍이나 장막으로 가린다.

(3) 발상(發喪)

초상을 알리고 상례를 시작하는 절차이다. 수시(收屍)가 끝나면 가족은 곧 검소한 옷으로 갈아입고 근신하여 애도하되, 호곡은 삼간다. 흔히 근제(槿弟)라고 쓰인 등을 달아 놓거나 상제(喪制) 또는 기중(忌中)이라 쓰인 네모난 종이를 대문에 붙여 초상을 알린다.

(4) 부고(訃告)

호상은 상주와 의논하여 고인이나 상제와 가까운 친척과 친지에게 부고를 낸다. 부고에는 반드시 장일과 장지를 기록해야 한다. 가정의례준칙에는 인쇄물에 의한 개별 고지는 금지되어 있다. 다만 구두(口頭)나 사신(私信)으로 알리는 것은 허용된다.

(5) 염습(殮習)

운명한 지 만 하루가 지나면 시신을 깨끗이 닦고 수의(壽衣)를 입힌다. 남자는 남자가, 여자는 여자가 염습(殮習)을 한다. 우선 목욕물과 수건을 준비하고, 여러 벌의 수의를 한 번에 입힐 수 있도록 준비해둔다. 시신을 깨끗이 닦은 후 겹쳐진 옷을 아래옷부터 웃옷의 차례로 입힌다. 옷고름은 매지 않으며, 옷깃은 산 사람과 반대로 오른쪽으로 여민다. 옷을 다 입히면 손발을 가지런히 놓고 이불로 싼 뒤 가는 베로 죄어 맨다.

(6) 입관(入棺)

염습이 끝나면 곧 입관한다. 이때 시신과 관 벽 사이의 공간을 깨끗한 벽지나 마포(麻布) 등으로 꼭꼭 채워 시신이 관 안에서 흔들리지 않도록 한다. 망인이 입던 옷을 둘둘 말아서 빈 곳을 채우기도 한다. 시신을 고정시키고 홑이불로 덮고 관 뚜껑을 덮은 다음 은정(隱丁)[4]을 박는다. 그리고 관 위에 먹으로 '○○(직함) ○○(본관) ○○○(성명)

의 널', 여자의 경우는 '(유인(孺人) ○○본관) ○○○의 널'이라 쓰고, 장지를 싼 뒤 노끈으로 묶는다. 입관이 끝나면 관 밑에 나무토막을 깔고 안치한 다음 홑이불(관보)로 덮어둔다. 관은 병풍으로 가린다.

(7) 성복(成服)

입관이 끝나고 영좌를 마련한 뒤 상제(喪制)와 복인(服人)은 성복을 한다. 성복이란 정식으로 상복을 입는다는 뜻이다. 요즘은 전통 상복인 굴건 제복을 입지 않고 남자는 검은 양복에 무늬 없는 흰 와이셔츠를 입고 검은 넥타이를 매며, 여자는 흰색 또는 검은색 치마저고리를 입고 흰색 버선과 고무신을 신는다. 집안의 생활양식에 따라 여자 상제들이 검은색 양장을 하기도 한다. 이때는 양말이나 구두도 검은색으로 통일하는 것이 좋다. 복인은 검은색 헝겊이나 삼베로 만든 완장이나 상장을 착용한다. 성복을 한 후에는 외인의 문상을 받는다.

(8) 발인(發靷)

영구가 집을 떠나는 절차이다. 발인에 앞서 간단한 제물을 차려 놓고 제사를 올린다. 이를 발인제라고 한다.

(9) 운구(運柩)

발인제가 끝난 뒤 영구를 장지나 화장장까지 장의차나 상여로 운반하는 절차이다. 장의차를 이용할 때 상제는 영구를 차에 싣는 것을 지켜본다. 승차 때는 영정, 명정, 상제, 조객의 순으로 오른다. 상여를 이용할 때에는 영정, 명정, 상여, 상제, 조객의 순으로 행렬을 지어 간다.

4) 나무로 만든 못.

(10) 하관(下棺)

장지에 도착하면 장의차나 상여에서 관을 내려 광중(壙中)에 넣는다. 하관 때는 상주와 복인이 참여하되 곡을 하지 않는다. 광중이란 관을 묻기 위하여 파 놓은 구덩이다. 관을 들어 수평이 되게 하여 좌향(坐向)을 맞춘 다음 반듯하게 내려놓고 명정을 관 위에 덮는다. 그다음에는 횡대를 차례로 가로로 걸친다. 이때 상주는 '취토(取土)'를 세 번 외치면서 흙을 관 위에 세 번 뿌린다.

(11) 성분(成墳)

상주의 취토가 끝나면 석회와 흙을 섞어서 관을 완전히 덮는다. 이때 빨리 굳도록 물을 조금씩 끼얹고 발로 밟아 다진다. 평토를 한 다음 흙을 둥글게 쌓아 올려 봉분을 만들고 잔디를 입힌다. 지석(誌石)은 평토가 끝난 뒤 무덤의 오른쪽 아래에 묻는다. 나중에 봉분이 허물어지더라도 누구의 묘인지를 알 수 있도록 하기 위해서이다.

(12) 위령제(慰靈祭)

성분이 끝나면 묘수 앞으로 여좌를 옮기고 간소하게 제수를 차린 뒤 고인의 명복을 비는 제사를 지낸다. 화장을 했을 때에는 영좌를 유골함으로 대신하여 제사를 지낸다.

(13) 삼우(三虞)

장례 후 3일째 되는 날에 첫 성묘를 하고 봉분이 잘되어 있는지를 살피고 간단한 제사를 올린다. 이를 삼우라 한다. 요즈음에는 초우와 재우를 생략한다.

(14) 탈상(脫喪)

상기(喪期)가 끝나 복(服)을 벗는 절차이다. 탈상은 부모, 조부모, 배우자의 경우 별세한 날로부터 100일까지이고 그밖의 경우는 장례일까지이다. 이때 지내는 제사가 탈상제인데 제사 지내는 방법은 기제(忌祭)에 준한다.

제23장

인생의 회고

죽음이 언제 어디서 우리를 기다리고 있는지 우리는 전혀 알 수 없다. 우리들 대부분에게 죽음은 우리가 선택하지 않은 시간에 그리고 선택하지 않은 방법으로 찾아온다. 죽음의 도래는 수태의 순간부터 시작된 여로의 피할 수 없는 결말이다. 죽음이 다가올 때 사람들은 자신이 살아온 인생을 되돌아보게 된다. 그들은 스스로에게 삶과 죽음의 목적을 자문해 보고, 자신의 인생이 어떤 의미를 갖는지 정리하고자 한다.

사람마다 생김새가 다르듯이 죽을 때의 모습도 제각기 다르다. 우리 인간이 죽어가는 모습은 우리가 살아온 모습의 반영이다. 그러므로 죽음을 바르게 맞이하고자 한다면 올바른 삶을 살아야 한다. 죽음은 자신의 삶을 결산하는 인생의 마지막 장이기 때문이다.

이 장에서는 삶과 죽음의 의미, 인생의 회고, 여러 가지 인생회고 기법에 관해 살펴보고자 한다.

귀천(歸天)

천상병

나 하늘로 돌아가리라.
새벽빛 와 닿으면 스러지는
이슬 더불어 손에 손을 잡고,

나 하늘로 돌아가리라.
노을빛 함께 단 둘이서
기슭에서 놀다가 구름 손짓하며는,

나 하늘로 돌아가리라.
아름다운 이 세상 소풍 끝내는 날,
가서, 아름다웠더라고 말하리라….

1. 삶과 죽음의 의미

Leo Tolstoy

톨스토이의 중편소설 『이반 일리치의 죽음』의 주인공은 자신이 죽을병에 걸렸음을 알고 고통스러워한다. 절망 속에서 그는 자신의 고통에 어떤 의미가 있는가를 스스로에게 묻고 또 묻는다. 육체적 고통보다 훨씬 더 괴로운 것은 자신이 죽어가고 있고, 인생을 헛되이 보냈다는 것, 즉 아무런 목적 없이 살았으며, 따라서 그의 죽음도 똑같이 무의미하다는 것이 점점 더 확실해짐에 따라 느껴지는 정신적 고통이었다. 그러나 마지막 순간에 그는 자아통합감을 이룰 수 있는 마지막 기회와 죽음에 대한 두려움을 극복할 수 있게 해주는 영적 계시(spiritual revelation)를 경험한다. 그는 죽음에 대한 막연한 공포에서 벗어나 "원래 이런 것이구나…… 얼마나 즐거운 일인가!"라고 외치며 세상을 떠난다.

Viktor E. Frankl

톨스토이가 문학 속에서 극화한 것은 현실 속에서도 사실임이 현대 사회과학자들에 의해 밝혀지고 있다. Viktor Frankl(1965)은 제2차 세계대전 동안 나치의 죽음의 수용소에서 살아남은 정신분석가로서, 사람들이 인생을 의미 있는 것으로 느끼려면 자기 자신의 죽음에서 의미를 찾아야 된다고 보았다. 다시 말하면, 인생에서 찾는 목적이 크면 클수록 죽음에 대한 두려움은 적어질 것이다(Durlak, 1973).

Kübler-Ross(1975)는 죽음에 대한 인식은 개인의 성장과 인간 잠재력의 발달에 대한 열쇠라고 하면서 죽음을 두려워할 필요가 없다고 다음과 같이 말한다.

> 사람들의 삶이 공허하고, 무의미한 삶이 되는 것은 부분적으로 죽음에 대한 부정 때문이다. 만약 영원히 살 것처럼 살아간다면 당연히 해야 할 일들을 미루기가 쉬워질 것이기 때문이다. 반면, 자리에서 일어나는 매일 아침이 마지막이 될 수도 있다는 것을 충분히 이해할 때, 하루하루를 진실로 자기 자신이 되고, 다른 사람에게로 가까이 다가가는 그런 시간으로 만들게 된다 ……. 인간의 존재에 대한 죽음의 의미를 이해할 때에야 비로소 정해진 운명에 따를 용기를 갖게 될 것이다(Kübler-Ross, 1975, pp. 164-165).

2. 인생의 회고

Ingmar Bergman 감독의 영화, <산딸기>

이제는 고전이 된 잉그마르 베르이만 감독의 영화 〈산딸기〉의 주인공인 노의사는 그의 과거와 다가올 죽음에 대해 꿈을 꾸고 생각한다. 자신이 얼마나 냉담하고 애정이 없는 사람이었던가를 깨닫고서, 말년에는 보다 따스한 마음을 터놓는 사람이 된다. 찰스 디킨스의 소설 『크리스마스 캐럴』에서 늙은 수전노 스크루지는 꿈속에서 보여주는 자신의 과거, 현재, 미래뿐만 아니라 자신의 죽음까지도 경험하고 나서 인색하고, 탐욕스럽고, 냉혹하던 성격이 변하게 된다.

〈산딸기〉의 의사와 『크리스마스 캐럴』의 스크루지는 모두 임

Charles Dickens

사진 설명 『크리스마스 캐럴』의 스크루지(왼쪽)

Robert N. Butler

Myrna I. Lewis

박한 죽음에 앞서 자신의 인생의 의미를 깨닫게 해주는 회상 과정인 '인생의 회고'를 통해서 그들의 인생을 좀 더 의미 있는 것이 되도록 할 수 있었다. 자신의 생을 되돌아보는 것은 노년기에 특히 중요하다. 고독, 사랑하는 사람과의 이별 그리고 죽음에 직면한 노인들은 자주 과거로 도피해서 과거에 관한 회상을 한다. 노인학 학자인 Robert Butler(1963)는 이러한 심리적 과정을 '인생의 회고(life review)'라는 용어로 설명하였다.

노인들이 지난날의 사람들, 사건 및 감정에 대해 이야기하는 자연스러운 경향은 인생회고 과정의 중요한 부분이다. 인생을 되돌아봄으로써 사람들은 새로운 시각으로 자신의 경험과 행동을 볼 수 있을 것이다. 그들은 소원했던 가족이나 친구와의 화해 같은 미결의 과제를 끝낼 기회를 갖게 될 것이다. 이러한 과제를 완수한 후의 완성감이 남은 여생을 마음 편하게 살아가도록 해줄 수 있다. 인생회고 치료가 이 과정을 좀더 의식적이고, 신중하고, 효과적이 되도록 도울 수 있다(Butler, 1961, 2002; Latorre et al., 2015; Lewis & Butler, 1974). 물론 인생회고가 인생을 낭비하였고 남에게 상처를 주었으며, 이제는 과거를 보상하거나 혹은 개선할 기회가 없다는 생각을 하게 만드는 위험도 있다. 그럼에도 불구하고 사람들은 성공과 실패를 모두 인지하고, 그들의 가치를 이어나갈 수 있는 사람들에게 '전승'시키면서 균형 잡힌 평가를 할 수 있는 경우가 더 많다.

Butler의 인생의 회고와 Erikson의 통합감 대 절망감은 상당히 유사한 개념이다. 즉, 둘 다 죽음에 앞서 과거를 회고하는 과정을 통해 자신의 인생의 의미를 찾게 해준다. Erikson은 노년기에 수행해야 할 발달과업 중에서 자신이 살아온 인생을 회고하면서 나름대로 정리해보는 것이 중요한 과제라고 여겼다. 지금까지 살아온 자신의 삶에 의미를 부여하고, 지난날의 갈등과 죄책감을 해결해야 한다는 것이다. 여기서 갈등은 지금까지의 인생경험을 모두 통합하여 인정할 것인가 아니면 비참한 심정으로 노여워하고 절망감에 빠질 것인가 하는 것 사이에 있다. 이것이 바로 Erikson의 여덟 번째 위기인 자아통합감 대 절망감이다. 자아통합을 이룬 사람은 노년을 동요 없이 평온하게 보낼 수 있으며, 다가오는 죽음에 대해서도 의연하게 대처할 수 있다. 반면, 자아통합을 이루지 못하게 되면 인생을 낭비했다는 느낌, 이제 모든 것이 다 끝났다는 절망감을 경험하며 죽음의 공포에서 벗어나지 못한 채 불안한 죽음을 맞게 된다. 여기서 Erikson은 인생의 회고가 자아통합감에 기여하는 바가 크다고 보았다. 즉, 자신이 살아온 인생을 재평가하는 과정을 통해서 자아통합감이 촉진될 수 있다고 하였다.

3. 인생회고 기법

Lewis와 Butler(1974)는 인생회고의 과정을 좀더 효과적으로 하기 위해 숨겨진 기억을 밝혀내기 위한 기억상기 기법을 인생회고 치료에서 사용한다. 이 방법은 종종 유익하고 재미있으며, 치료 이외의 상황에서도 사용될 수 있다. 즉, 세대와 세대를 연결시켜주며, 노인들로 하여금 자신의 인생에 대한 창조적인 정리 작업을 하도록 도우며, 젊은이들에게는 노년이 되었을 때 도움이 될 수 있는 정보와 통찰력을 가져다줄 수 있다(Papalia, Olds, & Feldman, 1989).

사진 설명 할아버지가 손주에게 자신이 살아온 인생을 이야기하고 있다. 이 과정에서 노인은 자신의 인생의 의미를 발견할 수 있고, 젊은 세대는 가족역사에 대해 배울 수 있다.

1) 자서전의 저술이나 녹음

이 자서전에 기술되는 사건, 경험, 사람들은 중요하다. 또한 여기에 기술되지 "않은" 것에 대해서도 주의를 기울이는 것이 필요하다. 성공한 한 전문직 남성은 중년기에 접어든 그의 두 자녀에 관해 전혀 언급을 하지 않은 채 자신의 인생에 대한 방대한 기록을 작성했다. 치료자가 이것을 누락한 점에 대해 파고 들었을 때 이 남성은 두 자녀들과 사이가 멀어졌다고 고백하였다.

2) 순례 여행

가능하다면 노인들은 자신이 태어나고 아동기, 청년기, 성년기를 보낸 곳으로 여행을 떠날 수 있다. 생각을 정리하기 위해서 사진을 찍고 기록을 할 수 있다. 현실적으로 이 같은 일이 불가능하다면 그곳에서 아직도 살고 있는 사람과 접촉할 수 있다. 이것도 용이하지 않다면 자신의 기억을 상기시킬 수가 있다.

한 여성은 자기 부모가 그녀를 다락방에 가지 못하도록 한 처사에 대해 지금까지 화가 나 있었고, 수년간 부모가 자신에게 무엇인가를 숨기고 있다고 궁금해했었는데, 부모가 그녀를 다락방에 가지 못하도록 한 것은 그곳에 계단이 전혀 없어 그녀의 안전을 염려한 때문이었다는 것을 이제서야 깨닫게 되었다.

사진 설명 어린 시절을 함께했던 학교 동창들과의 재회는 인생회고의 한 방법이다.

3) 재회

고등학교 동창, 대학 동창 모임이나 가족 모임, 종교단체나 시민단체의 모임에서 사람들은 친구들과 그들의 인생에서 중요한 그 밖의 사람들 곁에서 자신을 되돌아볼 수 있는 기회를 갖는다.

4) 족보(族譜)

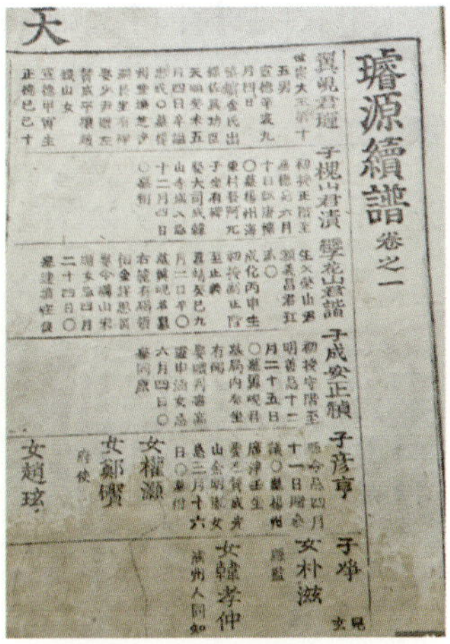

가계를 밝히는 일은 개인에게 역사의 연속성을 느끼게 해주고, 얼마나 많은 가족 성원들이 이미 사망했는가를 앎으로써 죽음의 두려움을 완화시키는 데 도움이 될 수 있다. 이러한 연구는 노인들이 묘지를 방문하고, 마을의 기록, 교회나 그 밖의 종교단체의 기록들을 열심히 조사함으로써 그 자체가 재미있는 일이 되기도 한다.

5) 스크랩북, 사진첩, 오래된 편지 및 그 밖의 기억할 만한 중요 기사

사람들이 보관해온 품목들은 보통 자신의 인생에서 특별하고 즐거움을 주는 의미를 갖는다. 그것들에 관해 이야기함으로써 노인들은 오랫동안 잊고 있었던 사건과 친지들 그리고 정서적 경험을 회상할 수 있다.

6) 일생의 사업 정리

본인 생각으로 세상에 기여했다고 여겨지는 일을 정리함으로써 노인들은 세상에 뜻깊게 참여했다고 느낀다. 일부 노인들의 정리는 더 나아가 책, 시집, 음악 작품 등으로 발표되기도 한다.

7) 민족적 정체감에 대한 집중

노인들은 그들이 속한 민족집단의 한 성원으로서 자신이 누렸던 특별한 전통과 경험을 집중적으로 회상함으로써 자신이 물려받은 유산의 진가를 인정하고 이를 전수할 수 있다.

8) 버킷 리스트

버킷 리스트(Bucket List)란 죽기 전에 꼭 해야 할 일이나 해보고 싶은 일들에 관해 목록을 만드는 것을 의미한다. 버킷 리스트의 어원은 'kick the bucket'으로부터 기인하였는데, 중세에 양동이(bucket)에 올라간 뒤 양동이를 걷어차서 교수형에 처해진 데에서 유래되었다. 이후 각종 매체를 통해 삶과 죽음을 조명하는 유용한 방식으로 '버킷 리스트'가 등장하면서 관심이 모아졌다.

버킷 리스트는 죽기 전에 해보고 싶은 일들을 목록화하는 것으로 자신의 삶의 방향과 계획을 점검할 수 있게 하고 인생의 통합과 회고를 위한 계기를 마련해 준다는 점에서 의의가 있다.

4. 에필로그

유한한 인생에서 어느 누구도 자신의 잠재력을 충분히 발휘하거나, 모든 욕망을 다 만족시키거나, 갖가지 관심사를 다 추구하는 등의 삶에서의 온갖 소망을 빠짐없이 다 경험할 수는 없다. 무한한 성장 가능성과 이를 성취하기에는 한정된 시간 사이의 긴장이 인생을 시작부터 끝까지 규정짓는다. 어떤 가능성을 추구할 것인지를 선택하고, 주어진 시간 내에서 최대한 이를 추구함으로써 우리는 좀더 알차고 의미있는 삶을 살 수 있을 것이다.

참고문헌

가족환경연구회(1992). 가족관계학. 서울: 도서출판 하우.

강연주(1997). 노년기 여가활동 유형에 따른 생활만족도연구. 성신여자대학교 대학원 석사학위논문.

강영숙(1981). 청년기에서 초기 성인기에 걸친 한국인의 도덕판단력의 발달양상에 관한 한 연구. 이화여자대학교 대학원 석사학위논문.

강 인(1988). 중년기 여성이 경험하는 배우자 사별 스트레스와 적응. 이화여자대학교 대학원 석사학위논문.

구순주(1984). 청소년의 성역할 유형과 창의성과의 관계. 경북대학교 대학원 석사학위논문.

권복순(2000). 모자가족의 어머니와 자녀가 지각한 가족 기능의 특성. 한국사회복지학 제40권, 5-37.

권석만(2008). 긍정 심리학: 행복의 과학적 탐구. 서울: 학지사.

김경신 · 김오남 · 윤상희(1997). 미혼 남녀의 사랑과 성에 대한 태도 및 배우자 선택조건. 대한가정학회지, 35(3), 15-30.

김명자(1991). 중년기 부부의 스트레스에 대한 대처양식과 위기감. 대한가정학회지, 29(1), 203-216.

김명자(1994). 대입 수험생 가족의 전반적 현황 및 문제. 한국가족학연구회 편. 자녀교육열과 대학입시. 서울: 하우.

김명자(1998). 중년기발달. 서울: 교문사.

김미숙 · 김명자(1990). 도시부부의 결혼안정성 및 그 관련변인 연구. 한국가정관리학회지, 8(1), 171-183.

김상윤(1990). 도덕 및 인습적 일탈행위에 관한 아동의 상호작용적 개념발달. 고신대학 논문집, 18, 185-200.

김성순(1990). 고령화 사회와 복지행정. 서울: 홍익재.

김승권(2004). 한국사회의 저출산 원인과 정책적 함의. 저출산 시대의 신(新)인구정책. 한국인구학회 학술대회자료집.

김승연 · 고선규 · 권정혜(2007). 노인집단에서 배우자의 사별 스트레스와 우울의 관계: 사회적 지지와 대처 행동의 조절효과. 한국심리학회지: 임상, 26(3), 573-596.

김애순(1993). 개방성향과 직업, 결혼, 자녀관계가 중년기 위기감에 미치는 영향: 중년기 위기의 시기확인 및 발달과정의 역동성을 중심으로. 연세대학교 대학원 박사학위논문.

김양희(1992). 가족관계학. 서울: 수학사.

김영선(1997). 중고령 근로자의 성공적인 직무 적응에 관한 연구: Baltes의 「성공적인 노화이론」의 적용. 연세대학교 대학원 석사학위논문.

김영희(1990). 한국 청소년의 성역할 정체감 유형과 학습된 무기력과의 관계. 숙명여자대학교 대학원 박사학위논문.

김은정(1996). 유아의 성도식 발달과 놀이친구 및 놀이방식 선택. 서울대학교 대학원 석사학위논문.

김정희 · 이영주 · 이순희(2003). 중, 노년 남성의 갱년기 지식과 태도에 관한 연구. 간호과학, 15(2), 31-38.

김지영(2005). 동거를 통해 본 성별 관계의 지속과 변형: 20~30대 여성의 경험을 중심으로. 이화여자대학교 대학원 석사학위논문.

김진아 · 엄정애(2006). 유아의 도덕적 판단력, 도덕적 감정과 도덕적 행동과의 관계. 아동학회지, 27(2), 85-100.

김진이 · 정옥분(1998). 중년여성의 폐경에 대한 상태불안연구. 사대논집. 제22집, 85-100.

김태현(1994). 노년학. 서울: 교문사.

김혜경(1986). 청년 · 중년 · 노년 여성의 항목재인과 공간위치기억에 관한 연구. 이화여자대학교 대학원 석사학위논문.

김희강(1980). 새로운 성역할 개념에 관한 일 연구. 고려대학교 대학원 석사학위논문.

남순현(1990). 노년기 회상에 관한 성차 연구: 시간적 투자와 회상적 기능 및 내용을 중심으로. 고려대학교 대학원 석사학위논문.

박기열(2023). *Association of periodontitis with menopause and hormone replacement therapy: A hospital cohort study using a common data model*. 연세대학교 대학원 박사학위논문.

박미령(2003). 출생가족 떠나기. 경운회보, 19.

박영옥(1986). 가족생활주기에 따른 부부갈등에 관한 조사. 건국대학교 대학원 석사학위논문.

박재간(1979). 노인문제와 대책. 서울: 이우사.

박재간 외(1995). 고령화 사회의 위기와 도전. 서울: 나남출판.

백종욱 · 김성오 · 김미양(2010). 노인들의 여가활동과 삶의 만족도와의 관계. 임상사회사업연구, 7(1), 37-58.

보건복지부(2016). 2015 국민건강통계 I: 국민건강영양조사 제6기 3차년도(2015). 서울: 보건복지부.

서동인 · 유영주(1991). 손자녀가 지각한 조모와의 심리적 친밀도. 아동학회지, 12(2), 154-172.

서울복지재단(2012). 노인능력 활용방안 연구: 취업지원 서비스 발전방안을 중심으로. 서울: 서울시복지재단.

설인자(2000). N세대의 친사회도덕발달. N세대의 새로운 행동 패러다임. 청소년의 사회성, 도덕성을 중심으로. 발달심리학회 춘계 심포지엄 자료집, 71-79.

손유미(2001). 실직자의 직업전환 과정 연구. 서울대학교 대학원 박사학위논문.

손화희 · 정옥분(2000). 재가복지 수혜노인의 주관적 안녕감에 대한 생태학적 접근. 한국노년학, 19(1), 83-103.

송명자(1992). 도덕판단발달의 문화적 보편성: 영역구분 모형의 가능성과 관계. 한국심리학회지: 일반, 11(1), 65-80.

송명자(1994). 한국 중 · 고 · 대학생의 사회심리적 성숙성 진단 및 평가 (1): 사회적 규범 및 책임판단 분석. 한국심리학회지: 발달, 7(2), 53-73.

송명자 · 김상윤(1987). 아동의 도덕사태판단에 있어서 사회인습적 요인의 역할. 한국심리학회 학술발표논문초록, 140-149.

신수자(1995). 부자가정의 특성과 대책. 대구효성가톨릭대 대학원 석사학위논문.

신영희 · 이혜정(2009). 일 도시 노인의 성공적인 노화 관련요인. 한국노년학, 29(4), 1327-1340.

신판귀(1999). 한국의 상장례문화에 관한 연구. 명지대학교 대학원 석사학위논문.

신화용 · 조병은(1999). 남편이 은퇴한 부부의 상호작용 특성과 결혼만족도. 한국노년학, 19(1), 31-44.

신화용 · 조병은(2001). 남편이 은퇴한 부부의 자원과 생활만족도. 대한가정학회지, 155, 39-51.

양수진 · 임춘희(2012). 성인초기 개인이 지각한 가족기능과 자아분화가 혼전동거 의식에 미치는 영향. 인간발달연구, 19(4), 173-198.

여성을 위한 모임(1999). 제3의 성: 중년여성 바로보기. 서울: 현암사.

오현조(2013). 노인의 성생활이 노화인지도와 생활만족도에 미치는 영향. 교류분석상담연구, 13(1), 73-95.

월간독자 Reader (2008). 가톨릭 다이제스트 통합지. www.catholicdigest.kr

유영주(1996). 신가족관계학. 서울: 교문사.

유영주 외(1990). 가족발달학. 서울: 교문사.

윤가현(1991). 노년기의 고독감IV: 자녀와의 갈등에 대한 대처 행동. 한국노년학, 11(2), 179-190.

윤근섭(1995). 사회학의 이해. 서울: 삼우사.

윤은자 · 김홍규(1998). 죽음의 이해: 코오리엔테이션의 시각. 대한간호학회지, 28(2), 270-279.

윤 진(1985). 성인 · 노인심리학. 서울: 중앙적성출판사.

이가옥 · 서미경 · 고경환 · 박종돈(1994). 노인생활실태분석 및 정책과제. 한국보건사회연구원.

이경애(1993). 도시부부의 배우자 선택요인이 결혼만족도에 미치는 영향: 사회교환 이론적 관점에서. 한국교원대학교 대학원 석사학위논문.

이광규(1984). 정년자의 생활복지. 산업사회와 정년. 서울: 아산사회복지사업재단.

이동원(1988). 도시부부의 결혼의 질에 관한 연구. 연세대학교 대학원 박사학위논문.

이상욱, 이정화 (2023). 노인의 자원봉사활동 특성이 성공적 노화에 미치는 영향: 자원봉사활동 만족도의 매개효과와 성별 차이를 중심으로. 한국노년학, 43(3), 281-301.

이성령(2022). 외국인 청소년의 진로의사결정 경험에 관한 질적 연구. 인하대학교 대학원 박사학위논문.

이신영(2009). 자녀 동거여부에 따른 여성노인과 남성노인의 생활만족도 영향요인. 젠더와 문화, 2(1), 125-149.

이연주(2008). 동거와 한국가족: 전국조사에서 나타난 동거자의 특성. 한국인구학, 31(2), 77-100.

이윤숙(1990). 노인과 성: 노인문제 논문. 논설집. 서울: 교학사.

이인수(1995). 노인복지와 실버산업. 서울: 일진사.

이정연(2002). 고부관계 개선을 위한 긍정적 사고훈련 프로그램의 적용. 한국가족관계학회지, 7(1), 117-136.

이종형 · 진영선 · 박민(2001). 노년기의 미래기억: 연구경향과 이론적 전망. 한국노년학, 21(2), 225-245.

이혜자 · 김윤정(2004). 부부관계(사랑과 성)가 노년기 삶의 질에 미치는 영향. 한국노년학, 24(4), 197-214.

이화윤(2022). 중장년여성의 여가활동유형이 우울에 미치는 영향: 사회적 관계만족도와 주관적 건강의 이중 매개효과를 중심으로. 경기대학교 대학원 박사학위논문.

임춘희 · 정옥분(1997). 초혼계모의 재혼가족생활스트레스와 적응에 대한 경험적 연구. 대한가정학회지, 35(5), 73-102.

장경섭(2001). 압축적 근대성과 노인문제의 재인식: 신세대로서의 노인. 가족과 문화, 13(1), 1-29.

장재정(1988). 중년기 여성의 성역할 정체감과 심리적 건강. 고려대학교 대학원 박사학위논문.

장하경 · 서병숙(1991). 성역할 정체감 척도개발에 관한 연구.

대한가정학회지, 29(4). 167-179.

장휘숙 · 최영임(2007). 대학생과 노인의 죽음공포와 죽음불안 및 생활만족의 관계. 인간발달연구, 14(4), 105-122.

전귀연(1984). 아동의 성역할 유형과 자아존중감과의 관계. 경북대학교 대학원 석사학위논문.

전용신 · 서봉연 · 이창우(1963). KWIS실시요강. 서울: 중앙교육연구소.

전혜정(1992). 노년기 형제자매관계의 특성에 관한 연구: 결속과 갈등을 중심으로. 연세대학교 대학원 석사학위논문.

정기원 · 이상영(1992). 부부의 동질성이 결혼의 질에 미치는 영향. 한국보건사회연구원 편. 보건사회논집, 92-107.

정민자(1987). 배우자 선택 결정에 미치는 요인 및 중요도에 관한 연구. 울산대학교 논문집, 8, 105-126.

정순화 · 정옥분(1994). 아동의 성도식과 성관련 과제의 기억 및 선호. 아동학회지, 15(1), 37-54.

정옥분(1986). 한 · 미 양국 대학생의 성역할 정체감과 자존감에 관한 비교문화연구. 대한가정학회지, 24(2), 123-137.

정옥분(2000). 성인발달과 노화. 서울: 교육과학사.

정옥분 · 곽경화(2003). 배려지향적 도덕성과 정의지향적 도덕성. 서울: 집문당.

정진경(1990). 한국 성역할 검사(KSRI). 한국심리학회지: 사회, 5(1), 82-92.

정진희(1997). 노인의 건강행위와 영향요인. 경북대학교 대학원 석사학위논문.

조병은(1990). 조부모와 성인자녀간의 결속도와 노부모의 인생만족도. 한국노년학, 10, 107-121.

조병은 · 신화용(1992). 사회교환이론적 관점에서 본 맞벌이 가족의 성인 딸/며느리와 노모의 관계. 한국노년학, 12(2), 83-98.

조선일보(2003. 7. 4.). 특집: '장수혁명'의 현장을 찾아서. 〈9〉韓國의 현실: 한국인은 어떻게 늙나.

조혜정(1988). 한국의 여성과 남성. 서울: 문학과 지성사.

최인희 · 김은지 · 이상림 · 정다은(2015). 무자녀 부부가족의 증가와 가족정책적 함의. 한국여성정책연구원 연구보고서-1.

최정혜(1991). 노부모가 지각하는 성인자녀와의 결속도 및 갈등에 관한 연구. 성신여자대학교 대학원 박사학위논문.

최현진(2005). 중년여성의 성형수술 경험을 통해 본 여성의 나이 듦. 여성건강, 6(1), 109-132.

통계청(2007). 2006년 사망 및 사망원인통계결과.

통계청 보도자료(2014. 12. 11.). 2014년 상반기 지역별 고용조사 직업교육훈련 참여 현황.

통계청 보도자료(2016. 12. 19.). 2015년 인구주택총조사 표본 집계결과(인구 · 가구 · 주택 기본특성항목).

통계청 보도자료(2017. 3. 22.). 2016년 혼인 · 이혼통계.

통계청(2017). 장래가구 추계: 2015~2045.

통계청(2023). 2023 사망원인 통계.

한국갤럽(2013. 6. 4.). 결혼에 대한 여론조사.

한경혜 · 이정화(2001). 부양의식, 형제자매 지원과 노부모 동거에 대한 혜택-비용 지각. 대한가정학회지, 39(11), 129-143.

한미선(1992). 중년기 부인의 자녀문제로 인한 스트레스 대처방안과 심리적 적응간의 관계. 숙명여자대학교 대학원 석사학위논문.

홍달아기(2003). 대학생의 배우자 선택성향에 관한 연구. 한국가족관계학회지, 8(1), 75-97.

Abel, E. (1991, June). Reversing the melanoma surge. *Patient Care*, 12-17.

Abootalebi, M., Vizeshfar, F., Heydari, N., & Azizi, F. (2020). Effect of education about andropause health on level of the knowledge and attitude of men referring to the education and training retirement center of Shiraz. *Aging Male, 23* (3), 216-221.

Abraham, J. D., & Hansson, R. O. (1995). Successful aging at work: An applied study of selection, optimization, and compensation through impression management. *Journal of Gerontology: Psychological Sciences, 50B*, 94-103.

Achenbaum, W. A., & Bengtson, V. L. (1994). Re-engaging the disengagement theory of aging: On the history and assessment of theory development in gerontology. *The Gerontologist, 34*, 756-763.

Achenbaum, W. A., & Orwoll, L. (1991). Becoming wise: A psychogerontological interpretation of the book of job. *International Journal of Aging and Human Development, 32*, 21-39.

Adams, C. (1991). Qualitative age differences in memory for text: A life-span developmental perspective. *Psychology and Aging, 6*, 323-336.

Adams, D. (1983). *The psychosocial development of professional black women's lives and the consequences of careers for their personal happiness*. Unpublished doctoral dissertation, Wright Institute, Berkeley, CA.

Adhikari, K., Fontanil, T., Cal, S., Mendoza-Revilla, J., Fuentes-Guajardo, M., Chacón-Duque, J.-C., et al. (2016). A genome-wide association scan in admixed Latin Americans identifies loci influencing facial and scalp hair features. *Nature Communications, 7(Article no. 10815)*. Retrieved from www.nature.com/ncomms/2016/160301/ncomms10815/full/ncomms10815.html.

Ainsworth, M. D. S. (1979). Infant-mother attachment. *American Psychologist, 34*, 932-937.

Akbulut, F. P., Ikitimur, B., & Akan, A. (2020). Wearable sensor-based evaluation of psychosocial stress in patients with metabolic syndrome. *Artificial Intelligence in Medicine, 104*, 101824.

Akhtar, S. (2010). *The wound of mortality: Fear, denial, and acceptance of death*. Lanham, MD: Jason Aronson.

Akpek, E. K., & Smith, R. A. (2013). Current treatment strategies for age-related ocular conditions. *American Journal of Managed Care, 19* (5, Suppl.), S76-S84.

Albert, M. S., & Heaton, R. K. (1988). Intelligence testing. In M. S. Albert & M. B. Moss (Eds.), *Geriatric neuropsychology*. New York: Guilford Press.

Albert, M. S., & Kaplan, E. (1980). Organic implications of neuropsychological deficits in the elderly. In L. W. Poon, J. L. Fozard, L. S. Cermak, D. Arenberg, & L. W. Thompson (Eds.), *New directions in memory and aging: Proceedings of the George A. Talland memorial conference*. Hillsdale, NJ: Erlbaum.

Albert, M. S., Wolfe, J., & Lafleche, G. (1990). Differences in abstraction ability with age. *Psychology and Aging, 5*, 94-100.

Aldwin, C. M., & Gilmer, D. F. (2013). *Health, illness, and optimal aging: Biological and psychosocial perspectives* (2nd ed.). New York: Springer.

Allen, T. D. (2013). The work-family role Interface: A synthesis of the Research from Industrial and Organizational psychology. In I. B. Weiner & others (Eds.), *Handbook of psychology* (2nd ed., Vol. 12). New York: Wiley.

Al-Safi, A., & Santoro, N. (2014). Menopausal hormone therapy and menopausal symptoms. *Fertility and Sterility, 101*, 905-915.

Alves Freire Ribeiro, A. C., Batista, T. H., Trujillo Rojas, V. C., Giusti-paiva, A., & Cardoso Vilela, F. (2020). Metabolic syndrome accentuates post-traumatic stress disorder-like symptoms and glial activation. *Behavioural Brain Research, 384*, 112557.

Alwin, D. F. (1994). Aging, personality, and social change: The stability of individual differences over the adult life span. In D. L. Featherman, R. M. Lerner, & M. Perlmutter (Eds.), *Life-span development and behavior* (Vol. 12). Hillsdale, NJ: Erlbaum.

American Cancer Society. (2016). *American Cancer Society skin cancer prevention activities*. Retrieved from www.cancer.org/healthy/morewaysacshelpsyoustaywell/acs-skin-cancer-prevention-activities.

American Lung Association (2016). *COPD*. Retrieved from www.lung.org/lung-health-diseases/lung-disease-lookup/copd/.

Andersen, B. L., Kiecolt-Glaser, J. K., & Glaser, R. (1994). A biobehavioral model of cancer stress and disease course. *American Psychologist, 49*, 389-404.

Andersen, G. J. (2012). Aging and vision: Changes in function and performance from optics to perception. *Wiley Interdisciplinary Reviews: Cognitive Science, 3*, 403-410.

Andreoni, J., & Petrie, R. (2008). Beauty, gender and stereotypes: Evidence from laboratory experiments. *Journal of Economic Psychology, 29* (1), 73-93.

Angier, N. (1990/June). Scientists struggle to undo tanning's deadly damage. *New York Times*, 10.

Anspaugh, D. J., Hamrick, M. H., & Rosato, F. D. (1991). *Wellness: Concepts and applications. St. Louis: Mosby.*

Antonucci, T. C., Ajrouch, K. J., & Birditt, K. S. (2014). The convoy model: Explaining social relations from a multidisciplinary perspective. *Gerontologist, 54* (1), 82-92.

Arking, R. (2006). *The biology of aging: Observations and principles* (3rd ed.). New York, NY: Oxford University Press.

Arlin, P. K. (1975). Cognitive development in adulthood: A fifth stage? *Developmental Psychology, 11*, 602-606.

Arlin, P. K. (1989). Problem solving and problem finding in young artists and young scientists. In M. L. Commons, J. D. Sinnott, F. A. Richards, & C. Armon (Eds.), *Adult development: Vol. 1. Comparisons and applications of developmental models*. New York: Praeger.

Arlin, P. K. (1990). Wisdom: The art of problem finding. In R. J. Sternberg (Ed.), *Wisdom: Its nature, origins, and development*. Cambridge, England: Cambridge University Press.

Artal, P., Ferro, M., Miranda, I., & Navarro, R. (1993). Effects of aging in retinal image quality. *Journal of the Optical*

Society of America, 10, 1656-1662.

Ary, D., Jacobs, L. C., Sorensen-Irvine, C. K., & Walker, D. A. (2019). *Introduction to research in education* (10th ed.). Boston, MA: Cengage Learning.

Astin, A. W., Korn, W. S., Sax, L. J., & Mahoney, K. M. (1994). *The American freshman: National norms for fall 1994*. Los Angeles, UCLA, Higher Education Research Institute.

Atchley, R. C. (1971). Retirement and leisure participation: Continuity or crisis? *The Gerontologist, 11*, 13-17.

Atchley, R. C. (1972) *The social forces in later life*. Belmont, CA: Wadsworth.

Atchley, R. C. (1976). *The sociology of retirement*. Cambridge, MA: Schenkman.

Atchley, R. C. (2000). *Social forces and aging: An introduction to social gerontology* (9th ed.). Belmont, CA: Wadsworth.

Atchley, R. C. (2003). Why most people cope well with retirement. In J. Ronch & J. Goldfield (Eds.), *Mental wellness in aging: Strengths-based approaches* (pp. 123-138). Baltimore, MD: Health Professions Press.

Atkinson, J., & Huston, T. L. (1984). Sex role orientation and division of labor early in marriage. *Journal of Personality and Social Psychology, 46*, 330-345.

Atwater, E. (1996). *Adolescence* (4th ed.). Englewood Cliffs, NJ: Prentice-Hall.

Aubrey, R. R. (1977). Adolescents and death. In E. R. Prichard, J. Collard, B. A. Drevitt, A. H. Kutscher, I. Seeland, & N. Lefkowitz (Eds.), *Social work with the dying patient and family*. New York: Columbia University Press.

Ausman, L. M., & Russell, R. M. (1990). Nutrition and aging. In E. L. Schneider & J. W. Rowe (Eds.), *Handbook of the biology of aging* (3rd ed). Academic Press, San Diego, CA.

Avioli, P., & Kaplan, E. (1992). A panel study of married women's work patterns. *Sex Roles, 26*, 227-242.

Avis, N. E., Kaufert, P. A., Lock, M., McKinlay, S. M., & Voss, K. (1993). The evolution of menopausal symptoms. In H. Burger (Ed.), *Baillere's clinical endocrinology and metabolism, 7*, 17-32. London, England: Baillere Tindall.

Avolio, B. J., & Waldman, D. A. (1994). Variations in cognitive, perceptual, and psychomotor abilities across the working life span: Examining the effects of race, sex, experience, education, and occupational type. *Psychology and Aging, 9*, 430-442.

Axinn, W. G., Zhang, Y., Ghimire, D. J., Chardoul, S. A., Scott, K. M., & Bruffaerts, R. (2020). The association between marital transitions and the onset of major depressive disorder in a south asian general population. *Journal of Affective Disorders, 266*, 165-172.

Bachman, J., O'Malley, P., & Johnson, L. (1978). *Youth in transition: Vol. 6. Adolescence to adulthood-Change and stability of the lives of young men*. Ann Arbor: University of Michigan, Institute of Social Research.

Bäckman, L., Mantyla, T., & Herlitz, A. (1990). The optimization of episodic remembering in old age. In P. B. Baltes & M. M. Baltes (Eds.), *Successful aging: Perspectives from the behavioral sciences*. New York: Cambridge University Press.

Baddeley, A. (1986). *Working memory*. Oxford: Oxford University Press.

Baddeley, A. (1994). Working memory: The interface between memory and cognition. In D. L. Schacter & E. Tulving (Eds.), *Memory systems*. Cambridge, MA: MIT Press.

Baddeley, A. D. (2010). Working memory. *Current Biology, 20*, 136-140.

Baddeley, A. D. (2012). Working memory: Theories, models, and controversies. *Annual Review of Psychology* (Vol. 63). Palo Alto, CA: Annual Reviews.

Bahrick, H. P. (1979). Maintenance of knowledge: Questions about memory we forgot to ask. *Journal of Experimental Psychology: General, 108*, 296-308.

Bahrick, H. P. (1984). Semantic memory content in permastore: Fifty years of memory for spanish learned in school. *Journal of Experimental Psychology: General, 113*, 1-26.

Bahrick, H. P., & Phelphs, E. (1987). Retention of Spanish vocabulary over eight years. *Journal of Experimental Psychology: Learning, Memory, and Cognition, 13*, 244-349.

Bahrick, H. P., Bahrick, P. O., & Wittlinger, R. P. (1975). Fifty years of memory for names and faces: A cross-sectional approach. *Journal of Experimental Psychology: General, 104*, 54-75.

Bakan, D. (1966). *The duality of human existence*. Chicago: Rand McNally.

Baltes, P. B. (1973). Prototypical paradigms and questions in life-span research on development and aging. *The*

Gerontologist, 13, 458-467.

Baltes, P. B. (1987). Theoretical propositions of life-span development psychology: On the dynamics between growth and decline. *Developmental Psychology, 23* (5), 611-626.

Baltes, P. B. (1993). The aging mind: Potential and limits. *The Gerontologist, 33*, 580-594.

Baltes, P. B., & Baltes, M. M. (1990). Psychological perspectives on successful aging: The model of selective optimization with compensation. In P. B. Baltes & M. M. Baltes (Eds.), *Successful aging*. Cambridge, England: Cambridge University Press.

Baltes, P. B., & Smith, J. (2008). The fascination of wisdom: Its nature, ontogeny, and function. *Perspectives in Psychological Sciences, 3*, 56-64.

Baltes, P. B., Reese, H. W., & Lipsitt, L. P. (1980). Life-span developmental psychology. *Annual Review of Psychology, 31*, 65-110.

Baltes, P. B., Smith, J., & Staudinger, U. M. (1992). Wisdom and successful aging. In T. B. Sonderegger (Ed.), *Nebraska symposium on motivation: Vol. 39. Psychology and aging*. Lincoln: University of Nebraska Press.

Bamboa, M. (1990). Rx for avoiding sun damage. *NIH Healthline*, July.

Bandura, A. (2016). *Moral disengagement: How people do harm and live with themselves*. New York: Worth.

Barnes-Farrell, J. L. (1993). Contextual variables that enhance/inhibit career development opportunities for older adults: The case of supervisor-subordinate age disparity. In E. Demick & P. M. Miller (Eds.), *Development in the workplace*. Hillsdale, NJ: Erlbaum.

Barnett, R. C., Marshall, N. L., & Pleck, J. H. (1992). Men's multiple roles and their relationship to men's psychological distress. *Journal of Marriage and the Family, 54*, 358-367.

Barr, R. A., & Eberhard, J. W. (1991). Safety and mobility of elderly drivers. *Human Factors, 33*(5), 497-603.

Bartl, R., Bartl, C., & Frisch, B. (2015). *Osteoporosis: Diagnosis, prevention, theraphy* (3rd ed.). Springer.

Bartoshuk, L. B., Rifkin, B., Marks, L. C., & Bars, P. (1986). Taste and aging. *Journal of Gerontology, 41*, 51-57.

Baruch, G. K., & Barnett, R. C. (1986a). Role quality, multiple role involvement, and psychological well-being in midlife women. *Journal of Personality and Social Psychology, 51*, 578-585.

Baruch, G. K., & Barnett, R. C. (1986b). Father's participation in family work and children's sex-role attitudes. *Child Development, 57*, 1210-1223.

Baruch, G. K., Biener, L., & Barnett, R. C. (1987). Women and gender in research on work and family stress. *American Psychologist, 42*, 130-136.

Basow, S. A. (1992) *Gender: Stereotypes and roles* (3rd ed.). Pacific Grove, CA: Brooks/Cole.

Basseches, M. (1984). *Dialectical thinking and adult development*. Norwood, NJ: Ablex.

Bayley, N. (1970). Development of mental abilities. In P. H. Mussen (Ed.), *Carmichael's manual of child psychology*. New York: Wiley.

Bedeian, A. G., Ferris, G. R., & Kacmar, K. M. (1992). Age, tenure, and job satisfaction: A tale of two perspectives. *Journal of Vocational Behavior, 40*, 33-48.

Bee, H. L. (1998). *The journey of adulthood* (3rd ed.). Englewood Cliffs, NJ: Prentice-Hall.

Behrman, S., & Ebemeier, K. P. (2014). Can exercise prevent cognitive decline? *Practitioner, 258*, 17-21.

Bellantoni, M. F., & Blackman, M. R. (1996). Menopause and its consequences. In E. L. Schneider & J. W. Rowe (Eds.), *Handbook of the biology of aging* (4th ed.). San Diego, CA: Academic Press.

Belsky, J. K. (1985). Exploring individual differences in marital change across the transition to parenthood: The role of violated expectations. *Journal of Marriage and the Family, 47* (4), 1037-1044.

Belsky, J. K. (1990). *The psychology of aging* (2nd ed.). Pacific Grove, CA: Brooks/Cole.

Bem, S. L. (1974). The measurement of psychological androgyny. *Journal of Consulting and Clinical Psychology, 42*, 155-162.

Bem, S. L. (1975). Sex role adaptability: One consequence of psychological androgyny. *Journal of Personality and Social Psychology, 31*, 634-643.

Bem, S. L. (1981). Gender schema theory: A cognitive account of sex typing. *Psychological Review, 88*, 354-369.

Bem, S. L. (1985). Androgyny and gender schema theory: A conceptual and empirical investigation. In T. B. Sonderegger (Ed.), *Nebraska Symposium on Motivation, 1984: Psychology and gender*. Lincoln: University of

Nebraska Press.

Bem, S. L., & Lenney, E. (1976). Sex typing and the avoidance of cross sex behavior. *Journal of Personality and Social Psychology, 33*, 48-54.

Bem, S. L., Martyna, W., & Watson, C. (1976). Sex typing and androgyny: Further explorations of the expressive domain. *Journal of Personality and Social Psychology, 34*, 1016-1023.

Bengtson, V. L. (1969). Cultural and occupational differences in level of present role activity in retirement. In R. J. Havighurst, J. M. A. Munnichs, B. L. Neugarten, & H. Thomas (Eds.), *Adjustment to retirement: A cross national study*. Assen, Netherlands: Van Gorkum.

Bengtson, V. L., Cuellar, J. A., & Ragan, P. K. (1975, October 29). *Group contrasts in attitudes toward death: Variation by race, age, occupational status, and sex*. Paper presented at the annual meeting of the Gerontological Society, Louisville, KY.

Bengtson, V. L., Rosenthal, C. J., & Burton, C. (1990). Families and aging: Diversity and heterogeneity. In R. H. Binstock & L. K. George, (Eds.), *Handbook of aging and the social sciences* (3rd ed.). New York: Academic Press, 263-287.

Benjuya, N., Melzer, I., & Kaplanski, J. (2004). Aging-induced shifts from a reliance on sensory input to muscle cocontraction during balanced standing. Journal of Gerontology: *Series A: Biological Sciences and Medical Sciences, 59*, 166-171.

Bennett, K. M., Smith, P. T., & Hughes, G. M. (2005). Coping, depressive feelings, and gender differences in late life widowhood. *Aging and Mental Health, 9*, 348-353.

Berg, C. A., & Sternberg, R. J. (1992). Adults' conceptions of intelligence across the adult life span. *Psychology and Aging, 7*, 221-231.

Bergstrom, L. R. (1990). Retiring with security. *Security Management, 34*, 97-100.

Berlinsky, E., & Biller, H. B. (1982). *Parental death and psychological development*. Lexington, MA. Lexington Books.

Berscheid, E. (1988). Some comments on love's anatomy: Or, whatever happened to old fashioned lust? In R. J. Sternberg & M. L. Barnes (Eds.), *Anatomy of love*. New Haven, Connecticut: Yale University Press.

Berscheid, E. (2010). Love in the fourth dimension. *Annual Reviews of Psychology* (Vol. 61). Palo Alto, CA: Annual Reviews.

Berzins, J. I., Welling, M. A., & Wetter, R. E. (1978). A new measure of psychological androgyny based on the Personality Research Form. *Journal of Consulting and Clinical Psychology, 46*, 126-138.

Bianchi, S. M., & Spain, D. (1986). *American women in transition*. New York: Russell Sage Foundation.

Bielby, D., & Papalia, D. (1975). Moral development and perceptual role taking egocentrism: Their development and interrelationship across the life span. *Interrelational Journal of Aging and Human Development, 6* (4), 293-308.

Biringer, F., Anderson, J. R., & Strubel, D. (1988). Self-recognition in senile dementia. *Experimental Aging Research, 14*, 177-180.

Birkett, D. P. (1991). *Psychiatry in the nursing home: Assessment, evaluation, and intervention*. Binghamton, NY: Haworth.

Birren. J. E., & Birren, B. A. (1990). The concepts, models, and history of the psychology of aging. In J. E. Birren & K. W. Schaie (Eds.), *Handbook of the psychology of aging* (3rd ed.). New York: Academic Press.

Birren, J. E., & Fisher, L. M. (1992). Aging and slowing of behavior: Consequences for cognition and survival. In T. Sonderegger (Ed.), *Psychology and aging: Nebraska Symposium on Motivation, 1991*. Lincoln, NE: University of Nebraska Press.

Birren, J. E., Woods, A. M., & Williams, M. V. (1980). Behavioral slowing with age: Causes, organization, and consequences. In L. W. Poon (Ed.), *Aging in the 1980s*. Washington, DC: American Psychological Association.

Blair, S. N., Goodyear, N. N., Gibbons, L. W., & Cooper, K. H. (1984). Physical fitness and incidence of hypertension in normotensive men and women. *Journal of the American Medical Association, 252* (4), 487-490.

Blake, J. S. (2020). *Nutrition and you* (5th ed.). Upper Saddle River, NJ: Pearson.

Blakemore, J. E. O., Berenbaum, S. A., & Liben, L. S. (2009). *Gender development*. Clifton, NJ: Psychology Press.

Blanchard-Fields, F., Brannan, J. R., & Camp, C. J. (1987). Alternative conceptions of wisdom: An onion-peeling excercise. *Educational Gerontology, 13*, 497-503.

Blazer, D. G. (1992). *Later life depression: The importance of interdisciplinary understanding*. Washington, DC: Association for Gerontology in Higher Education.

Blazer, D., George, L. K., & Hughes, D. (1991). The epidemiology of anxiety disorders: An age comparison. In C. Salzman & B. D. Lebowitz (Eds.), *Anxiety in the elderly: Treatment and Research*. New York: Springer.

Blieszner, R. (1986). Trends in family gerontology research. *Family Relations, 35*, 555-562.

Blieszner, R., & Adams, R. (1992). *Adult friendship*. Newbury Park, CA: Sage.

Blieszner, R., & Hatvany, L. E. (1996). Diversity in the experience of late-life widowhood. *Journal of Personal and Interpersonal Loss, 1*, 199-211.

Block, J. (1995). A contrarian view of the five-factor approach to personality description. *Psychological Bulletin, 117*, 187-215.

Block, J. H. (1973). Conceptions of sex roles: Some cross-cultural and longitudinal perspectives. *American Psychologist, 28*, 512-526.

Bloom, D. E., & Pebley, A. R. (1982). Voluntary childlessness: A review of the evidence and its implications. *Population Research and Policy Review, 1*, 203-234.

Blümel, J. E., Lavin, P., Vallejo, M. S., & Sarra, S. (2014). Menopause or climacteric, just a semantic discussion or has it clinical implications? *Climacteric, 17* (3), 235-241.

Blumenthal, J. A. (1991). Effects of exercise training on bone density in older men and women. *Journal of the American Geriatrics Society, 39* (11), 1065-1070.

Bolger, N., DeLongis, A., Kessler, R. C., & Schilling, E. A. (1989). Effects of daily stress on negative mood. *Journal of personality and Social Psychology, 57*, 808-818.

Bond, Z. S., & Garnes, S. (1980). Misperceptions of fluent speech. In R. A. Cole (Ed.), *Perception and production of fluent speech*. Hillsdale, NJ: Erlbaum.

Bondareff, W. (1985). The neural basis of aging. In J. E. Birren & K. W. Schaie (Eds.), *Handbook of the psychology of aging*. (2nd ed.). New York: Van Nostrand Reinhold.

Bootzin, R. R., & Engle-Friedman, M. (1988). Sleep disturbances. In L. L. Carstensen & B. A. Edelstein (Eds.), *Handbook of clinical gerontology*. New York: Pergamon.

Borrell, L. N., & Samuel, L. (2014). Body mass index categories and mortality risk in US adults: The effect of overweight and obesity on advancing death. *American Journal of Public Health, 104* (3), 512-519.

Borstelmann, L. J. (1983). Children before psychology: Ideas about children from antiquity to the late 1800s. In P. H. Mussen (Ed.), *Handbook of child psychology* (4th ed.), Vol. 1. New York: Wiley.

Bossé, R., Aldwin, C., Levenson, M. R., & Workman-Daniels, K. (1991). How stressful is retirement? Findings from the normative aging study. *Journal of Gerontology, 46*, 9-14.

Bossé R., Aldwin, C. M., Levenson, M. R., Spiro, A., III, & Mroczek, D. K. (1993). Change in social support after retirement: Longitudinal findings from the normative aging study. *Journal of Gerontology: Psychological Sciences, 48*, 210-217.

Botwinick, J. (1970). Geropsychology. *Annual Review of Psychology, 21*, 239-272.

Botwinick, J. (1977). Intellectual abilities. In J. E. Birren & K. W. Schaie (Eds.), *Handbook of the psychology of aging*. New York: Van Nostrand Reinhold.

Botwinick, J. (1981). *We are aging*. New York: Springer.

Botwinick, J. (1984). *Aging and behavior* (3rd ed.). New York: Springer.

Botwinick, J., & Storandt, M. (1974). *Memory, related functions, and age*. Springfield, IL: Thomas.

Bourassa, K. J., Ruiz, J. M., & Sbarra, D. A. (2019). Smoking and physical activity explain the increased mortality risk following marital separation and divorce: Evidence from the English Longitudinal Study of Aging. *Annals of Behavioral Medicine, 53* (3), 255-266.

Bower, G. H. (1981). Mood and memory. *American Psychologist, 36*, 129-148.

Bowlby, J. (1969). *Attachment and loss* (Vol. 1). Attachment. New York: Basic Books.

Bowlby, J. (1973). *Separation: Anxiety and anger*. New York: Basic Books.

Bowlby, J. (1974). Psychiatric implications in bereavement. In A. H. Kutscher (Ed.), *Death and bereavement*. Springfield, IL: Charles C. Thomas.

Bowman, A. M. (1992). The relationship of anxiety to development of postoperative delirium. *Journal of Gerontological Nursing, 18* (1), 24-30.

Brabeck, M. (1983). Moral judgment: Theory and research on

differences between males and females. *Developmental Review, 3*, 274-291.

Brand, J. (2014). Social consequences of job loss and unemployment. *Annual Review of Sociology* (Vol. 40). Palo Alto, CA: Annual Reviews.

Brannon, L., & Feist, J. (1992). *Health psychology: An introduction to behavior and health*. Belmont, CA: Wadsworth.

Brant, L. J., & Fozard, J. L. (1990). Age changes in pure-tone hearing thresholds in a longitudinal study of normal aging. *Journal of the Acoustical Society of America, 88*, 813-820.

Brenner, M. H. (1985). Economic change and the suicide rate: A population model including loss, separation, illness, and alcohol consumption. In M. R. Zales (Ed.), *Stress in health and disease*. New York: Brunner/Mazel.

Brenner, M. H. (1991). Health, productivity, and the economic environment: Dynamic role of socio-economic status. In G. Green & F. Baker (Eds.), *Work, health, and productivity*. New York: Oxford University Press.

Brim, O. G. (1977). Theories of the male mid-life crisis. In N. Schlossberg & A. Entine (Eds.), *Counseling adults*. Monterey, CA: Brooks/Cole.

Brim, O. G., & Ryff, C. D. (1980). On the properties of life events. In P. B. Baltes & O. G. Brim (Eds.), *Life-span development and behavior* (Vol. 3). New York: Academic.

Brockie, J., Lambrinoudaki, I., Ceausu, I., Depypere, H., Erel, C. T., Perez-Lopez, F. R., Schenck-Gustafsson, K., van der Schouw, Y. T., Simoncini, T., Tremollieres, F., & Rees, M. (2014). EMAS position statement: Menopause for medical students. *Maturitas, 78* (1), 67-69.

Bromley, D. B. (1974). *The psychology of human aging* (2nd ed.). Middlesex, England: Penguin.

Bronfenbrenner, U. (1979). *The ecology of human development: Experiments by nature and design*. Cambridge, Massachusetts: Harvard University Press.

Bronfenbrenner, U. (1986). Ecology of the family as a context for human development: Research perspectives. *Developmental Psychology, 22* (6), 723-742.

Bronfenbrenner, U. (1995). The bioecological model from a life course perspective. In P. Moen, G. H. Elder, & K. Luscher (Eds.), *Examining lives in context*. Washington, DC: American Psychological Association.

Brown, L., Brown, V., Judd, F., & Bryant, C. (2018). It's not as bad as you think: Menopausal representations are more positive in postmenopausal women. *Journal of Psychosomatic Obstetrics and Gynecology, 39* (4), 281-288.

Brown, R., & Kulik, J. (1977). Flashbulb memories. *Cognition, 5*, 73-99.

Buchholz, D. (1988). Sleep disorders. *Treatment Trends, 3*, 1-9.

Buchsbaum, B. C. (1996). Remembering a parent who has died: A developmental perspective. In D. Klass, P. R. Silverman, & S. L. Nickman (Eds.), *Continuing bonds: New understandings of grief*. Washington, DC: Taylor & Francis.

Buhling, K. J., Daniels, B. V., Studnitz, F. S., Eulenburg, C., & Mueck, A. O. (2014). The use of complementary and alternative medicine by women transitioning through menopause in Germany: Results of a survey of women aged 45-60 years. *Complementary Therapies in Medicine, 22* (1), 94-98.

Bumpass, L. L. (1990). What's happening to the family? Interactions between demographic and institutional change. *Demography, 27*, 483-498.

Burrus-Bammel, L. L., & Bammel, G. (1985). Leisure and recreation. In J. E. Birren & W. Schaie (Eds.), *Handbook of the psychology of aging* (2nd ed.). New York: Van Nostrand Reinhold.

Busch, C. M., Zonderman, A. B., & Costa, P. T., Jr. (1994). Menopausal transition and psychological distress in a nationally representative sample: Is menopause associated with psychological distress? *Journal of Aging and Health, 6*, 209-228.

Busse, E. W. (1987). Primary and secondary aging. In G. L. Maddox (Ed.), *The encyclopedia of aging*. New York: Springer.

Butler, R. N. (1961). Re-awakening interests. *Nursing Homes: Journal of American Nursing Home Association, 10*, 8-19.

Butler, R. N. (1963). The life review: An interpretation of reminiscence in the aged. *Psychiatry, 256*, 65-76.

Butler, R. N. (2002). The life review. *Journal of Geriatric Psychiatry, 35*, 7-10.

Butler, R. N., & Lewis, M. I. (1982). *Aging and mental health*

(3rd ed.). St. Louis: Mosby.

Cacciatore, J. (2010). The unique experiences of women and their families after the death of a baby. *Social Work in Health Care, 49*, 134-148.

Cacioppo, J. T., & Patrick, B. (2008). *Loneliness: Human nature and the need for social connection*. New York: W. W. Norton & Company.

Calhoun, L. G., & Selby, J. W. (1980). Voluntary childlessness, involuntary childlessness, and having children: A study of social perceptions. *Family Relations, 29* (2), 181-183.

Camp, C. J., & McKitrick, L. A. (1989). The dialectics of forgetting and remembering across the adult lifespan. In. D. A. Kramer & M. Bopp (Eds.), *Transformation in clinical and developmental psychology*. New York: Springer-Verlag.

Campbell, A., Converse, P. E., & Rodgers, W. L. (1975). *The quality of American life: Perceptions, evaluations, and satisfactions*. New York: Russell Sage Foundation.

Campbell, D. T., & Stanley, J. C. (1963). *Experimental and quasi-experimental designs for research*. Chicago: Rand McNally.

Campbell, J., & Moyers, W. (1988). *The power of myth with Bill Moyers*. New York: Doubleday.

Campisi, J., & Robert, L. (2014). Cell senescence: Role in aging and age-related diseases. *Interdisciplinary Topics in Gerontology, 39*, 45-61.

Cantor, M. H. (1983). Strain among caregivers: A study of experience in the United States. *The Gerontologist, 23* (6), 597-604.

Carlson, A., Adolfson, R., Aquilonius, S. M., Gotfries, C. G., Oreland, L., Svennerholm, L., & Winbland, B. (1980). Biogenic amines in human brain in normal aging, senile dementia, and chronic alcoholism. In M. Goldstein, D. B. Caine, A. Lieberman, & M. O. Turner (Eds.), *Ergot compounds and brand function: Neuroendocrine and neuropsychiatric aspects*. New York: Raven Press.

Carstensen, L. L. (1991). Selectivity theory: Social activity in life-span context. *In Annual review of gerontology and geriatrics* (Vol. 11). New York: Springer.

Cashdollar, N., Fukuda, K., Bocklage, A., Aurtenetxe, S., Vogel, E. K., & Gazzaley, A. (2013). Prolonged disengagement from attentional capture in normal aging. *Psychology and Aging, 28*, 77-86.

Catalan, M. J., & de Pablo-Fernández, E., Villanueva, C., Fernández-Diez, S., Lapeña-Montero, T., García-Ramos, R., & López-Valdés, E. (2013). Levodopa infusion improves impulsivity and dopamine dysregulation syndrome in Parkinson's disease. *Movement Disorders, 28*, 2007-2010.

Cattell, R. B. (1965). *The scientific analysis of personality*. Baltimore: Penguin.

Cavanaugh, J. C., Grady, J., & Perlmutter, M. (1983). Forgetting and use of memory aids in 20-to 70-year-olds' everyday life. *International Journal of Aging and Human Development, 17*, 113-122.

Cerella, J. (1990). Aging and information-processing rate. In J. E. Birren & K. W. Schaie (Eds.), *Handbook of the psychology of aging* (3rd ed.). New York: Academic Press.

Cerella, J., Poon, L., & Fozard, J. (1982). Age and iconic read-out. *Journal of Gerontology, 37*, 197-202.

Chalan, P., & van den Berg, A., Kroesen, B. J., Brouwer, L., & Boots, A. (2015). Rheumatoid arthritis, immunosenescence, and the hallmarks of aging. *Current Aging Science, 8*, 131-146.

Chap, J. B. (1985/1986). Moral judgment in middle and late adulthood: The effects of age-appropriate moral dilemmas and spontaneous role taking. *International Journal of Aging and Human Development, 22*, 161-171.

Charness, N., & Campbell, J. I. D. (1988). Acquiring skill at mental calculation in adulthood: A task decomposition. *Journal of Experimental Psychology: General, 117*, 115-129.

Chen, H. L. (1994). Hearing loss in the elderly: Relation to loneliness and self-esteem. *Journal of Gerontological Nursing, 20*, 22-28.

Chiriboga, D. A. (1982). Adaptation to marital separation in later and earlier life. *Journal of Gerontology, 37*, 109-114.

Chiriboga, D. A. (1989). Mental health at the midpoint: Crisis, challenge, or relief? In S. Hunter & M. Sundel (Eds.), *Midlife myths: Issues, findings, and practical implications*. Newbury Park, CA: Sage.

Chodorow, N. (1978). *The reproduction of mothering*. Berkeley: University of California Press.

Chown, S. M. (1977). Personality and aging. In J. E. Birren & K. W. Schaie (Eds.), *Handbook of the psychology of aging*. New York: Van Nostrand.

Christensen, L. B., Johnson, R. B., & Turner, L. A. (2015). *Research methods* (12th ed.). Upper Saddle River, NJ: Pearson.

Christensen, L. B., Johnson, R. B., & Turner, L. A. (2020). *Research methods, design, and analysis* (13th ed.). Upper Saddle River, NJ: Pearson.

Cicchetti, D. (2013). Developmental psychopathology. In P. Zelazo (Ed.), *Oxford handbook of developmental psychology*. New York: Oxford University Press.

Cicchetti, D., & Toth, S. (2015). A multilevel perspective on child maltreatment. In R. M. Lerner (Ed.), *Handbook of child psychology and developmental science* (7th ed.). New York: Wiley.

Cicirelli, V. G. (1977). Relationship of siblings to the elderly person's feeling and concerns. *Journal of Gerontology, 12* (3), 317-322.

Cicirelli, V. G. (1980, December). *Adult children's views on providing services for elderly parents*. Report to the Andrus Foundation.

Cicirelli, V. G. (1999). Personality and demographic factors in older adults' fear of death. *The Gerontologist, 39*, 569-579.

Cimbalo, R. S., Faling, B., & Mousaw, P. (1976). The course of love: A cross-sectional design. *Psychological Reports, 38*, 1292-1294.

Clark, C. S. (1992, August 14). Work family and stress. *CQ Researcher*, 15-26.

Clausen, J. A. (1981). Men's occupational careers in the middle years. In D. H. Eichorn, J. A. Clausen, N. Haan, M. Honzik, & P. Mussen (Eds.), *Present and past in middle life*. New York: Academic Press.

Clausen, J. A., & Gilens, M. (1990). Personality and labor force participation across the life course: A longitudinal study of women's careers. *Sociological Forum, 5*, 595-618.

Claussen, C. F., & Patil, N. P. (1990). Sensory changes in later life. In M. Bergener & S. I. Finkel (Eds.), *Clinical and scientific psychogeriatrics*. New York: Springer.

Clayton, V. (1975). Erikson's theory of human development as it applies to the aged: Wisdom as contradictory cognition. *Human Development, 18*, 119-128.

Clayton, V. (1982). Wisdom and intelligence: The nature and function of knowledge in the later years. *International Journal of Aging and Development, 15*, 315-321.

Clayton, V. P., & Birren J. E. (1980). The development of wisdom across the life span: A reexamination of an ancient topic. In P. B. Baltes & O. G. Brim (Eds.), *Life-span development and behavior* (Vol. 3). New York: Academic Press.

Cleal, K., Norris, K., & Baird, D. (2018). Telomere length dynamics and the evolution of cancer genome architecture. *International Journal of Molecular Sciences, 19*, 2

Clebone, B. L., & Taylor, C. M. (1992, February). Family and social attitudes across four generations of women or maternal lineage. *Psychological Reports, 70*, 268-270.

Cobb, N. J. (1998). *Adolescence: Continuity, change, and diversity* (3rd ed.). Mayfield.

Cohan, C. L. (2013). The cohabitation conundrum. In M. A. Fine & F. D. Fincham (Eds.), *Handbook of family theories*. A context-based approach. New York, NY: Routledge.

Cohen, G. D. (1987). Alzheimer's disease. In G. L. Maddox (Ed.), *The encyclopedia of aging*. New York: Springer.

Colby, A., & Damon, W. (1992). Gaining insight into the lives of moral leaders. *Chronicle of Higher Education, 39* (20), 83-84.

Colby, A., Kohlberg, L., Gibbs, J., & Lieberman, M. (1980). A longitudinal study of moral judgment. Unpublished manuscript, Harvard University, Cambridge, MA.

Coleman, P. D. (1986, August). *Regulation of dendritic extent: Human aging brain and Alzheimer's disease*. Paper presented at the meeting of the American Psychological Association, Washington, DC.

Colligan, M. J., Smith, M. J., & Hurrell, J. J. (1977). Occupational incidence rates of mental health disorders. *Journal of Human Stress, 3*, 34-39.

Cone, J. D., & Foster, S. L. (1997). *Dissertations and theses from start to finish: Psychology and related fields*. Washington, DC. American Psychological Association.

Connidis, I. (1988, November). *Sibling ties and aging*. Paper presented at the meeting of the Gerontological Society of America, San Francisco.

Connolly, J. (1992). Participatory versus lecture/discussion preretirement education: A comparison. *Educational Gerontology, 18*, 365-379.

Constantinople, A. (1973). Masculinity-femininity: An

exception to a famous dictum? *Psychological Bulletin, 80*, 389-407.

Cook, A. S. (1991). A comparison of leisure patterns and morale between retired professional and nonprofessional women. *Journal of Women and Aging, 3* (3), 59-68.

Cook, A. S., & Oltjenbruns, K. A. (1989). *Dying and grieving: Life span and family perspectives*. New York: Holt, Reinhart, & Winston.

Cooley, C. H. (1902). *Human nature and the social order*. New York: Scribner's

Cooper, K. (1990). *Controlling cholesterol*. New York: Basic Books.

Coren, S., & Girgus, J. S. (1972). Density of human lens pigmentation: In vivomeasures over an extended age range. *Vision Research, 12*, 343-346.

Cornelius, S. W. (1984). Classic pattern of intellectual aging: Test familiarity, difficulty, and performance. *Journal of Gerontology, 39*, 201-206.

Cornelius, S. W., & Caspi, A. (1987). Everyday problem solving in adulthood and old age. *Psychology and Aging, 2*, 144-153.

Correa, P., Pickle, L. W., Fontham, E., Lin, Y., & Haenszel, W. (1983). Passive smoking and lung cancer. *The Lancet*, 595-597.

Corso, J. F. (1977). Auditory perception and communication. In J. E. Birren & K. W. Schaie (Eds.), *Handbook of the psychology of aging* (2nd ed.). New York: Van Nostrand Reinhold.

Corso, J. F. (1987). Sensory-perceptual processes and aging. In K. W. Schaie (Ed.), *Annual review of gerontology and geriatrics* (Vol. 7). New York: Springer.

Costa, P. T., Jr., & McCrae, R. R. (1980). Influence of extraversion and neuroticism on subjective well-being: Happy and unhappy people. *Journal of Personality and Social Psychology, 38*, 668-678.

Costa, P. T., Jr., & McCrae, R. R. (1982). An approach to the attribution of age, period, and cohort effects. *Psychological Bulletin, 92*, 238-250.

Costa, P. T., Jr., & McCrae, R. R. (1984). Personality as a lifelong determinant of well-being. In C. Malatesta & C. Izard (Eds.), *Affective processes in adult development and aging*. Beverly Hills, CA: Sage.

Costa, P. T., Jr., & McCrae, R. R. (1986). Personality stability and its implications for clinical psychology. *Clinical Psychology Review, 6*, 407-423.

Costa, P. T., Jr., & McCrae, R. R. (1988). Personality in adulthood: A six-year longitudinal study of self-report and spouse ratings on the NEO Personality Inventory. *Journal of Personality and Social Psychology, 54*, 853-863.

Costa, P. T., Jr., & McCrae, R. R. (1989). Personality continuity and the changes of adult life. In M. Storandt & G. R. VandenBos (Eds.), *The adult years: Continuity and change*. Washington, DC: American Psychological Association.

Costa, P. T., Jr., & McCrae, R. R. (1994). Set like plaster? Evidence for the stability of adult personality. In T. F. Heatherton & J. L. Weinberger (Eds.), *Can personality change?* Washington, DC: American Psychological Association.

Costa, P. T., & McCrae, R. R. (1998). Personality assessment. In H. S. Friedman (Ed.), *Encyclopedia of mental health* (Vol. 3). San Diego: Academic Press.

Costa, P. T., Jr., McCrae, R. R. & Arenberg, D. (1980). Enduring dispositions in adult males. *Journal of Personality and Social Psychology, 38*, 793-800.

Cousins, N. (1979). *Anatomy of an illness as perceived by the patient*. New York: Norton.

Covey, H. A. (1981). A reconceptualization of continuity theory. *The Gerontologist, 21* (December), 628-633.

Cowan, C. P., Cowan, P. A., Heming, G., & Miller, N. B. (1991). Becoming a family: Marriage, parenting, and child development. In P. A. Cowan & M. Hetherington (Eds.), *Family transitions*. Hillsdale, NJ: Erlbaum.

Cowan, G., & Avants, S. K. (1988). Children's influence strategies: Structure, sex differences, and bilateral mother-child influences. *Child Development, 53*, 984-990.

Cowley, M. (1989). *The view from 80*. New York: Viking.

Craik, F. I. M. (1977). Age differences in human memory. In J. E. Birren & K. W. Schaie (Eds.), *Handbook of the psychology of aging*. New York: Van Nostrand Reinhold.

Craik, F. I. M. (1984). Age differences in remembering. In L. R. Squire & N. Butters (Eds.), *Neuropsychology of memory*. New York: Guilford Press.

Craik, F. I. M. (1994). Memory changes in normal aging. *Current Directions in Psychological Science, 3*, 155-158.

Craik, F. I. M., & Jennings, J. M. (1992). Human memory. In F. I. M. Craik & T. A. Salthouse (Eds.), *Handbook of aging and cognition*. Hillsdale, NJ: Erlbaum.

Crain, W. (2000). *Theories of development: Concepts and applications* (4th ed.). NJ: Prentice-Hall.

Cristall, L., & Dean, R. S. (1976). Relationship of sex role stereotypes and self-actualization. *Psychological Reports, 39*, 842.

Cronbach, L. J. (1970). *Essentials of psychological testing* (3rd ed.). New York: Harper & Row.

Crouter, A. C., & McHale, S. M. (1993). The long arm of the job: Influences of parental work on childrearing. In T. Luster & L. Okagaki (Eds.), *Parenting: An ecological perspective*. Hillsdale, NJ: Erlbaum.

Crowder, R. G. (1980). Echoic memory and the study of aging memory systems. In L. W. Poon, J. L. Fozard, L. S. Cermak, D. Arenberg, & L. W. Thompson (Eds.), *New directions in memory and aging: Proceedings of the George A. Talland memorial conference*. Hillsdale, NJ: Erlbaum.

Crowther, M. R., Parker, M. W., Achenbaum, W. A., Larimore, W. L., & Koenig, H. G. (2002). Rowe and Kahn's model of successful aging revisited. *The Gerontologist, 42*, 613-620.

Crystal, S., & Shea, D. (1990). Cumulative advantage, cumulative disadvantage, and inequality among elderly people. *The Gerontologist, 30* (4), 437-443.

Csikszentmihalyi, M. (1996). *Creativity: Flow and the psychology of discovery and invention*. New York: Harper Colins.

Csikszentmihalyi, M. (1997). *Finding flow: The Psychology of engagement with everyday life*. New York: Basic Books.

Csikszentmihalyi, M., & Rathunde, K. (1990). The psychology of wisdom: An evolutionary interpretation. In R. J. Sternberg (Ed.), *Wisdom: Its nature, origins, and development*. Cambridge: Cambridge University Press.

Cummings, E., & Henry, W. (1961). *Growing old: The process of disengagement*. New York: Basic Books.

Cunningham, W. R., & Owens, W. A. (1983). The Iowa state study of the adult development of intellectual abilities. In K. W. Schaie (Ed.), *Longitudinal studies of adult psychological development*. New York: Guilford Press.

Curfman, G. D., Gregory, T. S., & Paffenbarger, R. S. (1985). Physical activity and primary prevention of cardiovascular disease. *Cardiology Clinics, 3*, 203-222.

Curran, J. M. (1997, April). *Creativity across the life span: Taking a new perspective*. Paper presented at the meeting of the Society for Research in Child Development, Washington, DC.

Cvetanovski, J., & Jex, S. (1994). Locus of control of unemployed people and its relationship to psychological and physical well-being. *Work and Stress, 8* (1), 60-67.

Czaja, S. J., & Sharit, J. (1993). Age differences in performance of computer-based work. *Psychology and Aging, 8*, 59-67.

Damman, M., Henkens, K., & Kalmijn, M. (2014). Missing work after retirement: The role of life histories in the retirement adjustment process. *The Gerontologist, 55* (5), 802-813.

Dancer, L. S., & Gilbert, L. A. (1993). Spouses' family work participation and its relation to wives' occupational level. *Sex Roles, 28*, 127-145.

Danish, S. J. (1983). Musings about personal competence: The contributions of sport, health, and fitness. *American Journal of Community Psychology, 11* (3), 221-240.

Danish, S. J., & D'Augelli, A. R. (1980). Promoting competence and enhancing development through life development intervention. In L. A. Bond & J. C. Rosem (Eds.), *Competence and coping during adulthood*. Hanover, NH: University Press of New England.

Danish, S. J., Smyer, M. A., & Nowak, C. A. (1980). Developmental intervention: Enhancing life-event processes. In P. B. Baltes & O. G. Brim (Eds.), *Life-span development and behavior* (Vol. 3). New York: Academic.

Darley, J., & Fazio, R. H. (1980). Expectancy confirmation processes arising in the social interaction sequence. *American Psychologist, 35*, 867-881.

Darrach, B. (1992, October). The war on aging. *Life*, 33-43.

Davajan, V., & Israel, R. (1991). Diagnosis and medical treatment of infertility. In A. L. Stanton, & C. Dunkel-Schetter (Eds.), *Infertility: Perspectives from stress and coping research*. Plenum, New York.

Davidson, J. K., & Moore, N. B. (1992). *Marriage and family*. Dubuque, IA: Wm, C. Brown.

de Vries, B., & Walker, L. J. (1986). Moral reasoning and attitudes toward capital punishment. *Developmental*

Psychology, 22, 509-513.

DeCorte, W. (1993). Estimating sex-related bias in job evaluation. *Journal of Occupational and Organizational Psychology, 66*, 83-96.

DeFrank, R. S., & Ivancevich, J. M. (1986). Job loss: An individual level review and model. *Journal of Vocational Behavior, 19*, 1-20.

DeGenova, M. K. (1992). If you had your life to live over again, what would you do differently? *International Journal of aging and Human Development, 34*, 135-143.

Deleidi, M., Jaggle, M., & Rubino, G. (2015). Immune aging, dysmetabolism, and inflammation in neurological diseases. *Frontiers in Neuroscience, 9*, 172.

Demaree, H. A., & Everhart, D. E. (2004). Healthy high-hostiles: Reduced parasympathetic activity and decreased sympathovagal flexibility during negative emotional processing. *Personality and Individual Differences, 36*, 457-469.

Denney, N. W. (1982). Aging and cognitive changes. In B. B. Wolman (Ed.), *Handbook of developmental psychology*. Englewood Cliffs, NJ: Prentice-Hall.

Denney, N. W. (1989). Everyday problem solving: Methodological issues, research findings, and a model. In L. W. Poon, D. C. Rubin, & B. A. Wilson (Eds.), *Everyday cognition in adulthood and late life*. Cambridge, England: Cambridge University Press.

Denney, N. W., & Palmer, A. M. (1981). Adult age differences on traditional and practical problem-solving measures. *Journal of Gerontology, 36* (3), 323-328.

Denney, N. W., & Pearce, K. A. (1989). A developmental study of practical problem solving in adults. *Psychology and Aging, 4*, 438-442.

Denney, N. W., Tozier, T. L., & Schlotthauer, C. A. (1992). The effect of instructions on age differences in practical problem solving. *Journal of Gerontology: Psychological Sciences, 47*, 142-145.

Dennis, W. (1966). Creative productivity between the ages of 20 and 80 years. *Journal of Gerontology, 21*, 1-8.

Dent, J. (1984, March). Laughter is the best medicine. *Reader's Digest*, p. 38.

Der, G., & Deary, I. (2006, March). Age sex differences in reaction time in adulthood: Results from the United Kingdom health and lifestyle survey. *Psychology and Aging, 21* (1), 62-73.

DeSpelder, L. A., & Strickland, A. L. (1992). *The last dance: Encountering death and dying* (3rd ed.). Mountain View, CA: Mayfield.

DeVaney, S., Hughey, A. W., & Osborne, W. L. (1994). Comparative effects of exercise reduction and relaxation training on mood states and Type A scores in habitual aerobic exercisers. *Perceptual and Motor Skills, 79*, 1635-1644.

Devi, D., Creatura, C., & Devi-Chou, V. (2020). Hormone therapy in postmenopausal woman. *New England Journal of Medicine, 382* (24), e91.

Diamond, T. (1992). *Making gray gold: Narratives of nursing home care*. Chicago: University of Chicago Press.

Diehl, M., Willis, S. L., & Schaie, K. W. (1995). Older adults' everyday competence: Observational assessment and cognitive correlates. *Psychology and Aging, 10*, 478-491.

DiGiulio, J. F. (1992). Early widowhood: An atypical transition. *Journal of Mental Health Counseling, 14*, 97-109.

Dilley, J. S. (1965). Decision-making ability and vocational maturity. *Personal and Guidance Journal, 44*, 154-164.

Dismukes, R. K. (2012). Prospective memory in workplace and everyday situations. *Current Directions in Psychological Science, 21*, 215-220. https://doi.org/10.1177/0963721412447621

Dittmann-Kohli, F., & Baltes, P. B. (1990). Toward a neofunctionalist conception of adult intellectual development: Wisdom as a prototypical case of intellectual growth. In C. N. Alexander & E. J. Langer (Eds.), *Higher stages of human development: Perspectives on adult growth*. New York: Oxford University Press.

Dixon, R. A., & Baltes, P. B. (1986). Toward life-span research on the functions and pragmatics of intelligence. In R. J. Sternberg & R. K. Wagner (Eds.), *Practical intelligence: Nature and origins of competence in the everyday world*. New York: Cambridge University Press.

Dobbs, A. R., & Rule, B. G. (1989). Adult age differences in working memory. *Psychology and Aging, 4*, 500-503.

Doering, C. H., Kraemer, H. C., Brodie, H. K. H., & Hamburg, D. A. (1975). A cycle of plasma testosterone in the human male. *Journal of Clinical Endocrinology and Metabolism, 40*, 492-500.

Doets, E. L., & Kremer, S. (2016). The silver sensory experience—A review of senior consumers' food perception, liking and intake. *Food Quality and Preference, 48*, 316-332.

Doherty, W. J., & Jacobson, N. S. (1982). Marriage and the family. In B. Wolman (Ed.), *Handbook of developmental psychology*. Englewood Cliffs, NJ: Prentice-Hall.

Dohrenwend, B. S., & Dohrenwend, B. P. (1978). Some issues in research on stressful life events. *Journal of Nervous and Mental Disease, 166*, 7-15.

Dolezal, S. L., Davison, G. C., & DeQuattro, V. (1996, March). *Hostile behavior, Type A, cardiac damage and neuroendocrine response in hostility provoking social interactions*. Paper presented at the meeting of the American Psychosomatic Society, Williamsburg, VA.

Donnay, D. A. C., & Borgen, F. H. (1996). Validity, structure, and content of the 1994 Strong Interest Inventory. *Journal of Counseling Psychology, 43*, 275-291.

Donohugh, D. (1981). *The middle years*. Philadelphia: Saunders.

Dörrenbächer, S., Wu, C., Zimmer, H., & Kray, J. (2020). Plasticity in brain activity dynamics after task-shifting training in older adults. *Neuropsychologia, 136*.

Downey, A. (1984). Relationship of religiosity to death anxiety of middle-aged males. *Psychological Reports, 54*, 811-822.

Downs, A. (1996, July/August). The wages of downsizing. *Mother Jones, 21*, 6-12.

Driscoll, R., Davis, K. E., & Lipetz, M. E. (1972). Parental interference and romantic love: The Romeo and Juliet effect. *Journal of Personality and Social Psychology, 24*, 1-10.

Du, T., Fernandez, C., Barshop, R., Guralnik, J., & Bazzano, L. A. (2020). Cardiovascular risk factors from childhood and midlife physical function: The Bogalusa Heart Study. *Experimental Gerontology, 136*, 110947.

Duck, S. (1991). *Human relationships*. Newbury Park. CA: Sage.

Durlak, J. A. (1973). Relationship between attitudes toward life and death among elderly women. *Developmental Psychology, 8* (1), 146.

Dustman, R. E., Emmerson, R. Y., & Shearer, D. E. (1994). Physical activity, age, and cognitive-neuropsychological function. *JAPA, 2*, 143-181.

Dutta, R., Yue, G. A., Schaie, K. W., Willis, S. L., O'Hanlon, A. M., & Yu, L. C. (1989). *Age difference patterns in primary mental abilities in China and the U. S. A.* Paper presented at the annual meeting of the Gerontological Society of America, Minneapolis, MN.

Duursma, S. A., Raymakers, J. A., Boereboom, F. T. J., & Scheven, B. A. A. (1991). Estrogen and bone metabolism. *Obstetrical and Gynecological Survey, 47*, 38-44.

Duvall, E. M. (1977). *Marriage and family development* (5th ed.). Philadelphia: Lippincott.

Duvall, E. M., & Miller, B. C. (1985). *Marriage and family development* (6th ed.). New York: Harper & Row.

Eagly, A. H. (1987). *Sex differences in social behavior: A social-role interpretation*. Hillsdale, NJ: Erlbaum.

Eaker, E. D., Sullivan, L. M., Kelly-Hayes, M., D'Agostino, R. B., Sr., & Benjamin, E. J. (2004). Anger and hostility predict the development of atrial fibrillation in men in the Framingham Offspring Study. *Circulation, 109*, 1267-1271.

Eastman, P. (1984). Elders under siege. *Psychology Today, 18* (1), 30.

Eaton, W. O., & Enns, L. R. (1986). Sex differences in human motor activity level. *Psychological Bulletin, 10*, 19-28.

Eaton, W. O., & Yu, A. P. (1989). Are sex differences in child motor activity level a function of sex differences in maturational status? *Child Development, 60*, 1005-1011.

Edelson, E. (1991). Aging. *The encyclopedia of health: The life cycle*. New York: Chelsea House.

Eichorn, D. H., Clausen, J. A., Haan, N., Honzik, M. P., & Mussen, P. H. (Eds.) (1981). *Present and past in midlife*. New York: Academic Press.

Einstein, G. O., & McDaniel, M. A. (1990). Normal aging and prospective memory. *Journal of Experimental Psychology: Learning, Memory, and Cognition, 6*, 717-726.

Einstein, G. O., & McDaniel, M. A. (2005). Prospective memory: Multiple retrieval processes. *Current Directions in Psychological Science, 14*, 286-290.

Einstein, G. O., McDaniel, M. A., Richardson, S. L., Guynn, M. J., & Cunfer, A. R. (1995). Aging and prospective memory: Examining the influences of self-initiated retrieval processes. *Journal of Experimental Psychology:*

Learning, Memory, and Cognition, 21, 996-1007

Eisdorfer, C. (1963). The WAIS Performance of the aged: A retest evaluation. *Journal of Gerontology, 18*, 169-172.

Eisenberg, L. (1995, Spring). Is the family obsolete? *The Key Reporter*, 1-5.

Ekerdt, D. J. (1987). Why the notion persists that retirement harms health. *The Gerontologist, 27*, 454-457.

Ekerdt, D. J., Bossé, R., & Levkoff, S (1985). Empirical test for phases of retirement: Findings from the Normative Aging Study. *Journal of Gerontology, 40*, 95-101.

Elder, G. H. (1994). Time, human agency, and social change: Perspectives on the life course. *Social Psychology Quarterly, 57*, 4-15.

Elizur, E., & Kaffman, M. (1983). Factors influencing the severity of childhood bereavement reactions. *American Journal of Orthopsychiatry, 53*, 669-676.

Elkind, D. (1985). Egocentrism redux. *Developmental Review, 5*, 218-226.

Emery, C. F., Burker, E. J., & Blumenthal, J. (1992). Psychological and physiological effects of exercise among older adults. In K. W. Schaie (Ed.), *Annual review of gerontology and geriatrics* (Vol. 11). New York: Springer.

Epstein, S. (1990). Cognitive-experiential self-theory. In L. A. Pervin (Ed.), *Handbook of personality theory and research*. New York: Guilford.

Erber, J. T. (1981). Remote memory and age: A review. *Experimental Aging Research, 1*, 189-199.

Erikson, E. H. (1950). *Childhood and society*, New York: Norton.

Erikson, E. H. (1968a). *Identity: Youth and crisis*. New York: Norton.

Erikson, E. H. (1968b). Life cycle. *International Encyclopedia of the Social Sciences, 9*, 286-292.

Erikson, E. H. (Ed.) (1978). *Adulthood*. New York: Norton.

Erikson, E. H. (1982). *The life cycle completed: A review*. New York: Norton.

Eysenck, H. J. (1947). *Dimensions of personality*. London: Routledge and Kegan Paul.

Fabes, R. A., Eisenberg, N., & Miller, P. A. (1990). Maternal correlates of children's vicarious emotional responsiveness. *Developmental Psychology, 26*, 639-648.

Fabre, B., Grosman, H., Mazza, O., Nolazco, C., Machulsky, N. F., Mesch, V., Schreier, L., Gidron, Y., & Berg, G. (2013). Relationship between cortisol, life events, and metabolic syndrome in men. *Stress, 16* (1), 16-23.

Farber, H. (1996, Octocer 26). Corporate downsizing. *Economist, 341*, 79-81.

Farrell, M. P., & Rosenberg, S. D. (1981). *Men at midlife*. Boston: Aubum.

Feeney, J. A., & Noller, P. (1990). Attachment style as a predictor of adult romantic relationships. *Journal of Personality and Social Psychology, 58*, 181-191.

Feifel, H. (1977). *New meanings of death*. New York: McGraw-Hill.

Feingold, A. (1993). Cognitive gender differences: A developmental perspective. *Sex Roles, 29*, 91-112.

Feldman, S. S., Biringen, Z. C., & Nash, S. C. (1981). Fluctuations of sex-related self-attributions as a function of stage of family life cycle. *Developmental Psychology, 17*, 24-35.

Fernández-Sola, C., Camacho-Ávila, M., Hernández-Padilla, J. M., Fernández-Medina, I. M., Jiménez-López, F. R., Hernández-Sánchez, E., Conesa-Ferrer, M. B., & Granero-Molina, J. (2020). Impact of perinatal death on the social and family context of the parents. *International Journal of Environmental Reserch and Public Health, 17*, 3421.

Fetveit, A. (2009). Late-life insomnia: A review. *Geriatrics and Gerontology International, 9*, 220-234.

Field, D., & Millsap, R. E. (1991). Personality in advanced old age: Continuity or change? *Journal of Gerontology: Psychological Sciences, 46* (6), 299-308.

Filho, J., Rocha, L. P., Cavalcanti, F. C., & Marinho, P. E. (2022). Relevant functioning aspects and environmental factors for adults and seniors undergoing hemodialysis: A qualitative study. *Chronic Illness, 18*, 206-217.

Fingerman, K. L., & Baker, B. (2006). Socioemotional aspects of aging. In J. Wilmouth & K. Ferraro (Eds.), *Perspectives in gerontology* (3rd ed.). New York: Springer.

Fisher, H. (1992). *Anatomy of love: The mysteries of mating, marriage, and why we stray*. New York: Ballantine Books.

Fitzpatrick, M. A. (1984). A topological approach to marital interaction-Recent theory and research. *Advances in Experimental Sociology, 18*, 1-47.

Flavell, J. H., Green, F. L., & Flavell, E. R. (1986).

Development of knowledge about the appearance-reality distinction. *Monographs of the Society for Research in Child Development, 51* (serial No. 212).

Fletcher, W. L., Hansson, R. O., & Bailey, L. (1992, December). Assessing occupational self-efficacy among middle-aged and older adults. *Journal of Applied Gerontology, 11*, 489-501.

Flint, M. (1982). Male and female menopause: A cultural put-on. In A. M. Voda, M. Dinnerstein, & S. R. O'Donnell (Eds.), *Changing perspectives on menopause*. Austin: University of Texas Press.

Ford, M., & Lowery, C. (1986). Gender differences in moral reasoning: A comparison of the use of justice and care orientations. *Journal of Personality and Social Psychology, 50*, 777-783.

Foreman, J. (1994, May 16). Brain power's sliding scale. *Boston Globe, 25*, 49.

Fowler, J. W. (1981). *Stages of faith: The psychology of human development and the quest for meaning*. New York: Harper & Row.

Fowler, J. W. (1983). Stages of faith. Conversation with James Fowler. *Psychology Today*, 56-62.

Fozard, J. L. (1990). Vision and hearing in aging. In J. E. Birren & K. W. Schaie (Eds.), *Handbook of the psychology of aging* (3rd ed.). New York: Academic Press.

Fragkiadaki, P., Nikitovic, D., Kalliantasi, K., Sarandi, E., Thanasoula, M., Stivaktakis, P. D., Nepka, C., Spandidos, D. A., Tosounidis, T., & Tsatsakis, A. (2020). *Telomere length and telomerase activity in osteoporosis and osteoarthritis. Experimental and Therapeutic Medicine, 19* (3), 1626-1632.

Francoeur, R. T. (1985). Reproductive technologies: New alternatives and new ethics. *SIECUS Report, 14*, 1-5.

Frank, S. J., Avery, C. B., & Laman, M. S. (1988). Young adults' perception of their relationships with their parents: Individual differences in connectedness, competence, and emotional autonomy. *Developmental Psychology, 24*, 729-737.

Frankl, V. (1965). *The doctor and the soul*. New York: Knopf.

Frazer, D. W., Leicht, M. L., & Baker, M. D. (1996). Psychological manifestations of physical disease in the elderly. In L. L. Carstersen, B. Edelstein, & L. Dornbrand (Eds.), *The practical handbook of clinical gerontology*. Thousand Oaks, CA: Sage.

Freud, S. (1933). *New introductory lectures in psychoanalysis*. New York: Norton.

Freudenberger, H., & Richelson, G. (1980). *Burnout: The high cost of high achievement*. New York: Anchor Doubleday.

Friedman, K. S., & Pines, A. M. (1992). Increase in Arab women's perceived power in the second half of life. *Sex Roles, 26*, 1-9.

Friedman, M., & Rosenman, R. H. (1974). *Type A behavior and your heart*. New York: Knopf.

Fultz, N. H., & Herzog, A. R. (1991). Gender differences in affiliation and instrumentality across adulthood. *Psychology and Aging, 6*, 579-586.

Furst, K. (1983). *Origins and evolution of women's dreams in early adulthood*. Unpublished doctoral dissertation, California School of Professional Psychology, Berkeley, CA.

Gabelle, A., & Dauvilliers, Y. (2010). Editorial: Sleep and dementia. *Journal of Nutrition, Health, and Aging, 14*, 201-202.

Galinsky, E. (1993). *National study of the changing work force*. New York: Families and Work Institute.

Gall, T. L., Evans, D. R., & Howard, J. (1997). The retirement adjustment process: Changes in the well-being of male retirees across time. *Journal of Gerontology: Psychological Sciences, 52*, 110-117.

Garcia, W. J., Johnson, A., Keldermans, D., & Tang (2019). Exercise and low back pain in the older adult: Current recommendations. *Journal of Allied Health, 48*(4), 302-307.

Gardner, H. (1983). *Frames of mind: The theory of multiple intelligences*. New York: Basic Books.

Gardner, H. (1993). *Multiple intelligences*. New York: Basic Books.

Gardner, H. (2002). Learning from extraordinary minds. In M. Ferrari (Ed.), *The pursuit of excellence through education*. Mahwah, NJ: Lawrence Erlbaum.

Gardner, H. (2016). Multiple intelligences: Prelude, theory, and aftermath. In R. J. Sternberg, S. T. Fiske, & J. Foss (Eds.), *Scientists making a difference*. New York: Cambridge University Press.

Garland, A. F., & Zigler, E. (1993). Adolescent suicide prevention: Current research and social policy implications. *American Psychologist, 48*, 169-182.

Gazes, Y., Lee, S., Sakhardande, J., Mensing, A., Razlighi, Q., Ohkawa, A., Pleshkevich, M., Luo, L., & Habeck, C. (2020). fMRI-guided white matter connectivity in fluid and crystallized cognitive abilities in healthy adults. *NeuroImage, 215*, 116809.

George, L. K. (1990). Gender, age, and psychiatric disorders. *Generations, 14* (3), 22-24.

George, L. K. (1996). Social factors and illness. In R. H. Binstock & L. K. George (Eds.), *Handbook of aging and the social sciences* (4th ed.). San Diego: Academic Press.

Gerstorf, D., Hoppmann, C. A., Löckenhoff, C. E., Infurna, F. J., Schupp, J., Wagner, G. G., & Ram, N. (2016). Terminal decline in well-being: The role of social orientation. *Psychology and Aging, 31*, 149-165.

Ghisletta, P., Rabbitt, P., Lunn, M., & Lindenberger, U. (2012). Two thirds of the age-based changes in fluid and crystallized intelligence, perceptual speed, and memory in adulthood are shared. *Intelligence, 40*, 260-268.

Giambra, L. M., Arenberg, D., Zonderman, A. B., Kawas, C., & Costa, P. T., Jr. (1995). Adult life span changes in immediate visual memory and verbal intelligence. *Psychology and Aging, 10*, 123-139.

Gibbs, J. C. (2014). *Moral development and reality: Beyond the theories of Kohlberg and Hoffman* (3rd ed.). Upper Saddle River, NJ: Pearson.

Gilford, R. (1984). Contrasts in marital satisfaction throughout old age: An exchange theory analysis. *Journal of Gerontology, 39*, 325-333.

Gilford, R. (1986). Marriages in later life. *Generations, 10* (4), 16-20.

Gillies, W. E., & West, R. H. (1981). Timolol maleate and intraocular pressure in low-tension glaucoma. *Transactions of the Ophthamology Society, 33*, 25-33.

Gilligan, C. (1977). In a different voice: Women's conceptions of self and morality. *Havard Educational Review, 47* (4), 481-517.

Gilligan, C. (1982). *In a different voice: Psychological theory and women's development*. Cambridge, Massachusetts: Harvard University Press.

Gilligan, C. (1990). Teaching Shakespeare's sister. In C. Gilligan, N. Lyons, & T. Hanmer (Eds.), *Making connections: The relational worlds of adolescent girls at Emma Willard School*. Cambridge, Massachusetts: Harvard University Press.

Gilligan , C. (1993). Adolescent development reconsidered. In A. Garrod (Ed.), *Approaches to moral development: New research and emerging themes*. New York: Teachers College Press.

Gilligan, C. (1996). The centrality of relationships in psychological development: A puzzle, some evidence, and a theory. In G. G. Noam & K. W. Fischer (Eds.), *Development and vulnerability in close relationships*. Hillsdale, NJ: Erlbaum.

Ginzberg, E. (1990). Career development. In D. Brown, L. Brooks, & Associates (Eds.), *Career choice and development*. San Francisco: Jossey-Bass.

Ginzberg, E., Ginsburg, S. W., Axelrad, S., & Herma, J. L. (1951). *Occupational choice*. New York: Columbia University Press.

Glick, I, O., Weiss, R. S., & Parkes, C. M. (1974). *The first year of bereavement*. New York: Wiley.

Glina, S., Cohen, D. J., & Vieira, M. (2014). Diagnosis of erectile dysfunction. *Current Opinion in Psychiatry, 27*, 394-399.

Goh, J. O., & Park, D. C. (2009). Neuroplasticity and cognitive aging: The scaffolding theory of aging and cognition. *Restorative Neurology and Neuroscience, 27*, 391-403.

Golan, N. (1986). *The perilous bridge: Helping clients through midlife transitions*. New York: Free Press.

Gold, D. T., Woodbury, M. A., & George, L. K. (1990). Relationship classification using grade of membership analysis: A typology of sibling relationships in later life. *Journal of Gerontology: Social Sciences, 45*, 43-51.

Goldberg, A. P., Dengel, D. R., & Hagberg, J. M. (1996). Exercise physiology and aging. In E. L. Schneider & J. W. Rowe (Eds.), *Handbook of the biology of aging* (4th ed.). San Diego, CA: Academic Press.

Gorbach, S, L., Zimmerman, D. R., & Woods, M. (1984). *The doctors' antibreast cancer diet*. New York: Simon & Schuster.

Gorchoff, S. M., John, O. P., & Helson, R. (2008). Contextualizing change in marital satisfaction during middle age: An 18-Year longitudinal study. *Psychological Science, 19* (11), 1194-1200.

Gordon, A. (1975). The Jewish view of death: Guidelines for

mourning. In E. Kübler-Ross (Ed.), *Death: The final stage of growth*. Englewood Cliffs, NJ: Prentice-Hall.

Gottman, J. M. (1994). *What predicts divorce? The relationship between marital processes and marital outcomes*. Hillsdale, NJ: Erlbaum.

Gottschalk, M. S., Eskild, A., Hofvind, S., Gran, J. M., & Bjelland, E. K. (2020). Temporal trends in age at menarche and age at menopause: A population study of 312, 656 women in Norway. *Human Reproduction, 35* (2), 464-471.

Gould, R. L. (1978). *Transformations: Growth and change in adult Life*. New York: Simon and Schuster.

Gould, R. L. (1980). Transformations during early and middle adult years. In N. Smelser & E. Erikson (Eds.), *Themes of work and love in adulthood*. Cambridge, MA: Harvard University Press.

Grambs, J. D. (1989). *Women over forty: Visions and realities* (Rev. ed.). New York: Springer.

Granek, L., Barrera, M., Scheinemann, K., & Bartels, U. (2015). When a child dies: Pediatric oncologists' follow-up practices with families after the death of their child. *Psychooncology, 24*, 1626-1631.

Gravetter, F. J., & Forzano, L. B. (2019). *Research methods for the behavioral sciences* (6th ed.). Boston: Cengage.

Gravetter, F. J., Wallnau, L. B., Forzano, L. B., & Witnauer, J. E. (2021). *Essentials of statistics for the behavioral sciences* (10th ed.). Boston: Cengage.

Graziano, A. M., & Raulin, M. L. (2013). *Research methods* (8th ed.). Boston: Allyn & Bacon.

Graziano, A., & Raulin, M. (2020). *Research Methods* (9th ed.). Upper Saddle River, NJ: Pearson.

Greene, J. G. (1984). *The social and psychological origins of the climacteric syndrome*. Hants, England, & Brookfield, VT: Gower.

Gregory, R. J. (2011). *Psychological testing* (6th ed.). Upper Saddle River, NJ: Pearson.

Gregory, R. J. (2014). *Psychological testing* (7th ed.). Boston: Cengage.

Grewal, D. S., Schultz, T., Basti, S., & Dick, H. B. (2016). Femtosecond laser-assisted cataract surgery? current status and future directions. *Survey of Ophthalmology, 61*, 103-131.

Gribbin, K, Schaie, K. W., & Parham, I. A. (1980). Complexities of life style and maintenance of intellectual abilities. *Journal of Social Issues, 36*, 47-61.

Gubrium, J. F. (1993). *Speaking of life: Horizons of meaning for nursing home residents*. Hawthorne, NY: Aldine.

Guilford, J. P. (1952). Creativity. *American Psychologist, 5*, 449-454.

Guilford, J. P. (1967). *The nature of human intelligence*. New York: McGraw-Hill.

Guo, Q., & Jacelon, C. S. (2014). An integrative review of dignity in end-of-life care. *Palliative Medicine, 28* (7), 931-940.

Gut, E. (1974). Some aspects of adult mourning. *Omega, 5*, 323-342.

Gutek, B. A., Searle, S., & Klepa, L. (1991). Rational versus gender role explanations for work-family conflict. *Journal of Applied Psychology, 76*, 560-568.

Gutmann, D. (1975). Parenthood: Key to the comparative psychology of the life cycle? In N. Datan & L. H. Ginsberg (Eds.), *Life span developmental psychology: Normative life crises*. New York: Academic Press.

Gutmann, D. (1987). *Reclaimed powers: Toward a new psychology of men and women in later life*. New York: Basic Books.

Guynn, M. J., McDaniel, M. A., & Einstein, G. O. (1998). Prospective Memory: When remainders fail. *Memory and Cognition, 26*, 287-298.

Haan, N. (1985). Processes of moral development: Cognitive or social disequilibrium? *Developmental Psychology, 21*, 996-1006.

Hachul, H., & Tufik, S. (2019). Hot flashes: Treating the mind, body and soul. *Menopause, 26* (5), 461-462.

Hagberg, B. (1991). Stability and chagne of personality in old age and its relation to survival. *Journal of Gerontology: Psychological Sciences, 46* (6), 285-292.

Haidt, J., Koller, S. H., & Dias, M. G. (1993). Affect, culture, and morality, or is it wrong to eat your dog? *Journal of Personality and Social Psychology, 65*, 613-628.

Hajek, A., Wolfram, C., Spitzer, M., & König, H.-H. (2021). Association of vision problems with psychosocial factors among middle-aged and older individuals: Findings from a nationally representative study. *Aging and Mental Health, 25* (5), 946-953.

Hakulinen, C., Jokela, M., Kivimäki, M., & Elovainiom, M.

(2021). Personality traits and mental disorders. In P. J. Corr & G. Matthews (Eds.), *The Cambridge handbook of personality psychology* (2nd ed.). New York: Cambridge University Press.

Hales, D. (1992). *An invitation to health: Taking charge of your life*. Menlo Park, CA: Benjamin/Cummings.

Hall, C. S., & Lindzey, G. (1978). *Theories of personality* (3rd ed.). John Wiley & Sons.

Hamner, T. J., & Turner, P. H. (1996). *Parenting in contemporary Society* (3rd ed.). Needham Heights, MA: Allyn & Bacon.

Hanna, G. P. (2016). Arts, health, and aging. In P. D. Lambert (Ed.), *Managing arts programs in healthcare*. New York, NY: Routledge.

Harlan, S. L. (1983). Opportunity and anomie: Attitudes toward job advancement in a manufacturing firm. Cited in L. M. Tamir, Modern myths about men at midlife: An assessment. In S. Hunter & M. Sundel (Eds.), *Midlife myths: Issues, findings, and practical implications*. Newbury Park, CA: Sage.

Harrell, J. S. (1988). Age-related changes in the respiratory system. In M. A. Matteson & E. S. McConnell (Eds.), *Gerontological nursing: Concepts and practice*. Philadelphia: Saunders.

Harrington, M. (2020). *The design of experiments in neuroscience*. New York: Cambridge University press.

Harris, J. (1980). Memory aids and people use: Two interview studies. *Memory and Cognition, 8*, 31-38.

Harrison, C., (2012). Aging: Telomerase gene therapy increases longevity. *Nature Reviews/Drug Discovery, 11*, 518.

Hart, D., & Chmiel, S. (1992). Influence of defense mechanisms on moral judgment development: A longitudinal study. *Developmental Psychology, 28*, 722-730.

Hartman, M., & Hasher, L. (1991). Aging and suppression: Memory for previously relevant information. *Psychology and Aging, 6*, 587-594.

Hassan, A., Heckman, M. G., Ahlskog, J. E., Wszolek, Z. K., Serie, D. J., Uitti, R. J., van Gerpen, J. A., Okun, M. S., Rayaprolu, S., & Ross, O. A. (2016). Association of Parkinson disease age of onset with DRD2, DRD3 and GRIN2B polymorphisms. *Parkinsonism & Related Disorders, 22*, 102-105.

Hatfield, E., & Rapson, R. (1993). *Love, sex, and intimacy*. New York: Harper Collins.

Havighurst, R. J. (1972). *Developmental tasks and education* (3rd ed.). New York: David McKay.

Havighurst, R. J. (1982). The world of work. In B. B. Wolman (Ed.), *Handbook of developmental psychology*. Englewood Cliffs, NJ: Prentice-Hall.

Havighurst, R. J., Neugarten, B. L., & Tobin, S. S. (1968). Disengagement and patterns of aging. In B. L. Neugarten (Ed.), *Middle age and aging*. Chicago: University of Chicago Press.

Hayflick, L. (1974). The strategy of senescence. *The Gerontologist, 14* (1), 37-45.

Hayflick, L. (1985). Theories of biological aging. *Experimental Gerontology, 20*, 145-159.

Hayflick, L. (1994). *How and why we age*. New York: Ballantine.

Hayflick, L. (2003). Living forever and dying in the attempt. *Experimental Gerontology, 38*, 1231-1241.

Hayflick, L. (2004). "Anti-aging" is an oxymoron. *Journal of Gerontology Series A: Biological Sciences, 59A*, 573-578.

Hayflick, L. (2007). Biological aging is no longer an unsolved problem. *Annals of the New York Academy of Sciences, 1100*, 1-13.

Hazan, C., & Shaver, P. (1987). Romantic love conceptualized as an attachment process. *Journal of personality and Social Psychology, 51*, 511-524.

Hefner, R., Rebecca, M., & Oleshansky, B. (1975). Development of sex-role transcendence. *Human Development, 18*, 143-158.

Heiman, G. W. (2014). *Basic statistics for the behavioral sciences* (7th ed.). Boston: Cengage.

Heiman, G. W. (2015). *Behavioral sciences STAT* (2nd ed.). Boston: Cengage.

Heller, Z. I. (1975). The Jewish view of dying: Guidelines for dying. In E. Kübler-Ross (Ed.), *Death: The final stage of growth*. Englewood Cliffs, NJ: Prentice-Hall.

Hellman, S., & Hellman, L. H. (1991). *Medicare and medigaps: A guide to retirement health insurance*. Newbury Park, CA: Sage.

Helson, R., & Wink, P. (1992). Personality change in women from the early 40s to the early 50s. *Psychology and Aging,*

7, 46-55.

Henchoz, Y., Baggio, S., N'Goran, A. A., Studer, J., Deline, S., Mohler-Kuo, M., Daeppen, J. B., & Gmel, G. (2014). Health impact of sport and exercise in emerging adult men: A prospective study. *Quality of Life Research, 23* (8), 2225-2234.

Hendrick, C., & Hendrick, S. S. (2019). Styles of romantic love. In R. J. Sternberg & K. Sternberg (Eds.), *The new psychology of love* (2nd ed.). New York: Cambridge University Press.

Hendrick, S., & Hendrick, C. (1992). *Liking, loving, and relating* (2nd ed.). Belmont, CA: Wadsworth.

Henker, B., & Whalen, C. K. (1989). Hyperactivity and attention deficits. *American Psychologist, 44*, 216-223.

Henker, F. O. (1981). Male climacteric. In J. G. Howells (Ed.), *Modern perspectives in the psychiatry of middle age*. New York: Brunner/ Mazel.

Henry, W. E. (1965). Engagement and disengagement: Toward a theory of adult development. In R. Kastenbaum (Ed.), *Contributions to the psychobiology of aging*. New York: Springer.

Herda, A. A., & Mckay, B. D., Herda, T. J., Costa, P. B., Stont, J. R., & Cramer, J. T. (2021). Changes in strength, mobility, and body composition following self-selected exercise in older adults. *Journal of Aging and Physical Activity, 29* (1), 17-26.

Hermida, R. C., Ayala, D. E., Crespo, J. J., Mojón, A., Chayán, L., Fontao, M. J., & Fernandez, J. R. (2013). Influence of age and hypertension treatment-time on ambulatory blood pressure in hypertensive patients. *Chronobiology International, 30*, 176-191.

Hertzog, C. (1989). Influences of cognitive slowing on age differences in intelligence. *Developmental Psychology, 25*, 636-651.

Heston, L. L., & White, J. A. (1983). *Dementia*. New York: Freeman.

Heyn, J. E., Barry, J. R., & Pollack, R. H. (1978). Problem solving as a function of age, sex, and role appropriateness of the problem content. *Experimental Aging Research, 5*, 505-519.

Hirsch, J. K., & Sirois, F. M. (2016). Hope and fatigue in chronic illness: The role of perceived stress. *Journal of Health Psychology, 21*, 451-456

Hita-Yanez, E., Atienza, M., & Cantero, J. L. (2013). Polysomnographic and subjective sleep markers of mild cognitive impairment. *Sleep, 36*, 1327-1334.

Hochanadel, G. A. (1991). Neuropsychological changes in aging: A process-oriented error analysis. *Dissertation Abstracts International, 52* (4-B), 2347.

Hoffman, L. W. (1989). Effects of maternal employment in two-parent families. *American Psychologist, 44*, 283-293.

Hohls, J. K., Wild, B., Heider, D., Brenner, H., Böhlen, F., Saum, K. U., Schöttker, B., Matschinger, H., Haefeli, W. E., König, H. H., & Hajek, A. (2019). Association of generalized anxiety symptoms and panic with health care costs in older age-Results from the ESTHER cohort study. *Journal of Affective Disorders, 245*, 978-986.

Holahan, C., & Chapman, J. (2002). Longitudinal predictors of proactive goals and activity participation at age 80. *Journals of Gerontology: Series B: Psychological Sciences & Social Sciences, 57B*, P418-P425.

Holland, J. L. (1973). *Making vocational choices: A theory of careers*. Englewood Cliffs, NJ: Prentice-Hall.

Holland, J. L. (1985). *Making vocational choices: A theory of vocational personalities and work enviornments* (2nd ed.). Englewood Cliffs, NJ: Prentice-Hall.

Holland, J. L. (1987). Current status of Holland's theory of careers: Another perspective. *Career Development Quarterly, 36*, 24-30.

Holland, J. L. (1997). *Making vocational choices: A theory of vocational personalities and environments* (3rd ed.). Odessa, FL: Psychological Assessment Resources.

Holliday, S. G., & Chandler, M. J. (1986). *Wisdom: Explorations in adult competence*. Basel, Switzerland: Karger.

Holt, R. R. (1982). Occupational stress. In L. Goldberger & S. Breznitz (Eds.), *Handbook of stress*. New York: Free Press.

Honzik, M. P. (1984). Life-span psychology. *Annual Review of Psychology, 35*, 309-333.

Hooyman, N. R., & Kiyak, H. A. (1996). *Social gerontology* (4th ed.). Allyn & Bacon.

Hooyman, N. R., & Kiyak, H. A. (2005). *Social gerontology* (7th ed.). Boston, MA: Pearson.

Horn, J. C., & Meer, J. (1987). The vintage years. *Psychology Today, 21* (5), 76-90.

Horn, J. L. (1967). Intelligence-Why it grows, why it declines. *Transaction, 5* (1), 23-31.

Horn, J. L. (1970). Organization of data on life-span development of human abilities. In L. R. Goulet & P. B. Baltes (Eds.), *Life-span developmental psychlogy: Theory and research*. New York: Academic.

Horn, J. L. (1982). The theory of fluid and crystallized intelligence in relation to concepts of cognitive psychology and aging in adulthood. In F. I. M. Craik & S. Trehub (Eds.), *Aging and cognitive processes*. New York: Plenum.

Horn, J. L., & Cattell, R. B. (1966). Age differences in primary mental ability factors. *Journal of Gerontology, 21*, 210-222.

Horn, J. L., & Donaldson, G. (1976). On the myth of intellectual decline in adulthood. *American Psychologist, 31*, 701-719.

Horn, J. L., & Donaldson, G. (1980). Cognitive development in adulthood. In O. G. Brim, Jr. & J. Kagan (Eds.), *Constancy and change in human development*. Cambridge, MA: Harvard University.

Howard, A., & Bray, D. W. (1988). *Managerial lives in transition: Advancing age and changing times*. New York: Guilford Press.

Howell, D. C. (2014). *Fundamental statistics for the behavioral sciences* (8th ed.). Boston: Cengage.

Hoyer, W. J., & Plude, D. J. (1980). Attentional and perceptual processes in the study of cognitive aging. In L. W. Poon (Ed.), *Aging in the 1980s*. Washington, DC: American Psychological Association.

Hoyer, W. J., & Roodin, P. A. (2009). *Adult development and aging* (6th ed.). New York: McGraw-Hill.

Hoyt, K. B. (1987). The impact of technology on occupational change: Implications for career guidance. *The Career Development Quarterly, 35*, 269-278.

Huang, Y. P., Liu, W., Chen, S. F., Liu, Y. D., Chen, B., Deng, C. H., & Lu, M. J. (2019). Free testosterone correlated with erectile dysfunction severity among young men with normal total testosterone. *International Journal of Impotence Research, 31* (2), 132-138.

Hughes, B. (1990). Quality of life. In S. M. Peace (Ed.), *Researching social gerontology: Concepts, methods, and issues*. Newbury Park, CA: Sage.

Hughes, D., Galinsky, E., & Morris, A. (1992). The effects of job characteristics on marital quality: Specifying linking mechanisms. *Journal of Marriage and the family, 54*, 31-42.

Hughes, M. M., Connor, T. J., & Harkin, A. (2016). Stress-related immune markers in depression: Implications for treatment. *International Journal of Neuropsychopharmacology, 19* (6), 1-19.

Hull, J. C., & Young, R. D. (1983). Self-consciousness, self-esteem, and success-failure as determinants of alcohol consumption in male social drinkers. *Journal of Personality and Social Psychology, 44*, 1097-1109.

Hülür, G., Infurna, F. J., Ram, N., & Gerstorf, D. (2013). Cohorts based on decade of death: No evidence for secular trends favoring later cohorts in cognitive aging and terminal decline in the AHEAD study. *Psychology and Aging, 28*, 115-127.

Hunt, B., & Hunt, M. (1974). *Prime time*. New York: Stein & Day.

Hutchinson, S., & Wexler, B. (2007, January). Is "raging" good for health? Older women's participation in the Raging Grannies. *Health Care for Women International, 28*, 88-118.

Hyde, J. S., & DeLamater, J. D. (2020). *Understanding human sexuality* (14th ed.). New York: McGraw-Hill.

Hyman, B. T., Van Hoesan, G. W., Damasio, A. R., & Barnes, C. L. (1984). Alzheimer's disease: Cell-specific pathology isolates hippocampal formation. *Science, 225*, 1168-1170.

Iaffaldano, M. T., & Muchinsky, P. M. (1985). Job satisfaction and job performance: A meta-analysis. *Psychological Bulletin, 97*, 251-271.

Iams, H., & McCoy, J. (1991). Predictors of mortality among newly retired workers. *Social Security Bulletin, Vol. 54*, No. 3, 2-10.

Ikeman, B., Block, R, Avery, J., Niedra, R., Sulman, J., Tretowsky, S., & Yorke, E. (1987). Grief work with children: Access, clinical issues, community advocacy. In M. A. Morgan (Ed.), *Bereavement: Helping the survivors*. London, Ontario: King's College.

Ingraham, M. (1974). *My purpose holds: Reactions and experiences in retirement of TIAA/CREF annuitants*. New York: Educational Research Division , Teachers Insurance and Annuity Association-College Retirement Equities

Fund.

Insel, K. C., Einstein, G. O., Morrow, D. G., Koerner, K. M., & Hepworth, J. T. (2016). Multifaceted prospective memory intervention to improve medication adherence. *Journal of the American Geriatrics Society, 64*, 561-568.

Insel, P., & Roth, W. T. (1998). *Core concepts in health* (8th ed.). Mountain view, CA: Mayfield.

Jacklin, C. N. (1989). Male and female: Issues of gender. *American Psychologist, 44*, 127-133.

Jackson, M. A., Edmiston, A, M., & Bedi, R. (2020). Optimum refractive target in patients with bilateral implantation of extended depth of focus intraocular lenses. *Clinical ophthalmology, 14*, 455-462.

Jackson, S. L. (2015). *Research methods* (3rd ed.). Boston: Cengage.

Jacques, E. (1967). The mid-life crisis. In R. Owen (Ed.), *Middle age*. London: BBC.

Jacques, J. M., & Chason, K. J. (1979). Cohabitation: Its impact on marital success. *Family Coordinator, 28* (1), 35-39.

Jaffee, S., & Hyde, J. S. (2000). Gender differences in moral orientation: A meta-analysis. *Psychological Bulletin, 126* (5), 703-726.

Jagannathan, R., Patel, S. A., Ali, M. K., & Narayan, K. M. V. (2019). Global updates on cardiovascular disease mortality trends and attribution of traditional risk factors. *Current Diabetes Reports, 19* (7), 44.

James, J. W., & Cherry, F. (1988). *The grief recovery handbook*. New York: Harper & Row.

Jansen, S. W., van Heemst, D., van der Grond, J., Westendorp, R., & Oei, N. Y. (2016). Physiological responding to stress in middle-aged males enriched for longevity: A social stress study. *Stress, 19*, 28-36.

Jarvik, L . F., & Bank, L. (1983). Aging twins: Longitudinal aging data. In K. W. Schaie (Ed.), *Longitudinal studies of adult psychological development*. New York: Guilford Press.

Jayson, S. (2010). Free as a bird and loving it. In K. Gilbert (Ed.), *Annual editions: The family* 10/11 (pp. 47-48). Boston: McGraw-Hill.

Jerome, D. (1990). Intimate relationships. In J. Bond & P. Coleman (Eds.), *Aging in society: An introduction to social gerontology*. Newbury Park, CA: Sage.

Jindal, V. (2013). Glaucoma: An extension of various chronic neurodegenerative disorders. *Molecular Neurobiology*. doi:10.1007/s12035-013-846-8.

Jinesh, S. (2015). Pharmaceutical aspects of anti-inflammatory TNF-blocking drugs. *Inflammopharmacology, 23*, 71-77.

Johansson, O., Andersson, J., & Rönnberg, J. (2000). Do elderly couples have a better prospective memory than other elderly people when they collaborate? *Applied Cognitive Psychology, 14*, 121-133.

Johnston, L. D., O'Malley, P. M., & Bachman, J. G. (1995). *National survey results on drug use from the monitoring the future study, Vol. 1: Secondary school students*. Ann Arbor, MI: Institute of Social Research.

Jones, C. J., & Meredith, W. (1996). Patterns of personality change across the life span. *Psychology and Aging, 11*, 57-65.

Jones, J. H. (1981). *Bad blood: The Tuskegee syphilis experiment*. New York: Free.

Jones, W. E., Benge, J. F., & Scullin, M. k. (2021). Preserving prospective memory in daily life: A systematic review and meta-analysis of mnemonic strategy, cognitive training, external memory aid, and combination interventions. *Neuropsychology, 35*, 123-140.

Jones, W. H., Chernovetz, M. E., & Hansson, R. O. (1978). The enigma of androgyny: Differential implications for males and females? *Journal of Consulting and Clinical Psychology, 46*, 298-313.

Jones-Witters, P., & Witters, W. L. (1983). *Drugs and society*. Monterey, CA: Wadsworth Health Science.

Judd, F. K., Hickey, M., & Bryant, C. (2012). Depression and midlife: Are we overpathologising the menopause? *Journal of Affective Disorders, 136* (3), 199-211.

Julius, S. (1990, July 18). The association of borderline hypertension with target organ change and higher coronary risk. *Journal of American Medical Association*, 24-27.

Jung, C. G. (1931). Marriage as a psychological relationship (R. F. C. Hull, trans.). In C. G. Jung, *The collected works of C. G. Jung* (Vol. XX). *The development of personality*. Princeton: Princeton University Press, 1953.

Jung, C. G. (1933). *Modern man in search of a soul* (W. S. Dell, & C. F. Baynes, Trans.). New York: Harcourt, Brace.

Jung, C. G. (1953). *The relations between the ego and*

unconscious. In collected works (Vol. 7). Princeton: Princeton University Press (First German Edition, 1945).

Jung, C. G. (1954). The psychology of the transference. In The practice of psychotherapy. Collected Works, 16.

Jung, C. G. (1966). Two essays on analytic psychology. *In Collected works* (Vol. 7). Princeton, NJ: Princeton University Press.

Jung, C. G. (1959). The shadow. *In collected works, Vol. 9*, Part II. Princeton: Princeton University Press (First German edition, 1948).

Jung, C. G. (1961). *Memories, dreams, and reflections* (A. Jaffe, Ed., R. & G. Winston, trans.) New York: Vintage Books.

Jung, C. G. (1966). Two essays on analytic psychology. *In Collected works* (Vol. 7). Princeton, NJ: Princeton University Press.

Kaffman, M., & Elizur, E. (1979). Children's bereavement reactions following death of the father. *International Journal of Family Therapy, 1*, 203–229.

Kahn, R. L., & Antonucci, T. C. (1980). Convoys over the life course: Attachment, roles, and social support. In P. B. Baltes & O. G. Brim, Jr. (Eds.), *Life-span development and behavior* (Vol. 3). New York: Academic.

Kalat, J. W. (1992). *Biological psychology* (4th ed.). Belmont, CA: Wadsworth.

Kalish, R. (1985). The social context of death and dying. In R. Binstock & E. Shanas (Eds.), *Handbook of aging and the social sciences* (2nd ed.). New York: Van Nostrand Reinhold.

Kalish, R. (1989). *Midlife loss: Coping strategies*. Newbury Park, CA: Sage.

Kamath, T., & Abdulraouf, A., Burris, S. J., Langlieb, J., Gazestani, V., Nadaf, N. M., Balderrama, K., Vanderburg, C., & Macosko, E. Z. (2022). Single-cell genomic profiling of human dopamine neurons identifies a population that selectively degenerates in Parkinson's disease. *Nature. Neuroscience, 25* (5), 588–595.

Kantowitz, B. H., Roediger, H. L., & Elmes, D. G. (2015). *Experimental psychology* (10th ed.). Boston: Cengage.

Kart, C. S. (1990). *The realities of aging* (3rd ed.). Boston: Allyn & Bacon.

Kastenbaum, R. (1991). *Death, society, and human experience* (4th ed.). New York: Macmillan/Merrill.

Kastenbaum, R., & Aisenberg, R. (1972). *The psychology of death*. New York: Springer.

Kataoka, Y., Luo, Y., Chaimani, A., Onishi, A., Kimachi, M., Tsujimoto, Y., Murad, M. H., Li, T., Cipriani, A., & Furukawa, T. A. (2020). Cumulative network meta-analyses, practice guidelines, and actual prescriptions for postmenopausal osteoporosis: A meta-epidemiological study. *Archives of Osteoporosis, 15* (1), 21.

Katchadourian, H. (1987). *Fifty: Midlife in perspective*. New York: Freeman.

Kaufman, A. S., Kaufman, J. L., McLean, J. E., & Reynolds, C. R. (1991). Is the pattern of intellectual growth and decline across the adult life span different for men and women? *Journal of Clinical Psychology, 47*, 801–812.

Kawachi, I., Colditz, G. A., Stampfer, M. J., Willett, W. C., Manson, J. E., Rosner, B., Speizer, F. E., & Hennekens, C. H. (1993). Smoking cessation and decreased risk of stroke in women. *Journal of the American Medical Association, 269*, 232–236.

Keith, P. (1979). Life changes and perceptions of life and death among older men and women. *Journal of Gerontology, 34*, 870–878.

Keith, P. M., & Schafer, R. B. (1991). *Relationships and well-being over the life stages*. New York: Praeger.

Keller, J. W., Sherry, D., & Piotrowski, C. (1984). Perspectives on death: A developmental study. *Journal of Psychology, 116*, 137–142.

Kelly, R. M. (1991). *The gendered economy: Work, careers, and success*. Newbury Park, CA: Sage.

Kelvin, P., & Jarrett, J. E. (1985). *Unemployment: Its social, psychological effects*. Cambridge, MA: Cambridge University Press.

Kemmler, W., Engelke, K., & von Stengel, S. (2016). Long-term exercise and bone mineral density changes in postmenopausal women? Are there periods of reduced effectiveness? *Journal of Bone and Mineral Research, 31*, 215–222.

Kerchoff, A. C., & Davis, K. E. (1962). Value consensus and need complementarity in mate selection. *American Sociological Review, 27*, 295–303.

Kermis, M. D. (1984). *The psychology of human aging: Theory, research, and practice*. Boston: Allyn & Bacon.

Kessler, R. C., Foster, C., Webster, P. S., & House, J. S. (1992).

The relationship between age and depressive symptoms in two national surveys. *Psychology and Aging, 7*, 119-126.

Kiecolt-Glaser, J. K., & Glaser, R. (1995). Measurement of immune response. In S. Cohen, R. C. Kessler, & L. U. Gordon (Eds.), *Measuring stress: A guide for health and social scientists*. New York: Oxford University Press.

Kim-Fuchs, C., Le, C. P., Pimentel, M. A., Shackleford, D., Ferrari, D., Angst, E., Hollande, F., & Sloan, E. K. (2014). Chronic stress accelerates pancreatic cancer growth and invasion: A critical role for beta-adrenergic signaling in the pancreatic microenvironment. *Brain, Behavior, and Immunity, 40*, 40-47.

Kinicki, A. J., & Latack, J. C. (1990). Explication of the construct of coping with involuntary job loss. *Journal of Vocational Behavior, 36*, 339-360.

Kinsey, A. C., Pomeroy, W. B., & Martin, C. E. (1948). *Sexual behavior in the human male*. Philadelphia: Saunders.

Kinsey, A. C., Pomeroy, W. B., Martin, C. E., & Gebhard, P. H. (1953). *Sexual behavior in the human female*. Philadelphia: Saunders.

Kirk, R. E. (2013). Experimental design. In I. B. Weiner & others (Eds.), *Handbook of psychology* (Vol. 2, 2nd ed.). New York: Wiley.

Kirkpatrick, D. (1989). Will you be able to retire? *Fortune, 120* (3), 56-59.

Kirpatrick, L., & Davis, K. (1994). Attachment style, gender, and relationship stability: A longitudinal analysis. *Journal of Personality and Social Psychology, 66*.502-512.

Kirschenbaum, R. J. (1990). An interview with Howard Gardner. *The Gifted Child Today*, 26-32.

Klass, D. (1996). The deceased child in the psychic and social worlds of bereaved parents during the resolution of grief. In D. Klass, P. R. Silverman, & S. L. Nickman (Eds.), *Continuing bonds: New understandings of grief*. Washington, DC: Taylor & Francis.

Kleemeier, R. W. (1962). Intellectual change in the senium. *Proceedings of the Social Statistics Section of the American Statistical Association, 1*, 290-295.

Kluwe, R. H. (1986). Psychological research on problem solving and aging. In A. B. Frensen, F. E. Weinert, & L. R. Sherrod (Eds.), *Human development and the life course: Multidisciplinary perspectives*. Hillsdale, NJ: Erlbaum.

Knesek, G. E. (1992). Early versus regular retirement: Differences in measures of life satisfaction. *Journal of Gerontological Social Work, 19*, 3-34.

Kobasa, S., Maddi, S., & Kahn, S. (1982). Hardiness and health: A prospective study. *Journal of Personality and Social Psychology, 42*, 168-177.

Koch-Hattern, A. (1986). Siblings' experience of pediatric cancer: Interviews with children. *Health and Social Work, 11*, 107-117.

Kogan, N. (1983). Stylistic variation in childhood and adolescence: Creativity, metaphor, and cognitive style. In P. H. Mussen (Ed.), *Handbook of child psychology* (Vol. 3). New York: Wiley.

Kohlberg, L. A. (1966). cognitive developmental analysis of children's sex-role concepts and attitudes. In E. E. Maccoby (Ed.), *The development of sex differences*. Stanford, California: Stanford University Press.

Kohlberg, L. A. (1969). Stage and sequence: The cognitive-developmental approach to socialization. In D. A. Goslin (Ed.), *Handbook of socialization theory and research*. Chicago: Rand McNally.

Kohlberg, L. A. (1973). Continuities in childhood and adult moral development revisited. In P. Baltes & K. W. Schaie (Eds.), *Life-span developmental psychology: Personality and socialization*. New York: Academic.

Kohlberg, L. A. (1976). Moral stages and moralization: The cognitive development approach. In T. Likona (Ed.), *Moral development and behavior: Theory, research, and social issues*. New York: Holt, Rinehart, & Winston.

Kohlberg, L., & Ryncarz, R. A. (1990). Beyond justice reasoning: Moral development and consideration of a seventh stage. In C. N. Alexander & E. J. Langer (Eds.), *Higher stages of human development*. New York: Oxford University Press.

Kohlberg, L., Levine, C., & Hewer, A. (1983). *Moral stages: A current formulation and a response to critics*. Basel: Karger.

Kohn, M. L . (1980). Job complexity and adult personality. In N. J. Smelser & E. H. Erikson (Eds.), *Themes of work and love in adulthood*. Cambridge, MA: Harvard University Press.

Kohn, M. L., & Schooler, C. (1982). Job conditions and personality: A longitudinal assessment of their reciprocal effects. *American Journal of Sociology, 87*, 1257-1286.

Kokmen, E. (1984). Dementia Alzheimer type. *Mayo Clinic Proceedings, 59*, 35-42. Kossen, S. (1983). *The human side of organizations* (3rd ed.), New York: Harper & Row.

Kossen, S. (1983). *The human side of organizations* (3rd ed.), New York: Harper & Row.

Kotre, J. (1984). *Outliving the self: Generativity and the interpretation of lives*. Baltimore: The Johns Hopkins University Press.

Kramer, D. A. (1983). Postformal operations: A need for further conceptualization. *Human Development, 26*, 91-105.

Kramer. M., O'Mahony, S., & Deamant, C. (2022). Brain death determination and communication: An innovative approach using simulation and standardized patients. *Journal of Pain Symptom and Management, 63*, e765-e772.

Krämer, M. D., & Rodgers, J. L. (2020). The impact of having children on domain-specific life satisfaction: A quasi-experimental longitudinal investigation using the Socio-Economic Panel (SOEP) data. *Journal of Personality and Social Psychology, 119* (6), 1497-1514.

Kranz, A. M., Steiner, E. D., & Mitchell, J. M. (2022). School-based health services in Virginia and the COVID-19 pandemic. *Journal of School Health. 92* (5), 436-444.

Kronenberg, F. (1994). Hot flashes: Phenomenology, quality of life, and search for treatment options. *Experimental Gerontology, 29*, 319-336.

Kunzmann, U. (2019). Wisdom and successful aging: The Royal road to personality growth. In R. Fernandez-Ballesteros & others (Eds.), *Cambridge handbook of successful aging*. New York: Cambridge University Press.

Kübler-Ross, E. (1969). *On death and dying*. New York: Macmillan.

Kübler-Ross, E. (Ed.) (1975). *Death: The final stage of growth*. Englewood Cliffs, NJ: Prentice-Hall.

Kübler-Ross, E. (1981). *Living with death and dying*. New York: Macmillan.

Kurtines, W. M., & Gewirtz, J. (Eds.) (1991). *Moral behavior and development: Advances in theory, research, and application*. Hillsdale, NJ: Erlbaum.

Labouvie-Vief, G. (1985). Intelligence and cognition. In J. E. Birren & K. W. Schaie (Eds.), *Handbook on the psychology of aging* (2nd ed.). New York: Van Nostrand Reinhold.

Labouvie-Vief, G. (1986, August). *Modes of knowing and life-span cognition*. Paper presented at the meeting of the American Psychological Association, Washington, DC.

Labouvie-Vief, G. (1990a). Modes of knowledge and the organization of development. in M. L. Commons, L. Kohlberg, R. Richards, & J. Sinnott (Eds.), *Beyond formal operations: Models and methods in the study of adult and adolescent thought*. New York: Praeger.

Labouvie-Vief, G. (1990b). Wisdom as integrated thought: Historical and development perspectives. In R. J. Sternberg (Ed.), *Wisdom: Its nature, origins, and development*. Cambridge: Cambridge University Press.

Labouvie-Vief, G. (2006). Emerging structures of adult thought. In J. J. Arnett & J. L. Tanner (Eds.), *Emerging adults in America: Coming of age in the 21st century*. Washington, DC: American Psychological Association.

Labouvie-Vief, G. (2015). *Integrating emotions and cognition throughout the lifespan*. New York: Springer.

Labouvie-Vief, G., & Gonda, J. N. (1976). Cognitive strategy training and intellectual performances in the elderly. *Journal of Gerontology, 31*, 327-332.

Labouvie-Vief, G., & Schell, D. A. (1982). Learning and memory in later life. In B. B. Wolman (Ed.), *Handbook of developmental psychology*. Englewood Cliffs, NJ: Prentice Hall.

Ladin K., Lin N., Hahn E., Zhang G., Koch-Weser S., Weiner D. E. (2017). Engagement in decision-making and patient satisfaction: A qualitative study of older patients' perceptions of dialysis initiation and modality decisions. *Nephrology, Dialysis, Transplantation, 32*, 1394-1401.

LaForge, R. G., Spector, W. D., & Sternberg, J. (1992). The relationship of vision and hearing impairment to one-year mortality and functional decline. *Journal of Aging and Health, 4* (1), 126-148.

Lagraauw, H. M., Kuiper, J., & Bot, I. (2015). Acute and chronic psychological stress as risk factors for cardiovascular disease: Insights gained from epidemiological, clinical, and experimental studies. *Brain, Behavior, and Immunity, 50*, 18-30.

Lakatta, E. G. (1990). Changes in cardiovascular function with aging. *European Heart Journal, 11c*, 22-29.

Lalley, P. M. (2013). The aging respiratory system pulmonary structure, function, and neural control. *Respiratory Physiology and Neurology, 187*, 199-210.

Lamanna, M. A., & Riedmann, A. (1991). *Marriages and families: Making choices and facing change* (4th ed.). Belmont, CA: Wadsworth.

Lambiase, A., Aloe, L., Centofanti, M., Parisi, V., Mantelli, F., Colafrancesco, V., … Levi-Montalcini, R. (2009). Experimental and clinical evidence of neuroprotection by nerve growth factor eye drops: Implications for glaucoma. *Proceedings of the National Academy of Sciences of the United States of America, 106*, 13469-13474.

Lansdown, R., & Benjamin, G. (1985). The development of the concept of death in children aged 5-9 years. *Child Care, Health, and Development, 11*, 13-30.

Lapsley, D. K. (1993). *Moral psychology after Kohlberg*. Unpublished manuscript, Department of Psychology, Brandon University, Manitoba.

Lapsley, D. K., Harwell, M. R., Olson, L. M., Flannery, D., & Quintana, S. M. (1984). Moral judgment, personality, and attitude toward authority in early and late adolescence. *Journal of Youth and Adolescence, 13*, 527-542.

Latorre, J. M., Serrano, J. P., Ricarte, J., Bonete, B., Ros, L., & Sitges, E. (2015). Life review based on remembering specific positive events in active aging. *Journal of Aging and Health, 27*, 140-157.

Lauer, J., & Lauer, R. (1985). Marriage made to last. *Psychology Today, 19* (6), 22-66.

Lawrence B. J., Jayakody D. M., Bennett R. J., Eikelboom R. H., Gasson N., & Friedland P. L. (2020). Hearing loss and depression in older adults: A systematic review and meta-analysis. *The Gerontologist, 60*, e137-e154.

Lee, G. R., & Shehan, C. L. (1989). Retirement and marital satisfaction. *Journal of Gerontology, 44*, 226-230.

Lee, P. R., Franks, P., Thomas, G. S., & Paffenbarger, R. S. (1981). *Exercise and health: The evidence and its implications*. Cambridge, MA: Oelgeschlager, Gunn, & Hain.

Lee, S., Charles, S. T., & Almeida, D. M. (2021). Change is good for the brain: Activity diversity and cognitive functioning across adulthood. *Journals of Gerontology B: Psychological Sciences and Social Sciences, 76* (6), 1036-1048.

Lee, T. R., Mancini, J. A., & Maxwell, W. (1990). Sibling relationships in adulthood: Contact patterns and motivation. *Journal of Marriage and the Family, 52*, 431-440.

Leedy, P. D., & Ormrod, J. E. (2013). *Practical research* (10th ed.). Upper Saddle River, NJ: Pearson.

Leedy, P. D., & Ormrod, J. E. (2016). *Practical research* (11th ed.). Upper Saddle River, NJ: Pearson.

Lehman, H. C. (1953). *Age and achievement*. Princeton, NJ: Princeton University Press.

Lehman, H. C. (1960). The age decrement in outstanding scientific creativity. *American Psychologist, 15*, 128-134.

Lei, T. (1994). Being and becoming moral in a Chinese culture: Unique or universal? *Cross Cultural Research: The Journal of Comparative Social Science, 28*, 59-91.

Leitner, M. J., & Leitner, S. F. (1985). *Leisure in later life*. Binghamton, NY: The Haworth Press.

Lemann, N. (1986, June). The origins of the underclass. *The Atlantic*, 31-35.

Lerma, E. V. (2009). Anatomic and physiologic changes of the aging kidney. *Clinics in Geriatric Medicine, 25*, 325-329.

Levin, J . A., Fox, J . A., & Forde, D. R. (2014). *Elementary statistics in social research* (12th ed.). Upper Saddle River, NJ: Pearson.

Levine, R. (1980). Adulthood among the Gusii of Kenya. In N. J. Smelser & E. H. Erikson (Eds.), *Themes of work and love in adulthood*. Cambridge, MA: Harvard University Press.

Levinson, D. J. (1978). *The seasons of a man's life*. New York: Knopf.

Levinson, D. J. (1980). Conceptions of the adult life course. In N. J. Smelser & E. H. Erikson. (Eds.), *Themes of work and love in adulthood*. Cambridge, MA: Harvard University Press.

Levinson, D. J. (1984). The career is in the life structure, the life structure is in the career: An adult development perspective. In M. B. Arthur, L. Bailyn, D. J. Levinson, & H. Shepard (Eds.), *Working with careers*. New York: Columbia University, School of Business.

Levinson, D. J . (1986). A conception of adult development. *American Psychologist, 41*, 3-13.

Levinson, D. J. (1990). A theory of life structure in adulthood.

In C. N. Alexander & E. J. Langer (Eds.), *Higher stages of human development: Perspectives on adult growth*. New York: Oxford University Press.

Levinson, D. J. (1996). *The seasons of a woman's life*. New York: Knopf.

Levy, S. M., Herberman, R. B., Lee, T., Whiteside, T., Kirkwood, J., & McFeeley, S. (1990). Estrogen receptor concentration and social factors as predictors of natural killer cell activity in early stage breast cancer patients. *Natural Immunity and Cell Growth Regulation, 9*, 313-324.

Lewis, J. P., & Allen, J. (2017). Alaska native elders in recovery: Linkages between indigenous cultural generativity and sobriety to promote successful aging. *Journal of Cross-Cultural Gerontology, 32* (2), 209-222.

Lewis, M. I., & Butler, R. N. (1974). Life-review therapy: Putting memories to work in individual and group psychotherapy. *Geriatrics, 29*, 165-173.

Lewis, R. A., Volk, R. J., & Duncan, S. F. (1989). Stress on fathers and family relationships related to rural youth leaving and returning home. *Family Relations, 38*, 174-181.

Liben, L. S., & Signorella, M. L. (1993). Gender schematic processing in children: The role of initial interpretations of stimuli. *Developmental Psychology, 29*, 141-149.

Lieberman, M. A., & Peskin, H. (1992). Adult life crises. In J. E. Birren, R. B. Sloane, & G. D. Cohen (Eds.), *Handbook of mental health and aging* (2nd ed.). San Diego: Harcourt Brace.

Liebowitz, M. (1983). *The chemistry of love*. Boston: Little, Brown and company.

Light, L. L. (1991). Memory and aging: Four hypotheses in search of data. *Annual Review of Psychology, 42*, 333-376.

Light, L. L. (1992). The organization of memory in old age. In F. I. M. Craik & T. A. Salthouse (Eds.), *The handbook of aging and cognition*. Hillsdale, NJ: Erlbaum.

Li-Korotky, H. S. (2012). Age-related hearing loss: Quality of care for quality of life . *The Gerontologist, 52*, 265-271.

Lincourt, A. E., Hoyer, W. J., & Cerella, J. (1997, November). Aging and the development of instance-based automaticity. *Psychonomic Society Meetings*, Philadelphia, PA.

Linn, M. W., Sandifer, R., & Stein, S. (1985). Effects of unemployment on mental and physical health. *American Journal of Public Health, 75*, 502-506.

Liu, H., Elliott, S., & Umberson, D. J. (2010). Marriage in young adulthood. In J. E. Grant & M. N. Potenza (Eds.), *Young adult mental health*. New York, NY: Oxford University Press.

Liu, Y., & Lachman, M. E. (2020). Education and cognition in middle age and later life: The mediating role of physical and cognitive activity. *Journals of Gerontology B: Psychological Sciences and Social Sciences, 75* (7), e93-e104.

Lock, M. (1986). Ambiguities of aging: Japanese experience and perceptions of menopause. *Culture, Medicine, and Psychiatry, 10*, 23-46.

Loevinger, J. (1976). *Ego development*. San Francisco: Jossey-Bass.

London, M., & Greller, M. M. (1991). Demographic trends and vocational behavior: A twenty year retrospective and agenda for the 1990s. *Journal of Vocational Behavior, 38*, 125-164.

Loprinzi, P. D. (2015). Dose-response association of moderate-to-vigorous physical activity with cardiovascular biomarkers and all-cause mortality: Considerations by individual sports, exercise and recreational physical activities. *Preventive Medicine, 81*, 73-77.

Lowenthal, M., Thurnher, M., & Chiriboga, D. (1975). *Four stages of life*. San Francisco: Jossey-Bass.

Lund, D. A., Caserta, M., & Dimond, M. (1993). The course of spousal bereavement in later life. In M. Stroebe, W. Stroebe, & R. Hanson (Eds.), *Handbook of bereavement*. Cambridge University Press.

Maas, H. S. (1989). Social responsibility in middle age: Prospective and preconditions. In S. Hunter & M. Sundel (Eds.), *Midlife myths: Issues, findings, and practical implications*. Newbury Park, CA: Sage.

Maccoby, E. E. (1990). Gender and relationships: A developmental account. *American Psychologist, 45*, 513-520.

Maccoby, E. E., & Jacklin, C. N. (1974). *The psychology of sex differences*. Stanford, California: Stanford University Press.

Madden, D. J. (1992). Four to ten milliseconds per year: Age-related slowing of visual word identification. *Journal of Gerontology: Psychological Sciences, 47*, 59-68.

Madill, A. (2012). Interviews and interviewing techniques. In H. Cooper (Ed.), *APA handbook of research methods in psychology*. Washington, DC: American Psychological Association.

Madrasi, K., Li, F., Kim, M. J., Samant, S., Voss, S., Kehoe, T., Bashaw, E. D., Ahn, H. Y., Wang, Y., Florian, J., Schmidt, S., Lesko, L. J., & Li, L. (2018). Regulatory Perspectives in Pharmacometric Models of Osteoporosis. *Journal of Clinical Pharmacology, 58* (5), 572-585.

Maeda, T., Mandai, M., Sugita, S., Kime, C., & Takahashi, M. (2022). Strategies of pluripotent stem cell-based therapy for retinal degeneration: Update and challenges. *Trends in Molecular Medicine. 28* (5). 388-404.

Malcolm, A. H. (1984, September 23). Many see mercy in ending empty lives. *The New York Times,* 1, 56.

Mallinckrodt, B., & Fretz, B. R. (1988). Social support and the impact of job loss on older professionals. *Journal of Counseling Psychology, 35*, 281-286.

Manard, M., Carabin, D., Jasper, M., & Collette, F. (2015). Age-related decline in cognitive control: The role of fluid intelligence and processing speed. *BMC Neuroscience, 15*, 88-97.

Mantyh, P. W. (2014). The neurobiology of skeletal pain. *European Journal of Neuroscience, 39*, 508-519.

Marcia, J. E. (1993). The relational roots of identity. In J. Kroger (Ed.), *Discussions on ego identity*. Hillsdale, NJ: Lawrence Erlbaum.

Markus, H., & Cross, S. (1990). The interpersonal self. In L. Pervin (Ed.), *Hanbook of personality: Theory and research*. New York: Guilford.

Markus, H., & Nurius, P. (1986). Possible selves. *American Psychologist, 41*, 954-969.

Marra, K. V., Wagley, S., Kuperwaser, M. C., Campo, R., & Arroyo, J. G. (2016). Care of older adults: Role of primary care physicians in the treatment of cataracts and macular degeneration. *Journal of American Geriatrics Society, 64*, 369-377.

Marshall, V., & Levy, J. (1990). Aging and dying. In R. Binstock & L. George (Eds.), *Handbook of aging and the social sciences* (3rd ed.). New York: Academic Press.

Marsiglio, W., & Donnelly, D. (1991/Nov.). Sexual relations in later life: A national study of married persons. *Journal of Gerontology: Social Sciences, 46* (6), 338-344.

Martin, C. L., & Halverson, C. F., Jr. (1983). The effects of sex-typing schemas on young children's memory. *Child Development, 54*, 563-574.

Martin-Matthews, A. (1988). Widowhood as an expectable life event. In V. Marshall (Ed.), *Aging in Canada: Social perspectives* (2nd ed.). Markham, Ont.: Fitzhenry and Whiteside.

Martindale, J. A., & Moses, M. J. (1991). *Creating your own future: A woman's guide to retirement planning*. Naperville, IL: Sourcebooks Trade.

Martocchio, J. J. (1989). Age-related differences in employee absenteeism: A meta-analysis. *Psychology and Aging, 4*, 409-414.

Maslach, C., & Jackson, S. E. (1985). Burnout in health professions: A social psychological analysis. In G. Sanders & J. Suls (Eds.), *Social psychology of health and illness*. Hillsdale, NJ: Erlbaum.

Maslow, A. H. (1970). *Motivation and personality* (2nd ed.). New York: Harper & Row.

Maslow, A. H. (1971). *The farther reaches of human nature*. New York: Viking Press.

Masoro, E. J. (1990). Animal models in aging research. In E. L. Schneider & J. W. Rowe (Eds.), *Handbook of the biology of aging* (3rd ed). San Diego: Academic Press.

Masters, W. H., & Johnson, V. E. (1966). *Human sexual response*. Boston: Little, Brown.

Masters, W. H., & Johnson, V. E. (1981). Sex and the aging process. *Journal of the American Geriatrics Society, 29*, 385-390.

Matarazzo, J. D. (1972). *Wechsler's measurement and appraisal of adult intellignece* (5th ed.). Baltimore: Williams & Wilkins.

Mather, K. A., Jorm, A. F., Parslow, R. A., & Christensen, H. (2011). Is telomere length a biomarker of aging? *A review. Journals of Gerontology. Series A, Biological Sciences and Medical Sciences, 66*, 202-213.

Matsukura, S., Taminato, T., Kitano, N., Seino, Y., Hamada, H., Uchihashi, M., Nakajima, H., & Hirata, Y. (1984). Effects of environmental tobacco smoke on urinary cotinine excretion in nonsmokers. *New England Journal of Medicine, 311* (13), 828-832.

Matteson, M. A. (1988). Age-related changes in the integument. In M. A. Matteson & E. S. McConnell (Eds.), *Gerontological nursing: Concepts and practice*. Philadelphia: Saunders.

Matteson, M. A., & McConnell, E. S . (1988). *Gerontological nursing: Concepts and practice*. Philadelphia: W. B. Saunders Co.

Matthews, A. M., & Brown, K. H. (1987). Retirement as a critical life event: The differential experiences of men and women. *Research on Aging, 9*, 548-571.

Matthews, K. A. (1992). Myths and realities of the menopause. *Psychosomatic Medicine, 54*, 1-9.

Maylor, E. A. (1996). Does prospective memory decline with age ? In M. Brandimonte, G. O. Einstein, & M. A. McDaniel (Eds.), *Prospective memory theory and applications*. N J: Lawrence Erlbaum Associates.

Maynard, S., Fang, E. F., Scheibye-Knudsen, M., Croteau, D. L., & Bohr, V. A. (2015). DNA damage, DNA repair, aging, and neurodegeneration. *Cold Spring Harbor Perspectives in Medicine, 5* (10).

McAdams, D. P. (1992). The five-factor model in personality: A critical appraisal. *Journal of Personality, 60*, 329-361.

McAuley, E. (1992). Understanding exercise behavior: A self-efficacy perspective. In G. C. Roberts (Ed.), *Understanding motivation in exercise and sport*. Champaign, IL: Human Kinetics.

McAuley, E., Lox, L., & Duncan, T. E. (1993). Longterm maintenance of exercise, self-efficacy, and physiological change in older adults. *Journal of Gerontology: Psychological Sciences, 48*, 218-224.

McCann, I. L., & Holmes, D. S. (1984). Influence of aerobic exercise on depression. *Journal of Personality and Social Psychology, 46* (5), 1142-1147.

McClure, M., Jorna, T., Wilkinson, N., & Taylor, J. (2017). Elderly patients with chronic kidney disease: Do they really need referral to the nephrology clinic? *Clinical Kidney Journal, 10* (5), 698-702.

McCrae, R. R. (2021). The five-factor model of personality. In P. J. Corr & G. Matthews (Eds.), *Cambridge handbook of personality psychology* (2nd ed.). New York: Cambridge.

McCrae, R. R., & Costa, P. T., Jr. (1984). *Emerging lives, enduring dispostions*. Boston: Little, Brown.

McCrae, R. R., & Costa, P. T., Jr. (1990). *Personality in adulthood*. New York: Guilford.

McCrae, R. R., & Costa, P. T., Jr. (2003). *Personality in adulthood: A five-factor theory perspective* (2nd ed.). New York, NY: Guilford Press.

McCrae, R. R., & Costa, P. T., Jr. (2006). Cross-cultural perspectives on adult personality trait development. In D. K. Mroczek & T. D. Little (Eds.), *Handbook of personality development*. Mahwah, NJ: Erlbaum.

McCrae, R. R., Costa, P. T., Jr., & Busch, C. M. (1986). Evaluating comprehensiveness in personality system: The California Q-set and the five factor model. *Journal of Personality, 54*, 430-446.

McEvoy, G. M., & Cascio, W. F. (1989). Cumulative evidence of the relationship between employee age and job performance. *Journal of Applied Psychology, 74*, 11-17.

McFalls, J. A., Jr. (1990). The risks of reproductive impairment in the later years of childbearing. *Annual Review of Sociology, 16*, 491-519.

McLoyd, V. C. (1989). Socialization and development in a changing economy: The effects of paternal job and income loss on children. *American Psychologist, 44* (2), 293-302.

McMillan, L. (1990). Grandchildren, chocolate, and flowers. *Australian Journal on Ageing, 9* (4), 13-17.

McMillan, C. T., Avants, B. B., Cook, P., Ungar, L., Trojanowski, J. Q., & Grossman, M. (2014). The Power of neuroimaging biomarkers for screening frontotemporal dementia. *Human Brain Mapping, 35* (9), 4827-4840.

McQuaid, C. (2021). *Understanding bereaved parents and siblings: A handbook for professionals, family, and friends*. Routledge.

Meacham, J. A. (1982). Wisdom and the context of knowledge: Knowing that one doesn't know. In D. Kuhn & J . A. Meacham (Eds.), *On the development of developmental psychology*. Basel, Switzerland: Karger.

Meacham, J. A. (1990). The loss of wisdom. In R. J. Sternberg (Ed.), *Wisdom: Its nature, origins, and development*. Cambridge: Cambridge University Press.

Merva, M., & Fowles, R. (1992). *Effects of diminished economic opportunities on social stress: Heart attacks, strokes, and crime* [Briefing paper]. Washington, DC: Economic Policy Institute.

Messerli, F. H. (1990). Hypertension in the elderly: How

innocent a bystander? In M. Bergener, M. Ermini, & H. B. Stahelin (Eds.), *Challenges in aging. Sandoz lectures in gerontology*. San Diego: Academic Press.

Mestre, T. A., Teodoro, T., Reginold, W., Graf, J., Kasten, M., Sale, J., Zurowski, M., Miyasaki, J., Ferreira, J. J., & Marras, C. (2014). Reluctance to start medication for Parkinson's disease: A mutual misunderstanding by patients and physicians. *Parkinsonism and Related Disorders, 20* (6), 608-612.

Meyer, B. J . F., Russo, C., & Talbot, A. (1995). Discourse comprehension and problem solving: Decisions about the treatment of breast cancer by women across the life span. *Psychology and Aging, 10*, 84-103.

Michalska-Malecka, K., Nowak, M., Go'sciniewicz, P., Karpe, J., Slowinska-Loz · ynska, L., Lypac-zewska, A., & Romaniuk, D. (2013). Results of cataract surgery in the very elderly population. *Clinical Interventions in Aging, 8*, 1041-1046.

Mick, P., Parfyonov, M., Wittich, W., Phillips, N., Guthrie, D., & Pichora-Fuller, M. K. (2018). Associations between sensory loss and social networks, participation, support, and loneliness: Analysis of the Canadian longitudinal study on aging. *Canadian Family Physician, 64* (1), e33-e41.

Micozzi, M. (1997). Exploring alternative health approaches for elders. *Aging Today, 18*, 9-12.

Mikkola, T. M., Polku, H., Portegijs, E., Rantakokko, M., Tsai, L. T., Rantanen, R., & Viljanen, A. (2016). Self-reported hearing is associated with time spent out-of-home and withdrawal from leisure activities in older community-dwelling adults. *Aging Clinical and Experimental Research, 28*, 297-302.

Milgram, S. (1974). *Obedience to authority: An experimental view*. New York: Harper & Row.

Miller, R. A. (1996). Aging and the immune response. In E. L. Schneider & J. W. Rowe (Eds.), *Handbook of the biology of aging* (4th ed.). San Diego, CA: Academic Press.

Miller, B. C., Norton, M. C., Curtis, T., Hill, E. J., Schvaneveldt, P., & Young, M. H. (1997). The timing of sexual intercourse among adolescents: Family, peer, and other antecedents. *Youth and Society, 29*, 54-83.

Miller, J. G., & Bland, C. G. (2014). A cultural perspective on moral development. In M. Killen & J. G. Smetana (Eds.), *Handbook of moral development* (2nd ed.). New York: Psychology Press.

Milsum, J. H. (1984). *Health, stress, and illness: A systems approach*. New York: Praeger.

Mioni, G., Rendell, P. G., Stablum, F., Gamberini, L., & Bisiacchi, P. S. (2015). Test-retest consistency of Virtual Week: A task to investigate prospective memory. *Neuropsychological Rehabilitation, 25*, 419-447.

Mischel, W. (1970). Sex typing and socialization. In P. H. Mussen (Ed.), *Carmichael's manual of child psychology* (Vol. 2). New York: Wiley.

Mishra, G. D., Cooper, R., Tom, S. E., & Kuh, D. (2009). Early life circumstances and their impact on menarche and menopause. *Women's Health, 5*, 175-190.

Mistretta, C. M. (1984). Aging effects on anatomy and neurophysiology of taste and smell. *Gerontology, 3*, 131-136.

Mitchell, E. S., & Woods, N. F. (2015). Hot flush severity during the menopausal transition and early postmenopause: Beyond hormones. *Climacteric, 18*, 536-544.

Mitchell, V., & Helson, R. (1990). Women's prime of life: Is it the 50s? *Psychology of Women Quarterly, 16*, 331-347.

Moen, P. (1991). Transitions in mid-life: Women's work and family roles in the 1970s. *Journal of Marriage and the Family, 53* (1), 135-150.

Moen, P. (1992). *Women's two roles: A contemporary dilemma*. New York: Auburn House.

Moen, P. (2009a). Careers. In D. Carr (Ed.), *Encyclopedia of the life course and human development*. Boston: Gale Cengage.

Moen, P. (2009b). Dual-career couples. In D. Carr (Ed.), *Encyclopedia of the life course and human development*. Boston: Gale Cengage.

Moieni, M., Seeman, T. E., Robles, T. F., Lieberman, M. D., Okimoto, S., Lengacher, C., Irwin, M. R., & Eisenberger, N. I. (2021). Generativity and social well-being in older women: Expectations regarding aging matter. *Journals of Gerontology B: Psychological Sciences and Social Sciences, 76* (2), 289-294.

Mok, Y., Sang, Y., Ballew, S. H., Rebholz, C. M., Rosamond, W. D., Heiss, G., Folsom, A. R., Coresh, J., & Matsushita, K. (2018). American heart association's life's simple 7 at middle age and prognosis after myocardial infarction in later life. *Journal of the American Heart Association, 7* (4), e007658.

Mola, J. R. (2015). Erectile dysfunction in the older adult male. *Urologic Nursing, 35* (2), 87-93.

Moradpour, F., Jahromi, M. K., Fooladchang, M., Rezaei, R., & Khorasani, M. R. S. (2020). Association between physical activity, cardiorespiratory fitness, and body composition with menopausal symptoms in early postmenopausal women. *Menopause, 27* (2), 230-237.

Morey, M. C. (1991). Two-year trends in physical performance following supervised exercise among community-dwelling older veterans. *Journal of the American Geriatrics Society, 39* (10), 986-992.

Morgan, J. C. (1979). *Becoming old*. New York: Springer.

Morin, C. M., & Gramling S. E. (1989). Sleep patterns and aging: Comparison of older adults with and without insomnia complaints. *Psychology and Aging, 4*, 290-294.

Morin, C. M., Savard, J., & Ouellet, M. C. (2013). Nature and treatment of insomnia. In I. B. Weiner & others (Eds.), *Handbook of psychology* (2nd ed., Vol. 9). New York: Wiley.

Morrell, C. H., & Brant, L. J. (1991). Modeling hearing thresholds in the elderly. *Statistics in Medicine, 10*, 1453-1464.

Morrison, A. M., & Von Glinow, M. A. (1990). Women and minorities in management. *American Psychologist, 45*, 200-208.

Morrison, L. A., Brown, D. E., Sievert, L. L., Reza, A., Rahberg, N., Mills, P., & Goodloe, A. (2014). Voices from the Hilo Women's Health Study: Talking story about menopause. *Health Care for Women International, 35*(5), 529-548.

Morrow, D. G., Leirer, V. O., Altieri, P. A., & Fitzsimons, C. (1994). When expertise reduces age differences in performance. *Psychology and Aging, 9*, 134-148.

Morse, C. K. (1993). Does variability increase with age?: An archival study of cognitive measures. *Psychology and Aging, 8*, 156-165.

Mosher, W. D., & Pratt, W. F. (1987). *Fecundity, infertility, and reproductive health in the United States, 1982* (Vital Health Statistics, Series 23, No. 14). Washington. DC: U.S. Government Printing Office, National Center for Health Statistics, S. Public Health Service.

Moshirfar, J., Milner, D., & Pael, B. C. (2022). Cataract surgery. *StatPearls*.

Mosley, J. D., Gupta, D. K., Tan, J., Yao, J., Wells, Q. S., Shaffer, C. M., Kundu, S., Robinson-Cohen, C., Psaty, B. M., Rich, S. S., Post, W. S., Guo, X., Rotter, J. I., Roden, D. M., Gerszten, R. E., & Wang, T. J. (2020). Predictive accuracy of a polygenic risk score compared with a clinical risk score for incident coronary heart disease. *JAMA, 323* (7), 627-635.

Moss, M. S., & Moss, S . Z. (1995). Death and bereavement. In R. Blieszner & V. H. Bedford (Eds.), *Handbook of aging and the family*. Westport, CT: Greenwood Press.

Moushegian, G. (1996, January). *Personal communication, program in psychology, and human development*. University of Texas at Dallas, Richardson, TX.

Mughal, S., Azhar, Y., & Siddiqui, W. J. (2022). Postpartum depression. *StatPearls*.

Mulligan, T., & Moss, C. (1991). Sexuality and aging in male veterans: A cross-sectional study of interest, ability, and activity. *Archives of Sexual Behavior, 20*, 17-25.

Munoz-Ramon, P. V., Hernandez Martinez, P., & Munoz-Negrete, F. J. (2020). New therapeutic targets in the treatment of age-related macular degeneration. *Archivos de la Sociedad Espanola de Oftalmologia, 95*, 75-83.

Murphy, C. (1983). Age-related effects on the threshold psychophysical function, and pleasantness of menthol. *Journal of Gerontology, 38*, 217-222.

Murphy, S., Johnson, L., & Wu, L. (2003). Bereaved parents' outcomes 4 to 60 months after their children's death by accident, suicide, or homicide: A comparative study demonstrating differences. *Death Studies, 27*, 39-61.

Murstein, B. I. (1970). Stimulus-value-role: A theory of marital choice. *Journal of Marriage and the Family, 32*, 465-481.

Mussen, P. H., Honzik, M., & Eichorn, D. (1982). Early adult antecedents of life satisfaction at age 70. *Journal of Gerontology, 37*, 316-322.

Muuss, R. E. H. (1988). *Theories of adolescence* (5th ed.). New York: Random House.

Myrtek, M. (2007). *Type A behavior and hostility as independent risk factors for coronary heart disease*. Washington, DC: American Psychological Association.

Myslinski, N. R. (1990). The effects of aging on the sensory systems of the nose and mouth. *Topics in Geriatric Rehabilitation, 5* (4), 21-30.

Naisbitt, J. (1984). *Megatrends*. New York: Warner Books.

Nasiri, S. (2015). Severity of menopausal symptoms and related factors among 40 to 60 year old women. *Nursing and Midwifery Studies, 4* (1), e22882.

National Eye Institute. (2019). *Diabetic retinopathy*. https://www.nei.nih.gov/learn-about-eye-health/eye-conditions-and-diseases/diabetic-retinopathy

Neugarten, B. L. (1964). *Personality in middle and late life: Empirical studies*. New York: Atherton Press.

Neugarten, B. L. (1967). The awareness of middle age. In R. Owen (Ed.), *Middle age*. London: BBC.

Neugarten, B. L. (1977). Personality and aging. In J. E. Birren & K. W. Schaie (Eds.), *Handbook of the psychology of aging*. New York: Van Nostrand Reinhold.

Neugarten, B. L., & Hagestad, G. (1976). Age and the life course. In H. Binstock & E. Shanas (Eds.), *Handbook of aging and the social sciences*. New York: Van Nostrand Reinhold.

Neugarten, B. L., & Neugarten, D. A. (1986). Changing meaning of age in the aging society. In A. Pifer & L. Bronte (Eds.), *Our aging society: Paradox and promise*. New York: Norton.

Neugarten, B. L., & Neugarten, D. A. (1987, May). The changing meanings of age. *Psychology Today*, 29-33.

Neugarten, B. L., Havighurst, R. J., & Tobin, S. S. (1968). Personality and patterns of aging. In B. L. Neugarten(Ed.), *Middle age and aging*. Chicago: University of Chicago Press.

Neugarten, B., Moore, J. W., & Lowe, J. C. (1965). Age norms, age constraints, and adult socialization. *American Journal of Sociology, 70*, 710-717.

Neulinger, J. (1981). *The psychology of leisure*. Springfield, IL: Charles Thomas.

Neuman, W. L. (2020). *Social science research methods* (8th ed.). Upper Saddle River, NJ: Pearson.

Newkirk, L. A., Dao, V. L., Jordan, J. T., Alving, L. I., Davies, H. D., Hewett, L., Beaudreau, S. A., Schneider, L. D., Gould, C. E., Chick, C. F., Hirst, R. B., Rose, S. M. S., Anker, L. A., Tinklenberg, J. R., & O'Hara, R. (2020). Factors associated with supportive care service use among California Alzheimer's disease patients and their caregivers. *Journal of Alzheimer's Disease, 73* (1), 77-86.

Newman, B. M. (1982). Midlife development. In B. Wolman (Ed.), *Handbook of developmental psychlolgy*. Englewood Cliffs, NJ: Prentice-Hall.

Nicolaisen, M., Thorsen, K., & Eriksen, S. H. (2012). Jump into the void? Factors related to a preferred retirement age: Gender, social interests, and leisure activities. *International Journal of Aging and Human Development, 75* (3), 239-271.

Nisan, M. (1987). Moral norms and social conventions: A cross-cultural comparison. *Developmental Psychology, 23*, 719-725.

Niu, K., Momma, H., Kobayashi, Y., Guan, L., Chujo, M., Otomo, A., Ouchi, E., & Nagatomi, R. (2016). The traditional Japanese dietary pattern and longitudinal changes in cardiovascular disease risk factors in apparently healthy Japanese adults. *European Journal of Nutrition, 55*, 267-279.

Nock, S. L., & Kingston, P. W. (1988). Time with children: The impact of couples' worktime commitment. *Social Forces, 67*, 59-85.

Nord, W. R. (1977). Job satisfaction reconsidered. *American Psychologist, 32*.

Norris, F. H., & Murrel, S. A. (1990). Social support, life events, and stress as modifiers of adjustment to bereavement by older adults. *Psychology and Aging, 5*, 429-436.

Notelovitz, M., & Ware, M. (1983). *Stand tall: The informed woman's guide to preventing osteoporosis*. Gainesville, FL: Triad.

Nucci, L. P., & Nucci, M. S. (1982). Children's social interactions in the context of moral and conventional transgressions. *Child Development, 53*, 403-412.

Nucci, L. P., & Turiel, E. (1978). Social interactions and development of social concepts in preschool children. *Child Development, 49*, 400-407.

Nyholm, D., & Bergquist, F. (2022). Optimizing treatment for Parkinson's disease. *Journal of Personalized Medicine, 12* (2), 245.

O'Connor, D., & Wolfe, D. M. (1991). From crisis to growth at midlife: Changes in personal paradigm. *Journal of Organizational Behavior, 12* (4), 323-340.

OECD(2020). *OECD employment outlook*.

Oestreich, T., Sayre, G., O'Hare, A. M., Curtis, J. R., & Wong, S. (2020). Perspectives on conservative care in advanced kidney disease: A qualitative study of US patients and family members. *American Journal of Kidney Diseases, 77*, 355-364.

O'Hanlon, A. M., Schaie, K. W., Haessler, S., & Willis, S. L. (1990, November). *Perceived intellectual performance change over seven years*. Paper presented at the annual meeting of the Gerontological Society of America, Boston, MA.

O'Hara, M. W., Hinrichs, J. W., Kohout, F. J., Wallace, R. B., & Lemke, J. (1986). Memory complaint and memory performance in depressed elderly, *Psychology and Aging, 1*, 208-214.

Okun, M. A. (1976). Adult age and cautiousness in decision: A review of the literature. *Human Development, 19*, 220-233.

Okun, S. (1988, January 29). Opera coach died in his "house of worship." *New York Times*, pp. B1, B3.

Olafsdottir, E., Andersson, D. K., & Stefansson, E.(2012). The prevalence of cataract in a population of with and without type 2 diabetes mellitus. *Acta Ophthalmologica, 90*, 334-340.

Olshansky, S. J., & Carnes, B. A. (2004). In search of the holy grail of senescence. In S. G. Post & R. H. Binstock (Eds.), *The fountain of youth: Cultural, scientific, and ethical perspectives on a biomedical goal*. New York, NY: Oxford University Press.

Olsho, L. W., Harkins, S. W., & Lenhardt, M. (1985). Aging and the auditory system. In J. E. Birren & K. W. Schaie (Eds.), *Handbook of the psychology of aging* (2nd ed.). New York: Van Nostrand Reinhold.

Ortega-Montiel, J., Posadas-Romero, C., Ocampo-Arcos, W., Medina-Urrutia, A., Cardoso-Saldana,G., Jorge-Galarza, E., & Posadas-Sanchez, R.(2015). *Self-perceived stress is associated with adiposity and atherosclerosis: The GEA Study*. BCM Public Health. 15, 780.

Orthner, D. K. (1981). *Intimate relationships*. Reading, MA: Addison-Wesley.

Osgood, N. J. (1991). Prevention of suicide in the elderly. *Journal of Geriatric Psychiatry, 24* (2), 293-306.

Ossip-Klein, D. J., Doyne, E. J., Bowman, E. D., Osborn, K. M., McDougall-Wilson, I . B., & Neimeyer, R. A. (1989). Effects of running or weight lifting on self-concept inclinically depressed women. *Journal of Consulting and Clinical Psychology, 57*, 158-161.

Ouwehand, C., de Ridder, D. T., & Bensing, J. M.(2007). A review of successful aging models: Proposing proactive coping as an important additional strategy. *Clinical Psychology Review, 43*, 101-116.

Owsley, C., Huisingh, C., Clark, M. E., Jackson, G. R., & McGwin, G., Jr. (2016). Comparison of visual function in older eyes in the earliest stages of age related macular degeneration to those in normal macular health. *Current Eye Research, 41*, 266-272.

Oxtoby, N. P., Leyland, L.-A., Aksman, L. M., Thomas, G. E. C., Bunting, E. L., Wijeratne, P. A., Young, A. L., Zarkali, A., Tan, M. M. X., Bremner. F. D., Keane, P. A., Morris, H. R., Schrag, A. E., Alexander, D. C., & Weil, R. S. (2021). Sequence of clinical and neurodegeneration events in Parkinson's disease progression. *Brain, 144*, 975-988.

Pacala, J. T., & Yeuh, B. (2012). Hearing defects in the older patient: "I didn't notice anything." *Journal of the American Medical Association, 307*, 1185-1194.

Paffenbarger, R. S., Hyde, R. T., Wing, A. L., Lee, I. Jung, D. L., & Kampert, J. B. (1993). The association of changes in physical-activity level and other lifestyle characteristics with mortality among men. *New England Journal of Medicine, 328*, 538-545.

Pageon, H., Zucchi, H., Rousset, F., Monnier, V. M., & Asselineau, D. (2014). Skin aging by glycation: Lessons from the reconstructed skin model. *Clinical Chemistry and Laboratory Medicine, 52*(1), 169-174.

Palmore, E. B., & Cleveland, W. (1976). Aging, terminal decline, and terminal drop. *Journal of Gerontology, 31*, 76-81.

Palmore, E. B., Burchett, B. M., Fillenbaum, C. G., George, L . K., & Wallman, L. M. (1985). *Retirement: Causes and consequences*. New York: Springer.

Papalia, D. E., Camp, C. J., & Feldman, R. D. (1996). *Adult development and aging*. New York: McGraw-Hill.

Papalia, D. E., Olds, S. W., & Feldman, R. D. (1989). *Human development*. New York: McGraw-Hill.

Papalia, D. E., Sterns, H. L., Feldman, R. D., & Camp, C. J. (2007). *Adult development and aging* (3rd ed.). New

York: McGraw-Hill.

Pardini, A. (1984, April-May). Exercise, vitality, and aging. *Aging*, 19-29.

Park, D. C., & Farrell, M. E. (2016). The aging mind in transition: Amyloid deposition and progression toward Alzheimer's disease. In K. W. Schaie & S. L. Willis (Eds.), *Handbook of the psychology of aging* (8th ed.). New York: Elsevier.

Parkes, C. M. (1972). *Bereavement: Studies of grief in adult life*. New York: International University Press.

Parkes, C. M. (1975). Determinants of outcome following bereavement. *Omega, 6*, 303-323.

Parkes, C. M. (1991). Attachment, bonding, and psychiatric problems after bereavement in adult life. In C. M. Parkers, J. Stevenson-Hinde, & P. Marris (Eds.), *Attachment across the life cycle*. London, UK: Tavistock/Routledge.

Parkes, C. M. (1993). Bereavement as a psychosocial transition: Processes of adaptation to change. In M. S. Stroebe, W. Stroebe, & R. O. Hansson (Eds.), *Handbook of bereavement: Theory, research, and intervention*. New York: Cambridge University Press.

Parkes, C. M. (2006). *Love and loss: The roots of grief and its complications*. London, UK: Routledge.

Parkes, C. M., & Brown. R. J. (1972). Health after bereavement: A controlled study of young Boston widows and widowers. *Psychosomatic medicine, 34*, 449-461.

Parkes, C. M., Benjamin, R., & Fitzgerald, R. A. (1969). Broken heart: A statistical study of increased mortality among widowers. *British Medical Journal, 1*, 740-743.

Pattison, E. M. (1977). The experience of dying. In E. M. Pattison (Ed.), *The experience of dying*. Englewood Cliffs, NJ: Prentice-Hall.

Paydar, M., & Johnson, A. A. (2020). Dietary intake, physical activity, and metabolic syndrome in African Americans, Hispanics, and Whites. *Journal of the American Medical Association, 112*, 215-224.

Pearlin, L. I. (1980). Life strains and psychological distress among adults. In N. J. Smelser & E. H. Erikson (Eds.), *Themes of work and love in adulthood*. Cambridge, MA: Harvard University Press.

Pearson, J. C. (1996). Forty-forever years? Primary relationships and senior citizens. In N. Vanzetti & S. Duck (Eds.), *A lifetime of relationships*. Pacific Grove, CA: Brooks/Cole.

Peck, R. C. (1968). Psychological developments in the second half of life. In B. L. Neugarten (Ed.), *Middle age and aging*. Chicago: University of Chicago Press.

Pedrick-Cornell, C., & Gelles, R. J. (1982). Elder abuse: The status of current knowledge. *Family Relations, 31*, 457-465.

Penick, N. I., & Jepsen, D. A. (1992). Family functioning and adolescent career development. Special section: Work and family concerns. *Career Development Quarterly, 40*, 208-222.

Peng, W., Li, Z., Guan, Y., Wang, D., & Huang, S. (2016). A study of cognitive functions in female elderly patients with osteoporosis: A multi-center cross-sectional study. *Aging & Mental Health, 20*, 647-654.

Peppers, L. G., & Knapp, R. (1980). Maternal reactions to involuntary fetal infant death. *Psychiatry, 43*, 155-159.

Perrucci, C. C., Perrucci, R., & Targ, D. B. (1988). *Plant closings*. New York: Aldine.

Perry, D. G., & Bussey, K. (1979). The social learning theory of sex differences: Imitation is alive and well. *Journal of Personality and Social Psychology, 37*, 1699-1712.

Perry, W. G. (1970). *Forms of intellectual and ethical development in the college years*. New York: Holt, Rinehart, & Winston.

Perry, W. G. (1981). Cognitive and ethical growth: The making of meaning. In A. W. Chickering (Ed.), *The modern American college*. San Francisco: Jossey-Bass.

Perry-Jenkins, M., & Schoppe-Sullivan, S. (2019). The transition to parenthood in social context. In B. H. Friese (Ed.). *APA handbook of contemporary family psychology*. Washington DC: APA Books.

Peterson, B. E., & Klohnen, E. C. (1995). Realization of generativity in two samples of women at midlife. *Psychology and Aging, 10*, 20-29.

Phillips, D. (1992). Death postponement and birthday celebrations. *Psychosomatic Medicine, 26*, 12-18.

Picou, J. S., & Curry, E. W. (1973). Structural, interpersonal, and behavioral correlates of female adolescent's occupational choices. *Adolescence, 8*, 421-432.

Pillow, D. R., Zautra A. J., & Sandler, I. (1996). Major life events and minor stressors: Identifying mediational links in the stress process. *Journal of Personality and Social*

Psychology, 70, 381-394.

Pincus, T., Callahan, L. F., & Burkhauser, R. V. (1987). Most chronic diseases are reported more frequently by individuals with fewer than 12 years of formal education in the age 18-64 United States population. *Journal of Chronic Diseases, 40* (9), 865-874.

Pineo, P. (1961). Disenchantment in the later years of marriage. *Marriage and Family Living, 23*, 3-11.

Piscatella, J . (1990). *Don't eat your heart out cookbook*. New York: Workman.

Pleck, J. H. (1985). *Working wives/working husbands*. Beverly Hills, CA: Sage.

Poon, L. W. (1985). Differences in human memory with aging: Nature, causes, and clinical implications. In J. E. Birren & K. W. Schaie (Eds.), *Handbook of the psychology of aging* (2nd ed.). New York: Van Nostrand Reinhold.

Poon, L. W., & Fozard, J. L. (1978). Speed of retrieval from long term memory in relation to age, familiarity, and datedness of information. *Journal of Gerontology, 33*, 711-717.

Porter, N. L., & Christopher, F. S. (1984). Infertility: Towards an awareness of a need among family life practitioners. *Family Relations, 33*, 309-315.

Porterfield, J. D., & Pierre, R. S. (1992). *Wellness: Healthful aging*. Guilford, CT: Dushkin.

Powell, D. H., & Driscoll, P. F. (1973, Jan.). Middle class professionals face unemployment. *Society, 10*, 18-26.

Pratt, M. W., Golding, G., & Hunter, W. J. (1983). Aging as ripening: Character and consistency of moral judgment in young, mature, and older adults. *Human Development, 26*, 277-288.

Pratt, M. W., Golding, G., & Kerig, P. (1987). Life-span differences in adult thinking about hypothetical and personal moral issues: Reflection or regression? *International Journal of Behavioral Development, 10*, 359-375.

Pratt, M. W., Golding, G., Hunter, W. J., & Norris, J. (1988). From inquiry to judgment: Age and sex differences in patterns of adult moral thinking and information-seeking. *International Journal of Aging and Human Development, 27*, 109-124.

Pratt, M. W., Diessner, R., Hunsberger, B., Pancer, S. M., & Savoy, K. (1991). Four pathways in the analysis of adult development and aging: Comparing analyses of reasoning about personal life dilemmas. *Psychology and Aging. 6*, 666-675.

Prediger, D. J., & Brandt. W. E. (1991). Project CHOICE: Validity of interest and ability measures for student choice of vocational program. *The Career Development Quarterly, 40*, 132-144.

Price, R. H. (1992). Psychosocial impact of job loss on individuals and families. *Current Directions in Psychological Science, 1*, 9-11.

Prinz, P., Dustman, R. E., & Emmerson, R. (1990). Electrophysiology and aging. In J. E. Birren & K. W. Schaie (Eds.), *Handbook of the psychology of aging* (3rd ed.). New York: Academic Press.

Pruis, T. A., & Janowsky, J. S. (2010). Assessment of body image in younger and older women. *Journal of General Psychology, 137* (3), 225-238.

Purves, D. (1988). *Body and brain*. Cambridge, MA: Harvard University Press.

Pushkar, D., Chaikelson, J., Conway, M., Etezadi, J., Giannopoulus, C., Li, K., & Wrosch, C. (2010). Testing continuity and activity variables as predictors of positive and negative affect in retirement. *Journals of Gerontology: Series B: Psychological Sciences and Social Sciences, 65B*, 42-49.

Qiao, S., Jiang, Y., & Li, X. (2020). The impact of health promotion interventions on telomere length: A systematic review. *American Journal of Health Promotion, 34* (6), 633-647.

Quinlan, R. A., & Giblin, F. (2022). The eye lens as an aging paradigm par excellence. *Experimental Eye Research, 218*, 109003.

Randall, W. L. (2012). Positive aging through reading our lives: On the poetics of growing old. *Psychological Studies, 57*, 172-178.

Ransohoff, R. M., Schafer, D., Vincent, A., Blachere, N. E., & Bar-Or, A. (2015). Neuroinflammation: Ways in which the immune system affects the brain. *Neurotherapeutics, 12* (4), 896-909.

Rapaport, S. (1994, November 28). Interview. *U.S. News and World Report*, p. 94.

Raskind, M. A., & Peskind, E. R. (1992). Alzheimer's disease and other dementing disorders. In J. E. Birren, R. B.

Sloane, & G. D. Cohen (Eds.), *Handbook of mental health and aging* (2nd ed.). San Diego: Academic Press.

Rawson, N. E. (2006). Olfactory loss in aging. *Science of Aging Knowledge Environment, 6*.

Rebok, G. W. (1987). Life-span cognitive development. New York: Holt, Rinehart, & Winston.

Rebok, G. W., Ball, K., Guey, L. T., Jones, R. N., Kim, H., King, J. W., & Willis, S. L. (2014). Ten-year effects of the advanced cognitive training for independent and vital elderly cognitive training trial on cognition and everyday functioning in older adults. *Journal of the American Geriatrics Society, 62*, 16-24.

Reed, R. L. (1991). The interrelationship between physical exercise, muscle strength, and body adiposity in a healthy elderly population. *Journal of the American Geriatrics Society, 39* (12), 1189-1193.

Rees, T. (2000). Health promotion for older adults: Age-related hearing loss. *Northwest Geriatric Education Center Curriculum Modules*. Seattle: University of Washington NWGEC.

Regier, D. A., Boyd, J. H., Burke, J. D., Rae, D. S., Myers, J. K., Kramer, M., Robins, L. N., George, L. K., Karno, M., & Locke, B. Z. (1988). One-month prevalence of mental disorders in the United States. *Archives of General Psychiatry, 45*, 977-986.

Reichard, S., Livson, F., & Peterson, P. (1962). *Aging and personality: A study of 87 older men*. New York: Wiley.

Reisberg, B. (Ed.) (1983). *Alzheimer's disease*. New York: Free Press.

Reiss, I. L. (1980). *Family systems in America* (3rd ed.). New York: Holt, Rinehart, & Winston.

Repetti, R. L., & Cosmas, K. A. (1991). The quality of the social environment at work and job satisfaction. *Journal of Applied Social Psychology, 21* (10), 840-854.

Rexroat, C. (1992). Changes in the employment continuity of succeeding cohorts of young women. *Work and Occupations, 19*, 18-34.

Reznick, J. S. (2013). Research design and methods: Toward a cumulative developmental science. In P. D. Zelazo (Ed.), *Oxford handbook of developmental psychology*. New York: Oxford University Press.

Rhodes, S. R. (1983). Age-related differences in work attitudes and behavior: A review and conceptual analysis. *Psychological Bulletin, 93*, 328-367.

Rhyne, D. (1981). Basis of marital satisfaction among men and women. *Journal of Marriage and the Family, 43*, 941-955.

Rice, P. L. (1992). *Stress and health: Principles and practice for coping and wellness* (2nd ed.). Pacific Grove, CA: Brooks/Cole.

Richardson, M. S., & Schaeffer, C. (2013). From work and family to a dual model of working. In D. L. Blustein (Ed.), *Oxford handbook of the psychology of working*. New York: Oxford University Press.

Riegel, K. F. (1973). Dialectic operations: The final period of cognitive development. *Human Development, 16*, 346-370.

Riegel, K. F . (1977). History of psychological gerontology. In J. E. Birren & K. W. Schaie (Eds.), *Handbook of the psychology of aging*. New York: Van Nostrand Reinhold.

Riekkola, J., Rutberg, S., Lilja, M., & Isaksson, G. (2019). Healthcare professionals' perspective on how to promote older couples' participation in everyday life when using respite care. *Scandinavian Journal of Caring Sciences, 33* (2), 427-435.

Riley, K. P. (1999). Assessment of dementia in the older adult. In P. A. Lichtenberg (Ed.), *Handbook of assessment in clinical gerontology* (pp. 134-166). Hoboken, NJ: John Wiley & Sons, Inc.

Rimsza, M. E., & Kirk, G. M. (2005). Common medical problems of the college student. *Pediatric Clinics of North America, 52* (1), 9-24.

Rizzoli, R., Abraham, C., & Brandi, M. (2014). Nutrition and bone health: Turning knowledge and beliefs into healthy behaviour. *Current Medical Research and Opinion, 30*, 131-141.

Robbins, S. P. (1996). *Organizational behavior* (7th ed.). Upper Saddle River, NJ: Prentice-Hall.

Roberts, B. W., & Nickel, L. B. (2021). Personality development across the life course: A neo-socioanalytic perspective. In O. P. John & R. W. Robins (Eds.), *Handbook of personality: Theory and research*. New York: Guilford Press.

Roberts, D., Andersen, B. L., & Lubaroff, A. (1994). *Stress and immunity at cancer diagnosis*. Unpublished manuscript. Department of Psychology, Ohio State University,

Columbus.

Roberts, P., & Newton, P. W. (1987). Levinsonian studies of women's adult development. *Psychology and Aging, 2*, 154-164.

Robinson, B., & Thurnher, M. (1981). Taking care of aged parents: A family cycle transition. *The Gerontologist, 19* (6), 586-593.

Rokeach, M. (1964). *The three Christs of Ypsilanti: A psychological study*. New York: Knopf.

Romanella, S. M., Roe, D., Tatti, E., Cappon, D., Paciorek, R., Testani, E., Rossi, A., Rossi, S., & Santarnecchi, E. (2021). The sleep side of aging and Alzheimer's disease. *Sleep Medicine, 77*, 209-225.

Roosa, M. W. (1988). The effect of age in the transition to parenthood: Are delayed childbearers a unique group? *Family Relations, 37*, 322-327.

Roring, R. W., Hines, F. G., & Charness, N. (2007). Age differences in identifying words in synthetic speech. *Human Factors, 49*, 25-31.

Rosenberg, L, Palmer, J. R., & Shapiro, S. (1990). Decline in the risk of myocardial infarction among women who stop smoking. *New England Journal of Medicine, 322*, 213-217.

Rosenhall, U., & Karlsson, A. K. (1991). Tinnitus in old age. *Scandinavian Audiology, 20*, 165-171.

Rosenman, R. H. (1983, June). *Type A behavior in corporate executives and its implications for cardiovascular disease*. Paper presented at a seminar-workshop, coping with corporate Stress: Avoiding a cardiovascular crisis. New York.

Rosenthal, P. A., & Rosenthal, S. (1984). Suicidal behavior by preschool children. *American Journal of Psychiatry, 141* (4), 520-525.

Rosnow, R. L., & Rosenthal, R. (2013). *Beginning psychological research* (7th ed.). Boston: Cengage.

Rosow, I. (1974). *Socialization to old age*. University of California Press.

Rossi, A. S. (1980). Aging and parenthood in the middle years. In P. B. Baltes & O. G. Brim (Eds.), *Life-span development and behavior* (Vol. 3). New York: Academic Press.

Rossman, I. (1986). The anatomy of aging. In I. Rossman (Ed.), *Clinical geriatrics* (3rd ed.). Philadelphia: Lippincott.

Rowe, J. W., & Kahn R. L. (1998). *Successful aging*. New York: Pantheon.

Rubin, S. S., & Malkinson, R. (2001). Parental response to child loss across the life cycle: Clinical and research perspectives. In M. S. Stroebe, R. O. Hansson, W. Stroebe, & H. Schut (Eds.), *Handbook of bereavement research: Consequences, coping, and care* (pp. 169-197). Washington, DC: American Psychological Association.

Ruchlin, H. S., & Morris, J. H. (1992). Deteriorating health and the cessation of employment among older workers. *Journal of Aging and Health, 4*(1), 43-57.

Ruckenhauser, G., Yazdani, F., & Ravaglia, G. (2007). Suicide in old age: Illness or autonomous decision of the will? *Archives of Gerontology and Geriatrics, 44* (6, Suppl.), S355-S358.

Rybash, J. M., Roodin, P. A., & Hoyer, W. J. (1995). *Adult development and aging* (3rd ed.). Madison. WI: Brown & Benchmark.

Ryff, C. D. (1984). Personality development from the inside: The subjective experience of change in adulthood and aging. In P. B. Baltes & O. G. Brim(Eds.), *Life-span development and behavior*. New York: Academic Press.

Saint-Onge, J. M., Krueger, K. M., & Rogers, R. G.(2014). The relationship between major depression and nonsuicide mortality for U. S. adults: The importance of health behaviors. *Journals of Gerontology B: Psychological Sciences and Social Sciences, 69*, 622-632.

Salkind N. J. (1985). *Theories of human development*. New York: John Wiley & Sons.

Salkind N. J. (2004). *An introduction to theories of human development*. Sage Publications.

Sallam, N., & Laher, I. (2016). Exercise modulates oxidative stress and inflammation in aging and cardiovascular diseases. *Oxidative Medicine and Cellular Longevity, 2016*, 7239639.

Salthouse, T. A. (1982). *Adult cognition: An experimental psychology of human aging*. New York: Springer-Verlag.

Salthouse, T. A. (1989). Age-related changes in basic cognitive processes. In P. T. Costa et al. (Eds.), *The adult years: Continuity and change*. Washington, DC: American Psychological Association.

Salthouse, T. A. (1991). *Theoretical perspectives on cognitive aging*. Hillsdale, NJ: Erlbaum.

Salthouse, T. A. (1993). Speed mediation of adult age differences in cognition. *Developmental Psychology, 29*, 722-738.

Salthouse, T. A. (1994). The nature of the influence of speed on adult age differences in cognition. *Developmental Psychology, 30*, 240-259.

Salthouse, T. A. (1996). Constraints on theories of cognitive aging. *Psychonomic Bulletin & Review, 3*, 287-299.

Salthouse, T. A. (2012). Consequences of age-related cognitive declines. *Annual Review of Psychology, 63*, 201-226.

Salthouse, T. A., & Maurer, T. J. (1996). Aging, job performance, and career development. In J. E. Birren & K. W. Schaie (Eds.), *Handbook of the psychology of aging* (4th ed.). San Diego, CA: Academic Press.

Salthouse, T. A., Pink, J., & Tucker-Drob, E. (2008). Contextual analysis of fluid intelligence. *Intelligence, 36*, 464-486.

Samaras, N. (2015). Diagnosing andropause. *Maturitas, 81* (1), 117.

Samson, S. L., & Garber, A. J. (2014). Metabolic syndrome. *Endocrinology and Metabolism Clinics of North America, 43* (1), 1-23.

Sanborm, M. D. (1965). Vocational choice, college choice, and scholastic success of superior students. *Vocational Guidance Quarterly, 13*, 161-168.

Sanders, C. M. (1980). A comparison of adult bereavement in the death of a spouse, child, and parent. *Omega, 10*, 303-322.

Sands, L. P., Terry, H., & Meredith, W. (1989). Change and stability in adult intellectual functioning assessed by Wechsler item responses. *Psychology and Aging, 4*, 79-87.

Santrock, J. W. (1998). *Adolescence* (7th ed.). New York: McGraw-Hill.

Sarason, S. B. (1977). *Work, aging, and social change*. New York: Free Press.

Sasson, I., & Umberson, D. J. (2014). Widowhood and depression: New light on gender differences, selection, and psychological adjustment. *Journals of Gerontology B: Psychological Sciences and Social Sciences, 69*, 135-145.

Satlin, A. (1994). The psychology of successful aging. *Journal of Geriatric Psychiatry, 27*, 3-8.

Saxon, S. V., & Etton, M. J. (2003). *Physical change and aging*. New York: The Tiresias Press, Inc.

Sbarra, D. A., & Borelli, J. L. (2019). Attachment reorganization following divorce: Normative processes and individual differences. *Current Opinion in Psychology, 25*, 71-75.

Scarabino, D., Broggio, E., Gambina, G. & Corbo, R. M. (2017a). Leukocyte telomere length in mild cognitive impairment and Alzheimer's disease patients. *Experimental Gerontology, 98*, 143-147.

Scarabino, D., Broggio, E., Gambina, G., Pelliccia, F., & Corbo, R. M. (2017b). Common variants of human TERT and TERC genes and susceptibility to sporadic Alzheimers disease. *Experimental Gerontology, 88*, 19-24.

Schaie, K. W. (1977). Quasi-experimental research designs in the psychology of aging. In J. E. Birren & K. W. Schaie (Eds.), *Handbook of the psychology of aging*. New York: Van Nostrand Reinhold.

Schaie, K. W. (1983). The Seattle Longitudinal Study: A twenty-one-year investigation of psychometric intelligence. In K. W. Schaie (Ed.), *Longitudinal studies of adult personality development*. New York: Guilford.

Schaie, K. W. (1984a). Comments on a general model for the study of psychological development. *Current Content, 16* (45), 22.

Schaie, K. W. (1984b). Midlife influences upon intellectual functioning in old age. *International Journal of Behavioral Development, 7*, 463-478.

Schaie, K. W. (1988). Age is min psychological research. *American Psychologist, 43*, 179-183.

Schaie, K. W. (1989). Perceptual speed in adulthood: Cross-sectional and longitudinal studies. *Psychology and Aging, 4*, 443-453.

Schaie, K. W. (1990a). Intellectual development in adulthood. In J. E. Birren & K. W. Schaie (Eds.), *Handbook of the psychology of aging* (3rd ed.,). New York: Academic Press.

Schaie, K. W. (1990b). The optimization of cognitive functioning in old age: Predictions based on cohort-sequential and longitudinal data. In P. B. Baltes & M. M. Baltes (Eds.), *Successful aging: Perspectives from the behavioral sciences*. Cambridge, England: Cambridge

University Press.

Schaie, K. W. (1993). Agist language in psychological research. *American Psychologist, 48* (1), 49-51.

Schaie, K. W. (1994). The course of adult intellectual development. *American Psychologist, 49*, 304-313.

Schaie, K. W. (1996). *Intellectual development in adulthood: The Seattle Longitudinal Study*. New York: Cambridge University Press.

Schaie, K. W. (2008). Historical processes and patterns of cognitive aging. In S. M. Hofer & D. F. Alwin (Eds.), *Handbook on cognitive aging: An interdisciplinary perspective*. Thousand Oaks, CA: Sage.

Schaie, K. W. (2009). "When does age-related cognitive decline begin?" Salthouse again reifies the "crosssectional fallacy." *Neurobiology of Aging, 30*, 528-529.

Schaie, K. W. (2010). Adult intellectual abilities. *Corsiniencyclopedia of psychology*. New York: Wiley.

Schaie, K. W. (2011a). *Developmental influences on adult intellectual development*. New York: Oxford University Press.

Schaie, K. W. (2011b). Historical influences on aging and behavior. In K. W. Schaie & S. L. Willis (Eds.), *Handbook of the psychology of aging* (7th ed.). New York: Elsevier.

Schaie, K. W. (2012). *Developmental influences on adult intellectual development: The Seattle Longitudinal Study*. New York: Oxford University Press.

Schaie, K. W. (2013). *The Seattle Longitudinal Study: Developmental influences on adult intellectual development* (2nd ed.). New York: Oxford University Press.

Schaie, K. W. (2016). Historical influences on aging and behavior. In K. W. Schaie & S. L. Willis (Eds.), *Handbook of the psychology of aging* (8th ed.). New York: Elsevier.

Schaie, K. W., & Baltes, P. B. (1977). Some faith helps to see the forest: A final comment on the Horn-Donaldson myth of the Baltes-Schaie position on adult intelligence. *American Psychologist, 32*, 1118-1120.

Schaie, K. W., & Geitwitz, J . (1982). *Adult development and aging*. Boston: Little, Brown.

Schaie, K. W., & Hertzog, C. (1983). Fourteen-year cohort-sequential analyses of adult intellectual development. *Developmental Psychology, 19*, 531-544.

Schaie, K. W., & Parr, J. (1981). Intelligence. In A. W. Chickering (Ed.), *The modern American college*. San Francisco: Jossey-Bass.

Schaie, K. W., & Willis, S. L. (1993). Age difference patterns of psychometric intelligence in adulthood: Generalizability within and across ability domains. *Psychology and Aging, 8*, 44-55.

Schaie, K. W., & Willis, S. L.(1996). *Adult development and aging* (4th ed.). New York: Harper Collins.

Schaie, K. W., & Willis, S. L. (2000). A stage theory model of adult cognitive development revisited. In R. L. Rubinstein, M. Moss., & M. H. Kleban (Eds.), *The many dimensions of aging*. Springer Publishing Company.

Schaie, K. W., & Willis, S. L. (2010). The Seattle Longitudinal Study of adult cognitive development. *International Society for the Study of Behavioral Development, 57* (1), 24-29

Schaie, K. W., Plomin, R., Willis, S. L., Guaber-Baldini, A., & Dutta, R. (1992). Natural cohorts: Family similarity in adult cognition. In T. Sonderegger(Ed.), *Psychology and aging: Nebraska Symposium on Motivation, 1991*. Lincoln, NE: University of Nebraska Press.

Schechtman, K. B., Barzilai, B., Rost, K., & Fisher, E. B.(1991). Measuring physical activity with a single question. *American Journal of Public Health, 81*, 771-773.

Scheibel, A. B. (1992). Structural changes in the aging brain. In G. D. Cohen, N. R. Hooyman, D. E. Deutchman, R. B. Sloane, & M. L. Wykle (Eds.), *Handbook of mental health and aging* (2nd ed.). Elsevier Science & Technology Books.

Schieber, F. (1992). Aging and the senses. In J. E. Birren, R. B. Sloane, & G. D. Cohen (Eds.), *Handbook of mental health and aging* (2nd ed.). San Diego: Harcourt Brace.

Schieber, F. (2006). Vision and aging. In J. E. Birren & K. W. Schaie (Eds.) *Handbook of the psychology of aging* (6th ed.). San Diego: Academic Press.

Schiff, E., & Koopman, E. J. (1978). The relationship of women's sex role identity to self esteem and ego development. *Journal of Psychology, 98*, 299-305.

Schiff, W. J. (2021). *Nutrition essentials* (3rd ed.). New York: McGraw-Hill.

Schilke, J. M. (1991). Slowing the aging process with physical activity. *Journal of Gerontological Nursing, 17* (6), 4-8.

Schlossberg, N. K. (1987). Taking the mystery out of change. *Psychology Today, 21* (5), 74-75.

Schmidt, S., Hauser, M. A., Scott, W. K., Postel, E. A., Agarwal, A., Gallins, P., Wong, F., Chen, Y. S., Spencer, K., Schnetz-Boutaud, N., Haines, J. L., & Pericak-Vance, M. A. (2006). Cigarette smoking strongly modifies the association of LOC387715 and age related macular degeneration. *American Journal of Human Genetics, 78* (5), 852-864.

Schnall, P., Pieper, C., Karsek, R., Schlussel, Y., Devereux, R., Ganau, A., Alderman, M., Warren, K., & Pickering, T. (1990). The relationship between job strain, workplace diastolic blood pressure, and left ventricular mass index: Results of a case-control study. *Journal of the American Medical Association, 263*, 1926-1935.

Schonberg, H. C. (1992). *Horowitz: His life and music*. New York: Simon & Schuster.

Schonfield, D., & Stones, M. J. (1979). Remembering and aging. In J. F. Kihlstrom & F. J. Evans (Eds.), *Functional disorders of memory*. Hillsdale, NJ: Erlbaum.

Schooler, C. (1992). Statistical and caused interaction in the diagnosis and outcome of depression. In K. W. Schaie, D. Blazer, & J. S. House (Eds.), *Aging, health, behaviors, and health outcomes: Social structure and aging*. Hillsdale, NJ: Erlbaum.

Schooler, C., Caplan, L., & Oates, G. (1998). *Aging and work: An overview*. In K. W. Schaie & C. Schooler (Eds.), Impact of work on older adults. New York: Springer.

Schwartz, S. J., & Petrova, M. (2019). Prevention science in emerging adulthood: A field coming of age. *Prevention Science, 20*, 305-309.

Schwenkhagen, A. (2007). Hormonal changes in menopause and implications on sexual health. *Journal of Sexual Medicine, 4* (Suppl. 3), 220-226.

Scialfa, C. T., & Kline, D. W. (2007). Vision. In J. E. Birren (Ed.), *Encyclopedia of gerontology* (2nd ed.). San Diego: Academic Press.

Selye, H. (1980). The stress concept today. In I. L. Kutash, L. B. Schlesinger, & Associates (Eds.), *Handbook on stress and anxiety*. San Francisco: Jossey-Bass.

Sentis, V., Nguyen, G., Soler, V., & Cassagne, M. (2016). Patients ages et glaucome. Elderly patients and glaucoma. *NPG Neurologie-Psychiatrie-Geriatrie, 16*, 73-82.

Serbin, M., Devine, B., Campbell, J., & Basu, A. (2020). Assessing health care burden in glaucoma patients with and without physical or mental comorbidities. *Journal of Managed Care and Specialty Pharmacy, 26* (3), 325-331.

Shah, N. (2015). More US Women are going childless. *The Wall Street Journal*, April 7.

Shannon, L. R. (1989). Computers in the corridors of power. *New York Times*, April 11, p. 20.

Shay, K. A., & Roth, D. L. (1992). Association between aerobic fitness and visuospatial performance in healthy older adults. *Psychology and Aging, 7*, 15-24.

Sheehy, G. (1995). *New passages*. New York: Ballantine Books.

Sheehy, G. (1998). *Men's passges*. New York: Ballantine Books.

Shelton, B. A. (1992). *Women, men, and time: Gender differences in paid work, housework, and leisure*. Westport, CT: Greenwood Press.

Shimazu, A., Kubota, K., Bakker, A., Demerouti, E., Shimada, K., & Kawakami, N. (2013). Work-to-family conflict and family-to-work conflict among Japanese dual-earner couples with preschool children: A spillover-crossover perspective. *Journal of Occupational Health, 55* (4), 234-243.

Shoor, M., & Speed, M. H. (1976). Death, delinquency, and the mourning process. In R. Fulton (Ed.), *Death and identity*. Bowie, MD: Charles Press.

Shukla, U. V., & Tripathy, K. (2022). Diabetic retinopathy. *StatPearls*.

Shweder, R. A., Mahapatra, M., & Miller, J. G. (1990). Culture and moral development. In J. W. Stigler, R. A. Shweder, & G. Herdt (Eds.), *Cultural psychology: Essays on comparative human development*. Cambridge, England: Cambridge University Press.

Sifaki, M., Calina, D., Docea, A. O., Tsioumas, S., Katsarou, M. S., Papadogiorgaki, S., Fragkiadaki, P., Branisteanu, D. E., Kouskoukis, K., Tsiaoussis, J., & Spandidos, D. A. (2020). A novel approach regarding the anti-aging of facial skin through collagen reorganization. *Experimental and Therapeutic Medicine, 19* (1), 717-721.

Simmons, R. G., & Blyth, D. A. (1987). *Moving into adolescence: The impact of pubertal change and school context*. Hawthorne, New York: Aldine & de Gruyter.

Simonton, D. K. (1989). The swan-song phenomenon: Last-works effects for 172 classical composers. *Psychology and Aging 4*, 42-47.

Simonton, D. K. (1991). Career landmarks in science: Individual differences and interdisciplinary contrasts. *Developmental Psychology, 27*, 119-130.

Simonton, D. K. (2009). Varieties of(scientific) creativity: A hierarchical model of domain-specific disposition, development, and achievement. *Perspectives on Psychological Science, 4*, 441-452.

Sin, N. L., Sloan, R. P., McKinley, P. S., & Almeida, D. M. (2016). Linking daily stress processes and laboratory-based heart rate variability in a national sample of midlife and older adults. *Psychosomatic Medicine*.

Sinnott, J. D. (1989). Life-span relativistic postformal thought: Methodology and data from everyday problem-solving studies. In M. L. Commons, J. D. Sinnott, F. A. Richards, & C. Armon (Eds.), *Adult development, Vol. 1: Comparisons and applications of developmental models*. New York: Praeger.

Sinnott, J. D. (1997). Developmental models of midlife and aging in women: Metaphors for transcendence and for individuality in community. In J. Coyle(Ed.), *Handbook on women and aging*. Westport, CT: Greenwood.

Sinnott, J. D. (2003). Postformal thought and adult development: Living in balance. In J. Demick & C. Andreoletti (Eds.), *Handbook of adult development*. New York: Kluwer.

Sirven, N., & Debrand, T. (2008). Social participation and health aging: An international comparisons using SHARE data. *Social Science & Medicine, 67*, 2017-2026.

Skoe, E. E., & Marcia, J. E. (1991). A measure of carebased morality and its relation to ego identity. *Merrill-Palmer Quarterly, 37*, 289-304.

Slocum, W. L. (1974). *Occupational careers: A sociological perspective*. Chicago: Aldine.

Smetana, J. G. (1983). Social-cognitive development: Domain distinctions and coordinations. *Developmental Review, 3*, 131-147.

Smetana, J. G. (1986). Preschool children's conceptions of sex-role transgressions. *Child Development, 57*, 862-871.

Smetana, J. G. (1988). Adolescents' and parents' conceptions of parental authority. *Child Development, 59* (2), 321-335.

Smetana, J. G. (2011). Adolescents' social reasoning and relationships with parents: Conflicts and coordinations within and across domains. In E. Amsel & J. Smetana (Eds.), *Adolescent vulnerabilities and opportunities: Constructivist and developmental perspectives*. New York: Cambridge University Press.

Smetana, J. G. (2013). Moral development: The social domain theory view. In P. Zelazo (Ed.), *Oxford handbook of developmental psychology* (Vol. 1, pp. 832-866). New York: Oxford University Press.

Smith, G. A., & Brewer, N. (1995). Slowness and age: Speed-accuracy mechanisms. *Psychology and Aging, 10*, 238-247.

Smith, J. R. (2022). A focus on glaucoma. *Clinical and Experimental Ophthalmology, 50*, 123-125.

Smith, J., & Baltes, P. B. (1990). Wisdom-related knowledge: Age/cohort differences in response to life planning problems. *Developmental Psychology, 26* (3), 494-505.

Snarey, J. R. (1985). Cross-cultural universality of social-moral development: A critical review of Kohlbergian research. *Psychological Bulletin, 97*, 202-232.

Sneed, J. R., & Whitbourne, S. K. (2005). Models of the aging self. *Journal of social issues, 61* (2), 375-388.

Snyder, M. (1987). *Public appearance/private realities: The psychology of self-monitoring*. New York: Freeman.

Söchting, L., Skoe, E. E., & Marcia, J. E. (1994). Care-oriented moral reasoning and prosocial behavior: A question of gender or sex role orientation. *Sex Roles, 31*, 131-147.

Sokol, E. W. (2013). National plan to address Alzheimer's disease offers hope for new home care and hospice provisions. *Caring, 32*, 24-27.

Somerset, W., Newport, D., Ragan, K., & Stowe, Z.(2006). Depressive disorders in women: From menarche to beyond the menopause. In L. M. Keyes & S. H. Goodman (Eds.), *Women and depression: A handbook for the social, behavioral, and biomedical sciences*. New York, NY: Cambridge University Press.

Song, M. J., Smetana, J., & Kim, S. Y. (1987). Korean children's conceptions of moral and conventional transgressions. *Developmental Psychology, 32*, 557-582.

Sorensen, E. (1991). *Exploring the reasons behind the narrowing gender gap in earnings* (Urban Institute

Report 1991-1992). Washington, DC: Urban Institute Press.

Spangler, J., & Demi, E. (1988). *Bereavement support groups: Leadership manual.* (3rd ed.). Denver, CO: Grief Education Institute.

Sparrow, P, R., & Davies, D. R. (1988). Effects of age tenure, training, and job complexity on technical performance. *Psychology and Aging, 3*, 307-314.

Spatz, C. (2012). *Basic statistics* (10th ed.). Boston: Cengage.

Spear, P. D. (1993). Neural bases of visual deficits during aging. *Vision Research, 33*, 2589-2609.

Speece, M. W., & Brent, S. B. (1984). Children's understanding of death: A review of three components of a death concept. *Child Development, 55*, 1671-1686.

Speece, M. W., & Brent, S. B. (1992). The acquisition of a mature understanding of three components of the concept of death. *Death Studies, 16*, 211-229.

Speicher, B. (1994). Family patterns of moral judgment during adolescence and early adulthood. *Developmental Psychology, 30*, 624-632.

Spence, J. T., Helmreich, R. L., & Stapp, J. (1974). The Personal Attributes Questionnaire: A measure of sex-role stereotypes and masculinity-femininity. *JSAS Catalog of Selected Documents in Psychology, 4* (43).

Spence, J. T., Helmreich, R. L., & Stapp, J. (1975). Ratings of self and peers on sex role attributions and their relation to self esteem and conceptions of masculinity and femininity. *Journal of Personality and Social Psychology, 32*, 29-39.

Spitze, G. (1988). Women's employment and family relations: A review. *Journal of Marriage and the Family, 50*, 595-618.

Staebler, R. (1991, June). Medicaid: Providing health care to (some of) America's poor. *Caring, 10* (6), 4-6.

Stangor, C. (2015). *Research methods for the behavioral sciences* (5th ed.). Boston: Cengage.

Stanton, A. L., & Danoff-Burg, S. (1995). Selected issues in women's reproductive health: Psychological perspectives. In A. L. Stanton & S. J. Gallant (Eds.), *The psychology of women's health*. Washington, DC: American Psychological Association.

Staudinger, U. M., Smith, J., & Baltes, P. B. (1992). Wisdom-related knowledge in a life review task: Age differences and the role of professional specialization. *Psychology and Aging, 7*, 271-281.

Stefan, N. (2020). Causes, consequences, and treatment of metabolically unhealthy fat distribution. *Lancet, Diabetes, and Endocrinology, 8*, 616-627.

Stein, P. J. (1981). *Single life: Unmarried adults in social context*. New York: St. Martin's Press.

Steinberg, L., & Silverberg, S. B. (1987). Influences on marital satisfaction during the middle stages of the family life cycle. *Journal of Marriage and the Family, 49*, 751-760.

Stems, H. L., & Gray, J. H. (1999). Work, leisure, and retirement. In J. C. Cavanaugh & K. Whitbourne (Eds.), *Gerontology: Interdisciplinary perspectives*. New York: Oxford University Press.

Sternberg, R. J. (1986a). *Intelligence applied*. San Diego: Harcourt Brace Jovanovich.

Sternberg, R. J. (1986b). A triangular theory of love. *Psychological Review, 93*, 119-135.

Sternberg, R. J. (1990a). Wisdom and its relations to intelligence and creativity. In R. J. Sternberg (Ed.), *Wisdom: Its nature, origins, and development*. Cambridge, England: Cambridge University Press.

Sternberg, R. J. (Ed.) (1990b). *Wisdom: Its nature, origins, and development*. Cambridge, England: Cambridge University Press.

Sternberg, R. J. (2004). Individual differences in cognitive development. In P. Smith & C. Hart (Eds.), *Blackwell handbook of cognitive development*. Malden, MA: Blackwell.

Sternberg, R. J. (2006). A duplex theory of love. In R. J. Sternberg & K. Weis (Eds.), *The new psychology of love* (pp. 184-199). New Haven, CT: Yale University Press.

Sternberg, R. J. (2010). The triarchic theory of successful intelligence. In B. Kerr (Ed.), *Encyclopedia of giftedness, creativity, and talent*. Thousand Oaks, CA: Sage.

Sternberg, R. J. (2012). Intellligence in its cultural context. In M. J. Gelfand, C-Y. Chiu, & Y-Y. Hong (Eds.), *Advances in cultures and psychology*, Vol. 2. New York: Oxford University Press.

Sternberg, R. J. (2014). Human intelligence: Historical and conceptual perspectives. In J. Wright (Ed.), *International encyclopedia of the social and behavioral sciences* (2nd ed.). New York: Elsevier.

Sternberg, R. J. (2018). The triangle of intelligence. In R. J. Sternberg & J. C. Kaufman (Eds.), *The nature of human creativity.* New York: Cambridge University Press.

Stevens-Long, J. (1979). *Adult life: Developmental processes.* Palo Alto, CA: Mayfield.

Stevens-Long, J. (1990). Adult development: Theories past and future. In R. A. Nermiroff & C. B. Colarusso (Eds.), *New dimensions in adult development.* New York: Basic Books.

Stewart, L., & Pascual-Leone, J. (1992). Mental capacity constraints and the development of moral reasoning. *Journal of Experimental Child Psychology, 54*, 251-287.

Stillion, J. (1985). *Death and the sexes.* Washington, DC: Hemisphere Publishing.

Storfer, M. D. (1990). *Intelligence and giftedness.* San Francisco: Jossey-Bass.

Strempel, E. (1981). Long-term results in the treatment of glaucoma with beta-adrenergic blocking agents. *Transactions of the Ophthalmology Society, 33*, 21-23.

Streufert, S., Pogash, R., Piasecki, M., & Post, G. M. (1990). Age and management team performance. *Psychology and Aging, 5*, 551-559.

Strom, R., & Strom, S. (1990). Raising expectations for grandparents: A three generational study. *International Journal of Aging and Human Development, 31* (3), 161-167.

Stull, D. E., & Hatch, L. R. (1984). Unraveling the effects of multiple life changes. *Research on Aging, 6*, 560-571.

Sturman, M. C. (2003). Searching for the inverted U-shaped relationship between time and performance: Meta-analyses of the experience/performance, tenure/performance, and age/performance relationships. *Journal of Management, 29* (5), 609-640.

Summers, W. K., Majovski, L. V., Marsh, G. M., Tachiki, K., & Kling, A. (1986). Oral tetrahydro-aminoacridine in long-term treatment of senile dementia, Alzheimer's type. *The New England Journal of Medicine, 315* (20), 1241-1245.

Sund, A. M., Larsson, B., & Wichstrom, L. (2011). Role of physical and sedentary activities in the development of depressive symptoms in early adolescence. *Social Psychiatry and Psychiatric Epidemiology, 46* (5), 431-441.

Super, D. E. (1976). *Career education and the meanings of work.* Washington, DC: U. S. Office of Education.

Super, D. E. (1990). A life-span, Life-space approcah to career development. In D. Brown, L. Brooks, & Associates (Eds.), *Career choice and development* (2nd ed.). San Francisco: Jossy-Bass.

Swann, W. B. (1987). Identity negotiations: Where two roads meet. *Journal of Personality and Social Psychology, 53*, 1038-1051.

Sweet, C. A. (1989). Healthy tan-A fast-fading myth. *FDA Consumer*, 23, 11-13.

Tager, I. B., Weiss, S. T., Munoz, A., Rosner, B,. & Speizer, F. E. (1983). Longitudinal study of the effects of maternal smoking on pulmonary function in children. *The New England Journal of Medicine, 309*, 699-703.

Taler, S. J. (2009). Hypertension in women. *Current Hypertension Reports, 11*, 23-28.

Tamir, L. M. (1982). *Men in their forties: The transition to middle age.* New York: Springer.

Tamir, L. M. (1989). Modern myths about men at midlife: An assessment. In S. Hunter & M. Sundel (Eds.), *Midlife myths: Issues, findings, and practical implications.* Newbury Park, CA: Sage.

Tatemichi, T. K., Sacktor, N., & Mayeux, R. (1994). Dementia associated with cerebrovascular disease, other degenerative diseases, and metabolic disorders. In R. D. Terry, R. Katzman, & K. L. Blick (Eds.), *Alzheimer disease.* New York: Raven Press.

Taylor, A. (2012). Introduction to the issue regarding research on age related macular degeneration. *Molecular Aspects of Medicine, 33* (4), 291-294.

Temoshok, L., & Dreher, H. (1992). *The type C syndrome.* New York: Random House.

Teri, L., McKenzie, G., & Coulter, C. A. (2016). Psychosocial interventions for older adults with dementia and their caregivers. In K. W. Schaie & S. L. Willis (Eds.), *Handbook of the psychology of aging* (8th ed.). Elsevier Inc.

Thomas, S. A. (2013). Effective pain management of older adult hospice patients with cancer. *Home Healthcare Nurse, 31*, 242-247.

Thompson, J., & Manore, M. (2015). *Nutrition* (4th ed.). Upper Saddle River, NJ: Pearson.

Thompson, L., & Walker, A. J. (1989). Gender in families:

Women and men in marriage, work, and parenthood. *Journal of Marriage and the Family, 51*, 845-871.

Thorson, J. A., & Powell, F. C. (1988). Elements of death anxiety and meanings of death. *Journal of Clinical Psychology, 44*, 691-701.

Thorvaldsson, V., Hofer, S., Berg, S., Skoog, I., Sacuiu, S., & Johansson, B. (2008). Onset of terminal decline in cognitive abilities in individuals without dementia. *Neurology, 71*, 882-887.

Tietjen, A. M., & Walker, L. J. (1985). Moral reasoning and leadership among men in a Papua New Guinea society. *Developmental Psychology, 21*, 982-992.

Todd, J., Friedman, A., & Kariuki, P. W. (1990). Women growing stronger with age: The effect of status in the United States and Kenya. *Psychology of Women Quarterly, 14*, 567-577.

Toffler, A. (1980). *The third wave*. NY: Bantam Books.

Tomkins, S. (1986). Script theory. In J. Aronoff, A. I. Rabin, & R. A. Zucker (Eds.), *The emergence of personality*. New York: Springer.

Tomlinson-Keasey, C., & Keasey, C. B. (1974). The mediating role of cognitive development in moral judgment. *Child Development, 45*, 291-298.

Tonna, E. A. (2001). Arthritis. In G. L. Maddox (Ed.), *The encyclopedia of aging* (3rd ed.). New York: Springer Publishing Company.

Torrance, E. P. (1959). Current research on the nature of creative talent. *Journal of Counseling Psychology, VI* (4), 6-11.

Torrance, E. P. (1988). The nature of creativity as manifests in its testing. In R. J. Sternberg (Ed.), *The nature of creativity: Contemporary psychological perspectives*. Cambridge: Cambridge University Press.

Tran, T. V., Wright, R., & Chatters, L. (1991). Health, stress, psychological resources, and subjective well-being among older blacks. *Psychology and Aging, 6*, 100-108.

Treloar, A. E. (1982). Predicting the close of menstrual life. In A. M. Voda, M. Dinnerstein, & S. R. O'Donnell (Eds.), *Changing perspectives on menopause*. Austin: University of Texas Press.

Troll, L. E. (1985). *Early and middle adulthood* (2nd ed.). Montery, CA: Brooks/Cole.

Troll, L. E. (1986). Parents and children in later life. *Generations, 10* (4), 23-25.

Tsitouras, P. D., & Bulat, T. (1995). The aging male reproductive system. *Endocrinology and Metabolism Clinics of North America, 24*, 297-315.

Turiel, E. (1983). *The development of social knowledge: Morality and convention*. Cambridge, England: Cambridge University Press.

Turiel, E. (1997). The development of morality. In N. Eisenberg (Ed.), *Handbook of child psychology*(Vol. 3, 5th ed.). New York: Wiley.

Turiel, E. (2014). Morality: Epistemology, development, and social judgments. In M. Killen & J. G. Smetana (Eds.), *Handbook of moral development* (2nd ed.). New York: Psychology Press.

Turkington, C. (1983, May). Child suicide: An unspoken tragedy. *APA Monitor*, p. 15.

Turner, B. F. (1982). *Sex-related differences in aging*. In B. B. Wolman (Ed.), *Handbook of developmental psychology*. Englewood Cliffs, NJ: Prentice-Hall.

Turner, J. S., & Helms, D. B. (1994). *Contemporary adulthood* (5th ed.). Holt, Rinehart, & Winston.

Turner, J. S., & Rubinson, L. (1993). *Contemporary human sexuality*. Englewood Cliffs, NJ: Prentice-Hall.

Udry, J. R. (1971). *The social context of marriage* (2nd ed.). New York: Lippincott.

Uhlenberg, P., & Myers, M. A. P. (1981). Divorce and the elderly. *The Gerontologist, 21* (3), 276-282.

Ulbrich, P. M. (1988). The determinants of depression in two-income marriages. *Journal of Marriage and the Family, 50*, 121-131.

Umberson, D., Pudrovska, T., & Reczek, C. (2010). Parenthood, childlessness, and well-being: A life course perspective. *Journal of Marriage and Family, 72*, 612-629.

Umberson, D., Williams, K., Powers, D. A., Liu, H., & Needham, B. (2006). You make me sick: Marital quality and health over the life course. *Journal of Health and Social Behavior, 47*, 1-16.

Unger, R., & Crawford, M. (1992). *Women and gender: A feminist psychology*. Philadelphia: Temple University Press.

Vaillant, G. E. (1977). *Adaptation to life: How the best and brightest came of age*. Boston: Little, Brown.

Vaillant, G. E. (2002). *Aging well*. Boston: Little Brown.

Vanderlinden, J., Boen, F., & van Uffelen, J. G. Z. (2020). Effects of physical activity programs on sleep outcomes in older adults: A systematic review. *International Journal of Behavioral Nutrition and Physical Activity, 17*, 11.

Vandewater, E. A., & Stewart, A. J. (1997). Women's career commitment patterns and personality development. In M. E. Lachman & J. B. James(Eds), *Multiple paths of midlife development*. Chicago: The University of Chicago Press.

Vannoy, D., & Philliber, W. W. (1992). Wife's employment and quality of marriage. *Journal of Marriage and the Family, 54*, 387-398.

Verbrugge, L. M. (1979). Marital status and health. *Journal of Marriage and the Family, 41*, 467-485.

Verbrugge, L. M. (1990). The iceberg of disability. In S. M. Stahl (Ed.), *The legacy of longevity: Health and health care in later life*. Newbury Park, CA: Sage.

Verbrugge, L. M., Lepkowski, J. M., & Konkol, L. L. (1991). Levels of disability among U. S. adults with arthritis. *Journal of Gerontology: Social Sciences, 46* (2), 571-583.

Vinick, B. (1978). Remarriage in old age. *Family Coordinator, 27* (4), 359-363.

Virta, J. J., Heikkilä, K., Perola, M., Koskenvuo, M., Räihä, I., Rinne, J. O., & Kaprio, J. (2013). Midlife cardiovascular risk factors and late cognitive impairment. *European Journal of Epidemiology, 28* (5), 405-416.

Visher, E., & Visher, J. (1989). Parenting coalitions after remarrige: Dynamics and therapeutic guidelines. *Family Relations, 38* (1), 65-70.

Vissers, D., Hens, W., Taeymans, J., Baeyens, J. P., Poortmans, J., & Van Gaal, L. (2013). The effect of exercise on visceral adipose tissue in overweight adults: A systematic review and meta-analysis. *PLoS One, 8* (2), e56415.

Vitiello, M. V., & Prinz, P. N. (1991). Sleep and sleep disorders in normal aging. In M. J. Thorpy (Ed.), *Handbook of sleep disorders*. New York: Marcell Decker, 139-151.

Vondracek, F. W. (1991). Vocational development and choice in adolescence. In R. M. Lerner, A. C. Petersen, & J. Brooks-Gunn (Eds.), *Encyclopedia of adolescence* (Vol. 2). New York: Garland.

Voydanoff, P. (1987). *Work and family life*. Newbury Park, CA: Sage.

Voydanoff, P. (1990). Economic distress and family relations: A review of the eighties. *Journal of Marriage and the Family, 52*, 1099-1115.

Waldman, D. A., & Avolio, B. J. (1986). A meta-analysis of age differences in job performance. *Journal of Applied Psychology, 71*, 33-38.

Walker, L. J. (1980). Cognitive and perspective taking prerequisites of moral development. *Child Development, 51*, 131-139.

Walker, L. J. (1984). Sex differences in the development of moral reasoning: A critical review. *Child Development, 55*, 677-691.

Walker, L. J. (1989). A longitudinal study of moral reasoning. *Child Development, 60*, 157-166.

Walker, L. J. (2004). Progress and prospects in the psychology of moral development. *Merrill-Palmer Quarterly, 50* (4), 546-557.

Walker, L. J., & Frimer, J. A. (2011). The science of moral development. In M. K. Underwood & L. Rosen (Eds.), *Social development*. New York: Guilford Press.

Wallach, M. A., & Kogan, N. (1967). Creativity and intelligence in children's thinking. *Transaction, 4*, 38-43.

Walsh, D. A., Till, R. E., & Williams, M. V. (1978). Age differences in peripheral perceptual processing: A monotropic backward masking investigation. *Journal of Experimental Psychology: Human Perception and Performance, 4*, 232-243.

Wang, B., Lunetta, K. L., Dupuis, J., Lubitz, S. A., Trinquart, L., Yao, L., Ellinor, P. T., Benjamin, E. J., & Lin, H. (2020). Integrative omics approach to identifying genes associated with atrial fibrillation. *Circulation Research, 126* (3), 350-360.

Wang, L., Tracy, C., Moineddin, R., & Upshur, R. G.(2013). Osteoporosis prescribing trends in primary care: A population-based retrospective cohort study. *Primary Health Care Research and Development, 14*, 1-6.

Wang, S. S. (2010, March 30). Making cells live forever in quest for cures. *The Wall Street Journal*, p. D3.

Warr, P. (1992). Age and occupational well-being. *Psychology and Aging, 7*, 37-45.

Warr, P., Jackson, P., & Banks, M. (1988). Unemployment and mental health: Some British studies. *Journal of Social Issues, 44*, 47-68.

Watson, D. (2012). Objective tests as instruments of psychological theory and research. In H. Cooper (Ed.), *APA handbook of research methods in psychology*. Washington, DC: American Psychological Association.

Watson, R. E. L. (1983). Premarital cohabitation vs. traditional courtship: Their effects on subsequent marital adjustment. *Family Relations, 32* (1), 139-147.

Wayler, A. H., Kapur, K. K., Feldman, R. S., & Chauncey, H. H. (1982). Effects of age and dentition status on measures of food acceptability. *Journal of Gerontology, 37* (3), 294-329.

Weber, M. (1947). *The theory of social and economic organization*. Glencoe, Ill: The Free Press (Originally published, 1922).

Wechsler, D. (1958). *The measurement and appraisal of adult intelligence* (4th ed.). Baltimore: Williams & Wilkins.

Weg, R. B. (1983). Changing physiology of aging: Normal and pathological. In D. S. Woodruff & J. E. Birren (Eds.), *Aging: Scientific perspectives and social issues*. Monterey, CA: Brooks/Cole.

Weg, R. B. (1987). Sexuality in the menopause. In D. R. Mishell, Jr. (Ed.), *Menopause: Physiology and pharmacology*. Chicago: Year Book Medical Publishers.

Weiffenbach, J. M., Tylenda, C. A., & Baum, B. J.(1990). Oral sensory changes in aging. *Journal of Gerontology: Medical Sciences, 45*, M121-125.

Weintraub, S., Powell, D. H., & Whitla, D. K. (1994). Successful cognitive aging. *Journal of Geriatric Psychiatry, 27*, 15-34.

Weintraub, W., & Aronson, H. (1968). A Survey of patients in classical psychoanalysis: Some vital statistics. *Journal of Nervous and Mental Disease, 146*, 98-102.

Weistein, S. (1991). Retirement planning should be done now. *The Practical Accountant, 24*, 28-35.

Welch, A. A., & Hardcastle, A. C. (2014). The effects of flavonoids on bone. *Current Osteoporosis Reports, 12* (2), 205-210.

Welford, A. T. (1977). Motor performance. In J. E. Birren & K. W. Schaie (Eds.), *Handbook of the psychology of aging*. New York: Van Nostrand Reinhold.

Wenger, N. K. (2014). Prevention of cardiovascular disease: Highlights for the clinician of the 2013 American College of Cardiology/American Heart Association guidelines. *Clinical Cardiology, 37*(4), 239-251.

Werts, C. E. (1968). Parental influence on career choice. *Journal of Counseling Psychology, 15*, 48-52.

West, R. L., Odom, R. D., & Aschkenasy, J. R. (1978). Perceptual sensitivity and conceptual coordination in children and younger and older adults. *Human Development, 21*, 334-345.

Whitbourne, S. K. (1986). The psychological construction of the life span. In J. E. Birren & K. W. Schaie (Eds.), *Handbook of the psychology of aging* (pp. 594-618). New York: Van Nostrand Reinhold.

Whitbourne, S. K. (1987). Personality development in adulthood and old age: Relationships among identity style, health, and well-being. In K. W. Schaie (Ed.), *Annual review of gerontology and geriatrics* (Vol. 7, pp. 189-216). New York: Springer.

Whitbourne, S. K. (2001). *Adult development and aging: Biopsychosocial perspectives*. New York: Wiley.

Whitbourne, S. K. (2010). *The search for fulfillment: Revolutionary new research that reveals the secret to long-term happiness*. New York: Ballantine Books.

Whitbourne, S. K., & Weinstocks, C. S. (1979). *Adult development: The differentiation of experience*. New York: Holt, Rinehart, & Winston.

Whitbourne, S. K., & Whitbourne, S. B. (2014). *Adult development and aging: Biopsychosocial perspectives*. (5th ed.). Hoboken, NJ: Wiley.

White, D. K., Neogi, T., Rejeski, W. J., Walkup, M. P., Lewis, C. E., Nevitt, M. C., Foy, C. G., Felson, D. T., & The Look Ahead Research Group (2015). Can an intensive diet and exercise program prevent knee pain among overweight adults at high risk? *Arthritis care and research, 67* (7), 965-971.

White, N., & Cunningham, W. R. (1988). Is terminal drop pervasive or specific? *Journal of Gerontology: Psychological Sciences, 44*, 141-144.

White, P., Mascalo, A., Thomas, S., & Shoun, S. (1986). Husbands' and wives' perceptions of marital intimacy and wives' stresses in dual-career marriages. *Family Perspectives, 20*, 27-35.

Wich, B. K., & Carnes, M. (1995). Menopause and the aging female reproductive system. *Endocrinology and Metabolism Clinics of North America, 24*, 273-295.

Wijting, J. P., Arnold, C. R., & Conrad, K. A. (1978). Generational differences in work values between parents and children and between boys and girls across grade levels, 6, 9, 10 and 12. *Journal of Vocational Behavior, 12*, 245-260.

Wilkinson, A. M., & Lynn, J. (2001). The end of life. In R. H. Binstock & L. K. George (Eds.), *Handling of aging and the social sciences* (5th ed.). San Diego, CA: Academic Press.

Willett, W. C., Stampfer, M. J., Colditz, G. A., Rosner, B. A., & Speizer F. E. (1990). Relation of meat, fat, and fiber intake to the risk of colon cancer in a prospective study among women. *New England Journal of Medicine, 323*, 1664-1672.

Williams, G. (1991, October-November). Flaming out on the job: How to recognize when it's all too much. *Modern Maturity*, 26-29.

Williams, G. M. (1991). Causes and prevention of cancer. *Statistical Bulletin*, April/June, 6-10.

Williams, J. A. (1979). Psychological androgyny and mental health. In O. Harnett, G. Boden, & M. Fuller (Eds.), *Sex-role stereotyping*. London: Tavistock.

Williams, J. H. (1977). *Psychology of women: Behavior in a biosocial context*. New York: Norton.

Williams, R. B. (1989). Biological mechanisms mediating the relationship between behavior and coronary prone behavior. In A. W. Siegman & T. Dembrowski (Eds.), *In search of coronary-prone behavior: Beyond type A*. Hillsdale, NJ: Erlbaum.

Williamson, R. C., Rinehart, A. D., & Blank, T. O.(1992). *Early retirement: Promises and pitfalls*. New York: Plenum.

Willis, S. L. (1989). Adult intelligence. In S. Hunter & M. Sundel (Eds.), *Midlife myths*. Newbury Park, CA: Sage.

Willis, S. L.(1991). Cognition and everyday competence. In K. W. Schaie (Ed.), *Annual review of gerontology and geriatrics* (Vol. 11). New York: Springer.

Willis, S. L. (1996). Everyday problem solving. In J. E. Birren & K. W. Schaie (Eds.), *Handbook of the psychology of aging* (4th ed.). San Diego, CA: Academic Press.

Willis, S. L., & Belleville, S. (2016). Cognitive training in later adulthood. In K. W. Schaie & S. L. Willis (Eds.), *Handbook of the psychology of aging (8th ed.). New York: Elsevier.*

Willis, S. L., & Dubin, S. (Eds.) (1990). *Maintaining professional competence*. San Francisco, CA: Jossey-Bass.

Willis, S. L., & Schaie, K. W. (1993). Everyday cognition: Taxonomic and methodological considerations. In J. M. Puckett & H. W. Reese (Eds.), *Mechanisms of everyday cognition*. Hillsdale, Nj: Erlbaum.

Wise, T. (1978). Variations in male orgasm. *Medical Aspects of Human Sexuality, 12*, 72.

Wissler, C. (1901). *The correlation of mental and physical tests*. New York: Columbia University Press.

Wister, A. V., & Strain, L. (1986). Social support and well being: A comparison of older widows and widowers. *Canadian Journal on Aging, 5*, 205-220.

Wolf, R. (1996). *Marriages and families in a diverse society*. New York: Harper Collins.

Wood, L. R., Blagojevic-Bucknall, M., Stynes, S., D'Cruz, D., Mullis, R., Whittle, R., Peat, G., & Foster, N. E. (2016). Impairment-targeted exercises for older adults with knee pain: A proof-of-principle study (Target-Knee-Pain). *BMC Musculoskeletal Disorders, 17*, 47.

Wood, V. (1982). Grandparenthood: An ambiguous role. *Generations, 7*(2), 22-23.

Woodruff-Pak, D., & Hanson, C. (1996). *The neuropsychology of aging*. Cambridge, MA: Blackwell.

Worden, J. W. (2018). *Grief counseling and grief therapy: A handbook for the mental health practitioner* (5th ed.). Springer.

Wright, W. E., & Shay, J. W. (2005). Telomere biology in aging and cancer. *Journal of the American Geriatrics Society, 53*, S292-S294.

Wroolie, T., & Holcomb, M. (2010). Menopause. In B. L. Levin & M. A. Becker (Eds.), *A public health perspective of women's mental health*. New York, NY: Springer Science+Business Media.

Wu, R., & Rebok, G. W. (2020). Maximizing the impact of cognitive engagement. In A. K. Thomas & A. Gutchess (Eds.), *Cambridge handbook of cognitive aging*. New York: Cambridge University Press.

Yager, G. G., & Baker, S. (1979). *Thoughts on androgyny for the counseling psychologist*. Paper presented at the annual convention of the American Psychological Association(Eric Document Reproduction service NI. ED

186825).

Yan, J., Li, H., & Liao, Y. (2010). Developmental motor function plays a key role in visual search. *Developmental Psychobiology, 52*, 505-512.

Yazdkhasti, M., Simbar, M., & Abdi, F. (2015). Empowerment and coping strategies in menopausal women: A review. *Iranian Red Crescent Medical Journal, 17* (3), e18944.

Yin, R. K. (2012). Case study methods. In H. Cooper (Ed.), *APA handbook of research methods in psychology*. Washington, DC: American Psychological Association.

Young, R. A., & Freisen, J. D. (1992). The intentions of parents in influencing the career development of their children. *The Career Development Quarterly, 40*, 198-207.

Zeydi, A. E., Ghazanfari, M. J., Fast, O., Maroufizadeh, S., Heydari, K., Gholampour, M. H., & Karkhah, S. (2022). The attitude of Iranian critical care nurses toward euthanasia: A multicenter cross-sectional study. *Critical Care Nursing Quarterly, 45* (1), 62-73.

Zick, C. D., & McCullough, J. L. (1991). Trends in married couples' time use: Evidence from 1977-1978 and 1987-1988. *Sex Roles, 24*, 459-487.

Zimberg, S. (1982). Psychotherapy in the treatment of alcoholism. In E. M. Pattison & E. Kaufman (Eds.), *Encyclopedia handbook of alcoholism*. New York: Gardner.

Zopf, P. E. (1986). *America's older population*. Houston, TX: Cap and Gown Press.

Zunker, V. G. (1990). *Career counseling: Applied concepts of life planning* (3rd ed.). Pacific Grove, CA: Brooks/Cole.

찾아보기

인명

내용

저자 소개

정옥분(Ock Boon Chung)

〈약력〉

서울대학교 사범대학 가정학과 졸업
서울대학교 대학원 석사과정 졸업(아동학 전공 석사)
미국 University of Maryland 박사과정 졸업(인간발달 전공 Ph.D.)
고려대학교 사범대학 교수, 고려대학교 사회정서발달연구소 소장, 한국아동학회 회장, 한국인간발달학회 회장, 미국 University of Maryland 교환교수, ISSBD(International Society for the Study of Behavioural Development) 국제학술대회 조직위원회 위원장, 고려대학교 의료원 안암병원, 구로병원, 안산병원 어린이집 고문 역임
현재 고려대학교 명예교수

〈저서〉

전생애 인간발달의 이론(제4판, 학지사, 2024), 발달심리학(제4판, 학지사, 2024)
아동발달의 이해(제4판, 학지사, 2023), 청년심리학(제3판, 학지사, 2021)
성인 · 노인심리학(제3판, 학지사, 2019), 발달심리학(제3판, 학지사, 2019), 아동발달의 이해(제3판, 학지사, 2018)
영유아발달의 이해(제3판, 학지사, 2018), 사회정서발달(개정판, 학지사, 2017), 유아발달(학지사, 2016)
영아발달(개정판, 학지사, 2016), 영유아발달의 이해(개정판, 학지사, 2015)
전생애 인간발달의 이론(제3판, 학지사, 2015), 청년발달의 이해(제3판, 학지사, 2015)
청년심리학(개정판, 학지사, 2015), 발달심리학(개정판, 학지사, 2014)
성인 · 노인심리학(개정판, 학지사, 2013), 아동발달의 이해(개정판, 학지사, 2013)
아동심리검사(학지사, 2012), 영아발달(학지사, 2012), 아동연구와 통계방법(학지사, 2010)
성인 · 노인심리학(학지사, 2008), 아동학 연구방법론(학지사, 2008)
유아교육 연구방법(학지사, 2008), 청년발달의 이해(개정판, 학지사, 2008)
전생애 인간발달의 이론(개정판, 학지사, 2007), 사회정서발달(학지사, 2006)
청년심리학(학지사, 2005), 발달심리학(학지사, 2004)
영유아발달의 이해(학지사, 2004), 전생애발달의 이론(학지사, 2004)
아동발달의 이론(학지사, 2003), 아동발달의 이해(학지사, 2002)
성인발달과 노화(교육과학사, 2001), 성인발달의 이해(학지사, 2000)
청년발달의 이해(학지사, 1998)

〈공저〉

보육학개론(5판, 학지사, 2022), 보육교사인성론(학지사, 2021)
제4차 표준보육과정을 반영한 보육과정(학지사, 2020), 아동권리와 복지(2판, 학지사, 2020)
결혼과 가족(학지사, 2020), 예비부모교육(3판, 학지사, 2019), 부모교육(3판, 학지사, 2019)
보육학개론(4판, 학지사, 2019), 정서발달과 정서지능(개정판, 학지사, 2018)
예비부모교육(2판, 학지사, 2016), 노인복지론(2판, 학지사, 2016), 보육과정(3판, 학지사, 2016)
아동권리와 복지(학지사, 2016), 부모교육(2판, 학지사, 2016)

보육학개론(3판, 학지사, 2016), 보육교사론(학지사, 2015)
결혼과 가족의 이해(학지사, 2014), 생활과학 연구방법론(학지사, 2014)
보육과정(2판, 학지사, 2013), 보육학개론(2판, 학지사, 2012)
아동복지론(학지사, 2012), 보육과정(학지사, 2009)
애착과 발달(학지사, 2009), 노인복지론(학지사, 2008)
보육학개론(학지사, 2008), 부모교육(학지사, 2008)
예비부모교육(학지사, 2007), 정서발달과 정서지능(학지사, 2007)
Parenting beliefs, behaviors, and parent-child relations: A cross-cultural perspective(공편, Psychology Press, 2006)
결혼과 가족의 이해(시그마프레스, 2005)
고등학교 인간발달(교육인적자원부, 2003)
배려지향적 도덕성과 정의지향적 도덕성: 아산재단 연구총서 제123집(집문당, 2003)
부모교육: 부모역할의 이해(양서원, 2000)
인간발달: 발달심리적 접근(개정판, 교문사, 1997)
사랑으로 크는 아이(계몽사, 1996)
유아의 심리(중앙적성출판사, 1994)
인간발달: 발달심리적 접근(교문사, 1989)
가족과 환경(교문사, 1986)

〈역서〉
학위논문작성법: 시작에서 끝내기까지(공역, 시그마프레스, 2004)
청년발달의 이론(공역, 양서원, 1999)
인간발달의 이론(교육과학사, 1995)
인간발달 II: 청년기, 성인기, 노년기(교육과학사, 1992)
부모교육 이론과 적용(공역, 국민서관, 1989)

〈논문〉
Sex-Role Identity and Self-Esteem among Korean and American College Students(University of Maryland 박사학위논문, 1983)
전통 '효' 개념에서 본 부모역할인식과 자녀양육행동(1997)
영아기 기질 및 부모의 양육행동에 따른 2~4세 아동의 행동억제에 관한 단기종단연구: 8개국 비교문화연구를 위한 기초연구(2003)
Behavioral Inhibition in Toddlers: Initial Findings from the International Consortium for the Study of Social and Emotional Development(2004)
A Cross-Cultural Study of Behavioral Inhibition in Toddlers: East-West-North-South(2006)
A Mediated Moderation Model of Conformative Peer Bullying(2012) 외 논문 다수

제4판

성인 · 노인심리학

Adult Development and Aging(4th ed.)

2008년 8월 22일 1판 1쇄 발행
2011년 11월 30일 1판 2쇄 발행
2013년 9월 30일 2판 1쇄 발행
2017년 1월 25일 2판 2쇄 발행
2019년 4월 5일 3판 1쇄 발행
2023년 8월 10일 3판 2쇄 발행
2024년 8월 10일 4판 1쇄 발행

지은이 • 정옥분
펴낸이 • 김진환
펴낸곳 • ㈜ 학지사
04031 서울특별시 마포구 양화로 15길 20 마인드월드빌딩
대표전화 • 02-330-5114 팩스 • 02-324-2345
등록번호 • 제313-2006-000265호

홈페이지 • http://www.hakjisa.co.kr
인스타그램 • https://www.instagram.com/hakjisabook

ISBN 978-89-997-3169-3 93180

정가 32,000원

파본은 구입처에서 교환해 드립니다.

이 책을 무단으로 전재하거나 복제할 경우 저작권법에 따라 처벌을 받게 됩니다.

출판미디어기업 학지사

간호보건의학출판 **학지사메디컬** www.hakjisamd.co.kr
심리검사연구소 **인싸이트** www.inpsyt.co.kr
학술논문서비스 **뉴논문** www.newnonmun.com
교육연수원 **카운피아** www.counpia.com
대학교재전자책플랫폼 **캠퍼스북** www.campusbook.co.kr